W0053121

John D. MacDonald

DAS MÄDCHEN IM BRAUNEN PAKET

DER HIPPIE IM INDIGO-DRESS

DIE FRAU IM SILBERSARG

3 Travis McGee-Thriller!

WILHELM HEYNE VERLAG
MÜNCHEN

HEYNE BLAUE KRIMIS
Nr. 02/2217

Titel der amerikanischen Originalausgabe
THE GIRL IN THE PLAIN BROWN WRAPPER
Deutsche Übersetzung von Günther Hehemann

DRESS HER IN INDIGO
Deutsche Übersetzung von Christiane Nogly

THE LONG LAVENDER LOOK
Deutsche Übersetzung von Leni Sobez

Herausgegeben
von
Bernhard Matt

Neuausgabe des Heyne Buches Band-Nr. 02/1376
Copyright © 1968 by John D. MacDonald

Neuausgabe des Heyne Buches Band-Nr. 02/1401
Copyright © 1969 by John D. MacDonald

Neuausgabe des Heyne Buches Band-Nr. 02/1446
Copyright © 1970 by John D. MacDonald

Printed in Germany 1987
Umschlagfoto: Photodesign MALL, Stuttgart
Umschlaggestaltung: Atelier Ingrid Schütz, München
Gesamtherstellung: Ebner Ulm

ISBN 3-453-00888-X

DAS MÄDCHEN IM BRAUNEN PAKET

1

Als ich hörte, daß Helena Pearson am Donnerstag gestorben war, konnte ich mich sofort erinnern, wo ich in diesem Augenblick gewesen war und was ich gerade getan hatte: Jener Donnerstag war der vierte und letzte Tag eines kleinen Bergungsunternehmens gewesen, von dem ich zunächst gar nicht viel gehalten hatte.

Natürlich hatte Meyer wieder einmal seine Hand im Spiel gehabt.

Ein gewisser Joe Palacio, Kuba-Flüchtling und Chemiker von Beruf, hatte ihm diesen maritimen Floh ins Ohr gesetzt. Schnell begeistert, wie Meyer sein kann, hatte er Bobby Guthrie, ein gemeinsamer Freund, und mich gedrängt, uns Joes Ideen einmal anzuhören. In Joes Pension in Miami bekamen wir dann in einer alten geliehenen Badewanne vorgeführt, wie sich das Bergungsunternehmen abspielen sollte.

Als Bobby sich für die Idee soweit begeistert hatte, daß er bereit war, dafür seinen Job an den Nagel zu hängen, steckte Meyer das nötige Geld hinein, und sie gründeten eine kleine Gesellschaft, die *Floatation Associates*.

Ein paar Tage später kam Schlitzohr Meyer zu mir, erwischte mich an meinem schwachen Punkt und überredete nun wiederum mich, in diese ›feine Sache‹ meine Dienste und mein Hausboot, die *Pik-As*, hineinzustecken. Es spricht für Meyers Feingefühl, daß er meine kleine schnelle *Muñequita* erst verlangte, nachdem ich ja gesagt hatte. »Wir brauchen die beiden ja nur für die erste Bergungsoperation.«

Also ließ ich die *Pik-As* in eine Werft nach Miami schleppen, um sie verschandeln zu lassen. Mit einem Kran wurde ihr eine häßliche Dieselpumpe aufs Deck gesetzt, zusammen mit allerlei technischem Ballast, den Bobby Guthrie besorgt hatte. Dazu gehörten beispielsweise eine Art stahldrahtverstärkter Feuerwehrschlauch, mehrere 200-Liter-Fässer eines chemischen Spezialgemischs nach dem Rezept von Joe Palacio, Kompressionsflaschen, Werkzeuge, Fackeln und diverser Kleinkram.

Nachdem ich noch Trinkwasser, Treibstoff, Proviant und vor

allem genügend Bier und Spirituosen für ein solches Männer-
unternehmen an Bord genommen hatte, lag die *Pik-As* so tief
im Wasser, daß mir allein schon vom Hinsehen schlecht wurde.
Ich wollte gar nicht daran denken, daß der *Pik-As* durch die
Bergungslast noch schätzungsweise weitere acht bis zehn Ton-
nen aufgebürdet werden sollten.

»Wenn sie uns absackt«, tröstete Meyer, »können wir sie
mit Palacios chemischer Wundermixtur ja wieder flottmachen.«

So schipperten wir in aller Frühe mit der *Pik-As* und der
Muñequita im Schlepptau die Biscayne Bay hinunter. Beim
letzten Tageslicht waren wir weit genug draußen auf dem Big-
Spanish-Kanal, daß wir noch sicher an den Untiefen des
Annette Key vorbeilavieren konnten. Eine Südwestbrise, die
am Nachmittag aufgekommen war, schob uns voran.

Der Wetterbericht war soweit gut. Nur über den Leeward-
Inseln braute sich ein Unwetter zusammen, das uns jedoch
nicht berührte. Und so gondelten wir gemächlich in den Samstag hinein.

An diesem Samstagabend waren die drei Gesellschafter der
Floatation Associates reichlich nervös. Meyer war jedoch von
seinen Partnern lediglich emotionell angesteckt; angeblich
kannte er die Risiken, die die beiden eingingen.

Für Joe Palacio war es »eine nie mehr wiederkehrende
Chance«, sich in der neuen Heimat eine Existenz aufzubauen.
Und Bobby Guthrie hatte Frau und fünf Kinder am Hals, und
seinen alten Job war er los.

Frenetische Begeisterung wechselte bei den drei Jungunter-
nehmern mit depressiven Phasen, in denen sie auf das Mitleid
der halben Welt hofften. Bisweilen rafften sie sich zu gekün-
steltem Gelächter auf und bestätigten sich, daß man sie bald
nicht mehr ernst nehmen könnte. In der Badewanne hatte ja
auch alles vorzüglich geklappt, aber deshalb brauchte es draußen im Hawk-Kanal, in der Straße von Florida, in fünfundzwanzig Meter Meerestiefe noch lange nicht zu funktionieren.

Um es vorwegzunehmen: Die Bergungsaktion, die montags
begann, wurde nur ein Teilerfolg. Wir bekamen die gesunkene
Jacht *Bama Gal* zwar aus der Tiefe hoch, aber mit solchem
Hängen und Würgen, daß ich ein zweitesmal weiß Gott nicht
hätte mit dabeisein wollen.

Damit uns der Schatz nicht wieder absoff, mußten wir ihn

zwischen der *Pik-As* und der *Muñequita* gewissermaßen aufhängen, ihn zwischen beiden Booten vertäuen, und so traten wir dann, die *Pik-As* voran, die *Bama Gal* in der Mitte und die *Muñequita* als Schluß, kleinlaut und mit einem blauen Auge den Rückweg an.

Es wurde früher Sonntagnachmittag, bis wir mit unserem lahmen Schleppzug zum Dinner Key kamen. Zwischendrin hatten wir noch ein paar mittelschwere Gewitterböen abzureiten, in denen der Wind zeitweilig mächtig auffrischte und uns gehörig zu schaffen machte. Über die Küstenfunkstation Miami hatte ich einen Freund angerufen, so daß wir erwartet wurden.

Wir bugsierten die *Bama Gal* in die Hebeschlingen eines Autokrans, der sie auf einen Transporter setzte.

Und dann waren alle Mühsale bereits vergessen, und Joe Palacio hatte nur noch ein breites Grinsen im Gesicht, ganz so, als ob er die erste Bergungsmillion bereits in der Tasche hätte.

Der Hafenmeister wies mir eine Parklücke für die *Pik-As* an. Die *Muñequita* konnte ich ganz in der Nähe in seichtem Wasser verankern. Als das alles erledigt war, als wir die Stromkabel und Wasserschläuche angeschlossen, uns rasiert, geduscht und in jeder Hinsicht landfein gemacht hatten, prasselte der längst fällige Regen auf unser Deck. Mit Licht, Musik und Eis in den Whiskygläsern war es an Bord der *Pik-As* richtig gemütlich.

Meyer drohte uns sein berüchtigtes Beefstew mit Chili, weißen Bohnen und allem möglichen scharfen Zeug an. Guthrie hatte seine Frau angerufen. Sie wollte mit dem Wagen von Fort Lauderdale herunterkommen, um ihn abzuholen.

Einmal probierten wir den schauerlich scharfen türkischen Weinbrand, den wir auf der *Bama Gal* gefunden hatten. Ich zog mich jedoch bald zu Plymouth-Gin mit Eis zurück.

Meyer sorgte in seiner bisweilen praktischen Art dafür, daß wir wegen der zu erwartenden Bergungsprofite nicht völlig den Kopf verloren. Immer wieder trichterte er uns ein, nur ja mit den ›geringsten Erwartungen‹ das nächste Bergungsabenteuer zu kalkulieren.

Also rechneten wir peinlich genau zusammen, was in die *Bama Gal* hineingesteckt werden müßte, um etwas aus ihr herauszuholen. Wenn wir dazu noch die Maklerprovision hinzurechneten, konnte sie uns — sofern alles glatt ging — vielleicht ein Netto von fünfundvierzigtausend Dollar einbringen.

Inzwischen waren die drei Firmenneulinge dazu übergegangen, mich zu bedrängen, ich sollte doch als vierter Gesellschafter bei ihrer *Floatation Associates* mitmachen. Aber ich sagte mir, solche jungen und schwer um den Aufbau ringenden Existenzen sollten tunlichst nicht mit allzu vielen Partnerschaften belastet werden. Und schon gar nicht wollte ich die leitende Rolle übernehmen, die mich doch nur für das Wohl und Wehe der anderen verantwortlich machen würde.

Um eine finanzielle Stiftung von mir anzunehmen, waren sie andererseits wieder zu stolz. So einigten wir uns schließlich dahingehend, daß ich einen Schuldschein auf zweitausend Dollar zu Lasten der *Floatation Associates* bekam, verzinslich mit sechs Prozent und zahlbar in sechs Monaten. Ihre eigenen Anteile wollten sie in bessere Ausrüstung und Maschinen hineinstecken. Der nächste Bergungsjob sollte ein eiserner Lastkahn sein, der beim Boca-Grande-Weg in rund zwanzig Meter Tiefe vor sich hin rostete.

Ich hatte es mir auf der Couch bequem gemacht, träumte vor mich hin und hörte gar nicht mehr zu, was sie da alles eifrig an neuen Projekten und wilden Phantasiesummen diskutierten. Ihre Stimmen vernahm ich nur noch als leises Murmeln durch die Musik hindurch.

»Haben wir das damals nicht unter eineinhalb Stunden geschafft? He, Trav, hörst du nicht zu?«

Meyer hatte den Arm in meine Richtung ausgestreckt und schnippte mir mit den Fingern zu.

»Was geschafft?« fragte ich.

»Na, damals den Trip von Lauderdale nach Bimini.«

»In etwas weniger als eineinhalb Stunden vor der Seeboje vor Lauderdale bis zur ersten Kanalmarkierung in Bimini.«

»Und mit was?« fragte Guthrie.

Ich erklärte ihm, womit wir das geschafft hatten, nämlich mit einer rennmäßig ausgerüsteten *Bertram 25* mit Spinnaker und mancherlei segeltechnischem Drum und Dran. Der Kahl war derart mit Leinwand behängt gewesen, daß ich am Ruder ständig alle Hände voll zu tun gehabt hatte. Die *Bertram* hatte bisweilen eine Schräglage gehabt, daß wir die meiste Zeit mit dem Hintern im Wasser hingen, und wäre eine einzige unglückliche Bö gekommen, wären wir glatt baden gegangen. »Warum hattet ihr es denn so eilig?« fragte Guthrie.

»Wir wollten ein Flugzeug erreichen«, sagte Meyer.

Wir hatten in diesem Augenblick beide an Helena Pearson gedacht, ohne zu ahnen, daß sie seit drei Tagen tot war.

Meine Gedanken schweiften fünf Jahre zurück ...

2

Mick Pearson hatte mit Helena und seinen beiden Töchtern, siebzehn und zwanzig Jahre alt, einen schnittigen holländischen Motorsegler, die *Likely Lady*, in einem Trip von Bordeaux nach Bahia Mar gebracht.

Pearson war ein kleiner, drahtiger, mit Sommersprossen übersäter Mann in den Fünfzigern, der sichtlich um vieles älter war als seine schlanke aschblonde Frau.

Nachdem er es schon früh im Leben zu etwas gebracht hatte, gab er sich ganz dem genüßlichen Teil des Lebens hin. Wir kannten uns von den Kneipen am Jachthafen von Bahia Mar her, wo er mit mir über alles geredet hatte, vor allem über sich selbst, freilich niemals in prahlerischem Ton, so daß man ihm diese Marotte nicht übelnehmen konnte.

Aber eines Tages war es mit den Belanglosigkeiten vorbei gewesen, und ich lernte einen neuen Mick Pearson kennen. Ich kann mich noch gut erinnern, wie hart und stechend seine Augen geblickt hatten, als er mich in seine Geschichte einweihte.

Für ein gutes Honorar wollte er einen höchst vertraulichen Auftrag erledigt haben. Er wäre im Ausland in eine kleine Transaktion verwickelt, sagte er. Es handelte sich um irgendwelche Optionen auf irgendwelche alten Öltanker und irgendwelche türkischen Surplus-Militärfahrzeuge, und alles, was ich darüber zu wissen brauchte, wäre, daß die Sache absolut legal sei und daß man ihn hinterher nirgendwo steckbrieflich suchen würde, falls ich solche Befürchtungen hätte.

Dann kam doch ein kleiner Schönheitsfehler: Irgendwelche fixen Geschäftsleute hätten sich dazwischengedrängt und versuchten nun, das Geschäft allein zu machen. Zu einer ›konzertierten Aktion‹ mit ihm hätten sie sich nicht bereitgefunden, und so versuche er die Sache eben auf eigene Faust abzuwickeln. Jetzt seien sie über seine Geschäftsmethoden empört.

»Sie wissen genau, daß ich einen Wechsel über zweihundertdreißigtausend englische Pfund laufen habe. Er muß bei der Hauptstelle der Bank von Nova Scotia eingelöst werden, wo ich auch ein eigenes Konto habe. Sie sollten das nicht wissen, aber irgendwie sind sie doch dahintergekommen. Da es sich um eine große Summe handelt, könnten sie ein paar Gangster auf mich ansetzen, um mir das Geschäft in letzter Minute vor der Nase wegzuschnappen. Das können sie, wenn sie verhindern, daß der Wechsel am Stichtag eingelöst wird. Früher hätte ich es darauf ankommen lassen und hätte versucht, an ihnen vorbeizuschlüpfen. Aber inzwischen habe ich vor, zuerst an meine drei Mädchen zu denken, und um deren Zukunft würde es verdammt beschissen aussehen, wenn ich bei der Sache draufginge. Deshalb brauche ich jemanden, den sie nicht kennen und der mir das Geld mit einem entsprechenden Empfehlungsschreiben auf die Bank bringt. Wenn das klappt, müssen sie aufgeben.«

Ich fragte ihn, warum er so sicher wäre, daß ich mir mit seinem Geld nicht selber ein Konto einrichten und dann einfach untertauchen würde.

Für diesen Gedanken hatte er nur ein Grinsen übrig. »Wissen Sie, McGee, ein solcher Hit würde Sie völlig fertigmachen. Ihre Wertschätzung für sich selber und Ihre Selbstachtung würden dabei zum Teufel gehen. Ich könnte so was niemals jemand antun, und Sie können es erst recht nicht. Das ist es auch, was uns fürs Leben so kleinkariert macht.«

»Es ist nicht gerade nur Kleingeld, um das es dabei geht.«

»Gegenüber dem, was daraus werden kann, ist es nur Kleingeld, das können Sie mir glauben.«

Er bot mir fünftausend Pfund dafür, daß ich für ihn den Geldbriefträger spielte, und ich ging darauf ein.

Nachdem er mir das Geld übergeben hätte, würde er sich mit der *Likely Lady* auf und davon machen. Zunächst würde er auf die Bahamas zuhalten, dann nach Süden abbiegen und um die Kaps herum zur Westküste von Florida hinüberfahren, wo sein Haus stand, das sie schon seit über einem Jahr nicht mehr zu sehen bekommen hatten.

Das war an einem Freitag gewesen. Am Sonntag wollte er mir das Geld geben und am Montag mit der *Likely Lady* in See stechen.

Am Samstag gegen Mittag, während Helena und ihre Töchter am Strand waren, kamen ›die anderen‹ an Bord. Sie schlugen ihm halb den Schädel ein und raubten den Safe in seiner Kabine aus. Von dem Überfall hätte niemand etwas bemerkt, wenn Mick Pearson nicht den Tresorverschluß auf elektrischem Wege mit seinem Nebelhorn gekoppelt gehabt hätte, mit einem Geheimkontakt, den er jeweils unterbrach, wenn er selber an den Safe heran wollte.

Bei dem strahlenden Sommerwetter waren viele Leute unterwegs, und als das Horn losbrüllte, sahen sie die beiden Gangster im Eilschritt die *Likely Lady* verlassen.

Es dauerte fast zwei Stunden, bis ich die Spur der beiden gefunden hatte und sicher sein konnte, daß sie Miami nicht auf dem Luftweg verlassen hatten. Sie hatten ihren Leihwagen kurzerhand an Pier 66 stehenlassen und waren mit einem Charterboot verduftet, das einen Angeltrip zu den Bahamas machte.

Ich kannte das Boot, die *Beety Bee*, ziemlich genau und ebenso ihren Captain, Roxy Howard, für den meistens einer seiner beiden zaundürren Neffen Besatzung spielte.

Roxys Frau sagte mir, daß ihr Mann nach Bimini hinüber wollte, um zu fischen, und daß er die erste Ausfahrt für Sonntag vorgesehen hätte.

Ich wußte, daß die *Betty Bee* vier Stunden bis Bimini brauchen würde. Sie würde demnach keinesfalls vor fünf Uhr ankommen. Die beiden Gauner schienen zu wissen, daß es einen Zubringerflug gab, der um viertel nach sieben von Bimini nach Nassau abging. Wenn sie via Boot die Maschine erreichten, hatten sie nichts mehr zu befürchten. Zwischen Florida und den Bahamas herrscht ein solcher Touristenverkehr, daß die Behörden gar nicht anders können, als die meisten Touristen einfach unkontrolliert passieren zu lassen, auch wenn dabei jedem rechtschaffenen Zollbeamten das Herz bluten mußte.

Es wurde halb drei, bis Meyer und ich ausgeheckt hatten, wie die Sache zu ritzen wäre. Wenn ich mit einer gecharterten Privatmaschine hinüberflöge, wäre da immer noch das Problem,

wie ich mit den beiden Gangstern auf Bahama-Boden fertig-
werden sollte.

Da erinnerte sich Meyer der Gute, daß Hollis Gandy seine
Baby Beef in Rennverfassung daliegen hatte und sich wieder
einmal in einer besonderen finanziellen Misere befand, hatte
sich doch auch seine letzte Frau ein paar besonders tüchtige
Anwälte zu verschaffen gewußt, um ihn zu schröpfen.

Um drei Uhr flitzten wir mit Kurs auf Bimini an der Seeboje
vor Lauderdale vorbei. Gegen halb fünf kamen wir mit
geblähten Segeln und heraushängender Zunge kurz vor Bimini
mit einem Boot gleichauf, das die *Betty Bee* sein konnte.

Wir passierten sie in angemessenem Abstand und legten uns
fünf Meilen vor dem Hafen auf die Lauer. Ich tat so, als ob wir
Schwierigkeiten mit unseren Motoren hätten. Die *Betty Bee*
kam hilfswillig heran, und ich ging an Bord.

Roxy Howard brauchte ich gar nicht erst auf die beiden
Galgenvögel aufmerksam zu machen; er hatte selber gemerkt,
daß mit ihnen — einem Engländer und einem Griechen — nicht
alles stimmte.

Wir kassierten sie im Handumdrehen, und Gott sei Dank
waren wir schnell, denn der Grieche war aalglatt und außerdem
noch bewaffnet. Der Umschlag mit Pearsons Kontoauszügen
fand sich in seinem Koffer, außerdem lag darin der Empfeh-
lungsbrief, der den Überbringer berechtigte, jedwede erfor-
derliche finanzielle Maßnahme zu treffen.

Der Jüngling aus Hellas hatte zweitausend Dollar in seiner
Brieftasche, der Engländer weitere elftausend. Kein Zweifel,
daß das Geld aus Mick Pearsons Safe stammte.

Ich dachte mir, nachdem Mick Pearson eins auf die Birne
bekommen hatte, könnte er kein gesteigertes Interesse daran
haben, den Fall vor Gericht zu bringen. Ebensowenig konnte
Roxy daran liegen, sich mit der Bahama-Polizei herumzu-
ärgern. Gar nicht davon zu reden, daß wir aus dem Engländer
und dem Griechen kein Wort über die Drahtzieher herausbringen würden, wenn wir nicht ein wenig Druck anwandten.
Nach derlei Methoden steht mir aber nun einmal nicht der
Sinn; vielleicht habe ich auch nicht die nötigen Nerven dafür.

Also gab ich Roxy fünfhundert Dollar, und der sagte, das
wäre doch entschieden zuviel. Er bestand dann aber nicht allzu
lange auf seiner Ablehnung.

Wir luden das Gaunerpaar auf die *Baby Beef* um, und Roxy, jetzt ohne Chartergäste, machte kehrt und nahm Kurs auf den Heimathafen. Wir hingegen segelten nach Barnett Harbor hinüber, auf halbem Weg zwischen South Bimini und Cat Key, und setzten unsere Gefangenen auf dem alten Betonschiff *Sapona* ab, die dort seit 1926 angeschwemmt liegt und während der Prohibition als schwimmender Umschlagplatz für Alkoholika gedient hat. Ich wußte, daß den beiden auf dem Betonwrack keine angenehme Nacht bevorstand, aber am nächsten Tag würden sie zweifellos von den unvermeidlichen Sportanglern und Sporttauchern aufgefunden werden. Sie hatten ja noch ihre Papiere, und auch ein paar hundert Dollar ließen wir ihnen. Sie würden schon irgendeine Lügengeschichte erfinden, wie sie auf das Wrack gekommen waren.

Wir liefen nach Bimini Harbor zurück und fanden eine Ankerstelle, wo die *Baby Beef* fürs erste in Sicherheit war.

Mit knapper Not schafften wir den Zubringerflug nach Nassau. In Lyford Key rief ich alte Freunde an. Sie schickten uns einen Wagen, der uns vom Flughafen in die Stadt brachte. Den Rest des Tages verbrachten wir damit, daß wir bei ihnen um den Swimming-pool herumlagen und uns aufgewärmte Geschichten erzählten.

Am Montagmorgen lieh ich mir den Wagen und fuhr damit zur Zentrale der Nova-Scotia-Bank in der Bay Street am Rawson Square. Die Summe, um die es ging, schien den Direktoren so bedeutend, daß die ganze Angelegenheit in einem holzgetäfelten Bürozimmer und nicht etwa an einem der Schalter abgewickelt wurde. Ich bekam eine mit vielen Stempeln und Unterschriftenschnörkeln versehene Quittung, auf der Tag, Ort und Zeit verzeichnet waren, wo und wann ich das Geld übergeben hatte. Für den Rest der Transaktion brauchte ich nur noch Mick Pearsons Kontonummer anzugeben, nicht einmal seinen Namen, weil es sich um ein Nummernkonto handelte. Leider wurde mir nicht gesagt, ob ich die Einlösungsfrist noch geschafft hatte.

Am frühen Nachmittag erwischten Meyer und ich wieder nur mit knapper Not den Rückflug nach Bimini.

Die *Likely Lady* wirkte völlig verlassen, als ich zum Pier D-109 kam, um Mick die Empfangsbestätigung zu bringen. Das junge

Paar auf dem Kutter, der daneben lag, sagte, es hätte mittags mit Maureen, der älteren Tochter der Pearsons, gesprochen, und sie hätte gesagt, der Zustand ihres Vaters sei sehr bedenklich.

Ich sagte Meyer Bescheid und fuhr zum Krankenhaus. Als ich endlich mit Helena sprechen konnte, sah ich sofort, daß es keinen Zweck gehabt hätte, ihr die Quittung zu geben und von dem Geld zu reden. Die Empfangsbestätigung hätte ihr im Augenblick nicht mehr bedeutet als ein altes Wäscheverzeichnis. Mit zitternden blassen Lippen und einem wehmütigen Lächeln erklärte sie, daß Mick mit dem Tode ringe.

Ich erinnere mich, daß ich schließlich eine Schwester fand, die ich kannte. Aber auch sie zuckte nur bedauernd die Schultern und sagte: »Er atmet noch, aber klinisch ist er eigentlich schon tot. Ich hörte eben, daß sie sein Bett morgen schon an eine Gallenblase vergeben haben.«

Ebenso erinnere ich mich, daß ich später Helena bei den Überführungsformalitäten geholfen habe, die für einen Ausländer besonders schwierig sind.

Mick starb in der Nacht von Montag auf Dienstag, fünf Minuten nach ein Uhr nachts. Wäre er offiziell siebzig Minuten eher gestorben, hätte sich die ganze Angelegenheit mit der Bank wohl niemals ins reine bringen lassen. Und ich erinnere mich, wie Helena der Polizei immer wieder erklärte, daß sie nicht die geringste Ahnung habe, wer an Bord gekommen sein könnte, um ihren Mann den tödlichen Schlag auf den Kopf zu versetzen.

Helena und ihre beiden Töchter packten ihre Habseligkeiten, nachdem ich ihr versichert hatte, daß ich mich um das Boot kümmern und es im Auge behalten würde. Ich bot ihr an, sie quer durch Florida nach Casey Key zu fahren, aber sie sagte, sie würde es schon allein schaffen. Tatsächlich hatte sie sich vollständig in der Gewalt und war vor Trauer nicht etwa halb gelähmt.

Als ich ihr das Geld gab, das wir den beiden Kerlen abgenommen hatten, und ebenso die Empfangsbestätigung der Bank, bedankte sie sich höflich. Dann kehrte sie mit ihren Kindern in das auf Pfählen errichtete Zypressenhaus bei Casey Key zurück, indem sie dem Leichenwagen nachfuhr. Eine verlorene kleine Trauerkarawane — vielleicht die traurigste, die ich je erlebt hatte.

Jetzt wußte ich, daß sich auch Meyer an die Geschichte von damals erinnert hatte.

Inzwischen regnete es in Strömen, und Meyer kochte seine Spezialität Nummer eins. Wir stürzten uns darauf wie hungrige Wölfe.

Kaum lag ich in meiner Koje in der Hauptkabine, da begannen auch die vielen anderen Erinnerungen an Helena zurückzukommen, und zwar so lebendig, daß ich einfach keinen Schlaf finden konnte ...

3

Auch auf das Deck der *Likely Lady* hatte der Regen getrommelt — damals im August, nachdem ich für sie am Shroud Key in den Exumas endlich einen geschützten Platz gefunden hatte. Und unter dem trommelnden Regen hatte ich die Witwe Pearson zum erstenmal geliebt, an Bord der *Likely Lady*, in der breiten Koje, die sie vorher mit dem Mann geteilt hatte, der nun schon fast sechs Monate in der Erde von Florida ruhte.

Im Juli war sie nach Fort Lauderdale gekommen. Einen Monat zuvor hatte sie mich in einem Brief gebeten, jemand zu beauftragen, die *Likely Lady* wieder flott zu machen. Ich hatte sie an Land gesetzt, hatte den Boden abgekratzt und gestrichen, die Takelage überprüft, die Kraftwinden geschmiert und die schwedischen Dieselmotoren probelaufen lassen. Zusammen mit Meyer hatte ich auch all die anderen, anfangs manchmal rätselhaften Gerätschaften und Hilfsmotoren an Bord überprüft. Einer von ihnen diente nur dazu, das für das Boot fast zu riesige Hauptsegel zu manövrieren. Und dabei hatten wir dann auch die beinahe schon überdimensionalen Wasser- und Brennstofftanks und die überaus leistungsfähige elektrische Klimaanlage entdeckt.

An einem heißen Julitag kam Helena selbst herüber. Sie war von jener besonderen Rasse, der gegenüber ich mir immer unzulänglich vorkomme. Groß, so groß, daß sie beinahe schon ein wenig hager wirkte. Aschblondes Haar, sonnengebräunte Haut, aber samtweich. Als Mann konnte einem von ihr schwindlig werden.

Ich hatte sie nach ihren Töchtern gefragt, und sie hatte mir gesagt, daß sie mit einer Studenten-Reisegesellschaft für zwei Monate nach Italien und Griechenland gefahren seien, mit alten Freunden aus Wellesley, die ihnen als Führer und Beschützer dienten.

Dann sagte sie: »Travis, ich habe Ihnen niemals richtig für all die Hilfe gedankt, die Sie mir gegeben haben.«

»Es war mir ein Vergnügen und eine Ehre, Helena.«

»Es war viel mehr als das — all die vielen Kleinigkeiten, die da zu erledigen waren. Mick sagte mir, daß er Sie gebeten hatte, ihm einen besonderen Gefallen zu erweisen. Er sagte mir, Sie würden es verstehen, Diskretion zu wahren. Ich wollte, daß die Mörder bestraft würden. Aber dann fiel mir ein, daß Mick wohl niemals ein derartiges internationales Aufsehen mit ausländischen Kriminalstellen gewollt haben würde. Für ihn war die Welt weiter nichts als ein riesiges Spielkasino. Wenn man darin etwas gewann oder verlor, dann war es — nichts Persönliches. Deshalb bin ich froh, daß Sie damals nichts weiter in dieser Richtung unternommen hatten, daß Sie den richtigen Instinkt hatten, die Sache nicht allzusehr in Szene zu setzen . . .«

»Ich mußte Ihnen persönlich sagen, was sich abgespielt hatte, Helena. Und ich hatte schon Angst, daß Sie von mir verlangen würden, ich sollte es in alle Welt hinausposaunen. Hätten Sie es getan, so hätte ich es Ihnen wieder ausgeredet. Von dem Tag an nämlich, da man meinen Namen in den Zeitungen herumschmiert, wäre ich wahrscheinlich gezwungen, mir einen anderen Job zu suchen.«

Sie verzog säuerlich den Mund und sagte: »Meine Familie war absolut sicher, daß Michael Pearson eine Art romantischer Narr war. Um zu heiraten, mußten wir von zu Hause durchbrennen. Er wäre zu alt für mich, erklärte man mir immer. Er wäre ein Abenteurer, der niemals Wurzeln schlagen würde, und ich selbst wäre zu jung, um das alles zu begreifen. Mich wollten sie immer lieber für einen netten, aber auch ernsten jungen Mann aufheben, der möglichst aus dem Bankgeschäft kam.«

Sie sah mich an, mit vor leisem Ärger leicht zusammengekniffenen Augen.

»Einer von denen hatte, als Mick tot war, doch tatsächlich die
Stirn, mir ins Gesicht zu sagen: ›Na, ich hab's dir doch gleich
gesagt.‹ Und das nach einundzwanzig Jahren Ehe mit Mick,
nachdem ich mit ihm zwei Töchter hatte, die ihn über alles
liebten. Nachdem ich fast ein Leben lang Freud und Leid . . .«

Sie unterbrach sich und sagte mit einem vagen Lächeln: »Es
tut mir leid. Ich habe mich da zu etwas hinreißen lassen, was
gar nicht zum Thema gehört. Ich wollte mich bei Ihnen lediglich bedanken für all die Mühe, die Sie sich gegeben haben,
Travis. Und ich habe Sie noch gar nicht gefragt, was für eine
Abmachung Sie mit Mick getroffen hatten. Ich weiß, er pflegte
Dienste, die man ihm leistete, stets gut zu honorieren. Sind Sie
für diesen Dienst von ihm bezahlt worden?«

»Nein.«

»War ein Betrag dafür vereinbart worden?«

»Für das, was ich für ihn erledigen sollte? Ja.«

»Haben Sie diesen Betrag von dem Geld, das Sie mir
zurückgegeben haben, abgezogen und einbehalten — von dem
Betrag, der sich ursprünglich im Safe befunden hatte?«

»Nein. Ich habe fünfhundert davon für besondere Spesen
und zweihundertfünfzig für Bootsmiete und noch ein paar
kleine Ausgaben genommen.«

»Wie hoch war der vereinbarte Betrag?«

»Fünftausend.«

»Aber Sie haben dann ja noch viel mehr als nur das getan,
was er — ursprünglich von Ihnen gewollt hatte. Ich werde
Ihnen zwanzigtausend geben, und dann bin ich immer noch der
Meinung, daß das nicht soviel ist, wie es eigentlich sein sollte.«

»Nein, ich habe das getan, weil ich es von mir aus gewollt
habe. Ich nehme nicht einmal die Fünftausend.«

Sie musterte mich schweigend und sagte dann: »Wir beide
werden jetzt nicht eines von jenen Scheintheatern aufführen,
die in Szene gesetzt zu werden pflegen, wenn in einem
Restaurant alle Teile die Zeche zahlen wollen. Und Sie werden
die Fünftausend annehmen, da es eine Angelegenheit meiner
persönlichen Ehre ist, allen Verpflichtungen nachzukommen,
die Mick gegenüber jemand hatte. Und kommen Sie mir bitte
nicht mit dem Argument, gegenüber Witwen und Waisen

müsse man andere Maßstäbe anlegen. So süßlich-sentimental sind Sie doch hoffentlich nicht.«

»Wenn Sie es so betrachten . . .«

»Sie werden die Fünftausend annehmen.«

»Aber dann wird auch nicht mehr um etwa noch mehr gestritten?«

Sie lächelte. »Und dabei hatte ich es mir so schön zurechtgelegt.«

»Was zurechtgelegt?«

»Sie würden die Zwanzigtausend nehmen, und dann könnte ich Sie mit ruhigem Gewissen fragen, ob Sie mir noch einmal einen Gefallen tun würden. Verstehen Sie, ich muß noch einmal zu der Bank in Nassau. Bei der Übergabe der Konten muß jemand persönlich anwesend sein, der durch den Kontoinhaber oder dessen Nachfolger entsprechend ausgewiesen und bevollmächtigt ist. Ich wollte hinüberfliegen und wieder zurückfliegen, und dabei wollte ich jemand dabei haben, der mir anschließend helfen würde, die *Likely Lady* um Florida herum nach Naples, Florida, zu bringen. Ein Mann dort möchte sie kaufen. Der Preis ist abgemacht, und er würde auch kommen und sich das Boot holen, aber — ich möchte mich nicht von der *Likely Lady* trennen, bevor ich mit ihr eine letzte sentimentale Reise gemacht habe. Und so dachte ich, nachdem ich Ihnen die Zwanzigtausend gegeben hätte, könnte ich Sie bitten, mit mir das Boot hinüberzufahren. Halten Sie mich jetzt für albern und hysterisch?«

»Keineswegs.«

»Und würden Sie . . .«

»Selbstverständlich.«

So kam es, daß wir die *Likely Lady* mit Proviant ausrüsteten und mit ihr in der ersten Julihitze davonsegelten. Ich hatte die Hauptkabine für mich, die sonst immer Maureen und Biddy, ihre Töchter, bewohnt hatten.

Zwischen Helena und mir ergab sich eine Arbeitsteilung, die keiner vorherigen Absprache bedurfte. Ich machte die Navigationen, führte die Karten und das Logbuch und war für Brennstoff, Motoren, Radio und elektronische Ausrüstung verantwortlich. Helena kümmerte sich um die Takelage, das Segeln, die Mahlzeiten, die Wäsche und den Wasservorrat. Am Ruder lösten wir uns gegenseitig ab.

Nachts gingen wir meistens vor Anker, und nachdem es keiner allein in seiner Kabine aushielt, schliefen wir zusammen. Es war eine herrliche, berauschende Zeit, nachdem wir uns anfangs ungebührlich lange voreinander geziert hatten.

Der letzte Augusttag wurde auch zum letzten Tag unserer Liebe. Es war gleichzeitig der letzte Tag, den wir auf den Islands verbrachten. Wir lagen weit vor dem Cat-Key-Kanal. Am nächsten Tag wollten wir über die Florida-Straße heimwärts segeln. Ganz zärtlich liebten wir uns, sozusagen zum Abschied, und als ich sie dann in meinen Armen hielt, beide schon ein wenig müde, sagte sie: »Hast du es wirklich so verstanden, daß dies das letztemal war, Liebster?«

»Sicher. Es ist eine gute Art, Abschied zu nehmen. Sogar die beste, die ich kenne.«

Sie seufzte. »Ich habe mit Mick einundzwanzig Jahre zusammengelebt. Ohne ihn ... Ich werde niemals mehr der alte Mensch sein. Aber einige Wunden hast du heilen können, Trav. Den Rest meines Lebens werde ich dahinstolpern und mir das nehmen, was es für mich an Freuden am Rande des Weges noch gibt. Ich wünschte, ich könnte dich lieben, dann würde ich dich niemals weggehen lassen. Ich würde deine alte, alte Frau sein. Ich glaube, ich würde zum Schönheitschirurgen gerannt sein und dich mit meinem Alter angeschwindelt haben. Auf keinen Fall hätte ich dich jemals freigegeben. Aber es soll nicht sein — und für mich wird es auch niemals wieder sein.«

Ich hatte ihr Gründe zu nennen begonnen, wichtige und bedeutende Gründe, warum wir zusammenbleiben könnten, und als ich innegehalten hatte, um ihre Antwort, ihre bejahende Antwort zu hören, bemerkte ich, daß sie inzwischen eingeschlafen war.

Wir fuhren die *Likely Lady* nicht zu dem Mann hin, der sie haben wollte. Wir machten in Bahia Mar fest, und Helena sagte auf ihrem letzten Deckrundgang mit einem kleinen verzagten Lächeln: »Der Mann, der sie will, soll sie sich selber abholen. Würdest du so nett sein und ihn herumführen und ihm an Deck alles erklären?«

»Aber sicher, Helena. Schick ihn mir nur.«

Als ich ihre Koffer in dem gemieteten Wagen verstaut hatte, als ich sie zum Abschied zärtlich geküßt hatte und sie bereits hinter dem Lenkrad saß, mit leicht gerunzelter Stirn, hatte sie gesagt: »Wenn du jemals etwas brauchen solltest, Liebling — wenn ich es habe, kannst du es von mir bekommen. Und wenn ich es nicht habe, werde ich es für dich stehlen.«

»Wenn ich dich brauche, wie soll ich dich finden?«

»Nun, ich denke, wir werden in Verbindung bleiben.« Das waren ihre letzten Worte, und dann war sie mit dem schweren Wagen fast quälend langsam davongefahren.

4

Verdammte, verführerische Helena!

Es war alles ganz anders gekommen. Erst kam von ihr überhaupt kein Lebenszeichen, und als dann endlich ein Brief kam, sprach sie darin von einem Mann, den sie kennengelernt habe, einem Mann, der angeblich tausendmal weniger wert sei als ich, den sie aber dennoch liebe, wenn auch in bescheidenerer Weise.

Bald darauf hatte sie ihn geheiratet. Ich war zur Hochzeit eingeladen, aber als die Einladung kam, war ich gerade auf See gewesen. Es folgten Ansichtskarten aus Griechenland, von den griechischen Inseln, aus Spanien und allen möglichen Flitterwochenorten. Schließlich kam gar nichts mehr — bis auf den Brief vor drei Jahren mit mindestens einem Dutzend Seiten, auf denen sie sich ständig entschuldigte, daß sie schon wieder einmal meine Schulter brauchte, um sich daran auszuweinen.

Sie würde sich von Teddy scheiden lassen. Gewiß, er sei lieb und nett, auch ein sehr rücksichtsvoller Mann, aber eben ein Schwächling, der durch ihre eigene Stärke fast erdrückt würde. Eine Scheidung wäre der einzige vernünftige Ausweg, und jetzt, da es so gekommen sei, wäre sie froh, daß sie das alte Zypressenhaus nicht verkauft habe, und dorthin würde sie sich in aller Einsamkeit zurückziehen.

Sie schrieb dann noch, daß Maureen, ihre ältere Tochter, vor einem halben Jahr einen sehr vielversprechenden und liebenswerten jungen Mann aus dem Bankgewerbe geheiratet habe und daß die beiden unendlich glücklich miteinander zu sein schienen. Sie lebten in Fort Courtney, Florida, und für eine alternde Schwiegermutter wäre das wenigstens eine zumutbare Entfernung, da der Ort nur ungefähr hundert Meilen nordöstlich von Casey Key entfernt liege. Ebenso berichtete sie mir noch, daß Bridgit, mit Spitznamen ›Biddy‹ — neunzehn zu der Zeit, als sie mir den Brief schrieb —, von Bryn Mawr an die Universität von Iowa umgesiedelt sei, und daß sie dort zusammen mit einem Maler studieren könne, den sie hoch verehre, und daß sie schließlich nun doch auf Kunstgeschichte umgesattelt hätte.

Auch wenn der Brief familiäre Dinge behandelt hatte, war es dennoch kein intimer Brief gewesen. Niemand, der ihn las, konnte daraus entnehmen, in welcher Beziehung wir zueinander standen.

Zuletzt hatte sie mich noch gebeten, doch das nächstemal, wenn ich in der Sarasota-Gegend wäre, bei ihr vorbeizukommen.

Nachdem mir all diese Erinnerungen so lebhaft durch den Kopf gegangen waren, daß ich glaubte, alles noch einmal zu erleben, kam ich endlich von den Gedanken an Helena Pearson los und fand die ersehnte, erlösende Tiefe des Schlafs.

Montag, der 6. Oktober, war still, trist und grau. Bobby Guthries Frau holte ihren Mann um zehn Uhr vormittags ab, und bei dieser Gelegenheit nahm sie auch Joe Palacio mit zurück nach Miami. Meyer und ich nahmen die *Pik-As* in den Kanal hinaus und hielten mit der *Muñequita* im Schlepp auf Fort Lauderdale zu, während sich die blasse Sonne nur langsam gegen den verhangenen dunstigen Himmel durchsetzen konnte. Die *Pik-As* war immer noch mit den Tauchgeräten der *Floatation Associates* belastet. Meyer versicherte mir, sobald die neue kleine Gesellschaft die *Bama Gal* in Geld verwandelt hätte, würden sie ihr Zeug auf ein Arbeitsboot hinübernehmen, das Bobby ausfindig gemacht hatte und das zu einem relativ vernünftigen Preis zu haben war.

»Bobby will in das Boot die chemischen Tanks gleich fest einbauen und Röhren und Pumpen daran anschließen, ebenso die Schläuche, so daß die Arbeit unter Wasser später von einem einzigen Mann erledigt werden kann.«

»Ich finde eure Idee sehr vernünftig.«

»Nach der nächsten lukrativen Bergung bringen wir die gleiche Einrichtung, nur kleiner, auf einem Lastwagen an und montieren eine kräftige Winde darauf. Damit können wir dann ganz leicht auch all die Autos aus den Kanälen holen.«

»Eure Firma wird unaufhaltsam größer.«

»Sag mal, langweile ich dich irgendwie, McGee?«

»Wenn ich darauf aus wäre, mit drei netten Leuten ein lukratives Geschäft anzufangen, würde ich jetzt wahrscheinlich vor Freude auf dem Deck herumhopsen. Ich wünsche euch jede Menge Glück, Meyer.«

Er starrte mich überlegend an, zuckte die Schultern und ging unter Deck, um die Kameras auseinanderzunehmen, die wir auf der *Bama Gal* gefunden hatten. Er wollte sehen, was sie wert waren, wenn er sie gespült, gereinigt und geölt hatte. Ich konnte wieder mal die alte Meyersche Krankheit feststellen, sich jeder Sache fürsorglich anzunehmen, doch traf es zum Glück diesmal nicht mich.

Ich selbst hatte im Augenblick keine großen Pläne. Ich würde den dreien helfen, ihr Arbeitsboot auszurüsten und dann würde ich wahrscheinlich in geruhsamer Kreuzfahrt einen Abstecher nach Jax unternehmen. In einem Monat oder so würde ich mich nach einem neuen Klienten zu meinen schon sprichwörtlichen Fünfzig-Prozent-Bedingungen umsehen. Dazwischen würde sich schon noch so manches an Kleinigkeiten ergeben, vielleicht sogar ein bißchen was fürs Herz.

Ich bekam eine Benachrichtigung, daß für mich etwas in meinem Schließfach läge, und so hielt ich Helenas Brief erst am Montagmittag in Händen.

Zunächst jedoch war da ein schneeweißes Kuvert mit einem gedruckten Absender: *Folmer, Hardahee & Krantz, Rechtsanwälte.*

Mit einer Büroklammer war dem Schreiben ein Verrechnungsscheck über 25 000 Dollar beigeheftet, in kleiner, zierlicher lilafarbener Schrift von einem D. Wintin Hardahee unterschrieben. Der Brief trug das Datum des 27., und der Scheck das Datum des 26. September.

Lieber Mr. McGee,
entsprechend dem Wunsch von Mrs. Helena Trescott ...

Der Name Trescott brachte mich eine Sekunde lang durcheinander; erst dann erinnerte ich mich, daß ich ja damals die

Hochzeit versäumt hatte, bei der Helena einen gewissen Theodore Trescott geheiratet hatte.

... übersenden wir Ihnen einen Verrechnungsscheck über fünfundzwanzigtausend (25 000) Dollar und einen Brief, den Mrs. Trescott uns zur Weiterleitung an Sie übergeben hat.

Sie hat mir erklärt, daß diese Summe die Abgeltung einer lange bestehenden Verpflichtung bedeute. Da es bedauerlicherweise nicht wahrscheinlich ist, daß sie von ihrer schweren Erkrankung genesen wird, möchte sie Ihnen damit die Mühe ersparen, Ihre Forderung an ihre Testamentsvollstrecker einreichen zu müssen.

Falls Sie in dieser Angelegenheit noch Fragen haben sollten, können Sie mich unter der oben angegebenen Adresse und Telefonnummer erreichen.

Ihr sehr ergebener
D. Wintin Hardahee.

Die Kanzlei hatte ihren Sitz in Fort Courtney, Florida. Helenas Brief war versiegelt und trug als Anschrift nichts weiter als meinen Namen. Ich ging mit ihm, ohne ihn geöffnet zu haben, zur *Pik-As* zurück und legte ihn in der Kabine auf den Tisch. Dann goß ich mir erst einmal ein großes Glas Plymouth auf Eis ein. Während ich daran nippte, schielte ich immer wieder zu dem Brief hinüber. Nachdem ich gerade so lebhaft an Helena Pearson-Trescott erinnert worden war und wegen ihr eine halbe schlaflose Nacht verbracht hatte, verursachte dieser Brief in meinem Magen ein ziemlich flaues Gefühl.

Aber irgendwann mußte er ja doch einmal gelesen werden, und auch durch immer noch mehr Gin würde mir das nicht leichter werden.

Liebster Travis,
ich möchte Dich nicht mit klinischen Details langweilen. Langsam bin ich es jetzt schon so leid, krank zu sein, daß es mir wie eine Erlösung vorkommt, in den Augen der Ärzte und Schwestern zu lesen, daß es mit mir zu Ende geht.

Erinnerst Du Dich noch an jenen Tag auf Darby Island, als wir miteinander wetteiferten, wer von uns beiden den lausigsten Witz erfinden könnte, und wie wir unser Spiel schließlich

für unentschieden erklärten? Als beinahe genauso fauler Witz
kommt mir heute meine Krankheit, wenn nicht gar mein ganzes
Leben vor. Du sollst nicht glauben, ich ertrüge es tapfer — im
Gegenteil, ich habe sogar eine höllische Angst vor dem, was
nach diesem Leben kommt.

Ich habe die Ärzte gebeten, mir im Moment etwas weniger
Narkotika zu geben, damit ich diesen Brief an Dich mit klarem
Kopf schreiben kann. Und so kannst Du mir sicher nachfühlen,
wie mir im Augenblick zumute ist.

Weißt Du, Travis, wenn ich an jenen letzten wirklich schön-
sten Sommer meines Lebens zurückdenke, und wenn ich jetzt
so sehe, was aus mir geworden ist ... Sie haben es mit allem
versucht, einschließlich der Kobaltbombe ... Und dann machte
man mir wieder Hoffnungen, aber es ging jedesmal nur für ein
paar Wochen gut. Dann hatten sich bereits wieder Metastasen
gebildet. Am Donnerstag soll noch einmal eine Operation vorgenommen werden, für die ich gerade aufgepäppelt werde.
Aber in diesem Stadium meiner Krebserkrankung hat das alles
wohl keinen Sinn mehr. Ich glaube, auch der gute Dr. Dyckers
gibt sich bei mir längst keinen Illusionen mehr hin. Vielleicht
— so vermute ich wenigstens — operiert er mich nur deshalb,
um mich einen schnellen Tod sterben zu lassen, statt daß ich
Monat um Monat dahinsieche. Ich bin inzwischen — gewissermaßen durch einen Zufall — in bescheidenem Maße
wohlhabend geworden. Ein Freund von Mick hatte die Invest-
mentsache übernommen, und er ist sehr geschickt darin, Geld
anzulegen. Seit fünfeinhalb Jahren hat er laufend kleine
Aktienpakete unbekannter Firmen für mich aufgekauft.
Manche dieser kleinen Pakete sind heute immer noch so wenig
wert wie damals. Aber die Aktien der größeren Pakete sind
laufend gestiegen und steigen immer noch. Kürzlich hat er
einen Teil davon verkauft, so daß man leichter übersehen
kann, was das Finanzamt alles zu bekommen hat.

Aber bekomme Du jetzt ja nicht irgendwelche komischen
Ideen, meine beiden Töchter könnten durch das, was ich Dir
geschickt habe, geschädigt werden. Sie bekommen mehr als
genug. Außerdem soll der Betrag wieder einmal eine Art
Honorar darstellen ...

Und zwar handelt es sich um die ältere meiner beiden Töchter, um Maureen. Sie ist jetzt beinahe sechsundzwanzig und

seit drei Jahren mit Tom Pike verheiratet; sie haben aber keine Kinder. Maureen hat bisher zwei Fehlgeburten gehabt. Sie ist ein sehr gutaussehendes Mädchen geworden, aber nach der letzten Fehlgeburt wurde sie sehr krank und siecht nun fast dahin. Ich hätte mich natürlich selbst um sie gekümmert, wenn ich nicht wieder ins Krankenhaus gemußt hätte. Biddy ist zu ihr gefahren, um auszuhelfen. Es ging einfach alles drunter und drüber. Dabei hatte ich immer gedacht, Maurie wäre der Fels, um jeder Brandung des Lebens zu trotzen, und Biddy wäre diejenige, die versagt, weil sie doch so verträumt wirkt und gar keine richtige Einstellung zum Leben zu haben schien.

Doch jetzt ist es Biddy, die uns alle moralisch stützt, weniger wegen meiner Krankheit als vielmehr deswegen, weil Maurie sich nun schon das drittemal umbringen wollte.

Wenn ich lese, was ich geschrieben habe, kommt mir das Ganze unwirklich vor. Sich selbst umbringen — was für ein schrecklicher Gedanke. Dabei ist Tom Pike ein so netter Kerl. Er und Biddy versuchen gemeinsam, Maurie davon abzubringen, aber Maurie steht allem voller Abwehr gegenüber. Man bekommt keinen Kontakt mehr mit ihr. Tom hat alle möglichen medizinischen und psychologischen Kapazitäten konsultiert. Sie versuchen auch, Maurie begreiflich zu machen, daß jetzt alles für sie überstanden ist. Ich selbst habe meine Zweifel. Und ich kann leider nichts mehr tun. Ich kann nicht aufstehen und hingehen und mich selbst darum kümmern. Ich glaube nicht, daß ich dieses Krankenbett jemals wieder verlassen kann.

Travis, erinnerst Du Dich, wie Du mir auf unserer romantischen Kreuzfahrt erzähltest, was Du beruflich machst? Vielleicht hat mein Problem nichts damit zu tun, aber die Situation ist doch nun einmal die, daß es hier um ein Menschenleben geht, wenn Maurie versucht, sich selbst umzubringen. Wenn Du Detektivaufträge übernimmst, arbeitest Du dann nicht auch darauf hin, ein Unglück zu verhüten?

Ich wünsche mir jedenfalls, daß Du verhinderst, daß sie in einem Augenblick des Leichtsinns einfach ihr Leben wegwirft. Ich habe nicht die mindeste Ahnung, wie Du das anfangen könntest, oder ob das, was Du tun kannst, einen Nutzen hat. Aber die Chance, daß man Mauries Leben erhält, ist doch

*wirklich mehr wert als die Fünfundzwanzigtausend, die ich Dir
als Vorschuß schicke.*

*Ich habe in den letzten Tagen viel an Dich gedacht und bin
zu dem Schluß gekommen, daß Du der einzige bist, den ich um
so etwas bitten könnte. Du kennst die Menschen so verblüf-
fend genau, Travis. Ich weiß auch, daß Du es damals verstanden hast, eine ziemlich angeschlagene, leicht ältliche Witwe
wieder auf die Beine zu bringen, und ebenso habe ich nicht
vergessen, mit welcher rührenden Liebe und Sorge Du das
getan hast. Wenn man einmal ein wenig in Dein Leben hin-
eingeblickt hat, dann kann man sich einfach nicht vorstellen, daß
Du mit irgend etwas im Leben nicht fertig werden könntest.
Damit meine ich nicht nur Deine Muskeln und Deine Ent-
schlußkraft ... Es ist vielmehr die sanfte und doch so unendlich
geschickte Art, in der Du Menschen zu leiten verstehst. Und ich
glaube, daß Maurie im Augenblick einer solchen Leitung bedarf.*

*Glaube mir, Travis, ich hasse es, von meinem Totenbett aus
eine solche Forderung an Dich stellen zu müssen, doch habe ich
dabei einen kleinen Trost, der mich von weiteren Selbstvorwür-
fen entlastet. Du wirst Dich um Maurie kümmern, wenn Du es
für richtig hältst — und falls nicht, wirst Du die Finger davon
lassen. Du wirst also selbst entscheiden. Und dann ist doch
alles auf einmal ganz einfach, nicht wahr?*

*Gerade habe ich einen meiner Schmerzanfälle gehabt. In
meinem Jammer muß ich wohl so laut gestöhnt haben, daß
sofort die Schwester angelaufen kam, und damit wird gleich
wieder alles dämmrig und süßlich und apathisch werden. Ich
nehme mich noch ein bißchen zusammen, um diesen Brief
abschließen zu können. Du ahnst ja nicht, wie quälend jung das
Herz bleiben kann, auch wenn der Körper schon zu versagen
droht. Immer noch denke ich, und ich denke an damals, beim
Shroud Key, als Du mich mit Deiner Liebe wieder zum Leben
erwecktest. All das fühle ich in diesem Augenblick geradeso
wie damals. Das Herz bleibt jung ... (unleserlich). O Liebster,
vergiß es nicht, schaue bitte nach, was mit meiner kleinen
Maurie ... (unleserlich). Es wird mir von dieser Spritze ...
(unleserlich) ... und ... (unleserlich). Maurie ...*

Unterschrieben, oder eigentlich unterkritzelt, war der Brief mit
einem großen H. Wieder eine gute Seele, die diese Welt ver-

lassen hatte, während all die schlechten und durchschnittlichen Seelen zurückblieben. Gerade den Guten scheint immer vorzeitig der Lebensfaden gewaltsam durchtrennt zu werden ...

So, alter Trav, nun laß das Schlucken und Blinzeln und ruf dort gleich mal an.

Das Mädchen am anderen Ende der Leitung sagte, Mr. Hardahee wäre gerade zum Essen gegangen. Aber dann fragte sie mich, ob es wichtig wäre, und ich sagte ihr, es ginge um Leben und Tod. Da kehrte D. Wintin Hardahee augenblicklich vom Essen zurück.

Er hatte eine leise, fast flüsternde Stimme: »O ja — ja, natürlich. Äh — Mrs. Trescott ist letzten Donnerstag abend verstorben — äh, nach der Operation — im Nachbehandlungsraum. Wirklich eine sehr tapfere Frau ... Äh, ich schätze mich glücklich, daß ich zu ihren Vertrauten zählen durfte, Mr. McGee.«

Und dann sagte er noch, daß am Sonntag ein kleiner Gedenkgottesdienst gehalten worden sei.

Es hatte schon viele triste Montage gegeben. Somit war dieser nur noch einer mehr.

5

Fort Courtney (24 808 Einwohner), County-Sitz von Courtney County (91 312 Einwohner). Sanft gewelltes Land. Felder mit Zitrusfrüchten, so leuchtend grün, als seien all die Früchte aus Plastik gemacht, bunter als in einem Cinemascope-Film. Weiße Zäune dazwischen, was darauf schließen läßt, daß Pferdezucht als Hobby betrieben wird. Eine industrielle Anlage, lange schuppenartige Gebäude, Treibhäuser einer wuchernden elektronischen Industrie. Hier ein kleines Zweigwerk von Litton, dort eine kleine Tochterfirma von Westinghouse. Und eine, die sich Bruxtyn Electricon Inc. nennt. Golfklubs, Villen, die wie bloße Ferienhäuser wirken. Und das dort, mit all den merkwürdigen Gebäuden, müßte so etwas wie ein kleines College sein ...

An jenem Donnerstag, eine Woche, nachdem Helena gestorben war, tauchte die Nachmittagsmaschine mit einer ihrer Flügelspitzen nach unten und bescherte mir dadurch einen unverhofften Blick auf die Stadt, eine Florida-Stadt wie viele andere, die gerade entstanden waren oder erst noch entstehen würden.

Ich hatte darauf verzichtet, in meinem betagten Rolls-Royce hinaufzufahren. *Miß Agnes* macht einen stets irgendwie auffällig. Das führt dazu, daß man allzu deutlich und lange in Erinnerung behalten wird, weshalb sich der Wagen für Geheimmissionen wenig eignet. Nun, dies hier war gewiß keine Geheimmission, aber ich wollte um jeden Preis vermeiden, in den Ruf eines Egozentrikers zu geraten.

Von der wahrhaft umwerfenden Hitze auf dem Rollfeld trat ich in die Kühle der Empfangshalle. Ein forsches uniformiertes Mädchen verlieh mir einen Mietwagen der Firma, deren Uniform sie trug. Sie arbeitete mit komprimierter nüchterner Tüchtigkeit.

Nachdem sie mir die Schlüssel für den mit Klimaanlage versehenen Chevrolet überlassen hatte, wandelte sie sich, als ich sie nach einem Hotel fragte, in dem man auf angenehme Art ein paar Tage verbringen könnte, im Handumdrehen vom Roboter in ein richtiges Mädchen aus Fleisch und Blut. Sie zog die Brauen hin und her, nagte ein wenig an ihrer Unterlippe, dann schlug sie vor, ich sollte doch am besten in die Wahini Lodge ziehen. Sie läge gleich an der Fernstraße 30, geradeaus die Hauptstraße hinunter, links einbiegen und noch ungefähr eine Meile weiter, dann gleich auf der rechten Seite. Es wäre neu, sagte sie, und sehr nett.

Die Wahini Lodge war im Hawaii-Stil gebaut. Der Bungalow, den man mir anbot, war geräumig und roch frisch und sauber. Vom Fernseher bis zum Küchenmixer war alles vorhanden. Den Wagen konnte ich unter einem Zeltdach gleich nebenan abstellen. Durch das Fenster konnte ich auf einen viereckigen Innenhof mit einem riesigen Rasen und einem durch Buschwerk abgeschirmten Swimming-pool sehen, der unbenutzt in der Sonne blinkte.

Es war halb vier Uhr nachmittags, als ich mir eine Amtsleitung geben ließ, um die Nummer von Thomas Pike zu wählen.

Eine weibliche Stimme meldete sich.

»Mrs. Pike?«

»Wer spricht?«

»Sind Sie Maureen Pike?«

»Mrs. Pike schläft. Kann ich ihr etwas ausrichten?«

»Bridgit? Biddy?«

»Wer ist dort, bitte?«

»Mein Name ist Travis McGee. Wir haben uns vor fünf Jahren zum letztenmal gesehen. In Fort Lauderdale. Können Sie sich noch an mich erinnern?«

»Ja — ja, natürlich. Was wünschen Sie?«

»Hören Sie, ich will Ihnen nichts verkaufen. Ich konnte Mrs. Pearson damals, als Mick starb, einen Gefallen erweisen. Letzten Montag habe ich erfahren, wie es mit Helena gekommen ist. Es tut mir schrecklich leid. Falls ich zur unpassenden Zeit anrufe, sagen Sie es bitte.«

»Ich weiß, Mr. McGee, meine Stimme hat eben vielleicht abweisend geklungen, aber es ist wirklich ein schlechter Augenblick herzukommen. Vielleicht könnte ich zu Ihnen ... Ich meine, sind Sie hier in der Stadt?«

»Ja, ich wohne in der Wahini Lodge. Bungalow hundertneun.«

»Ist es Ihnen recht, wenn ich gegen sechs zu Ihnen hinauskomme? Ich muß hierbleiben, bis Tom — Tom Pike von der Arbeit heimkommt.«

»Danke. Das paßt mir ausgezeichnet.«

Ich nützte die Wartezeit, um mich geographisch zu orientieren. In der Türtasche des Leihwagens fand ich eine Karte der Umgebung, die mir weiterhalf. Ich fühle mich an einem fremden Ort erst wohl, wenn ich die Gegend genau ausgekundschaftet habe, wenn ich weiß, wie man in einen Ort hineinund gegebenenfalls auch schnell wieder hinauskommt.

Ich merkte bald, daß man sich in der Gegend des Haze Lake Drive, wo die Pikes wohnten, leicht verirren konnte. Dorthin war ich nämlich gleich nach dem Anruf mit dem Mietwagen gefahren.

Die Hauptstraße wand sich zwischen kleinen Seen hindurch, die teils natürlich, teils von Bulldozern und Baggern geschaffen worden waren. Rechts dahinter lag der Haze Lake Drive.

Ein großer dunkelblauer Briefkasten hing an einem Pfahl neben der Auffahrt zu Haus Nummer 28. Auf dem Metallschild stand: *T. Pike.* Über die Ziersträucher hinweg konnte ich das mit Zedernschindeln gedeckte niedrige Dach und dahinter

Teile eines ruhigen kleinen Sees sehen. Das Haus lag in einer der sogenannten besseren Gegenden, ragte aber keineswegs unter den anderen heraus. Es lag schätzungsweise eine Meile vom Haze-Lake-Golf- und Tennisklub entfernt, mochte aber um 50 000 Dollar billiger gewesen sein als die Häuser, die gleich neben dem Klub standen.

Als ich weiter ins Stadtzentrum fuhr, entdeckte ich eine Straße mit entzückenden, aber teuren Läden. Einer davon war ein Schnapsladen, dessen Inhaber ein sachverständiger Mann war. Er hatte Plymouth-Gin auf Lager, was selbstverständlich dazu führte, daß ich mir einen kleinen Vorrat kaufte, obwohl ich von Lauderdale ein paar Flaschen mitgenommen hatte.

Von dem Schnapsladen aus fuhr ich zum Motel zurück. Fünf Minuten nach sechs rief Biddy mich über das Haustelefon an. Ich ging zur Empfangshalle vor und nahm sie mit in die Cocktail Lounge gleich neben dem Swimming-pool. Durch eine riesige grünblaue Thermopanscheibe konnte man in die Hitze hinaussehen. Biddy war mit hochgereckten Schultern und erhobenen Hauptes neben mir hergegangen, nachdem sie mich etwas reserviert, aber irgendwie artig begrüßt hatte.

Als sie mir an einem Ecktisch gegenübersaß, konnte ich nur zu deutlich Helena und Mick in ihr erkennen. Sie hatte Helenas Figur, aber ihr Gesicht war breiter, vor allem in den Backenknochen, und außerdem ein wenig asymmetrisch, das Auge eine Spur höher als das andere, und dazu das gewisse kleine Lächeln, genau wie Mick es gehabt hatte.

Biddy hatte inzwischen die Grenze vom kleinen Mädchen zur Frau durchschritten, die Jahre zwischen siebzehn und dreiundzwanzig. Ihre Augen wirkten nicht mehr so verträumt und gleichgültig, fast wie bei einer Statue im Park. Wir waren beide erwachsene Leute, die darum wußten, wie sehr das Leben mit Fußangeln und Fallstricken aufwartet.

»Ich habe Sie älter in Erinnerung, Mr. McGee.«

»Und ich Sie jünger, Miß Pearson.«

»Wahrscheinlich schrecklich jung. Dabei hielt ich mich damals schon für ziemlich erwachsen. Ich fürchte, ich weiß heute eine ganze Menge weniger, als ich damals zu wissen glaubte.«

Nachdem wir unsere Bestellung aufgegeben hatten, sagte sie: »Bitte entschuldigen Sie, daß ich am Telefon nicht höflicher war. Maurie bekommt manchmal anonyme Anrufe, und ich habe inzwischen schon Übung, solche lästigen Anrufer abzuwimmeln.«

»Anonyme Anrufe?«

»Wie haben Sie uns überhaupt ausfindig gemacht, Mr. McGee?«

»Sagen Sie nur Trav oder Travis, Biddy. Sonst fühle ich mich so alt, wie Sie dachten, daß ich sein würde, bevor Sie mich wiedersahen. Wie ich Sie gefunden habe? Ihre Mutter und ich waren in Verbindung geblieben. Hier mal ein Brief, dort mal ein Brief. Austausch von Familiennachrichten.«

»Sie haben noch vor kurzem von ihr gehört? Natürlich, sonst hätten Sie ja nicht wissen können, mit wem Sie am Telefon sprachen.«

»Ihren letzten Brief habe ich am Montag bekommen.«

Sie war überrascht. »Aber da war sie doch schon . . .«

»Ich war nicht da, als der Brief ankam. Er lag schon ein paar Tage bei der Post.«

»Und mit Familiennachrichten?« fragte sie vorsichtig.

Ich zuckte die Schultern. »Er war voll von Entschuldigungen, weil sie so deprimiert war. Sie wußte, daß es zu Ende ging. Und sie schrieb mir, daß Sie hier seien, seit es Maurie nach ihrer zweiten Fehlgeburt so schlecht ginge.«

Mißbilligend preßte sie die Lippen zusammen. »Warum hat sie Ihnen das geschrieben — Ihnen . . . Wir kennen Sie doch kaum.«

»Nun, wahrscheinlich nicht, damit ich es in der Zeitung veröffentliche.«

»Bitte, verstehen Sie, ich wollte nicht unhöflich sein. Ich wußte nur einfach nicht, daß Sie so vertraut mit ihr waren.«

»Das war ich auch nicht. Mick vertraute mir, und das wußte sie. Manche Menschen brauchen jemand, mit dem sie sich über alles aussprechen können. Während der ganzen Zeit beispielsweise, als sie mit Trescott verheiratet war, habe ich nicht ein Wort von ihr gehört.«

»Der arme Teddy!« Ich konnte ihr ansehen, wie sie darüber nachdachte. Dann nickte sie wie zu sich selbst. »Ja, es muß wohl eine Erleichterung sein, wenn man jemandem sein Herz ausschütten kann, von dem man genau weiß, daß er es für sich behält, und der einem dann das Vertrauen gibt, daß alles wieder in Ordnung kommen wird.« Sie hob den Kopf, sah mich an. »Nachdem Mick gestorben war, war meine Mutter einfach nicht mehr die alte. Die beiden waren so vertraut miteinander, daß Maurie und ich uns manchmal wie ausgeschlossen vorkamen. Allein die vielen kleinen Anspielungen und Witze, die nur sie verstanden. Sie konnten sich miteinander unterhalten, ohne zu sprechen. Nach seinem Tod war sie wie eine Fremde, wie ein Flüchtling, allein in der Welt. Auch mit Teddy blieb sie allein. Wenn sie sich dadurch, daß sie an Sie schrieb, nicht mehr so allein fühlte, nun, dann ... Trav, es tut mir leid, daß ich am Telefon so abweisend zu Ihnen war.«

In ihre Augen stiegen Tränen, aber sie blinzelte sie fort, sah nachdenklich in ihr Glas und nippte daran.

»Ich mache Ihnen keinen Vorwurf, Biddy. Es ist immer ein bißchen peinlich, wenn sich herausstellt, daß ein Fremder die ganzen Familienprobleme kennt. Aber ich erzähle sie auf keinen Fall weiter.«

»Ich weiß, daß Sie das niemals tun würden. Ich kann nur einfach nicht begreifen, warum es ihr im letzten Jahr ... Aber vielleicht ist das Leben so. Wenn man eine Reihe von Jahren glücklich gewesen ist, glücklicher als andere, dann muß man es hinterher ...« Sie hielt plötzlich inne und riß die Augen auf. »Familiennachrichten? Auch das über Maurie?«

»Daß sie sich umbringen wollte? Ja, aber keine Einzelheiten. Ich weiß nur, daß Ihre Mutter dadurch noch unruhiger war und daß sie es nicht verstehen konnte.«

»Niemand kann das verstehen!« Sie sagte es viel zu laut, beinahe heftig, versuchte jedoch dabei zu lächeln. »Das Ganze ist so schrecklich, so — so ...«

Ich sah, daß sie drauf und dran war, die Nerven zu verlieren. Rasch legte ich einen Geldschein auf den Tisch, faßte sie leicht oberhalb des Ellenbogens und führte sie hinaus. Sie schwankte ein wenig, als sie neben mir herging, über die grünen Rasenflächen zu meinem Bungalow. Kaum hatte ich aufgeschlossen, eilte sie im Laufschritt auf die angelehnte Badezimmertür zu und verschwand dahinter. Ich war noch dabei, die Bungalowtür hinter mir zu schließen, als sie die Spülung zog.

Von der kleinen Hausbar, die in einem Alkoven eingerichtet war, brachte ich einen Mixbecher voll Eiswürfel, für mich einen Plymouth und für sie etwas Damenhafteres mit und stellte die

Sachen auf den Tisch. Ich zog die leichte Gardine vors Fenster und stellte das Radio an, das jedoch nur Nachrichten über eine Flugzeugkatastrophe brachte.

Als Biddy schüchtern aus dem Badezimmer kam, warf ich ihr einen absichtlich unbefangenen Blick zu und sagte: »Bitte, bedienen Sie sich.«

Sie mixte sich ein wenig Scotch mit Tonic, und wir saßen uns ein paar Minuten lang schweigend in den Chromsesseln mit den Walnußholzlehnen gegenüber. Dann stand ich auf, um den Katastrophenverbreiter im Radio zum Verstummen zu bringen.

Im Plauderton fragte ich: »Malen Sie eigentlich noch?«

Sie zuckte die Schultern. »Ich versuche es. Über dem Bootshaus an unserem kleinen See habe ich mir ein Studio eingerichtet.« Sie schnüffelte ein wenig und mußte einen Schluckauf unterdrücken. Ihre Augen waren gerötet und leicht geschwollen. »Danke, Trav, daß Sie eben so schnell begriffen haben. Mir war wirklich schlecht.« Ihr Lächeln wirkte verzagt. »Von meiner Malerei wissen Sie also auch.«

»Nur, daß Sie sich vor ein paar Jahren damit beschäftigt haben.«

»Was ich neulich an Urteilen darüber gehört habe, sollte mich eigentlich veranlassen, es aufzugeben. Aber ich hab' ja auch nicht mehr viel Zeit dafür übrig. Es gibt jetzt dringendere Dinge. Übrigens — worüber wollten Sie mit Maurie sprechen?«

»Nun, ich wollte Sie beide so kurz nach Helenas Tod eigentlich nicht stören, vor allem nicht wegen so einer Lappalie. Aber ein Freund von mir — er heißt Meyer — kann den Gedanken an Ihre *Likely Lady* einfach nicht loswerden. Nachdem er alle Bootswerften vergeblich nach einem ähnlichen Kutter abgesucht hat, drängt er mich dauernd, ich solle doch Sie einmal fragen, was aus dem Boot geworden ist. Ich hatte ihm versprochen, Ihnen zu schreiben, aber gerade da kam Helenas Brief. Ich rief sofort das Krankenhaus an — zu spät. Daraufhin erklärte ich Meyer, ich könnte Sie jetzt unter keinen Umständen belästigen. Andererseits rätselte ich mehr und mehr, was denn nun eigentlich mit Maureen los ist. Wissen Sie, Biddy, ich kam mir immer wie eine Art adoptierter Onkel vor. Ihnen und Maurie gegenüber. Und so kam eins zum andern: Meyer drängte, und ich mit meiner Ungewißheit wegen Ihnen beiden . . .«

Ihr Lächeln wirkte verkrampft. »Bringen Sie mich bitte nicht noch einmal zum Weinen. In letzter Zeit scheine ich es einfach nicht mehr ertragen zu können, wenn jemand nett zu mir ist.«

Sie nahm einen kleinen Schluck aus ihrem Glas, stand auf und ging erneut ins Bad. Sie stellte sich vor den Spiegel und musterte darin ihre Tränenspuren.

»Es funktioniert. Es funktioniert immer noch«, sagte sie, indem sie sich von dem Spiegel abwandte und wieder in das Zimmer hereinkam. »Wenn wir als Kinder böse waren oder weinten, stellte Mutter uns vor den Spiegel, damit wir sehen konnten, wie häßlich wir in solchen Augenblicken waren. Meistens hörten wir sofort auf zu weinen. Was wir als Kinder machen mußten, habe ich eben mit mir selber probiert, und es hat tatsächlich funktioniert. Man kann, wenn man sich so im Spiegel sieht, tatsächlich nur noch über sich lachen.« Sie setzte sich und nahm ihr Glas. »Trav, ich kann mich einfach nicht mehr an den Namen des Mannes erinnern, der die *Likely Lady* gekauft hat. Ich glaube, er war aus Punta Gorda oder aus Naples. Aber ich weiß, wie ich es herausfinden kann.«

»Und wie?«

»Ich muß nach Casey Key fahren und zu Hause in Mutters Schreibtisch nachsehen. Das müßte ich sowieso als nächstes tun, sagen die Anwälte. In Geschäftsdingen war Mutter immer sehr ordnungsliebend. Die Kaufverträge müßten in einem Hefter für das betreffende Jahr sein . . . Ja, die *Likely-Lady* . . . Sie war ein schönes großes Boot. Daddy sagte immer, sie hätte Verstand wie ein Mensch gehabt — sogar mehr als Menschenverstand. Wenn man beim Segeln etwas falsch machte, glich sie es ganz von selber wieder aus . . . Wenn Sie mir Ihre Adresse geben würden, könnte ich Ihnen die Anschrift des Mannes, der sie gekauft hat, schreiben.«

»Wollen Sie bald hinunterfahren?«

»Tom und ich haben vor, am Samstagmorgen zu fahren und am Sonntagabend zurückzukommen. Diese Zeitspanne müßte ausreichen. Es kommt natürlich auf Mauries Zustand an.«

»Ist sie körperlich krank?«

»Sie meinen, zusätzlich dazu, daß sie seelisch krank ist?«

»Warum denn gleich so entrüstet? Durch Empfindlichkeit schaden Sie sich nur selbst.«

»Sie haben recht. Ich reagiere in letzter Zeit allergisch, wenn es um Maurie geht.«

»Was ist denn nun wirklich mit ihr los?«

»Das kommt darauf an, wen Sie fragen. Wir haben jedenfalls mehr Antworten darauf, als wir brauchen können. Manisch depressiv. Schizophrenie. Korsakowsches Syndrom. Virusinfektion eines Gehirnteils. Alkoholismus. Nennen Sie eine Krankheit, und irgend jemand findet sich, der behauptet, daß Maurie sie hätte.«

»Korsakowsches Syndrom — was ist das?«

»Ihr Gedächtnis gerät völlig durcheinander. Sie kann sich an alles erinnern, was vor dem letzten Jahr liegt, doch das ganze vergangene Jahr ist ein heilloses Durcheinander. Manchmal glaube ich fast, daß sie es nur vortäuscht, weil es ihr so besser in den Kram paßt. Sie kann nämlich geradezu erschreckend gerissen sein. Als ob wir alle gegen sie wären, oder so ähnlich. Sie bringt es fertig, sich zu betrinken und dann zu verschwinden, wenn wir sie nur eine Sekunde unbeaufsichtigt lassen. Einmal brachten wir sie für zwei Wochen in ein Sanatorium, aber sie wurde davon so apathisch, daß wir es einfach nicht mehr mit ansehen konnten und sie wieder nach Hause nehmen mußten. Da war sie sofort wieder ein kleines braves Mädchen und so glücklich, wieder zu Hause zu sein. Sie kann wirklich lieb und nett sein, und dann wieder scheint der leibhaftige Teufel in ihr zu stecken. Niemand weiß, woran das liegen könnte. Wenn ich Ihnen dies nicht alles gesagt hätte, könnten Sie auf Besuch kommen und würden nicht merken, daß irgend etwas nicht stimmt.«

»Hat sie wirklich versucht, sich umzubringen?«

»Dreimal sogar. Die beiden ersten Male hätte sie es auch um ein Haar geschafft. Das erstemal schluckte sie zwanzig Schlaftabletten, und wir fanden sie gerade noch rechtzeitig. Beim zweitenmal fand Tom sie mit aufgeschnittenen Handgelenken in der Badewanne. Im dritten Fall hatte sie eine viertelzolldicke Nylonleine mit einer Halsschlinge vorbereitet, die an einem Balken des Bootshauses hing.«

»Gibt sie eine Erklärung dafür, warum sie es immer wieder versucht?«

»An die Gründe kann sie sich hinterher nicht mehr erinnern. Sie kann sich zwar entsinnen, es versucht zu haben, aber das Warum ist ihr selber ein Rätsel. Wenn man mit ihr darüber spricht, ist sie selber zutiefst betroffen, völlig verstört und verwirrt.«

»Wer kümmert sich im Augenblick um sie?«

»Tom ist bei ihr zu Hause. Wenn Sie einen Arzt meinen — wir haben schon alle durch. Tom und ich können ihr bis zu einem gewissen Grad selber helfen. Es ging ihr auch schon wieder ganz gut, bis Mutter starb. Da hatte sie ein paar ganz schlechte Tage.«

»Wird sie sich noch an mich erinnern können?«

»Natürlich. Sie ist ja nicht einfach völlig verrückt geworden — um Himmels willen, nein!«

»Und wie ist das mit den anonymen Anrufen, von denen Sie gesprochen haben?«

Ihre Miene wurde abweisend. »Oh, die kommen von Leuten, mit denen sie sich eingelassen hat, wenn sie — wenn es ihr gelungen ist, uns durchzubrennen.«

»Läßt sie sich dabei mit Männern ein?«

»Sie geht allein aus. Sie ist dann völlig verschlossen. Für Tom und mich ist es die reinste Hölle — aber das geht Sie nichts an.«

»Es ist nicht nett von Ihnen, so zu einem freundlichen alten Adoptivonkel zu sprechen.«

Ein leeres Lächeln. »Ich bin mit meinen Nerven fast am Ende. Und besonders dieser Teil ihres Verhaltens läßt in mir manchmal den Wunsch entstehen, nicht zu der Spezies Mensch zu gehören. Diese verdammten öligen Stimmen am Telefon, wie die von asozialen Kindern, ob Maurie nicht herauskommen und mit ihnen spielen würde. Oder wie Rudel von streunenden Gassenhunden, die einem anderen Hund nachlaufen. Die wissen nicht, daß sie krank ist . . .«

»Wie oft pflegt sie sich davonzuschleichen?«

»Nicht oft. Vielleicht dreimal in den letzten vier Monaten. Aber das ist eben genau dreimal zuviel. Sie kann sich hinterher nur sehr vage an irgend etwas erinnern.«

Ich nahm ihr leeres Glas, mixte ihr einen neuen verdünnten Scotch und stellte das mit Eiswürfeln aufgefüllte Glas wieder vor sie hin. »Sie müssen mittlerweile doch eine Theorie entwickelt haben«, sagte ich. »Sie kennen Ihre Schwester besser als sonst jemand in der Welt. Wie fing denn alles an?«

»Sie hatte ihre zweite Fehlgeburt wegen einer Nierenstörung, die mit Koliken verbunden war. Vielleicht hat sich das auf ihr Gehirn geschlagen. Die Ärzte sagen allerdings nein. Und dann dachte ich, sie hätte vielleicht einen Gehirntumor. Alle Untersuchungen in dieser Richtung hatten ein negatives Ergebnis. Ich weiß es also nicht, Trav. Sie ist die gleiche gute alte Maurie und ist es doch nicht. Manchmal ist sie wie ein Kind — und dann bricht es mir fast das Herz.«

»Wäre es Ihnen recht, wenn ich mal auf einen Sprung vorbeikomme?«

»Sind Sie einverstanden, wenn ich erst Tom frage? Ich rufe Sie heute abend oder morgen früh an.«

Natürlich war ich damit einverstanden. Nachdem sie ihr Glas ausgetrunken hatte, brachte ich sie hinaus zu ihrem kleinen roten Falcon-Sportwagen. Sie bedankte sich für die Gastfreundschaft, entschuldigte sich dafür, daß sie ekelhaft, widerborstig und nervös gewesen sei und fuhr davon.

Am nächsten Morgen rief sie an und lud mich zum Mittagessen ins Haus ein. Sie sagte, Maurie freue sich darauf, mich wiederzusehen, und auch Tom würde da sein, wenn es ihm gelinge, sich freizumachen.

6

Biddy Pearson hatte offensichtlich das Geräusch meiner Reifen auf dem feinen Kies der Auffahrt gehört, denn sie kam hinter dem Haus hervor, wo der kleine See lag. Sie trug gelbe Shorts und einen ärmellosen weißen Pulli. Die Haare hatte sie sich mit einem gelben Band zum Pferdeschwanz zusammengebunden. Ihre Schmetterlingssonnenbrille war eines von diesen neumodischen Dingern mit riesigen dunklen Gläsern.

»Das ist fein, daß Sie herauskommen konnten, Trav. Wir sind hinter dem Haus. Kommen Sie nur mit. Tommy hat den Garten ausgeräuchert, bevor er zur Arbeit ging. Es ist keine Mücke mehr drin und hoffentlich auch kein Moskito. Tom müßte jede Minute zurückkommen.«

Leicht erregt und nervös plapperte sie weiter, als ich mit ihr über den leichten Rasenabhang ging, der zum See hin abfiel. Eine dichte Hecke von Zunderholzbäumen schirmte den Garten zu den Nachbarn hin ab. Unter einem blühenden, schattenspendenden Banyanbaum standen ein Tisch und Bänke aus Redwoodholz. Das zweistöckige Bootshaus wies eine höchst merkwürdige Architektur auf, die jedoch durchaus zu dem Wohnhaus paßte. Ein kleiner T-förmiger Bootssteg ragte ins Wasser hinein, an dem ein weißgestrichenes Ruderboot schaukelte. Auf dem Tisch lagen die Zutaten für einen Picknick-Lunch. Unter einem Grill kokelte ein Holzkohlenfeuer. Bridgit deutete auf eine Karaffe mit frischem Orangensaft, die zusammen mit einer Wodkaflasche in einem Eiskübel stand. Ich solle mir selber etwas mixen, meinte sie, während sie Maurie Bescheid sagen wollte, daß ich gekommen war.

Zwei, drei Minuten später trat Maureen durch die Insektengittertür auf den Patio heraus und kam lächelnd über den Rasen auf mich zu. Ihre Mutter hatte mir geschrieben, daß sie erstaunlich hübsch geworden sei. Nein, sie sah hinreißend aus. In ihrer Gegenwart verblaßte Biddy zu einem Nichts. Mauries Haar war länger und voller als Biddys. Tiefblaue Augen. Ihre Haut war so makellos sonnengebräunt, daß man an kosmetische Nachhilfe glauben mußte. Ihre Figur war voller und fülliger als die von Biddy. Sie trug einen orange- und weißgestreiften Bademantel, unter dem sie einen tadellos sitzenden dunkelblauen Badeanzug anhatte. Ohne sonderliche Hast kam sie mir entgegen und reichte mir ihre Hand, die fest, trocken und warm war.

»Travis McGee! Tausendmal und mehr habe ich an Sie gedacht.« Ihre Stimme war ebenso gemäßigt wie ihr Gang und ihr ganzes Gehabe. »Ich freue mich, daß Sie gekommen sind. Vor langer, langer Zeit haben Sie uns einmal sehr geholfen.« Sie wandte den Kopf, schaute über die Schulter zu Biddy zurück und sagte: »Du hast recht, er ist längst so alt, wie wir immer dachten.« Dann hob sie sich auf die Zehenspitzen, küßte mich zart auf den Mundwinkel und drückte dabei noch einmal meine Hände. »Entschuldigen Sie, Travis, wenn ich erst einmal kurz ins Wasser gehe. Ich hab's die letzten Tage versäumt, und dann fühle ich mich immer ganz schlapp und häßlich.«

Sie ging auf den Bootssteg hinaus, stülpte sich eine Badekappe auf den Kopf, ließ den Bademantel auf die Holzplanken fallen und tauchte mit einem Hechtsprung ins Wasser.

»Nun?« fragte Bridgit, die sich neben mich gestellt hatte.

»Geradezu überwältigend.«

»Und irgendwie anders — verändert?«

»Ja.«

»Woran merkt man es?«

»Sie wirkt so, als ob sie die ganze Szene hier spiele, als ob sie in einem Traum schwebe. Hat sie irgendwelche Medikamente genommen?«

»Schlafmittel oder so? Nein — nein. Wenn sie ekelhaft wird, geben wir ihr eine Spritze. Einen Tranquilizer mit verlängerter Wirkung. Tom hat sich von einem Arzt zeigen lassen, wie man das macht, und ich hab' es dann von ihm gelernt.«

Eine Zeitlang beobachtete ich Mauries langgezogene, mühelos wirkende Kraulschläge, ging dann zum Tisch zurück und mixte meinen Drink fertig. »Ihre Augen wirken klar, und trotzdem habe ich ein merkwürdiges Gefühl, wenn ich sie ansehe. Ein Gefühl, das mir rät, sich vorzusehen. Man scheint bei ihr nie voraussagen zu können, was sie als nächstes tun wird.«

»Sie tut, was ihr gerade einfällt. Und dabei ist sie dann so primitiv, so unbeholfen — wie ein Kind. Wo immer es sie juckt, kratzt sie sich, egal wo. Auch ihre Tischmanieren sind manchmal nicht besonders fein. Und sie sagt alles, was ihr in den Sinn kommt, auch wenn es noch so intim ist. Wenn Tommy oder ich ihr dann Vorhaltungen machen, gerät sie völlig durcheinander. Ihr Gesicht verzerrt sich, ihre Hände fangen an zu zittern, und gewöhnlich läuft sie dann ins Schlafzimmer. Über Politik, Bücher oder Gemälde kann man mit ihr jederzeit diskutieren, solange es sich um Dinge handelt, die über ein Jahr zurückliegen. Im vergangenen Jahr ist nichts mehr hinzugekommen, höchstens etwas Negatives.«

Wir hörten einen Wagen über die Auffahrt rollen, und Biddy eilte davon, um die Ecke des Hauses herum. Als sie wieder auftauchte, sprach sie lebhaft auf den Mann neben ihr ein. Eine gewisse Spannung schien von ihm auszugehen, von seinem Gang, seiner Haltung und von seinem Lächeln. Sie kamen zu mir herüber, und Biddy stellte uns vor.

Er war groß und sehnig, mit dunklem Haar und dunklen

Augen und einem Gesicht, in dem Beweglichkeit und Empfindlichkeit zu erkennen waren. Vielleicht war er für einen Mann eine Spur zu gutaussehend. Mr. Tom Pike stellte eine Persönlichkeit dar, und das kann man wirklich nicht von allen Männern sagen.

Er zog sein leichtes Sportjackett aus und nahm die Krawatte ab. Biddy trug die Sachen ins Haus. Mit einem müden Lächeln sagte er: »Ich habe mir den ganzen Morgen Sorgen gemacht, wie Maureen bei Ihrem Erscheinen reagieren würde. Es kann ausgesprochen positiv, aber auch negativ sein, ohne daß man es vorhersagen könnte. Biddy berichtete mir, bisher sei alles großartig gegangen.«

»Sie sieht blendend aus.«

»Gewiß, ich weiß. Das läßt mich auch immer so unloyal ihr gegenüber empfinden, als ob ich mich mit Biddy gegen sie verschworen hätte und wir sie als Gefangene behandeln würden. Aber zuviel fremde Umwelt bringt sie jedesmal durcheinander.« Sein leises Lächeln wirkte bitter und gequält. »Und wenn sie einmal durcheinander ist, dann können Sie absolut sicher sein, daß sie jeden, unsere Bekannten nicht ausgenommen, auf die Palme bringt.«

»Es dürfte mit ihr nicht immer ganz leicht sein, Tom.«

Biddy kam zurück und beschäftigte sich mit dem Essen. Ich fragte, ob sie mit den Ärzten Glück gehabt hätten. Er zuckte die Schultern.

»Sie machen einem Hoffnungen, und nach einiger Zeit sagen sie, es täte ihnen leid. Eine der letzten Diagnosen ging dahin, daß Kalkablagerungen die Durchblutung des Gehirns beeinträchtigten. Nach einer Serie von Untersuchungen hörten wir prompt: Es tut mir leid, aber mein Verdacht hat sich nicht bestätigt. Die Symptome passen eben auf rein gar nichts, was in ihren Büchern steht.«

»Verschlimmert sich ihr Zustand?«

»Das frage ich mich schon lange. Ich weiß es nicht. Wir können nur beobachten und warten — und hoffen.«

Maurie hörte auf zu schwimmen. Sie legte die Hände flach auf die Planken des Bootsstegs, stemmte sich hoch und kam wie ein Otter aus dem Wasser. Ihren kurzen Bademantel benutzte sie, um sich die Beine abzutrocknen. Dann schlüpfte sie in den Mantel, nahm die Badekappe ab und schob sie in die

Tasche. Sie schüttelte ihr Haar, während sie zu uns herüberkam. Als sie sich ihrem Mann näherte, schien ihre Selbstsicherheit sie zu verlassen. Mit niedergeschlagenen Augen und hängenden Schultern trat sie vor ihn hin. Ihr Willkommenslächeln wirkte unsicher. Ich mußte an einen Hund denken, der etwas ausgefressen hatte und nun seine Strafe erwartete.

Tom küßte sie flüchtig, tätschelte ihre Schulter und fragte sie, ob sie auch brav gewesen wäre. Schüchtern bejahte sie. Sie schien sich ihrer Unzulänglichkeit bewußt zu sein, aber irgendwelche Schuldgefühle, daß sie die in sie gesetzten Erwartungen nicht erfüllte, schien sie nicht zu haben.

Moskitos begannen unter dem Banyanbaum zu tanzen. Tom schaltete einen kleinen elektrischen Insektenvertilger ein.

»Sind Sie hier in der Gegend aufgewachsen?« fragte ich.

»In der weiteren Umgebung, ja. Mal hier, mal dort. Meine Familie zog ziemlich viel herum. Maurie, Liebling, du sollst den Fruchtsalat umrühren, nicht dauernd davon essen.«

Sie zuckte ein wenig zusammen. »Ich wollte ja nur . . . Ich hab' doch nur . . .«

»Es ist schon gut, Liebling.«

Eine kleine Szene, während wir aßen, war bezeichnend für die ganze merkwürdige Situation. Maurie und ich saßen nebeneinander auf der Bank an dem Picknick-Tisch, Maurie links von mir, Biddy mir gegenüber. Maurie aß sehr manierlich und sehr kultiviert, und als ich einen schnellen Blick hinüberwarf, sah ich, wie Biddy und Tom sie prüfend anstarrten wie ein Schullehrerpaar, das einen einzigen Zögling überwacht. Dann, nachdem Tom seinen Bissen sekundenlang auf der Gabel gehalten hatte, nahm er ihn endlich in den Mund.

Später, als Biddy sich gerade mit mir unterhielt, sagte Tom plötzlich mit tiefer, warnender Stimme: »Aber Liebling!«

Ich schaute hin und sah, daß sie das Steak in die Hand genommen und hineingebissen hatte und jetzt mit den Zähnen daran zerrte. Mit niedergeschlagenen Augen legte sie das Fleisch sofort wieder auf den Teller zurück und saß schuldbewußt da, während sie gleichzeitig die fettigen Finger an dem herabhängenden Teil des Tischtuchs abzuwischen versuchte.

»Du hast es schon wieder vergessen«, sagte Tom mit sanftem Vorwurf.

Maurie begann zu zittern.

»Es ist schon gut, Honey, es ist ja schon wieder gut«, sagte Biddy.

Plötzlich jedoch spannte sich Maureens ganzer Körper. Sie sprang auf, stürzte davon und stieß dabei mit der Hüfte so heftig gegen die Tischkante, daß die Getränke in den Gläsern überschwappten. Sie rannte auf das Haus zu und schluchzte auf dem ganzen Weg haltlos vor sich hin. Rasch stand Biddy auf und eilte ihr nach.

»Bitte, entschuldigen Sie«, sagte Tom. »Ich vermute, Sie sehen jetzt selbst, warum wir Maurie nicht allein lassen können. Biddy wird sich gleich wieder beruhigt haben. Und dann . . .« Er schob den Teller weg und fügte heftig hinzu: »Verdammter Mist, das alles!«

Er stand auf und ging erregt zum Seeufer hinunter.

Dort war er immer noch, als Biddy wieder herauskam. »Sie hat sich ein bißchen hingelegt und ruht sich aus. Und gleich nachher wird sie sich nicht mehr erinnern, was gewesen ist. Ich möchte, daß Tom mal nach ihr schaut, ob sie eine Spritze braucht. Ist — ist was mit Tom?«

»Er hat sich ein bißchen aufgeregt.«

»Das kommt daher, weil er dachte, es würde mal wieder eine Zeitlang gutgehen.«

Sie starrte zu der schweigend am Seeufer stehenden Gestalt hinunter. Und auch wir beide standen eine ganze Weile reglos da.

Wenig später gingen wir alle ins Haus. Tom schaute nach Maurie. Er kam gleich wieder zurück und sagte, sie wäre eingeschlafen. Dann saß er eine Weile schweigend da und starrte auf seine Uhr.

»Es war nett, Sie kennenzulernen, Travis. Nur — es tut mir leid, daß es unter solchen Umständen geschah.« Seine Stimme klang auf einmal belegt, und ein Muskel zuckte an seinem Mund. Und plötzlich barg er das Gesicht in den Händen. Sofort kam Biddy neben ihn und legte ihm schüchtern, zögernd die Hand auf die Schulter.

»Bitte, Tom, bitte. Es wird wieder gut.«

Er seufzte, hob den Kopf und suchte in seinen Taschen nach einem Taschentuch. In seinen Augen standen noch die Tränen, als er sagte: »Gewiß, Liebling. Mit der Zeit wird es besser werden.« Er wischte sich über die Augen und putzte sich die Nase. »Wegen mir selbst muß ich mich auch noch entschuldigen. Wir sehen uns ja sicher noch.«

Biddy folgte ihm hinaus, und ich hörte ihn sagen, daß es vielleicht spät werden würde, bis er nach Hause käme. Dann schlug die Wagentür zu, und der Schotter knirschte, als er davonfuhr. Biddy kam wieder in das große Wohnzimmer zurück. Auch in ihren Augen glänzte es feucht.

»Er — er ist ein prima Kerl, Travis.«

»Ein ziemlich hartes Brot, in dieser Verfassung herumfahren zu müssen, um Aktien und Investmentpapiere zu verkaufen.«

»Was? Oh, das macht er schon lange nicht mehr. Schon seit zwei Jahren nicht mehr. Er hat jetzt seine eigene Firma.«

»Und die tut was?«

»Sie nennt sich Development Unlimited. Es ist eine Art Investmentgesellschaft für Grund und Boden. Was da genau gemacht wird, weiß ich selber nicht, aber es soll eine ausgezeichnete Geldanlage für Leute der höheren Einkommensschichten sein. Zum Beispiel für Ärzte und so. Tom ist in solchen Sachen ziemlich beschlagen. Seine Firma teilt Appartementhäuser in Eigentumswohnungen auf, und dann tun sie schrecklich gescheite Dinge mit Amortisation und Wertminderung und — und solchen Dingen. Er versuchte es mir einmal zu erklären, aber ich habe einfach nicht den Kopf dafür. Ich glaube, das Geschäft geht sehr gut, denn Tom muß häufig in ganz Florida herumfahren, um dort das gleiche zu tun wie hier. Aber mit Maurie, in dem Zustand, wie sie jetzt ist — da scheinen alle seine Anstrengungen und Erfolge sinnlos zu sein. Er ist wirklich ein großartiger Mensch.«

»Ja, das scheint er allerdings zu sein.«

Sie wollte mir ihr Studio und ihre Gemälde zeigen. Aber irgendwie übertrieb sie und verkrampfte sich in dem Wunsch, mich um jeden Preis unterhalten zu wollen. Die Sonne war auch aus ihrem Leben gewichen.

Ich sagte bald darauf, ich würde nun besser gehen. Ich schrieb ihr meine Adresse auf und bat sie noch einmal, mir den Namen des Mannes mitzuteilen, der die *Likely Lady* gekauft hatte, wenn sie in das Haus ihrer Mutter kam.

Wir standen dann noch ein paar Augenblicke draußen an meinem Wagen, und jeder versicherte dem anderen, wie sehr er sich gefreut habe, ihn wiederzusehen. Vielleicht hofften wir das wirklich. Es war verdammt schwer, darauf eine ehrliche Antwort zu finden.

Um drei Uhr war ich wieder in der Wahini Lodge. Ich streckte mich auf dem Bett aus und redete mir ein, daß ich meinen Verpflichtungen in mehr als ausreichendem Maße nachgekommen sei, falls irgendwelche für mich bestanden hatten. Ich hatte mir den Fall angesehen, kam aber zu keinem Resultat. Wenn man eine Krankheit nicht diagnostizieren kann, ist es immer schlecht. Tom Pike und Bridgit Pearson waren in einer bedauernswerten Lage.

Nach diesem Erlebnis war die große Unruhe verstärkt über mich gekommen — wieder einmal. Ich wollte nicht nach Fort Lauderdale zurück, wollte aber auch nicht bleiben, wo ich jetzt war. Und sonst fiel mir nichts ein, wo es mich hingezogen hätte. Ich kam mir wie ein mürrisches, gelangweiltes Kind an einem verregneten Sonntag vor. Immer wieder geriet Maurie in meine Gedanken hinein, und immer wieder drängte ich sie von dort hinaus.

Ich schlenderte ins Badezimmer hinüber, warf einen schnellen prüfenden Blick über meine Toilettenartikel, die auf dem Kunststoffregal lagen. Im selben Augenblick war meine Schläfrigkeit wie weggescheucht. Mein ganzer Körper spannte sich, und in meinem Nacken richteten sich die Härchen auf. Und alles nur wegen einer falsch liegenden Zahnbürste.

Wie viele Menschen haben in intimen Dingen feste Gewohnheiten. Erst wenn ich alles andere meiner morgendlichen Toilette hinter mir habe, putze ich mir die Zähne. Weil ich die nasse Zahnbürste nicht in das Plastikröhrchen stecken möchte, lege ich sie jeweils so auf das aufgeklappte Necessaire, daß sie eine Diagonale bildet. Liegt die Zahnbürste bei meiner Rückkehr ins Hotelzimmer korrekt, so weiß ich, daß sich in der Zwischenzeit niemand an meinen Sachen zu schaffen gemacht hat.

Diese kleine Manie ist mehr als eine alberne Angewohnheit. In meinem Beruf ist es ganz einfach eine von vielen Vorsichtsmaßnahmen, die ich so automatisch treffe, daß sie mich gedanklich nicht mehr belasten. Und meine Zahnbürste lag absolut falsch. In ganz Florida gibt es kein Zimmermädchen oder irgend jemanden, der auch nur entfernt dazu berechtigt wäre, in meiner Abwesenheit das Motelzimmer zu betreten.

Die Zahnbürste, meine Warnanlage Nummer eins, schaltet sofort die nächste ein. Um einen ungefähren Anhalt zu bekommen, wer in meinen Sachen gestöbert hat, lege ich regelmäßig zwei Zwanzigdollarscheine unter die Seifenschachtel. Ein plumper Hoteldieb würde in jedem Fall beide Scheine mitnehmen, ein raffinierter immer nur einen. Sind bei meiner Rückkehr noch beide Scheine vorhanden und jemand hat dennoch meine Sachen durchwühlt, so ist dies eine sehr ernste Warnung: Jemand hat sich nicht an mir als Hotelgast bereichern wollen, sondern hat etwas von Travis McGee gewollt. Um es kurz zu machen: Die Zwanzigdollarscheine waren noch vorhanden. Irgend etwas von mir war dem Einschleichdieb mehr wert gewesen als lumpige vierzig Dollar.

Ich ging zum Bett zurück, setzte mich auf die Bettkante und starrte auf den Teppich. Ich hatte nichts unter meinen persönlichen Sachen, was irgend jemand einen Hinweis geben konnte. Mein gegenwärtiger Aufenthaltsort war niemand anderem bekannt als Biddy, Tom Pike und dem Mädchen vom Mietwagendienst.

Biddy und Tom hatten gewußt, daß ich über Mittag nicht im Motel sein würde. Tom hätte die Zeit gehabt, schnell bei mir vorbeizuschauen, ehe er nach Hause gefahren war.

Um was zu suchen? Helenas Brief? Aber warum sollte er das getan haben? Was konnte in dem Brief stehen, das für ihn Bedeutung hatte?

Es sei denn, Biddy war eine verflixt gerissene Schauspielerin. Sie hatte von dem Brief erst gewußt, nachdem ich es ihr gesagt hatte. Daß Helena ihn ihr gegenüber erwähnt hatte, erschien mir mehr als zweifelhaft. Dafür war es ein viel zu persönlicher Brief gewesen. D. Wintin Hardahee hingegen hatte einwandfrei von dem Brief gewußt. Und vielleicht auch eine der Schwestern im Krankenhaus ...

Also zuerst D. Wintin Hardahee.

7

Es war genau vier Uhr dreißig, als Hardahees matronenhafte Sekretärin mich aus dem holzgetäfelten Wartezimmer in sein Büro führte. Hardahee sah rundlich, braungebrannt, kahl und sehr agil und fit aus. Auf einem Bücherschrank hatte er mehrere Tennistrophäen ausgestellt. Er sprach mit der leisen, leicht heiseren Flüsterstimme, die ich schon seit unserem Telefongespräch kannte, einer Stimme, die ganz und gar nicht zu ihm paßte. Er beugte sich über den Schreibtisch, um mir die Hand zu geben. Mit einer Geste lud er mich ein, in einem Sessel Platz zu nehmen.

»Sie war eine prächtige Frau. Traurig, daß sie auf diese Art enden mußte«, sagte er. Irgendwie kam er mir leicht neugierig vor. »Kann ich Ihnen irgendwie helfen, Mr. McGee?«

»Ich wollte Ihnen nur ein paar Fragen stellen. Falls ich mit einer davon zu weit gehen sollte, sagen Sie es ruhig.«

»Ich werde Ihnen alles das sagen, was ich sagen darf. Aber zunächst einmal muß ich bemerken, daß ich gar nicht Mrs. Trescotts persönlicher Anwalt war. Ihre geschäftlichen Angelegenheiten werden in New York erledigt — Steuern, Grundstücke und so weiter. Anscheinend hatte sie ihren Anwälten dort geschrieben und sie um die Adresse eines Kollegen gebeten, der für sie eine vertrauliche Angelegenheit erledigen könnte. Ein Schulfreund von mir ist der Partner in dieser New Yorker Anwaltsfirma, und daher gab man ihr meinen Namen. Sie rief mich an, und ich ging zu ihr ins Krankenhaus. Vielleicht werde ich irgendwann einmal hinzugezogen, um hier unten etwas von ihren Grundstückssachen zu erledigen, aber das ist lediglich eine Vermutung.«

»Sie haben sonst niemand von dem Brief und dem Scheck erzählt?«

»Ich sagte Ihnen schon, daß Mrs. Trescott die Sache vertraulich behandelt haben wollte. Sie schrieb mir einen Scheck auf ihr New Yorker Konto aus, den ich für unser Sammelkonto einziehen ließ. Nachdem die Auszahlung zugesichert war, ließ ich unseren Buchhalter einen Scheck für sie zu Lasten unseres Sammelkontos ausstellen. Außerdem hatte sie mir im Krankenhaus den versiegelten Brief für Sie gegeben. Wären Sie nicht der Empfänger, hätte ich jedes Wissen von dieser Transaktion geleugnet.«

»Tut mir leid, Mr. Hardahee, so hatte ich es nicht gemeint . . .«

»Es ist durchaus in Ordnung, daß Sie gefragt haben. Bevor ich es Ihnen sagte, konnten Sie ja nicht wissen, wie die Sache abgewickelt worden war.«

»Ich habe ihrer jüngeren Tochter inzwischen von dem Brief erzählt. Bei ihr und Mr. und Mrs. Pike war ich heute zum Lunch. Aus Mrs. Trescotts Brief entnehme ich, daß sie bei den Pikes wohnte, ehe sie ins Krankenhaus kam.«

»Das stimmt.«

»Auch ich möchte Sie gern als Anwalt meines Vertrauens betrachten. Ich weiß, das könnte ich, wenn ich Ihr Klient wäre, aber ich weiß nicht, auf welchen Gebieten Sie hier als Anwälte tätig sind.«

»Die beiden Seniorpartner sind Spezialisten, ich bin das Mädchen für alles — für jede Art von Recht, meine ich.«

»Vertreten Sie direkt oder indirekt Tom Pike oder eine von Mrs. Trescotts Töchtern?«

»Niemand in unserer Anwaltsfirma vertritt sie in irgendeiner Form.«

»Sehr knapp und präzise.«

Er zuckte mit einer Schulter. »Ich bin ein sehr sorgfältiger Anwalt, Mr. McGee. Da Tom Pike in dieser Gegend einige finanzielle Interessen hat, soweit wir gehört haben, prüfte ich, als Mrs. Trescotts Anruf kam, erst einmal, ob ihre Interessen mit irgendwelchen, die wir vertreten, kollidieren würden. Sonst hätte ich mich als befangen erklärt.«

»Haben Sie eine Vermutung, warum Mrs. Trescott sich nicht gleich an Sie oder einen anderen Anwalt wandte, sondern sich einen empfehlen ließ?«

Er überging diese Frage. »Ein Klient hat gewöhnlich ein rechtliches Anliegen. Welches ist das Ihre?«

»Ich wohne zur Zeit in der Wahini Lodge, Bungalow hundertneun. Als ich heute nachmittag vom Essen bei den Pikes zurückkam, stellte ich durch einen Zufall fest, daß jemand in meinem Bungalow meine Sachen durchsucht hatte. Vierzig Dollar in bar, die offen herumlagen, waren hingegen nicht angerührt worden. Anzeichen eines gewaltsamen Eindringens waren nicht festzustellen. Nichts fehlt.«

»Deshalb können Sie keine Anzeige erstatten?«

»Richtig.«

»Wo liegt hierbei das juristische Problem?«

»Helena Trescott hat mich in ihrem Brief gebeten, Maßnahmen zu treffen, die verhindern, daß Maurie — Mrs. Tom Pike — sich das Leben nimmt. Wir waren alte Freunde. Sie vertraute mir völlig, ebenso wie ihr erster Mann, Mick Pearson. Es war verflixt heikel, was sie da von mir verlangte. Aber schließlich lag sie im Sterben, und so kann man ihren Wunsch nicht ignorieren, schätze ich. Ich kam also her und sah mich bei den Pikes um. Ich hatte mir einen plausiblen Grund zurechtgelegt, warum ich hierherkam. Wie ich festgestellt habe, ist Mrs. Pike tatsächlich in einer kritischen Verfassung, aber ich kann nichts tun, was nicht schon von anderer Seite getan wurde und noch getan wird. Also war ich bereits entschlossen, wieder abzureisen, als ich herausfand, daß jemand mein Hotelzimmer durchstöbert hatte.«

»Um nach dem Brief zu suchen? Weil jemand wußte, daß dieser Brief vorhanden war, und weil jemand darüber beunruhigt war, was darin stehen könnte?«

»Das war der erste Gedanke, der auch mir kam.«

»Glauben Sie, jemand befürchtete, es könnte dadurch Schwierigkeiten in Sachen Erbschaft geben?«

»Daran hatte ich eigentlich weniger gedacht.«

»Walther Albany, ein Schulfreund von mir bei der New Yorker Anwaltsfirma, erwähnte, Mrs. Trescott sei ›vermögend‹.«

»Wie sehr?«

»Hm. Unter Anwälten und unter Berücksichtigung des Ortes, wo Walther praktiziert, möchte ich sagen: zwischen einer viertel Million und einer Million. Aber er sagte sogar, sie sei ›sehr vermögend‹. Und das wiederum könnte heißen: drei, vier oder sogar fünf Millionen Dollar. Ich kann mir nicht vorstellen, daß Walther sonst ›erheblich‹ gesagt hätte. Nun, Sie überlegten sich die Sache und kamen schließlich zu mir, weil Sie wissen wollen, wie viele Leute wußten, daß dieser Brief existiert. Das ist ganz einfach: ich, meine Sekretärin und die

Verstorbene. Und dann natürlich Sie und wem Sie es gesagt haben.«

»Und eine Krankenschwester.«

»Möglich. Ich weiß es nicht.«

»Ich lud Miß Pearson, Maureens Schwester, gestern, als sie zu mir ins Motel kam, zu einem Cocktail ein. Sie hatte keine Ahnung davon, daß ihre Mutter während der letzten fünf Jahre mit mir in Verbindung gestanden hatte. Ich mußte ihr genau erklären, wieso das so gewesen war, warum ich auch bis zum letzten Stand der Familienangelegenheiten informiert war. Aber ich erwähnte mit keinem Wort den Auftrag, den Helena mir gegeben hatte.«

»Hatten Sie den Brief mitgebracht? Befand er sich in Ihrem Bungalow?«

»Nein.«

»Falls jemand danach suchte, könnte er auch woanders gesucht haben, zum Beispiel in Ihrer Wohnung in Fort Lauderdale?«

»Könnte sein. Er würde ihn aber nicht finden.«

»Würden Sie es gemerkt haben, wenn jemand dort danach gesucht hätte?«

»In jedem Fall.«

Er sah auf seine Uhr. Es war bereits nach fünf. Er runzelte die Stirn. »Was machen Sie beruflich, Mr. McGee?«

»Ich bin technischer Berater einer Firma für Schiffsbergungen.«

»Und von mir oder durch mich wollen Sie herausbekommen, ob Sie Ihrem ersten Urteil über Mr. und Mrs. Pike und Miß Pearson trauen sollen, oder ob der Vorfall im Hotel Anlaß genug ist, weitere Nachforschungen anzustellen.«

»Mr. Hardahee, es ist ein Vergnügen, mit jemand zu sprechen, der die Dinge zu präzisieren versteht, statt daß man ihm lange und umständliche Erklärungen geben muß.«

Er stand auf. »Wenn Sie es ohne große Umstände so einrichten können, kommen Sie doch gegen sieben, halb acht zu einem Scotch in den Haze Lake-Klub. Wenn ich nicht in der Bar bin, sagen Sie Simon, dem Barkeeper, daß Sie mein Gast sind. Ich bin in zwanzig Minuten zu einem Doppel verabredet.«

Als ich hinkam, war D. Wintin Hardahee mit seinem Doppel bereits fertig. Wohl auch mit einem Doppelten. Er stand, einen Drink in der Hand, mit anderen Tennisspielern an der Bartheke, und zwar so, daß er den Eingang sehen konnte. Als er mich erblickte, entschuldigte er sich bei den andern, kam zu mir herüber und zog mich in eine abgelegene Ecke in der Nähe des Fensters, das auf den grünen Rasen hinausging.

Hardahee trug weiße Shorts und ein weißes Tennishemd. Er hatte sich ein schweißfeuchtes Handtuch um den Hals geschlungen. Seine Beine waren stämmig, braun und muskulös. Der Kellner kam zu uns herüber, und als Hardahee sagte, daß der Pflanzenpunsch hier ausgezeichnet wäre, bestellte ich mir einen ohne Zucker, und er selbst ließ sich sein Glas nachfüllen.

»Haben Sie Ihr Match gewonnen?«

»Die Kunst, beim Doppel zu gewinnen, besteht darin, daß man sich seinen Partner sehr sorgfältig auswählt und sich dann mit ihm einspielt. Der blonde Bursche da drüben ist mein Partner. Er besteht aus Leder, Sehnen, Muskeln und ein paar eingebauten Sauerstofftanks. Er sorgt dafür, daß mein Name immer wieder auf Siegerlisten und Trophäen auftaucht und daß alle anderen Spieler mich hassen.«

»Sieger und Gewinner sind häufig verhaßt.«

»Mr. McGee, nachdem wir uns unterhalten hatten, habe ich alle Informationen, die ich über Tom Pike habe, zusammengefügt, wobei sich Folgendes ergab: Er ist ein fleißiger Bursche mit finanzwirtschaftlichem Talent, viel Phantasie und Initiative. Er hat Charme, und eine ganze Menge Leute, die irgendwann einmal für ihn gearbeitet oder sonstwie mit ihm in Verbindung gestanden haben, sind ihm treu, wenn nicht gar blind ergeben. Irgend etwas Unrechtes trauen sie ihm nicht zu. Zivilrechtliche Klagen gegen ihn sind nicht bekannt, und er hat jeden wesentlichen geschäftlichen Prozeß gewonnen. Wie Sie vorhin richtig sagten, sind Sieger und Gewinner häufig verhaßt. Aber wir dürfen nicht Geschäftssinn und Opportunismus mit Illegalität verwechseln. Damit sehe ich die Sache so: Wenn er wußte, daß seine Schwiegermutter Ihnen vor ihrem Tod einen Brief geschrieben hatte, und wenn er glaubte, daß darin nützliche Informationen stünden, wäre er zu Ihnen gekommen. Auf Grund seines Charmes oder vielleicht sogar seiner Gerissenheit hätte er früher oder später von Ihnen erfahren, was er wissen wollte.«

»Und wenn das nicht geklappt hätte?«

»Dann würde er die Sache jemand von den vielen Leuten, mit denen er in Verbindung steht, übergeben haben, damit der es aus Ihnen herausholt.«

»Besonders leiden können Sie ihn nicht gerade, was?«

Er warf die Lippen auf. »Ich glaube, ich kann Tom sogar recht gut leiden. Nur würde ich mich wahrscheinlich niemals darauf einlassen, mit ihm eine Firma zu gründen oder ihn sonstwie als Geschäftspartner zu haben. Ich würde dabei zwar bestimmt nicht schlechter verdienen als mit einem anderen, aber solche Typen wie Tom Pike neigen dazu, alle Leute, die um sie herum sind, irgendwie in den Schatten zu stellen. Und das ist auch mein einziger Vorbehalt gegen ihn.«

»Wenn es nicht Pike oder einer seiner Bewunderer war, der sich für mich interessierte, wer war es dann?«

»Nach reiflicher Überlegung bin ich zu dem Ergebnis gekommen, daß ich das verdammt noch mal nicht weiß und in dieser Hinsicht nicht einmal einen Verdacht habe.«

»Und wenn nun dieser Jemand das, was er suchte, in meinem Bungalow nicht gefunden hat, wenn er das Risiko einging, dabei geschnappt zu werden, dann müßte er logischerweise doch als nächstes versuchen, meine Anzugtaschen zu durchsuchen.«

»Sofern das, was er sucht, nicht größer als eine kleine flache Zigarrenkiste ist.«

»Ich schätze, dann werde ich mich noch ein bißchen länger in der Gegend herumtreiben und abwarten, ob etwas geschieht.«

»Bleiben Sie mit mir in Verbindung.«

»Das will ich gern tun.«

Ich fuhr zur Wahini Lodge zurück und aß ein hawaiianisches Spezialgericht. Danach stellte ich mich in der Cocktailbar an die Theke. Das Geschäft ging mäßig. Ein paar junge Leute tollten draußen um den hell erleuchteten Swimming-pool.

Ich entdeckte das Mädchen, das entdeckt werden wollte, erst sehr viel später. Sie saß allein auf dem letzten Hocker gleich neben dem Spiegel. Hinter ihr an der Wand hingen alte hawaiianische Kriegswaffen. Das Mädchen trug eine so auffällige goldblonde Perücke, daß ihr hübsches, scharfgeschnittenes Gesicht fast darunter verschwand. Das weiße Kleid zeugte von wesentlich besserem Geschmack als der Kopfputz und das zu stark aufgetragene Make-up ihrer Augen. An ihrem linken Arm klirrten goldene Kettchen in Hülle und Fülle, und ihre Zigarette rauchte sie in einer langen weißgoldenen Spitze. Zwischendurch trank sie etwas Weinrotes aus einem Whiskyglas.

Bald merkte ich, daß sie Kontakt mit mir suchte. Ein paar Blicke, flüchtig zunächst, dann bewußt verlängert. Aber dies hier war kein Hotel, in dem lockere Mädchen oder Witwen Anschluß suchten. Und diese hier tat es auch nicht mit der sattsam bekannten Routine, in der es sonst gewöhnlich versucht wurde.

Nein, Routine hatte sie keine. Ihre gelegentlichen Blicke waren zu verwirrt, zu unsicher. Ich entschied, daß sie eine von jenen Frauen war, die dank der durch die Pille gewonnenen Freiheit erstmals auf Abenteuer ausging, während ihr guter alter Joe irgendwo im Norden seinen Geschäften nachging oder bei einer der berüchtigten Konferenzen war. Ich wollte sehen, was sie unternehmen würde, wenn ich von mir aus überhaupt nichts tat, um mit ihr bekannt zu werden.

Sie stand schließlich auf und ging auf die Damentoilette zu. Dabei mußte sie hinter mir vorbeigehen. Sie ließ ihr Feuerzeug fallen. Es klickte auf den Fußboden und rutschte mir zwischen die Füße. Ich trat einen Schritt zurück, um mich zu bücken, aber dabei trat ich ihr mit dem Absatz genau auf die Zehenspitze. Sie trug Sandaletten.

Sie stieß einen kleinen Schrei aus und hinkte mit schmerzverzerrtem Gesicht im Kreis, während ich Entschuldigungen murmelte.

Dann verwirrten wir die Szene noch ein bißchen mehr, indem wir uns gleichzeitig nach dem Feuerzeug bückten und mit den Köpfen zusammenstießen. Als sie sich wieder aufrichtete, standen Tränen in ihren Augen. Ich faßte sie am Ellenbogen, zog sie herüber und lehnte sie sanft gegen die Theke.

»So — diesmal werde ich mich allein bücken, um das Feuerzeug aufzuheben.«

»Bitte, tun Sie das«, sagte sie kleinlaut. Sie hielt den Kopf gesenkt und die Augen geschlossen.

Ich wischte das Feuerzeug mit einer Papierserviette ab und legte es vor sie hin. »Geht es jetzt wieder?«

»Ich hoffe, ja. Zumindest tut meine Zehe nicht mehr so weh.«

Sie richtete sich auf und steckte das Feuerzeug ein. Mit einem über Gebühr weiten Bogen um mich herum ging sie zur Toilette.

Ich winkte den Barmixer herbei und fragte: »Kennen Sie den kleinen Engel?«

»Noch nie hier gesehen, Sir. Jedenfalls scheint die Bekanntschaft mit ihr jetzt gemacht zu sein.«

»Verstößt sie damit gegen die Hausregeln?«

»Mir sagt man immer, Jake, du mußt selber wissen, was du zu sehen oder zu übersehen hast.«

»Und was sagen Sie zu diesem Fall?«

»Nun — wie wär's mit Waidmannsheil?«

»Was tat sie, bevor ich hier auftauchte?«

»Vorhin waren zwei Typen da, die wollten sich an sie 'ranmachen. Aber sie erteilte ihnen bereits mit Blicken eine solche Abfuhr, daß sie mehr gar nicht erst versuchten.«

»Ist sie Hotelgast?«

»Weiß ich nicht.«

Als ich das Klick-klack ihrer hohen Sandaletten hörte, lächelte ich ihr entgegen und sagte: »Ich habe eine Haftpflichtversicherung. Die deckt mich gegen zertretene Zehen, Gehirnerschütterungen und ähnliche Folgen meines Leichtsinns.«

Sie blieb stehen, legte den Kopf in den Nacken und sah zu mir auf. »Ich glaube, ich wurde von einem Dreitonner angefahren, habe aber die Zulassungsnummer nicht mitbekommen. Vielleicht lasse ich mir den Schadensanspruch durch eine entsprechende Medikation abhandeln. Sagen wir: on the rocks.«

Ich setzte mich auf den Hocker neben ihr und sagte zu Jake, er solle noch zweimal das gleiche bringen. Es folgte das Ritual der Vorstellung, doch nur mit Vornamen. Trav und Penny. Rituelles Händeschütteln. Ihre Hand war lang, schmal und sehr feingliedrig. Ihr Parfüm war zu herb und zu intensiv für ihren Typ. Keine Spuren eines abgezogenen Eherings.

Auf der höheren Ebene unterhielten wir uns über belanglose Dinge im unverfänglichsten Plauderton, während jeder auf der tieferen Ebene damit beschäftigt war, den anderen abzutasten und zu ergründen. Ihre Zungenspitze fuhr häufig über ihre sowieso feuchtglänzenden Lippen, und auch sonst wirkte sie eher nervös.

Nachdem wir dreimal je zwei Gläser leergeredet hatten, ging ich zur nächsten Phase über. Ich redete von allen möglichen Lokalen, in denen wir unsere Bekanntschaft vertiefen könnten. Als sie nicht widersprach, faßte ich sie leicht oberhalb des Ellenbogens und bugsierte sie in die Halle hinaus. Dort drängte ich sie mit leichtgespielter Beschwipstheit in einen Alkoven, gleich neben der summenden Klimaanlage, und nachdem sie sich erst einmal steif gemacht und geziert gesträubt hatte, ließ sie ihr Gesicht endlich in einer solchen Stellung, daß ich sie küssen konnte. Sie stellte sich begierig und jungfräulich zimperlich zugleich an. Aber danach ließ sie sich ohne weiteren Widerstand in Bungalow Nummer 109 abführen, wobei sie mit schwerer Zunge redete und redete.

»Gin«, sagte sie, »Gin — das ist wohl Ihr Lieblingsgesöff. Ich bin auch eine große Gin-Verehrerin, aber ich trinke ihn nicht gern in der Öffentlichkeit, weil er mich immer gleich wild, laut und sonst noch was macht — vor allem laut. Aber hier bei dir, Liebling, brauche ich mich nicht zu genieren.«

Auf dem Grund des Eisbehälters schwammen noch ein paar halbgeschmolzene Würfel im Wasser. Aber von denen wollte sie nichts in ihrem Glas haben. Wir stießen an, und sie klimperte dabei mit ihren künstlichen Wimpern. Sie nippte nur an dem Glas und stellte es gleich wieder ab — auf den Teppich des Fußbodens, wobei sie die Gelegenheit nutzte, die Spangen ihrer Goldsandaletten aufzuknipsen und aus ihnen herauszuschlüpfen. Sie befühlte ihre angeblich so wunde Zehe und murmelte »Au« und »Oh«.

Ich hatte einen guten Schluck Plymouth genommen, den ich wie gewöhnlich auf der Zunge nachschmecken ließ. Ansonsten kam mir die Szene so faul wie nur irgend etwas vor. Ich wußte, daß meine Ahnung mich nicht betrogen hatte. Dies hier war eine sehr böse Penny — falls sie überhaupt Penny hieß. Unter dem Vorwand, einen zweiten Schluck zu nehmen, ließ ich den ersten, den ich immer noch im Mund hatte, ins Glas zurücklaufen.

»Entschuldige mich einen Moment«, sagte ich und ging ins

Bad. Hinter geschlossener Tür ließ ich meinen Drink durch einen Zipfel des Handtuches ins Becken laufen, wodurch ich das Eis zurückbehielt. Die Würfel tat ich wieder ins Glas und füllte es bis zum ursprünglichen Ginpegel mit Leitungswasser nach. Dann drückte ich die Spülung und trat, noch während das Wasser lief, unerwartet wieder ins Zimmer zurück. Wie ich die Szene abschätzen konnte, war sie nicht in der Nähe der Plymouthflasche gewesen — zumindest nicht bei diesem Besuch auf meinem Zimmer. Ihr Glas hingegen schien ausgetrunken. In Wirklichkeit war der Gin wohl zu den schmelzenden Würfeln und dem Wasser im Eiskübel geraten. Die Schuhe hatte sie liegen lassen, war inzwischen zur Couch gegangen und hatte sich dort mit übereinandergeschlagenen Beinen hingesetzt, den Rock bis zum halben Oberschenkel hinaufgeschoben. Sie hatte einen langen Körper und im Verhältnis dazu kurze Beine; wären sie nicht so wohlgeformt gewesen, so hätten sie wie Krautstampfer gewirkt.

»Muß ich ganz allein trinken?« fragte sie mit Schmollmund.

»Mit mir Süffling würdest du, wenn ich erst mal loslege, nicht mithalten können«, sagte ich und trank das Leitungswasser mit den letzten Eisresten aus. »Bis du mit dem Schluck in deinem Glas fertig bist, habe ich schon das nächste Glas getrunken, mein Engel.«

In beträchtlicher Hast kam sie zu mir herüber, trat von hinten an mich heran und schlang die Arme um mich. »Liebling, trinken wir lieber nicht zuviel. Ich glaube, wir haben jetzt beide — jeder gerade die richtige Menge.«

Das war ein sehr hilfreicher Anhalt. Wenn sie dadurch erschreckt wurde, daß ich schnell noch ein paar Gläser hinterher trank, dann mußte das, was sie mir ins Glas geschüttet und was ich in der Toilette weggespült hatte, ein starkes, schnell wirkendes Betäubungsmittel gewesen sein.

Bevor ich mich jedoch zum Schein vom Schlaf übermannen ließ, wollte ich ihr erst noch ein bißchen Angst einjagen. Ich stellte das Glas ab, drehte mich rasch um und umfing sie zärtlich, während ich leise Laute der Wollust hören ließ. Sie versuchte sogar mitzuhelfen, bis ich endlich an ihrem Nacken den Reißverschluß ertastet hatte, den ich ihr mit einem Ruck ziemlich unsentimental bis zum Steißbein herunterzog.

Ich kicherte und schluckte und zerrte ihr das Kleid über die

Schultern. Sie wurde nervös, sie zappelte und wand sich und flüsterte aufgeregt: »Bitte — nein, Liebling ... Warten wir doch lieber noch ... Moment — langsam, sage ich, langsam ...«

Ich streifte ihr das Kleid mit den Ärmeln bis auf die Handgelenke und hinderte sie dadurch, sich noch länger zu wehren. Sie trug einen blaßgelben Büstenhalter mit weißen Spitzen.

»Du zerreißt mir ja alles ... Warte, warte — reiß mir nicht das ...«

Ich fand die Schließe des Büstenhalters, fuhr mit dem Daumen darunter und ließ sie aufspringen. Die Träger rutschten ihr über die Arme herunter.

»Nein, verdammt noch mal! Ich sage nein!«

Sie konnte mit einem Arm aus dem Ärmel schlüpfen. Während sie versuchte, das Kleid hochzuziehen, zog ich das billige Ding auch über den anderen Arm herunter. Dann packte ich ihre Handgelenke mit der linken Hand, schlang die rechte um ihre Taille und hob sie vom Boden hoch. Als ich sie kichernd ein wenig schüttelte, fielen Kleid und Büstenhalter wie reife Früchte zu Boden. Ich warf meine Barbekanntschaft in die Luft und fing sie wieder auf, den einen Arm um ihre Schultern, den anderen unter ihre Kniekehlen. Lachend wie ein Betrunkener trug ich sie zum Bett hinüber. Inzwischen kämpfte sie schweigend und verbissen nur noch darum, wenigstens ihr blaßgelbes Höschen anbehalten zu dürfen.

Ich bekam Mitleid mit ihr. Mit einem Stöhnen, so hohl und tief, wie ich nur konnte, ließ ich mich vornüber fallen und lag dann mit meiner Brust über ihren Schenkeln.

Sie keuchte und versuchte, mit wegzuschieben.

»He, wach auf!« sagte sie mehrmals.

Ich rührte mich nicht. Sie kniff mich kräftig in den Hals. Dann zog sie meine Hand hoch und fühlte meinen Puls. Das Ergebnis schien sie zufriedenzustellen, denn sie wälzte mich zur Seite und zog stöhnend vor Anstrengung ihre Beine unter mir hervor.

Ich hielt die Augen geschlossen. Das Bett ächzte, als sie aufstand. Sie zog ihren Büstenhalter an, und dann sah ich durch einen schmalen Augenspalt etwas undeutlich, wie sie den Reißverschluß ihres Kleides hochzog. Sie mußte zweimal absetzen und sich ein bißchen verrenken, denn das meterlange

Ding war schwer zu erreichen. Darauf war das leise Tappen ihrer Sandaletten zu hören.

Sie nahm den Hörer des Telefons ab, das neben dem Bett stand, wählte die Amtsleitung und dann eine fünfstellige Nummer.

Sie sagte nur ein Wort, bevor sie auflegte: »Okay.«

Ihr Feuerzeug klickte. Gleich darauf atmete sie einen Lungenzug aus. Das nächste Geräusch identifizierte ich als das Entriegeln der Tür. Sie wollte sie wahrscheinlich angelehnt lassen für den, der ihre Meldung bekommen hatte, daß in Nummer 109 alles ›okay‹ sei. Ich spürte die scharfe Bettkante in meinem Unterbauch, die Zehen berührten den Teppich.

»Komm schon«, flüsterte sie. »Komm schon, Rick — Liebling.«

Vom Anruf bis zum Eintreffen dieses Rick waren höchstens fünf, sechs Minuten vergangen. Nachdem die Tür leise geschlossen worden war, hörte ich eine männliche Stimme: »Alles okay, Honey?«

»Ja, alles glatt gegangen.«

»Gute Arbeit. Der Gedanke, daß du mit ihm auf sein Zimmer gehen mußtest, hat mich ganz wild gemacht. Vielleicht hätte er den entscheidenden Drink abgelehnt, und dann ist er ein so bärenstarker Bursche, daß ich schon Angst hatte . . .«

»Genau wie ich den Gedanken hasse, daß du jede Nacht mit deiner Frau zusammen schläfst. Oh, diese Janice . . .« Ihre Stimme klang verbittert.

»Aber du weißt doch, warum das noch so sein muß.«

»So, weiß ich das wirklich?«

»Verdammt noch mal, wir haben keine Zeit, schon wieder auf diesem Thema herumzuhacken, Penny. Wir wollen sehen, ob die ganze Anstrengung überhaupt einen Zweck gehabt hat.«

Er packte mich am Gürtel und zerrte mich vollends vom Bett herunter. Ich ließ mich locker und schlaff fallen, ein Knie leicht angewinkelt. Die Teppichhaare kitzelten an meiner Wange. Ich spürte, wie er mir die Brieftasche aus der Gesäßtasche zerrte. Dann schien er auf der Bettkante Platz zu nehmen, denn die Matratze ächzte wieder.

»Ist es drin?« fragte Penny.

»Hier nicht. Könnte er es in den Innentaschen seines Jacketts haben?«

»Nein. Und hier ist das, was ich in den Außentaschen gefunden habe. Sonst nichts.«

»Ich seh mal in den Hosentaschen nach.«

»Könnte er es vielleicht — zwischen der Wäsche versteckt haben — oder in den Schuhen?«

»Weiß ich nicht. Wenn wir es sonst nirgends finden, seh ich mal nach. Es gefällt mir nicht, daß dieser Hundesohn rein gar nichts bei sich hat.«

»Wie — rein gar nichts?«

»Jeder durchschnittliche Mann schleppt alle möglichen Papiere und Papierchen mit sich herum. Notizbücher, Adressen, Telefonnummern, Briefe — eben solches Zeug. McGee hat nur die Mietwagenpapiere, eine Rückflugkarte nach Lauderdale, Schlüssel, Führerschein, ein halbes Dutzend Kreditkarten und — etwas mehr als achthundert in bar. Hier, nimm die beiden Fünfziger.«

»Ich will das Geld nicht!«

»Er soll doch glauben, daß er von dir ausgeplündert worden ist. Also nimm das Geld, verdammt noch mal!«

»Also gut. Aber ich sehe nicht ein, warum ...«

»Stell dich nicht so blöd an. Wir bringen das Bett durcheinander, reiben Lippenstift aufs Kissen, spritzen ein bißchen von deinem Parfüm über ihn und legen ihn wieder aufs Bett. Den Rest von dem Fusel schüttest du in den Lokus.«

»Okay. Aber er sieht nicht so aus, als ob er mit mir ...«

»Jetzt reicht's, Penny!«

»Ja, ja, schon gut. Es tut mir leid.«

»Wir wußten ja, was er für ein großer Mann war. Wir wußten, daß er von auswärts kam. Wir wußten auch, daß er zu Pike ging.«

Er durchsuchte meine übrigen Taschen. Dann fragte ihn Penny, ob ich vielleicht eine Hemdtasche hätte. Um das nachzuprüfen, rollte er mich auf den Rücken. Ich öffnete die Augen so weit, daß ich vage die Umrisse seines Kopfes erkennen konnte. Das genügte. Ich traf ihn mit der rechten Faust seitlich gegen den Hals, rollte auf die linke Seite, um mehr Kraft hinter den Schlag zu setzen und schwang gleichzeitig mit meinen Beinen herum. Ich erwischte damit das Mädchen an den Knöcheln. Für ein Mädchen von ihrer Größe rumste es ganz ordentlich, als sie flach auf dem Rücken landete.

Ihr Schatz, der auf dem Rücken lag, erhob sich auf die Knie. Er kam hoch, als auch ich hochkam. Seine Augen quollen hervor, und er gab würgende Laute von sich. Er hatte übrigens sandfarbenes Haar, einen kräftigen Nacken, kräftige Schultern und ein vorspringendes Kinn. Auf dem College, vor fünf Jahren, mochte er Angriffsspieler in der Football-Mannschaft gewesen sein. Jetzt war er zwanzig Pfund schwerer und ein bißchen schlapper.

Pennys Liebling brauchte die Wand als Rückenlehne. Ein drohend aussehender Revolver kam in seine Hand, und damit zielte er mir auf den Bauch. Ich wich vorsichtig einen Schritt zurück, hob meine Arme und sagte: »Langsam — schön langsam. Wir wollen keinen Fehler machen und ganz ruhig überlegen.«

Er hustete, würgte und massierte sich den Hals. Vorhin hatte er eine heisere Stimme gehabt, jetzt mußte er flüstern. »Gehen Sie zurück und setzen Sie sich auf die Bettkante. Und falten Sie die Hände hinter dem Nacken.«

Ich gehorchte, vorsichtig und langsam. Penny lag noch auf dem Rücken. Sie atmete kurz. Ich war eine Überraschung für sie.

Er ging hinüber, blieb vor ihr stehen und starrte auf sie hinunter. Ihr Atem wurde langsam leichter. Er streckte ihr die Hand hin und zog sie in sitzende Stellung hoch. Sie schüttelte wie benommen den Kopf und zog ihm die Hand weg. Weiter wollte sie im Augenblick offenbar nicht hoch. Sie schlang die Arme um die Knie und legte den Kopf darauf.

»Zwei Stunden, hast du behauptet. Zwei oder drei Stunden würde er weg sein.«

»Ich verstehe das auch nicht. Die Dosis hätte für ein ausgewachsenes Pferd gereicht.« Er ließ mich nicht aus den Augen, als er den Stuhl nahm und sich etwa zwei Meter vor mir rittlings daraufsetzte. Der Revolver war jetzt auf meine Brust gerichtet. »So, die Konversation kann beginnen.«

»Über diese billige Vorstellung hier? Ich habe achthundert Dollar bei mir. Nehmen Sie das Geld, versaufen Sie es meinetwegen, aber hauen Sie endlich ab.«

Penny kam auf die Beine. Mit schmerzverzerrtem Gesicht taumelte sie zum oberen Bettende.

»Mein Knöchel«, jammerte sie.

»Wir beide werden uns nun ein wenig über Dr. Stewart Sherman unterhalten.«

Mein fragendes Gesicht war echt. »Diesen Namen habe ich im Leben noch nie gehört. Wenn Ihnen das zur Verschleierung eines Hotelraubs dienen soll . . .«

»Gut, unterhalten wir uns darüber, wie es Ihnen gelungen ist, Tom Pike unter Druck zu setzen. Leugnen Sie auch, ihn heute gesehen zu haben?«

»Ich ging hin, um Maurie und Biddy zu besuchen. Sie sind die Töchter von Mick Pearson, einem Freund, der vor fünf Jahren gestorben ist. Soviel kann ich Ihnen sagen, auch wenn Sie das eigentlich einen Dreck angeht.«

Für einen Augenblick trat Unsicherheit in seinen Blick. Wenn ich den Streit von vorhin dazunahm, konnte ich hier einhaken.

»Wie ich schon sagte: Nehmen Sie die achthundert und verduften Sie. Ihre kleine Nutte hat ihre Sache vorhin ja ganz ordentlich gemacht, aber achthundert war das nicht wert. Aber wenn das euer Preis ist . . .«

»Werd' bloß nicht pampig.«

»Das ist bestimmt das letzte, was ich im Augenblick sein möchte. Mein Kopf dreht sich noch von dem Zeug, das sie in mein Glas getan hat. Zuerst haben wir uns ganz fein verstanden — ein bißchen herumgespielt, und als ich dachte, sie würde mir schön auf dem Bett bleiben, da wollte sie plötzlich in eine Kneipe. Hinterher könnten wir ja noch mal herkommen. Also zog ich mich wieder an. Sie verlangte noch ein Glas Gin, ich trank auch noch eins, und das letzte, was ich dann sah, war, daß sie mich merkwürdig lauernd anstarrte, während sie sich den Reißverschluß hochzog. Und dann gingen bei mir die Lichter aus.«

»Das erfindet er. So war es nicht, Liebling!«

Ich zog überrascht die Brauen hoch, tat so, als ob mir langsam ein Licht aufginge. »Also gut. Dann hab' ich Ihre blaßgelben Höschen mit den weißen Spitzen nur geträumt, und es war nicht so, sondern ganz anders, und es ist überhaupt nichts passiert.«

Sein Mund wurde noch häßlicher. Ohne seinen lauernden, starrenden Blick von mir zu wenden, sagte er: »Damit hast du wohl nicht gerechnet, daß er mir das hinterher sagen würde. Du wolltest dir nebenbei ein Späßchen mit ihm machen. Ist es so?«

»Bitte!« beschwor sie ihn. »Bitte, glaub ihm kein Wort. Er versucht nur, uns gegeneinander ...«

»Aber ich will doch nur nett und brav sein, Penny«, sagte ich. »Es ist also nie was passiert, einverstanden?«

»Hören Sie auf!« kreischte sie.

»Der einzige Weg, mich davon abzuhalten, Sie über den Haufen zu schießen, ist wahrscheinlich der, daß Sie mir beweisen, daß es tatsächlich passiert ist. Das mit dem Höschen könnten Sie auch auf andere Weise gesehen haben. Ich will weitere Beweise, Dinge, die Sie sonst nicht wissen könnten.«

»Leichte Sommersprossen auf den Brüsten. Ein Leberfleck ungefähr von der Größe eines Nickels handbreit unter ihrer linken Brustwarze. Als sie auf Touren kam, stöhnte sie ›Rick, Rick‹. Wenn Sie Rick sind, dann sollten Sie jetzt andere Sorgen haben als mich, oder zumindest noch ein paar weitere.«

Das Blut war ihm aus dem Gesicht gewichen. Er wandte sich Penny voll zu.

Sie quiekte wie ein Schweinchen. »Aber das weiß er nur, weil ich ... Niemals ... Er hatte mich nur ...«

»Du billige kleine Schlampe!« rief er heiser. »Du elendes Miststück! Du ...«

Endlich hatte er den Kopf weit genug gedreht, daß ich mit dem Fuß zum Stoß ansetzen konnte. Ich legte meine ganze Energie und auch ein bißchen Angst in diesen Stoß hinein. Aber ich erwischte ihn so genau, daß meine Zehen taub wurden und der Revolver hoch über seinen Kopf nach hinten flog. Die Waffe prallte von der Wand ab und schlitterte auf dem Teppich entlang. Rick reagierte schnell. Ich sprang gleichzeitig vor, holte noch im Sprung aus und erwischte ihn über dem Gürtel.

Während ich den Revolver aufhob, ging er zu Boden, die Hände auf den Leib gepreßt, und heulte wie ein überfahrener Hund.

Aus dem Augenwinkel nahm ich eine Bewegung wahr und sprang los, gerade schnell genug, um Penny noch zu erwischen, als sie die Hand auf den Türknauf legte. Ich riß sie ins Zimmer zurück und vergaß dabei mehr oder weniger absichtlich ihren geprellten Knöchel. Zusammengekrümmt blieb sie liegen und gab schluchzende Geräusche von sich.

Ihr Rick war zu groß und zu gefährlich, als daß ich es mir hätte leisten können, mit ihm herumzuspielen. Darum nahm ich einen Drahtkleiderbügel aus dem Schrank, steckte seine Arme hindurch und bog den Bügel so um seine Handgelenke, daß er sie nicht mehr bewegen konnte.

Dann ging ich zu Penny hinüber, hob sie auf und setzte sie auf die Bettkante. Sie wimmerte wie ein geprügeltes Kind. Ich kauerte mich hin und tastete ihren Knöchel ab. Gebrochen war nichts, aber bereits geschwollen.

»Hinterlistig waren Sie!« maulte Penny. »Ganz gemein und hinterlistig! Mit Ihrer dreckigen Lüge ... Oh, war die gemein!«

Ihre Perücke war verrutscht, und ich zog sie ihr vollends herunter. Sie hatte braunes Haar mit einem rötlichen Schimmer, ziemlich kurzgeschnitten. Ohne die Perücke wirkte ihr Gesicht besser proportioniert, aber gleichzeitig ließen sie das verweinte Make-up und der verschmierte Lippenstift unendlich lächerlich wirken.

»Gemein, gemein, gemein!« sagte sie mit wehleidiger Stimme vor sich hin.

»Daran, daß ihr mich kaltstellen wolltet, ist nichts Gemeines, nicht? Gehen Sie, Mädchen, und waschen Sie sich erst mal das Gesicht. Vielleicht habe ich damit, daß ich die Sache platzen ließ, Ihnen noch etwas Gutes getan. Rick wird nämlich niemals seine Janice aufgeben, um Sie zu heiraten.«

Ich half ihr auf. Hinkend ging sie ins Badezimmer. Plötzlich blieb sie stehen, drehte sich langsam um und starrte mich an. »Das war gleich, nachdem er hereingekommen war, das mit Janice. Dann haben Sie es also nur getan ... Die ganze Zeit haben Sie gewußt ...«

»Geh, Schätzchen, und wasch dir erst mal die Visage.«

Als sie die Tür hinter sich geschlossen hatte, leerte ich Rick die Taschen und legte die Sachen auf den Schreibtisch, um sie mir bei Licht zu besehen.

Sein Personalausweis überraschte und erschreckte mich zugleich. Ich hatte niemand anderen vermöbelt und mit

Kleiderbügeldraht gefesselt als einen Rechtsanwalt namens Richard Haslo Holton. Er war Mitglied des Demokratischen Ausschusses des Countys, Ehrensheriff von Florida, früherer Präsident der Kleinen Kammer, Inhaber von zahllosen Kreditkarten und Mitglied bei praktisch allem, vom Baseballklub bis zum Kleingärtnerverein und vom örtlichen Sinfonieorchester bis zum Staatsanwaltkränzchen.

Er hatte ein paar Farbfotografien dabei, die eine lächelnde schlanke dunkle Frau und zwei muntere Jungen zeigten. McGee, dachte ich, das kann Folgen haben. Man legt sich nicht ungestraft mit einem Mann an, der floridaweite Beziehungen pflegt.

Mit sauberem Gesicht und fehlenden falschen Wimpern, die sie wahrscheinlich die Toilette hinuntergespült hatte, kam Penny aus dem Badezimmer zurück. Sie hatte inzwischen das Schluchzen und Schnüffeln eingestellt, spielte aber dafür beleidigte Dame.

Gerade in diesem Augenblick geruhte auch mein prominentes Opfer wieder zu sich zu kommen. Er versuchte, sich mit einem Stöhnen aufzusetzen. Es schien mir nützlich zu sein, bei beiden einen nachhaltigen Eindruck zu hinterlassen. Deshalb ging ich zu ihm hinüber, bückte mich, hob ihn auf, wirbelte ihn ein bißchen durch die Luft und pflanzte ihn dann in den schwarzen Ledersessel. Das schockierte und verblüffte ihn. Ich hatte es ohne sichtbare Anstrengung getan, auch wenn ich vor Schmerzen im Rücken hätte weinen mögen. Aber irgendwie schaffte ich es, als ob dies zu meinen täglichen Obliegenheiten gehörte.

»So, jetzt werden wir ein bißchen Konversation treiben«, sagte ich.

»Sie können mich mal ein bißchen«, sagte dieser Unflat.

Ich mußte wegen dieses Ansinnens lächeln. »Ich kann gern Mrs. Holton anrufen und sie fragen, ob sie bei der Unterhaltung zugegen sein möchte. Vielleicht gestaltet sich dadurch unsere Unterhaltung gleich viel lebhafter.«

Aber das schien auf einmal nicht mehr nötig zu sein. Es wurde auch so ein nettes kleines Palaver.

8

Miß Penny Woertz war Sprechstundenhilfe bei einem praktischen Arzt namens Stewart Sherman gewesen. Dieser Dr. Sherman neigte dazu, sich derart in medizinische Spezialgebiete zu knien, daß er darüber seine Praxis vernachlässigte.

Vor drei Monaten, Anfang Juli, war er an einem Samstagabend in seine Praxis gegangen. Penny wußte, daß er seine medizinischen Unterlagen ordnen und auf den neuesten Stand bringen wollte, weil er anschließend einen Bericht über die Erfahrungen mit Heilschlaf bei der Entwöhnung von Barbitursäuresüchtigen schreiben wollte.

Sherman war ein Witwer in den Fünfzigern. Seine beiden erwachsenen Kinder waren verheiratet und lebten in einem anderen Staat. Er wohnte allein in einem kleinen Appartement, wo er den einen Teil seiner Forschungsarbeiten erledigte, während der Rest in einem Hinterzimmer seiner Praxis abgewickelt wurde.

Seine Leiche wurde erst entdeckt, als Penny am Montagmorgen zu gewohnter Stunde in die Praxis kam.

Sherman lag auf dem Tisch im Behandlungsraum. Der linke Ärmel seines weißen Hemdes war hochgekrempelt. Unter dem Arm lag ein Stück Gummischlauch, der dazu gedient hatte, die Armvenen für eine intravenöse Injektion sichtbar zu machen. Auf einem Beistelltisch lag eine offene verchromte Kassette und daneben eine Injektionsspritze mit aufgezogener Nadel. In einer leeren Ampulle und an der Nadel fanden sich Spuren von Morphium. Der Giftschrank war aufgeschlossen, der Schlüssel dazu steckte in Shermans Tasche.

Die Obduktion ergab, daß der Tod mit größter Wahrscheinlichkeit auf eine Überdosis von Morphium zurückzuführen war.

Nach Pennys Feststellung fehlte sonst nichts in dem Giftschrank. Sie konnte allerdings nicht sagen, ob die Spezialmedikamente im Hinterzimmer vollständig vorhanden waren, wo Sherman seine Forschungen betrieb. Und die Tür zur Praxis hatte sie, als sie gekommen war, aufschließen müssen.

Bis Penny mit ihrem Bericht so weit gekommen war, hatte ich Rick Holton endlich wieder von dem Kleiderbügeldraht befreit, der für ihn recht schmerzlich gewesen sein mußte.

»Eine Zeitlang war ich im Courtney County der Stellvertreter des Staatsanwalts«, sagte er. »Da der Staatsanwalt gleich für fünf Counties zuständig ist, hat er in jedem County einen Vertreter, der in freier Wahl bestimmt wird. Vor kurzem habe ich den Entschluß gefaßt, erneut zu kandidieren, während der Staatsanwalt noch derselbe ist — ein Bursche namens Ben Gaffner. An dem Tag, an dem ich hörte, daß Sherman Selbstmord begangen habe, sagte ich Ben, daß ich das nicht glauben könnte. Aber sie hielten am Ergebnis der Obduktion fest, und Sheriff Turk, der die Untersuchung leitete, hatte die Akten bereits Gaffner übergeben, und der sagte, er denke nicht im Traum daran, mit einer so klaren Unterlage vor die Große Jury zu gehen und für Mord zu plädieren.«

»Der Doktor hätte sich niemals selber umgebracht«, sagte Penny.

»Genauso dachte ich auch«, sagte Rick. »Und da der Fall zu den Akten gelegt werden sollte, wollte ich die verbleibende Zeit benutzen, um eigene Nachforschungen anzustellen. So kam ich mit Penny zusammen, und gleich nachdem sie mir zum erstenmal gegenübersaß, fand ich mich in meinem Zweifel auf der ganzen Linie bestärkt.«

Auf diese Weise waren die beiden also miteinander bekannt geworden — sogar mehr als nur bekannt.

»Wie kommt nun Tom Pike in diese Sache hinein?« fragte ich.

»Ich suchte nach einem Motiv für meine Mordthese. Ein paar Leute vertraten die Ansicht, Sherman sei zu einem verflixt ungünstigen Zeitpunkt gestorben, soweit es Pike beträfe, und daß Pike dadurch schweren geschäftlichen Schaden erleiden könnte. Und so überlegte ich, ob vielleicht jemand den Doktor umgebracht hatte, um Tom Pike in den Griff zu bekommen. Sie müssen hierzu wissen, daß Stew Sherman der Hausarzt der Pikes war. Als Tom vor zwei Jahren seine Development Unlimited auf die Beine stellte, war es Doc Sherman, der ihm kräftig unter die Arme griff. Mit seiner Praxis hatte er immer gut verdient, und nach dem Tode seiner Frau war ihm auch noch ihr Vermögen zugefallen. Bei seinen ersten Transaktionen für Stew und ein paar andere Kunden hatte Pike einige ausgezeichnete Anlagemöglichkeiten entdeckt, bei denen es tatsächlich um viel Geld ging. Und da Geld ein sehr beliebtes

Tatmotiv ist, knöpfte ich mir Tom Pike vor. Zuerst wollte er nicht mit der Sprache herausrücken. Er behauptete, alles wäre in bester Ordnung. Als er merkte, worauf ich hinauswollte, wurde er unsicher und legte die Karten auf den Tisch. Danach war es so gewesen, daß der Doc drei Viertel einer Hypothek für Bauland östlich der Stadt sowie die Bürgschaft für das restliche Hypothekenviertel, das Pike und die anderen Interessenten aufbringen mußten, übernehmen sollte. Bei Shermans Tod wurden seine Finanzen wie üblich erst einmal eingefroren, und deshalb konnte der Doc für Pike und die anderen zu keinem ungünstigeren Zeitpunkt sterben. Pike sagte mir, daß er nun die unglaublichsten Anstrengungen unternehmen müßte, um das Geld zusammenzukratzen, das benötigt werde, um das Geschäft nicht platzen zu lassen.«

»Er hat es schließlich doch noch geschafft, nehme ich an.«

»Es heißt, daß er es gerade noch geschafft hat, aber einiges von den möglichen Gewinnen abschreiben mußte. Shermans Sohn strengte im übrigen ein Verfahren gegen Pike an, weil er der Meinung war, daß von dem Geld seines Vaters noch mehr vorhanden sein müßte, als tatsächlich da war. Für einen Prozeß fehlte es jedoch an ausreichendem Material. Der Gedanke, den ich Pike suggerierte, daß jemand den Doc umgebracht haben könnte, um ihm das Geschäft zu vermasseln, wurde von ihm begierig aufgegriffen. Er sagte, er könnte eine ganze Reihe von Leuten aufzählen, die ein solches Interesse hätten. Freilich hatte keiner von ihnen wissen können, wie wacklig die Finanzierung gewesen war.«

»Hatte zuvor jemand versucht, Tom Pike unter Druck zu setzen?«

»Das war der Fall, und es kam durch einen geradezu lächerlichen Zufall heraus. Ende August hatte Tom Pike von seinem Konto dreißigtausend Dollar abgehoben. Das ist nicht ungewöhnlich, da viele Grundstückskäufe in bar getätigt werden. Aber eben hier kam ein alberner Zufall ins Spiel.

Einer meiner Partner in meiner Kanzlei hatte für den Geburtstag seines zwölfjährigen Jungen bei einem Versandhaus ein Spiegelteleskop gekauft und es sich ins Büro schicken lassen. Um es auszuprobieren, stellte er es in seinem Büro auf dem dazugehörigen Stativ auf und setzte verschiedene auswechselbare Linsen ein. Er hatte das Teleskop auf den

Parkplatz eines Kaufzentrums gerichtet, das von seinem Büro einen Blick weit entfernt ist.

Als er das Teleskop auf einen abseits auf dem Parkplatz abgestellten Wagen richtete, sah er zu seiner Überraschung, daß er Tom Pike im Objektiv hatte, der reglos neben seinem Wagen stand. Er fragte sich schon, auf wen Pike warten mochte, als ein zweiter Wagen heranfuhr, dem ein überdurchschnittlich großer Mann entstieg. Tom Pike erkannte mein Partner genau, aber diesen Mann hatte er noch nie gesehen. Er war braungebrannt, sah ziemlich rauh und wild aus und trug ein weißes Sporthemd und eine Khakihose. Tom gab dem Fremden einen braunen Umschlag, und der öffnete ihn und nahm ein Bündel Banknoten heraus und riffelte es mit dem Daumen durch.

Mein Partner sagte, daß er beinahe die Nummern auf den Banknoten hätte erkennen können. Der Fremde legte den Umschlag in seinen Wagen und nahm einen weißlichen Umschlag heraus, den er Tom Pike gab. Pike ließ ihn so schnell verschwinden, daß mein Partner nicht erkannte, was das nun eigentlich war. Dann stiegen die beiden in ihre Wagen und fuhren davon.

Ein paar Tage später erzählte mir mein Partner ganz beiläufig diese Geschichte. Wir sprachen gerade über eine Scheidungssache, und in diesem Zusammenhang meinte er ironisch, wir sollten uns für solche Fälle ein Teleskop anschaffen, nur als Witz gemeint, versteht sich. Und so erfuhr ich, wie er Pike beobachtet hatte, wenn auch nur zufällig.

Für das, was Tom da auf dem Parkplatz gemacht hatte, gab es nun eine ganze Menge Antworten. Vielleicht war es ein Bargeschäft für ein Stück Ödland gewesen. Vielleicht hatte er auch Auskünfte eines Straßenbauingenieurs bezahlt, um den Wert für Bauland früher errechnen zu können. Aber vielleicht auch war dieser Mann derjenige gewesen, der an jenem Samstagabend bei Doc Sherman in der Praxis oder zumindest in dem Haus gewesen war — das einzige Ermittlungsergebnis übrigens, das vage für etwas anderes als den Selbstmord des Doc sprach.«

»Wie kam es bloß, daß Sie in diesem Zusammenhang plötzlich auf mich verfielen?«

»Ich war gestern abend in der Bar der Wahini Lodge, als Sie

mit Toms Schwägerin hereinkamen. Sie fing an zu weinen, und Sie führten sie hinaus. Ich ließ meine Klientin einen Augenblick allein und sah, wie Sie mit ihr in diesen Bungalow gingen. Hier sah ich auch Ihre Wagennummer und stellte durch Rückfrage fest, daß es ein Leihwagen war. Ihren Namen bekam ich vorn am Empfang. Ich rief dann einen Bekannten bei der Polizei an, der für mich nach Dienstschluß kleine Detektivaufträge erledigt. Er folgte Ihnen und verständigte mich telefonisch, daß Sie zu den Pikes gegangen wären.

Ich traf mich anschließend hier in der Lodge mit ihm, und er durchsuchte kurz Ihren Bungalow, während ich am Haustelefon bereitstand, um ihn zu warnen, falls Sie plötzlich zurückkommen sollten. Er fand bei Ihnen aber nicht das mindeste, was uns einen Anhalt hätte geben können. Und natürlich tat ich das Ganze nicht in meiner amtlichen Eigenschaft, für die ich ja niemals eine ausreichend juristische Grundlage gehabt hätte. Später tüftelte ich mit Penny das aus, was wir später unternahmen. Von der angebrochenen Flasche wußte ich durch meinen Freund bei der Polizei, und Penny glaubte, sie hätte da ein Mittel, das schnell und zuverlässig wirken müßte. Während Sie beim Essen waren, praktizierte ich das Zeug in die Flasche.«

»Wie sind Sie denn hereingekommen?«

»Mit dem Hauptschlüssel von meinem Polizeifreund. Er hat Hauptschlüssel für alle Motels in der Umgebung.«

Ich sah die beiden nachdenklich an. »Ich verstehe Sie nicht, auch wenn Sie noch so vorsichtig operiert haben. Das Ganze war doch einfach dumm und hätte schiefgehen können. Angenommen, ich hätte mich von Penny nicht ansprechen lassen. Ich wäre dann in meinen Bungalow gegangen, um mir in meiner Einsamkeit vielleicht einen anzusüffeln, und dabei hätte ich doch glatt draufgehen können.«

»Ich war nur fünf Minuten entfernt. Penny sollte mich anrufen, wenn schon vorher etwas nicht klappte. Über das Haustelefon hätte ich Sie für ein paar Minuten aus dem Bungalow gelockt, und Penny wäre mit dem Hauptschlüssel hineingeschlüpft und hätte die Flasche ausgegossen oder verschwinden lassen.«

»Ich mußte ja«, schaltete Penny sich ein, »eine so massive Dosis hineintun, daß schon ein Schluck genügt hätte, um Sie einschlafen zu lassen. Hätten Sie die ganze Flasche ausgetrunken, so wären Sie in der Tat daran gestorben. Aber ich bin gelernte Krankenschwester, und deshalb sehe ich solche Schwierigkeiten mit etwas anderen Augen und sichere mich dagegen ab. Ich hätte schon verhindert, daß Sie die Flasche leertranken — irgendwie.«

»Wofür hat Pike Ihnen die dreißigtausend gegeben?« fragte Holton.

»Sie sind ein Amateur und werden einer bleiben«, sagte ich. »Ich habe ihn erst heute kennengelernt. Beweisen kann ich das nicht. Aber Sie können mir auch nicht das Gegenteil beweisen, Holton. Oder versuchen Sie's doch mal.« Ich ließ mit einer Daumenbewegung den Zylinder seiner Police Special rotieren. Sie war voll geladen. Ich streckte sie ihm hin.

»Der Doc war vermutlich ein netter Kerl. Ebenso wie Sie beide an sich nette, anständige Menschen sind. Hätte ich als Killer, den Sie in mir vermuteten, den Doc umgelegt, dann hätte ich bei Ihnen gewiß nicht plötzlich Skrupel bekommen, sobald Sie mir irgendwie gefährlich geworden wären. Ich hätte Sie als Leichen in den Kofferraum des Leihwagens gepackt und in dem abgelegensten Sumpfloch, das in Florida überhaupt aufzutreiben ist, für immer verschwinden lassen. Und deshalb hört sich das, was Sie mir da erzählt haben, wie eine von den unlogischen Stories an, die man als Krimiserie im Fernsehen vorgesetzt bekommt.«

Er hatte einen knallroten Kopf bekommen, als er jetzt aufstand und sich den Police Special in den Gürtel stopfte. »Ich brauche mir von niemand, der gerade mal hereinschneit, Belehrungen anzuhören ...«

»Bleiben Sie schön bei Ihrem Gemoppel von Verteidigung und Anklage und kriegen Sie nicht auch noch Detektivehrgeiz.«

»Habe ich Ihre Erlaubnis, zu gehen, Mister McGee?«

»Nichts würde mir ein größeres Vergnügen bereiten.«

»Also dann komm, Penny.«

»Geh du lieber heim zu deiner Janice«, sagte sie. »Du bist jetzt schon genug Nächte fremdgegangen.«

»Hör mal, es tut mir leid, daß mir die Nerven durchgingen, als er das sagte, daß er mit dir ...«

»Das hat dir doch ganz gut in den Kram gepaßt, Liebling, nicht wahr? Meinst du, ich wüßte nicht, daß du schon lange darauf wartest, mit mir einen Krach anzufangen? Nur damit du mich endlich loswirst und die Nächste herumkriegen kannst, weil ich dir inzwischen bereits wieder langweilig werde? Von mir aus kannst du zur Hölle fahren, Rick. Männer mit deinen Touren hasse ich wie die Pest. Dieses ganze hinterlistige Theater, mit dem du nur dein Gewissen reinwaschen willst, während du dir überlegst, wie du mich abschieben kannst, um dir die dritte, vierte oder fünfte Frau zu fangen.«

»Sag mal, hast du plötzlich den Verstand verloren? Kommst du jetzt mit oder nicht?«

»Vielen Dank für die Anfrage, aber ich ziehe es vor, noch ein Weilchen hier zu bleiben.«

»Entweder kommst du jetzt auf der Stelle mit oder . . .«

»Oder du wirst mir niemals verzeihen, und es ist aus mit uns, und so weiter und so fort, bla-bla-bla. Denk auf dem Heimweg zu Janice ruhig an all die vielen schmutzigen Sachen, die ich inzwischen hier anstellen könnte. Denn deiner Meinung nach gehe ich mit diesem Mann schnurstracks ins Bett. Davon bist du doch felsenfest überzeugt, mein lieber Rick, nicht wahr?«

Er wirbelte herum, marschierte zur Tür und knallte sie so heftig hinter sich zu, daß der Kalk von der Decke rieselte.

Nun, ganz so ›schnurstracks‹ ging sie tatsächlich nicht ins Bett, da hatte sie recht. Erst mußte ich mir noch allerlei Details über ihre Beziehungen zu Rick Holton anhören. Und dann noch die ganze intime Story, wie es hatte passieren können, daß es auch mit Tom Pike passiert war. Sie hatte ja nichts von ihm gewollt, und passiert war es eigentlich nur, weil Tom so furchtbar niedergeschlagen gewesen war wegen des zweiten Selbstmordversuchs von seiner Frau. Lediglich trösten hatte sie ihn wollen, und das mußte der verwirrte Tom so gründlich mißverstanden haben, daß er sie einfach genommen hatte.

Inzwischen hatte sie sich in meinem Badezimmer noch einmal frisch gemacht, und dazu mußte sie sich das Kleid ausziehen, und da sie es nun schon mal ausgezogen hatte, sollte es sich erst einmal aushängen wegen des Fleckens, den sie daraus hatte auswaschen müssen. Und so hing das Kleid am nächsten Morgen immer noch da, aber es war wenigstens trocken geworden.

Ich brachte sie nach Hause, wie sie dies schon nach dem Streit mit Holton gewollt hatte. Ende einer flüchtigen Affäre. Man hätte die Sache alles mögliche heißen können — am meisten Ähnlichkeit hatte sie vielleicht noch mit den Hotelerlebnissen eines ständig auf Reisen befindlichen Handelsvertreters — mit McGee in der Rolle des Handelsvertreters. Das Stück hieß: »Wie leicht Krankenschwestern zu haben sind, weil sie so darauf aus sind.«

Nachdem ich mit dem Wagen wieder im Motel angelangt war, wollte ich eigentlich sofort packen und abreisen. Zuvor legte ich mich mit ausgezogenen Schuhen ein paar Sekunden lang aufs Bett und praktizierte Tiefatmung.

Als ich aufwachte, war es bereits acht Uhr abends, und ich hatte Appetit auf ein paar schnelle Drinks und zwei Pfund zartes Lendensteak.

9

Es wurden natürlich keine zwei Pfund Lende, aber es war ein zartes Steak, das ich im Luau Room der Wahini Lodge gegen neun Uhr abends aß, nachdem ich ausgiebig geduscht und zwei großzügig bemessene Plymouths auf Eis getrunken hatte.

Während ich gesättigt dasaß und über dies und jenes nachdachte, fielen mir die hundert Dollar ein, die Holton Penny geschenkt hatte. Wenn sie auch daran dachte, würde sie geradezu mit heraushängender Zunge angerannt kommen, um sie mir zurückzugeben.

Als ich gegen zehn Uhr dreißig zu meinem Bungalow zurückging und dort das Blinkzeichen des Telefons sah, dachte ich natürlich sofort, das würde Penny Woertz sein. Statt dessen war es eine höchst aufgeregte Biddy, die ihre Überraschung darüber ausdrückte, daß ich immer noch im Lande sei, und mich fragte, ob ich irgend etwas von Maureen gesehen oder gehört hätte. Irgendwie war es Maurie gelungen, sich die Treppe hinunter- und zum Haus hinauszuschleichen, während Tom an seinem Schreibtisch gearbeitet hatte und Bridgit kurz außer Haus war, um rasch noch ein paar Einkäufe für den Sonntag zu tätigen. Seit kurz vor sieben war sie also verschwunden. »Seitdem ist Tom ununterbrochen auf der Suche nach ihr. Ich habe überall angerufen, bei jedem, der mir einfiel, und um Viertel vor acht bin ich auch auf die Suche gegangen. Im Augenblick bin ich in der Nähe des Flughafens, und da fiel mir ein, daß Maurie zu Ihnen gegangen sein könnte, weil sie ja weiß, wo Sie abgestiegen sind.«

»Sucht die Polizei auch nach ihr?«

»Ich glaube nicht. Aber sie wissen, daß sie wieder mal davongelaufen ist. Wenn sie Maurie zufällig irgendwo antreffen, werden sie sie mitnehmen und heimbringen. Sie hat eine rosa Chambray-Bluse mit großen schwarzen Taschen an und ist wahrscheinlich barfuß.«

»Hat sie einen Wagen?«

»Nein. Aber vielleicht wäre es besser, wenn sie einen hätte. Wahrscheinlich hat sie es genauso gemacht wie das letztemal, als sie zur Route dreißig hinüberging und einen Wagen anhielt. Wie Sie sich vorstellen können, braucht sie bei ihrem Aussehen nie lange zu warten, bis jemand sie mitnimmt. Ich habe Angst, daß es einmal jemand sein könnte, der ihre Krankheit ausnutzt und sie einfach vergewaltigt.«

»Kann ich Ihnen irgendwie helfen?«

»Ich fürchte, nein. Falls sie bei Ihnen auftaucht, rufen Sie bitte neun-drei-vier-zwo-sechs-sechs-eins an. Das ist Toms Nummer, die auf einen automatischen Anrufbeantworter geschaltet ist. Wir rufen dort beide alle Viertelstunde an, um zu hören, ob jemand sie gefunden hat.«

»Sie sind also nicht mit Tom zusammen?«

»Nein. Getrennt können wir mehr Stellen absuchen. Aber früher oder später werde ich zwangsläufig mit ihm irgendwo zusammentreffen.«

»Würden Sie mich verständigen, wenn Sie sie gefunden haben?«

»Wenn Sie das möchten, gern. Ich werde Sie sofort verständigen.«

Ich legte auf und fragte mich, warum keiner von den beiden an den Grund des Sees zu denken schien. Bis jetzt hatte sie auf alle erdenklichen Arten probiert, aus dem Leben zu scheiden.

Das leichte Klopfen, das ich zehn Minuten später an der Tür hörte, rief mir Penny in Erinnerung, die mir die beiden Fünfzigdollarscheine noch nicht zurückgebracht hatte. Als ich zur Tür ging, spürte ich in der Magengegend ein leises Kribbeln, das die Vorfreude darauf sein mochte, daß es mir gelingen würde, sie zu überreden, noch ein bißchen dazubleiben.

Aber statt Penny standen zwei Männer vor meiner Tür, deren amtlich-strenger Blick sofort die Hüter der Ordnung verriet.

Der jüngere der beiden, groß und massig gebaut, trug eine Khakihose, ein weißes Sporthemd mit einem aufgestickten roten Pelikan, eine weiße Segelkappe und blauweiße Segelschuhe. Das kurze Hemd hing über den Gürtel heraus und tarnte den Miniaturrevolver, den er fast wie ein Symbol aller Cops von Florida im Gürtel stecken hatte. Der Ältere trug einen beigefarbigen Anzug und ein weißes Hemd, jedoch keine Krawatte. Die Kahlheit seines Schädels war tüchtig fortgeschritten. Ansonsten hatte er noch ein paar Leberflecken im Gesicht und leicht trübe braune Äuglein. Sein stinkender Atem verdeckte fast die Tatsache, daß das Sporthemd seines Partners roch, als wäre es mindestens vier Wochen nicht mehr gewaschen worden.

»Sie heißen McGee?«

»Ja. Was kann ich für Sie tun?« Ich war ausgezogen bis auf meine Unterwäsche.

»Sie können sich langsam umdrehen, die Arme zur Seite halten, zum Fenster hinübergehen und dort stehenbleiben.«

Er klappte kurz seine Brieftasche auf und ließ mich die kleine goldene Marke sehen. »Ich heiße Stranger«, sagte er, und indem er auf seinen Partner deutete: »Er heißt Nudenbarger. City-Police.«

»Ich bin nicht anspruchsvoll, aber kann ich vielleicht mal Ihren Haussuchungsbefehl sehen?«

»Nur wenn es nicht anders geht, McGee. Es ist heute nacht richtig schwül. Wir wollen nicht wegen ein paar lausigen Formalitäten extra noch mal zurückfahren. Am Ende kommt es doch auf das Gleiche heraus. Deshalb schlage ich der Einfachheit halber vor, daß Sie uns einladen, hereinzukommen und uns ein wenig umzusehen.«

»Also gut, sehen Sie sich bei mir ein wenig um, Mr. Stranger. Und auch Sie, Mr. Nudenbarger.«

Stranger filzte meine Brieftasche, die auf dem kleinen Büfettschrank liegengeblieben war, während Nudenbarger in den Schrank, in meinen Koffer und ins Badezimmer sah.

Stranger schrieb die Nummern meiner Kreditkarten in ein Notizbüchlein von der Größe einer Sonderbriefmarke. Er konnte offenbar nur schreiben, wenn er dabei die Zungenspitze im rechten Mundwinkel zwischen die Zähne klemmte. Die Kreditkarten schienen Eindruck auf ihn zu machen; noch dazu waren die Insignien finanziellen Ansehens bei mir recht breit gestreut.

»Ziemlich viel Bargeld, Mr. McGee.«

Bargeld und Kreditkarten ließen mich zum »Mister« aufsteigen. Ohne Erlaubnis ging ich zu dem Bett hinüber und setzte mich auf die Kante. »Siebenhundert und — und achtunddreißig. Das mit dem vielen Bargeld ist eine leidige Angewohnheit, die ich mir schon lange abzugewöhnen versuche, Mr. Stranger. Wahrscheinlich ist das auf ein Unsicherheitsgefühl während meiner Pubertät zurückzuführen — eben die üblichen Traumata, wie sie einem dieses Dasein nun mal induziert.«

Mit ausdruckslosem Blick sah er mich an. »Das macht Ihnen wohl besonderen Spaß, was?«

»Was macht mir Spaß?«

»Mit dummen Cops besonders gescheite Reden zu führen.«

»Was will er?« erkundigte sich Nudenbarger. »Was war das?«

»Laß nur, Lew«, sagte Stranger mit müder Stimme.

»Du sagst immer ›laß nur‹«, meinte Nudenbarger mit vorwurfsvoller Stimme.

Bei zwei Cops, die wie diese beiden als Partner aneinandergekettet sind, muß das zugehen wie in einer Ehe. Der eine weiß genau, wie der andere reagieren wird, und jeder fällt dem anderen mit seinen kleinen Marotten langsam auf die Nerven.

Stranger schob seine müde rechte Hinterbacke auf die Tischdecke und blätterte mit dem Daumen sein Mininotizbuch durch.

»Haben Sie schon mal eine Strafe verbüßt, Mr. McGee?«

»Nein.«

»Verhaftungen?«

»Hier und da, aber keine Anklage.«

»Wegen was?«

»An den Haaren herbeigezogene Gründe: Verschwörung, Nötigung, Beleidigung. Jemand hat eine großartige Idee, aber bei der ersten kleinen Nachforschung bricht alles zusammen wie ein Kartenhaus.«

»Oft?«

»Was heißt oft? Fünfmal vielleicht in einem halben Menschenleben. Ist das oft?«

»Und sonst, McGee? Mir scheint da was zu fehlen.«

»Was fehlt Ihnen?«

»Nun, das Übliche: Was wollen Sie eigentlich von mir? Ich bin unschuldig! Ich will sofort meinen Anwalt sprechen! Eben die üblichen Proteste.«

»Würden die denn bei Ihnen was nützen, Stranger?«

»Nach zwanzig Dienstjahren nicht mehr. Also zum Thema: Würden Sie bestätigen, daß Sie gegen Mittag weggingen und kurz nach ein Uhr wieder zurückkamen?«

»Das würde ich bestätigen.«

»Und sich dann hingelegt haben?«

»Und gepennt haben bis etwa gegen acht.«

»Wenn Sie mal Ihr Testament machen, denken Sie ein bißchen an Mrs. Imber.«

»Wer ist Mrs. Imber?«

»Eine Art Hausmutter hier. Sie kontrolliert die Hausmädchen bei der Arbeit. Gegen vier Uhr schloß sie bei Ihnen versehentlich die Tür auf. Sie lagen auf dem Bett und schnarchten.«

»Ja, weil mir das Bett als der richtige Platz dafür erschien.«

»Ja, wirklich, da haben Sie recht. Darf ich Ihnen einen Zettel vorlesen, den ich mir in mein Notizbuch abgeschrieben habe? Der Text lautet ... Ach, er war übrigens in einem verschlossenen Umschlag, auf dem stand: ›Mr. T. McGee, einhundertneun!‹ Darum haben wir ein bißchen herumgefragt, bis wir ein Motel mit einem Bungalow einhundertneun und einem Mc Gee darin fanden. Was eben hier ist, ebenso wie Sie. Also der Text lautet: ›Liebling, was hältst Du eigentlich von dem sogenannten Lohn der Sünde? Nun, es war eine verrückte Idee von mir, und dann vergaß ich es, und hier ist es wieder zurück. Ich bin ein bißchen zu aufgewühlt, um schlafen zu können. Zu viele Erinnerungen. Außerdem hätte ich da noch was mit Dir zu besprechen, was SS betrifft. Ich muß um acht Uhr Sonderdienst machen — für eine Freundin einspringen, die etwas dringendes Privates vorhat. Ich werde bei Dir vorbeifahren und den Umschlag bei Dir einwerfen.‹«

Stranger hatte den Text holprig heruntergelesen. »Das Briefchen war mit einem großen P unterzeichnet. Jemand, der Ihnen dazu einfällt?«

»Penny Woertz.«

»Und die hundert Dollar sind der Lohn der Sünde, McGee?«

»Nein, ein nicht gerade gelungener Witz. Privat und rein persönlich.«

Nudenbarger musterte mich wie ein Metzger, der eine herabhängende Rinderhälfte taxiert. »Auch mal als Soldat an der Front gewesen? Im dicken Dreck?«

»Ein bißchen.«

Nudenbargers schmieriges Grinsen ließ mich seine nächste Frage voraussahnen. »Und wie war's mit ihr, McGee? Hatte sie wenigstens ein nettes Popöchen?«

»Halt den Mund, Lew!« sagte Stranger ungehalten. »Seit wann kennen Sie Miß Woertz, Mr. McGee?«

»Seit wir uns gestern abend hier in der Bar trafen. Sie können den Mixer fragen. Er heißt Jake.«

»Das Zimmermädchen sagte, Sie müssen letzte Nacht eine Frau auf dem Zimmer gehabt haben. Sie bestätigen hiermit also, daß es die Krankenschwester war. Gegen mittag haben Sie sie dann im Wagen zu ihrem Appartement zurückgefahren. Gingen Sie mit zu ihr hinein?«

In der letzten Ecke meines Hirns begann sich eine Ahnung zusammenzubrauen.

»Lassen wir jetzt mal die Mätzchen«, sagte ich.

»Hat sie Ihnen gegenüber erwähnt, daß jemand bei ihr vorbeikommen würde?«

»Den Namen werde ich Ihnen erst sagen, wenn Sie mit den Mätzchen aufhören.«

Stranger griff in die Innentasche seines schon leicht fadenscheinigen Jacketts, zog einen Umschlag heraus und entnahm ihm ein paar farbige Polaroid-Fotos. Er hielt sie mir hin und sagte: »Dies sind keine offiziellen Unterlagen. Nur etwas, was ich für meine privaten Akten gemacht habe.«

Er hatte mit Blitz gearbeitet. Penny lag auf dem Küchenboden, mit der linken Schulter gegen die Verkleidung unter dem Ausguß, den Kopf ganz nach hinten gebogen. Sie trug einen

76

blau-weiß karierten Hausmantel, der vorn auseinandergeglitten war und deshalb eine Brust, die rechte Hüfte und den rechten Schenkel sehen ließ. Die beiden geschlossenen Klingen einer großen Küchenschere waren ihr tief in die Kehle gestoßen worden. Sie lag in einer Blutlache. Auch ihr Gesicht war blutverschmiert und wirkte viel zarter und blasser, beinahe zerbrechlich — ganz anders, als ich es in Erinnerung hatte. Es waren vier Aufnahmen aus vier verschiedenen Winkeln. Ich schluckte etwas herunter, was mir plötzlich in die Kehle geraten zu sein schien, und reichte ihm die Fotos zurück.

»Die Meldung kam um acht Uhr dreißig«, sagte er. »Sie sollte gerade eine andere Schwester einarbeiten, und weil sie manchmal verschläft, hatte sie ihr der einen Schlüssel gegeben. Die andere Schwester wohnt in einem der Garten-Appartements gleich um die Ecke. Nach Ansicht des Leichenbeschauers ist der Tod gegen vier Uhr dreißig eingetreten, höchstens zwanzig Minuten früher oder später.«

Ich schluckte noch einmal. »Das ist — einfach scheußlich.«

»Ich schaute in die Bratpfanne, die sie auf dem Herd stehen hatte. Ich hob den Deckel hoch. In der Brühe schwamm halb aufgeweicht der verschlossene Brief an Sie. Vermutlich hat sie ihn ganz schnell verschwinden lassen müssen, und die Pfanne war das erstbeste Versteck, das ihr einfiel. Als ob ein Freund gekommen wäre, der das von dem Lohn der Sünde an Sie auf keinen Fall lesen sollte. Vielleicht hat dieser Freund auch schon geahnt, daß sie die Nacht bei Ihnen verbracht hat.«

»Mag sein. Ich weiß es nicht.«

»Machte sie sich seinetwegen Gedanken?«

»Ein bißchen.«

»Und wären Sie eventuell geneigt, mir den Namen dieses Freundes zu nennen?«

»Richard Holton, Rechtsanwalt.«

»Der einzige Name, der Ihnen in diesem Zusammenhang einfällt?«

»Tatsächlich ihr einziger Freund, würde ich sagen.«

Stranger seufzte. Er wirkte entmutigt. »Verdammt, genau der gleiche Name, den wir auch haben. Er hat heute seine Frau nach Vero Beach hinübergefahren, weil sie ihre Schwester besuchen wollte. Holton ist morgens gegen neun Uhr abgefahren. Vor anderthalb Stunden hat er in seiner Kanzlei angerufen und gesagt, daß sie sich jetzt auf die Rückfahrt machen würden. Er müßte inzwischen zu Hause sein. Dies ist eben eine Kleinstadt, McGee. Mr. Holton und die Arztschwester hatten mächtig Stunk gemacht wegen Doc Shermans Tod, der als Selbstmord bezeichnet wurde. Das war auch das SS auf dem Zettel, nicht wahr?«

»Ja. Auch zu mir hat sie über den Doktor gesprochen.«

Nudenbarger meinte, er müßte auch wieder mal was sagen. »Und solche Bilder sind Ihnen zum Kotzen — die können Sie nicht ansehen?«

»Halt den Mund, Lew«, sagte Stranger.

Es war jetzt nach Mitternacht. Ich sah auf die Uhr, als das Telefon zu läuten begann. Stranger gab mir einen Wink, den Hörer abzunehmen. Er kam dicht neben mich und preßte sein Ohr an die Gegenseite der Hörmuschel, um auch den anderen Teil des Gesprächs mitzubekommen.

»Travis? Hier ist Biddy. Ich bin gerade nach Hause gekommen. Vor zwanzig Minuten hat Tom sie gefunden.«

»Ist alles in Ordnung mit ihr?«

»Es sieht zumindest so aus. Nachdem er die ganze Stadt nach ihr abgesucht hat, fand er sie schließlich kaum eine Meile von hier, als sie ziellos herumwanderte. Mauries Arme sind völlig von Insekten zerstochen. Und überall juckt und beißt es sie wie verrückt. Tom badet sie jetzt, und dann wird er sie an das Schlafgerät hängen. Schlaf ist immer noch das Beste für sie.«

»An was wird er sie anhängen?«

»An das elektronische Schlafgerät. Elektrotherapie. Sie reagiert ganz wunderbar darauf. Und, Travis, vielen Dank für die Sorgen, die auch Sie sich gemacht haben. Wir sind Ihnen beide sehr, sehr dankbar.«

Ich legte auf, und Stranger sagte mit leiser Überraschung in der Stimme: »Die Pikes kennen Sie auch?«

»Die Frau, ihre Schwester und die Mutter.«

»Ist sie nicht gerade vor kurzem gestorben?«

»Ja.«

»Hat er seine verrückte Frau gefunden?« fragte Nudenbarger.

»Ja, Tom Pike hat sie gefunden.«

Nudenbarger schüttelte den Kopf. »Junge, Junge, das ist vielleicht ein Kreuz mit der. Ich werde nie vergessen, in welcher

Verfassung sie war, das letztemal, im Frühjahr, als die drei Teraffo-Brüder sie zwei Tage lang in dem kleinen Verschlag vom Lagerhaus versteckt hielten und ihr immer noch mehr Schnaps einflößten. Weiß der Teufel, was sie sonst noch alles mit ihr anstellten. Jedenfalls mußten Mike und Sandy sie auf eine Bahre packen, um sie wegzuschleppen, so blau war sie . . .«

»Halt endlich dein verdammtes Lästermaul, Lew!« schimpfte Stranger.

Verblüfft starrte Nudenbarger ihn an. »Verflixt, was ist denn in dich gefahren?«

»Geh hinaus und ruf die Station an, ob es irgendwas Neues gibt. Wenn's was gibt, komm zurück und sag's mir. Und wenn es nichts gibt, bleib draußen im Wagen sitzen. Klar?«

»Ja, ja, ich geh ja schon.«

Als sich hinter ihm die Tür geschlossen hatte, ließ Stranger einen tiefen Seufzer hören. Dann setzte er sich hin, fingerte in der Seitentasche seines Jacketts herum und fand schließlich eine halb aufgerauchte Zigarre, deren zerfranstes Ende er sich umständlich anzündete. »Tom Pike sollte seine Frau endlich dahin verfrachten, wo sie hingehört. Sie wird noch so lange in der Nacht herumrennen, bis sie einem Killer in die Arme fällt, der ihr den Hals umdreht.«

»Noch bevor sie sich selber umbringt?«

»McGee, wenn ein Mann in der einen Richtung sagenhafte Erfolge hat, dann hat er manchmal in der anderen Richtung ausgesprochenes Pech. Und so ist das auch mit Tom Pike, schätze ich. Wenn es ihr endlich gelänge, sich umzubringen, wäre das für alle Beteiligten nicht mal die schlechteste Lösung. Und ansonsten, Mr. McGee, würde ich es für angezeigt halten, daß Sie noch ein paar Tage in der Stadt bleiben.«

»Gewiß, und wenn ich irgendwie helfen kann, lassen Sie es mich wissen. Ich kannte Penny zwar noch nicht sehr lange, aber — ich mochte sie.«

Er zog an seinem Zigarrenrest. »Sie als Amateur? Herumrennen und alles nur noch mehr durcheinanderbringen?«

»Sagen wir mal, ich wäre wahrscheinlich nicht so ein Amateur wie der Helfer, den Sie da im Augenblick haben.«

»Wenn Sie tatsächlich etwas tun wollen, dann können Sie, wenn es Innen keine allzu großen Umstände macht, sich mal darum kümmern, ob Rick Holton die Fahrt, die er da gemacht haben will, auch wirklich gemacht hat. Für jemand in meiner Stellung ist es nicht gerade ratsam, jemanden von dem juristischen Rang eines Rick Holton zu überprüfen. Es kann sich sehr nachteilig auf die Pensionierung auswirken. Vielleicht könnten Sie einmal mit Janice Holton sprechen. Auch das könnten Sie leichter als ich bewerkstelligen.«

»Falls sie bei Ihnen wegen mir zurückfragen sollte, bestätigen Sie ihr, daß ich ein Versicherungsdetektiv bin, der eine Forderung wegen des Todes von Dr. Sherman überprüft.«

»Wollen Sie wirklich zu ihr statt zu ihm?«

»Nur um zu hören, ob sie überzeugt ist, daß er es mit dem von ihm vermuteten Mord an dem Doc ernst meint, oder aber ob er das alles nur getan hat, um sich an die Krankenschwester Woertz heranschlängeln zu können.«

Er ließ einen leisen Pfiff hören. »Ihnen kann man anscheinend auch nicht leicht zwei O für zwei U vormachen, nicht?«

»Kommt ganz darauf an. Leicht vielleicht nicht gerade.«

»Wenn Rick und seine Frau in der Stadt gewesen sind, aber nicht zusammen, dann möchte ich verdammt genau wissen, wo sie in der fraglichen Zeit gesteckt hat.«

»Trauen Sie ihr einen Mord zu?«

Er stand auf.

»Was heißt schon zutrauen? Was wissen wir denn, wozu einer fähig ist, wenn der Mond gerade die richtige Konstellation hat? Alles, was ich weiß, ist, daß sie Janice Nocear hieß, ehe sie den Rechtsanwalt heiratete, und die Nocears haben schon immer dazu geneigt, das, was sie für recht hielten, in die eigene Hand zu nehmen. Und Sie selbst werde ich auch noch ein bißchen genauer überprüfen als bisher«, erklärte er mir mit einem kleinen müden Lächeln und ging hinaus.

Die erste Seite des in Fort-Courtney erscheinenden *Sunday Register* brachte die fette Schlagzeile: *Krankenschwester ermordet*. Dazu hatten sie ein allerliebstes Privatfoto von ihr hineingesetzt, das mir unwillkürlich das Herz zusammenkrampfen ließ.

Viel hatten die Hüter des Gesetzes nicht gerade finden können: die Mordwaffe und den Zeitpunkt des Todes. Außerdem wurde großmäulig versichert, daß die Verhaftung des Schuldigen unmittelbar bevorstände.

Es war gegen Sonntagmittag, als ich Biddy anrief. Ihre Stimme klang lustlos und müde. Sie sagte, daß Tom zu einer Konferenz nach Atlanta geflogen wäre und gegen Mitternacht wieder zurück sein würde, wenn alles glatt ginge. Ja, das mit Penny Woertz sei wirklich eine abscheuliche Sache. Sie sei immer so zuvorkommend und hilfsbereit gewesen, als Maurie noch Dr. Shermans Patientin war. Ein freundlicher Charakter, niemals schnippisch oder hochnäsig.

»Wie wär's, wenn ich zu Ihnen hinauskomme und Sie ein bißchen aufzuheitern versuche, Biddy?«

»Mit Liedern und Witzen und Zauberkunststücken? Ich fürchte, das würde bei mir heute nicht wirken. Aber — kommen Sie, wenn Sie wollen, trotzdem.«

Ich mußte dreimal den Türgong läuten lassen, ehe sie endlich kam und mich einließ.

»Tut mir leid, daß ich Sie so lange habe warten lassen, Trav«, sagte sie, während sie mich nach hinten in das große Wohnzimmer führte. »Ich wollte Maurie nur schnell wieder zum Einschlafen bringen.«

Ihr gelbes Höschen mit den Goldknöpfen an den Hüfttaschen und das blaue Arbeitshemd wirkten raffiniert und chic. Ihr langes blondes Haar hatte sie mit einem gelben Kamm hochgesteckt. Ein paar lustige Strähnen hatten sich davon gelöst und baumelten ihr verspielt an den Schläfen herunter. »Ich sehe im Augenblick einfach verheerend aus, Travis. Was darf ich Ihnen anbieten? Eine Bloody Mary? Gin und Tonic? Ein Bier?«

»Was Sie dahaben.«

»Dann vielleicht eine Bloody Mary. Die hat gleich auch noch therapeutische Wirkungen. Wollen Sie mitkommen und mir ein wenig helfen?«

Die große Küche war freundlich, hell und sauber. Die Fenster gingen nach hinten auf den See hinaus.

Nachdem wir den ersten Cocktail im Stehen ausgetrunken hatten, führte sie mich durch den teppichbelegten Flur die Treppe hinauf in Mauries Zimmer. Maurie schlief auf dem Rücken liegend mitten auf dem großen Doppelbett. Der Raum war derart klimatisiert, daß es beinahe kühl darin war. Mauries Gesicht wirkte verschwollen und hatte rote Flecken. Das ganze Zimmer roch irgendwie nach ein wenig Krankheit und ein wenig Mädchen, leicht süßlich, aber nicht etwa betörend. Obwohl der Raum abgedunkelt war, hatte Maurie eine Schlafbrille mit undurchsichtigen Gläsern auf.

Biddy begann im Plauderton zu sprechen. »Bis mindestens sechs werde ich sie schlafen lassen. Oh, machen Sie sich keine Sorgen, daß wir sie aufwecken könnten. Solange sie an dem Dormator angeschlossen ist, schläft sie fest.«

Sie führte mich neben das Bett, um mir zu zeigen, was sie meinte. Der Apparat sah wie ein kleiner Kurzwellenempfänger aus. Ich sah drei Knöpfe, dazu drei Skalen. Ein winziges orangefarbenes Birnchen flackerte in regelmäßigen Abständen auf. Sie erklärte mir, daß es ein elektronisches Einschlafgerät sei, das in Deutschland erfunden worden war und durch englische und amerikanische Importeure vertrieben wurde. Zwei Drähte führten zu Elektroden, die Maureen mit einer Art Kappe an den Schläfen, hinter den Ohren und an vielen anderen Stellen anliegen hatte. Sie erklärte, daß man die kleinen Schaumgummipolster mit einer Salzlösung anfeuchtete und dem Patienten die Kappe nur über den Kopf zu ziehen brauchte. Das Gerät leitete dann dem Thalamus und Hypothalamus im Gehirn ganz schwache, langsam und träge pulsierende Reizströme zu.

»Und dabei ist der Apparat absolut sicher«, sagte sie. »Er ist schon bei Tausenden von Patienten ausprobiert worden. Mit diesen beiden Knöpfen hier stellt man die Frequenz und die Stärke ein. Der dritte ist eigentlich nur zum Ein- und Ausschalten. Dr. Sherman hat ihn uns besorgt und mir beigebracht, wie man ihn anwenden muß. Er hatte nämlich Sorge wegen der Nebenwirkungen, die Schlafmittel mit sich bringen. Wir geben ihr sonst gelegentlich, wenn es unbedingt erforderlich ist, Tranquilizerspritzen, aber das ist dann auch alles.«

»Wie fühlt sich das unter dem Apparat an?«

»Irgendwie — ganz merkwürdig. Aber nicht unangenehm. Alles, was ich dabei fühlte, war ein leises Flirren in den Lidern. Ich versuchte mir einzureden, daß ich davon nie und nimmer einschlafen würde. Doch auf einmal war das Flirren weg, und eine angenehme Wärme floß mir über das ganze Gesicht. Und dann war ich auch schon weg. Es war herrlich erquickender

Schlaf. Wenn zum Beispiel Maurie erst mal eingeschlafen ist, kann man den Apparat ruhig abnehmen, und der künstliche Schlaf geht in natürlichen über. Jetzt lasse ich den Apparat auf ganz schwacher Stärke arbeiten, und Maurie wird solange in Schlaf gehalten, bis ich ihn abstelle oder ihr die Haube abnehme. Man könnte eine ganze Militärkapelle durchs Zimmer marschieren lassen, ohne daß Maurie davon aufwacht. Wirklich eine tolle Erfindung. Und handlich ist das Gerät auch noch. Man kann es überall mit hinnehmen.«

»Könnten Sie jetzt schlafen gehen, und ich könnte hier weiter aufpassen?«

»Ja, das könnten Sie. Sie brauchen eigentlich nur von Zeit zu Zeit nachzusehen, ob das Licht flackert, und falls nicht, hier nur ein bißchen nachzustellen. Daß Maurie sich im Schlaf die Haube heruntergeschoben hat, ist erst ein einzigesmal passiert.«

»Also dann — man sieht Ihnen direkt an, wie sehr Sie sich nach dem Bett sehnen. Ab mit Ihnen!«

»Das wollen Sie wirklich tun?«

»Warum nicht?«

Biddy hatte gegen fünf Uhr von mir geweckt werden wollen, aber ich ließ sie bis acht durchschlafen. Zunächst schmollte sie deswegen ein wenig, lächelte mich aber gleich wieder dankbar an, weil ich ihr soviel Schlaf gegönnt hatte. Sie ging hinauf und weckte Maurie. Kaum zehn Minuten später kam sie mit ihr herunter. Maurie wirkte verstört und einsilbig.

Nachdem mich Biddy dann noch kurz in ihr Maleratelier über dem Bootshaus geführt hatte, um mir ihr neuestes Werk zu zeigen, und wir alle wieder im Wohnzimmer waren, sagte ich: »Ich werde mich jetzt wieder auf den Heimweg machen, Biddy. Vielen Dank für die Bloody Marys.«

»Ich bin Ihnen Dank schuldig, Travis. Erst grollte ich Ihnen, weil Sie mich länger schlafen ließen, aber Sie müssen wohl gemerkt haben, wie sehr ich den Schlaf brauchte. Ich bin mit den Nerven schon bald auf dem Hund. Dafür waren die paar Bloody Marys überhaupt kein richtiger Dank.«

»Doch, wirklich, ich bin Ihnen sehr . . .«

Sie richtete sich plötzlich auf, lauschte und ließ sich dann wieder zurücksinken. »Entschuldigung. Ich dachte nur, das verdammte Telefon läutet wieder mal. Irgendwas muß da mit der Leitung los sein. Wenn man den Hörer abnimmt, ist niemand dran, und es läutet jedesmal auch nur ein-, zweimal durch. So geht das jetzt schon beinahe seit drei Monaten. Immer nur das verflixte Freizeichen, wenn man den Hörer doch mal rechtzeitig erwischt.«

Maureens Gruß war nur ein schwaches Lächeln. Sie hatte in der Ecke gesessen und nicht ein einziges Wort gesagt. Weil ich nicht wissen konnte, wie ihr zumute war, hatte ich sie nicht gefragt, ob sie sich diesmal vielleicht an ihr Ausbrucherlebnis erinnern konnte.

Als ich die Auffahrt hinunter zu meinem Wagen ging, hörte ich hinter mir ein recht deutliches lautes Schnappen. Biddy hatte hinter mir die massive Haustür abgeschlossen.

Bis ich zum Motel zurückkam, war das Dinner längst vorbei, aber Steaksandwiches konnten sie noch servieren. In der entfernten Ecke des Speisesaals saß ein flüsterndes Pärchen, und an der Bar lehnte ein einsamer fetter Mann. Sowohl der dicke Mann wie auch das Pärchen waren verschwunden, als ich schließlich an die Bar ging. Ich setzte mich auf den hintersten Hocker neben der Wand. Es war Pennys Platz gewesen, als ich sie zum erstenmal gesehen hatte.

Jake, der Barmixer, hatte einen merkwürdigen Ausdruck im Gesicht, als er zu mir herüberkam. »Guten Abend, Sir. Hören Sie, wenn ich Sie in Schwierigkeiten gebracht haben sollte . . .«

»Ich habe Stranger ausdrücklich gesagt, daß er sich von Ihnen bestätigen lassen kann, daß ich sie hier bei Ihnen am Freitagabend kennengelernt habe.«

Er atmete erleichtert auf. Dann sagte er: »Darf ich Sie etwas fragen? Waren Sie in Ihrem Bungalow, bevor Sie hier hereinkamen?«

»Nein, ich habe vorn an der Einfahrt geparkt. Hat mich jemand zu erreichen versucht?«

Er wirkte ausgesprochen verlegen. »Ja, ein Mr. Holton, Rechtsanwalt. Er kommt mitunter hierher. Es hat mit ihm sonst noch nie Schwierigkeiten gegeben. Gegen fünf hat er bei mir nach Ihnen gefragt. Er trank schnell zwei Gläser und ging. Um Viertel vor sechs kam er wieder. Er wollte noch ein paar mehr trinken, dann nach Ihnen suchen und wieder zurückkommen. Weil er ein guter Kunde ist, ließ ich ihn ein paar mehr haben, als ich sie sonst jemand gegeben hätte. Ja, und dann wurde er plötzlich ekelhaft und schrie herum, so daß ich Verstärkung holen und ihn hinaussetzen mußte. In der Verfassung, in der er war, kann er kaum mit dem Wagen weggefahren sein. Vielleicht schläft er jetzt seinen Rausch aus, oder aber er wartet in Ihrem Bungalow. Er schrie hier herum, er würde Sie windelweich schlagen, wenn Sie sich blicken ließen. Ich wollte Sie daher nur bitten, Sir, ein wenig die Augen offenzuhalten, wenn Sie zu Ihrem Bungalow gehen.«

Mit diesem Tip verdiente er sich all das an Trinkgeld, das von einem Fünfdollarschein für einen Whisky übrigblieb.

Ich entschied mich, zu Fuß zum Bungalow zu gehen, statt mit dem Wagen vorzufahren. Dabei ging ich quer über den Rasen und hielt mich im Schatten von Bungalows und Bäumen. Schließlich blieb ich stehen und lauschte.

Und dann entdeckte ich den massiven Schatten, der neben einem hohen Busch an der weißen Bungalowwand lehnte. Ich rekonstruierte mir, was Holton mit seinem Revolver gemacht hatte, als ich ihn zurückgegeben hatte. Er hatte ihn auf der linken Seite unter seinem Jackett in den Gürtel geschoben, mit dem Griff zur Mitte, so daß er ihn leichter ziehen konnte.

Ich zog die Schuhe aus, schlich im weiten Bogen um ihn herum, überquerte geduckt rasch eine beleuchtete Fläche und kroch dann auf allen vieren in den Schutz des Gebüschs hinter ihm. Als ich ihm ganz nahe war, merkte ich, daß er einen Schluckauf hatte, wahrscheinlich von den vielen eiskalten Getränken. Von da an bewegte ich mich immer dann, wenn er schlucken mußte.

Schließlich befand ich mich dort, wo sich sein Hund befunden haben würde, wenn er einen gehabt hätte. Bei seinem nächsten Schlucker griff ich mit beiden Händen zu, packte ihn dicht über beiden Fußknöcheln, riß ihm die Beine weg und gab ihm gleichzeitig eine Drehung, daß er auf die linke Seite fallen würde.

Mit einem mächtigen Rumser landete er auf dem Boden, und im selben Augenblick war ich auch schon über ihm, riß ihm den Revolver aus dem Gürtel, rollte mich von ihm weg und stand blitzschnell auf.

Mühsam setzte er sich auf, schüttelte benommen den Kopf

und ließ sich vornüber auf die Knie kippen. Dann stützte er die Hände an die Bungalowwand und richtete sich schwankend auf.

»Sie Bastard!« zischte er. »Sie mieser, dreckiger Hundesohn.«

»Beruhigen Sie sich, Richard. Das hat wenigstens Ihren Schluckauf kuriert.«

Er holte zu einem wilden Schwinger aus, stand aber viel zu schwankend und viel zu weit weg von mir und schlug lediglich ein Loch in die blaue Nachtluft. Ich streckte ein Bein aus, und als er diesmal hinknallte, fiel er mit dem Gesicht auf den Boden. Aber wieder kam er taumelnd und in quälender Langsamkeit auf die Füße, indem er einen dünnen Baumstamm als Stütze benutzte.

Er drehte sich um, blinzelte und starrte. »Lohn der Sünde«, zischelte er giftig. »Den Lohn der Sünde werden Sie jetzt gleich bekommen. Ja, ich hab' es ganz genau gelesen. Alles hab' ich gelesen! Und deshalb werde ich Sie jetzt ...«

Mit einem zornigen Grunzen kam er auf mich zu. Rasch kauerte ich mich auf den Rasen nieder, und genau in dem Augenblick, da er über mich hinwegstolperte und vornüberkippte, richtete ich mich auf und schleuderte ihn in die Luft. Diesmal landete er mit dem Rücken auf dem Boden, lag einfach nur noch da und starrte in den Nachthimmel. Gequält hustete und würgte er.

»Gleich — gleich muß ich kotzen«, kündigte er an.

Ich half ihm, sich herumzurollen. Mühsam stemmte er sich auf Knie und Hände, und dann übergab er sich unter krampfhaftem Würgen.

»Gott, ist mir schlecht!« stöhnte er dazwischen.

Ich stellte ihn auf die Beine, legte mir seinen rechten Arm über die Schulter, faßte ihn um seine dickliche Hüfte und führte ihn in meinen Bungalow. Kaum war er im Badezimmer, da mußte er sich schon wieder erbrechen. Ich mußte ihn dauernd festhalten, damit er mir nicht einfach umkippte. Schließlich setzte ich ihn auf den geschlossenen Deckel der Toilette. Mit einem feuchten Handtuch wischte ich ihm erst einmal den Schmutz von Gesicht und Jackett. Auch im Sitzen schwankte er noch hin und her und lallte dabei: »Wie ich dieses Mädchen geliebt habe — geliebt ... Verstehen Sie, richtig —

geliebt. Ich halt's einfach nicht aus, was man da mit ihr . . .« Er schlug die Augen zu mir auf, die er bis dahin fast geschlossen gehabt hatte. »Wirklich, bei Gott, ich halt' das einfach nicht aus!«

»Ich schaff Sie jetzt lieber nach Hause, Rick.«

Er schien sich das ein paar Sekunden zu überlegen und nickte dann. »Ist wohl das Beste. Ich bin in saumäßiger Verfassung. Aber wen kümmert das schon? Janice? Ha, einen Dreck kümmert sie das. Penny — ja, der wär' das nicht egal gewesen. Und die ist tot. Irgendein Hundesohn hat sie umgelegt — abgemurkst. Ich weiß, daß nicht Sie das waren. Ich wünschte aber, Sie wären's gewesen. Dann hätte ich Sie vielleicht fertiggemacht. O Gott, hätte ich Sie fertiggemacht!«

»Wo wohnen Sie, Holton?«

»Zweihundertachtundzwanzig Forest Drive«, lallte er.

Ich ließ mir von ihm die Schlüssel und eine Beschreibung seines Wagens geben, ging zum Hauptgebäude vor und fuhr den Wagen zum Bungalow zurück. Es war ein rotes Kabriolett.

Ich holte ihn heraus, wobei ich ihn ziehen und schleppen mußte, und setzte ihn auf den Nebensitz. Dann klemmte ich mich hinter das Lenkrad, und während ich vom Motelgelände herunterfuhr, gab er mir lallend Richtungsanweisungen.

Als ich vor einer roten Ampel halten mußte, sagte er: »Tut mir leid, McGee, daß ich Sie durchbeuteln mußte. Aber Sie wissen schon, wie das so geht.«

»Klar weiß ich, wie das so geht.«

»Man muß es einfach abreagieren. Ich habe Sie gehaßt. Sie hätten nicht ausgerechnet mein Mädchen umlegen sollen. Aber von Mann zu Mann — scheiß drauf — wenn sie es von Ihnen haben wollte, sollte sie es auch von Ihnen bekommen. Stimmt's nicht? Ein großartiges Mädchen. Vor allem im Bett. Das großartigste Mädchen der Welt. Sie sind ein netter Kerl, McGee, auch wenn ich Sie gar nicht leiden können will, ich tu's eben doch. Hören Sie . . .«

Während ich mit der Linken lenkte, mußte ich ihn mit der Rechten rütteln, um von ihm weitere Richtungsangaben zu bekommen. Als ich dann schließlich auf die asphaltierte Zufahrt fuhr, war er bereits wieder eingeschlafen. Es war ein ebenerdiges Haus aus Zementquadern im modernen Bungalowstil mit einem leicht vernachlässigten, ansonsten aber großzügig angelegten Garten. In mehreren Räumen brannte Licht. Ein grauer Plymouth stand mit dem Vorderteil halb in der offenen Garage.

Ich stieg aus, ging zur Haustür und klingelte. Noch mehr Lichter gingen drinnen an. Auch die Lampe über der Tür. Eine schlanke dunkle Frau schaute durch die Insektengittertür.

Ich war wieder an den Wagen getreten. »Mrs. Holton?«

Sie kam heraus und sah ihren schlafenden Mann. Sie trug eine orangefarbene Hose und eine gelbe Bluse. Um den Hals hatte sie sich ein hellrotes Halstuch gewunden.

»Ja, leider, das ist mein Mann. Wer sind Sie?«

»Mein Name ist Travis McGee.«

Ich hatte den Eindruck, als ob sie mein Name zusammen-zucken ließ, konnte mir aber nicht erklären, warum.

»Ich werde Ihnen helfen, ihn hineinzubringen.«

Sie griff mit der Hand nach seinem Kinn und drehte leicht seinen Kopf, stützte ihn mit der anderen Hand — und pitsch, patsch hatte sie ihm zwei Ohrfeigen gegeben. Holton schreckte jäh aus seinem Schlummer. Keuchend und nach Luft schnap-pend blickte er sich um.

»Hallo, Janice — das ist aber fein, daß du da bist. Das da ist mein lieber Freund und Kumpel McGee. Wir beide werden jetzt 'reinkommen und schnell ein paar Kleine in die Gurgel zischen. Klar, du kannst auch einen mittrinken.«

Als er beim Aussteigen erneut beinahe umgekippt wäre, nahm ich ihn unter den Schultern und hielt ihn mühsam in der Senkrechten. Indem wir ihn von beiden Seiten stützten, brach-ten wir ihn zum Haus und zur Tür hinein. Mit viel Mühe verfrachteten wir ihn ins Schlafzimmer und aufs Bett, wo er sofort wieder einschlief.

Ich folgte Janice Holton ins Wohnzimmer. Dort blieb sie stehen, drehte sich zu mir um und sagte: »Ich danke Ihnen für Ihre Hilfe. Zum Glück kommt das nicht allzu häufig vor. Das soll keine Entschuldigung sein . . .«

Ich kramte den Revolver aus der Tasche meines Jacketts und gab ihn ihr. »Wenn es gelegentlich doch mal passiert, sollte er wenigstens nicht mit so 'nem Ding herumrennen.«

»Ich werde ihn verstecken und ihm sagen, daß er ihn verlo-ren haben muß. Nochmals vielen Dank.«

»Darf ich schnell mal Ihr Telefon benutzen, um mir ein Taxi kommen zu lassen?«

Sie trat vor das große Aussichtfenster zur Straßenseite hin und sah über die Straße hinweg. »Meine Freundin ist noch auf. Sie wird 'rüberkommen und einen Augenblick auf die Kinder aufpassen, während ich Sie zurückbringe.«

»Ich möchte Ihnen keine Umstände machen, Mrs. Holton.«

»Ich wollte sowieso ein bißchen an die frische Luft. Und Sie haben sich ja wegen uns noch viel mehr Umstände machen müssen.«

Sie ging zum Telefon in der Diele, wählte eine Nummer und führte mit leiser Stimme ein kurzes Gespräch. Dann gingen wir zum Wagen hinaus und setzten uns hinein. Sie bat mich, einen Augenblick zu warten. Nach ein paar Sekunden öffnete sich gegenüber der Straße eine Haustür, und eine Frau trat heraus und kam herüber. In diesem Augenblick sagte mir Janice, daß ich anfahren könnte. Während wir an der Frau vorbeikamen, winkte Janice und rief ihr leise zu: »Vielen Dank, Meggy.«

»Alles klar. Laß dir ruhig Zeit, Janice.«

Janice Holton nahm das Halstuch, legte es über das schwarze Haar und band es sich unter dem Kinn zusammen. Nach ihrem Gehabe mußte es eine schweigende, eintönige Fahrt werden.

»Ich schätze, daß Ihr Mann so durcheinander ist, liegt daran, daß seine Freundin umgebracht worden ist.«

Aus den Augenwinkeln bemerkte ich, daß sie sich ruckartig zu mir umwandte und mich anstarrte. »Als ob mich das auch nur im geringsten kümmern würde, was ihn da so durchgedreht hat. Gewiß, das Mädchen tut mir leid. Und eigentlich bedauere ich es, daß ich niemals Gelegenheit hatte, mich bei ihr zu bedanken.«

»Bei ihr zu bedanken?«

»Dafür, daß sie mich gewissermaßen freigestellt hat.«

»Ihnen mehr Freiheit verschafft hat, meinen Sie?«

»Sie sind doch wohl nicht ernstlich an den vielen tristen Details meiner glücklichen Ehe interessiert, oder doch?«

»Sie haben das eben ein bißchen merkwürdig ausgedrückt.«

»In letzter Zeit neige ich dazu, merkwürdige Dinge zu sagen.«

»Können Sie sich erinnern, Mrs. Holton — auf der Heiratsurkunde steht gewissermaßen kleingedruckt wie auf einem

Versicherungsvertrag, freilich unsichtbar, immer die nette Zeile: Und lebt hinfort glücklich miteinander — bis in alle Ewigkeit.«

»Haben Sie etwa auch eine trübe Eheerfahrung hinter sich, Mr. McGee?«

»Ja, leider hab' ich auch schon meinen diesbezüglichen Karneval hinter mir, Mrs. Holton. Bei mir stellte sich leider heraus, daß meine liebe kleine Lady ein Tramp war. Schließlich endete die Episode damit, daß ich ihr monatlich eine Summe zahle, die ihr diesen Spaß weiterhin ermöglicht. Sie sehen, auch ich habe allen Grund, über unsere irdischen Ehesysteme nicht gerade erbaut zu sein.«

»Für ein Mädchen, das einen Rechtsanwalt heiratet, läuft die Sache natürlich ein bißchen anders ab. Auch ich glaube daran, daß man sich gegenseitig alle Mühe geben muß, um hinfort glücklich zu leben bis in alle Ewigkeit, wie Sie eben gerade so schön sagten, Mr. McGee. Und wie ich daran gearbeitet habe! Nach dem ersten Jahr wußte ich zwar schon, daß es niemals so glücklich ausgehen würde — aber hoffen tat ich nichtsdestoweniger immer noch. Ich gab mir alle Mühe, Rick zu verstehen. Und auch die Jungen liebt er, gewiß. Aber sonst? Familienleben, vor allem an Feiertagen, ist jedesmal die reinste Katastrophe. Und wie gemein Rick dann sein kann — geradezu niederträchtig. Was man auch tut, wie man sich auch bemüht — alles verdreht Rick ins Gegenteil, legt es einem selbst als Gemeinheit aus. Aber ich saß nun mal mit ihm fest, hatte ihn auf dem Hals. Oder glaubte es zumindest. Und dann, als sich endlich die ersten Fleckchen Blau an unserem Ehehimmel zeigten — wieder zeigten —, ausgerechnet in diesem Augenblick mußte Miß Woertz am Horizont auftauchen, und alles war wieder wie zuvor, nur noch schlimmer.«

»Und da gab er Sie symbolisch frei?«

»Nun, irgendwie betrachtete ich mich damit an mein Ehegelübde nicht mehr gebunden. Zumindest ein Teil — hatte sich damit für mich erledigt.«

»Haben Sie das mit Miß Woertz erst bei ihrem Tod herausgefunden?«

»O nein. Das fand ich schon heraus, als es gerade anfing. Er fing da einen Kreuzzug an, um herauszubekommen, was mit

Dr. Sherman wirklich geschehen war. Wissen Sie etwas davon?«

»Ja, er hat mir davon erzählt. Aber nur kurz. Fing er das eigentlich nur an, um seine Affäre mit Miß Woertz zu tarnen?«

»O nein, das meinte er im Ernst. Aber als die Sache dann anlief, hockte er stundenlang mit ihr in sogenannten Hearings zusammen. Ein Unbekannter rief mich daraufhin an und hinterbrachte mir diese Tatsache auf höchst schmierige Weise. Erst wollte ich es nicht glauben, wußte aber im Grunde dennoch, daß es wahr war. Und dann bemerkte ich auch die vielen sonstigen kleinen Anzeichen davon.« Sie ließ ein verächtliches Lachen hören. »Das verräterischste Anzeichen davon war, wie lieb und nett er plötzlich zu mir und den beiden Jungen wurde. Geradezu zuckersüß.«

»Und jetzt wollen Sie sich von ihm scheiden lassen?«

»Ich weiß es noch nicht. Lieben kann ich ihn jedenfalls nicht mehr. Aber ich selbst besitze keinerlei eigene finanzielle Mittel. Und ich weiß einfach nicht, ob ich nach einer Scheidung von ihm genügend Unterhalt zugestanden bekommen würde, um die Kinder aufziehen zu können.«

Ich bog in die Auffahrt der Wahini Lodge ein und parkte abseits von den hellen Lichtern, dort, wo der künstliche Wasserfall rauschte, oder eigentlich nur rieselte.

»Es ist leider so verführerisch, jemand wie Ihnen sein Herz auszuschütten, Mr. McGee.«

»Vielleicht deshalb, weil wir beide die gleichen ehelichen Narben im Gesicht haben. Ich jedenfalls habe damals schnellstens meinem Ehearrangement ein Ende gesetzt.«

»Haben Sie Kinder?«

»Nein. Sie meinte immer: Später, später.«

»Das macht den Unterschied aus. Man kann dann nicht mehr so, wie man möchte.«

»Und wollen Sie nun Ihr ganzes weiteres Leben so weiter mit ihm zusammen leben?«

»Nein, so gewiß nicht. Ich habe einen Freund, der sagt mir immer, fürs erste soll ich die Dinge schleifen lassen, soll so weitermachen. Er ist lieb, klug, verständnisvoll. Wirklich ein Mann, den man lieben kann. Seit ich das alles über Rick herausgefunden habe, sind wir um so enger befreundet. Seine Ehe ist genauso hoffnungslos wie meine, nur aus ganz anderen

Gründen. Aber ich habe kein Verhältnis mit ihm. Wir treffen uns und schütten uns gegenseitig das Herz aus, aber das ist beinahe schon alles. Und wir tun es ganz diskret und heimlich, weil ich nämlich Rick unter gar keinen Umständen irgendwelche Munition liefern will, die er gegen mich verwenden könnte, wenn ich mich später von ihm scheiden lassen will. Auch haben wir beide noch nichts über eine gemeinsame Zukunft abgesprochen. Wir müssen eben die Dinge im Augenblick noch so lassen — wie sie laufen.«

»Dann muß der Trip nach Velo Beach, von dem er kurz sprach, für Sie doch eine ziemlich trostlose Angelegenheit gewesen sein?«

Sie kuschelte sich tiefer in den Sitz, zog die Beine an und verschränkte die Hände um die Knie. »Und ob es das war! Dabei hatte ich vorher nicht die geringste Ahnung, daß er sein Wochenende ausnahmsweise mal mit Frau und Kindern verbringen wollte. Ich hatte ihm lediglich gesagt, daß ich zu meiner besten Freundin hinüberfahren würde, die zwanzig Meilen östlich von hier wohnt, und bei der wollte ich die beiden Jungen lassen, während ich mich mit — meinem Bekannten traf. Die Jungen meiner Freundin sind genau in dem gleichen Alter wie die meinen. Ich hatte auch schon vorgesorgt für den Fall, daß Rick bei meiner Freundin anrufen sollte — aus irgendeinem seiner verrückten Gründe. Den ganzen Tag hätte ich für meinen Bekannten frei gehabt. Aber nein. Aus heiterem Himmel entschied Rick, daß er mitkommen wollte. Und über meinen Bekannten kann er unmöglich was herausgefunden haben. Rick war auch sonst so ekelhaft, daß ich mir sofort dachte, daß er mit seiner Freundin Krach gehabt haben mußte. Er gab mir nicht einmal die Gelegenheit, das Rendezvous mit meinem Bekannten abzusagen, blieb mir jede Sekunde auf den Fersen. Und in der gleichen katastrophalen Laune war Rick den ganzen lieben langen Tag.« Wieder lachte sie bitter auf. »Ich komme mir bei Ihnen vor wie bei einem Eheberater, dem ich alles beichte, Mr. McGee.«

So einfach konnte ich sie jetzt nicht zurückfahren lassen. Damit wäre ihr ein Nachgeschmack geblieben, daß ich sie irgendwie ausgehorcht hatte. Also erfand ich ein paar Szenen, wie es angeblich in meiner eigenen Ehe zugegangen war, zwischen mir und einem Freund meiner Frau, den es nie gegeben hatte.

Nachdem ich geendet hatte, fragte sie: »Sind Sie ihr noch einmal begegnet? Ist sie noch in Fort Lauderdale?«

»Nein. Sie zog fort. Ich habe keine blasse Ahnung, wo sie im Augenblick steckt. Um das herauszufinden, brauche ich allerdings nur den nächsten monatlichen Scheck zu sperren. Aber zurück zu uns. Hätten Sie Lust, noch auf einen Schluck mit in die Bar hineinzukommen?«

»Ach, du liebe Güte! Wo ist denn nur die Zeit geblieben? Meggy ist zwar ein herzensgutes Wesen, aber ich möchte ihre Hilfsbereitschaft nicht über Gebühr ausnutzen, Mr. McGee.«

»Travis.«

»Also dann Travis. Ich wollte mich nicht etwa an Ihrer Brust ausweinen. Aber irgendwie fühlt man sich immer gleich besser, wenn man seine Wunden mit denen von jemand anderem verglichen hat.«

»Dann wünsche ich Ihnen viel Glück, Janice.«

»Ich Ihnen dasselbe.«

Ich war inzwischen ausgestiegen. Sie rutschte hinter das Lenkrad und befestigte den Sicherheitsgürtel um ihre schlanke Taille.

»Dann also – gute Nacht«, rief sie herüber, stieß mit dem Wagen rückwärts auf den Highway hinaus und fuhr mit zügig hinaufgeschalteten Gängen davon.

10

Am nächsten Morgen, nachdem ich mich schier endlos lange geduscht hatte, rief ich das Police Department von Fort Courtney an und hinterließ dort Nachricht für Stranger, daß ich angerufen hatte.

Kaum war mir in der Halle das Frühstück serviert worden, da ließ er sich bereits mir gegenüber auf den Stuhl sinken und sagte der Kellnerin, sie sollte ihm einen heißen Tee bringen.

»Sie sehen ziemlich mitgenommen aus, McGee.«

»Ich habe lausig geschlafen und bin demgemäß in lausiger Verfassung.«

»Bei mir ist das tagtäglich so. Nun, haben Sie's bei Janice Holton probiert?«

»Die beiden sind zusammen nach Velo Beach gefahren. Sie könnten sich das von ihrer besten Freundin dort bestätigen lassen. Holton glaubt tatsächlich daran, daß der gute Doc Sherman umgebracht worden ist. Die Holtonehe steht übrigens vor der Pleite. Das von der Krankenschwester wußte sie schon. Nur um der Kinder willen spielt sie überhaupt noch mit. Und weil sie selbst keinerlei finanzielle Mittel hat. Aber scheiden lassen wird sie sich früher oder später, schätze ich.«

Er blies in den heißen Tee, nippte kurz, sah mich dann bedeutungsvoll an und schüttelte den Kopf. »Junge, Junge, das haben Sie aber schnell geschafft. Da hat sie sich ja verdammt rasch irgendeinem beliebigen Versicherungsdetektiv anvertraut.«

»Das brauchte ich gar nicht ins Feld zu führen. Sie selbst gaben mir eine viel bessere Ansatzmöglichkeit.«

Er zwinkerte mit seinen braunen Äuglein zu mir herüber. »Ich? Wieso?«

Ich legte die Gabel beiseite und lächelte ihn an. »Ja, Sie und niemand anderer, Sie scheinheilige Strohpuppe von einem Cop.«

»Jetzt hören Sie mal . . .«

»Stranger, Sie wußten ganz genau, daß Holton was mit der Arztschwester hatte. Und ebenso wußten Sie aus dem Zettel in ihrer Bratpfanne, daß auch ich was mit ihr hatte. Also konnten Sie sich an den Fingern abzählen, was Holton tun würde, nachdem er von Ihnen erfuhr, was auf dem Zettel stand. Ebenso wußten Sie oder mußten Sie wissen, daß dieser Bursche einen Revolver hat. Aber gaben Sie mir auch nur den leisesten Wink, ich sollte aufpassen, daß er mich nicht über den Haufen schießt? Aber doch nicht der gute alte Stranger, dieser strenge Hüter des Gesetzes. Sollte mich Holton ruhig umlegen. Einer weniger, den man in die Rechnung einzubeziehen braucht. Vielen Dank auch, Stranger. Nur bitten Sie mich niemals wieder, Ihnen auch nur den kleinsten Gefallen zu tun.«

»Moment mal. Wie kommen Sie überhaupt darauf, daß er weiß, was auf dem Zettel gestanden hat?«

»Weil er mir einiges davon wortwörtlich zitierte.«

Er nippte erneut an seinem Tee. Aus seiner Tasche kramte

er das letzte zusammengerauchte Drittel einer Zigarre, schabte mit dem Daumennagel die letzten daranhängenden Aschenreste ab und hielt ein Streichholz daran.

»Hat er tatsächlich versucht, die Waffe zu gebrauchen?«

»Ich ließ ihm keine Chance. Ich hatte vorher einen Tip bekommen. Ich fand ihn, als er vor meinem Bungalow lauerte, machte mich von hinten an ihn heran und nahm das Ding weg, ehe er mir damit gefährlich werden konnte. Nehmen wir aber zu seinen Gunsten mal an, daß er nicht davon Gebrauch gemacht hätte. Ebenso wußte er, daß nicht ich Miß Woertz die Schere in den Hals gestoßen hatte. Er wußte ferner, daß ich ein absolut sicheres Alibi hatte. Den Revolver habe ich übrigens später seiner Frau gegeben, damit sie ihn versteckt — vor ihm. Sie schlug es sogar von sich aus vor. Es ist vielleicht besser, wenn in der turbulenten Ehe der Holtons nicht gleich ein Revolver zur Hand ist.«

»So, Sie machten ihn also unschädlich. Und dann?«

»Ich nahm ihn mit in den Bungalow und wusch ihn erst mal. Auf der Heimfahrt zu ihm schlief er mir ein. Ich half dann seiner Frau, ihn ins Bett zu bringen. Sie weiß von der Affäre mit der Woertz. Sie hat ihn bis obenhin satt und bleibt hauptsächlich nur der Kinder wegen bei ihm.«

Er hielt die Hand mit dem Zigarrenende hoch, zeigte mir die Handfläche und sagte: »Ich schwöre Ihnen beim Andenken meiner Mutter, die mich so sehr liebte, daß sie mich einen lausigen Cop werden ließ, daß ich mir nicht erklären kann, wie Holton zu dem Wissen von dem Zettel gekommen sein soll. Als ehemaliger stellvertretender Staatsanwalt mag er vielleicht ein paar alte Beziehungen haben, aber so dick sind die nun auch wieder nicht. Wenn er von dem Zettel als solchem gewußt hätte, dann hätte er vielleicht hier und dort ein bißchen bohren können. Aber erst mal, woher soll er gewußt haben, daß solch ein Zettel überhaupt existierte? Gehen wir mal alle durch, die tatsächlich etwas von ihm wußten: Die Woertz wußte davon, weil sie ihn geschrieben hatte. Ich wußte, weil ich ihn gefunden hatte. Nudenbarger, weil er dabei war, als ich ihn fand. Sie selbst wußten es, weil ich Ihnen den Text vorgelesen hatte. Und im Department zwei Leute: Tad Unger, der die Laboruntersuchungen und Fotokopien machte. Und Bill Samuels, der so eine Art Verbindungsmann zwischen den einzelnen Abteilungen ist. Er legt jeweils die Akte an und hält sie schön auf dem laufenden, so daß der Fall dann später gegebenenfalls dem Staatsanwalt übergeben werden kann.«

»Wann und wie wurde eigentlich mit der Autopsie angefangen?«

»Das muß gewesen sein, während ich mir Sie in der Wahini Lodge vornahm, am Samstagabend also.«

»Und diese beiden — Unger und . . .«

»Samuels. Nein, die müßten absolut dicht sein. Bestellen Sie sich noch einen Kaffee, McGee. Gehen Sie nicht weg. Ich bin gleich wieder zurück.«

Er brauchte zehn Minuten, bis er zurückkam, sich erschöpft auf den Stuhl sinken ließ und sich mit einem schmutzigen Taschentuch den Schweiß von der Stirn wischte.

»Also — Bill Samuels hatte gestern frei, und Holton kam gegen elf im Büro vorbei. Ein Bursche namens Foster tat Dienst, und Holton erklärte ihm, Ben Gaffner, der Staatsanwalt, hätte ihm gesagt, er sollte sich mal den Zettel ansehen, der in dem Appartement der Woertz gefunden worden sei. Also holte Foster die Akte aus dem Panzerschrank und ließ ihn die Fotokopie von dem Zettel lesen. Das beantwortet unsere Frage aber immer noch nicht.«

»Darf ich's mal versuchen?«

»Nur zu.«

»Kann Holton gewußt haben, daß Sie den Fall in Händen haben?«

»Klar.«

»Weiß er, daß aus Ihnen kaum etwas herauszuholen ist?«

»Auch das.«

»Kann er gewußt haben, mit wem Sie dabei zusammenarbeiten?«

»Ich schätze, schon . . . O verdammt, dieser lausige Nudenbarger, den sie mir da zugeteilt haben! Dieser Vollidiot!«

Er wollte im selben Augenblick auf und davon. Ich hielt ihn zurück, und wir zahlten erst noch, was wir verzehrt hatten.

Sein Wagen war im Schatten geparkt. Nudenbarger, in einem Sporthemd mit senkrechten grünen und weißen Streifen, lehnte mit grinsendem Gesicht am vorderen Kotflügel und unterhielt sich hochtrabend mit zwei Teenagern in Shorts. Als er uns kommen sah, sagte er zu den beiden kleinen Mädchen etwas, das sie veranlaßte wegzugehen und sich alle paar Schritte nach uns umzudrehen.

»Alles geritzt?« fragte er, indem er den Wagenschlag aufmachte.

Mit dem Fuß kickte Stranger sie wieder zu. »Du hast eine derart große Klappe, daß du gelegentlich mal daran denken solltest, sie irgendwie nutzbringend zu vermieten. Zum Beispiel zur Einlagerung von alten Möbeln, Alteisen oder Altpapier. Damit hättest du dann ein recht schönes Nebeneinkommen . . .«

»Moment mal, Al, ich . . .«

»Halt die Klappe — eben jene Klappe, die man dir unter dein stupides Gehirn gehängt hat, Nudenbarger. Ich möchte jetzt einmal wissen, wie stupide du wirklich bist. Wie kamst du beispielsweise dazu, von dem Zettel, den wir bei der Woertz gefunden haben, in der Gegend herumzuquatschen?«

»Ich — herumgequatscht? Das heißt . . .«

»Was heißt da was? Nachdem ich dir ausdrücklich gesagt hatte, du sollst nicht einen Piepser davon verlauten lassen?«

»Aber dies war doch ganz was anderes, Al!«

»Er kam einfach auf dich zu und fragte, was wir in dem Appartement gefunden hätten?«

»Nein. Er sagte, es täte ihm entsetzlich leid, daß sie umgebracht worden sei. Gestern ganz früh war er da bei ihr draußen. Ich war gerade erst aufgestanden und ging ein bißchen herum und rief nach dem Hund. Er sagte, er und seine Frau hätten sie schrecklich gern gemocht und wären ihr so dankbar. Er wolle sich da zwar nicht einmischen, meinte er dann, und auch niemand ins Handwerk pfuschen, aber ob man da nicht vielleicht noch ein paar Privatdetektive ansetzen sollte, und er könnte das ganz leicht arrangieren. Al, ich weiß doch genau, wie du in solchen Dingen denkst, und erklärte ihm daher, wir würden durchaus auch allein mit dem Fall fertig werden. Er fragte dann nur, ob wir auch genügend Anhaltspunkte hätten, und da sagte ich ihm eben von dem Zettel und was da drauf stand, soweit ich mich erinnern konnte. Und auch, daß der Bursche, für den der Zettel bestimmt war, also Sie, McGee, ein Alibi hatte.«

»Und was hat dich davon abgehalten, dich vor Lachen zu krümmen?«

»Wieso zu krümmen, Al? Wegen was?«

»Wegen dem Krampf da, daß er und seine Frau der Arztschwester so furchtbar dankbar seien?«

»Warum denn nicht?«

»Warum um alles in der Welt sollte Janice Holton Penny Woertz dankbar sein?«

»Wer hat denn irgendwas von Holton gesagt, daß der . . .«

»Hast du nicht gerade gesagt, Holton hätte dir erklärt . . .«

»Holton? Es war Tom Pike, der ganz früh bei mir vorbeikam. Zu Mr. Holton habe ich nicht ein Wort gesagt. Und mit Mr. Pike hab' ich auch nur zwei oder drei Minuten gesprochen. Er war auf dem Weg zum Flugplatz und hatte die Abkürzung genommen, die hinter meinem Haus vorbeiführt. Und da sah er mich in aller Frühe und hielt an, weil ihm das Mädchen furchtbar leid täte, wie er sagte. Siehst du, es war also doch ganz anders, als du gemeint hattest.«

Die Verärgerung war von Stranger gewichen. »Okay, es war also anders. Wenn der jemand helfen kann, dann tut er's tatsächlich. Und meint es auch so. Und die Arztschwester hatte ihm geholfen, seine Frau zu pflegen. Und jetzt, Lew — hast du zu jemand anderem noch ein Wort gesagt?«

»Nicht einen Ton. Und das werd' ich auch nicht, Al.«

»Pike hättest du auch nichts davon sagen sollen.« Stranger drehte sich zu mir um. »Und damit sind wir wieder genau dort, wo wir waren. Aber glauben Sie mir, ich werde das schon aus Holton 'rauskriegen, und da Sie gewissermaßen ein Recht haben, es zu erfahren, werde ich's Sie dann wissen lassen, McGee. Ich werde tun, was ich nur irgend kann, auch in jeder anderen Hinsicht. Im Augenblick wird gerade jede einzelne Tür in dem Häuserblock abgeklingelt. Irgend jemand muß den Kerl doch im strahlendsten Sonnenlicht kommen und gehen gesehen haben. Verdammt, andere Anhaltspunkte gibt es nicht. Nicht wie er zu ihr hineingekommen ist, nichts. Am Schloß der Appartementtür war nicht die geringste Spur. Sie muß ihn also hereingelassen haben, muß ihn gekannt haben. Und sie war sexuell nicht belästigt worden, jedenfalls nicht unmittelbar davor. Sie hatte einen verstauchten Knöchel, was man bei der Obduktion an der Verfärbung merkte, aber auch das war schon viele Stunden vorher passiert, hatte unmittelbar mit dem Mord nichts zu tun. Im Augenblick lasse ich gerade nachprüfen, ob

sie irgendwo ein Schließfach hatte und was mit ihren Bank-
konten ist. Aber dazu muß ich erst die richterliche Erlaubnis
abwarten.«

»Ich glaube kaum«, sagte ich, »daß sie als ausgebildete
Krankenschwester all den Kleinkram im Büro erledigte, die
Buchführung, das Terminbuch, all das. Wahrscheinlich hat also
für Dr. Sherman noch ein anderes Mädchen gearbeitet. Vielleicht nur halbtags.«

Er blinzelte zu dem grellblauen Himmel hinauf und nickte.
»Sie war gerade auf Urlaub, als er sich umbrachte. Das ist mir
gerade eingefallen. Ich kann mich im Augenblick nicht an den
Namen erinnern, aber Dr. Waynes Helferin müßte ihn eigent-
lich wissen. Wayne ist Doc Shermans Nachfolger in der Praxis.
Er heißt tatsächlich John Wayne. Komische Zufälle gibt's, was?
Wenn Sie wollen, McGee, können Sie sich um diesen Teil
kümmern. Aber versuchen Sie ja nicht, auf eigene Faust
weiterzumachen, wenn Sie irgendeinen Anhalt finden sollten.
Berichten Sie es jeweils erst mir.«

»Und dafür sagen Sie mir, was Sie über Holton herausgekriegt haben.«

»Klar, abgemacht.«

Er stapfte zu dem wartenden Wagen hinüber. Ich ging
wieder in die Halle hinein und benutzte den Münzfernspre-
cher, um Dr. Waynes Praxis anzurufen. Der Fernsprechauf-
tragsdienst erklärte mir, daß die Praxis montags erst ab Mittag
geöffnet wäre.

Ich ging in meinen Bungalow zurück, setzte mich auf den
Stuhl und suchte die Nummer von D. Wintin Hardahee heraus.

Während ich sie mir aufschrieb, beobachtete ich aus den
Augenwinkeln das schwarze Zimmermädchen, und einen
Augenblick lang dachte ich, sie tanzte. Aber als ich dann
genauer hinsah, bemerkte ich, daß sie in Wirklichkeit
schwankte, mit geschlossenen Augen, von einer Seite zur
anderen. Den Kopf hatte sie dabei auf der Brust hängen. Sie
hob ihn, sah mich und lallte: »Ich fühl mich so — so ganz
komisch.«

Plötzlich, nachdem sie erneut die Augen hatte zufallen lassen, kippte sie vornüber, landete mit dem Kopf und den
Schultern auf dem Bett, rutschte ab, rollte auf den Fußboden
und blieb auf dem Rücken liegen.

Und da wußte ich genau, was passiert sein mußte. Ich ging hinüber zu dem kleinen Regal neben dem kleinen Büfett, griff ganz nach hinten und holte die Flasche mit dem Gin hervor, die ich leichtsinnigerweise einfach hingestellt und stehengelassen hatte. Dort wo der Flaschenhals in die Flasche überging, standen ein paar farblose Tropfen Flüssigkeit auf dem Glas. In dem klimatisierten Raum würden alle Tropfen vom Vortag längst eingetrocknet sein. Ich leckte einen der Tropfen mit der Zungenspitze ab. Klares Wasser. Also hatte sich die schwarze Zimmerperle gleich zum Frühstück einen oder auch ein paar mehr genehmigt und die ausgetrunkene Menge einfach durch Leitungswasser ersetzt.

Rasch ging ich hin und kniete neben ihr nieder. Ihr Puls war normal und kräftig, und sie atmete regelmäßig durch. Sie trug eine blaue Uniform mit weißen Biesen, und an der oberen Schürzentasche war ihr Name eingestickt: *Cathy*.

Nachdem ich mich wegen meiner Idiotie verflucht und Für und Wider gegeneinander abgewogen hatte, machte ich mich unverzüglich auf die Suche nach einem weiteren Zimmermädchen. Gegenüber, in einem zweistöckigen Bungalow, stand oben auf dem umlaufenden Balkon aus Schmiedeeisen ein Wäschekarren. Mit ein paar schnellen Sprüngen rannte ich die Eisentreppe hinauf, klopfte ein paarmal an die Tür und ging hinein. Das schwarze Mädchen kam gerade aus dem Badezimmer. Sie war jünger und kleiner als Cathy. Sie hatte orangefarbene Lippen. Zwei Haarsträhnen waren blond gebleicht. Auf ihrem blauen Kittel stand *Lorette*.

»Sir, ich hab' hier gerade erst angefangen. Wenn Sie wollen, kann ich ja später . . .«

»Dies ist nicht mein Zimmer. Sind Sie eine Freundin von Cathy?«

»Die finden Sie gleich da drüben, Mister — dort in der Reihe der kleinen Bungalows.«

»Ich weiß, wo sie ist. Ich will wissen, ob Sie eine Freundin von ihr sind.«

»Warum fragen Sie mich das, Mister?«

»Weil Cathy im Augenblick dringend eine Freundin braucht.«

»Sie und ich, wir kommen prima miteinander aus.«

»Würden Sie dann schnell mal mit in Bungalow hundertneun kommen?«

Sie musterte mich ebenso verlegen wie lauernd. »Ist Cathy denn nicht genug für Sie? Haben Sie mit ihr irgendwas herumgemacht, vielleicht ein bißchen Liebe mit Gewalt?«

»Hören Sie, verdammt noch mal, Cathy hat aus einer Schnapsflasche getrunken ...«

»Oh, ich weiß, Mister. Erst Schnaps, dann Liebe, dann wieder ein bißchen Schnaps und immer mehr Schnaps. Ich weiß gar nicht, ob ich mit Ihnen gehen soll — ich auch noch ...«

»Hören Sie sofort mit dem dummen Zeug auf! Cathy hat von einem Schnaps getrunken, in dem ein Schlafmittel war. Wenn Sie's nicht glauben, gehen Sie hin und trinken Sie auch davon, dann können Sie sich gleich daneben legen.«

»Ich komme nicht zum Schlafen — nein, ich ...«

Mir riß der Geduldsfaden. »Verdammt, wenn Sie jetzt nicht endlich Vernunft annehmen«, herrschte ich sie an, »bleibt mir nichts anderes übrig, als zur Verwaltung zu gehen und zu sagen, daß Cathy von meinem Schnaps getrunken hat. Und dann fliegt sie im hohen Bogen auf die Straße. Wollen Sie, daß Cathy das passiert, oder wollen Sie es nicht — nachdem Cathy Ihre Freundin ist?«

Lorette war zitternd bis zur Tür zurückgewichen. Jetzt nickte sie heftig, hatte anscheinend auf einmal verstanden. Wie der Blitz verschwand sie durch die Tür.

»Kommen Sie dann gleich zum Bungalow hin!« konnte ich ihr gerade noch nachrufen.

Ich kletterte die Eisentreppe hinunter, ging zurück in meinen Bungalow und kniete noch einmal neben Cathy hin. Ihr Zustand war unverändert.

Es dauerte fünf Minuten, bis Lorette endlich kam. Sie hielt einem jungen schwarzen Boy mit enorm kräftigen Schultern die Tür auf, damit dieser einen leeren Wäschekarren auf zwei Rädern hereinschieben konnte. Er stellte ihn neben Cathy ab, packte sie sich auf die Arme, hob sie wie ein Spielzeug hoch und legte sie hinein. Lorette warf ein paar zerknitterte Laken darüber und sagte: »Annabelle wartet schon auf Zweihundertachtundachtzig, Jase. Leg Cathy dort nur schnell aufs Bett. Annette macht schon alles andere, hast du verstanden?«

»Klar, klar, klar«, sagte Jase und karrte Cathy hinaus.

»Ich mach Ihnen schnell das Bett fertig, Mister, ja?«

»Danke.«

Während sie das tat, kicherte sie vor sich hin. Sie hatte eine Reihe perlweißer niedlicher Zähne. »Das alte Mädchen wird staunen, wenn sie hört, was da mit ihr passiert ist.«

»Sie erklären ihr es dann bitte, ja?«

»Wenn Sie nicht gleich heute noch ausziehen, Mister, wird sie morgen kommen und danke sagen.« Wieder kicherte sie. »Cathy wird ganz furchtbar dankbar sein. Sie hat drei Kinder — nein, fünf. Alle haben Hunger. Es ist sehr wichtig für Cathy, daß sie nicht hinausgeworfen wird.« Sie war mit dem Bett inzwischen fertig geworden und an die Tür getreten. Die Hände hatte sie frech und keck in die Schürzentaschen gestemmt. »Vielen Dank, Mister, daß Sie gekommen sind und es mir und nicht da vorn bei der Verwaltung gesagt haben.«

Sie verschwand aus der Tür. Ich schraubte die Ginflasche mit dem verdünnten Gin fest zu, verstaute sie in meinem Koffer und fragte mich, warum ich den Fusel nicht einfach weggoß.

D. Wintin Hardahee war gerade mit einem Klienten beschäftigt. Ich hinterließ die Telefonnummer des Motels und meine Zimmernummer. Zehn Minuten später, gegen elf Uhr, kam ein Anruf.

»Ich wollte nur mal versuchen, Mr. Hardahee, ob ich nicht noch ein paar kleine Informationen von Ihnen bekommen könnte.«

»Tut mir schrecklich leid, Mr. McGee, aber ich habe dringendste Arbeiten hier liegen.« Seine Stimme klang ausdruckslos und leer, irgendwie abweisend.

»Vielleicht könnten wir uns kurz treffen, wenn Sie heute abend fertig sind.«

»Wirklich, ich kann im Augenblick keine neuen Klienten annehmen.«

»Sagen Sie mal, ist irgend etwas los? Stimmt irgend etwas nicht?«

»Wirklich, tut mir leid, Mr. McGee, daß ich Ihnen nicht helfen kann. Auf Wiedersehen.« Klick! Er hatte aufgelegt.

Wütend schritt ich im Zimmer auf und ab. Verdammt, diese geheimnisvolle Gemeinde mit ihren unterirdischen Beziehungen ging mir langsam auf die Nerven. Nur solche unterirdischen Querverbindungen konnten es sein, die Hardahee plötzlich zu einem solchen Eisklotz gemacht hatten.

Ich streckte mich auf dem Bett aus und ließ im Geist die ganze Reihe der an den Vorfällen beteiligten Personen vorbeidefilieren: Penny, Janice, Biddy, Maureen, Tom Pike, Rick, Stranger, Tom Pike, Helena, Hardahee, Nudenbarger, Tom Pike...

Immer wieder Tom Pike. Ein paar Gesprächsfetzen der nächtlichen Unterhaltung mit Janice Holton fielen mir ein. Ich suchte aber nach etwas anderem, suchte und suchte. Und als ich es endlich fand, setzte ich mich unwillkürlich auf dem Bett auf.

Sie hatte mich da etwas gefragt, was meine ehemalige Frau betraf. »Sind Sie ihr dann noch mal begegnet? Ist sie noch in Fort Lauderdale?«

Ich hatte ihr nicht ein Wort von Lauderdale gesagt. Das mußte sie von ihrem Mann wissen, der in der Hotelanmeldung nachgesehen hatte. Er wußte es, gewiß. Aber es gab keinen plausiblen Grund, warum er zu seiner Frau gesagt haben sollte: »Hör mal, Liebling, meine Geliebte schläft heute nacht zur Abwechslung mal mit einem Kerl aus Lauderdale, einem Kerl namens McGee.«

Wenig wahrscheinlich.

Eine andere Überlegung: War Biddy vielleicht mit Janice Holton befreundet. Waren die beiden sich irgendwo in einem Supermarkt über den Weg gelaufen. Hatte Biddy dabei von dem Pseudoonkel aus Lauderdale gesprochen?

Genauso wenig wahrscheinlich.

Also rekelte ich mich vom Bett hoch und versuchte es einmal bei dem Nachfolger von Doc Sherman, Dr. John Wayne. Ich bekam auch tatsächlich ein auskunftwilliges weibliches Geschöpf an das andere Ende des Drahtes, das mir erklärte, daß Dr. Shermans Buchhalterin und Büromädchen für alles eine gewisse Miß Helen Boughmer gewesen war. Ob sie inzwischen wieder für einen Arzt arbeitete, konnte sie nicht sagen, aber telefonisch konnte ich sie unter einer Nummer erreichen, die für eine Mrs. Robert M. Boughmer angegeben war.

Mrs. Robert A. Boughmer war in ihrer Art höchst bestimmt. »Tut mir leid, aber ich kann meine Tochter unmöglich ans Telefon rufen. Sie fühlt sich heute nicht wohl. Sie muß ruhen. Kennt sie Sie? Worum geht es eigentlich?«

»Ich möchte ihr in einer Versicherungsangelegenheit gern ein paar Fragen stellen, Mrs. Boughmer.«

»Ich kann Ihnen mit absoluter Sicherheit sagen, daß sie im Augenblick nicht die mindeste Absicht hat, eine Versicherung abzuschließen. Und ich selber auch nicht. Auf Wiedersehen.«

»Warten Sie ...« Aber sie hatte bereits aufgelegt, und ich mußte noch einmal anrufen. »Mrs. Boughmer, ich bin Versicherungsdetektiv. Ich brauche ein paar Auskünfte zu einer Versicherungsforderung, die den verstorbenen Dr. Sherman betrifft, M'am.«

»Nun — wenn Sie mir versprechen, Helen nicht zu sehr anzustrengen, dann glaube ich, kann sie Ihnen ein paar Fragen beantworten, wenn Sie gegen vier zu uns ins Haus kommen.« Ich versicherte ihr, das würde ich tun. Es war in der 90 Rose Street, und sie erklärte mir, wie ich hinfinden würde. »Es ist ein kleines weißes Fachwerkhaus mit gelben Verzierungen, rechts an der zweiten Ecke, mit zwei großen Eichenbäumen im Vorgarten.«

Nachdem ich die Gabel heruntergedrückt hatte, rief ich bei den Pikes an, und Biddy kam an den Apparat.

»Oh, hallo«, sagte sie. »Ja, Maureen geht es gut, danke für die Nachfrage. Wir wollten gerade vor dem Lunch noch ein bißchen schwimmen gehen.«

»Ich hätte gern gewußt, ob es Ihnen recht ist, wenn ich nach dem Lunch ganz kurz hinüberkomme. Ich hätte nur ganz kurz etwas mit Ihnen zu besprechen.«

»Dann kommen Sie nur. Sagen wir — so gegen halb oder dreiviertel drei. Dann hält sie gerade ihren Mittagsschlaf. Paßt Ihnen das?«

Ich sagte ihr, daß mir das ausgezeichnet paßte und legte auf. Ich selbst aß in der Halle des Motels. Dann schlenderte ich über die Rasenfläche zwischen den Bungalows, um Lorette zu suchen. Schließlich ging ich die kleine Zufahrtsstraße entlang, die hinter der Küche vorbeiführte, und als ich zu einer offenstehenden Tür kam, vor der ein paar Wäschewägelchen standen, schaute ich hinein und sah Lorette auf dem Tisch sitzen, vergnügt mit den Beinen baumeln und lachen. Sie hatte ihre blaue Schürzenuniform an, und zwei ältere Frauen standen bei ihr.

Sie sah mich, und im gleichen Augenblick hörte das fröhliche

Gelächter auf. Mit leicht zugekniffenen Augen sah sie mir entgegen. »Möchten Sie was, Sir?«

»Ich möchte Sie etwas fragen«, sagte ich.

»Na, dann tun Sie's.«

»Aber nicht hier vor den beiden anderen. Wegen Cathy.«

Sie glitt vom Tisch herunter und kam zögernd mit zu einem überhängenden Dach über einer kleinen Verladerampe. Halb abgewandt blieb sie vor mir stehen. »Cathy geht es wieder gut«, sagte sie. »Sonst noch was?«

»Wie hat sie's überstanden? Ist sie eingeschlafen?«

»Nein, sie ist dann nach Hause gefahren.«

Ich spürte deutlich die sattsam bekannte Abwehrhaltung, die man bei Schwarzen nur allzu häufig findet. Entweder sie stellen sich wesentlich dümmer, als sie sind, so wie Lorette es bei unserer letzten Begegnung getan hatte, oder aber sie scheinen zu bocken, während es in Wirklichkeit nur ein Schweigen aus Angst ist. Wer kann ihnen diese Angst verdenken nach allem, was sie bei uns mitgemacht haben und immer noch mitmachen?

»Was ist mit Ihnen?«

»Nichts ist mit mir.«

»Aber Sie haben doch plötzlich irgendwas.«

»Nichts hab' ich.«

»Ist es wegen der beiden Polizisten, die wegen mir hier waren?«

»Das auch. Aber ich muß jetzt wieder zurück an meine Arbeit.«

»Einen Moment noch. Kennen Sie auch einen Mr. Holton?«

»Und ob wir den hier kennen. Die kleinen Cops und die großen Cops behalten wir hier alle schön im Auge.«

»Und wann haben Sie Mr. Holton zum letztenmal hier gesehen?« fragte ich auf gut Glück, nur um das Thema bei Holton zu halten.

Aber sie schwieg. Ich merkte es aus jeder Faser an ihr, daß sie mir nicht ein Sterbenswörtchen sagen würde. Und wenn sich ein Schwarzer erst einmal dazu entschlossen hat, ist nichts mehr zu machen. Dann steht man vor einer schwarzen Mauer, vor einem schwarzen Panzer.

Ich sagte daher nichts mehr, sah sie nur ein wenig traurig an. Manchmal hilft das in solchen Fällen.

»Ich muß — jetzt wirklich gehen, Mister. Sehen Sie, wenn ich tatsächlich etwas wüßte — und dabei weiß ich nicht einmal was —, könnte ich es Ihnen nicht sagen. Ich wäre sonst das dümmste Mädchen diesseits des Mississippis.«

Sie wandte sich ab, und ich ließ sie gehen. Ich wollte es mir in keinem Fall mit ihr verderben. Jetzt mochte sie tatsächlich nichts wissen, aber später einmal.

Als sie schon mehr als zehn Yards weit weg war, drehte sie sich noch einmal um und rief: »Damit Sie's nur wissen, Cathy konnte nicht allein nach Hause fahren. Wir mußten sie nach Hause schaffen. Ihr ist immer noch ganz schlecht und ganz dumm im Kopf. Von Ihrem Schnaps, Mister!«

Sie würde mir auch noch den Rest sagen von dem, was sie wußte.

11

Ich fand das Haus der Boughmers in der Rose Street ohne Schwierigkeit, aber es war bereits zwanzig nach vier, als ich die Verandatreppe hinaufstieg und klingelte. Wegen der Nachmittagssonne waren die Jalousien heruntergelassen. Eine dicke, stämmige Frau tauchte in dem dämmrigen Flur auf und sah durch die Insektengittertür zu mir heraus. Sie trug ein Baumwollkleid mit großem Blumenmuster. Ihr Haar war derart goldgelb und so starr frisiert, daß es wie aus Metall wirkte.

»Ja, bitte?«

»Mein Name ist McGee, Mrs. Boughmer. Ich rief an, ob ich mit Ihrer Tochter über eine Versicherungsangelegenheit sprechen könnte.«

»Nicht gerade geschäftstüchtig von Ihnen, daß Sie dann so viel später kommen. Haben Sie irgendeinen Ausweis dabei?«

Ich hatte drei alte Visitenkarten gefunden und sie zuoberst in die Brieftasche gesteckt, ehe ich aus dem Wagen gestiegen war. In verschnörkelter Druckschrift stand da drauf: *D. Travis McGee, Bezirksdirektor der Associated Adjusters, Inc.* und eine verzwickte Adresse in Miami mit zwei Telefonnummern und einer Telegrammadresse.

Sie öffnete die Tür gerade so breit, daß ich ihr die Karte hindurchreichen konnte, las sie angestrengt durch, öffnete dann die Tür und gab mir die Karte zurück.

»Hier hinein, bitte, Mr. McGee. Am besten setzen Sie sich in den Sessel da drüben. Der ist sehr bequem. Mein seliger Mann sagte immer, es sei der bequemste Sessel der Welt. Ich werde meine Tochter holen.«

Es war ein kleines Zimmer mit genügend Möbel und anderem Kram darin, daß es für zwei große Zimmer gereicht hätte. Ich zählte die Lampen. Neun. Vier Stehlampen und fünf Tischlampen. Und sieben Tische. Zwei große, vier kleine und einen ganz kleinen. Träge drehte sich über mir ein Deckenventilator.

Dann kam Mrs. Boughmer stramm wie ein Ausbildungsunteroffizier hereinmarschiert, gefolgt von einer jüngeren Frau. Ich stand auf und wurde Helen Boughmer vorgestellt. Dreißig Jahre. Groß. Schlechte Haltung. Albern geschnittene grüne Seidenbluse. Glatter flacher Rock. Dünne Arme und Beine, die an einer sowieso schon merkwürdigen Figur befestigt schienen. Brüste: kaum vorhanden. Hinterteil: glattgebügelt. Sex-Appeal: Fehlanzeige. Spitze Nase, schütteres blondes Haar, daß es sogar von dem leichten Luftzug des Ventilators bewegt wurde. Brille mit goldgefaßtem Metallrahmen und scharfen, eulenhaft vergrößernden Gläsern. Zögernd setzte sie sich auf die Vorderkante der Couch. Mama setzte sich auf das andere Ende.

»Miß Boughmer, es tut mir leid, daß ich Sie behelligen muß, während Sie sich nicht wohlfühlen. Aber es handelt sich um einen Abschlußbericht zu den verschiedenen Versicherungen, die Dr. Stewart Sherman hatte.«

»Um welche Police? Ich kannte alle seine Policen. Ich war über fünf Jahre bei ihm. Ich habe alle Versicherungsbeiträge bezahlt.«

»Diese Einzelheiten habe ich nicht dabei, Miß Boughmer. Wir bearbeiten gesammelt die Schadenersatzforderungen bei anderen Gesellschaften. Ich habe lediglich durch Interviews und dergleichen festzustellen und dann einen Bericht zu schreiben, ob nach den einzelnen Aussagen der Tod des Doktors tatsächlich auf Selbstmord zurückzuführen war.«

»Sie war da gerade auf Urlaub«, sagte Mama.

»Ja, schon, aber ich hab' den Urlaub doch hier zu Hause verbracht, nicht wahr?«

»Na und? Darf man seinen Urlaub nicht in seinem trauten Heim verbringen, Helen?« Sie wandte sich zu mir herum. »Es ist doch nur recht und billig, wenn sie ihren Urlaub hier verlebt, statt daß sie ihr schwerverdientes Geld in irgendwelchen Touristenfallen läßt. Und seit ihrer letzten Stellung hat sie buchstäblich keinen Tag mehr gearbeitet. Nach dem Tod des Doktors scheint sie überhaupt keine Arbeit mehr annehmen zu wollen. Und ich kann Ihnen versichern, daß *ich* an Versicherungsleistungen glaube. Wir würden jetzt gar nicht hier leben, so wie wir hier leben, wenn Robert uns nicht vorsorglich für den Fall seines Todes durch eine Versicherung geschützt hätte.«

Helen schaltete sich wieder ein. »Ich kann mir nicht denken, um was für eine Versicherung es bei Ihnen gehen soll. Alle seine großen Versicherungen hatte er sich auszahlen lassen, weil er das Geld bei Mr. Pike anlegen wollte.«

Ich mußte jetzt einfach weitermanövrieren. »Ja, sicher, Miß Boughmer, aber hier handelt es sich um eine Gruppenversicherung.«

»Oh, ich wette, dann ist es die bei der Physician General. Von ihr konnte er sich das Geld nicht zurückzahlen lassen, und so behielt er sie weiter. Und für die Lebensversicherung daraus ist es maßgebend, ob er Selbstmord begangen hat oder nicht.«

»Das dürfte es sein.« Ich lächelte sie verbindlich an. »Irgendeine Police muß es wohl geben, denn sonst wäre ich ja nicht hier.«

Tochter und Mama bestätigten meine Logik durch gemeinsames Nicken.

»Von dem Verstorbenen wurde kein Abschiedsbrief gefunden, und ein Motiv für Selbstmord läßt sich nicht feststellen. Aber die Versicherung will sich nicht hinter irgendwelchen technischen Kleinigkeiten verschanzen, um nicht zahlen zu müssen. Würden Sie sagen, Miß Boughmer, daß es Selbstmord war?«

»Ja.«

Bisher hatte sie so leise gesprochen, daß dieses laute Ja mich stutzen ließ.

»Und warum glauben Sie das?«

»Das hab' ich doch schon der Polizei gesagt. Er war deprimiert, und er litt dauernd unter Schwermut. Ich glaube bestimmt, daß er sich selbst das Leben genommen hat.«

»Ich habe darüber schon mit Mr. Holton gesprochen und ebenso auch mit Miß Woertz — ehe der schreckliche Mord an ihr passierte. Und beide haben nachdrücklich betont, daß keinerlei Grund für einen Selbstmord vorhanden gewesen wäre.«

»Zuerst hast du anders gesprochen«, meinte Mama. »Du hast geweint und gesagt, daß der Doktor sich niemals selbst umgebracht hätte. Du würdest schon noch herausbringen, was dahintersteckte, und wenn du dein ganzes Leben dazu brauchen würdest. Erinnerst du dich?«

Sie saß da, die Hände in den Schoß gelegt, mit niedergeschlagenen Augen. »Nachdem ich es mir ganz genau überlegt hatte, habe ich eben meine Ansicht geändert.«

Ich mußte mich vorbeugen, um ihre Worte überhaupt verstehen zu können.

»Aber Miß Woertz hatte ihre Ansicht darüber *nicht* geändert.«

»Das hat doch nichts mit mir zu tun.«

»Ist es Ihr Eindruck, daß Miß Woertz ein seelisch stabiles, vernünftiges Mädchen war, Miß Boughmer?«

Rasch blickte sie auf und sofort wieder zu Boden. »Sie war sehr nett. Es tut mir leid, daß sie sterben mußte.«

»Ha!« sagte Mama. »Für sie sind alle Leute einfach nett. Sie läßt sich auch von jedem beeindrucken, redet alles nach, was ihr vorgeredet wird. Jeder, der auch nur seine fünf Sinne beisammen hatte, mußte merken, daß Penny Woertz ein billiges Flittchen war, das der Tod von Dr. Sherman einen Dreck interessierte.«

»Aber Mami!«

»Du bist jetzt mal ruhig. Diese Woertz wollte doch nichts weiter als die Sache dramatisieren. Eine von den Damen in meinem Countryklub, und zwar eine sehr zuverlässige Dame, hat die Woertz und Dr. Holton gesehen, einen verheirateten Mann, wie sie in einem Wagen auf dem Parkplatz des Krankenhauses saßen und sich küßten. Und das ausgerechnet auch noch unter den großen Neonlampen dort. Keine drei Wochen ist das her. Spricht das für ein seelisch stabiles, vernünftiges Mädchen, Mr. McGee? Das ist billig, flittchenhaft und geradezu skandalös.«

»Mama, bitte!«

»Und hat sie dir jemals was von deiner Arbeit abgenommen,

obwohl du völlig überlastet warst? Nicht einmal das hat sie . . .«

»Sie hatte ihren Job, und ich den meinen.«

»Und ob sie den hatte! Sie tat sogar noch mehr, möchte ich wetten. Da ging mehr vor zwischen dem wunderbaren Doktor und dieser Woertz, als du jemals gesehen hast. Und lieb und nett und was nicht alles soll sie gewesen sein? Daß ich nicht lache!«

Rasch war das Mädchen aufgestanden und schwankte ganz leicht hin und her, beinahe wie betrunken. »Es tut mir leid. Ich fühle mich im Augenblick nicht gut. Ich möchte jetzt nicht weiter darüber sprechen.«

»Dann gehst du sofort zurück ins Bett, meine Liebe. Mr. McGee versprach mir, daß er dich nicht anstrengen würde. Ich komm nachher gleich hinauf, um zu sehen, ob du etwas brauchst.«

Unter der Tür blieb das Mädchen stehen und sah zu mir zurück, sah mir dabei aber nicht in die Augen. »Niemand wird mich dazu bringen, etwas anderes über den Tod des Doktors zu sagen. Ich glaube, daß er sich umgebracht hat, weil er an depressiven Stimmungen litt.«

»Es tut mir leid«, sagte Mrs. Boughmer, als ihre Tochter gegangen war. »Helen ist gar nicht mehr sie selbst, seit dieser Doktor tot ist. Sie hat den Mann geradezu verehrt. Mir hingegen kam er immer schon ein wenig närrisch vor. Er hätte Wunder was für eine Praxis haben können, wenn er irgendeinen Ehrgeiz in dieser Richtung gehabt hätte. Nach dem Tod seiner Frau ging es jedoch mit ihm bergab. Die hätte niemals ihr Einverständnis zu all den verrückten Projekten gegeben, die er in letzter Zeit hatte. Medizinische Forschung — so nannte er es, glaube ich. Dabei war er nicht mal Spezialist. Solche Forschungsarbeit wird doch heute von den großen pharmazeutischen Konzernen erledigt und nicht von irgendeinem kleinen praktischen Arzt. Geradezu zum Lachen.«

»Ihre Tochter hat seither keine neue Arbeit mehr angenommen?«

»Nicht mehr, nachdem sie für Dr. Wayne die Akten in Ordnung gebracht und die noch ausstehenden Honorare hereingeholt hatte. Merkwürdig auch, daß Patienten an einen toten Doktor Honorare zahlen sollen, nicht wahr? Nein, sie fühlt sich seither einfach zu schwach. Sie scheint überhaupt nicht die Energie aufbringen zu können, sich einen anderen Job zu suchen. Dabei kann sie arbeiten wie selten eine. Auch in der Schule hat sie immer gut gelernt. Aber sie ist eben schon immer so ein stilles, bescheidenes Mädchen gewesen. Gott sei gedankt, daß wir auch so genug zum Leben haben. Natürlich muß ich überall sparen, wo sie jetzt nicht verdient, aber wir kommen schon durch.«

»Sie schien doch zunächst ganz sicher, daß der Doktor sich nicht selber umgebracht hat.«

»Absolut. Wie eine Verrückte hat sie sich aufgeführt. Ich kannte meine eigene Tochter kaum wieder. Aber dann, als sie nach dem Tod des Doktors am zweiten Tag in seiner Praxis die Abschlußarbeiten erledigte, kam sie abends sehr spät nach Hause und ging gleich hinauf und legte sich ins Bett. Tagelang sprach sie kein Wort. Sie magerte sichtlich ab. Nun, vielleicht wird sie bald wieder auf die Beine kommen.«

»Das hoffe ich auch, Mrs. Boughmer.«

Um neun Uhr dreißig an diesem Montagabend stand plötzlich Stranger neben mir an der Bar in der Wahini Lodge und schlug vor, wir sollten lieber in meinen Bungalow gehen, um zu reden. Ich trank mit einem Zug das letzte Drittel meines Glases aus und verließ mit ihm den Raum. Die Luft war drückend und schwül. Ein Gewitter lag in der Luft.

Als wir auf meinem Zimmer waren, fiel mir etwas ein, was ich ihn schon lange hatte fragen wollen. »Holton hat da jemand an der Hand, der für ihn Motelzimmer öffnet und dergleichen Späßchen mehr. Wer ist das eigentlich?«

»Das ist Dave Broon. Aber der ist nicht bei der City Police, sondern vom Sheriff's Department. Ein aalglatter Bursche. Amos Turk, der Sheriff, wollte ihn überhaupt nicht haben. Sieben Jahre ist das etwa her. Aber Dave Broon hatte politische Beziehungen, mit denen Amos unter Druck gesetzt wurde. Und seit dieser Zeit treibt er seinen halbkriminellen Unfug. Wollen Sie einen kleinen Gefallen erledigt haben, beispielsweise wenn ein Mädchen Ihnen droht, zu Ihrer Frau zu gehen, Dave Broon erledigt das für Sie. Er bespitzelt sie, setzt sie unter Druck, schüchtert sie ein, und von da an ist dann nicht mehr die Rede, daß sie zu Ihrer Frau gehen wird. Und wenn dann als

Gegenleistung Dave mal etwas braucht, einen Auszug aus den Ermittlungsakten oder so — na, dann tut man ihm eben den Gefallen. Broon hat sich in der Gegend ein eigenes Beziehungsnetz aufgebaut. Manche Anwälte benutzen ihn, um von ihm, je nach Wunsch, Belastungs- oder Entlastungsmaterial für ihre Mandanten zu beschaffen. Und eines muß man ihm lassen: Er kann den Mund halten, egal, wie krumm er sonst auch immer sein mag.«

»Nächste Frage: Was ist eigentlich mit diesem Hardahee los? Ist der vertrauenswürdig?«

»Junge, Junge, Sie kommen vielleicht in der Gegend herum. Soweit ich weiß, ist er sauber. Er wirkt sehr bescheiden, aber man sollte sich nicht mit ihm anlegen. Umspringen läßt er mit sich nicht.«

»Und was ist bezüglich Holtons mit dem Zettel herausgekommen?«

»Darf ich jetzt auch mal eine Frage stellen?«

»Ich werde alles beantworten, aber erst möchte ich wissen, was mit Holton war.«

»Der Arme war heute in einer solchen Verfassung, daß er nicht mal die Augäpfel drehen konnte. Am Samstagabend nach zehn kam er mit seiner Frau von Velo Beach zurück. Er trank noch ein Bier und ging ins Bett. Er sagte, er hätte seit Freitagabend kaum eine Minute geschlafen. Er wäre eine Weile herumgefahren, nachdem er von hier verschwunden war, und parkte eine Weile vor dem Haus der Woertz, aber die kam nicht nach Hause. Gegen drei Uhr morgens wäre er dann nach Hause gekommen und hätte bis gegen zehn am Sonntagvormittag wie ein Toter geschlafen. Seine Frau wäre schon vorher aufgewesen. Als das Telefon klingelte, hätte er gerade auf der Bettkante gesessen. Er nahm den Hörer ab und meldete sich. Erst kam keine Antwort, und er glaubte schon, es wäre wieder mal dieser anonyme Anrufer, der schon ein paarmal angerufen hatte. Dann jedoch hätte er gehört, wie jemand im Apparat etwas flüsterte. Er kam zuerst gar nicht richtig mit. Erst dann, als die Flüsterstimme noch mal alles wiederholte. Er konnte auch nicht sagen, ob es ein Mann oder eine Frau war. Die Stimme flüsterte: ›Die Polizei hat in dem Appartement von Miß Woertz für ihren neuen Liebhaber einen Zettel gefunden.‹ Irgendein Krampf, hätte er zunächst gedacht. Aber dann hätte er die Titelseite der Zeitung gesehen, und sofort sei er ins Department gefahren und hätte Foster überredet, ihm den Zettel zu zeigen. Dann ging er auf die Jagd nach Ihnen. Er betrank sich sinnlos. Mir sagte er, er hätte vorübergehend ernstlich den Gedanken gehabt, Sie niederzuknallen.« Er starrte mich an. »Sagen Sie, was haben Sie?«

»Oh, nichts weiter. Bei mir sind eben nur ein paar Klappen gefallen. Nicht nur bei ihm scheint also das Telefon zu klingeln, ohne daß sich jemand meldet.«

»Darf ich erfahren, welche Klappe sonst noch gefallen ist?«

»Selbstverständlich. Aber zunächst — haben Sie gegenüber Janice Holton jemals erwähnt, daß ein gewisser McGee aus Fort Lauderdale stammt?«

»Nicht ein Wort davon.«

»Also dann — Janice hat da einen ach so verständnisvollen Mann an der Hand, mit dem sie sich in aller Heimlichkeit trifft. Keine Intimitäten. Alles ganz harmlos und platonisch — angeblich. Was sie über Holton und Penny Woertz weiß, sei ihr ebenfalls per Telefon zugeflüstert worden.«

»Was Sie nicht sagen.«

»Aber das von Fort Lauderdale muß ihr Tom Pike gesagt haben. Irgendeine Bemerkung am Rande, daß seine Frau und seine Schwägerin einen Kerl aus Fort Lauderdale zu Besuch hätten.«

»Und wer soll da herumflüstern? Doch wohl nicht Tom Pike?«

»Das ergäbe wenig Sinn. Und wenn er Janice Holton am Gängelband hat — was besagt das schon.«

Stranger überlegte. »Wissen Sie, wenn die beiden, Tom Pike und Janice, etwas miteinander haben — ich kann es ihnen fast nicht verdenken, nachdem ihre Ehen schiefgegangen sind. Immer noch besser, als wenn er sich an die Schwägerin, an diese Bridgit heranmachen würde.«

»Die zufällig bis über beide Ohren in ihn verknallt ist.«

»Das glauben Sie?«

»Das sieht man doch.« Ich winkte mit einer Handbewegung ab. »Aber zurück zu diesem Telefongeflüster. Wem in der Gegend würden Sie das zutrauen?«

»Das hab' ich Ihnen vorhin gesagt. Dave Broon.«

»Im Auftrag von jemand anderem?«

»Vielleicht auch aus eigenen Interessen, was weiß ich.«

»Könnte er durch das Sheriff's Department von dem Zettel gewußt haben, ohne daß Sie davon wissen?«

»Aber natürlich. Er hat da irgend jemand an der Hand, der ihm Einblick in die Beweisunterlagen gibt. Und nicht nur an der Hand, sondern vielleicht auch in der Tasche.«

»Verlegt er sich mitunter auch aufs Abhorchen?«

»Er ist darin nicht gerade ein Fachmann, hat aber diesbezügliche Kontakte, die das für ihn erledigen. Experten aus Miami, schätze ich.«

»Also müssen wir jederzeit mit der Möglichkeit rechnen, abgehört zu werden?«

»Möglich ist es, wenn auch nicht gerade wahrscheinlich.«

»Ist er alles in allem gefährlich, muß man mit ihm rechnen?«

»Und ob man das muß!«

»Hat er Familie?«

»Nein, er lebt allein, aber ziemlich flott. Vor kurzem ist er in ein Penthouse auf einem Hochhaus am Lake Azure gezogen. Gewöhnlich hat er irgendeine kleine Nutte bei sich wohnen. Er fährt ein Kabriolett und besitzt ein Motorboot. Und jede Menge Garderobe. Doch wenn er beruflich unterwegs ist, kommt er mit einem alten Schlitten und in abgetragenen Klamotten daher. Ich hab' manchmal mit ihm zusammengearbeitet. Er hat irgendwas an sich, was die Zeugen veranlaßt, möglichst schnell alles zu sagen, nur um ihn loszuwerden.«

»Wie sieht er aus?«

»Ein Meter vierundsiebzig, etwa hundertfünfzig Pfund schwer. Er geht schon auf die Fünfzig zu, versteht es aber, wie fünfunddreißig zu wirken. Er hält sich gut in Form. Als einer von Amos Turks Hilfssheriffs sich mal mit ihm anlegte, hat er ihn krankenhausreif geschlagen, obwohl der andere nur halb so alt war. Am besten ist er immer dann, wenn er jemand ein bißchen unter Druck setzen kann, damit der etwas sagt oder den Mund hält.«

Ich mußte unwillkürlich an Helen Boughmer denken, schwieg vorerst aber lieber. Stranger blieb in mißmutigem Schweigen sitzen, bis ich sagte: »Dann könnte er ebenso bei dem Tod von Doktor Sherman seine Hand im Spiel gehabt haben.«

»Bitte nicht auch das noch. Die Akte über Doc Sherman ist ohnehin schon anderthalb Zentner schwer.«

»Vielleicht hatte auch Penny Woertz ein paar Informationen, ohne zu ahnen, wie wichtig sie waren.«

»Das ist aber wirklich weit hergeholt, McGee.«

»Finde ich gar nicht. Irgendeinen Grund muß es doch gegeben haben, warum sie sterben mußte. Vielleicht war's, um ihr den Mund zu schließen.«

»Vielen Dank, aber Sie scheinen mir jeweils einen Mord dadurch zu klären, daß Sie ihn von dem nächsten abhängig machen. Ich ziehe es vor, bei der Ansicht zu bleiben, daß er sich selbst umgebracht hat.«

»Und aus welchem kühlen Grunde?«

»Hören Sie mal, dazu will ich Ihnen was sagen, was Sie unmöglich wissen können. Und das betrifft die Frau des Doc. Ich habe in meinem Leben schon allerhand gesehen, aber noch niemals ein größeres Unglück als diese Joan Sherman. Sie war regelrecht ein Alptraum. Jeden Tag seines Lebens hat sie dem Doc das Leben zur Hölle gemacht. Sie behandelte ihn wie ein Feldwebel einen Rekruten. Und auch die Stimme hatte sie dazu. Sie war Diabetikerin und mußte ständig ihren Zuckerspiegel kontrollieren. Ich weiß nicht mehr, wieviel Einheiten Insulin sie sich jeden Morgen in den Arm gejagt hat. Er selbst durfte sie übrigens nicht einmal spritzen. Sie behauptete immer, er wäre viel zu tollpatschig dafür. Jedenfalls fiel sie vor drei Jahren in ein Diabetikerkoma und verschied.«

»Ein Koma, das er ihr verpaßt hatte?«

»Wenn er das tat, dann mit solcher Umsicht und langjähriger Planung, daß ihm das niemals nachzuweisen gewesen wäre.«

»Und sein Selbstmord dann — aus einem schlechten Gewissen heraus?«

»Mag sein. Deshalb neige ich ja auch zu dieser Selbstmordtheorie.«

»Aber ebensogut, Stranger, könnte jemand anderer hingekommen sein und ihn soweit gebracht haben, daß er es zugeben mußte.«

»Das ergibt in seinem Fall doch immer noch kein Mordmotiv. Wem nützte es denn schon, daß er starb?«

»Womit wir wieder da wären, wo wir angefangen hatten.«

»Ich weiß nicht recht ... Ich möchte verdammt gern wissen,

wieso diese Helen Boughmer von einem Tag auf den anderen ihre Meinung änderte. Oder wer sie dazu veranlaßte. Sie ist wirklich ein bedauernswertes Geschöpf. Man braucht sie sich nur mal nackt vorzustellen ...«

»Jetzt hören Sie aber auf, Stranger!«

Er kicherte. »Na, ist doch wahr. Man braucht sie doch nur anzuschauen und weiß dann nicht mehr, ob man lachen oder weinen soll. Wirklich ein armes Wesen. Wenn nicht dauernd ihre Mutter um sie herum wäre, die verhindert, daß man was aus ihr 'rauskriegt, hätte ich ihr schon längst den Zahn gezogen. Vielleicht nehme ich mir das als nächstes vor. Vielleicht sogar schon für morgen. Und was haben Sie als nächstes vor, McGee?«

»Ich will mir noch mal Janice Holton vornehmen und sehen, ob ich mit ihrem Freund richtig getippt habe.«

»Und wenn ja, was dann?«

»Ich weiß, das besagt alles noch nichts. Aber ich muß ja erst einmal sehen, wie die Fäden laufen. Ebenso möchte ich herauskriegen, wieso Hardahee mich auf einmal abwimmelte.«

»Wenn er Sie nicht empfangen will, kriegen Sie ihn auch nicht zu sehen.« Er stand auf und gähnte. »Ich werde jetzt sehen, daß ich weiterkomme.«

Ich trat mit ihm in die Nacht hinaus und sagte: »Al, mir kommt es langsam so vor, als ob ich der einzige bin, der hier noch ohne Schießeisen in der Gegend herumrennen muß. Geradezu ein wenig leichtsinnig von mir, finden Sie nicht auch?«

Er überlegte einen Augenblick. »Nun schön, McGee, das seh ich ein. Aber aus welchem Grund, welchem Anlaß sollte ich Ihnen das Tragen einer Schußwaffe gestatten? Sie sind kein Cop, kein Versicherungsdetektiv, rein gar nichts. Ich muß irgendeinen Grund haben, sonst kommen auch alle anderen angerannt und wollen Revolver tragen.«

»Und doch stecke ich mitten drin in diesem Durcheinander. Wollen Sie die Verantwortung übernehmen, wenn mir etwas passiert?«

Er sah mich einen Augenblick lang prüfend an. Dann ging er schweigend zu seinem Wagen, kramte darin herum und kam wieder zurück. »Da, nehmen Sie, es ist der von Holton. Sagen wir einfach, Sie hätten ihn mir noch nicht abgeliefert. Belassen wir's vorerst mal dabei.«

Er beobachtete mich, wie ich in den Schein einer Lampe getreten war, den Revolver prüfend in der Hand wog und mit dem Daumen den Zylinder rotieren ließ.

Dann machte er plötzlich kehrt, ging zu seinem Wagen hinüber und fuhr schweigend davon.

Geregnet hatte es übrigens nicht. Aber ein leiser Wind war aufgekommen. Geheimnisvoll rauschten die Pappeln, als ich Al Stranger nachdenklich nachsah.

12

Als ich am nächsten Morgen vom Frühstück zurückkam, stand ein Wäschekarren vor Nummer 109. Cathy machte gerade das Bad sauber, während Lorette dabei war, mein Bett zu machen.

»Guten Morgen, Sir«, sagten beide.

Ich setzte mich in den Sessel, beobachtete sie und wartete. Verstohlene Blicke wurden mir zugeworfen. Zwei schwarze Zimmerperlen, die gleichzeitig ein Zimmer machen, ist im übrigen die Schutztaktik aller schwarzen Hausmädchen in den zwanzig Südstaaten der USA. Keiner kann ihnen das verdenken. Für wen müssen oder sollen sie auch schließlich herhalten — wenn sie halbwegs jung und ansehnlich sind, sind sie Freiwild für Textilvertreter, herumziehende Musiker, Versicherungsvertreter, Baseballspieler der unteren Liga und was weiß ich noch alles.

»Ich sehe, man hat Sie also nicht hinausgeworfen, Cathy«, sagte ich, als sie aus dem Badezimmer herauskam.

Sie warf einen verstohlenen Blick zu Lorette hinüber und sagte dann: »Nein, Sir. Ich danke auch vielmals.«

Dann wieder Schweigen. Ich merkte, daß sie auf Sachen wischten, die sie vorher schon abgewischt hatten. Lorette Walker — so hieß sie mit vollem Namen, wie ich inzwischen erfahren hatte — sagte, indem sie mir den Rücken zugewandt hielt: »Ich bin fertig, und dieses Mädchen kann den Rest allein machen.«

»Es sieht überhaupt so aus, als ob ihr fertig seid. Ihr könnt also beide gehen.«

Lorette richtete sich auf und schwang ihren niedlich wippenden Busen zu mir herum. »Wir sollen beide gehen, obwohl sie Ihnen noch einen ganz großen Gefallen schuldig ist?«

Cathy hatte sich ebenfalls aufgerichtet und stand mit halb trotzigem Gesicht da.

»Cathy, ich hab' noch ein Wort mit Lorette zu sprechen. Also warum gehen Sie nicht und machen eins von den anderen Zimmern?«

Erst warfen sie sich verstohlene Blicke zu, dann wich Cathy rückwärts zur Tür hinaus. Lorette Walker setzte sich ganz unten auf die Bettkante und blinzelte zu mir herüber. Aus der Schürzentasche kramte sie ein Zigarettenpäckchen heraus und zündete sich eine Zigarette an, ohne mich jedoch aus den Augen zu lassen.

»Sie mögen keine schwarze Haut im Bett, Mann?«

»Warum nicht? Aber so einfach auch wieder nicht.«

»Sagen Sie mal, Mister, sind Sie irgendwie vom Gesetz? Von der Polizei? In irgendeiner Weise?«

»In keiner Weise, Lorette.«

»Dann haben Sie mit Cathy eben nicht gewollt, weil Sie es sich nicht verderben wollten, mit mir etwas anzufangen?«

»Wie kommen Sie denn darauf?«

»Nur so. Aber dann ... Nun, dann sag ich's Ihnen. Nur so. Wegen der toten Krankenschwester. Gleich neben der, in Nummer sechzig, wohnte eine weiße Frau. Die hat sich für Montag bis Donnerstag eine Putzfrau genommen. Letzten Montag geht die Putzfrau hin und findet einen Zettel: ›Kommen Sie am Donnerstag nicht!‹ Sie würde verreisen, schrieb sie. Also ging die Putzfrau am Donnerstag nicht hin, sondern erst wieder gestern, am Montag. Die weiße Frau arbeitet in einem Büro. Und die Putzfrau merkt auch, daß die Frau noch nicht wieder zurück ist. Aber jemand anderer muß in dem Appartement gewesen sein. Vielleicht ein Freund von ihr. Jemand hat da jedenfalls auf dem Bett gelegen. Er hinterließ einen Abdruck im Kissen. Auch sonst war allerlei benutzt und nicht richtig zurückgestellt. In der Küche, im Badezimmer, überall. Und in der Küche war etwas, das wie verbranntes Tuch aussah.

Und ein paar von den Putzlumpen konnte sie plötzlich nicht mehr finden. Als ob jemand sie versteckt hätte.«

»Aber Ihre Freundin, die Putzfrau, hat dann den Kamin ausgeräumt und alles so gemacht wie üblich?«

»Genau. Sie hat mir auch den Namen von der Frau gesagt, aber den hab' ich einfach vergessen.«

»Macht nichts. Ich kann ihn leicht herausfinden.«

»Die Putzfrau sagt, bis zur Küchentür der Krankenschwester sei es nicht weit. Nur um die Ecke, über einen kleinen Hof mit einem hohen Zaun. Durch ein Türchen kann man in den Garten gehen.«

Ich zog meine Brieftasche. »Sonst noch irgendwas?«

Sie beobachtete jede meiner Bewegungen. »Ja, was ist da sonst noch?«

»Lorette, könnten Sie mal versuchen, etwas über einen Mann herauszubekommen, der für den Sheriff arbeitet? Einen Dave Broon?«

Sie starrte mich an, als ob sie einen Geist gesehen hätte. »O Jesses, der ist ganz schlecht. Richtig gemein ist er immer zu uns. Er schlägt einen, wenn er etwas wissen will, und man sagt es nicht. Und dabei ist er reich, das weiß ich. Er hat vierzig Häuser in der Gegend. Aber alle unter falschem Namen. Ja, so ist der. Er hat zwei Seiten in seinem Gesicht, wie ein flacher Fisch.«

»Und einen Mr. Pike, kennen Sie den am Ende auch?«

»Mr. Pike ... Sagte ich Ihnen das nicht schon? Da war mal so was Komisches, das in seinem Bootshaus passiert ist. Er hatte damals ein Pärchen in seinem Bootshaus. Sie hatten sich eingemietet. Und eines Tages waren die beiden tot. Mr. Pike hat dann von sich aus ein richtig schönes Begräbnis bezahlt. Aber tot waren sie eben doch. Und wissen Sie auch warum? Sie hatten irgendsoein Giftzeug geschluckt. Para ... Para ...«

»Parathion?«

»Ja, ich glaub, das war's. So ein Zeug zum Besprühen von Pflanzen.«

»War das ein Unfall?«

»Ach was! Wenn das Zeug noch an dem Löffel geklebt hatte, mit dem sie gegessen hatten! Und die Büchse war einfach verschwunden!«

»Aber, Lorette, das besagt doch noch gar nichts.«

»So? Und wie war das mit dem schwarzen Jungen damals beim Golf? Als Mr. Pike von dem Finanzgeschäft entlassen wurde und – statt daß die Polizei ihn mal vornahm – hier die Firma aufmachte und anfing, Golf zu spielen – wie war das denn? Er traf den schwarzen Caddy-Boy mit dem Schläger genau vor den Kopf. Mr. Pike gab's dann auf, Golf zu lernen. Aber komisch war das doch alles. Mr. Pike gab dann hundert Dollar an den Vater von dem schwarzen Caddy-Boy. Das war alles. Mr. Pike sagte, der Caddy-Boy sei ihm in den Schlag gerannt.«

»Als er zum Schlag ausholte?«

»Ja, so sagten sie's. Aber die da draußen, die wirklich was davon verstehen, sagen, es war ganz anders.«

»Und warum sollte die Polizei ihn sich vornehmen, als er von dem Finanzmaklergeschäft entlassen wurde?«

Erstaunt sah sie mich an. »Na, warum denn wohl? Was kann man in einem Finanzgeschäft denn schon anstellen? Gestohlen hat er dort! Aber jetzt muß ich wirklich wieder an meine Arbeit gehen, Mr. McGee. Vielleicht sehen wir uns noch einmal.«

Den Fünfzigdollarschein, den ich abseits von mir auf den Tisch gelegt hatte, ließ sie mitgehen, während sie hinauswirbelte.

Ich hatte kein Glück, als ich noch einmal bei Hardahee anzurufen versuchte. Aber Janice Holton war zu Hause, und selbstverständlich könnte ich bei ihr kurz vorbeischauen, wenn ich zufällig in der Gegend wäre, sagte sie. Ich parkte bei ihr in der halbkreisförmigen Auffahrt und klingelte an der Haustür. Während ich noch wartete, kam sie um die Hausecke herum und sagte: »Ach, Sie sind es! Ich habe gerade hinter dem Haus zu tun. Kommen Sie doch mit nach hinten, ja?«

Sie hatte einen alten, in der Farbe schon völlig verkratzten Liegestuhl aufgestellt, dessen Leinwand abmontiert war und dessen Gestänge sie gerade mit einer Sprühfarbendose einsprühte. Die Sprühdose hatte sie inzwischen beiseite gelegt. Sie setzte sich mit verschränkten Beinen auf eine kleine Wolldecke im Gras und sah mich erwartungsvoll an.

»Wissen Sie, Janice, ich komme eigentlich nur vorbei, weil ich irgendwie den Eindruck hatte, neulich zuviel geredet zu haben. Vielleicht habe ich Sie damit sogar tödlich gelangweilt.«

»Entschuldigen Sie, aber ich habe Ihren Vornamen vergessen.«

»Travis.«

»Danke, Travis. Nein, wirklich, mit keinem Wort haben Sie mich gelangweilt. Wir tragen doch beide die Blessuren aus unseren Ehen und stehen nun einsam und verlassen da.«

»Nun, Sie sind doch immerhin nicht ganz einsam, Mrs. Holton.«

Sie seufzte. »Eigentlich hatten wir uns am Samstag ein weiteres Stück näherkommen wollen, da haben Sie recht. Aber ich verstehe ihn, da haben Sie recht. Er muß wegen seiner Stellung sehr diskret sein. Wenn da was durchsickert, dann würde das eine Katastrophe auslösen.«

»Ist er denn Bankier oder so was?«

»So etwas Ähnliches. Für Samstag hatte er uns so ein nettes Liebesversteck ausgesucht. Er selbst konnte vor Mittag nicht weg. Und so sollte ich vorausfahren und dort auf ihn warten, nachdem ich die Kinder bei meiner Freundin gelassen hatte.«

»Bis der gute alte Rick sich plötzlich entschied, mit nach Velo Beach zu fahren.«

»Dabei war er in miserabler Verfassung, und so ekelhaft und so knickerig. Ganz schlimm war's dann am Montagmorgen, nach seiner Eskapade mit Ihnen. Als ich ihm sagte, ich hätte seinen Freund McGee zurück zur Wahini Lodge gefahren, starrte er mich erst an wie einen Geist, und dann lachte er, lachte — wie von Sinnen und schlug sich dabei immer wieder auf die Schenkel.«

»Nehmen wir einmal an . . .«

»Was sollen wir annehmen?« fragte sie.

»Nehmen wir einmal an, ich nenne Ihnen diesen liebsten und verständnisvollsten all Ihrer Freunde beim Namen.«

»Das können Sie natürlich nicht. Aber nehmen wir mal an. Was ist dann?«

»Angenommen, ich könnte es. Würden Sie sich dann verpflichtet fühlen, es ihm zu sagen?«

»Auf rein hypothetischer Basis? Lassen Sie mich einmal überlegen. Wenn Sie mir seinen Namen nennen würden, damit ich es bestätige — wo würde da Ihr Interesse liegen? Was würden Sie davon haben?«

»Ich würde wissen, was für eine Art von Mann er ist.«

»Er ist ein wunderbarer Mann!«

»Hält jeder ihn dafür?«

»Natürlich nicht. Ein Mann in seiner Stellung wird immer von jemand beneidet und angegriffen und auch verleumdet.«

»Also dann, sein Name ist — Tompestous K. Figglebone, Bankier.«

»Mein Lieber, jetzt werden Sie aber wirklich ein bißchen albern.«

»Wir leben nun mal in einer sehr albernen Zeit voll grotesker Gegensätzlichkeiten, meine Liebe.«

Ich hatte keineswegs übersehen, wie ihre Lider gezuckt hatten, als ich begonnen hatte: Tom ...

Weiter hatte ich in diesem Augenblick aus verschiedensten Rücksichten nicht gehen wollen.

Ein paar Minuten nach Mittag las ich das Namensschild auf dem Briefkasten von Nummer 60, Ridge Lane. Miß Hulda Wennersehn. Die Maklerfirma, die die Gartenappartements dort verwaltete, stand auf einer Tafel vorn an der Ecke. Von dem ersten Drugstore, zu dem ich kam, rief ich dort an und wurde zu einer Miß Forestal durchverbunden. Ich erklärte ihr, daß ich für ein Kreditbüro arbeitete und ihr für ein paar Informationen über Miß Wennersehns finanzielle Umstände dankbar wäre. Sie kramte in irgenwelchen Unterlagen und sagte mir, daß Miß Wennersehn, einundfünfzig Jahre, schon seit über vier Jahren in Nummer 60 wohnte und niemals Mietrückstände gehabt hätte. Ich fragte, ob Miß Wennersehn bei einer Versicherung oder Finanzierungsfirma beschäftigt wäre, und sie meinte dazu: »Nein, es sei denn, Miß Wennersehn hat den Arbeitsplatz gewechselt, ohne uns davon zu verständigen, wozu sie an sich auch nicht verpflichtet ist. Jedenfalls haben wir hier vermerkt, daß sie für Kinder, Noyes und Strauss arbeitet. Das ist eine Maklerfirma. Und zwar als Kassiererin.«

Vielen Dank, meine Liebe!

Anschließend rief ich die Maklerfirma an, und das Mädchen in der Vermittlung sagte mir, das wäre doch schon mindestens zwei Jahre her, daß Miß Wennersehn für sie gearbeitet hätte. Sie würde jetzt für eine Immobilien-Investierungsfirma arbeiten. Sie gab mir die Telefonnummer. Auf eine vage Ahnung hin fragte ich sie, ob ein Mr. Tom Pike jemals bei der Firma gewesen wäre, und sie sagte mir, daß das tatsächlich der Fall wäre, aber das sei auch schon länger her, ebenso wie bei Miß Wennersehn. Die Nummer, die sie mir gegeben hatte, stellte sich prompt als die der Development Unlimited heraus. Ich rief dort ebenfalls an.

»Miß Wennersehn? Moment mal, ich verbinde Sie . . . Oh, entschuldigen Sie, Sir. Sie ist zur Zeit in unserem Büro in Jacksonville. Soll ich nachfragen, wann sie zurückerwartet wird?«

Ich bedankte mich und sagte ihr, sie solle sich nicht erst die Mühe machen.

Anschließend fuhr ich zum Motel zurück, um zu sehen, ob dort irgendetwas vorlag. Stranger wartete auf mich.

13

Irgendetwas hatte Stranger verändert, hatte ihn nervös gemacht. Wir gingen zu Bungalow 109 hinüber. Ich telefonierte nach Sandwiches und Kaffee.

Als ich ihn fragte, was denn los wäre, antwortete er mir, ich sollte ihn erst mal nachdenken lassen. Mit hinter dem Rücken verschränkten Händen blieb er vor dem großen Fenster stehen und schaute zu den Gästen hinaus, die sich im Swimming-pool tummelten.

»Ich könnte vielleicht bei einer Sicherheitsgesellschaft unterkommen«, sagte er. »Als Wachmann bei Geldtransporten oder so.«

»Hat man Sie gefeuert?«

»Noch nicht. Aber vielleicht werden sie's noch tun.«

»Warum?«

»Diese Mrs. Boughmer war mit ihrem Country-Klub unterwegs zu einer Tour bei anderen Klubs. Schließlich bekam ich die Tochter herum, mich einzulassen. Und dann nahm ich sie mir vor. Ich sagte ihr, daß sie sich wegen Zurückhaltung von Aussagen zu einem Kapitalverbrechen strafbar mache. Wie üblich, sagte ich ihr, vielleicht könnte ich die Strafe für sie noch einmal abwenden, wenn sie mir endlich die volle Wahrheit sagen würde. Und so weiter und so fort. Bis sie dann endlich mit allem herausplatzte.«

»Wo lag bei ihr der Haken?«

Er drehte sich um, kam vom Fenster zurück und setzte sich schwer in den Sessel. »Sie jammerte und flehte und stöhnte, schluchzte und spuckte zwischendurch Gift und Galle. Sie packte mich an den Händen, sank auf die Knie vor mir, flehte und beichtete. Himmel, war das ein Theater!«

»Beichtete was?«

»Das arme häßliche, unscheinbare Wesen war in Doc Sherman verliebt. Und nicht nur platonisch. Mit aller Leidenschaft. Sie hatte heiße Höschen. Na, Sie haben sie ja gesehen. Meinen Sie, daß da jemand mal Hand an sie legt? Und als der Doc bereits tot war, konnte sie es einfach nicht verwinden. Sie hat in dem Hinterzimmer irgend etwas angestellt, was nach ihrer Ansicht böse und pervers war. Was, weiß ich nicht. Sie ließ die Lampen in den Praxisräumen brennen. Das Hinterzimmer hatte sie verdunkelt. Sie muß vergessen haben, die Praxistür vorn zuzuschließen. Jedenfalls stand plötzlich Dave Broon im Hinterzimmer und schaltete das Licht ein. Er sagte ihr, sie sollte ihre Kleider wieder anziehen, er würde mit ihr im Praxisbüro sprechen. Anscheinend, McGee, hat er dann das arme Wesen zu überzeugen verstanden, daß sie irgendeinen kriminellen Akt begangen, sich gegen das Gesetz und die Natur versündigt hatte. Er hat irgendwas als ›Beweismaterial‹ mitgenommen. Aber wie konnte ich ahnen, daß alles mit ihr derart auf der Kippe stand. Ganz plötzlich wurde sie steif wie ein Brett, biß sich glatt die Unterlippe durch und begann zu heulen und zu wimmern und warf sich mit völlig verdrehten Augen auf den Boden. Ein richtiger Zusammenbruch. Ich fuhr hinter dem Krankenwagen her, den ich gerufen hatte. An der Tür postierte ich eine Nachbarin, die Mrs. Boughmer verständigen soll. Irgendwie also hat Dave Broon sich damals eingeschlichen und ihr die Daumenschrauben angesetzt.«

»Das ist aber kein Grund, Sie zu feuern, Al.«

»Nein, das nicht. Erst das, was danach kam.«

»Und das war?«

»Dave Broon. Ich bin mir jetzt absolut im klaren, was er da treibt. Seit Jahren schon, in einer Vielzahl von Fällen. Aber ich habe keine Möglichkeit, ihn dafür festzunageln. Jedenfalls nicht mit den normalen Mitteln und Methoden. Wir sind sogar beide im gleichen Sportverein. Und ich stehe ganz allein gegen ihn. Er hat seine politischen Beziehungen. Wenn ich wenigstens noch jemand hätte, auf den ich mich verlassen könnte, dann könnte ich ihn vielleicht auf einem anderen Weg als dem orthodoxen fangen. Jemand muß mir jetzt Vernunft einreden, daß ich lieber die Finger von ihm lassen soll.«

»Vielleicht sollten Sie sich die Sache erst noch mal überlegen.«

»Sie meinen, Sie wollen auch nichts damit zu tun haben?«

»Wenn Sie mich bei dieser Sache mit dabeihaben wollen, okay. Aber ehe wir ihn uns vornehmen, könnten Sie nicht wenigstens mal zuverlässig überprüfen lassen, wo er in der Nacht war, als Sherman starb, und an dem Nachmittag, als Penny Woertz sterben mußte?«

»Wo er letzten Samstagnachmittag war, weiß ich nicht, aber ich weiß, daß er in Birmingham war, um einen Gefangenen zurückzuholen, als Sherman starb. Wenigstens werde ich gleich mal feststellen, wo diese miese kleine Ratte im Augenblick steckt.«

Er ging zum Bett hinüber und benutzte das Telefon auf dem Nachttisch. Er murmelte jeweils ein paar Begrüßungsworte, fragte nach Broon, horchte, legte auf und wählte die nächste Nummer. Insgesamt brachte er es auf wenigstens acht Anrufe. Schließlich stand er von der Bettkante wieder auf und sagte: »Er ist hier gewesen und dort gewesen, aber seit ein oder zwei Stunden hat ihn niemand mehr gesehen. Vielleicht treibt er sich irgendwo im Gerichtsgebäude herum. Er hat dort Leute sitzen, die ihm seine Informationsschnitzelchen liefern. Oder vielleicht ist er aus dem gleichen Grund auch im Rathaus. Ebensogut kann er sich aber auch in sein Penthouse verkrochen haben, mit irgendeinem neuen kleinen Flittchen. Er hat schon lange nichts mehr gehabt. Das ist also längst fällig.«

Er schickte sich zum Gehen an und sagte, er würde mich rechtzeitig verständigen, damit ich mitkommen konnte, wenn er mit Dave Broon sprach. Nachdem er gegangen war, brachte ich die Tabletts mit dem Geschirr zurück, damit niemand einen Grund hatte, während meiner Abwesenheit mein Zimmer zu betreten. Und bevor ich ging, wendete ich einen uralten Trick an, der mir verraten würde, ob in der Zwischenzeit jemand

mein Zimmer betreten hatte. Ich nahm einen Bogen Motel-
briefpapier und knüllte ihn zu einer Kugel zusammen. Als ich
ging, langte ich, nachdem ich die Tür bereits bis auf einen Spalt
geschlossen hatte, noch einmal mit dem Arm hinein und legte
die Papierkugel auf eine bestimmte Stelle des Teppichmusters.
Dieses Verfahren kann man natürlich nur anwenden, wenn die
Tür nach innen aufgeht. Geht sie nach außen auf, so kann man
es mit einem Kaugummi machen, den man unauffällig unten
an der Türkante befestigt.«

Der Himmel war inzwischen schwarz geworden, Blitze zuckten, der Regen rauschte und der Wind fegte braune Wedel von
den Palmbäumen.

Ich versuchte es zunächst bei Hardahee. Das Mädchen in
seinem Büro sagte mir, er wäre bereits nach Hause gegangen,
und das Gegenteil konnte ich ihr nicht nachweisen. Also ging
ich als nächstes in Rick Holtons Büro. Das Mädchen dort nahm
meine Karte entgegen und verschwand. Sie kam bald zurück
und führte mich einen getäfelten Korridor hinunter.

Er hatte einen riesigen Schreibtisch vor dem großen Fenster
stehen. Das ganze Büro war höchst dezent in japanischem
Dekorationsstil gehalten, mit japanischen Einlegearbeiten an
den Wänden. Draußen rauschte der Regen in Böen hernieder
und platschte gegen die große Scheibe.

Er grinste mir mit breitem Berufslächeln entgegen, aber als
das Mädchen hinter sich die Tür geschlossen hatte, war von
diesem breiten Grinsen nichts mehr übrig.

»Setzen Sie sich, McGee. Ich hatte Sally gesagt, ich könnte
niemand empfangen, aber Sie sind die rühmliche Ausnahme.
Sind Sie mit den Ermittlungen bei der Polizei weitergekom-
men? Verdammt merkwürdig war die Sache ja. Penny würde
keinem Fremden die Tür geöffnet haben. Aber irgendwann
werden sie den Kerl schon erwischen, wenn sie ihn wegen ganz
was anderem in der Mangel haben, und dann wird er auch
hiervon zu singen anfangen.«

»Es scheint, als ob Stranger eine heiße Spur gefunden hätte.«

»Stranger hat was los.«

»Ist er besser als Ihr Freund Dave Broon?«

Er zuckte die Schultern. »Dave ist besser für Außenseiter-
jobs.«

»Ich wollte Ihre Meinung zu ein paar Sachen hören, Holton. Keine Rechtsangelegenheiten. Privatsachen.«

»In Privatsachen ist meine Meinung in letzter Zeit nicht gerade verbindlich. Alles scheint auf einmal schiefzugehen. Mit Penny ging es schief, auch wenn ich sowieso mit ihr Schluß machen wollte. Ich weiß gar nicht, warum ich ihr so sehr nachtrauere.«

»Sie war eben was Besonderes.«

»Janice war auch mal was Besonderes. Das habe ich selbst vermasselt, um mich mit Penny Woertz mal im Heu rollen zu können. Dabei sah sie längst nicht so gut aus wie Janice. Übrigens, was ist eigentlich aus meinem Revolver geworden?«

»Den hab' ich Stranger gegeben, und der hat ihn mir wiedergegeben.«

Er war überrascht. »Was soll denn das?«

»Gewissermaßen eine Leihgabe. Nur eine kleine Verzögerung, bis ich ihn offiziell übergeben kann.«

»Wenn Sie ihn Stranger zurückgeben, sagen Sie ihm, er soll ihn behalten. Ich glaube, es ist besser, wenn ich im Moment keinen im Haus habe. Wenigstens nicht für die nächste Zeit. Aber warum meint Al Stranger, daß Sie einen Revolver brauchen?«

»Vielleicht nur eine Laune von ihm. Was weiß ich.«

»Sie meinen, Sie wollen es mir nicht sagen? Nun, von mir aus. Gestern vormittag habe ich überprüft, was Sie mir über sich selber sagten. Ich rief Tom Pike an, und er sagte, Sie wären ein alter Freund von Mrs. Trescott und ihren beiden Töchtern.«

»Warum haben Sie ihn nicht gefragt, ehe Sie den lausigen Überrumpelungsakt mit Penny bei mir inszenierten?«

Er wurde rot. »So, jetzt nennt sich das also lausiger Überrumpelungsakt. Irgendwie hatten wir beide, Penny und ich, uns gegenseitig überredet und uns dann immer mehr hineingesteigert. Unsere Theorie, die wir uns zurechtgelegt hatten, sah immer besser aus. Und so passierte es dann.«

»Das zweite, zu dem ich Ihre Meinung hören wollte, war die Sache mit Doc Sherman. Glauben Sie, daß der Doc seine Frau umgebracht hat?«

»Ben Gaffner, der Staatsanwalt, und ich hatten uns auch schon mal auf diese Idee versteift und ließen sie dann wieder fallen. Ihm die Sache mit einem Sammelsurium von Indizien nachweisen zu wollen, hätte nicht die mindeste Aussicht gehabt. Wir hätten ihm zwar Motiv und Möglichkeit nachweisen können, niemals aber die eigentliche Todesursache. Und ob ich persönlich glaube, daß er's getan hat? Ja. Ben ist ebenfalls der Ansicht. Die Spezialisten, mit denen wir sprachen, sagten, es wäre höchst unwahrscheinlich, daß sie nach all den Mengen von Insulin, die sie sich gespritzt hatte, plötzlich in ein Insulin-Koma gefallen sein sollte. Aber ›höchstwahrscheinlich‹ ist für ein Gericht eben nicht genug. So schlossen wir dann damals den Akt darüber.«

»Wer hatte damals die Ermittlungen in der Hand?«

»Sie starb auf ihrem Landhaus, das außerhalb der Stadt lag, und demnach hatte Broon das in der Hand. Aber selbst wenn er konkretes Beweismaterial gefunden hätte, wäre das immer ein höchst fragwürdiges Verfahren geworden, bei dem wir wegen der Beliebtheit des Doc die ganze Öffentlichkeit gegen uns gehabt hätten.«

»Noch mal zurück zu Shermans Tod. Haben Sie das Gefühl, daß Penny etwas gewußt hat? Etwas, von dem sie offiziell nie etwas gesagt hat?«

Erst schaute er überrascht, aber dann wurde seine Miene wieder mißmutig. »Ich sehe schon, worauf diese Frage hinauslaufen soll. Lassen Sie mich mal eine Minute überlegen.« Er lehnte sich zurück und spielte mit dem Brieföffner. »Ja, irgend etwas scheint sie da gehabt zu haben. Letzten Dienstag war das, als ich morgens von ihr wegging. Sie war gerade aufgewacht und sagte, sie hätte etwas Verrücktes geträumt, und das hätte sie wieder an eine Sache mit dem Doc erinnert. Sie wollte es mir aber nicht sagen und meinte, sie müßte jemand erst noch etwas fragen.«

»Und von dem Traum hat sie Ihnen sonst nichts mehr gesagt?«

»Nicht viel. Verrücktes Zeug. Daß er jemand vorn die Klappe beim Gehirn geöffnet hätte und sie hätte 'reinschauen lassen, und da drinnen hätten orangefarbene Lämpchen aufgeblinkt. Alles Quatsch.«

»Übrigens, was Ihre Janice betrifft — sie wurde von einer Flüsterstimme am Telefon verständigt, daß Sie etwas mit Penny hätten, und zwar schon, als es kaum begonnen hatte.«

»Machen Sie keine Witze! Da hat man vielleicht so Freunde, von denen man nicht das mindeste weiß!«

»Glauben Sie, daß Ihre Frau sich inzwischen einen Freund zugelegt hat?«

»Ich versuche, möglichst nicht an so was zu denken.«

»Glaubt sie, daß Sherman ermordet wurde?«

»Sie war immer ganz begeistert von ihm. Deshalb ist sie davon überzeugt, daß ihn jemand umgebracht hat. Sie sagte, er würde sich niemals selbst umgebracht haben, und für sie steht das dann fest.«

»Nun was ganz anderes: Was wissen Sie von dem Schlamassel, den Tom Pike bei Kinder, Noyes und Strauss hatte?«

»Moment mal! Sie hüpfen mit Ihren Fragen wie ein Elefant in einem Blumenbeet herum. Alles, was ich darüber weiß, ist Hörensagen. Tom Pike ist nun mal ein Mann, der jemand etwas einzureden versteht. Er war damals dort so eine Art Vertreter, der die Leute zu überreden hatte, zu investieren. Und er hatte damals einen alten Knaben am Wickel, der gerade in Pension gegangen war und eine offene Brieftasche mit Tausendern hatte. Dazu Aktien von General Motors, Union Carbide und anderen großen Konzernen. Angeblich hatte er Tom Pike beauftragt, auf höchsten Gewinn und damit höheres Risiko anzulegen, was er ihm an Kapital zur Verfügung stellte. Das tat Tom auch und legte immer eins mit der Absicherung durch das andere an und ging dabei bis an die äußerste Grenze. Schließlich kam es dann, wie es kommen mußte: das System brach zusammen, über Nacht mußte die Firma mit ihrem Kapital einspringen, und als Abrechnung für den alten Knaben kam heraus, daß er mehr als die Hälfte seines ursprünglichen Kapitals verloren hatte. Es gab einen riesigen Aufruhr, und schließlich sprang wiederum die Firma ein, um den Skandal nicht ins Uferlose wachsen zu lassen, und ersetzte dem Alten sein Kapital bis zu der Höhe, auf der es ursprünglich gewesen war. Angeblich war der ganze Schlamassel darauf zurückzuführen, daß Tom Pike, nachdem er erst mal die Vollmachten des Alten hatte, einfach über dessen Kopf hinweg gehandelt hatte. Aber dann fand sich eine Kassiererin, die vor Gericht für Tom Pike bestätigte, daß der Alte ihm telefonische Verkaufs- und Kauforders gegeben hatte. Damit war Tom, der vorher tief im Dreck steckte, wieder halbwegs heraus, auch wenn der Alte vor

Gericht behauptete, sich an solche telefonischen Aufträge nicht erinnern zu können. Und dieser Frau gegenüber sollte der Alte Tom Pike wegen seiner Anlagepolitik über den grünen Klee gelobt haben.«

»Wie hieß diese Kassiererin?«

»Hulda und ein langer Nachname.«

»Hulda Wennersehn?«

»Wenn Sie den Namen wissen, warum fragen Sie mich dann noch?«

»Ich wußte ihn nicht — ich vermutete ihn nur. Und was wurde dann aus der ganzen Sache?«

»Das Gericht entschied, Tom Pike hätte den Alten falsch beraten, sich sonst aber nichts Kriminelles zuschulden kommen lassen. Der Alte bekam das verlorene Geld zurück. Tom wurde entlassen, oder wie er behauptete, er hätte es mit der Firma einfach satt gehabt und sei selber gegangen.«

»Und seitdem arbeitet Miß Wennersehn für ihn.«

»So?«

»Wie reagierten die Leute in der Stadt auf die Sache?«

»Erst kamen natürlich alle angerannt und wollten das durch ihn investierte Kapital zurückhaben, aber dann kam die Aussage von dieser Kassiererin bei der Gerichtsverhandlung, die Tom entlastete, und so beruhigten sie sich langsam wieder, und irgendwie gelang es ihm, finanziell gerade so durchzukommen. Er verlegte sich mit seinen Investierungen zunächst auf Landkäufe in dem Bauerwartungsland um die Stadt hier und entlang den Fernstraßen, und neuerdings dann auf das neue Geschäftshaus, das er hier in der Stadt gebaut hat, das in diesen Tagen eingeweiht werden soll. Um dieses Geschäftshaus ist bereits ein Riesenrummel. Kein Mensch spricht im Augenblick noch von was anderem. Sogar Banken stecken da mit ihrem Geld drin. Ebenso die Besitzer des Grundstücks, die Baufirmen — eben einfach alle. Wenn ihm diese Sache auch noch mißlingen sollte, dann kracht es finanziell an allen Ecken und Enden in der Stadt.«

»Und all das lastet auf seinen noch sehr jungen Schultern?«

»Was wollen Sie denn? Wie alt sind denn heute die Direktoren von den großen Investment-Fonds? Wie alt sind denn schon die Chefs von den großen Finanzierungskonglomeraten? Tom Pike ist schnell und zäh und risikofreudig. Ein junger

Unternehmertyp, der Typ von heute. Was sollte daran nicht in Ordnung sein?«

»Meine letzte Frage: Wie gut kennen Sie Hardahee?«

»Ich kenne ihn mehr beruflich als privat. Wintin ist sehr solide. Aber im Augenblick scheint es ihm gesundheitlich nicht gut zu gehen. Zu einem Gerichtstermin, bei dem er die Gegenpartei vertritt, ist er nicht erschienen und hat den Termin auf Grund eines ärztlichen Attests auf mindestens zwei Wochen aussetzen lassen. Aber sagen Sie, McGee, hinter was sind Sie eigentlich her? Was wollen Sie mit all diesen Fragen?«

»Ich schätze, das habe ich schon gesagt. Es dreht sich alles um den Tod einer gewissen Krankenschwester.«

»Geht Ihnen Penny so sehr zu Herzen? Hören Sie, das können Sie mir nicht weismachen. Schließlich war sie doch nichts weiter als ein kleines Flittchen, das auf günstige Gelegenheiten aus war.«

»Sie ist aber auf ziemlich elende Art und Weise ums Leben gekommen.«

»Und das macht Ihnen so viel aus? Ach, gehen Sie doch zur Hölle mit Ihren fragwürdigen Ermittlungen.« Er wirbelte auf seinem Drehsessel herum und starrte auf den japanischen Vorgarten, den er sich vor dem Fenster hatte anlegen lassen.

Als ich hinauskam, hatte es zu regnen aufgehört.

Es war fünf Uhr, als ich zu meinem Bungalow zurückkam. Ich schloß die Tür auf, öffnete sie einen Spalt und langte mit der Hand hindurch. Kein Papierball. Ich öffnete die Tür vollends. Der Papierball lag volle fünf Fuß von der Stelle weg, wo ich ihn hingelegt hatte.

Das ließ zunächst einmal an ein Zimmermädchen denken. Aber dann würde ich den Papierball im Papierkorb wiedergefunden haben. Mein zweiter Gedanke galt dem Telefon neben meinem Bett. Mit einem Messer schraubte ich die Bodenplatte ab und sah, daß mein heimlicher Besucher elektronisch Erster Klasse reiste. Er hatte ein Abhörgerät Continental 0011 eingebaut. Es konnte alles aufnehmen, was in meinem Zimmer und am Telefon gesagt wurde, und auf Ultrakurzwelle bis zu einer Meile Entfernung mithören. Wenn die Batterie frisch war, konnte sie fünf Tage arbeiten. Solch ein Abhörsender kostete immerhin an die fünfhundert Dollar. In diesem

Umkreis von einer Meile würde er also einen entsprechenden Empfänger aufgestellt haben, den er gar nicht mal zu überwachen brauchte. Das würde ein sich selbst ein- und ausschaltendes Tonbandgerät besorgen. Eines war klar: Das kratzende Geräusch, daß mein Messer beim Losschrauben der Bodenplatte verursacht hatte, würde ihn sofort oder aber in dem Augenblick warnen, wo er das Tonband abhörte.

Also sagte ich in das Mini-Mikro des Continental 0011: »Kommen Sie auf mein Zimmer, damit wir uns über die Sache in Ruhe unterhalten können. Andernfalls sind Sie Ihr Spielzeug im Wert von fünfhundert Dollar los. Mit freundlichem Gruß, Travis McGee.«

Dann nahm ich das Continental heraus, schaltete den Mikroschalter mit der Messerspitze auf *Aus* und begann meine Möbel systematisch nach weiteren Abhörflöhen abzusuchen. Die Fachleute bringen in der Regel nämlich zwei verschiedene Abhöranlagen an. Wenn der Heimgesuchte die eine findet, freut er sich darüber meist so diebisch, daß er gar nicht auf den Gedanken kommt, es könnte sich noch ein Abhörfloh bei ihm eingenistet haben. Wenn Mr. Dave Broon das übersehen hatte, war das für mich nur der Beweis, daß er kein Fachmann war.

Ich fand zwar einen guten Platz, wo ich den Revolver verstauen konnte, aber eine zweite Abhöranlage fand ich nicht.

Das Telefon klingelte, und Stranger war am Apparat. Er sagte mir, daß er noch nichts von Dave Broon gehört hätte. Ebenso hätte sich im Fall von Penny Woertz noch nichts ergeben. Wegen Helen Boughmer habe er zurückgefragt, und man habe ihm gesagt, daß man sie unter Narkotika gesetzt hatte.

Ich sagte ihm, daß ich ebenfalls nichts Neues zu berichten hätte.

Anschließend ging ich unruhig im Zimmer auf und ab wie ein gereizter Löwe, ohne eigentlich zu wissen, was mich so reizte.

Angenommen, Tom Pike hatte irgendein Mittel, um zu verhindern, daß Maureen sich an irgend etwas erinnerte. Daß sie keine Erinnerungen mehr an ihre Selbstmordversuche hatte.

Oder was Penny betraf: War sie nicht vielleicht deshalb gestorben, damit sie sich nicht an irgend etwas Bestimmtes erinnerte?

Oder hatte vielleicht dieses elektronische Schlafgerät, dieser Dormator, Maureen Pike die Erinnerung genommen?

Das konnte mir nur ein Fachmann beantworten. Und mir fiel auch sofort einer ein. Ein Neurologe in Miami. Wenn ein solcher Mann einen davon kuriert, daß einem jemand mit einer Holzbohle halb den Rücken zertrümmert hat, vergißt man seinen Namen nicht so leicht.

In fünfzehn Minuten hatte ich also Dr. Steve Roberts am Apparat. »Entschuldigen Sie, Trav«, sagte er. »Die Lady, bei der ich hier hause und die mich als ihren Ehemann bezeichnet, hat mir gerade ein angefrostetes Glas überreicht. Moment mal. So, ich habe eben mal an dem Glas genippt und der Lady dafür zum Dank einen Kuß gegeben. Was haben Sie auf dem Herzen? Macht Ihnen Ihr Rücken zu schaffen?«

»Nein. Ein paar Fragen hätte ich auf dem Herzen. Wissen Sie etwas über eine Schlafmaschine namens Dormator?«

»Allerdings. Ein wirklich nettes kleines Ding. Und zudem höchst wirksam.«

»Wenn jemand damit behandelt wird, ganz lange und ziemlich intensiv, könnte sich das auf sein Erinnerungsvermögen auswirken?«

»Nein. Absolut negativ. Da ist viel zu wenig Strom drin, um irgend etwas zu zerstören. Sagen Sie mal, von wo aus sprechen Sie eigentlich?«

»Aus Fort Courtney.«

»Praktizieren Sie dort unerlaubterweise Medizin?«

»Praktizieren vielleicht schon. Aber nicht Medizin. Steve, wissen Sie als Fachmann irgendein Mittel, mit dem man erreichen könnte, daß jemand sein Gedächtnis verliert? Ganz egal, was für eins?«

»Das gesamte Gedächtnis? Totale Amnesie?«

»Nein. Nur die kurz zurückliegenden Ereignisse.«

»Und wie lange soll der Effekt anhalten?«

»Für immer.«

»Manchmal erreicht man das mit einer soliden Gehirnerschütterung. Traumatische Amnesie, passiert mitunter bei Unfällen. Die Ereignisse kurz vorher sind für immer vergessen. Aber garantieren läßt sich die Wirkung nicht.«

»Gibt es irgendwelche chemischen Mittel, um das zu erreichen.«

»Nun, ein anerkanntes Verfahren in dieser Hinsicht gibt es natürlich nicht. Es besteht ja normalerweise auch kein Bedarf dafür, wie Sie sich sicher denken können.«

»Aber gibt es da eins?«

»Moment mal, ich glaube, ich hab' da was, was ich mir darüber 'rausfischen kann. Bleiben Sie am Apparat.«

Ich mußte wenigstens zwei Minuten warten, ehe er sich wieder meldete. »Hallo, Trav? Ich muß Ihnen dazu zunächst einmal eine Art Vortrag für Laien halten, wie das menschliche Gehirn arbeitet. In Ihrem Kopf haben Sie ungefähr zehn Milliarden Neuronen. Das sind winzige Zellen, die winzige elektrische Ströme aussenden. Jedes kleine Neuron enthält unter anderem zwanzig Millionen Moleküle von Ribonukleinsäure, kurz RNS genannt. Dieses RNS erzeugt Protein-Moleküle, und fragen Sie mich bitte nicht, wie. Protein-Moleküle sind gewissermaßen die Datenträger dessen, was wir Gedächtnis oder Erinnerung nennen. Sind Sie soweit mitgekommen?«

»Ich hoffe, ja.«

»Bei gewissen Experimenten hat sich nun gezeigt, daß, wenn man Versuchstieren im Laboratorium neue Fähigkeiten beibringt, vom Hirn mehr RNS produziert wird, also mehr Protein-Moleküle erzeugt werden. Ebenso — wenn man Ratten Magnesiumpemolin injiziert, was die Erzeugung von RNS mindestens verdoppelt, bekommt man Ratten, die schneller lernen und sich besser erinnern. Also beschritt man versuchsweise auch den umgekehrten Weg und injizierte Ratten und Mäusen eine Chemikalie, die den Prozeß aufhält oder zumindest verzögert, mit dem das RNS Protein-Moleküle erzeugt. Eine Maus, die vorher gelernt hat, wie sie ihren Weg zum Futterplatz findet, vergißt das prompt, wenn man ihr dieses Zeug injiziert. Und auch sonst alles, was sie gelernt hat.«

»Und wie heißt das Zeug?«

»Es ist ein chemischer Stoff namens Puromycin. In einer bestimmten Universität hat man dieses Puromycin an Goldfische verfüttert, und das wurden dann in der Tat dumme Goldfische. Lernten nichts, begriffen nichts und konnten sich an rein gar nichts erinnern.«

»Was würde passieren, wenn man einem Menschen dieses Puromycin injiziert?«

»Ich kann mich nicht erinnern, daß das mal versucht wurde.

Wenn es ebenso wie bei den Versuchstieren wirkt, löscht man damit bei dem Betreffenden die kurz zurückliegenden Erinnerungen aus, wahrscheinlich für immer. Was mich angeht, so möchte ich lieber, daß mir Magnesiumpomelin injiziert würde, also das genaue Gegenmittel, wenn schon überhaupt etwas dergleichen.«

»Ist dieses Mittel im Handel erhältlich?«

»Jeder Doktor kann es bekommen und ebenso jedes anerkannte Forschungsinstitut. Aber wie um alles in der Welt sind Sie in eine solche Sache hineingekommen?«

»Das weiß ich auch noch nicht.«

»Werden Sie es mir irgendwann mal sagen?«

»Warum nicht, wenn es Sie nicht langweilt.«

Eine Stunde später stand ich, von Buschwerk verborgen, auf einem zum Verkauf ausgeschriebenen Seegrundstück und sah aus der Zufahrt der Pikes einen Stationswagen herausfahren und in Richtung Stadt einbiegen. Die beiden Töchter von Helena, beide blond und hergerichtet für eine Art Party, wie es schien, saßen darin. Biddy hinter dem Lenkrad und Maureen neben ihr. Wenn eine Party im Gange war, dann konnte es sich nur um die Einweihung des neuen Bürohochhauses handeln, das Tom Pike errichtet hatte. Nachdem ich einmal den diesbezüglichen Tip bekommen hatte, hatte auch ich inzwischen noch so allerlei davon gehört. Aber daß Tom und Biddy dazu Maurie mitnahmen?

Ich konnte als ziemlich sicher annehmen, daß Tom Pike sich zu dieser Einweihung bereits in der Stadt befand. Immer in Deckung der Büsche arbeitete ich mich an das Haus der Pikes heran und sah, daß beide Wagen fehlten, auch der von Tom. Moskitos summten mir in den Ohren, und eine Spottdrossel segelte unmittelbar über mich hinweg und fragte mich von dem Ast einer Blautanne aus, welcher berufsunwürdigen Praktiken ich mich da gerade zu befleißigen anschickte.

Ich überquerte den Rasen und die Einfahrt zum hinteren Eingang, klopfte laut und wartete. Nach dem zweiten Klopfen mit ebenfalls negativem Ergebnis versuchte ich die Tür mit einem Dietrich aufzusperren, hatte damit aber kein Glück. Also versuchte ich es als nächstes mit einem Streifen Plastikfolie, die ich mir aus dem Kaufhaus in der Stadt besorgt hatte. Ich schob

sie halb schräg an dem die Tür versperrenden Schnappriegel
vorbei, mußte noch ein wenig kräftiger seitlich nachdrücken,
und da klappte es. Ich steckte den Plastikstreifen in die hintere
Tasche meiner Sporthose und stieg rasch die Treppe zu
Maureens Zimmer hinauf. Ein Hauch von Parfüm und Bade-
seife, der den von Medikamenten aber doch nicht ganz über-
decken konnte, hing in der Luft. Ich kniete mich im Badezimmer auf den Garnteppich und prüfte das Schloß des metallenen
Badezimmerschranks. Es sah ziemlich kompliziert aus, hatte
ein derart merkwürdiges Schlüsselloch, daß man unendlich viel
Geduld und Geschick aufzubringen hatte, um es zu öffnen.

Das übliche Badezimmereinerlei — Jod, Aspirin, Alkohol
zum Einreiben. Ebenso lagen da Injektionsspritzen, und auf
einem Wattestreifen waren gut zwei Dutzend Injektionsnadeln
ausgelegt. Daneben standen ein paar streng rezeptpflichtige
Flaschen der verschiedensten Art. Genau genommen aber nur
drei mit durchstechbaren Gummikappen und außerdem noch
zwei mit unversehrtem Schraubverschluß. Für derart viele
Nadeln, die für eine ganze Krankenstation gereicht hätten, war
das eigentlich ein recht magerer Vorrat an Injektionsflüssigkeit.

Lautlos verhielt ich und lauschte auf irgendwelche Geräusche
im Haus. Die drei Fläschchen mit Injektionsflüssigkeit standen
in der Mitte des Regalbrettchens, und das war es, was mich
sofort stutzen ließ. In den anderen Fächern standen die Sachen
bis an die Rückwand, die großen ganz hinten, die kleinen vorn,
so daß man alles jeweils leicht erreichen konnte.

Ich stand auf, suchte herum und fand auf dem Nachttisch in
Biddys Zimmer eine kleine Taschenlampe. Ich ging wieder ins
Badezimmer, kniete hin und leuchtete in flachem Winkel auf
den halbleeren Regalboden. Eine feine Staubschicht lag dort,
und das verriet mir, daß hinter den drei Fläschchen mit Injektionsflüssigkeit noch vier andere an der Rückwand gestanden
haben mußten, die erst kürzlich entfernt worden sein konnten.

Falls etwas aus dem Badezimmerschrank herausgenommen
worden war, das dazu gedient hatte, Maureen Pike in ihrem
derzeitigen infantilen Zustand zu halten, dann war entweder
die Notwendigkeit weggefallen, sie in diesem Zustand zu halten, oder aber sie würde niemals mehr in dieses Haus zurückkehren.

Zwei Minuten später war ich bei meinem Wagen. Eine fette

Lady, die auf Händen und Knien neben einem Blumenbeet kauerte, richtete sich auf und starrte mich entgeistert an, mit einem offenen Mund, der unter ihrem riesigen mexikanischen Hut zu einem einzigen O vorgewölbt war, als ich an ihr auf dem Kies vorbeifetzte, daß die Kieselchen hinter mir nur so spritzten. Ich winkte ihr im Vorbeiflitzen freundlich zu.

Ich schaffte den Weg in die Stadt hinein in acht Minuten, wobei sich allerdings nicht vermeiden ließ, daß an diversen Kurven ein paar dunkle Flecken von verbranntem Gummi zurückblieben.

Das einzuweihende Hochhaus stand auf Pfeilern, um darunter Platz für parkende Wagen zu bieten. Die Erde um das Gebäude herum war noch aufgewühlt von den Bauarbeiten, und die große Tafel daneben zeigte noch den Bauherrn und all die Firmen an, die an dem Bau in irgendeiner Form beteiligt gewesen waren. Die Bürgersteige waren noch abgesperrt, teilweise aber auch mit Holzüberdachungen gegen herabfallende Baumaterialien gesichert. Als ich noch einen halben Block weit entfernt gewesen war, hatte ich gesehen, daß nur die Fenster des obersten Stockwerks erleuchtet waren. Unter dem Hochhaus waren etwa vierzig Wagen geparkt, die alle in der Nähe des Eingangs und der Treppe standen. Da nirgends hier unten ein Licht brannte, wirkten sie wie eine Ansammlung fossiler Tiere, die sich zum Schlafen zusammengeduckt hatten.

Ich wollte gerade neben ihnen parken, als mir einfiel, daß, wenn ich schnell weg mußte, später kommende Wagen mich einkeilen konnten. Also fuhr ich nach rechts hinüber und parkte dort abseits, den Kühler meines Wagens bereits wieder zur Ausfahrt auf die Straße gerichtet. Ich stieg aus, nahm mein Jackett vom Nebensitz, zog es an, verstaute den Revolver unter dem Vordersitz und schloß den Wagen ab.

Gerade als ich die ersten paar Schritte auf den Eingang und die Treppe dort machen wollte, hörte ich einen leisen Schrei, der wie das unterdrückte Jaulen einer Katze klang. Dem Schrei folgte ein schwerer Schlag, der sich anhörte, als sei ein großer schwerer Sack auf einem Vordach aufgeschlagen. Ich drehte mich um und ging die Einfahrt von der Straße her zum Gehsteig zurück. Dort war der Hochteil des Gebäudes zurückgesetzt worden, so daß die Überdachung des Parkraums in einem Stockwerk Höhe eine Art flache Veranda ergab.

Auf dem Gehsteig waren keine Fußgänger zu sehen. Ich ging hinüber zu dem durch Bretter abgetrennten Teil des Gehsteigs. Ich sprang hoch, ergriff die Kante der Holzabdachung, zog mich auf die rohen Holzplanken hinauf und kletterte von dort auf das Dach, das den darunterliegenden Parkplatz abschirmte.

Dieser Abdachungsteil war etwa fünfzig Fuß tief und hundertfünfzig breit. Verbleichendes Abendrot hing über dem Horizont im Westen, und das schwindende Tageslicht verwischte alles zu Konturen von unterschiedlichem Grau. Ich konnte gerade noch erkennen, daß Balkontüren auf dieses Vordach hinausführten, das später einmal als Großraumbalkon vorgesehen sein mochte, vielleicht für ein Restaurant oder dergleichen.

Offensichtlich waren große Bauteile per Kran auf dieses Vordach heraufgehievt und durch die doppelflügeligen Balkontüren hineingeschafft worden. Das ganze Packmaterial und die darauf hinweisenden Kistenverschläge standen noch überall herum, teilweise war der Abfall an der Hochhauswand aufgetürmt worden.

Auf den toten Körper von Maureen Pike stieß ich, als ich mich der Hochhauswand bis auf zehn Fuß genähert hatte und an ihrem Sockel entlangschaute.

Sie lag ungefähr drei Fuß weit von der Hochhauswand entfernt auf dem Rücken, fast parallel dazu. Sie hatte ein graublaues Kostüm, eine weiße Bluse und einen Krokodillederschuh an. Der andere lag in der Nähe. Das Kostüm hatte ich schon gesehen, als sie mit Biddy an mir im Wagen vorbeigefahren war.

Sie sah irgendwie häßlich aus, obwohl ihr Gesicht unverletzt war. Der Aufschlag hatte in ihr offensichtlich alles zerquetscht, was jetzt nur noch durch die zähe menschliche Haut wie in einem Sack zusammengehalten wurde. Ihr Mund stand weit offen, ihre Augen waren halbgeschlossen.

Sie war auf einem Stück brauner Verpackungsleinwand gelandet, die wie eine braune Decke wirkte. Darunter war eine Wattierung und ein entsprechendes Stück Wachspapier zu erkennen, wie es zum Schutz von regenempfindlichem Baumaterial verwendet wird.

Ich kauerte mich auf die Absätze nieder. Ich berührte ihr Haar, drückte ihr dann die Augen zu. Irgendwie spürte ich diesen ganz unbeschreiblichen spezifischen Hauch vom plötzlichen Tod. Immer noch auf den Absätzen kauernd, hob ich den Kopf und schaute hinauf. Keine Reihe von Köpfen, die von dort oben auf mich herunterstarrten, herunterstarrten in diese Schlucht, an deren Grund gerade ein Mensch den Tod gefunden hatte.

Ich sah zu dem Hochhaus jenseits der Straße hinüber. Es war ein viel älteres Gebäude und nur vier Stockwerke hoch. Alle Fenster waren dort dunkel. Ich ging zu dem Kistenteil hin, der mit einer Ecke auf dem wattierten braunen Verpackungsmaterial stand, auf dem die Tote lag. Ich schob den Kistenverschlag davon herunter. Vorsichtig legte ich die Beine auf die wattierte Plane herüber. Dann hob ich das eine Ende davon an, zog es hoch und wickelte es ganz um die Tote herum. Dann rollte ich sie mit ein paar entschlossenen Griffen ganz darin ein. Zwischen den Kisten fand ich Knäuel von dickem Bindfaden. Ich schnitt mit meinem Taschenmesser drei Längen davon ab und schnürte damit die Tote in ihrer braunen Decke ein, eine Schnur in der Mitte, die andere in Kopfhöhe, und die dritte an den Füßen.

Nachdem ich das geschafft hatte, zog ich mich ein paar Schritte zurück, um in trauriger Genugtuung mein Werk zu überschauen. Gleichzeitig sah ich suchend die untere Hochhauswand entlang und entdeckte sogar etwas Geeigneteres, als ich in der Eile überhaupt zu finden hoffte. Es war eine Art eiserne Ladeluke, die im Quadrat von vielleicht drei Fuß in die Hauswand eingelassen war. Vier dicke, jedoch nur leicht angedrehte Bolzen hielten sie an ihrem Platz. Ich drehte die Bolzen ohne allzu große Schwierigkeiten heraus und nahm die Platte herunter. Der Platz dahinter war etwa zwei Fuß tief und endete an einem Maschengitter aus Stahldraht.

Ich ging zu meinem verschnürten Bündel zurück, schaute an den Fenstern der Hochhauswand und an den Fenstern des gegenüberliegenden Bürohauses entlang, und hob das Bündel dann auf. Es war eine unhandliche, geradezu unwahrscheinlich schwere Last. Ich mußte sie aufstellen, während ich sie gleichzeitig mit beiden Armen umklammerte. Breitbeinig schob ich sie etwa sechzig Fuß auf dem Vordach zu der Verladeluke hinüber. Irgendwie schien sich der tote Leib da drinnen immer wieder dagegen zu sperren. Ich zwang ihn in eine rechtwinklige

Beugung und schob ihn in sitzender Stellung in die Luke hinein.

Da saß sie nun gegen das Stahldrahtmaschengitter gelehnt, ein totes Mädchen in einem braunen Paket. Plötzlich fiel mir ein, daß ich bei dem Schleppen mehrmals die Enden gewechselt hatte und jetzt nicht mehr wußte, wo oben und unten war. Entweder war sie nun in sitzender Stellung oder aber . . .

Diese Vorstellung schüttelte mich geradezu. Hastig schob ich die Metallplatte vor und drehte die Bolzen fest. Erst als ich mich aufrichtete, merkte ich, daß ich in Schweiß gebadet war.

Hastig überquerte ich das große Vordach, vergewisserte mich, daß ich nicht beobachtet wurde und ließ mich dann von der hölzernen Überdachung auf den Gehsteig fallen. Als ich in die Zufahrt zu dem Gebäude einbiegen wollte, hupte mich ein Wagen an. Verspätete Gäste. Ich wich zur Seite aus, ließ die Ankömmlinge erst einmal hineingehen und mit dem Fahrstuhl hinauffahren.

14

Zwölfte Etage. Partyatmosphäre. Tiefe goldgelbe Teppiche. Eine auf volle Kraft gestellte Klimaanlage, die gegen Zigarettenrauch und Körperausdünstung anzukämpfen hatte. Dazu das Murmeln von zwanzig und mehr gleichzeitig geführten Konversationen. Zwei Männer in roten Jacketts arbeiteten unentwegt hinter der improvisierten Bartheke, die man in der Empfangshalle der Development Unlimited aufgebaut hatte. Prüfend griff ich mir an den verschwitzten Kragen und wußte, daß ich in meiner verschmutzten Kleidung einer kritischen Musterung in dieser luxuriösen Umgebung kaum würde standhalten können.

Die Gäste setzten sich offensichtlich aus den erfolgreichen Geschäftsleuten von Fort Courtney zusammen. Vierziger, Fünfziger und ein paar Sechziger waren darunter. Alle strahlten behagliche Gelassenheit aus.

Es war leicht, die Angestellten der Development Unlimited unter ihnen herauszufinden. Sie waren jünger und gaben sich verkrampfte Mühe, emsig und zuvorkommend zu wirken. Als Tarnung nahm ich ein Glas von der Bartheke und hielt es mir halb vor mein verschwitztes Gesicht. In dieser Haltung ging ich die Reihe der Büros mit schwatzenden Menschen entlang, bis ich zu einem letzten großen Raum kam, dem man bereits ansah, daß er mit all seinen Schreibtischen, Maschinen, Apparaten und Telefonkabeln später als Großraumbüro dienen würde.

Ich sah Biddy in einer kleinen Gruppe, eifrig in ein Gespräch verwickelt. Ich bog um andere Gruppen herum und gelangte endlich in ihre Nähe. Sie trug ein türkisfarbenes tailliertes Kostüm mit kurzem Rock.

Als sie mich entdeckte, lächelte sie erfreut und stellte mich Jack und Helen Soundso und Tom und Ellen Sonstwie vor. Ich zog mich gleich wieder zurück und gab ihr mit dem Kopf einen leisen Wink. Sie klappte mit den Lidern und kam zu mir herüber. Mit soviel Gelassenheit, wie ich in meine Stimme hineinlegen konnte, sagte ich: »Nun, wie läßt sich die Sache an?«

»Einfach großartig. Tom ist ja so zufrieden. Finden Sie nicht auch, daß die Dekorateure Meisterarbeit geleistet haben?«

»Wirklich sehr nett.«

»Und Maurie ist heute ein so braves Mädchen. Sie scheint zu verstehen, wie wichtig dies alles für Tom ist. Sie ist eine vorzügliche Gastgeberin.«

Sie reckte sich auf die Zehenspitzen, anscheinend um nach Maurie Ausschau zu halten.

»Das Kleid, das sie anhat, steht ihr ausgezeichnet«, sagte ich so beherrscht wie möglich.

Überrascht sah sie mich an. »Oh, Sie haben sie bereits gesehen?«

»Ja, unten im ersten Stock.«

»Wann war das?«

»Vielleicht vor fünf Minuten. Sie stieg gerade aus dem Fahrstuhl, als ich hereinkam.«

Sie krampfte die Finger um mein Handgelenk. »War sie allein?«

»Ja.«

»Mein Gott, Travis, warum haben Sie sie nicht aufgehalten und zurückgebracht?«

»Hören Sie, Biddy, sie wirkte durchaus normal. Sie sagte mir, ich solle nur zu der Party hinauffahren. Sie müßte nur schnell etwas aus ihrem Wagen holen und käme gleich wieder zurück. Hätte ich sie einfach packen und schreiend und strampelnd wieder heraufschleppen sollen?«

»Oh, sie ist ja so schlau, so verdammt gerissen! Und gerade wo alles so gut zu gehen schien. Tom war sich zuerst nicht sicher, ob er sie mitnehmen sollte. Aber sie schien wirklich — normaler, natürlicher zu sein als sonst. Entschuldigen Sie mich. Ich muß Tom suchen. Ich dachte, sie wäre immer noch bei ihm.« Sie zog einen schiefen Mund. »Und er denkt natürlich, sie ist bei mir. Er wird sich maßlos ärgern. Alles wird ihm dadurch verpatzt.«

Nachdem sie davongeeilt war, ging ich in eines der Zimmer hinein, die im Augenblick gerade leerstanden, machte das Fenster auf und schaute hinaus. Aus diesem Fenster war sie nicht hinausgestürzt. Es war dreißig Fuß zu weit rechts. Ich ging auf den Flur zurück und sah, daß sie aus dem Fenster eines Zimmers gefallen sein mußte, dessen Tür im Augenblick verschlossen war. Alle anderen Türen standen offen zur Inspektion durch die Gäste.

Eine kleine Rothaarige kam herangetrottet, blieb stehen und sah überrascht zu mir auf. Sie war ganz in Grün, hatte ein Viertelpfund Diamanten um den Hals und lächelte wie ein Martini-Reklamemädchen. »He, hallo, Fremder! Sind Sie einer von seinen neuen Ingenieuren? Junge, Junge, sind Sie aber ein Haus von einem Mann. Ich hier unten bin Joanie Mace.«

»Hallo, Joanie Mace. Ich bin keiner von den neuen Ingenieuren. Ich bin ein blinder Passagier.«

»Und zudem am Verdursten, wie ich sehe. Warten Sie, ich hole Ihnen ein volles Glas. Rühren Sie sich nicht vom Fleck. Ich bin hier so was Ähnliches wie eine Schenkkellnerin.«

Sie trottete davon. Mein Teil des Korridors war leer, doch um die Gangecke hörte ich Schritte und Unterhaltung näherkommen. Ich öffnete die Tür und trat in ein dunkles kleines Büro. Während ich hinter mir die Tür zuzog, sah ich, daß es eine Art Vorratsraum war, mit allen möglichen Büromaterialien darin. Ich tastete mich zum Fenster hinüber, wo ich feststellte, daß der mittlere Teil ein Festfenster war, während die beiden schmalen Flügel links und rechts sich nach innen öffnen ließen. Der linke Flügel stand offen. Ich beugte mich hinaus und schaute hinunter. Dies war das richtige Fenster. Ich faßte den Riegel und verschloß das Fenster von innen. Als ich einen Schritt zurückging, trat ich auf etwas Weiches. Es war ein Abendhandtäschchen. Rasch hob ich es auf und schob es mir vorn ins Hemd.

Vorsichtig öffnete ich die Tür zum Gang. Eine schwatzende Gruppe kam näher. Nachdem sie vorbei war, wagte ich es und trat hinaus. Zum Glück war niemand in der Nähe. Nachdem ich ein paar Sekunden an der Wand gelehnt hatte, kam Joanie Mace mit meinem Glas herangetrippelt, sichtlich stolz, daß sie mich so gut versorgte. Es war ein widerlich süßes Gesöff. Mrs. Mace war auch süß, aber nicht widerlich. Sie lud mich für den nächsten Sonntagabend zu einer Party an ihrem Swimmingpool ein.

Plaudernd kehrten wir in den großen Hauptraum zurück. Sofort kam Biddy herüber und zog mich ein wenig zur Seite. Sie sah trotzig und verärgert aus.

»Trav, ich hab' Tom noch nichts gesagt und hab' auch nicht die Absicht, das zu tun. Früher oder später wird er schon merken, daß sie fehlt, und das ist dann immer noch früh genug. Ich laß es einfach nicht zu, daß meine Schwester ihm seine ganze Party verdirbt. Sie hat schon genug anderes kaputtgemacht. Würden Sie mir einen ganz großen Gefallen tun?«

»Aber gewiß.«

»Fahren Sie hinunter und suchen Sie auf diesem Straßenstück jede Bar nach ihr ab. Wenn Sie sie finden und sie ist noch nicht in allzu schlechter Verfassung, bringen Sie sie bitte sofort zurück. Wenn sie aber schon zuviel getrunken hat, bleiben Sie bei ihr und setzen sie sie in unseren Stationswagen. Die Zulassungsnummer ist . . .«

»Ich kenne den Wagen.«

»Ich danke Ihnen schon jetzt dafür, Trav. Immer müssen Sie der Pearson-Familie die unmöglichsten Gefallen erweisen. Und lassen Sie Tom hinterher bitte nicht merken, daß ich schon die ganze Zeit gewußt habe, daß sie verschwunden ist. Er würde mich umbringen dafür, daß ich's ihm nicht gleich gesagt habe. Und nochmals — vielen, vielen Dank für alles.«

Ich bahnte mir durch die Gäste einen Weg zum Fahrstuhl. Ich mußte unbedingt Stranger finden.

Ich bekam Stranger erst um Viertel nach neun zu fassen. Ich

erklärte ihm, daß es eine Menge Zeit und hinterher viele Fragen sparen würde, wenn wir das, was ich ihm zu sagen hätte, von Anfang an auf Tonband aufnehmen könnten.

»Sie sehen komisch aus«, sagte er. »Richtig gespenstisch. Was hat's gegeben?«

»Später — wenn das Tonband läuft.«

»Schon gut, schon gut.«

Er schickte Nudenbarger mit dem Polizeikreuzer auf Einmannpatrouille. Wir fuhren in meinem Wagen zum Headquartiers hinüber. Stranger ging hinein und kam alsbald mit einem arg ramponierten Tonbandgerät heraus, das einen Stecker für die Buchse im Armaturenbrett hatte. Auf der Route 30 fand ich ein Drive-In-Restaurant und parkte den Wagen in der hintersten Ecke mit dem Heck gegen den Zaun. Stranger überprüfte inzwischen das Tonbandgerät. Es rauschte stark, ließ sich aber noch verwenden.

Er ließ das Band zurücklaufen, ging dann auf Aufnahme und nannte sich selbst mit Namen, Dienstrang und Dienststelle, fügte Ort und Zeit hinzu und sagte dann, daß er jetzt eine freiwillige Erklärung von einem Travis McGee aufnähme, die sich — in welcher Weise wäre noch nicht bekannt — auf den Mord an Penny Woertz beziehe, mit der besagter McGee bekannt gewesen wäre. Dann seufzte er und reichte mir das Mikrophon.

Kaum hatte ich begonnen, fuhr er herum, und die Augen schienen ihm aus dem Kopf zu quellen. Als ich dann weiter berichtete, wollte er mich so dringend unterbrechen, daß er sich in Faxen flüchtete, um mir sein Anliegen klarzumachen. An einem Punkt beugte er sich vor, hielt sich die Hände vor die Augen und stöhnte und knirschte mit den Zähnen. Nachdem ich zu Ende berichtet hatte, hielt ich ihm das Mikrophon hin und fragte: »Soll ich das Gerät für die Fragen, die Sie jetzt wahrscheinlich haben, eingeschaltet lassen?«

»Nein, nein, noch nicht. Um Gottes willen — was habe ich mir mit Ihnen nur aufgehalst? Sie mieser, Sie elendster aller Bastarde! Warum hatte ich Narr nicht soviel Verstand, daß ich Sie nicht gleich hinter Gitter setzte? Um allein die Beschuldigungen zu tippen, brauche ich die halbe Nacht. Und Sie haben die Stirn, von mir zu verlangen, ich solle mich mitten in der Nacht zu dem Hochhaus schleichen, die tote Puppe aus dem

Loch holen, in das Sie sie gesteckt haben, und solle hinterher so tun, als hätte ich sie irgendwo im Straßengraben gefunden. Und dann soll ich sie noch nicht mal identifizieren, sondern sie als angebliche Jane Unbekannt im Schauhaus auf Eis legen lassen. Nein, verdammt, McGee — da mach ich nicht mit!« Es klang wie ein Schrei an der Klagemauer von Jerusalem.

»Warum stellen Sie mir nicht lieber erst ein paar Fragen? Vielleicht beruhigt das Ihre Nerven, Stranger. Sie haben ja noch die ganze Nacht Zeit, sie aus ihrem Versteck zu holen.«

Er nickte müde und schaltete das Mikrophon ein.

»Sind Sie absolut sicher, daß sie tot war?«

»Sie ist aus über hundertzwanzig Fuß Höhe auf Beton gestürzt.«

»Also gut. Sind Sie sich dessen bewußt, daß Sie die Klinken an der Tür des Bürozimmers angefaßt, am Fenster herumgefummelt und das Abendhandtäschchen aufgehoben haben — und daß Sie dadurch Beweismaterial beiseite geschafft oder vernichtet haben, sofern ein solches vorhanden war?«

»Der ist so schlau, daß er nichts Brauchbares zurückgelassen haben würde — egal, ob sie nun gesprungen ist oder geschoben wurde.«

»Aber was, um alles in der Welt, wollen Sie mit Ihrem Vorhaben erreichen?«

Ich nahm das Mikrophon aus der Hand und schaltete es aus. »Al, Sie wollen also nicht mitmachen?«

»Das kann ich nicht. Es ist so eine verrückte Idee . . .«

»Wer hat Entscheidungsgewalt genug, um zu veranlassen, daß es wenigstens versucht wird?«

»Der alte Sam Teppler etwa, mein Chef? Der fällt mir auf der Stelle in Ohnmacht, wenn ich ihm auch nur den Vorschlag mache.«

»Und wie ist es mit dem Staatsanwalt, mit diesem Ben Gaffner: Besteht eine Hoffnung, daß er da mitmacht?«

Al Stranger stieg aus dem Wagen und knallte die Tür zu. Langsam ging er um den Wagen herum. Er zog sich die Hose hoch und kratzte sich im Nacken. Dann trat er an das Wagenfenster heran und streckte den Kopf herein. »Gaffner ist jetzt in seiner vierten Amtsperiode. Er wird verdammt respektiert. Er nagelt seine Früchtchen stets ganz besonders fest, schon jeweils vor den Verhandlungen. Alles, was ich zu Ihrer Frage sagen kann, ist: vielleicht. Sie werden ihm dazu aber alles sagen, von Anfang an. Er ist hartnäckig und zäh und vor allem geradeaus in seinem Denken, und das gefällt ihm auch an sich selbst am meisten. Bei dem Gedanken, daß er mich fragen wird, warum ich Sie nicht schon längst hinter Schloß und Riegel habe, wird mir schon jetzt ganz zweierlei.«

»Versuchen können Sie's doch wenigstens mal.«

Er ging zu einer Telefonzelle, die auf der anderen Straßenseite neben der Einfahrt zu einer Tankstelle stand. Ich konnte ihn in der erleuchteten Zelle sehen, wie er längere Zeit sprach. Ob er etwas erreicht hatte, ließ sich seinem Gesicht jedoch nicht entnehmen, als er wieder herüberkam.

Er stieg neben mir ein und zog die Wagentür hinter sich zu. »Er ist im Augenblick in Lime County. In zehn Minuten wird er dort abfahren, sagt er, und zwei seiner Leute mitbringen. Sie werden mächtig auf die Tube drücken. Ich soll für sie einen der kleinen Verhandlungsräume im Gerichtsgebäude aufschließen lassen. Dort sollen wir uns mit ihnen treffen.«

Ben Gaffner saß in der Mitte des langen Tisches. Ich saß ihm gegenüber, Stranger links neben mir. Seine beiden Männer saßen rechts und links von ihm. Der Bursche namens Rico war sein Chefermittler. Der rundliche Rothaarige namens Lozier war der junge Anwalt, der ihn bei seinen Fällen juristisch beriet.

Gaffner war ein ordnungsliebender Mann. Vor sich hatte er in zweckmäßiger Anordnung einen Stapel gelber Amtsbogen, vier gespitzte Bleistifte, Aschenbecher, Feuerzeug und Zigaretten arrangiert. Rico hatte ein Tonbandgerät mitgebracht, ein Sony 800. Er schloß es an, fädelte ein Magnetband ein, machte eine Sprechprobe, stellte das Mikrophon auf ein Buch in der Mitte des Tisches, machte eine zweite Sprechprobe, korrigierte ein wenig die Lautstärke und nickte Gaffner zu.

Erst in diesem Augenblick sah Gaffner mir in die Augen. Er hatte ein Mondgesicht, und seine durchaus nicht harten Gesichtszüge schienen irgendwie alle in der Mitte dieses Mondes zusammengedrängt zu sein. Sein Haar war kurz geschnitten, sah aber wie graue Stahlwolle aus. Seine Augen waren von einem merkwürdigen Blau, und er konnte sie auf einen gerichtet halten, ohne zu blinzeln oder einen Ausdruck darin zu verraten. Für einen Staatsanwalt war dies ein höchst zweckmäßiger Blick.

»Ihr Name.« Ohne irgendeinen Ausdruck. Ohne eine Spur von Akzent, die verraten hätte, wo er herstammte. Also sagte ich Namen, Alter, Adresse, Beruf, Familienstand und derzeitigen Aufenthaltsort.

»Wie ich es verstanden habe, werden Sie eine freiwillige Aussage machen, Mr. McGee. Dazu muß ich Sie nach den gesetzlichen Vorschriften darauf aufmerksam machen ...«

»Ich bin mir meiner Rechte, Aussagen, die mich selbst belasten könnten, zu verweigern, voll bewußt, ebenso der Tatsache, daß auf mein Verlangen ein Anwalt hinzugezogen werden müßte und so weiter und so fort, Mr. Gaffner. Ich verzichte ausdrücklich auf alle diese Rechte, ohne in irgendeiner Weise von Ihnen dazu gezwungen oder veranlaßt worden zu sein.«

»Nun gut. Wollen Sie mir jetzt mit Ihren eigenen Worten sagen, mit welchen Handlungen oder Wahrnehmungen Sie mit dem vermuteten Verbrechen in Verbindung ...«

»So werden wir es lieber nicht machen, Mr. Gaffner.«

»Wir werden es auf meine Art machen.«

»Dann sind Sie völlig umsonst hierher gefahren. Al, bringen Sie mich hinter Schloß und Riegel.«

Gaffner hielt seine ausdruckslosen blauen Augen so lange auf mich gerichtet, daß man bequem bis zehn hätte zählen können. »Auf welche Art sollen wir es denn Ihrer Meinung nach tun?«

»Ich möchte weit ausholen, fünf Jahre, und sagen, wie ich damals Helena Pearson-Trescott und ihre Töchter kennenlernte. Ich werde Ihre Zeit nicht mit irgend etwas verschwenden, was mit dem Fall nicht zusammenhängt und was Sie nicht vor Gericht gebrauchen können. Hinterher kommen dann allerdings ein paar Schlußfolgerungen, die reine Kombination sind.«

»An Ihren Kombinationen bin ich nicht interessiert.«

»Und ich bin nicht interessiert, ob meine Kombinationen Sie interessieren. Ich werde sie Ihnen zusammen mit den Tatsachen mitteilen, die ich zu berichten habe. Ohne diese Kombinationen hängt der Fall sonst nicht organisch zusammen. Sie werden sie sich zwangsläufig mit anhören müssen, Mr. Gaffner. Vielleicht führen sie Sie zu eigenen Schlußfolgerungen.«

Nach einem weiteren längeren Starren mit den unbewegten blauen Augen sagte er: »Also, dann sprechen Sie. Versuchen Sie, streng beim Thema zu bleiben. Wenn ich die Hand hebe, halten Sie bitte an, weil ich mir dann nämlich etwas hier auf dem Block notieren will. Wenn ich damit fertig bin, fahren Sie von sich aus fort, möglichst genau dort, wo Sie aufgehört haben. Ist das jetzt alles klar?«

»Vollkommen.«

Ich brauchte lange, anderthalb Stunden, und wir benötigten dazu beide Seiten des Tonbandes. Gaffner schrieb auf seinem Block mehrere Seiten voll.

»Und das bringt mich zu dem Punkt«, schloß ich, »wo ich in das Haus der Pikes eingestiegen bin. Meine Aussage dazu befindet sich bereits auf Al Strangers Tonband. Ich schlage vor, wir lassen das jetzt ablaufen.«

Das taten wir denn auch. Ich war froh, diese Pause zu bekommen. Meine Kehle war vom Sprechen schon ganz heiser.

Einer aus der Gruppe fehlte, merkte ich. Als ich von Helenas Brief und von dem Scheck über 25 000 Dollar gesprochen hatte, den Hardahee mir zugesandt hatte, und wie er zunächst entgegenkommend und später völlig abweisend gewesen war, hatte Gaffner Mr. Lozier fortgeschickt. Er sollte Hardahee herbringen, jedoch mit keinem Wort sagen, worum es sich handelte.

Lozier kam jedoch allein wieder zurück und setzte sich schweigend hin und hörte dem Tonband von Stranger zu, das immer noch ablief.

Gaffner schaltete es ab, wandte sich zu Lozier um und sagte: »Nun, was ist?«

»Sir, da ist mir was ganz Verrücktes passiert . . .«

»Ich will wissen, was mit Hardahee ist.«

»Sir, ich hab' ihm nicht mit einem Wort gesagt, worum es sich handelt. Er kam auch freiwillig mit. Aber auf halbem Weg hierher fing er plötzlich an zu weinen. Ich fuhr sofort an den Straßenrand und hielt an, und als er endlich wieder sprechen konnte, sagte er, daß er Broon versprochen hätte, mitzumachen, und Broon hätte ihm dafür versprochen, ihn nicht anzuzeigen.«

»Wegen was?«

Der junge Anwalt sah höchst verlegen drein. »Offensichtlich, Sir, hat Mr. Hardahee ein — homosexuelles Verhältnis mit seinem Doppelpartner beim Tennis gehabt, und Dave Broon hat die beiden in der Hütte belauscht, wo sie seit einem Jahr immer zusammentrafen.«

»In welcher Form sollte er mitmachen?«

»Broon wollte den Inhalt des Briefes wissen, den Mrs. Trescott an Mr. McGee geschrieben hatte. Hardahee konnte Broon jedoch überzeugen, daß er ihn selber niemals zu Gesicht bekommen hätte. Aber er erzählte Broon von dem Scheck an Mr. McGee. Broon forderte ihn daraufhin auf, Mr. McGee weder durch Ratschläge noch durch Auskünfte zu unterstützen. Broon erklärte ihm, er würde als Gegenleistung von Mr. Pike zu gegebener Zeit über eine günstige Investierungsmöglichkeit hören, und er sollte dann sofort sein Geld da hineinstecken, ehe die Gelegenheit verpaßt wäre.«

»Wo ist Hardahee jetzt?« fragte Gaffner leise.

»Er sitzt draußen in meinem Wagen, Sir.«

»Dann gehen Sie hinunter, Larry, und bringen Sie den armen Hundesohn nach Hause. Richten Sie ihm aus, wir würden in Kürze ein nettes kleines Gespräch miteinander führen. Und dann sagen Sie ihm noch, daß die Sache, nachdem keine Anzeige erstattet worden ist, von mir nicht weiter verfolgt werden wird.«

Nachdem Lozier gegangen war, wandte sich Gaffner an Stranger. »Würde es zuviel verlangt sein, Sie zu bitten, hinzufahren und Broon herzuholen, Lieutenant?«

»Ich schwöre bei Gott, ich jage jetzt schon den ganzen Tag hinter dem Burschen her, an allen möglichen und unmöglichen Stellen, an denen er sein könnte, aber er scheint einfach verschwunden zu sein.«

Gaffner ließ mir sein blickloses Starren zuteil werden. »Haben Sie den Eindruck, Mr. McGee, daß Mr. Pike unter dem allseitigen Druck schließlich zusammenbrechen und mit einem umfassenden Geständnis herausplatzen wird?«

»Nein, Sir. Ich bezweifle, daß er überhaupt irgend etwas gestehen wird. Und ich glaube auch nicht, daß er sich irgendwie schuldig fühlt oder gar Gewissensbisse hat. Aber sehen Sie, wenn Maureen plötzlich verschwunden ist, gibt es andererseits auch keinen Todesbeweis. Beide Schwestern haben, wie ich jetzt feststellen konnte, je siebenhunderttausend Dollar von ihrer Mutter geerbt, die aber in einem amtlich verwalteten

Trust festliegen, so daß sie an das Kapital nicht herankommen, sondern nur die Zinsen und sonstigen Erträge daraus haben. Solange Maureen nicht für tot erklärt ist, kann Pike sie nicht beerben. Und er kann auch nicht ihre Schwester Bridgit heiraten. Nach meinen Ermittlungen sitzt er dann hoffnungslos fest in der finanziellen Klemme und wird von sich aus handeln müssen. Sir ...« Ich wunderte mich selber, daß ich mich zu dieser Anrede durchgerungen hatte, denn so leichthin pflege ich niemand so anzureden.

»Sind Sie nicht auch der Ansicht, Mr. McGee, daß Mr. Pike als immerhin doch recht intelligenter Mann ein paar höchst dumme Verbrechen begangen hat?«

»Im Augenblick, aus der zeitlichen Distanz heraus, mögen diese Verbrechen dumm wirken, ebenso die Gründe, warum er sie begangen hat. In Wirklichkeit jedoch sind die Verbrechen durch ihre Komplexität keineswegs so dumm gewesen. Bedenken Sie, Mr. Gaffner, was geschehen wäre, wenn ich nicht zufällig in die Sache hineingeplatzt wäre und dadurch als eine Art Katalysator wirkte. Plötzlich verließ ihn sein sprichwörtliches Glück, und alles begann sich gegen ihn zu wenden. Und das größte Pech hatte er in dem Augenblick, als ich mich entschloß, nicht unmittelbar neben dem Eingang des neuen Hauses zu parken, sondern ganz vorn an der Ausfahrt. Überlegen Sie einmal, was gewesen wäre, wenn ich Maureen Pike nicht sofort gefunden hätte?«

»Er weiß ja auch nicht, daß Sie sie gefunden haben.«

»Und deshalb handelt er weiter gemäß seinem ursprünglichen Plan. Sie ist wieder mal weggerannt. Große Suche. Am Morgen finden die Bauarbeiter sie, und dann paßt alles ganz genau zusammen — ihre angebliche Selbstmordneigung, ihr ganzer Zustand ...«

Gaffner schob ein wenig seinen Stuhl zurück und sagte: »Überlegen wir einmal, was wir im Augenblick haben. Nehmen wir mal an, es gelingt uns, Broon zum Reden zu bringen und ihn zum Kronzeugen der Anklage zu machen. Wenn er das bestätigt, was Sie glauben, daß er bestätigen kann, Mr. McGee, dann würde mir das eventuell genügen, um das Risiko einer Anklage von Pike einzugehen. Aber Pike ist zweifellos in der Lage, Staranwälte für seine Verteidigung aufzubieten. Und die Geschworenen werden dann entweder Broon oder ihm glauben müssen. Und dabei ist der ganze Fall gegen ihn sowieso nur auf Indizien gegründet. Außerdem versteht Pike es offenbar, anderen ein Loch in den Bauch zu reden. Ich selbst sitze dann da mit einer Story, die viel zu phantastisch klingt, um überzeugen zu können, und mit medizinischen Gutachtern, denen seine medizinischen Gutachter schärfstens widersprechen. Ein langes, langes Verfahren, für das viel, viel Steuergeld nutzlos ausgegeben wird, denn die Chancen einer Verurteilung stehen dabei, möchte ich sagen, vielleicht eins zu vier.«

»So ungefähr«, sagte Stranger unglücklich.

»Und was soll werden, wenn wir Broon nicht dazu bringen, zu reden. Oder wenn er für immer verschwunden ist?« Gaffner blickte auf seine Uhr. »Drei Uhr fünfzehn. Am besten besorgen Sie einen Lieferwagen, Stranger. Wir müssen sichergehen, daß Pike nichts merkt. Im ersten Morgengrauen holen sie die Leiche heraus. Fahren Sie sie hinüber nach Lime County. Ist die alte Phosphatgrube auf der Hurley Ranch zur Zeit trocken?«

»Seitdem sie dort den Highway gebaut haben, läuft das Wasser immer sofort wieder ab.«

»Also am Nordrand, wo die Grube ganz steil abfällt. Und holen Sie die alte fette Matrone mit den grauen Haaren hinzu.«

»Mrs. Anderson?«

»Die kann wenigstens den Mund halten. Die Kleider sollen der Leiche ausgezogen werden. Dann kommen Etiketten dran, mit ihren Initialen abgezeichnet. Ich nehme die Sachen in meinen Panzerschrank. Und, Rico, ziehen Sie der Leiche was ganz Billiges und Abgetragenes an. Legen Sie sie an den Fuß des Grubenhangs, und sorgen Sie dafür, daß sie bald von irgend jemand gefunden wird. Sagen Sie Hessling, daß Kinder dort oben auf dem Hang herumtollen würden. Sie hätten eine diesbezügliche Warnung oder Beschwerde bekommen. Nachher kann ich mich über normale Kanäle in die Sache einschalten und auf einer Autopsie bestehen, bei der Doc Rause besonders genau die Hirnmasse untersuchen und analytische Tests machen soll.«

Mit einer langsamen Kopfdrehung wandte er sich wieder zu mir herum. »Das Ganze ist eigentlich gar kein so verdammt hohes Risiko mehr, falls wir damit doch nicht durchkommen, denn herumgewandert ist sie ja sowieso immer, und wo genau sie heruntergefallen ist, spielt keine so große Rolle mehr.«

Stranger meinte: »Wird Pike nicht sichergehen und feststellen wollen, ob sie auch als vermißt geführt wird? Hoffentlich kommt er dann, wenn wir die Beschreibung zu ähnlich machen, nicht angerannt und will sie identifizieren.«

»Es wäre tatsächlich besser, wir identifizieren sie erst mal versehentlich als jemand anderes.«

»Die kleine Streunerin«, sagte der Chefermittler, »die wir vor vier, fünf Monaten gegen Kaution auf freien Fuß gesetzt haben, und die uns dann durchgebrannt ist? Die würde sich doch gut als Ersatz eignen, nicht? Wenn die Fingerabdrücke nicht stimmen, dann ist eben eine Verwechslung in der Kartei vorgekommen.«

»Das wäre schon was«, meinte Gaffner. Lozier war inzwischen zurückgekommen. Er sagte, daß Hardahee sich jetzt zusammengenommen hätte. Gaffner meinte, sie würden sich erst später entscheiden, ob sie von ihm eine eidesstattliche Erklärung haben wollten.

Dann drehte Gaffner seinen Kopf mit dem Mondgesicht in die Runde, starrte jeden der Reihe nach an und sagte schließlich: »Und jetzt hören Sie mir alle noch einmal genau zu. Wir stellen hier ziemlich merkwürdige Dinge an. Es versteht sich am Rande, daß jeder den Mund zu halten hat. Ich nehme McGee seine Story nicht in allen Punkten ab, aber doch immerhin in so vielen, daß es mir lohnend erscheint, die Sache zu wagen. Und vergessen wir vor allem nicht, daß unser Kunde sehr nervös und damit auch gefährlich werden wird, auch wenn ein Typ wie er sich das nicht so anmerken läßt. Er wird vermutlich den besorgten Ehemann der verschwundenen Frau spielen. Also aufgepaßt bei der kleinsten seiner Aktionen. Stranger, Sie und Rico machen sich jetzt auf den Weg zum Hochhaus. Nachdem Sie die Leiche in den Lieferwagen geladen haben und Rico damit weggefahren ist, Stranger, ist es Ihre Aufgabe, Broon zu finden. Lozier, warten Sie einen Augenblick im Flur, ich will mit McGee noch ein Wort unter vier Augen reden.«

Der Tisch war bereits von sämtlichen Utensilien geräumt. Nur die überfüllten Aschenbecher waren übriggeblieben. Gaffner sah so frisch und munter aus, als habe die Sitzung gerade erst begonnen.

Er stand beinahe reglos und starrte mir in die Augen. »Sie

selbst sind selbstverständlich der Köder. Wenn die Tote nicht gefunden wird, wird Miß Pearson Sie bezichtigen, an allem schuld zu sein. Und so wird sie ihrem Schwager gestehen, sie habe gewußt, daß Maureen allein gewesen sei, und sie habe sich nur nicht getraut, es ihm zu sagen. Ebenso wird sie ihm sagen, daß Sie Maureen weggehen gesehen hätten. Dann sind Sie der Schlüssel zu allem anderen. Ohne Leiche steht die Sache für Pike sehr schlecht.«

»Also wird er mit mir reden müssen.«

»Außerdem wird er immer noch wissen wollen, was in dem Brief gestanden hat, den Mrs. Trescott Ihnen geschrieben hat.«

»Und was machen wir, wenn er die Sache zunächst auf sich beruhen läßt; wenn er finanziell im Moment doch nicht so sehr im Druck ist?«

»Sobald am Montag die Büros wieder offen sind, werde ich mit ein paar einflußreichen Geschäftsleuten ein paar streng-vertrauliche Telefongespräche führen. Ich kann ihnen vielleicht einreden, daß Pike in Kürze in einen Steuerskandal verwickelt werden könnte. Sie werden dann ihr Kapital schleunigst zurückziehen wollen. Und somit setzen wir ihn dann eben gewissermaßen künstlich unter finanziellen Druck.«

»Und wie soll ich die Sache nach Ihrer Meinung handhaben?«

»Am besten wäre es, wenn es Ihnen gelänge, ihm die Leiche seiner Frau für hunderttausend Dollar oder so zu verkaufen.«

15

Ich schlief ungestört bis in den Mittag hinein. Ich hatte die Türkette vorgehängt. Draußen am Türknauf hing das Schild *Bitte nicht stören.*

Als ich erwachte, fiel mir ein, wie ich eine Stunde vor Sonnenaufgang mit Gaffner an dem neuen Hochhaus vorbeigefahren war.

Ich fuhr dort vorbei in dem Wissen, daß Maureen immer noch dort oben lag, hinter jener Metallplatte, gut eingewickelt und fest verschnürt, noch in den ersten Stunden ihrer endlosen Reise in die Ewigkeit.

Helena, ich habe es versucht, ich habe alles versucht, aber ich habe es leider nicht mehr geschafft. Alles entwickelte sich viel zu schnell. Der liebe, liebe Tom lockte sie unter irgendeinem Vorwand in das kleine Bürozimmer hinter die aufgestapelten Kisten und Kästen, küßte sie wahrscheinlich in zärtlichem Abschied auf die Stirn, öffnete das Fenster, soweit es sich nur öffnen ließ, und sagte, sie solle da mal hinunterschauen und sehen, wo schon bald auf dem Vordach das neue Restaurant sein würde. Interessiert hatte sie ihre Schultern durch das schmale Seitenfenster gezwängt. Dann hatte sie sich von einer — seiner — gewaltsamen Hand gepackt gefühlt, hatte, um einen Halt zu finden, ihr Abendhandtäschchen fallenlassen, hatte in die leere Luft gegriffen und einen leisen, verzagten Schrei ausgestoßen, wie der klagende Schrei einer Katze. Und war gefallen, gefallen . . .

Ich war inzwischen beim Rasieren und schauderte ein wenig zusammen. Ich fühlte mich lustlos und schlaff, hatte das Gefühl, daß alles bereits vorbei war. Ein merkwürdig hohles Gefühl. Jener wilde Haß, den Tod der kleinen Arztschwester zu rächen, war bereits verflogen.

Mir war, als sähe ich durch Tom Pikes Charakter hindurch wie durch einen Bergkristall. Sein Herz war leer wie eine Papiertüte. In all seinem Handeln war er nichts weiter als ein nackter Ehrgeizling, bereit, für seine egomanischen Ziele über jede Zahl von Leichen zu gehen.

Gerade als ich nach dem Telefonhörer langen wollte, kam ein Klopfen von der Tür. Stranger. Ich ließ ihn ein. Er wirkte seltsam, als ob er in einer Art Trunkenheit auf Wolken zu schweben schien. Dennoch stand er mit beiden Beinen fest auf der Erde. Er lachte schwach und beobachtete jede meiner Bewegungen.

Er setzte sich hin und sah auf seine Uhr. »Wir haben noch ein bißchen Zeit.«

»So? Wie nett!«

»Als ich bei Tom Pike ein Abhörmikrophon pflanzte, hab' ich es nicht so töricht angestellt wie bei Ihnen. Wodurch kamen Sie dahinter? Durch die Papierkugel auf dem Boden?«

»Lieutenant, ich bin von Ihnen zutiefst enttäuscht. Sie bringen Abhörmikrophone an? Sie, ein Mann des Gesetzes? Schande über Sie!«

»Was sollte ich denn anderes machen? Ich habe mir um Sie

endlose Gedanken gemacht, was Sie eigentlich vorhaben könnten. Ob Sie vielleicht nur einfach versuchten, all das Kriminelle, das hier geschah, nur noch weiter zu vernebeln. Daß Tom Pike Sie vielleicht hergeholt hatte. Wurden Sie durch das Papier auf dem Boden stutzig?«

Ich sagte, daß es so gewesen sei und wie der Trick funktionierte. Und dann fragte ich: »Warum haben Sie mir das nicht gestern abend schon gesagt?«

»Ich wollte Ihre Begeisterung, die Geschichte an Gaffner zu verkaufen, nicht beeinträchtigen. Und ob Sie dem die Sache verkauft haben!«

»Das war aber ein ziemlich teures Stück Elektronik, das Sie da bei mir deponiert hatten, Al. Staatseigentum?«

»Nein, persönliches Eigentum. Ich installierte es ja nicht gerade bei einem Wildfremden, wußte also, daß ich es zurückbekommen würde. Sie werden vielleicht gedacht haben, daß es ebensogut auch Broon gewesen sein konnte. Aber der war es nicht. Das letztemal wurde er am Montag gegen Mittag gesehen. Er ging zur Courtney Bank und räumte dort sein Schließfach aus. Das gab mir sofort das ungute Gefühl, ihn nie mehr wiederzusehen. Deshalb war es für mich ein großer Trost, zu erfahren, daß ich ihn doch noch treffen werde.«

»Und deshalb schauen Sie immerfort auf Ihre Uhr?«

»Allerdings. Aber wir haben noch viel Zeit. Wollen Sie nicht wissen, wie ich Tom Pike den Abhörfloh ins Nest gesetzt habe?«

»Das werden Sie mir schon noch sagen.«

»Ja, eben, so bin ich nun mal. Ich hab' ja sonst kaum jemanden, dem ich's erzählen könnte. Ich ging also zu dem zweitältesten Bruder von Penny Woertz, denn er arbeitet zufällig für Central Florida Bell, und erklärte ihm, ich würde ein ganz klein wenig illegale Hilfe brauchen, und ehe ich mich versah, waren Tom Pikes unregistrierte Amtsleitungen angezapft. Natürlich kann ich das, was ich da erfuhr, niemals vor Gericht verwenden.«

»Selbstverständlich nicht.«

»Großer Gott, hatte der Mann heute morgen vielleicht Ärger! Dadurch, daß er ständig die Leute in Trab halten mußte, die auf der Suche nach seiner Frau sind, und daß er ständig die Leute beschwichtigen mußte, die sofort ihr ganzes

Geld aus seinen netten kleinen Firmen zurückziehen wollten, hat es der liebe gute alte Dave Broon mindestens zehnmal versuchen müssen, bis er endlich telefonisch zu ihm durchkam.«

»So, wirklich?«

»Ja, und dann klappte es Gott sei Dank endlich, und Tom sagte ihm, sie würden sich an der alten Stelle treffen. Aber davon wollte der gute alte Dave nichts wissen. Er schlug einen anderen Treffpunkt vor. Sechs Meilen südwestlich der Stadt. Ich komm gerade von dort zurück, um die Lage zu peilen, weil ich dort nämlich ein bißchen was anbringen lassen will. Übrigens ein idealer Treffpunkt für diskrete Zwecke. Ein riesiges Stück Weideland. Gehörte früher mal Old Glover. Pike hat es für seine Interessenten aufgekauft, um darauf kleine Ranches errichten zu lassen, jede jeweils nur zwei Acres groß. Und mitten in diesem riesigen Weideland steht ein einsamer großer alter Eichenbaum, der den einzigen Schatten dort in der ganzen Gegend spendet, mindestens eine Viertelmeile von dem nächsten Zaun entfernt.«

»Und wann treffen die beiden sich dort?«

»Um zwei Uhr dreißig. Aber ich habe Nudenbarger als Posten zurückgelassen. Wir können hinten herumfahren und an ihn herankommen. Das vermindert die Gefahr, daß wir den beiden Lieblingen versehentlich in den Weg laufen.«

»Sie scheinen darüber ja höchst befriedigt zu sein, Mr. Stranger.«

»Und ob ich das bin. Broon sagte ihm, er sollte ein bißchen Geld mitbringen. Sie feilschten ein bißchen herum. Pike sagte, mehr als Dreißigtausend kämen nicht in Frage. Broon meinte dazu, daß es sich dabei nicht um eine Ratenzahlung handeln sollte, sondern bereits um die Abfindung. Er ließe sich von ihm nicht für dumm verkaufen. An dem Treffpunkt sei es schön einsam, und sie könnten ja noch einmal in Ruhe über alles reden. Nun, einsam ist es dort tatsächlich. Nichts als Gras, ein paar Käfer, Mücken und Flöhe.«

»Womit Sie natürlich auch den Abhörfloh meinen, den Sie dort angebracht haben? In dem Eichenbaum?«

Sein Gesicht fiel zusammen, sein Mund verzog sich. »McGee, Sie bringen mich um die ganze Überraschung. Fast bereue ich es, daß ich mich entschlossen habe, Sie zu dem Spaß mitzunehmen.«

»Tut mir leid, daß ich Ihnen die Überraschung verdorben habe. Übrigens, ich hab' noch nichts gegessen. Hab' ich noch Zeit, etwas hinunterzuwürgen?«

»Noch genau eine Viertelstunde.«

Stranger holte aus dem Polizeifahrzeug alles heraus, was in ihm steckte. Auf rätselhaften Spuren folgte er irgendwelchen Zickzack-Weidepfaden und Feldwegen. Als er schließlich anhielt und wir ausstiegen, war an der Stelle nichts Besonderes zu entdecken. Er zog die Antenne seines Funksprechgeräts aus und sagte ins Mikrophon: »Lew, kannst du mich hören?«

»Ich hör dich gut, Al. Bisher hat sich noch nichts getan.«

»Okay. Wir kommen jetzt hinüber. Gib mir Bescheid, wenn sich irgend etwas rühren sollte, ehe wir bei dir sind.«

Er erklärte mir, daß er Nudenbarger mit Fernglas, Karabiner und Abhörgerät zurückgelassen habe. Er sagte mir, daß wir eine Meile zu Fuß zu gehen hätten bis dorthin, wo Nudenbarger wartete. Er wollte vermeiden, den Wagen auf einer der Verbindungsstraßen zu lassen, damit Broon oder Tom Pike, wenn sie um die Ranch herumfuhren, ja nicht auf den Wagen stießen. Wir mußten erst über einen Weidezaun hinweg und dann unter einem anderen hindurchklettern. Die Luft war heiß und flimmerte.

Schließlich stießen wir auf einen Feldweg, den wir überquerten. Danach mußten wir über einen Entwässerungsgraben springen. Ich folgte Stranger in einen kleinen Fichtenhain hinein, dessen Bäume höchstens acht oder zehn Fuß hoch standen, auch wenn sie recht massive Stämme hatten. Er gab mir einen Wink, mich zu ducken, und wir krochen etwa ein Dutzend Schritte bis dahin weiter, wo Nudenbarger unter einem Weidezaun lag und durch das schwere Fernglas starrte. »Immer noch nichts, Al. Vielleicht haben sie die Sache abgeblasen.«

Stranger ignorierte ihn. Zu mir gewandt sagte er: »Es ist ein Logenplatz, den ich Ihnen da besorgt habe. Gefällt er Ihnen?«

Auf drei Seiten waren wir von Fichten umgeben. Unter dem untersten Draht hindurch konnten wir zu dem Eichenbaum hinübersehen, der etwa fünfhundert Yards weit weg mitten in dem Weideland stand. Stranger zeigte mir das Gatter, durch das die beiden mit ihren Wagen kommen würden. »Fünf nach zwei«, sagte er dann. »Jetzt müßte sich eigentlich bald was rühren.«

Und es begann sich tatsächlich etwas zu rühren. Ein verstaubter käfergrüner Ford kam an das Gatter herangefahren, dessen Eisendrahttor halb offen stand, beschleunigte dann aber wieder und fuhr daran vorbei. Mit befriedigter Miene sagte Stranger: »Der fährt jetzt erst mal rundherum, um zu sehen, ob Pike vielleicht früher gekommen ist und irgendwas arrangiert hat. Wenn er herum ist, wird er den Feldweg hinter uns entlangkommen, den wir vorhin überquert haben.«

Wir warteten. Insekten summten um uns herum. Von den herabgefallenen Fichtennadeln stieg weich und friedvoll der Duft auf. Dazu der Geruch von Gras und leicht faulig der der Abwässerungsgräben. Motorgeräusch wurde leise hörbar, nahm zu, zog hinter uns vorbei. Die Federn quietschten, wenn der Wagen durch die ausgefahrenen Löcher rumste. Dann ebbte das Motorgeräusch wieder ab. Eine leichte Staubwolke zog für ein paar Sekunden vor der Sonne vorbei.

Minuten später konnten wir sehen, wie er den gegenüberliegenden Feldweg entlangfuhr, der mit dem hinter uns parallel lief. Durch ein paar lichte Stellen in dem Fichtenhain blinkte Chrom herüber.

Als er diesmal zu dem Gatter kam, bremste er ab, lenkte vorsichtig hindurch und fuhr wie ein in schwerer See schwankendes Boot über die offene Weidefläche, auf der das Gras fast drei Fuß hoch stand, bis auf etwa fünfzig Fuß an dem Eichenbaum vorbei, machte mit dem Wagen eine halbe Wendung und blieb stehen.

Als er ausstieg, langte Stranger hinüber und nahm Nudenbarger das Fernglas weg. »Verdammt, jetzt doch nicht, du alter Narr. Der blickt sich erst mal in alle Richtungen um, und wenn er die Gläser hier in der Sonne blitzen sieht, ist er im Handumdrehen verschwunden — auf Nimmerwiedersehen.«

»Entschuldige, Al.«

Wir beobachteten, wie er langsam in den Schatten der Eiche trat. Auf fünfhundert Yards konnte ich von ihm nicht mehr erkennen als einen schwachen Eindruck von einem kleinen zierlichen Mann, der in weißem Hemd und Khakihose in dem hohen Gras auf den Baum zustolzierte.

Ich glaubte zu erkennen, wie er sich die Hand vor den Mund hielt, und wurde völlig überrascht von dem Laut eines trockenen Hustens, der plötzlich aus dem Lautsprecher des Sende-Empfangsgeräts klang. Es stand auf einer flachen Stelle zwischen Nudenbarger und Stranger, ein paar Yards hinter der Kuppe des sanften Hügels, auf dem wir warteten.

»Sprecht ihr beide schön an der Stelle dort«, schien Stranger ihn mit leiser, eindringlicher Stimme beschwören zu wollen. »Genau dort. Geht mir um Himmels willen ja nicht hinüber und unterhaltet euch etwa im Wagen. Genau dort, wo du jetzt bist, wollen wir euch zwei schleimige Stinktiere haben.«

Die Minuten vergingen. Und dann erschien in der Ferne ein roter Wagen, der eine riesige Staubfahne hinter sich herzog. Er stoppte ab und fuhr durch das Gatter hindurch. Es war der rote Falcon, in dem, als ich ihn zum letztenmal gesehen hatte, Helenas Töchter gesessen hatten.

Er folgte derselben Route durch das Gras, die auch Broon genommen hatte. Er fuhr in entgegengesetzter Richtung in weitem Bogen um den Eichenbaum herum und blieb auf unserer Seite davon, jedoch nicht in Sichtlinie zwischen uns und der Eiche, stehen.

Stranger starrte jetzt selber durch das Fernglas. Er nahm es von den Augen, duckte sich hin und schaltete das alte Tonbandgerät ein, das jetzt auf Batteriestrom laufen mußte. Von dem Sende-Empfänger lief ein Verbindungskabel zu ihm hinüber. Dann vergewisserte er sich durch einen weiteren Blick durch das Fernglas und sagte: »Dave Broon hat einen Revolver in der Hand.«

Der Lautsprecher schepperte diesmal regelrecht, weil Broon mit lauter Stimme über das sonnenüberflutete Gras hinweg rief: »Warum schalten Sie nicht den Motor ab und steigen endlich aus!«

Pike war so weit von dem in der Eiche aufgehängten Mikrophon entfernt, daß seine Antwort nicht zu verstehen war.

»Unterhaltet euch doch beide lieber im Schatten, Brüderchen«, bettelte Stranger. »Geht doch beide in den Schatten von dem schönen großen Baum!«

»Ich wollte, daß Sie das Schießeisen gleich sehen, Tom«, rief Broon. »Damit Sie nicht eher frech werden, als bis ich Ihnen etwas gesagt habe. Wenn ich heute abend nicht jemand Bestimmten anrufe, geht ein achtseitiger Einschreibebrief mit Eilbotenzustellung an den Staatsanwalt. Die halbe Nacht habe ich geopfert, um den Brief zu schreiben. Und jetzt werfe ich den Revolver hier in meinen Wagen, und wir können ruhig und friedlich miteinander reden.«

Wir beobachteten die entfernte Szene und sahen, wie beide langsam in den Schatten der großen Eiche gingen. »Prächtig so«, flüsterte Stranger neben mir. »Ganz prächtig so.«

Broons Stimme klang überraschend klar und deutlich aus dem Lautsprecher. Sie klang beinahe sanft. »Das muß man Ihnen lassen, Tom, Sie hatten mich hübsch eingeseift. Ich bin nie auf den Gedanken gekommen, daß etwas anderes in der Flasche sein könnte als das, was Sie Ihrer Frau immer einge-spritzt haben. Was war das eigentlich für ein Zeug?«

»In der Hauptsache rauchende Salpetersäure. Ich schätzte, in ungefähr vierundzwanzig Stunden würde es sich durch den Kork gefressen haben.«

»Und woher wußten Sie so genau, daß ich es in mein Schließfach legen würde, als Sie mir sagten, ich solle es für Sie aufbewahren?«

»So genau wußte ich das nicht. Hätten Sie es nicht getan, dann wäre dadurch ja nichts verdorben gewesen.«

»Und eine verdammte Schweinerei haben Sie da in meinem Fach angerichtet! Alles darin hat sich in eine braune klebrige Brühe verwandelt. Papiere, Tonbänder, Fotos und eine gar nicht mal so kleine Menge Bargeld. Sogar in den Stahl hat es sich noch hineingefressen. Das Mädchen in der Schließfach-abteilung war völlig aus dem Häuschen wegen dem Gestank. Und die Wahrheit ist, verdammt noch mal, Pike, daß mir da-durch eine Menge Unterlagen vernichtet worden sind, die mit der Sache zwischen uns beiden nicht das Geringste zu tun haben.«

»Sie haben mich ja dazu gezwungen, irgendwas zu unter-nehmen, Dave.«

»Und warum?«

»Sie wurden mir zu teuer. Ich konnte es mir einfach nicht mehr leisten, derartige Summen an Sie zu zahlen.«

»Aber, aber! Wo die Leute buchstäblich Schlange stehen, um Ihnen ihr Geld anzuvertrauen?«

»Und mit Ihnen, der Sie ein solch großes Stück von der Torte haben wollten, daß ich nie irgendwelche Kapitalgewinne hätte erzielen oder Zinsen und Dividende ausschütten können.«

»Und jetzt wollen Sie meinen Anteil beschneiden, nicht wahr? Nun, ganz so einfach wird das nicht gehen. Ich habe ein gutes Gedächtnis. In dem Brief, auf den acht Seiten, stehen eine Menge Tatsachen, die sich jederzeit nachprüfen lassen. Pike, Sie haben es sich selbst nur noch schwerer gemacht, indem Sie alles Geld, das ich im Schließfach hatte, vernichtet haben. Durch Ihren lausigen Trick mit der Säure. Aber schön, fangen wir erst einmal bei den dreißigtausend Dollar an, von denen ich verdammt hoffe, daß Sie sie mitgebracht haben.«

»Ich bin im Augenblick einfach zu knapp dran. So schnell konnte ich die nicht auftreiben.«

»Oh, dann werde ich jetzt doch den Stöpsel ziehen und die ganzen Informationen in den Tank des Staatsanwalts fließen lassen müssen.«

»Das glaube ich nicht.«

»Und woher wollen Sie, verdammt noch mal, wissen, daß ich es nicht tue?«

»Weil Sie nur halb so gerissen sind, Dave, wie Sie zu sein glauben. Aber andererseits sind Sie hoffentlich schlau genug, um zu sehen, wie die Dinge im Augenblick nun mal stehen. Und deshalb werden Sie genau so für mich weiterarbeiten wie bisher, nur die Honorare werden ein bißchen niedriger sein.«

»Einen Dreck werden die niedriger sein.«

»Wenn Sie wirklich so gescheit wären, wie Sie immer glauben, wären Sie niemals so Knall auf Fall abgehauen. Daher weiß ich jetzt, daß die eigentlichen Beweisunterlagen inzwischen zerstört und also nicht mehr vorhanden sind. Und was diesen Brief von Ihnen betrifft — da steht jetzt Ihr Wort gegen das meine. Wem wird man dann glauben? Ihnen oder mir? Mit den Tonbändern von Sherman und seinem unterzeichneten Geständnis hätten Sie mich vielleicht vernichten können. Jetzt aber sind Sie für mich nicht mehr als eine lästige Fliege. Nur um Ihnen meinen guten Willen zu zeigen, habe ich dreitausendfünfhundert mitgebracht. Und Sie wissen viel zu genau, was für eine gute Einkommensquelle ich auf Jahre und Jahrzehnte hinaus für Sie abgeben werde. Vielleicht nicht eine ganz so gute wie bisher, aber damit werden Sie sich eben abfinden müssen.«

»Sind Sie sich dessen so sicher? Sind Sie sicher, daß ich mich mit einem Trinkgeld hier und einem Trinkgeld da zufrieden geben werde?«

»Wenn Sie die Wahl zwischen wenig und gar nichts haben? Warum nicht?«

»Weil sich dann das Risiko nicht mehr auszahlt.«

»Was für ein Risiko?«

»Vielleicht bin ich nur halb so schlau, wie Sie vorhin sagten, aber so schlau bin ich doch, daß ich vorhersagen kann, daß das mit Ihnen auf die Dauer nicht mehr so weitergehen wird. Man wird Sie früher oder später schnappen, und wenn man das tut, werden Sie mich in den Dreck mit hineinreißen.«

»Wegen was soll man mich schnappen?«

»Dafür, daß Sie Leute umbringen. Bei Doc Sherman war das zugegebenermaßen für Sie vielleicht der einzige Ausweg. Aber ich fürchte, Sie machen das auch sonst recht gern. Sie sagten mir, man würde Janice Holton drankriegen, weil sie die Krankenschwester umgebracht hat. Aber irgendwie ist die Sache dann schiefgelaufen, und Sie erledigten sie auf die gewaltsame Tour, auch wenn gar kein zwingender Grund vorlag. Sehr bald wird dann auch der Selbstmorddreh mit Ihrer Frau mal klappen, und dann werden Sie sich wieder befriedigt die Hände reiben. Und dann wird Ihnen der Gedanke kommen, den nächsten umzulegen. Vielleicht mich. Nein, danke. Sie sind inzwischen ein mordendes Monster geworden, Pike. Leute von Ihrer Sorte habe ich schon genug erlebt und habe gesehen, wo sie landen. Aber Sie halten sich im Augenblick einfach für einen Supermörder und müssen deshalb, um sich das zu bestätigen, weitermachen.«

»Meine arme Frau hat sich gestern abend aus einem Fenster im zwölften Stock gestürzt, David.«

»Was? Was, zum Teufel, sagen Sie da? In der Zeitung hat nicht ein Wort davon gestanden . . .«

»Glauben Sie mir, sie ist zum Fenster hinausgesprungen. Ich habe sie unten aufschlagen gehört, und außerdem weiß ich, daß sie nicht weggegangen ist. Ich hatte geglaubt, die Bauarbeiter würden sie finden, aber sie scheint verschwunden zu sein.«

»Was, zum Teufel, meinen Sie mit ›verschwunden‹?«

»Heute erfuhr ich von Biddy, daß ihr alter Freund, dieser McGee, ihr bei der Party gesagt hat, er habe Maureen davonschleichen sehen. Nehmen wir mal an, er kennt die Einzelheiten von dem Trust-Fond. Dann wird er sich jetzt bald mal mit mir in Verbindung setzen, um mir diese und andere Informationen zu verkaufen. Ihr nächster Job, Dave, ist der, daß Sie sich an ihn heranmachen und um jeden Preis aus ihm herauskriegen, was er wirklich alles weiß.«

Broon gab ihm darauf keine Antwort. Es war schwer, die beiden Stimmen, die aus dem Lautsprecher kamen, mit den Stimmen der beiden Leute bei dem Baum zu identifizieren. Die ganze Szenerie war irgendwie unwirklich, auch wenn sie noch so logisch war.

»Sie verdammter Narr!« sagte Broon.

»Und zwar müssen Sie das als nächstes in Angriff nehmen, diesen kleinen Kill an ihm. Schon jetzt hat er uns die Sache soweit versaut, daß es Monate dauern wird, bis Biddy als Alleinerbin bestätigt wird.«

»Jemand stiehlt eine Leiche, und Sie behaupten einfach, das wäre nichts weiter als eine kleine Panne. Sie verdammter Narr!«

»Warum regen Sie sich so auf, Broon? Leiche hin, Leiche her, mir kann sowieso niemand was nachweisen.«

»Sie scheinen sich überhaupt noch nicht im klaren zu sein, daß damit für Sie endgültig alles aus ist? Oder doch? Deshalb — entweder finden Sie mich jetzt insgesamt ab oder . . .«

Plötzlich kam ein unterdrückter Laut, ein überraschter leiser Aufschrei aus dem Lautsprecher der Funkanlage. Die beiden entfernten Gestalten waren plötzlich zu einer verschmolzen, wirbelten herum, und auf die Entfernung sah es aus, als ob sie einen grotesken Tanz aufzuführen begonnen hätten. Die größere Gestalt wurde aufgehoben und schlug mit einem dumpfen Krachen auf den Boden. Die beiden Männer waren jetzt unten im Gras und nicht mehr zu sehen. Dann stand Broon wieder auf und starrte einen Moment lang auf den Boden. Er machte eine Drehung, einmal ganz um seine eigene Achse, als ob er mit den Augen den Horizont absuchte.

»Sollten wir nicht . . .«

»Halt die Klappe, Lew«, sagte Stranger.

Broon kam aus dem Schatten der Eiche heraus durch das

Gras auf seinen Wagen zu. Er machte die Kofferhaube auf. Stranger verfolgte jede seiner Bewegungen mit dem Fernglas.

»Ein aufgewickeltes Seil hat er da. Will er ihn zusammenschnüren und fortschaffen . . .«

»Aber — aber wenn er nun mit ihm abhaut . . .«, stotterte Nudenbarger.

»Verdammt, auf die Entfernung werde ich seinen Wagen ja wohl noch mit dem Karabiner erwischen, Lew.«

Broon kauerte einen Moment neben Tom Pike, vielleicht waren es auch ein paar Minuten. Dann richtete er sich wieder auf, nahm Tom Pike unter den Achseln und schleppte ihn fünfzehn Fuß weit. Er ließ ihn fallen und ging rasch zu dem Baum, sprang dort mehrmals hoch, hatte dann einen Ast gefaßt und zog sich daran hoch und verschwand in den Blättern.

»Dieser Hundesohn!« sagte Stranger.

»Warum klettert er auf den Baum 'rauf?« fragte Nudenbarger weinerlich.

»Er hat das eine Ende des Seils mitgenommen. Nun, was meinst du wohl, was er vorhat?«

Nudenbarger schaute verdattert drein. Ich hatte schon längst geahnt, was Broon vorhatte. Und das bestätigte sich auch sofort, als Tom Pike sich im Gras ganz langsam aufzurichten begann und dann in ganz merkwürdiger Haltung wieder zur Seite kippte.

Plötzlich wurde er aus seiner sitzenden Stellung hochgehievt.

»O Gott!« kreischte Nudenbarger.

»Schrei gefälligst ein bißchen leiser, du Trottel!« herrschte Stranger ihn an.

Über den Lautsprecher des Funkgeräts kam ein gurgelnder Laut, ein krächzender Schrei. Pike lief ein paar Schritte in eine Richtung und wurde sofort wieder zurückgerissen. Er taumelte rückwärts, versuchte in eine andere Richtung zu rennen, wurde abermals zurückgerissen.

Ohne das Fernglas von den Augen zu nehmen, sagte Stranger: »Er hat jetzt beide Hände unter den Strick an seinem Hals gezwängt und versucht, ihn dadurch von seiner Kehle abzuhalten.«

»Broon!« kreischte und krächzte es heiser im Lautsprecher.

Er schien auf der Stelle zu rennen, und plötzlich hob er sich ein wenig nach oben. Und noch ein bißchen mehr. Seine Beine machten Laufbewegungen. Er begann sich zu drehen. Dann waren seine Schuhe bereits über den höchsten Grasspitzen. Dave Broon sprang plötzlich aus dem Baum herunter wieder ins Sichtfeld. Nudenbarger hob den Karabiner, doch Stranger schlug ihm den Lauf herunter.

Broon stieg in den roten Wagen von Pike und fuhr ihn in kurzem Bogen ganz in die Nähe, wo Pike in der Luft baumelte. Er stieg aus, wich ein paar Schritte rückwärts und begann dann auf seinen eigenen Wagen zuzurennen.

»Jetzt!« sagte Stranger. Er riß Nudenbarger den Karabiner aus den Händen und setzte mit einer Flanke über den Zaun, die mir glatt den Mund offenstehen ließ wegen ihrer sportlichen Eleganz. Bis auch wir über den Zaun waren, hatte Stranger bereits einen Vorsprung von zwanzig Yards. Als der grüne Ford anzurollen begann, blieb Stranger stehen, ging auf ein Knie und gab in raschen Abständen vier gezielte Schüsse ab. Bei dem vierten schoß aus dem Heck des Wagens eine Stich-flamme heraus, und während der Wagen noch weiterrollte, kippte Broon aus der Wagentür heraus und überschlug sich im Gras. Er kam auf die Beine und wollte nach der anderen Seite davonrennen, blieb aber sofort stehen, als Stranger den fünf-ten Schuß abfeuerte.

Die Hände hochgestreckt, drehte er sich um und begann langsam auf den Baum zuzugehen. Der brennende Wagen war inzwischen im hohen Gras zum Stehen gekommen und brannte lichterloh. Broon begann schneller zu gehen. Und dann rannte er zum Baum zurück.

»Lenk ihn ab, Lew! Schnapp ihn dir!«

Lew tat es in prächtiger Manier. Er jagte los. Stranger und ich hielten auf den Baum zu. Dann verfiel er plötzlich in einen mäßigen Trott und hielt auch mich mit dem vorgestreckten Lauf des Karabiners zurück.

Dadurch langten wir alle fast gleichzeitig an dem roten Wagen an. Lew Nudenbarger ließ sich bei Broon auf keinerlei Risiken ein. Eine seiner beiden Pranken hatte er an Broons Hals, mit der anderen hielt er seinen rechten Arm auf die Schulter zurückgedreht wie mit einer eisernen Klammer fest.

Broon zappelte und wand sich und schrie: »Schneid ihn 'run-ter, Al! Schneid ihn 'runter! He, Al, hörst du nicht!«

Wir sahen zu Tom Pike hinauf. Er drehte sich an dem Strickende gerade zu uns herum. Seine beiden zusammengekrampften Hände hatte er in der Schlinge beiderseits der Kehle. Sein Gesicht war blutrot von der Anstrengung.

Ich sah, daß ich ihn hinüber auf das Dach des roten Wagens schwingen und ihm so sofort den Zug vom Hals nehmen konnte. Als ich vorstürzen wollte, schlug mir Stranger von hinten den Lauf des Karabiners an den Kopf. Es war ein präzise gezielter Schlag. Um mich herum wurde es dunkel, doch nur soweit, daß die Sonne noch ein wenig dablieb. Andererseits aber auch wieder so stark, daß die Knie unter mir wegsackten und ich kopfüber ins Gras stürzte, ohne dabei jedoch die Besinnung zu verlieren. Quälend langsam drehte ich mich um und starrte zu Stranger hoch und versuchte, mir die Schatten vor den Augen und die Benommenheit im Kopf wegzublinzeln.

»Damit du mir nicht wieder mal die Beweise beiseite schaffst, mein Junge«, sagte er.

»Tu' mir das nicht an, Al!« flehte Broon. »Um Gottes willen, tu' mir das nicht an!«

Nudenbarger, der Broon fest mit seinen Pranken hielt, starrte mit offenem Mund zu Tom Pike hinauf. »Jesses!« hauchte er entsetzt. »Jesses!«

Und Tom Pike fuhr in seiner langsamen Drehung fort.

»Siehst du ihn noch zucken, Lew?« fragte Stranger mit ganz sanfter Stimme.

»Das — das eine Bein hat sich gerade noch ein bißchen ... Ich weiß nicht ...«

»Das sind nur noch die letzten Reflexbewegungen, mein Junge. Posthume Zuckungen, weiter nichts. Haben überhaupt nichts zu sagen.«

»Al!« stöhnte Broon. »Damit bringst du mich an den Galgen! Und zwar mit Absicht!«

»Du bist einfach völlig fertig und durcheinander, nachdem du Tom Pike umgebracht hast, Dave, mein Junge.«

»Du mieser, elender Bastard, Al Stranger! Das werd' ich dir ...«

Langsam, ganz langsam drehte sich Tom Pike wieder zu uns herum. Sein Gesicht war jetzt verändert. Auch die krampfhafte Spannung seiner Hände und an den Handgelenken war nicht mehr vorhanden. Es waren nur noch zwei schlaffe Hände und nicht mehr, was da durch die Schlinge neben seiner Kehle eingeklemmt war. Das Kinn war ihm herabgefallen. Seine Fußspitzen zeigten zum Boden. Und die Augen starrten irgendwohin ins Leere.

»Siehst du jetzt, daß es nur ein paar Reflexzuckungen waren, die du bemerkt hast?« fragte Al Stranger leise.

»Du hast recht«, hauchte Lew Nudenbarger. »Er ist tatsächlich längst tot.«

Ich kam endlich wieder auf die Beine und tastete die Beule an meinem Hinterkopf ab.

»Wie lange, würden Sie sagen, McGee, daß er schon tot ist? Alle Umstände eingerechnet?«

»Ich schätze, er muß von dem Augenblick an tot gewesen sein, als Broon im Wagen davonfahren wollte.«

»Wir sollten lieber nichts mehr anrühren. Die Laboruntersuchungen müssen später die Darstellung der Augenzeugen ergänzen.« Er reichte mir den Karabiner und zog aus seiner Gesäßtasche ein Paar Handschellen. Er ließ sie Broon um das eine Handgelenk schnappen, sagte dann Lew, er sollte das zweite näher heranbringen und ließ sie auch um das andere schnappen. Lew ließ ihn los, und Stranger gab Broon einen Stoß, daß dieser rücklings im Gras landete. Dort kauerte er sich auf und schlang die gefesselten Hände über die Knie.

»Lew, geh hinüber, hol den Wagen und bring ihn her. Unterwegs kannst du erst noch die Sachen holen, die wir auf dem Hang zurückgelassen haben. Wir warten hier.«

Mit einem letzten Blick auf die hängende Leiche eilte Nudenbarger davon.

Stranger schien in die Ferne zu starren. Dann seufzte er und spuckte ins Gras. »Tut mir leid, daß ich Sie da ein bißchen mit Gewalt vor ein paar Voreiligkeiten zurückhalten mußte.«

Ich sah in seine kleinen braunen Augen. »Das war ja auch der schnellste Weg, um mich zur Besinnung zu bringen, Al.«

»Wie fühlen Sie sich sonst?«

»Ganz gut. Nur im Magen ist mir ein bißchen komisch.«

»Komisch, mir auch.«

16

Ich blieb noch ein paar Tage in der Gegend und half Bridgit Pearson über das Schlimmste hinweg. In einer Konferenz über die weitere Strategie hatte Ben Gaffner meinen Vorschlag akzeptiert, daß nichts gewonnen wäre, wenn man verlauten ließ, wie Maureen in Wirklichkeit gestorben war. Dies hätte lediglich von höherer Stelle ein paar höchst unangenehme Fragen provoziert.

Also wurde die Angelegenheit in Lime County zu einer falschen Identifizierung gemacht und die Story von der Phosphatgrube so belassen, wie sie war.

Ebenso stimmte Gaffner mir darin zu, daß es über den Tod von Dr. Sherman so wenig Beweismaterial gab, daß man in den amtlichen Akten auch weiterhin besser bei Selbstmord blieb. Nur der Fall Penny Woertz mußte als Mord behandelt werden. Dafür mußte ein akzeptables und brauchbares Motiv her. Hierzu kam Dave Broon gerade richtig. Er war schlau genug, seine Aussage dahingehend zu ändern, daß er Tom Pike in einem Wutanfall erschlagen und, als er merkte, daß er tot war, versucht hatte, ihn aufzuhängen, um den Totschlag als Selbstmord zu tarnen.

Das ließ Gaffner die Wahl, entweder mit Broon einig zu gehen oder auf Mord ersten Grades zu plädieren. Bei Mord ersten Grades wäre nur der Augenzeugenbericht nötig gewesen, daß Tom Pike versucht hatte, sich zu befreien, als Broon dabei war, ihn an dem Strick hochzuziehen. Gaffner ließ Broon zu sich bringen und spielte ihm unter vier Augen das Tonband vor, das von der Szene unter der Eiche mitgeschnitten worden war. Broon sagte danach, daß er wußte, daß Tom Pike mit der Arzthelferin ein Verhältnis gehabt und sie in einem Anfall von Eifersucht umgebracht habe. Um den Namen der Toten nicht unnötig in den Schmutz zu ziehen, schwächte Gaffner dies dahingehend ab, daß Tom Pike sich an Miß Woertz herangemacht und sie umgebracht hatte, als seine Annäherung nicht erwidert worden war, und stellte es damit also als ein reines Leidenschaftsverbrechen hin. Dieses Zusammenspiel brachte Dave Broon die Chance ein, daß gegen ihn nur wegen Mord zweiten Grades verhandelt wurde, mit der zusätzlichen Chance, bei zehn beziehungsweise fünfzehn oder zwanzig

Jahren Zuchthaus bereits nach sechs Jahren auf Bewährung freigelassen zu werden.

Obwohl bis zu dem Begräbnis — ein Doppelbegräbnis für Mr. und Mrs. Pike — die Unzahl der Gläubiger und Buchprüfer feststellen konnte, daß Tom Pike neu investiertes Kapital jeweils dazu benutzt hatte, um daraus Kapitalerträge an frühere Geldgeber zu zahlen, war Fort Courtney dennoch voll von Leuten, die nicht glauben konnten oder nicht glauben wollten, daß solch ein hübscher, hochintelligenter, rücksichtsvoller Mann mit solch erstklassigen Manieren bei seinen Investierungskonten irgend etwas frisiert oder gedreht haben sollte. Von Unterschlagungen gar nicht erst zu reden.

Nein, das Ganze war wieder einmal ›von oben her‹ arrangiert worden, und vielleicht hatte sogar wieder mal ein Syndikat die Hand im Spiel gehabt. Man hatte Tom Pike nur einfach den Erfolg nicht gegönnt und ihm das Erarbeitete einfach weggenommen.

Auch wenn bei dem Begräbnis ein regelrechtes Gedränge von naiven Typen dieser Art herrschte, die alle gleichzeitig auf Bridgit einzureden versuchten, ließ sie sich in ihrer Ansicht doch niemals beirren und wußte nur zu genau, wie grotesk diese Behauptungen waren.

Sie sagte mir hinterher, daß sie vorhabe, nach Casey Key zurückzugehen, das alte Haus wieder aufzumachen und dort eine Weile zu bleiben, ganz für sich allein. Sie sagte mir, ich sollte mir um sie keine Gedanken machen. Sie würde am Strand spazieren gehen, am laufenden Band Bilder malen und innerlich erst mal wieder zur Ruhe kommen wollen.

Drei Monate später, an einem windigen grauverhangenen Januarnachmittag, tauchte sie überraschend bei mir auf der *Pik As* auf. Sie entschuldigte sich, daß sie ohne vorherige Nachricht nach Bahia Mar gekommen wäre. Sie hätte aus einer Stimmung heraus gehandelt, erklärte sie.

Sie kam also an Bord der *Pik As*, saß dort in der Kabine, nippte winzige Schlucke aus ihrem Glas und lächelte viel zu oft und viel zu bereitwillig. Die drei Monate hatten sie verändert, hatten sie reifer werden lassen, und in geradezu gespenstischer Weise hatte sie sich die leicht schlaksige Eleganz angeeignet, die Helena immer an den Tag gelegt hatte, als wir mit der

Likely Lady zu unserer romantischen Reise davongesegelt waren.

Sie erklärte mir, daß sie ruhelos wäre, nicht wüßte, was sie mit sich anfangen sollte, und vielleicht eine längere Reise machen würde, am besten wohl mit einem Boot, so wie in früheren, glücklicheren Tagen. Rückschauend fielen ihr alle möglichen Ungereimtheiten in Tom Pikes Verhalten auf. Und diese Gedanken verfolgten sie, als ob sie fürs ganze Leben mit etwas Schmutzigem besudelt worden wäre. Würde ich ihr helfen können, daß sie sich selbst verstand?

Aber mach dir wegen solcher Geschichten doch nicht das Köpfchen schwer, kleiner Liebling Biddy. Die Sache ist doch ganz einfach. Der gute alte Onkel Travis wird dich auf eine kleine Kreuzfahrt mitnehmen, und er wird dich streicheln, dich trösten — und vielleicht auch ein bißchen lieben, während du in der Sonne auf den Planken liegst und dich lächelnd von ihm verwöhnen läßt.

Doch dann überlegte ich, was es ihren klaren unschuldigen Augen antun würde, wenn sie erfuhr, wie das mit mir und ihrer Mama an Bord der *Likely Lady* gewesen war. Und ich rechnete die Zeitabstände nach. Ich bin nun X Jahre älter als dieses liebliche junge Mädchen, und damals war ich X Jahre jünger als ihre liebenswerte Mutter.

Nein, danke. Selbst wenn es mir unter den gegenwärtigen Umständen möglich gewesen wäre — in eine Art indirekte Blutschande (so kam es mir wenigstens vor) wollte ich mich mit der Familie Pearson denn doch nicht einlassen.

Ich ließ absichtlich viele lange Pausen in unserer Unterhaltung entstehen. Ich spürte genau, daß Biddy sich alles ganz genau zurechtgelegt hatte und dann mit ihrem Plan zu mir gekommen war, in der Hoffnung, daß ich, wenn sie mir derartige Avancen machte, das weitere schon von mir aus unternehmen würde. Dann, als sie merkte, daß ich bewußt nicht zugreifen, nicht nach ihr greifen wollte, zog sie ihr halbes Angebot mehr und mehr zurück, und wir trieben nur noch höfliche Konversation. Schließlich sagte sie, sie hätte außerdem noch vor, sich mit Freunden in Miami zu treffen, und sie müßte jetzt leider gehen. Es täte mir leid, daß sie nicht länger bleiben könnte, versicherte ich ihr. Und so ging sie davon und winkte mir, als sie bereits halb an Land war, noch ein letztesmal in unserer beider Leben ein wenig verzagt zurück.

Ich selbst ging wieder hinunter in die große Wohnkabine und mixte dort einen sehr großen und sehr kalten Plymouth pur zurecht — und für die gegenwärtige Dame des Hausbootes einen zweiten, der mit reichlich Grapefruitsaft verdünnt war.

Sie hatte sich ein großes gelbes Badetuch um die Hüften gewickelt und war gerade dabei, sich die Nägel zu feilen. Sie hatte die Beine untergeschlagen, hob den Kopf und sah mit einem leicht gequälten zynischen kleinen Lächeln zu mir auf.

»Du scheinst dich vor Gelegenheiten kaum noch retten zu können, McGee, nicht wahr?«

»Wenn sie kommen, dann kommen sie buchstäblich alle auf einmal.«

»War sie sehr enttäuscht, abgeblitzt zu werden?«

»Nicht allzusehr. Sie war mit sich selbst nicht im reinen.«

»Und wollte von dir getröstet werden? Wie süß! Du hast ihr hoffentlich gesagt, sie soll ein andermal wiederkommen?«

»Anzeichen von Eifersucht bezüglich meiner Wenigkeit sind geradezu Labsal für mein verkümmertes Ego«, sagte ich und reichte ihr das frische Glas. Sie nippte daran und stellte es auf den Spindkasten neben dem Bett. Ich streckte mich hinter ihr aus und stopfte mir ein Kissen unter den Kopf.

»Tut es dir leid, daß ich gerade hier war?«

»Es wäre so oder so aufs gleiche hinausgekommen. Auch dann hätten meine Instinkte nein gesagt.«

»Sie ist sehr hübsch.«

»Und reich und intelligent und talentiert.«

»Hm!« brummte sie. Die Nagelfeile machte leise schabende Geräusche. Ich nippte an meinem Plymouth pur. »Nun mal ehrlich, großer McGee — was hat dich mehr überrascht: als sie plötzlich hier auftauchte oder als ich plötzlich hier auftauchte?«

»Einwandfrei du. Ich schaute nichtsahnend vom Sonnendeck herunter und sah dich dort unten stehen und wäre vor Schreck beinahe tot umgefallen.«

Ich hakte meinen neugierigen Finger von hinten in das Badetuch und zerrte ein bißchen daran. Ganz langsam und wohlig streckte sie sich nach hinten auf den Rücken aus.

»Darf ich zu meinen Gunsten annehmen, McGee, daß das eben ernst gemeint war?«

»Das Wetter ist lausig, du hast einen wirklich entzückenden Rücken und warst eben gerade so köstlich bissig wegen Miß Pearson — und so war das selbstverständlich absolut ernst gemeint, meine Liebe.«

»Darf ich mir wenigstens die letzten drei Fingernägel feilen?«

»Aber bitte sehr, Mrs. Holton.«

»Jedenfalls werde ich versuchen, sie schnell fertig zu machen, Mr. McGee. Bei dem bißchen Charakter, das ich noch habe, muß ich mich bemühen, wenigstens in so was konsequent zu sein.«

Also horchte ich geduldig weiter auf das leise Kratzen der Nagelfeile, bewunderte Janice, nippte an meinem Drink und dachte daran, wie sie damals ausgesehen hatte, als sie gerade dabeigewesen war, hinter dem Haus das Liegestuhlgestell neu zu streichen.

DER HIPPIE IM
INDIGO-DRESS

1

An einem Spätnachmittag, Ende August, gingen Meyer und ich durch einen Zelt-Tunnel des Internationalen Flughafens in Miami und bestiegen einen Vogel der *Aeronaves de Mexico,* der uns im Nonstopflug nach Mexico City bringen sollte. Wir flogen erster Klasse, weil wir auf Geheiß eines sehr wohlhabenden Mannes eine persönliche und traurige Mission zu erfüllen hatten.

Wir saßen auf den Plätzen hinter dem Einstieg. Da ich einige Zentimeter größer als einsachtzig bin, schätze ich es, wenn ich etwas mehr Platz für meine Knie finde.

In unseren Taschen befanden sich die Aufenthaltsgenehmigungen und das nötige Kleingeld. Unser Gepäck ließ sich leicht unter den Sitzen verstauen. Wir trugen die würdige Bekleidung der Geschäftsleute, die auf dieser Strecke hin- und herfliegen: Geologen, Ingenieure und Geschäftsleute, Importeure und Exporteure, Schwindler und Investitionsexperten.

Es war von uns gescheit gewesen, sich der Schutzfarbe der Herde anzupassen, da die meisten Flugreisenden Geschäft und Vergnügen miteinander verbinden.

Doch aus irgendeinem Grund schienen wir nicht so recht zur Herde zu passen. Wir hatten die vergangenen Wochen an Bord meines Hausbootes verbracht und waren mit einer kleinen geselligen, sehr aktiven Gruppe alter und neuer Freunde um die Florida Bay und die Keys herumgeschippert. Davon kam es, daß unsere vom Seewind ohnehin schon verwitterte Haut dunkelrot, fast bronzefarben gefärbt war. Meine Haare waren von der Sonne gebleicht und vom Salzwasser und vom Wind ausgetrocknet und borstig geworden. Selbst Meyers schwarzes Fell hatte ein wenig die Farbe gewechselt. Wenn Meyer im richtigen Licht stand, schimmerte sein behaarter Oberkörper ein wenig rötlich.

Wenn man uns wirklich für Geschäftsleute hielt, dann mußten wir irgendwelche Ingenieure sein, die im Freien arbeiteten und etwas mit dem Bau einer Pipeline oder mit der Bewässerung zu tun hatten.

Meyer hatte den Fensterplatz. Die Hitze in dem Blechvogel war so lange unerträglich, bis die Tür zugeknallt wurde und wir zur Startbahn rollten. Dann erst wurde die warme Luft, die aus den Ventilatoren über unseren Köpfen zischte, kühl. Die weißen Hemden verschwanden wieder unter den Jacketts.

Meyer zuckte die Schultern und lächelte müde. »Der arme, traurige Kerl.«

Er brauchte mich nicht an ihn zu erinnern. Ich konnte mich noch lebhaft an alle Einzelheiten meines Besuchs bei Mr. T. Harlan Bowie entsinnen. Das Leben vieler Menschen in unserer hochentwickelten Gesellschaft gleicht dem eines Artisten, der auf vielen schwingenden Stöcken mit Tellern jongliert. Die Stöcke sind auf einem Tisch befestigt. Der Artist bringt den ersten Teller zum Schwingen, dann den zweiten und so weiter. Wenn er beim letzten angelangt ist, dreht sich der erste Teller bereits verdächtig langsam. Er rast also zurück und wackelt wie verrückt an dem Stock, um den Teller wieder in Schwung zu bringen. Dann muß er sich um den dritten Teller kümmern, dann um den zweiten, den fünften, den achten. Der kleine Mann rennt schließlich ständig hin und her, immer ängstlich bemüht, ein Unglück zu verhüten.

Die weißen Drehteller von Mr. Bowie hatten Namen: Vizepräsident und Treuhänder einer großen Bank in Miami; Hausbesitzer; Eckpfeiler der Gesellschaft; Ehemann von Liz; Direktor von diesem und jenem; Vorstandsmitglied da und dort, Vater von Beatrice, genannt Bix, die seine liebe Tochter und sein einziges Kind ist.

Er sorgte dafür, daß sich seine Teller immer flott drehten.

Doch mitunter dreht sich ein Teller zu schnell, fällt vom Stock und zerbricht. Das wirkt meist auf die anderen Teller wie eine ansteckende Krankheit. Sie fallen ebenfalls herunter, und das Spiel ist aus.

Eines Morgens hatte ihn Liz gefragt, ob er noch die Zeit für eine zweite Tasse Candy habe. Sie wurde wütend, als er sie nicht zu verstehen schien. Sie langte nach der Kaffeekanne und füllte seine Tasse. »Candy«, sie zögerte einen Augenblick und runzelte

6

die Brauen. »Kaffee. Natürlich ist das Kaffee! Wie habe ich es genannt?«

Als sie dann einige neurologische Tests in der Klinik in Baltimore hinter sich hatte, war sie schon so weit, daß sie den Unterschied zwischen *er* und *sie* nicht mehr erkannte und zu fünfzig Prozent das Falsche sagte. Außerdem hatte sie zugegeben, daß sie schon seit Monaten unter heftigen Kopfschmerzen litt, die sie aber nach Möglichkeit ignoriert hatte, weil sie nichts von Wehwehchen hielt. Daraufhin hatten sie ihre Schädeldecke wie einen Topfdeckel aufgeklappt und etwas herausgeschnitten. Da sie merkten, daß sie nicht alles Schädliche entfernen konnten, steckten sie ihr auf gut Glück ein Stückchen Kobalt ins Gehirn — obwohl sie wußten, daß das auch nicht viel helfen würde. Nach diesem Eingriff redete sie nur noch in einer Sprache, die niemand verstehen und übersetzen konnte. Sie brauchte fünf Monate zum Sterben. Es war schrecklich teuer und für Harlan Bowie völlig unverständlich. Sie starb am Kolumbus-Tag. Bix, die den Sommer über zu Hause gewesen war, blieb daraufhin natürlich bei Harlan. Sie erklärte ihrem Vater, daß sie wahrscheinlich erst zur »Halbzeit« des Semesters nach Wellesley zurückfahren würde.

Harlan hatte nur mit halbem Ohr zugehört. Er war nicht nur durch den Tod seiner Frau wie betäubt; er mußte sich auch um das Geschäft kümmern. Einige Banken hatten sich zusammengeschlossen, und es gab ein neues Computer-System, mit dem die Treuhand-Investitionen bearbeitet wurden. Harlan Bowie mußte hin und wieder für eine Woche nach Atlanta fliegen, um auf dem laufenden zu bleiben.

Doch er hörte sehr genau zu, als Bix ihm kurz nach Weihnachten erklärte, sie hätte beschlossen, nicht mehr aufs College zu gehen. Sie wollte statt dessen mit einigen Freunden für eine Weile nach Mexiko fahren. Er hatte alles mögliche versucht, um sie von diesem Vorhaben abzubringen, aber es war ihm nicht gelungen. Sie zeigte auch nicht eine Spur von Gefühl, sondern erinnerte ihn mit sanfter Stimme daran, daß sie im nächsten Monat zweiundzwanzig würde, daß sie von ihrer Mutter zwanzigtausend Dollar geerbt hätte und daß er aufhören sollte, auf sie einzureden, denn sie würde auf alle Fälle nach Mexiko fahren, mit oder ohne seine Erlaubnis.

Also fuhr sie, und er bekam hin und wieder eine kurze Postkarte von ihr. Als er dann eines Tages im April bei Gewitter zum Flughafen fuhr, um wieder einmal zu einer Kraftprobe mit den Burschen in Atlanta zu fliegen, kam ihm ein Lastwagen entgegen, der durch eine plötzliche Seitenbö von der Fahrbahn abkam und im Zickzack über die Markierung rauschte. Man sagte hinterher, es sei ein Wunder, daß bei diesem Unfall nicht ein Dutzend Leute getötet wurde. Nur ein Mann, der Geschäftsführer einer Bank, sei schwer verletzt worden.

T. Harlan Bowie mußte aus seinem zertrümmerten Buick herausgeschweißt werden. Da das Blut in Strömen floß, hatten sich die Bergungsleute bei ihrer Arbeit sehr beeilt. Wie sich später herausstellte, hätten sie besser daran getan, langsamer vorzugehen und ihn nicht mit aller Muskelkraft aus dem Autowrack zu ziehen. Natürlich konnte man hinterher nichts beweisen. Die Fleischwunden wären nicht so schlimm gewesen. Aber die Wirbelsäule war gebrochen und der Strang zwischen dem zweiten und dritten Wirbel, durch den Bruch nicht mehr geschützt, war eingeklemmt, zerquetscht und eingerissen. Später konnte niemand mehr feststellen, ob das durch den Unfall oder bei der Rettungsaktion passiert war.

Das brachte ihn um. Zumindest von der Bruchstelle bis hinunter zu den Zehenspitzen. Gleichzeitig lachte das Schicksal noch in einer ganz anderen Ecke dreckig über den armen, traurigen, verrückten Kerl. T. Harlan Bowie hatte immer Glück gehabt mit den — wie Liz es nannte — »lustigen kleinen Wertpapieren«. Er legte stets seine Eier in verschiedene Nester und beobachtete diese Nester wie ein Adler. Doch an dem Tag, als sie ihm sagten, daß sie Liz' Kopf aufmeißeln wollten, verlor er das Interesse an seinen Nestern. Es handelte sich um ein paar Aktien von kleinen technologischen Gesellschaften. Er hatte achtzigtausend Dollar — gerecht verteilt — investiert. Nach Abzug der Steuern verdiente er dabei zwar nicht viel, aber im Lauf der Zeit summierte es sich doch.

Sein persönlicher Börsenmakler rief ihn von Zeit zu Zeit an, um ihm Bericht zu erstatten. Aber Harlan wollte davon nichts sehen und hören. Und nach Liz' Tod kam er sich so einsam und verlassen vor und machte sich so große Sorgen um Bix, daß er nicht die Spur neugierig war, etwas über seine kleinen Effekten zu erfahren. Zudem lag er bis Anfang Juli im Krankenhaus und kam anschließend in ein Sanatorium. Als er dann jedoch erfuhr, daß er pro Tag fünfundsiebzig plus Extras zahlen mußte, bekam er wieder einen Sinn fürs Geld und wollte wissen, woran er war. Ein guter alter Freund hatte das Haus am Cricket Bayou, das Liz so geliebt hatte, geräumt, Harlans persönliche Dinge irgendwo eingelagert und das Haus zu einem guten Preis verkauft. Seine Kranken-, Unfall- und Invalidenversicherung zahlte eine stattliche Summe. Und sein Anwalt hatte es erreicht, daß die Gesellschaft, bei welcher der Lastwagenfahrer haftpflichtversichert war, einen überraschend hohen Betrag ausspuckte. Zudem zahlte ihm die Versicherung der Bank noch eine Rente, da er gezwungen war, vorzeitig sein Arbeitsverhältnis zu lösen.

Als er den Makler anrief, hörte er eine ganze Weile der ehrfürchtigen, respektvollen Stimme zu, bis er schließlich begriff, daß die Kurse von zwei kleinen technologischen Gesellschaften, von denen er Aktien hielt, phantastisch in die Höhe geschnellt waren. Die Gesellschaften werteten zukunftssichere Patente aus, von denen Harlan noch nichts gehört hatte. Die Aktien der einen Gesellschaft, die er für sechs Dollar gekauft hatte, waren jetzt zweihundertfünfzig wert, und die der anderen Gesellschaft, die er etwas zögernder gehandelt hatte, waren von acht Dollar nur auf hundertzwanzig gestiegen. Das brachte ihm etwas mehr als zwei Millionen und einen Steuergewinn.

Er lachte, wollte sich totlachen, als er das hörte. Sein Makler leitete den Verkauf ein. Für das Steuergeld kaufte Harlan Wertpapiere; den Rest steckte er in steuerfreie Objekte der Stadt, und auf einmal hatte er ein steuerfreies Einkommen von zweihundertvierzig Dollar pro Tag, und das für alle Zeiten. Doch dieses Geld brauchte er nicht einmal anzurühren, denn was er aus anderen Quellen bezog, war schon mehr, als er benötigte, die Garten-Suite Nr. 5 in der Tropicana-Grove-Feierabendstadt mit eingerechnet.

Seine Rechtsanwälte sollten versuchen, Bix in Mexiko ausfindig zu machen und ihr zu erzählen, daß ihr Daddy schwer verletzt sei. Aber der letzte Teller mußte noch hinunterfallen. Und er zerbrach, als ein Mann mit einer höflichen, mitleidigen Stimme T. Harlan Bowie vom State Department aus anrief und ihm mitteilte, daß Miß Beatrice Bowie bei einem Unfall in Oaxaca ums Leben gekommen war. Der Wagen war von einer

Bergstraße abgekommen und abgestürzt. Die mexikanischen Behörden wollten jetzt wissen, wohin sie die Leiche überführen sollten und wer den Transport bezahle.

Armer kranker, trauriger, reicher, lausiger Kerl.

Da konnte man nur sagen: wie das Leben nun einmal so spielt. Manchen ereilt das Schicksal in so großen Brocken, die unverdaulich sind — so als wollte das Schicksal jemand sehr schnell abschreiben.

Weg mit ihm!

Wo ist der nächste Bursche, der sehr selbstbewußt ist, strahlt und meint, daß das Leben doch wunderschön sei?

So kam also die einzige Tochter per Luftfracht zurück und wurde neben ihrer Mutter auf einem dieser Plätze mit glücklichen Namen, bei denen die Grabsteine flach liegen, die einzelnen Gänge Namen haben und über die ständig aus wasserdichten Lautsprechern leise Orgelmusik rieselt, beerdigt.

Niemand wußte, ob es ihr in Mexiko gefallen hatte.

Vor drei Tagen wurde Meyer von T. Harlan Bowie angerufen. Nachdem Meyer das lange Gespräch beendet hatte, sagte er mir, ich sollte ihn nach Miami begleiten, um mich mit einem Freund von ihm zu unterhalten. Ich meinte daraufhin, daß ich keine Lust hätte, mich mit irgend jemand über irgend etwas zu unterhalten. Wir befanden uns auf einer sehr angenehmen Tour, und ich wollte das Faulenzen in vollen Zügen genießen.

Meyer erinnerte mich, daß ich Bix Bowie vor einem Jahr, ein paar Wochen nach der Beerdigung ihrer Mutter, kennengelernt hätte. Er hätte sie seinerzeit mit auf mein Hausboot gebracht. Wir hätten dann mit noch ein paar anderen Leuten in See gestochen, und dem Mädchen schien es bei uns gut gefallen zu haben. Doch das konnte man bei ihr nie so genau wissen. Er selbst sei früher so etwas wie ein Patenonkel für das Mädchen gewesen.

Ich erinnerte mich zwar an diese Tour, jedoch nicht so recht an das Mädchen. Offensichtlich war sie sehr schweigsam gewesen. Der Jammer ist, daß man meist nicht weiß, weshalb diese Mädchen schweigen. Aus Schüchternheit, Desinteresse oder schlicht aus Dummheit.

Ich sah, daß es mir mein Freund Meyer krumm nahm, daß ich nicht auf Anhieb zusagte. Deshalb willigte ich rasch ein, ehe er etwas sagen konnte, was man unter Freunden niemals sagen soll.

Auf der Fahrt nach Miami erzählte er mir dann, daß ihn Liz früher öfter gebeten hatte, sie zu Elternversammlungen in der Schule zu begleiten, da Harlan Bowie zu beschäftigt war, um sich darum zu kümmern. Manchmal glaubte er, daß Bix sich freuen würde, wenn ihr Vater dabei wäre, doch er konnte es nicht mit Gewißheit behaupten. Da das Mädchen sehr gefaßt war und sich ständig unter Kontrolle hatte, gelang es ihrem Vater nie, ihr richtig näherzukommen. Er und Liz waren auch dabeigewesen, als Bix die Abschlußprüfung in der Schule abgelegt hatte.

Ich sagte, daß es sich ein Vater eigentlich einrichten sollte, zumindest bei der Abschlußprüfung seines einzigen Kindes dabei zu sein, und Meyer konnte nicht umhin, mir zuzustimmen.

Auf dem Weg zur Tropicana-Grove-Feierabendstadt steckte mich Meyer mit seiner Besorgnis an. Ich konnte mich zwar nicht an diese Blondine erinnern; doch jeder Mensch, der auf McGees Hausboot zu Gast war, verdiente ein besseres Schicksal und wahrscheinlich einen besseren Vater.

Der Gebäudekomplex, der sich in einer ruhigen Gegend von Coral Gables befand, bestand aus Flachbauten, die von schönen alten Bäumen und sehr vielen Blumen umgeben waren. Die Vögel sangen, und alte Männer wurden in ihren Rollstühlen über die Gartenwege geschoben. Nach einem Telefongespräch vom Hauptgebäude aus erschien eine untersetzte Frau in einer grau-weißen Uniform, die sich als Mrs. Kreiger vorstellte. Ein Lächeln huschte über ihr Gesicht, als sie Meyer wiedererkannte. Sie führte uns durch einige Gartenwege zur Garten-Suite 5. T. Harlan Bowie, der durch seine Querschnittslähmung an den Rollstuhl gefesselt war, saß in einem Zimmer, das mit Teppichen ausgelegt war und eine Klimaanlage hatte. Er verfolgte auf dem Bildschirm die Börsenberichte. Als wir ins Zimmer traten, schaltete er den Apparat aus.

Ein dünner, großer gebrechlicher Mann. Sein Händedruck war schwach und schlaff. Sein Blick hatte nichts mit den tiefliegenden Augen oder seinem Kummer zu tun, sondern es war der Blick eines Mannes, der vom Schicksal geschlagen war und der mit hundertprozentiger Sicherheit wußte, daß er dem Tod näher war als dem Leben.

Er hatte ein langes, schmales Gesicht, eine hohe Stirn und dünne weiße Haare. Mrs. Kreiger sagte, sie würde ihn nachher zur Therapie abholen. Sie hatte breite blasse Lippen, hübsche Augen und einen Körper, in dem Muskelkraft steckte. Ihr starker deutscher Akzent war nicht zu überhören, als sie dann glücklich sagte, daß Mr. Bowie die Zehen seines rechten Fußes bewegt hätte.

Er lief rot an und sah so gereizt aus, als wollte er sagen: Alles Quatsch, Jungens.

Als sich die Tür hinter ihr geschlossen hatte, äffte er ihren Tonfall nach: »Und bald werden wir mit Ihnen ein kleines Rennen veranstalten — ja, Mr. Bowie?« Er bat uns, Platz zu nehmen. »Meyer, hast du mit Mr. McGee alles besprochen?«

»Ich habe ihm nur in groben Zügen die Geschichte erzählt, aber nichts von dem gesagt, was wir tun sollen.«

Harlan rollte den Stuhl etwas herum, damit er mir besser ins Gesicht sehen konnte. »Mr. McGee, ich weiß verdammt wenig, was meine Tochter Bix gefühlt, gedacht und geglaubt hat. Ich habe jetzt sehr viel Zeit zum Nachdenken. Und je mehr ich darüber nachdenke, desto bewußter wird mir, daß ich ein sehr, sehr schlechter Vater gewesen bin. Als sie noch ein kleines Kind war, verstanden wir uns ausgezeichnet. Ich weiß, daß sie mich zu jener Zeit über alles geliebt hat. Und das war schön so. Unser einziges Küken. Liz hat bei der Geburt viel durchgemacht und konnte keine weiteren Kinder bekommen. Bix war zu keiner Zeit häßlich gewesen. Sie war ein süßes Baby, ein reizendes kleines Mädchen, und wurde dann ein hübscher Teenager. Keine Akne, keine Klammer auf den Zähnen, keine schlaksige Zeit. Liz und ich waren uns wahrscheinlich immer zu sehr bewußt, daß sie unser einziges Kind war. Da es uns irgendwie erschreckte, daß sie so verdammt hübsch war und von allen bewundert wurde, waren wir besonders streng zu ihr. Zwei gegen einen. Sie mußte sich wahnsinnig anstrengen, um uns etwas recht zu machen und ein Lob zu hören. Vielleicht haben wir damit ihr Selbstbewußtsein unterdrückt und sie unsicher gemacht. Aber es gibt so viele Möglichkeiten, wie man ein Kind erziehen kann. Woher soll man wissen, welche Methode die richtige ist?

Ich hatte immer sehr, sehr viel zu tun. Deshalb kümmerte ich mich nicht viel um den Menschen Bix. Für mich war sie ein Objekt. Ein hübsches Kind.

Als Liz dann — sehr krank wurde, kam Bix nach Hause und blieb die ganze Zeit über an der Seite ihrer Mutter. Sie hat es bestimmt nicht leicht gehabt. Ich nahm es als selbstverständlich an, daß sie hart wie ein Felsbrocken war. Auch ihre Stärke nahm ich als etwas Selbstverständliches hin. Gott allein weiß, wie sehr sie das Ganze mitgenommen hatte. Mir gegenüber ließ sie sich nie etwas anmerken. Ohne Liz kam ich mir wie ein Hund ohne Schwanz vor und litt entsetzlich. Wir beide hätten unseren Schmerz gemeinsam tragen sollen. Vater und Tochter. Doch jeder von uns machte allein die Hölle durch. Ich wußte nicht einmal, was sie tat. Sie war — eben da.«

Er warf mir einen verzweifelten Blick zu und machte eine leere Handbewegung.

»Ich weiß auch nicht, was sie in meinem Haus in Miami getrieben hat. Ständig hatte sie irgendwelche Freunde und Freundinnen eingeladen. Das waren schon sehr seltsame Vögel. Wenn ich durch die Räume ging, starrten sie mich an wie einen Marsmenschen, so, als wäre mein Haus eine Busstation, und ich war ein eigenartiges Wesen, das sich auf der Durchreise befand. Leere Augen, laute Musik. In den ersten Januartagen des Jahres ist sie nach Mexiko gefahren. Sieben Monate später war sie tot. Ich möchte wissen, wie — wie das passiert ist. Ich möchte wissen ... O Gott, steh' mir bei! Ich möchte einfach nur wissen, ob sie dort eine schöne Zeit verlebt hat.«

Seine Stimme brach, und er legte seine Hand über die Augen. Meyer sprach für ihn weiter.

»Er hat eine Agentur damit beauftragt, Erkundigungen einzuziehen. Doch die Berichte sind strohtrocken. Da er nicht in der Lage ist, die Spur selbst zu verfolgen, versucht er jemanden aufzutreiben, der das für ihn erledigen kann. Er sucht dafür einen Mann ohne Familie und ohne geregelte Beschäftigung und dachte an mich. Als wir uns darüber unterhielten, sagte ich ihm, daß du der richtige Mann für ihn seist. Er möchte nun, daß wir uns beide auf den Weg machen. Alle Unkosten werden ersetzt. Wir sollen uns bei unserer Mission Zeit lassen, um ihm danach einen genauen Bericht geben zu können.«

Bowie mischte sich wieder ein. »Und ihr sollt herausfinden,

mit was für Menschen sie herumgezogen ist — und herausfinden, ob jemand vielleicht — ein grausames Spiel mit ihr gespielt hat.«

Ich fragte ihn, wie er darauf käme, und er erklärte es mir. Nachdem man ihm die traurige Mitteilung gemacht hatte, daß seine Tochter bei einem Unfall ums Leben gekommen war, hatte er einen Brief bekommen, der mindestens eine Woche vor ihrem Tod geschrieben und aufgegeben worden war. Da dieser Brief noch an seine alte Adresse gegangen war, hatte es eine Weile gedauert, bis man ihn ihm auf Grund seines Nachsendeantrags zustellte. Er holte den Brief aus einer Schublade und überreichte ihn mir.

Er war mit der normalen Post gekommen. Am 23. oder am 28. Juli — der Poststempel war so verwischt, daß man das genaue Datum nicht erkennen konnte — war er in Oaxaca abgeschickt worden. Billiges Papier. Billiger Umschlag. Blauer Kugelschreiber. Die Zeilen standen in einer krakeligen Schrift da, die zum Teil aus Druckbuchstaben, zum Teil aus Langschrift bestand. Der Brief enthielt weder ein Datum noch eine Anrede noch eine Unterschrift. Man konnte nicht erkennen, ob es eine weibliche oder eine männliche Handschrift war.

Wenn Sie wollen, daß Bix je zurückkommt, oder auch nur zurückkommen will, dann tun Sie gut daran, schnellstens hierher zu kommen oder jemand zu schicken, denn sie weiß nicht, was mit ihr geschieht.

»Meine Tochter wußte immer, was mit ihr geschieht. Irgend jemand muß die Absicht gehabt haben, ihr Schwierigkeiten zu bereiten. Weshalb, weiß ich nicht. Vielleicht irgendein kleines grausames Spiel. Da in dem Brief steht, daß sie vielleicht nicht zurückkommen will, kann er nicht im direkten Zusammenhang mit dem Unfall stehen.«

Was Bowie dann noch sagte, sollte uns nur dazu bringen, ihm über das Ende des kurzen und glücklichen Lebens von Miß Bowie Bericht zu erstatten.

Vielleicht war Bix Bowies Leben gar nicht so glücklich gewesen.

Vielleicht war sie auf schreckliche Weise gestorben.

Wir hatten die knappen Berichte des Detektivbüros, die Übersetzungen des mexikanischen Polizeiberichts und ein paar Abzüge eines Negativs, das uns Harlan Bowie gegeben hatte.

Auch als ich ihr Bild gesehen hatte, konnte ich mich nicht an sie erinnern. Ein volles Gesicht, ein schwaches Lächeln. Es war eine Blitzlichtaufnahme, die von einem Weihnachtsfest stammte, als die Familie noch vollzählig war. Das Kind war von der Schule nach Hause gekommen. Das Kind sah aber keineswegs kindlich aus. Eine reife Frau. Langes, dichtes weißblondes Haar. Aufmerksame Augen. Meyer sagte mir, daß sie tiefdunkelblau waren. Ein wissender Mund. Der Gesichtsausdruck war voller Widersprüche. Sie blickte sanft, reserviert, fast zufrieden. Doch das Blitzlicht zeigte deutlich den kleinen harten Muskel am Kinn, was bedeutete, daß sich das Mädchen eisern unter Kontrolle hielt.

Unser riesiger Blechvogel rauschte über die Startbahn, hob vom Boden ab und stieß steil in die Höhe. Jeder spielte das gewohnte Spiel und heuchelte Gleichgültigkeit. Im Zeitalter der Luftfahrt hat man ja keine Atembeschwerden und kann sich auf seine Schließmuskeln verlassen.

Ich schaute hinunter auf die blaue Bucht, die gemeinhin unter dem Namen Miami Beach bekannt ist. Zuckertürmchen und niedrigere Preise im Spätsommer. Wir befanden uns auf dem Weg, um bei ihrem Lebensende anzufangen und uns mühsam zurückzuarbeiten.

2

Die beiden mexikanischen Stewardessen in der ersten Klasse waren proper, hübsch, tüchtig und sehr höflich. Es war erholsam, daß sie offensichtlich nicht darauf gedrillt waren, ständig zu lächeln. Die Getränkekarte konnte sich sehen lassen. Das Essen wurde spät serviert. Obwohl es reichlich schwer war und deshalb nicht ganz meinem Geschmack entsprach, wurde es in einer Weise serviert, die einem mehr die Illusion der Beständigkeit vorgaukelt, als es bei den Papptellern und Plastikbechern der Inland-Fluggesellschaften der Fall ist.

Die Teller waren aus schwerem gelbem Porzellan und mit einem Goldrand versehen. Die kleinen Tischdecken und Servietten waren aus schwerem Leinen. Die Bestecke bestanden aus

Silber, und Sahne, Zucker, Salz und Pfeffer wurden in geschliffenen Glasbehältern gereicht.

Meyer grinste. »In den Jet-Maschinen ist ein begrenztes System zur Lebenserhaltung vorhanden. Die Maschine hängt hier oben über den Gewitterwolken. Es gibt Heizung, Ventilation, Lebensmittel, Wasser und die Möglichkeit, Abfall zu vernichten. Die Dauer dieses Systems hängt von der Treibstoffzufuhr ab. Wenn also ein Flug an einem falschen Ort zu einer falschen Zeit aus einem falschen Grund zu einem plötzlichen Halt kommt, dann erwartet man doch, daß es nur die üblichen Trümmer gibt. Travis, ich sehe im Geist einen bewaldeten Hügel vor mir, der mit Porzellanscherben und Tafelsilber übersät ist. Das muß dann so aussehen, als ob ein Speisesaal aus dem Himmel gefallen wäre. Diese entsetzlichen Pappteller und Plastikbecher sind da schon eher für den Katastrophenfall geeignet. Die Ausstattung in diesem Flugzeug ist eigentlich eine Gewähr dafür, daß es nicht vom Himmel fallen kann. Wenn man nun die Wände dieses Blechvogels noch mit einer Holztäfelung . . .«

»Sehr witzig. Aber vielleicht kannst du deine tiefschürfenden psychologischen Gedankengänge mal wieder in eine andere Bahn bringen und dich mit T. Harlan Bowie beschäftigen. Irgendwie ist ein Bruch in seiner Geschichte.«

Meyer zuckte die Schultern. »Sicher.«

»Und was soll das bedeuten?«

»Die Geschichte stimmt. Du nimmst ihm nur seine Besorgnis nicht so recht ab. Aber er macht sich Sorgen. Er ist durch seine eigene Behinderung behindert. Er braucht uns, damit sein Image wieder in Ordnung kommt. O ja, er hat Bix geliebt, als sie noch klein war. Kleine Kinder sind so niedlich und man möchte sie umarmen. Wie Puppen oder junge Kätzchen. Doch sobald aus den Kätzchen Katzen werden, setzt man sie irgendwo auf dem Land aus und bildet sich ein, daß sie ein schönes Leben haben und viele Mäuse fangen werden. Glaube mir, McGee, es gibt viele Harlans auf dieser Welt. Sie führen zwar ein Familienleben, aber sie verschwenden nicht allzu viele Gefühlsregungen dabei. Sie sind sich gar nicht bewußt, wie sehr sie heucheln. Kurzum: ich möchte sagen, daß Leute wie Harlan mit der unausgesprochenen, nicht einmal selbsterkannten Überzeugung herumlaufen, daß niemand auf der Welt außer ihnen wirklich existiert. Die anderen dienen zur Staffage eines Bühnenbildes, bei dem er — in diesem Falle Harlan — allein auf der Bühne steht. Die anderen spielen nur kleine Rollen, die dazu dienen, sein Image abzurunden. Frau, Kind, Arbeit und Haus gehörten dazu, und er hat immer dafür gesorgt, daß sein Image in Ordnung war. Jetzt muß er sich erst mit seiner neuen Rolle vertraut machen. Er ist eine arme verkrüppelte Figur. Deshalb sind seine Tränen auch nicht ganz echt. Unsere Mission soll ihm zu einem neuen Image verhelfen. Deshalb braucht man ihn nicht zu verachten. Er glaubt wirklich, daß er auf dem Höhepunkt seines Lebens ist und immer gewesen ist. Die Umwelt hat ihn auch nie daran zweifeln lassen. Was dieser Mann für Gefühl hält, *ist* für ihn ehrliches Gefühl.«

»Heucheln wir nicht alle hin und wieder ein wenig?«

»Sicher. Aber wir merken es, wenn wir es tun, nicht wahr?«

»Wir fühlen uns dabei unbehaglich.«

»Aber er merkt es nicht. Und das ist der Unterschied.«

Ich dachte darüber nach. »Die Frage ist beantwortet, Meyer. Wie war seine Frau?«

»Eine nette Frau. Angenehm, ausgeglichen und anpassungsfähig.«

»Würde Bix das verstanden haben, was du mir eben erzählt hast?«

»Vielleicht. Sie muß gemerkt haben, daß irgend etwas nicht ganz stimmte. Vielleicht dachte sie, es war das, was die anderen als die Kluft zwischen den Generationen bezeichnen. Hätte ich es ihr erzählt, wäre sie wahrscheinlich auf den Gedanken gekommen, daß sie anstellen konnte, was sie wollte, ohne daß es ihr je gelingen würde, es ihm recht zu machen. So glaubte sie sicher, daß sie es nur nicht verstand, sein Verständnis und seine Liebe zu gewinnen, ohne zu wissen, daß diese Gefühle bei ihm gar nicht existierten.«

Ich holte die Berichte der Detektivagentur aus der Innentasche meines Jacketts und studierte sie sorgfältig, immer auf der Suche nach einem kleinen Hinweis, den ich vielleicht beim ersten Lesen übersehen hatte.

Die Gruppe war am 3. Januar in Miami aufgebrochen. Sie fuhren in einem großen blauen Chevrolet, der mit einer Einrichtung zum Anhängen eines Wohnwagens versehen war. Der

Wagen war auf den Namen Walter Rockland in Florida zuge-
lassen. Rockland hatte bis kurz vor Weihnachten als zweiter
Bademeister des Swimming-pools im Sultana-Hotel in Miami
Beach gearbeitet. Ein paar Tage vor Weihnachten hatte Miß
Beatrice Bowie achttausend Dollar von ihrem Konto abgehoben.
Ihr restliches Guthaben belief sich auf dreizehntausendzwei-
hundertelf Dollar und sechzig Cent, wovon zwölftausend der
Rest von den zwanzigtausend waren, die sie von ihrer Mutter
geerbt hatte. Sie kaufte für den Chevrolet einen Wohnwagen.
Die ganze Gruppe rüstete sich mit dem notwendigen Camping-
Zubehör aus — Schlafsäcke, Werkzeuge, Zelt, Kocher, Petro-
leumlampen, Netze, Taschenlampen und Verbandskasten. Am
10. Januar waren sie in Brownsville, Texas, aufgekreuzt. Aus
den Registern der Stadtverwaltung ging hervor, daß sie um
Touristenkarten und Aufenthaltsgenehmigungen, die sechs
Monate Gültigkeit haben, gebeten und diese auch bekommen
hatten. Die anderen Mitglieder der Gruppe waren: Minda
McLeen, zwanzig Jahre, ewige Studentin, Postfach 80, Coral
Gables, Florida; Carl Sessions, zweiundzwanzig Jahre, Musiker,
gleiche Adresse wie Miß McLeen; Jerome Nesta, sechsundzwanzig Jahre, Bildhauer, Postfach 2130, Key West, Florida.

Die Agentur hatte einige Nachforschungen über diese jungen
Leute angestellt. Miß McLeen war seit Mai vergangenen Jahres
nicht mehr zu den Vorlesungen an der Universität von Miami
erschienen. Walter Rockland war vom Sultana-Hotel fristlos
entlassen worden. Obwohl sich der Personalchef dazu nicht
geäußert hatte, bestand der berechtigte Verdacht, daß Rockland
die Wintergäste bestohlen hatte. Jerome Nesta war dreieinhalb
Jahre zuvor bei einer Rauschgifttrazzia in Marathon, Florida,
geschnappt worden. Er leugnete, im Besitz von Marihuana zu
sein. Als sein Fall zur Verhandlung kam, gab es ausreichende
Beweise dafür, daß der Behälter, der dem Gericht vorgelegt
wurde, in der Tat der gleiche war, den man ihm kurz vor der
Untersuchungshaft abgenommen hatte. Er schlängelte sich durch
die Paragraphen und wurde schließlich freigelassen.

Man kann nicht leugnen, daß in den Rauschgiftgesetzen eine
Lücke ist, die für den einzelnen sehr dramatisch werden kann.
Der Besitz von Marihuana ist ein Kapitalverbrechen. Egal, ob
Marihuana nun so harmlos ist, wie viele glauben, oder so

schlecht und schädlich wie andere meinen — jeder gute und humane Richter greift nach einem Strohhalm, um die grausame und barbarische Strafe nicht aussprechen zu müssen, die im Gesetz dafür vorgesehen ist. Die selbstherrlichen Säulen der Gesellschaft und der Kirche glauben, den Rauschgiftgenuß damit verhindern zu können, indem sie den Besitz von Rauschgift zum Kapitalverbrechen stempeln.

Nennen wir ein Beispiel. Bei einem achtzehnjährigen College-Boy aus Florida findet man ein paar Marihuana-Zigaretten. Dem jungen Mann wird der Besitz von Rauschgift nachgewiesen — was automatisch ein Kapitalverbrechen ist —, und er wird dementsprechend bestraft. Der Bursche verliert damit das Recht zu wählen, er darf nie eine Waffe besitzen und nie im städtischen Dienst arbeiten. Der junge Mann darf niemals Arzt, Dentist, Ingenieur, Rechtsanwalt, Architekt, Apotheker, Privatdetektiv, Lehrer, Friseur, Masseur oder Börsenmakler werden. Er kann nie eine Arbeit annehmen, die etwas mit einer Innung oder einer Gewerkschaft zu tun hat. Die Tore von West Point, Annapolis und der Luftwaffen-Akademie bleiben ihm verschlossen. Wenn er zur Armee kommt, landet er mit Sicherheit in einem Strafbataillon.

Diese Strafe ist zu hart. Sie verschließt zu viele Türen. Diese Strafe zerstört einem jungen Menschen — der ein kleines Experiment gemacht hat — das ganze Leben. Die Richter wissen das und greifen nach jedem Strohhalm, um den jungen Mann nicht verdonnern zu müssen.

Ich fragte mich, ob der Bildhauer Jerome Nesta wußte, welches Glück er gemacht hatte. Ob er sich wohl geändert hatte? Und ob ich wohl je die Gelegenheit haben würde, ihn danach zu fragen?

Am 10. Januar waren sie also in Matamoros über die mexikanische Grenze gefahren. Und sieben Monate später, an einem Sonntag, dem 3. August, war — dem mexikanischen Polizeibericht zufolge — Miß Beatrice Bowie, zweiundzwanzig Jahre, in der Dämmerung die kurvenreiche Bundesstraße 175 in Richtung Oaxaca hinuntergefahren. Ein Busfahrer, der auf einer Straße auf der gegenüberliegenden Seite des Tals gewesen war, hatte die Stichflamme gesehen, die entstanden war, als Miß Bowies Wagen fünfzehn Meilen von der Stadt entfernt von der Straße abkam und sich überschlug. Als der Busfahrer in Oaxaca angekommen war, hatte er Bericht erstattet. Inzwischen war es Nacht geworden, und die Polizisten konnten die Reste des Autos erst am nächsten Morgen finden. Sie war allein in einem Ford gefahren, der in Oaxaca zugelassen war und einem amerikanischen Bürger namens Bruce Bundy, Alter 44, wohnhaft 81 Calle las Artes, Oaxaca, gehörte.

Bundy hatte ausgesagt, daß er seinen Wagen am Samstag nachmittag einem jungen amerikanischen Touristen, der ihm nur unter dem Namen George bekannt war, geliehen hatte. Er wußte weder, daß ein Mädchen in seinem Wagen fuhr noch aus welchem Grund es die Bergstraße hinuntergefahren war. Erst am Montag nachmittag konnte die Leiche identifiziert werden. Eine Frau kam ins Leichenschauhaus und erkannte in der Toten Beatrice Bowie. Sie gab zu Protokoll, daß sie Miß Bowie und Miß McLeen im Gästehaus ihres Winterquartiers in der Avenida de las Mariposas aufgenommen hätte. Madame Eva Vitrier, eine gebürtige Französin, sagte weiterhin aus, daß sich ihre beiden Gäste einige Tage zuvor gestritten hätten und daß Miß McLeen nach Mexico City gezogen wäre. Miß Bowie hätte danach einen verzweifelten und niedergeschlagenen Eindruck gemacht. Nachdem Miß Bowie dann am Sonntag nicht nach Hause gekommen wäre und sie — Madame Vitrier — etwas von einem Unfallopfer, das noch nicht identifiziert sei, gehört hatte, dachte sie gleich an Miß Bowie. Und wie sich herausstellte, hatte sie mit ihrer Vermutung recht. Sie kannte zwar Mr. Bundy, glaubte aber nicht, daß Miß Bowie ihn kannte. Der Name George sagte ihr nichts. Doch es war durchaus möglich, daß Miß Bowie ihn kannte. Die jungen amerikanischen Touristen schienen sich alle zu kennen.

Ein paar Polizisten hatten dann Madame Vitrier nach Hause begleitet, um Miß Bowies persönliche Sachen, inklusive ihrer Geldbörse und ihrer Aufenthaltsgenehmigung, die schon über einen Monat abgelaufen war, abzuholen. Ihre Bemühungen, einen jungen Mann namens George ausfindig zu machen, waren ergebnislos verlaufen.

Meyer wartete, bis ich die Berichte wieder einsteckte. »Irgend etwas Neues?«

»Nur weitere Fragen. Wann hat sie den Restbetrag von ihrem Konto abgehoben?«

»Harlan sagte Ende März.«

Ich wußte, wohin sie sich das Geld hatte überweisen lassen. An die Bank Los Tres Rios Trailer Park in Culiácán im Staate Sinaloa, der am Golf von Kalifornien liegt.

»Das sind doch alles verdammt lange Strecken. Von Brownsville nach Oaxaca, von dort aus nach Culiácán und zurück nach Oaxaca. Haben sie die Tour alle gemeinsam im Wohnwagen gemacht? Und wann und weshalb haben sie sich getrennt? Die Mexikaner sind sehr darauf bedacht, daß die Autos der Touristen nach sechs Monaten wieder über die Grenze kommen. Man kann über die Grenze fahren, sich ein neues Carnet beschaffen und zurückkommen, aber man darf die Aufenthaltsgenehmigung nicht überziehen. Ich frage mich: wozu brauchte sie das Geld und weshalb hat sie die Aufenthaltsgenehmigung nicht verlängert?«

»Hör bloß auf. Sieh lieber aus dem Fenster und schau dir diese drei niedlichen Vulkane an. Mein Gott, es sind ja sogar vier.«

»Citlaltepetl, Malinche, Iztaccihuatl und Popocatepetl.«

»Hast du einen Krümel in der Kehle?«

»Wenn du es dir leichter machen willst, kannst du den kleinen da statt Citlaltepetl auch Orizaba nennen.«

»Travis, ich hatte keine Ahnung, daß du Mexikos schneebedeckte Gipfel kennst.«

»Es war einmal ein Dachgarten in Puebla. Eine schmale steile Stiege führte zu der größten Hängematte, die du je gesehen hast, alter Freund. Und wenn die Nacht ruhig und das Mondlicht klar war, dann streckte sich ein Bursche auf dieser Hängematte aus und starrte zu den Sternen empor. Eine gewisse Maria Ampora Celestina Rodriguez de la Vega pflegte dann den Arm zu heben und besagtem Burschen die Namen der Vulkane zu nennen.«

»Aha! Stammen deine mexikanischen Sprachkenntnisse aus jener Zeit, Señor?«

»In gewisser Weise, ja.«

Dann hieß es anschnallen. Die Maschine stieß in den nebligen, vom Qualm und Schwefel verpesteten Talkessel hinunter. Mehr als sechs Millionen der fünfzig Millionen Mexikaner leben in dieser Stadt. Das wäre vergleichsweise so, als ob vierundzwanzig Millionen Amerikaner in Denver leben würden. Das Plateau ist

von hohen Bergen umgeben, die verhindern, daß die Auspuffgase von Tausenden von Lastwagen und Bussen und unzähligen
VW, die eine mexikanische Lizenzfabrik am Fließband herstellt,
abziehen. Die Auspuffgase vermischen sich mit dem Rauch einiger hunderttausend kleiner Holzkohlenfeuer und hängen an son-
nigen Tagen wie eine safrangelbe Wolke, die sich in der Dämmerung dunkelrot verfärbt, über der Stadt.

Unser Taxifahrer war ein netter, fröhlicher, lärmender Bursche. Kleine Heiligenbilder zierten das Armaturenbrett seines
Wagens. Da er ständig mit den Händen redete, blieben ihm zum
Steuern nur die Handgelenke. Er schoß in Lücken hinein, die sich
kurz vor ihm auftaten und sich sofort hinter ihm wieder schlossen. Es war eine mörderische Fahrt. Er meinte, wir könnten uns
glücklich schätzen, daß es noch nicht fünf Uhr sei; so bestehe
Hoffnung, daß er die Fahrt zum Hotel Camino Real in etwa
zwanzig Minuten schaffen könnte. Nach fünf würde er bestimmt
eine Stunde länger brauchen. Ich übersetzte. Meyer schloß die
Augen und sagte, daß ihm eine Stunde und zwanzig Minuten
weitaus lieber wären.

Nachdem der Taxifahrer erst einmal zum Paseo de la Reforma
gekommen war und in Richtung Chapultepec brauste, spielte er
bei jedem Kreisverkehr — am Colón, Cuauhtémoc, Indepencia
und Diana — das berühmt-berüchtigte *Chicken-Game.* Dieses
Spiel geht folgendermaßen vor sich: man drängt sich mit erhöh-
ter Geschwindigkeit in einen Kreisverkehr, stößt bis zum Mittelpunkt vor und umkreist ihn mit quietschenden Reifen, um
sich dann bei der Straße, in die man abbiegen will, rücksichtslos
nach rechts zu drängen.

Meyer hatte die Augen weit aufgerissen, sehr weit. Ich versuchte, seine Aufmerksamkeit vom Verkehr abzulenken, indem
ich ihm erklärte, daß Chapultepec nichts weiter als »Heu-
schrecken-Hügel« heiße. Doch Meyer hatte nur Augen für die
Wagen, an denen wir um Haaresbreite vorbeischossen. »Ach, du
lieber Gott — ach, du lieber Gott . . .«

Am Diana hatten wir wohl den letzten Kreisverkehr geschafft.
Als wir dann am Mariano Escobedo entlang rasten, trat unser
Fahrer noch ein paarmal kräftig aufs Gas und überholte in hals-
brecherischer Fahrt einige Busse. Wenig später bog er in die
Einfahrt zum Hotel ein, bremste ruckartig und drehte sich nach

einem Blick auf die Uhr mit breitem Grinsen zu uns um. »Zweiundzwanzig Minuten!«

»Ich würde gern noch ein bißchen sitzenbleiben.« Meyer sank erschöpft zurück.

Doch ein junger Portier, der wie ein Admiral aus Ecuador ausstaffiert war, ließ uns nicht zur Ruhe kommen und hievte uns und unser Gepäck aus dem Taxi.

Ich warf einen ersten Blick aufs Camino Real. Das Ding dürfte gut seine fünfundzwanzig Millionen Dollar wert sein. Der Gebäudekomplex bestand aus sieben Häusern, die miteinander verbunden waren und von denen das höchste nur fünf Stockwerke hatte. Die Empfangshalle hatte die Ausmaße eines Fußballplatzes und war mit einem glänzenden Parkettboden ausgelegt. Mein erster Eindruck war überwältigend. Grelle Farben, kühne architektonische Einfälle, verblüffende Ausblicke, unzählige Boutiquen, Bars, Hallen, Springbrunnen, künstliche Teiche, Restaurants — kurzum: mit Teppichen ausgelegter Luxus. Der ganze Gebäudekomplex dürfte an die siebenhundert Zimmer und Appartements haben.

Mit unserer Vorbestellung hatte es geklappt. Ein flinker Hotelboy schnappte unser Gepäck. Nach einer kurzen Fahrt im Fahrstuhl und einem langen Weg einen Gang entlang, kamen wir in unser Appartement im dritten Stock, das aus zwei miteinander verbundenen Zimmern bestand. Die Drinks kamen prompt. Ich packte aus. Als ich Meyer mit sonorer Stimme singen hörte, folgte ich dem Klang und fand ihn in einer riesigen Badewanne. Er seifte sich fröhlich singend seinen schwarzen Pelz ein und hatte das Glas auf dem Badewannenrand abgestellt.

»Was ist nur mit den letzten Löwen los?« Er gab sich die Antwort selbst. »Sie sind zu fett und zu träge geworden. Wie können wir diesen Christen hier Gottes Zorn einflößen, wenn wir keine schnelleren Löwen haben?«

»Sonst noch was?«

»Reiche mir meine Fiedel.«

»Schon wieder? Wir haben doch gerade erst das letzte Lagerfeuer ausgemacht.«

Er hob sein Glas. »Auf das primitive Mexiko!«

Ich ließ ihn fröhlich plätschernd und singend in der Badewanne zurück, ging wieder in mein Zimmer und suchte in dem

überdimensionalen Telefonbuch die Nummer von Ron Townsend.

Als ich dort anrief, meldete sich ein Mädchen. Es hatte eine
sympathische, etwas heisere und sehr persönlich klingende
Stimme: »Bleiben Sie am Apparat, mein Freund, bis sich Ron die
Seife aus den Augen gewaschen hat.«

Als er sich meldete, hatte ich das Gefühl, er freute sich, meine
Stimme zu hören. Er war gebürtiger Kubaner und leitete in
Mexiko die Filiale einer Versicherungsgesellschaft aus Miami.
Vor einiger Zeit hatte ich ihm einmal geholfen. Ich schnappte
einen Sekretär, als dieser aus einem Safe so viel Geld entwen-
dete, daß die Versicherungsgesellschaft einen großen Schaden
erlitten hätte. Er freute sich zu hören, daß Meyer auch hier wäre
und bedauerte nur, daß er eine Verabredung hätte, die nicht
mehr rückgängig zu machen sei. Aber er würde in einer halben
Stunde auf einen Sprung vorbeikommen. Wir trafen uns dann
auch in einer Bar des Camino Real, die er uns empfohlen hatte.
Als er in die Bar, die sich Azulejos nannte, kam, hatte er das
Mädchen mit der angenehmen Stimme bei sich. Sie hieß Miranda
Dale, war groß und schlank und trug ein Minikleid aus schwarzem Leder mit großen Messingketten. Miranda hatte gerade in
einem westdeutschen Film, der in Mazatlan, an der mexikanischen Westküste, gedreht worden war, eine kleine Rolle gespielt.

Als ich Ron unser Problem schilderte, hörte das Mädchen
interessiert zu. Auf meine Frage, ob er vielleicht jemand in
Oaxaca kenne, der uns weiterhelfen könnte, nannte er einen
gewissen Enelio Fuentes, der mit ihm befreundet war und in
Oaxaca eine VW-Vertretung hatte. Außerdem leitete er noch
verschiedene andere kleinere Agenturen. Ron wollte seinen
Freund Fuentes anrufen und ihn bitten, uns nach Möglichkeit
weiterzuhelfen. In Cliácán kannte Ron niemanden.

Dann fragte ich, wo ich Erkundigungen über den Chevrolet,
der in Florida auf den Namen Walter Rockland zugelassen war,
einholen könnte. Er meinte daraufhin, daß ich mir diesen Versuch schenken könnte. Beim Grenzübertritt bekomme man
Wagenpapiere, von denen die Zöllner eine Kopie behalten. Ver-
lasse man das Land bei einem anderen Übergang, dann sollten
theoretisch die abgestempelten Wagenpapiere zum Einreiseort

geschickt und später irgendwo in Mexico City abgelegt werden. Doch das sei reine Theorie.

Ich sagte ihm, daß wir früher oder später nach Mexico City zurückkämen, doch zunächst nach Oaxaca fahren wollten, in der Hoffnung, noch ein paar Freunde von Miß Bix vorzufinden.

Dann mußten die beiden aufbrechen. Das Licht reflektierte auf dem Minikleid und den Lederstiefeln des Mädchens. Drei Mexikaner lehnten an der Bar und sangen Balladen. Als das Mädchen vorbeiging, improvisierten sie einen Text, den ich nicht mitbekam. Ron drehte sich jedenfalls um, grinste und machte eine Bemerkung, die ihm Gelächter und Applaus einbrachte.

Meyer und ich blieben da. Er hatte herausgefunden, daß *tequila añejo commemorativo* mit einem *sangrita* daneben ein sehr feines Getränk sei. Añejo — das »j« wird kehlig ausgesprochen — heißt alt. *Commemorativo* bedeutet eine bestimmte Art der Destillierung. Es ist ein klarer hochprozentiger Drink, der eiskalt serviert wird. Das Getränk, das man dazu trinkt, heißt mit vollem Namen *sangrita de la viuda* und bedeutet aus einem Grund, den ich noch herausfinden muß, »etwas von dem Blut einer Witwe«. Es ist Tomatensaft mit Zitrone, Salz und Pfeffer und vielen anderen Gewürzen. Meyer bestellte sich von dieser Mischung einen Drink nach dem anderen.

Nach einigen Gläsern änderte sich seine Stimmung. »Man kann auf viele Arten gemein und geschmacklos sein. So kann man sich beispielsweise bei der Erfüllung einer traurigen Pflicht amüsieren. Doch ist es nicht ein Zeitverlust, sich mit toten Frauen zu beschäftigen?«

»*Tequila* sollte dir nicht die Laune verderben.«

»Wenn ich ihn nicht hätte, würde ich wahrscheinlich weinen.«

3

Wir hatten unseren Flug für die frühen Morgenstunden gebucht und saßen jetzt in einer vollbesetzten viermotorigen alten Douglas-Maschine. Die Motoren heulten auf, Öl lief über die Tragflächen, und der ganze Vogel vibrierte entsetzlich. Ich hatte einen Fensterplatz und blickte fasziniert auf die Startbahn. Wir nehmen es als selbstverständlich hin, daß die Jets vom Boden abheben und steil in die Höhe stoßen. Das Ding, in dem wir nun saßen, rollte dröhnend über die Startbahn, schien dann irgendwie in der Luft zu hängen und erkämpfte sich Meter für Meter an Höhe. Ich hatte sehr viel Zeit, um in die Straßen der Stadt hinunterzuschauen. Es schien eine Ewigkeit zu dauern, bis wir das Häusermeer unter uns gelassen hatten und nach einer langen Kurve in den Morgen hineinflogen.

Eine untersetzte Stewardeß in einer nicht ganz sauberen Uniform servierte uns Kaffee aus Pappbechern und Kuchenbrötchen. Während sie mit den Fluggästen tändelte, blickte ich aus dem Fenster auf die erloschenen Vulkane, deren Gipfel, die etwa tausend Fuß über uns lagen, sich kraß vom blauen Himmel abzeichneten. Wir flogen dicht genug darüber hinweg, um den Schnee zu sehen, den der Morgenwind von den Gipfeln fegte.

Dann ging die Maschine 'runter, und wir flogen über das zerklüftete Land, das von alten Felsbrocken übersät war, die von der Sierra Madre stammen. Der Tag war so klar, daß wir kleine Ortschaften erkennen konnten und die Spuren sahen, die von Eseln ausgetreten waren. Man konnte sich nur wundern, daß in dieser Gegend überhaupt Menschen lebten. Die Spanier hätten den Indios dieses Land nie abnehmen können, wenn sie sich nicht des schmutzigen politischen Tricks bedient hätten, die einzelnen Indiostämme gegeneinander aufzuhetzen. Unser alter Vogel schlängelte sich langsam und mit viel Getöse zwischen den toten Vulkanen hindurch. Was sollte man tun? Man mampfte sein Kuchenbrötchen und blickte auf die mexikanische Welt hinunter, die sich seit tausend Jahren nicht verändert hatte. Die mexikanischen Fluggesellschaften scheinen nur Maschinen zu haben, die sich im Zeitlupentempo bewegen.

Als wir uns dem Talkessel von Oaxaca näherten, ging die Maschine weiter hinunter, und der Pilot drosselte zwanzig Meilen vor dem Flughafen die Geschwindigkeit. Das Tal, das von Hügeln umgeben war, die von der Sonne ausgebrannt waren, konnte man trotz seiner Lage gut als Hochebene bezeichnen, denn es lag fünftausend Fuß über dem Meeresspiegel. Es gehörte zur Sierra Madre del Sur und war nicht weit vom Pazifik entfernt. Schon nach wenigen Minuten konnte ich die Reste einer vernachlässigten Kirche zwischen Kornfeldern entdecken. Ich sah die Männer, die mit primitiven Pflügen Furchen zogen, und ich sah spielende Kinder. Zu meiner Verwunderung setzte die Maschine so weich auf, daß man kaum bemerkte, daß sie bereits über die Landebahn rollte.

Der Flughafen war klein, die Luft warm und mild. Kurz nach unserer Landung entstand ein ziemliches Durcheinander. Stürmische Begrüßungen, große Aufregungen des Gepäcks wegen. Es wimmelte von Taxifahrern und von Fahrern der Hotels, die Gäste abholten. Der Mann, der uns zu unserem Hotel bringen sollte, machte sich dadurch bemerkbar, indem er durch die Menge sauste und lauthals Veeeek Toooory Aaaah! brüllte.

Wenig später saßen wir in einem VW-Bus. Mit uns fuhren zwei verwitterte Ladys mit blaugefärbten Haaren, großen Taschen und deutschsprachigen Reiseführern. Weiterhin saß noch ein junges Paar im Bus, dessen neue Eheringe funkelten.

Als wir zum Stadtrand kamen, sahen wir ein Schild, aus dem hervorging, daß der Ort achttausend Einwohner hatte. Wir fuhren am Stadtrand entlang und landeten nach einer Berg- und Talfahrt vor dem Eingang des Hotels Victoria.

Es war ein fünfstöckiges modernes Hotel, von dem aus man einen guten Ausblick auf die Stadt hatte. Am Abhang stand — um einen riesigen Swimming-pool verstreut — eine Anzahl von Bungalows. Zu jedem Bungalow gehörte eine eigene Garage. Der ganze Komplex war von einem Drahtzaun umgeben. Die Wege waren mit groben Steinen ausgelegt. Das ganze Gelände glich einem Blumenmeer.

Anstelle von Nummern hatten die Bungalows Mädchennamen. Wir wurden in Alicia eingewiesen. Unser Bungalow bestand aus einem einfach eingerichteten Zimmer mit zwei großen Doppelbetten, einem Bad, einem Ankleidezimmer und einer kleinen Terrasse — die mit einem wackligen Tisch und Stühlen ausgestattet war —, von der aus man das ganze Panorama überblicken konnte. Alicia kostete für uns beide pro Tag hundertfünfzig Pesos. Zwanzig Dollar. Ich erklärte Meyer das einfache McGee-System, Peseten in Dollar umzurechnen. Fünfzig Pesos sind vier Dollar; zehn Pesos achtzig Cent.

Meyer trat auf die Veranda und blickte auf die Stadt, auf die Berge und empor zum tiefblauen Himmel. Er schaute auf die Blumen und sog tief die milde Luft ein. Dann drehte er sich zu mir herum. »Das ist hier so herrlich, daß es mir mit einem Zaubertrick gelingt, dich für Miranda Dale zu halten. Und du siehst mich so an, wie sie Ron Towsend angesehen hat.«

»Du denkst wohl an ihre Beine?«

»Hm. Und an das Alter dieses Kindes. Doch ich könnte mir vorstellen, daß ich mich in dieser Gegend hier über solche Kleinigkeiten hinwegsetze.«

»Du bist ein behaarter alter Lustmolch.«

»Mit Komplimenten kannst du bei mir nichts erreichen, McGee. Jetzt ist es Viertel nach elf. Was tun wir?«

»Wir müssen uns zunächst um einen fahrbaren Untersatz kümmern.« Wir fuhren mit einem Taxi in die Stadt. Die Autovermietung war nicht weit vom *zocalo* — dem Hauptplatz und Zentrum der Stadt — entfernt. Der Mann dort war zwar überschwenglich freundlich, hatte aber leider nicht einen einzigen Wagen zur Verfügung. Vielleicht in einer Woche ... Er sagte, er sei untröstlich, uns nicht dienen zu können. Um ihn zu trösten, gab ich ihm vier Dollar. Ich sagte ihm, er solle das Geld nicht als Bestechung betrachten, sondern als Zeichen des Verständnisses für seine Lage. Er sagte daraufhin, daß er zufällig noch ein Auto da hätte, aber nicht wagen würde, es mir anzubieten. Ich sei bestimmt an bessere Fahrzeuge gewöhnt. Dieser Wagen habe viele *kilometros* auf dem Buckel, sei verdreckt und habe einige kleine Reparaturen nötig. Auf unseren Wunsch hin ließ er das Auto dann vorfahren.

Es war ein Ford Falcon, der in Mexiko von Mexikanern hergestellt wird. Blaßgrün, vier Türen, normale Schaltung. Der Kilometerstand war bei fünfunddreißigtausend. An den Seiten war dieser Ford leicht, aber gleichmäßig eingebeult. Er sah nicht so aus, als ob er je gewaschen worden war. Ich mietete ihn und machte mit Meyer eine Testfahrt. Entweder hatten die Ford-Konstrukteure irgendwann beschlossen, daß die Mexikaner kleine Menschen seien, oder aber der Wagen war in der Trockenheit zusammengeschrumpft. Obwohl ich den Sitz so weit wie möglich zurückgeschoben hatte, befanden sich meine Knie am Rand des Lenkrades. Und wenn ich nicht jedesmal beim Schalten daran dachte, mein rechtes Knie zur Seite zu schwingen, dann versetzte mir der Hebel der Gangschaltung einen kräftigen

Schlag in die Kniekehle. Nachdem wir die ersten Schlaglöcher hinter uns hatten, fiel die vordere Stoßstange scheppernd ab.

Nicht weit vom *zocalo* entfernt fanden wir eine Ford-Werkstatt. Dort sagte man uns, daß wir den Wagen frühestens um vier Uhr nachmittags wieder abholen könnten.

Wir gingen durch die schmalen Gassen auf schmalen Bürgersteigen zum Hauptplatz vor. Die Häuserwände waren immer wieder mit kräftigen Farben überstrichen worden, ohne daß man zuvor die alte Farbe abgewaschen hätte. Vor einer Mauer, die vielleicht fünfzigmal überstrichen worden war und die in sämtlichen nur möglichen Blautönen schimmerte, blieb Meyer fasziniert stehen.

»Wenn man davon ein Rechteck herausschneiden, einrahmen und in eine Galerie hängen würde . . .«

». . . dann würde dir jeder sagen, daß es seine kleine Tochter besser machen könnte.«

»Es käme darauf an, *welches* Rechteck man herausreißt. Das ist wirklich verdammt hübsch, Travis. Und jene talentierte Tochter ist ein Kind, das nicht die Spur von Kunst versteht.«

Auf den Straßen wimmelte es von Bussen, Lastwagen, Autos, Fahrrädern und knatternden Motorrollern; letztere sind eine Plage Mexikos. Wir waren froh, unter den schattigen Bäumen des *zocalo* der Hitze entfliehen zu können. Den Mittelpunkt des Platzes bildet ein kleiner Musikpavillon. Um ihn herum führen zahlreiche Wege, die von grellbunten Blumenbeeten umgeben sind. Der Verkehr bewegte sich in entgegengesetzter Richtung des Uhrzeigers. Männer, Frauen und Kinder verkauften farbenprächtige Ponchos, Schuhwichse, Kaugummi, Strohkörbe und Strohtiere, Töpferwaren, Ponchos, frische Blumen und Strohblumen, Zigaretten, Ponchos, Reliquien (die keine Reliquien waren), Silberschmuck, Modeschmuck, Feuerwerkskörper, Schürzen, Ponchos, Eis, Getränke und heiße Tortillas, mit einer undefinierbaren Fleischfüllung. Und immer wieder Ponchos.

Obwohl es offensichtlich war, daß sie alle arm waren — die Verkäufer, die Bettler mit den verstümmelten Gliedmaßen, die kranken Kinder und die herumstreunenden Mischlinge —, spürte man die Vitalität und die Lebensfreude dieser Menschen.

Wir fanden eine leere Bank. Meyer setzte sich, schaute in die Runde, beobachtete alles. Es genoß die Atmosphäre, und sein

Lächeln wurde immer breiter. Er war es dann auch, der die kleine Gruppe entdeckte, die offensichtlich vom Einkauf auf dem Markt kam und jetzt auf das alte Hotel am *zocalo*, das aus Stein und Stuck bestand, zuging. Die Schrift am Gebäude war noch deutlich zu erkennen. Es nannte sich Hotel Marqués del Valle. Dicht an den Bürgersteig gedrängt lag eine schmale langgestreckte überdachte Terrasse. Diese Terrasse hatte in der Breite für zwei Tische und in der Länge vielleicht für dreißig Tische Platz. Kellner in weißen Jacken servierten Drinks und das Essen.

Die Gruppe bestand aus vier jungen Männern und drei Mädchen. Die Burschen, die im College-Alter sein mußten, trugen verschlissene mexikanische Arbeiterhemden und von der Sonne gebleichte Khakihosen. Zwei junge Männer und eins der Mädchen liefen barfuß; die anderen trugen mexikanische Sandalen. Die Mädchen hatten Shorts und derbe Leinenblusen an. Die Jungen sahen mit ihren Bärten und langen Haaren schon recht abenteuerlich aus. Meyer sagte, das sei ein Beweis dafür, daß sie sich schon seit längerer Zeit im Land aufhalten, denn die Behörden würden neuerdings den Hippies die Einreise verweigern. Die Bärte und Haare mußten also südlich der Grenze gewachsen sein.

Als wir von unserer Bank aufstanden und auf das Hotel zuschlenderten, sahen wir, daß die Kellner für die kleine Gruppe zwei Tische zusammenschoben. Wir suchten uns in unmittelbarer Nähe einen Platz. Das Treiben auf dem Platz ließ sichtlich nach. Es war Siesta-Zeit. Vor halb drei oder drei würde das Leben in der Stadt nicht wieder erwachen Nur die Poncho-Verkäufer hielten noch die Stellung. Sie hofften auf ein paar Touristen. Und ein dreckiges Kind mit großen Kulleraugen rannte von Tisch zu Tisch und bettelte um Geld für ein paar Bonbons.

Die sieben jungen Leute waren sehr mit sich selbst beschäftigt und interessierten sich überhaupt nicht dafür, was um sie herum vor sich ging. Da es zu viele waren, um den Versuch zu unternehmen, einen Kontakt anzubahnen, widmete ich mich der Speisekarte. Meyer mußte sich auf mich verlassen. Der Kellner sprach genauso gut englisch wie ich spanisch. Deshalb einigten wir uns auf ein Gericht, bei dem eigentlich nichts passieren konnte. Hühnerbrüste mit Chihuahua-Käse überbacken. Er sagte, sie hätten keinen Dos Equis, aber wenn wir dunkles Bier trinken wollten, dann könnte er uns Negro Modelo empfehlen.

Das Bier schmeckte wirklich ausgezeichnet, und wir waren bereits bei der zweiten Flasche angelangt, als das Essen kam.

Meyer kaute mit sichtlichem Behagen und genoß das dunkle Bier. »Sag mal, McGee, wie sieht es eigentlich mit den Einwanderungsbestimmungen aus?«

»Der Fall ist einfach. Ich lasse dich hier, und du siehst, wie du zurecht kommst.«

»Ausgezeichnet. Ich werde dir dann alle Jahre wieder eine Weihnachtskarte schicken.«

In diesem Augenblick kam ein junges Pärchen und setzte sich an den Nebentisch. Er war ein großer schlaksiger Junge mit einem schmalen Kopf, einem gutgeschnittenen Gesicht, langen blonden Haaren und mit einer Art Christusbart. Das Mädchen war klein, schlank, drahtig und dunkelhäutig. Ihre Haut schimmerte wie Schiefer. Sie hatte ihr Haar auf afrikanische Art hochgekämmt und zu einem Knoten geschlungen, durch den sie lange Haarnadeln gesteckt hatte, die in einer Farbmischung aus Bernstein und Gold waren.

»Wünsch' mir Glück.« Ich ging mit dem Bier in der Hand zu ihrem Tisch hinüber. Ein Stuhl war noch frei.

»Wie wär's, wenn ich mich einen Augenblick zu euch setzte?«

Sie schauten kurz auf, warfen mir einen mißtrauischen Blick zu und taten dann so, als ob ich überhaupt nicht existierte. Keine gute Taktik. Sie hätten den Fremden bitten sollen, weiterzugehen.

Ich setzte mich also, grinste und unterbrach ihre Unterhaltung. »Ich bin hier nicht auf Urlaub, Kinder. Ich mag keine Spiele und suche keinen Zeitvertreib. Außerdem bin ich weder betrunken noch auf einem Trip.«

Das Mädchen blitzte mich mit seinen dunklen Augen feindselig an. »Hast du dieses seltsame Wort verstanden, Liebling? Dieser Bursche scheint schon unter den Verfallserscheinungen der Süchtigen zu leiden.«

»Auf dem Trip. Gibt es nicht ein paar Wörter, die wir nicht verstehen wollen, Della?« Die Stimme des Jungen hatte einen Bostoner Akzent.

»Ich denke schon, Liebling.« Sie wandte sich wieder mir zu. »Lassen Sie uns allein. Gehen Sie zu Ihrem Freund zurück.«

»Weshalb glauben Sie, daß ich mich an Ihren Tisch gesetzt habe?«

Die beiden warfen sich einen kurzen Blick zu. Der Junge zuckte die Schultern. »Wahrscheinlich wollen Sie uns einen kleinen Vortrag über Toleranz und Rassenmischung halten. Sie werden so tun, als hätten Sie großes Verständnis dafür. Aber wenn Sie ehrlich sind, wird Sie ein unangenehmes Gefühl beschleichen. Wenn Sie dann später in einer Bar der Stadt, in der Sie wohnen, sitzen, werden Sie sich damit brüsten, daß Sie die Kluft des Nichtverstehens überbrückt hätten.«

Ich konnte mich nicht zurückhalten und lachte. Der Junge war großartig. Er hatte gleichzeitig recht und unrecht. Ich wippte auf meinem Stuhl und konnte nicht aufhören zu lachen. Die beiden blickten mich zuerst etwas verwirrt und dann verärgert an. Schon Sekunden später konnten sie ein Lächeln nicht unterdrücken und lachten schließlich ebenfalls lauthals. Er lachte laut und dröhnend, während sie mehr albern kicherte. Als ich wieder Luft schnappen konnte, stellte ich mich vor. »Travis McGee. Fort Lauderdale, Florida.«

»Della Davis — und ich heiße Mike Barrington.« Er hatte einen festen Händedruck.

»Mit Toleranz und Intoleranz ist das so eine Sache«, sagte ich. »Ich gerate nur in Wut, wenn meine Toleranz oder Intoleranz — wie man will — falsch verstanden wird. Ich bin der Meinung, daß es zwischen allen Menschen eine Art Verständigung geben kann. Doch ich habe nicht die Absicht, mit Ihnen über Rassenprobleme zu diskutieren. Ich möchte und hoffe, daß ich mich mit Ihnen über eine andere Angelegenheit unterhalten kann.«

»Ich glaube, daß die beiden gar nichts mit dem Bergwerk zu tun haben.« Della wandte sich nach dieser Erklärung an mich. »Wir haben Sie beobachtet und sind zu dem Schluß gekommen, daß Sie keine Touristen sind. Wir dachten dann zunächst an das Bergwerk, das sich nordöstlich von der Stadt befindet. Okay, Mr. McGee, unterhalten wir uns.«

»Wenn Sie nicht schon mindestens einen Monat hier sind, dann können wir uns gleich die Zeit für ein Gespräch sparen.«

»Wir sind an einem Zweiten hier angekommen ... War es Mai oder Juni, Liebling?«

»Mai«, bestätigte Mike. »Und ich glaube jetzt zu wissen,

weshalb Sie hierher gekommen sind. Sie suchen irgendein Baby, das Sie in Ihrer netten, überzeugenden Art beschwatzen wollen, zum Daddy nach Hause zurückzukehren. Vielleicht ist auch der Mann an Ihrem Tisch der Vater.«

»Heiß, sehr heiß. Aber das ist nicht der Daddy, der an meinem Tisch sitzt. Daddy hockt in Florida und kann sich nicht rühren, weil er querschnittgelähmt ist. Und das Baby ist schon nach Hause zurückgekehrt. Von hier. Anfang dieses Monats. In einem Sarg.«

»Ach die! Weißt du noch, wie man sie genannt hat, Della?«

»Hm . . . Bix!«

Ich holte das Foto aus der Tasche und reichte es Della Davis. Sie schaute es sich genau an. »Ist das das Mädchen?«

Della nickte. »Wir haben sie ein paarmal gesehen. Sie können sich sicher vorstellen, wie das ist. Wenn man länger an dem gleichen Ort lebt, lernt man im Lauf der Zeit jeden kennen. Man nickt sich zu und lächelt. Sie paßte nicht zu uns. Die Gruppe, mit der sie herumzog, lag uns nicht. Verstehen Sie mich recht. Ich hatte nichts gegen sie. Wer die Freiheit wählt, kann so leben, wie es ihm behagt. Übrigens — Mike ist Maler.«

»Möchte ein Maler werden«, verbesserte sie Mike.

»Er spricht nicht gern über seinen Beruf. Aber er steht sehr früh auf, arbeitet den ganzen Tag und geht zeitig zu Bett. Ich kämpfe immer darum, billig zu Tortillas, Bohnen und Reis zu kommen und suche ständig nach neuen Arten der Zubereitung. Heute habe ich einen kleinen Scheck von meiner Schwester aus Detroit bekommen. Das feiern wir jetzt. Ich will damit sagen, daß wir nicht häufig hier sind und deshalb nicht so sehr auf dem laufenden sind. Jedenfalls ist sie tot. Was wollen Sie herausbekommen?«

Mike Barrington mischte sich ein. »Vielleicht fragt sich der alte Daddy, ob jemand sein Baby vom Berg gestoßen hat. Er könnte Mr. McGee hierher geschickt haben, damit er herumschnüffelt.«

»Oh, er bezweifelt nicht, daß es sich um einen Unfall gehandelt hat. Der Polizeibericht war ziemlich ausführlich. Doch er hatte, seit sie im Januar nach Mexiko gekommen war, nichts mehr von ihr gehört. Er möchte gern wissen, welches Leben sie in den letzten sechs Monaten ihres Lebens geführt hat. Er möchte wissen, ob sie hier glücklich war und wie sie gestorben ist.«

»Aha.« In Dellas Stimme lag beißender Hohn. »Und wahrscheinlich war sie frühe. immer ein sehr braves Mädchen gewesen.«

»Natürlich.« Ich nickte. »Sie hat ihr Zimmer in Ordnung gehalten, bekam in der Schule gute Noten, vergaß nie Namen, putzte sich die Zähne und betete vor dem Schlafengehen. Verdammt noch mal, ich möchte wirklich wissen, was sie für ein Mädchen gewesen ist.«

»Keiner weiß, wie wir sind«, sagte Mike. »Es interessiert auch niemanden. Jeder setzt sich eine Maske auf, die zu ihm paßt und mit der er leben kann. Jeder kennt jeden — aber niemand kennt niemanden.«

»Wie war also Bix Bowie?«

»Sie war ein Mädchen, das früh gestorben ist«, sagte Della Davis.

»Man weiß über ihren Tod nichts Genaues«, meinte Mike. »Doch ich könnte mir vorstellen, daß sie an diesem Tag wieder einmal ›high‹ war. Im Rauschzustand hatte sie vielleicht das Gefühl zu fliegen. Es kann sein, daß sie — als sie die Bergstraße hinunterfuhr — glaubte zu träumen. Doch es war kein Traum. Wenn man träumt, auf den Boden zu fallen, dann wacht man auf. Wenn es kein Traum ist, wacht man nicht auf. In Mexiko ist es so, daß man das Zeug, für das man in den Staaten ein Rezept braucht, in jedem Drugstore bekommt. Man muß nur die richtigen Namen kennen. Thorazine, Compazine, Demerol, Mardil und Amphetamine. Und auf dem Markt bei den Gewürzständen kann man kiloweise Koks kaufen. Dann kann man selbst mischen und sich das aussuchen, was einem am besten gefällt.«

Sie umfaßte seine Hand. »Dieses Spiel hast du früher auch getrieben, Liebling.«

»Ich habe festgestellt, daß es andere Höhepunkte gibt.« Er lächelte sie an. »So tief brauche ich nicht wieder zu sinken.«

»Und hatte Bix vor der Autofahrt gekokst?« fragte ich.

»Das weiß ich nicht. Es ist nur eine Vermutung, doch es wäre unfair, so etwas zu behaupten. Vielleicht ist auch nur eine von diesen verdammten Kühen plötzlich auf die Straße gekommen, und das Mädchen hat versucht, auszuweichen. Aber daß sie süchtig war, möchte ich mit Bestimmtheit annehmen, denn die Gruppe, mit der sie herumzog, befand sich meist ›auf der Reise‹. Doch was und wieviel sie genommen hat, weiß ich nicht.«

»Was ist mit den sieben an dem Tisch da drüben? Ob einer von denen mehr wissen könnte?«

Della lehnte sich zurück und betrachtete die jungen Leute eingehend. »Weiß nicht. Vielleicht das Mädchen mit dem runden Gesicht, den rotgefärbten Haaren und der großen Sonnenbrille. Der hagere Bursche neben ihr könnte eventuell auch etwas wissen. Die beiden sind am längsten hier.«

»Kennen Sie die Namen der beiden?«

»Ich glaube, das Mädchen heißt Backspin.«

Ich holte mein Notizbuch aus der Tasche. »Hier habe ich die Namen von ein paar Personen, mit denen Bix nach Mexiko gekommen ist. Bitte, unterbrechen Sie mich, wenn Sie einen Namen kennen. Carl Sessions? Jerry Nesta? Minda McLeen?«

»Ja, Minda.« Della nickte. »Ein etwas seltsames schwarzhaariges Mädchen, das immer mit Bix zusammen war. Ich habe sie lange nicht gesehen. Aber das hat gar nichts zu bedeuten. Mike, Liebling, heißt nicht dieser langweilige Mann mit dem komischen Hut . . .«

»McLeen. Er hat uns in der vergangenen Woche auf dem Markt angesprochen und sich vorgestellt. Er sagte, daß er seine Tochter sucht.«

»Ist er immer noch da?«

»Keine Ahnung.«

»Sagt Ihnen der Name Walter Rockland etwas?«

Sie schüttelten den Kopf.

»Sie sind in einem blauen Chevrolet mit einem neuen Wohnwagenanhänger hierher gekommen.«

Sie schaute Mike fragend an. »Rocko?«

»Einen solchen Wagen haben wir gesehen. Ist Ihr Rockland etwas älter als die übrige Meute, Mr. McGee? Und untersetzt?«

»Ja.«

»Wenn Miß Bix mit dem unterwegs war, dann hat sie sich in schlechter Gesellschaft befunden«, sagte Della. »Dieser Bursche ist ein verfluchter Schweinehund. Wann hatten wir diesen fürchterlichen Streit mit ihm, Liebling?«

»Das muß so am vierten Juli gewesen sein.«

Sie erzählten mir immer abwechselnd, was sich an diesem Tag zugetragen hatte. Sie hatten ein ihnen bekanntes Ehepaar aufgesucht, das sich auf einem Platz für Wohnwagen in der Nähe der Plaza de la Danza eingemietet hatte. Rockos Wohnwagen stand dicht neben dem Wagen ihrer Freundin. Offensichtlich hatte jemand den Wohnwagen aufgebrochen und eine Flasche Propangas gestohlen. Rocko war schlechtgelaunt zu Mikes und Dellas Freunden gekommen und hatte sie beschimpft, weil sie den Vorfall nicht bemerkt hatten. Als Mike ihm dann gesagt hatte, er sollte kein Theater machen, hatte Rocko gemeint, er brauchte weder von Mike noch von dessen Negermädchen irgendwelche Ratschläge. Als sie sich stritten, standen sie vor ihren Wohnwagen. Als Mike daraufhin ausholte, um Rocko eine zu langen, verfehlte er sein Ziel und wurde von Rocko zusammengeschlagen.

»Und«, fuhr Della fort, »Mike war daraufhin k. o. Und der gemeine Hund hat das genau gewußt. Das hinderte ihn aber nicht, weiterhin auf Mike einzuschlagen und ihm — als er am Boden lag — noch kräftig in die Seite zu treten. Ich sprang Rocko deshalb von hinten an und wollte sein Gesicht zerkratzen. Er schleuderte mich daraufhin so gegen einen Wohnwagen, daß ich mir das Genick verstaucht habe und wochenlang mit einem schiefen Kopf herumgelaufen bin.«

»Ist er immer noch da?«

»Unsere Freunde sind bald darauf abgefahren. Wir hatten also wirklich keine Veranlassung, noch einmal zu diesem Platz zu fahren. Es kann schon sein, daß er noch dort ist.« Sie beschrieben mir den Weg zu jenem Campingplatz. Er befand sich im Westen der Stadt, in der Nähe einer Schule und einer Ford-Werkstatt. Der Platz war von einem Drahtzaun umgeben und o ja — er hieß Los Pájaros Trailer Court.

Dann wechselte Della das Thema. »Wir wohnen in einer sehr seltsamen Hütte, die sich in einem Winkel eines großen Gartens befindet. An dieser Stelle stand früher ein Bungalow für Touristen, der abgebrannt ist. Wir haben an der Kunstschule in Mexiko City einen furchtbar netten Burschen kennengelernt, der wußte, daß wir immer knapp bei Kasse sind und der uns angeboten hat, dort zu wohnen. Mike hat da irgend etwas zusammengezimmert. Das Wasser müssen wir uns von einer Pumpe im Garten holen. Unser Heim befindet sich eine Meile außerhalb der Stadt an der Coyotepec-Straße. Sie sollten uns dort einmal besuchen . . .«

Sie erstarrte und kniff die Augen zusammen. »Was rede ich da? Sie sind doch so etwas wie ein Schnüffler. Ich kenne Sie überhaupt nicht.«

»Doch, wir kennen ihn«, meinte Mike sanft. »Wir haben ihn jetzt kennengelernt. Wir können nicht immer hinter verschlossenen Mauern leben, und wir können nicht erwarten, daß alle Leute ein Beglaubigungsschreiben bei sich tragen.«

»Du solltest es dir nicht ganz so leicht machen.« Sie warf mir einen schiefen Seitenblick zu. »Dieser Bursche mag ja sehr nett sein, aber es wäre doch möglich, daß er seinen Partner vorschickt, der uns auseinandernimmt. Und danach kommt wieder dieser freundliche Bursche an die Reihe.«

»Bitte, besuchen Sie uns, wenn Sie Zeit haben. Unsere Hütte liegt auf der linken Seite auf dem Weg zum Flughafen«, sagte Mike. »Sie brauchen nur nach einem alten roten Jeep Ausschau zu halten, der unter den Bäumen an der Mauer parkt.«

»Bitte, entschuldigen Sie«, murmelte Della Davis.

»Wenn ich vorbeikomme, werde ich bestimmt anhalten und euch guten Tag sagen. Vielen Dank für die Einladung. Ein paar Fragen habe ich noch vergessen. Der Wagen, mit dem Miß Bix abgestürzt ist, gehört einem gewissen Bruce Budny. Kennen Sie ihn? Oder die Frau, die die Tote identifiziert hat? Eine Madame Vitrier?«

Sie kannten die beiden nicht. »Es leben schon einige seltsame Vögel in Mexiko«, sagte Mike. »Einige haben Grund, ihr eigenes Land zu verlassen, und manche schaffen es hier. Im Sommer ist in Mexiko Hochsaison. In jeder Beziehung. Spinnen tun sie alle. Mehr oder minder. Und viele lockt das Rauschgift. Gott sei Dank habe ich damit nichts mehr zu tun. Doch die Leute hier erleben Alpträume, wie Sie sie sich gar nicht vorstellen können.«

Als der Kellner mit der Rechnung kam und ich nach meiner Brieftasche langte, hätte ich die beiden fast verloren. Ich rettete die Situation, indem ich Mike anlächelte. »Ich hatte nur die Absicht, die Kunst zu unterstützen.«

Sie beruhigten sich wieder. Ihr Stolz hatte nicht gelitten.

Nachdem sie sich verabschiedet hatten, kehrte ich zu Meyer zurück.

4

Kurz nachdem ich Meyer Bericht erstattet hatte, brachen vier der sieben jungen Leute auf und entfernten sich schlendernd auf den wie ausgestorben wirkenden Wegen des Platzes, über dem die Siesta-Ruhe lag. Auf der Terrasse waren nur noch sechs Tische besetzt. Die Strahlen der tiefer stehenden Sonne fielen auf die vordere Tischreihe. Deshalb suchten sich die drei zurückbleibenden jungen Leute — das Mädchen mit dem runden Gesicht, den rotgefärbten Haaren und dem seltsamen Namen, der hagere Bursche und ein muskulöses Mädchen mit Kringellöckchen und einer Sonnenbrille mit blauen Gläsern — einen Tisch im Schatten. Ein gähnender Kellner ging zu ihnen hinüber.

Wir sahen Mikes offenen roten Jeep vorbeifahren. Della unterhielt sich so angeregt mit ihrem Freund, daß sie keinen Blick zu uns zurückwarf.

Als unser nächstes Bier kam und ich wieder einen Blick zu den dreien hinüberwarf, stellte ich fest, daß sie sich — nun, da die Gruppe kleiner geworden war — nicht mehr so intensiv mit sich selbst beschäftigten, sondern sich lebhaft für die Leute an den anderen Tischen, insbesondere für Meyer und mich, interessierten. Während die Rothaarige zu uns herüberstarrte, machte sie irgendeine Bemerkung zu den anderen, woraufhin der Junge schallend zu lachen anfing. Das breitschultrige Mädchen mit der blauen Sonnenbrille reagierte nicht. Sie spielten wohl irgendein Spielchen. Die Rothaarige redete ununterbrochen, ohne mich dabei aus den Augen zu lassen. Offensichtlich wollten die jungen Leute erreichen, daß ich mich unbehaglich fühlen und irgendwie reagieren sollte. Ich machte ihnen diese Freude.

Nachdem ich Meyer zugezwinkert hatte, erhob ich mich, ging zu den dreien hinüber und tat so, als sei ich ehrlich verwirrt. »Ihr scheint irgend etwas sehr, sehr lustig zu finden. Wie wär's, wenn ihr es mir erzählt?«

Sie waren entzückt. Das Opfer war direkt in die Falle gelaufen. Der hagere Bursche ergriff das Wort. »Wir dachten, daß der bullige Tourist vielleicht Lust hätte, sich mit einem reizenden amerikanischen College-Mädchen zu amüsieren. Sie können sie sofort mit auf Ihr Zimmer nehmen. Die hier heißt Jeanie. Ein nettes, kräftiges Mädchen. Wie wäre es mit dreihundert Pesos? Sie werden etwas für Ihr Geld bekommen. Sie mag Sie, nicht wahr, Jeanie? Du magst doch den strammen Burschen, meine Süße?«

Das Mädchen drehte sich zu mir um. Ich konnte ihre Augen hinter den blauen Gläsern ihrer Sonnenbrille nicht erkennen. Während ich mich auf einen freien Stuhl an ihrem Tisch setzte, warteten die Rothaarige und der hagere Bursche meine Reaktion auf ihren schockierenden Vorschlag ab. Als ich mir die drei genau anguckte, die bei näherer Betrachtung weit weniger attraktiv aussahen, überlegte ich, wie ich ihnen beikommen könnte. Das muskulöse Mädchen wirkte aus der Nähe eher fett und wabbelig als muskulös. Außerdem roch sie irgendwie ranzig. Die Rothaarige hatte einen schmutzigen Hals, und Essensreste zierten ihre derbe Bluse. Der Junge hatte dreckige Hände. Die beiden Augenpaare, die ich sehen konnte, hatten einen reichlich verschwommenen Ausdruck.

Als ich glaubte, eine Methode gefunden zu haben, die ihnen am meisten stinken würde, drehte ich meinen Stuhl so um, daß ich sowohl zu Meyer hinüberschauen als auch das Trio im Auge behalten konnte.

»He, Charley!« brüllte ich zu Meyer hinüber.

»Was gibt's?« schrie er zurück.

»Mein Freund ist etwas schwerhörig«, sagte ich zu dem Trio und brüllte dann in einer Lautstärke, die selbst die Poncho-Verkäufer aufhorchen ließ: »Es lohnt sich nicht, mit denen etwas anzufangen, Charley. Die Dicke mit der blauen Sonnenbrille soll dem Knaben vierundzwanzig Dollar einbringen. Die Rothaarige kann man vielleicht für dreißig haben. Aber sie sind so dreckig, daß sich dir der Magen umdrehen würde. Die Rothaarige hat alte Essensreste auf ihrer Bluse. Und du solltest ihren Hals sehen!«

»Hör auf!« zischte der Junge.

»Charley, die Dicke heißt Jeanie und hat bestimmt seit Monaten nicht gebadet. Außerdem haben alle gekokst und befinden sich ›auf der Reise‹. Der Bursche hat die dreckigsten Hände, die ich je gesehen habe. Auch wenn man ihn je sauber bürsten könnte, würde ihn nicht einmal der alte verrückte Eddie haben wollen.«

»Gehen Sie weg! Gehen Sie weg! Gehen Sie weg!« Die Rothaarige starrte mich bestürzt an. Die Kellner waren aus ihrer Trägheit erwacht. Fußgänger waren stehengeblieben und bewunderten meine Lautstärke. Die Touristen an den wenigen besetzten Tischen starrten mich mit leicht hervorquellenden Augen an. Aus den Augenwinkeln heraus sah ich die Bewegung, die der junge Bursche machte und fing die Flasche auf, die er mir an den Kopf werfen wollte. Ich stellte die Flasche wieder auf den Tisch. »Das sind lausige Manieren, Sonny.« Ich stand auf. »Falls Sie sich bessern, kann man vielleicht mit Ihnen etwas anfangen. Aber jetzt möchte ich Sie nicht einmal mit einer Feuerzange anfassen. Kannst du mich verstehen, Charley?«

»Du sprichst sehr leise«, brüllte er.

Dann wandte ich mich lächelnd zu den dreien und meinte in einem betont herzlichen Tonfall: »Ich danke euch trotzdem, Kinder. Wenn ihr mal ein paar saubere Puppen habt, die sich etwas Geld dazuverdienen wollen, dann schickt sie zu McGee ins Hotel Victoria. Aber bitte keine so dreckigen Nutten wie diese beiden traurigen Gestalten. Ein Mann will zwar seinen Spaß haben, dabei aber nicht seine Selbstachtung verlieren. Wir hören sicher noch voneinander.«

Als ich zu meinem Tisch zurückkehrte, rollte Meyer mit den Augen. Doch ich setzte mich gelassen hin und schaute freundlich zu dem Trio hinüber. Ich sah, daß die drei ihre Einkaufskörbe nahmen und sich eiligst entfernten.

Meyer seufzte. »Ich glaube, daß du die Szene in gewisser Weise genossen hast.«

»Meine Zielscheibe war die Rothaarige.«

»Na und?«

»Ich bin sicher, daß sie das nicht auf sich sitzen lassen wird, Meyer. Da sie noch nicht so heruntergekommen ist wie die beiden anderen, wird sie mir beweisen wollen, daß ich ihr unrecht getan habe. Ich habe ihren Stolz verletzt. Wenn sie zu mir kommt, werde ich sie nach Nesta, Rockland und Konsorten befragen. Du verstehst sicher, daß das heute überhaupt keinen Sinn gehabt hätte?«

Er nickte. »Ich vergesse hin und wieder, welche Gedankengänge du verfolgst, McGee. Auf alle Fälle hast du eine erstklassige Vorstellung gegeben und warst gut bei Stimme. Aber du warst schon sehr brutal.«

»Das war auch der Sinn der Sache. Komm, wir wollen uns auf den Weg machen.«

Als wir zur Ford-Werkstatt kamen, war der Wagen fertig. Der Hebel der Gangschaltung fiel mir zwar immer noch in die Kniekehle, aber ansonsten war alles in Ordnung. Wir fuhren nur ein paar Straßen weit und liefen dann zu dem Los Pájaros-Zeltplatz zu Fuß. Der Platz war von einem Stacheldrahtzaun umgeben. Die Bäume waren verstaubt, der Rasen war niedergetreten, und es mußte schon eine ganze Weile vergangen sein, seitdem jemand den Unrat aufgelesen hatte.

Der Platzverwalter war ein kleiner, untersetzter fröhlicher Mann in einem zerschlissenen Hemd und einer Arbeitshose, die viele Farbkleckse aufwies. Wenn er lächelte, blitzten seine Goldzähne. Er sprach besser englisch als ich spanisch. Als wir in seinem kleinen Büro saßen, blätterte er in seinem Eingangsbuch. Als er auf den Namen Rockland stieß, klang es aus seinem Mund wie »Roaklawn«.

»Ah ja, Señor Roaklawn. Er hatte *número* sechzehn. Vom vierundzwanzigsten April bis dreiundzwanzigsten Juli. Ja, *tres* Monate. Er war mit einem Wohnwagen hier. Sein Chevrolet war *azul?*«

»Blau.«

»Ah ja, blau.« Sein Lächeln verschwand plötzlich. »Ah ja, das war *der!* Sind Sie Freunde?«

»Nein, wir sind nicht seine Freunde, Señor.«

»Gut. Ich habe hier viele nette amerikanische *tourista*-Leute. Roako war der einzige, dem ich nach Ablauf des Monats gekündigt habe. Zu viel Streit und zu viel Krach. Zu oft hat er häßliche Wörter gebraucht. Dies paßte ihm nicht und das paßte ihm nicht. Nichts paßte ihm. Ich habe ihn mit Hilfe der *policía* vom Platz geworfen.«

»Wohin ist er dann gefahren?«

»Wer weiß? Auf alle Fälle hat er Oaxaca verlassen.«

»Wer befand sich in seiner Begleitung, als er abfuhr?«

»Wer weiß? In dieser Zeit haben verschiedene Leute mit ihm zusammengehaust. Eins, zwei, drei, vier. Die Mädchen und Jungen wechselten oft. Ich kenne keine Namen, habe mich nicht gekümmert. Er ist jetzt — einen Monat und sechs Tage weg. Ich kann nicht sagen, daß ich ihn vermisse. Ein anderer Señor hat so vor vierzehn Tagen die gleichen Fragen gestellt wie Sie. Ein komischer Señor. Wollte etwas über seine Tochter erfahren.«

»War sein Name McLeen?«

»Ah ja, Señor McLeen. Aber ich konnte ihm nichts über seine Tochter sagen. Ein Vater soll seine Tochter auch nicht so herumziehen lassen. Doch die Zeiten haben sich geändert, nicht wahr? Einige der jungen Amerikaner sind sehr, sehr nett. Doch es gibt immer ein paar Roakos, die schlecht und böse sind.«

»Kennen Sie irgend jemanden, der mit Rockland befreundet war?«

»Manche Leute sind schon ein paar Monate hier, und die werden ihn kennen. Vielleicht dieser Señor und diese Señora — ich kann den Namen nicht aussprechen. Hier — schauen Sie.«

»Mr. und Mrs. Benjamin Knighton aus Kerrville, Texas.«

Als wir zu dem Standplatz kamen, war nur der Anhänger da, nicht aber der Wagen. Unser kleiner, fetter Mexikaner erklärte uns, daß die beiden häufig unterwegs seien, weil der junge Mann in seiner Eigenschaft als Amateur-Archäologe Berichte über die Geschichte Mexikos schreibe. »Sie sind sehr jung. Sehr nett. Sehr glücklich.«

Inzwischen war es kurz nach fünf an diesem 29. August geworden, und ich fragte Meyer, ob es nicht gut wäre, sich noch mit diesem ausgebürgerten Amerikaner, Bruce Bundy, zu unterhalten, der seinen Wagen einem gewissen George geliehen hatte, der den Wagen seinerseits an Bix weitergegeben hatte.

»Auch ich war einmal jung und nett und glücklich«, meinte Meyer versonnen.

»Und jetzt bist du alt und nett und glücklich. Hast du mir überhaupt zugehört?«

»Gewiß, gewiß. Bruce Bundy.«

Ich studierte den Stadtplan und fand Las Artes, eine kurze Straße zwischen dem zocalo und unserem Hotel. Wir parkten am Ende der Straße und suchten Nummer einundachtzig.

Es war ein flaches schmales Haus, das zwischen den Nachbar-häusern eingeklemmt lag. Die Fassade hatte eine Farbe, die an Himbeeren erinnerte. Die Scherengitter vor dem Eingang waren geschlossen, doch die dahinterliegende Tür stand offen, und wir konnten am Ende des dunklen Korridors auf einen sonnenüber-fluteten Innenhof blicken. Ich läutete. Ein schlanker Mann kam daraufhin den Flur entlang und blieb, als er uns sah, ein paar Meter vor der Tür stehen und runzelte die Brauen.

»Suchen Sie jemand?« fragte er.

»Ja, einen Mr. Bruce Bundy.«

»Das bin ich«, sagte er.

Ich war einigermaßen überrascht. Im Polizeibericht war sein Alter mit fünfundvierzig angegeben. Er sah gut zehn Jahre jün-ger aus.

»Was wollen Sie von mir?« fragte er kurzangebunden.

»Es handelt sich um das Unglück, das sich am dritten dieses Monats mit Ihrem Wagen zugetragen hat.«

Er schüttelte den Kopf und seufzte. »O Gott, wird das denn nie ein Ende nehmen? Ich habe schon endlos Fragen beantwortet und meterlange Formulare ausgefüllt. Was haben *Sie* denn nun damit zu tun?«

»Mein Name ist McGee. Das ist mein Mitarbeiter, Mr. Meyer. Es tut mir leid, daß ich Sie stören muß, aber es handelt sich um wichtige Versicherungsfragen. Dürfen wir eintreten?«

»Also *wirklich!* Die Angelegenheit ist doch schon geregelt. Und ich muß sagen, daß sich die Autoversicherung wirklich sehr schäbig benommen hat. Man hat mir eine lächerliche Summe für mein hübsches Auto gezahlt. In der Begründung hieß es, daß ich mein Auto nicht hätte verleihen dürfen. Und ich schwöre Ihnen — da kann kommen, wer will —, niemals werde ich wieder ein Auto verleihen.«

»Es handelt sich um die Versicherung der Verstorbenen, Miß Beatrice Bowie aus Miami, Florida. Es gibt in den Policen einige Klauseln, die bei einem Tod durch Unfall beachtet werden müs-sen.«

»Wollen Sie sagen, daß Sie deswegen extra aus Florida gekommen sind?«

»Es steht eine Menge Geld auf dem Spiel, Mr. Bundy.«

»Ich kann mir vorstellen, daß das für Sie und Ihre Versiche-

rung sehr wichtig ist. Wahrscheinlich hat man Sie hierherge-
schickt, damit Sie nach Möglichkeit einen Selbstmord nachweisen
können, wodurch die Versicherung viel Geld sparen würde. Doch
ich erwarte Gäste und muß mich um meine bekannt guten
Salatsoßen kümmern. Wie wäre es, wenn Sie morgen wieder kämen, Mr. McGoo? Auch dann werde ich Ihnen nicht viel erzählen können. Ich habe die Mädchen nur flüchtig kennengelernt.
Als Miß Bix ums Leben gekommen war, dachte ich zunächst, es
handle sich um die kleine Dunkle und war dann sehr erstaunt zu
erfahren, daß es die Blonde war.«

»Es würde nur ein paar Minuten dauern . . .«

»Tut mir leid. Morgen paßt es mir besser. Sagen wir um elf
Uhr dreißig.«

Er drehte sich um. Als er sich ein paar Schritte entfernt hatte,
ließ ich meinen Versuchsballon steigen. »Nachdem ich mich mit
Rocko unterhalten habe, hätte ich Sie eigentlich für gesprächiger
gehalten, Bruce.«

Er blieb stehen und drehte sich sehr langsam um. »Mit wem
haben Sie gesprochen?«

»Mit Walter Rockland.«

Er kam zur Tür zurück und schaute mich mit gesenktem Kopf
an. Er trug ein grobes handgewebtes weißes Leinenhemd mit
gestärkten Manschetten und silbernen Manschettenknöpfen. Um
den Hals hatte er sich einen gelben Seidenschal geschlungen.
Dazu trug er eine hellgrüne Hose und Sandalen. Seine Augen
leuchteten in dem sonnengebräunten Gesicht wie Bernstein.

»Wo sind Sie denn auf *diese* Kreatur gestoßen?«

»Wenn wir für einen Augenblick eintreten dürften . . .«

»Was hat er über mich gesagt?«

»Ich verspreche Ihnen, daß es nicht lange dauern wird.«

Er öffnete die Tür und verschloß sie, nachdem Meyer und ich
eingetreten waren. Dann führte er uns zum Innenhof und entschuldigte sich für ein paar Minuten, weil er sich in der Küche
um das Essen kümmern müßte. Er sagte, wir sollten uns selbst
mit Drinks bedienen.

Ich schenkte mir einen Gin ein, und Meyer mixte sich einen
Whisky-Soda. »Wie bist du denn auf diese grandiose Idee
gekommen, Mr. McGoo?«

»Frag mich nur nicht, sonst fällt mir nichts mehr ein.« Ich zog eine alte Karte einer Versicherungsgesellschaft aus der Tasche und zeigte sie Meyer, damit er wenigstens wußte, für wen er arbeitete.

Bundy kam mit einem Glas Wein in der Hand auf dem Patio heraus, setzte sich auf eine Bank aus Stein und blickte mich an.

»Vielleicht erzählen Sie mir, Mr. McGoo . . .«

»McGee.«

»Oh! Ich bitte um Entschuldigung, Mr. McGee. Erzählen Sie mir, bitte, wann und wo Sie Charles Rockland gesehen haben.«

»*Walter* Rockland.«

»Natürlich, natürlich, Walter — obwohl Rocko sowieso besser zu ihm paßt.«

»Wir haben ihn vorgestern in Mexico City gesehen, Mr. Bundy.«

»Wirklich?«

»Wir haben ihn aufgesucht, weil ihm der Chevrolet mit dem Wohnwagen gehört hat, mit dem er seinerzeit in Begleitung von Miß Bowie, Miß Minda McLeen, Carl Sessions und Jerome Nesta über die mexikanische Grenze gefahren ist. Da er seine hiesige Adresse einem Freund in Miami mitgeteilt hat, haben wir uns zunächst einmal an ihn gewandt.«

»Natürlich. Das gehört zu den Untersuchungen, die Sie anstellen. Fahren Sie fort.«

Natürlich geriet ich jetzt ein wenig ins Schwimmen. Wie leicht konnte ich in dieser Situation das Falsche sagen. »Womit soll ich fortfahren?«

»Nun, mit dem, was er über mich gesagt hat.«

»Er hat lediglich gesagt, daß ich — für den Fall, daß ich mit Ihnen nicht weiterkomme — seinen Namen erwähnen soll.«

Er trank seinen Wein aus, leckte an seinem Finger und fuhr dann mit ihm so lange am Rand des Weinglases entlang, bis ein hoher Summton entstand.

Er lächelte mich spöttisch und kokett an.

»Alles Scheiße.«

Ich lächelte zurück. »Nun, es war zumindest ein Versuch, Bruce.«

»Lieber Freund, mit Intrigen kenne ich mich aus. Ich muß zugeben, daß Sie bis jetzt Ihre Sache sehr gut gemacht haben. Wirklich, sehr geschickt. Hätte ich Ihnen gar nicht zugetraut.

Vom Aussehen her hätte ich Sie fast für einen zweiten Rocko halten können. Wenn ich es im Laufe der Zeit nicht gelernt hätte, mich gegen alles, was auf mich einstürmt, zu schützen, dann wäre ich sicher jetzt noch sehr unschuldig und leicht verletzbar, nicht wahr? Finden Sie nicht auch, daß es das beste wäre, wenn Sie jetzt gingen?«

»Man soll mit einem Schiedsrichter nicht argumentieren. Komm, Meyer!«

Er brachte uns zur Haustür und schloß auf. »Wenn Sie wirklich das sind, was Sie vorgeben zu sein und feststellen wollen, ob es sich um einen Unfall oder Selbstmord gehandelt hat, dann versuchen Sie doch, die kleine Brünette ausfindig zu machen, mit der das Bowie-Mädchen immer zusammen war. Ihr Vater ist auch in der Stadt, um sie zu suchen. Ein schrecklich langweiliger Mann aus dem Mittelwesten der Staaten.«

Während ich mich noch bei ihm bedankte, kamen seine beiden Gäste in einem rosafarbenen Lotus Elan mit schwarzen Polstern an. Die Frau, die hinter dem Steuer gesessen hatte und behende ausstieg, war langbeinig, schlank und groß. Sie trug ein kurzes ärmelloses blaues Leinenkleid, hochhackige Sandalen und eine Tasche, die zur Farbe des Autos paßt. Sie hatte eine Löwenmähne und schien Anfang Zwanzig zu sein. Als ich mir ihr Gesicht etwas genauer anschaute, gab ich ihr gut zehn Jahre mehr. Der junge Mann neben ihr war eindeutig Anfang Zwanzig. Er trug zu seiner frischgestärkten Khaki-Hose ein weißes Hemd, das am Hals offen stand und ein blaues Jackett, das in der Farbe auf das Kleid der Dame abgestimmt war. Sein Gesicht war von der Sonne rotbraun gefärbt. Die Haare waren kurzgeschnitten. Er machte ein mürrisches Gesicht. Sein Gang erinnerte jedoch an eine Raubkatze oder an eine der vielen Imitationen von Marlon Brando.

»Bruce!« rief sie freudig zur Begrüßung.

»Becky, mein Liebling!« rief er nicht minder freudig zurück.

Nachdem sie uns einen fragenden Blick zugeworfen hatte, rannte sie auf den Gastgeber zu, umarmte ihn und sagte mit britischem Akzent: »David hat heute einen aufregenden Tag hinter sich. Sie haben bei ihren Ausgrabungen ein paar Knöchelchen entdeckt, und der arme Liebling mußte praktisch den ganzen Tag in der Höhle sitzen, den Staub entfernen und dann mit der Pinzette an den Fund herangehen. Er hat sich wirklich einen großen Whisky verdient, nicht wahr, Liebling?«

Der Liebling knurrte etwas, und Bruce versuchte, seine Gäste ins Haus zu bringen. Als wir ein halbes Dutzend Schritte gegangen waren, veranlaßte uns die Stimme der Frau, stehenzubleiben. »Sie! Ich meine Sie beide! Warten Sie einen Augenblick! Bruce, sag mal, mein Lieber, weshalb muß eigentlich eine Schicht Gäste das Haus verlassen, wenn die nächste Schicht kommt? Dein Haus ist zwar klein, aber *so* klein ist es nun auch wieder nicht.«

Ich konnte mir vorstellen, wie das weitergehen könnte und kehrte zur Eingangstür zurück. Ehe Bruce dazu kommen konnte, seiner Besucherin etwas zuzuzischeln, sagte ich: »Man kann uns nicht als Gäste bezeichnen, Madam. Um ehrlich zu sein, wären wir nie ins Haus gekommen, wenn ich nicht einen kleinen Trick angewendet hätte. Da Mr. Bundy meinen Bluff durchschaut hat, wird er kaum Wert darauf legen, uns nunmehr in sein Haus einzuladen.«

Sie warf mir einen spöttisch-interessierten Blick zu. »Unsinn! Wir kennen immer nur die gleichen Gesichter, und das ist auf die Dauer schrecklich langweilig. Immer und ewig dieselben Themen. Bruce, mein Schatz, mit Hilfe dieser beiden Gentlemen könnte der Abend sehr abwechslungsreich werden.«

»Aber Becky, das sind Versicherungsleute aus Florida. Sie wollen Recherchen über den Tod des Bowie-Mädchens anstellen, und sie wissen, daß sie sich hier mit Rockland aufgehalten hat. Es geht dabei offensichtlich um die Lebensversicherung dieses Mädchens.«

»Na und, Bruce, heißt das, daß wir uns den ganzen Abend über Versicherungspolicen unterhalten müssen? Wir wollten doch unseren Horizont ein wenig erweitern, nicht wahr, mein Lieber?«

Ich bemerkte sein Zögern. Doch als seine Schultern herunterfielen, wußte ich, daß er aufgegeben hatte. Er wandte sich zu uns. »Lady Rebecca Divin-Harrison ist eine unserer attraktivsten Institutionen und hat — wie Sie sicher festgestellt haben — einen eisernen Willen. Becky, darf ich dich mit Mr. McGee und Mr. Meyer bekannt machen. Meine Herren, kommen Sie bitte in mein Haus und betrachten Sie sich als meine Gäste.«

»Bravo!« sagte Becky. »Du hast dich selbst übertroffen. Du warst so brav wie ein Kind, das seine Medizin schluckt. Mr. McGee, ich bin Becky, und wer sind Sie?«

»Ich bin Travis. Und Meyer ist Meyer.«

»Und das ist David Saunders, der hier in den Ruinen herumgräbt. Bruce, sollen wir ewig auf der Straße stehen?«

Als wir ins Haus marschierten, grinste mich Meyer augenzwinkernd an. Wir gingen hinaus in den Patio, über den inzwischen die Dämmerung hereingebrochen war. Die Vögel in ihren Käfigen sangen, und die Blumen hatten ihre Kelche bereits zur Nacht geöffnet. In der Luft hing ein Duft, der an Jasmin erinnerte.

Immer wenn sich eine kleine Gruppe von Fremden zusammenfindet, muß man sich erst aneinander herantasten und Gespräche finden, die einen ganzen Abend andauern können. Meyer und ich hatten eine lange Praxis hinter uns und konnten uns immer anpassen.

Man merkte, daß sich Bruce in seiner Rolle als Gastgeber wohl fühlte. Er dribbelte herum, mixte Drinks, zündete die Lampen im Patio an und sorgte dafür, daß eine kleine Mexikanerin die Hors d'oeuvres servierte. Er war sehr darauf bedacht, daß diese kleinen köstlichen Vorspeisen auch unseren Beifall fanden.

Becky war sehr ausgelassen, ständig irgendwie in Bewegung und machte viele trockene und auch unzüchtige Bemerkungen. Sie lachte viel. Obwohl sie eine reife Frau war, benahm sie sich zeitweise wie ein übermütiges Kind. Sie fuhr sich mit gespreizten Fingern durch die Haare, kratzte sich, schleuderte ihre Sandalen in die Gegend, stand häßlich und mit krummen Beinen da und leckte irgendwelche Krümel von ihren Fingern. Sie strotzte vor Lebensfreude und Energie. Man konnte sich nicht vorstellen, daß sie überhaupt wußte, was Langeweile ist. Während der ganzen Zeit trank sie nur ein Glas eines fast farblosen spanischen Sherrys.

David Saunders saß schweigend da und schien sich für nichts und niemand zu interessieren. Er hätte genausogut im Wartesaal sitzen können, um auf die Abfahrt des nächsten Zuges zu warten. Zu Bundys sichtlichem Entsetzen trank er Bourbon mit Cola. Und das in größeren Mengen.

»Arbeiten Sie wirklich im Auftrag einer Versicherung?« fragte mich Bundy plötzlich.

»In gewisser Weise ja.«

»Wir sind ständig unterwegs, um Leuten zu helfen«, mischte sich Meyer ein. »Vielleicht leiden wir unter einem Schuldkomplex und meinen, auf unsere Art etwas gutmachen zu müssen.«

Bundys Augen verengten sich einen Augenblick; dann ließ er dieses Thema fallen. Er wandte sich an Becky.

»Becky, mein Schatz, Larry hat mir in der letzten Woche gesagt, daß du ihm die kostbare Maske von Juchatengo geschenkt hast.«

Ihr Gesicht wurde nur für den Bruchteil einer Sekunde schlaff, dann hatte sie sich wieder unter Kontrolle. Doch ich war ziemlich überzeugt davon, daß es eine solche Maske nicht gab, wahrscheinlich nicht einmal einen Mann namens Larry.

»Ich hatte den Eindruck, daß er sie gern haben wollte.«

»Das mag stimmen. Aber nun hat er ein schlechtes Gewissen, weil er sie angenommen hat. Er meint, du könntest vielleicht glauben, daß er deine Freundschaft ausgenutzt hat.«

»Unsinn! Wenn du ihn siehst, sage ihm, daß er sich keine törichten Gedanken machen soll. Du kennst mich gut genug, um zu wissen, daß ich nichts verschenke, was ich nicht verschenken will.«

»Dann ist es ja gut.«

Bundy brach das Schweigen, das sich kurz darauf eingestellt hatte, indem er sich mit Meyer über das frühe Mexiko unterhielt. »Ich kann es mir einfach nicht vorstellen, wie diese Priester es geschafft haben, seinerzeit die Indios in diese unfreundliche, verkarstete Landschaft, in der es bestimmt nicht einmal Wasser gab, zu bringen.«

Das schien für Saunders so eine Art Stichwort zu sein, denn er mischte sich zum erstenmal an diesem Abend in die Unterhaltung ein. »Soviel wir herausgefunden haben, haben sie in großen Zisternen, die wie bauchige Flaschen in die Erde gegraben waren, das Regenwasser aufgefangen und diese Zisterne dann mit Ton verschlossen, damit das Wasser nicht verdunstete. Dann erst haben sie die Indios mit ihren Familien ins Land gebracht und ihnen gezeigt, wie sie ihre Hütten bauen und das Feld bestellen sollten.«

Bruce war außer sich vor Begeisterung über die klugen Einge-
borenen und die klugen Menschen, die jetzt die alte Kultur
Mexikos wiederentdeckten.

Dieses Thema dehnte sich noch bis zum Abendessen aus. Ich
sagte dann, daß wir gehen müßten, um zu sehen, ob er protestierte. Und er protestierte lebhaft und lud uns mit bewegten
Worten zum Essen ein. Ich hatte es auch nicht anders erwartet,
denn wenn die drei allein zurückgeblieben wären, hätte er seine
Aufmerksamkeit nicht ausschließlich auf David richten können.

Nachdem wir uns anstandshalber ein wenig geziert hatten,
nahmen wir diese warmherzige Einladung natürlich dankend an.

5

Das Essen war ausgezeichnet. Kerzenlicht, schweres Leinen,
edles Porzellan, Silber, leise Musik, eine sanfte Brise und griechischer Wein.

Rebecca, die neben mir saß, verkaufte sich gut. Sie plauderte
angeregt, war in ihren Bewegungen und in ihrer Ausdrucksform
lässig und charmant zugleich und besaß nicht nur die seltene
Gabe, zuhören zu können, sondern konnte einem auch das
Gefühl vermitteln, daß man eine Persönlichkeit sei. Sie deutete
an, daß ihr Leben eintönig und farblos verlaufen wäre, wenn sie
mich nicht kennengelernt hätte. Sie war zweifellos eine ungewöhnliche Frau, die man gern näher kennenlernen würde.

Bruce Bundy bemühte sich mit einer anderen Taktik und mit
anderen Mitteln um David. Es war interessant zu verfolgen, wie
dabei seine Stimme und seine Gesten immer männlicher wurden.
Sowohl Bruce als auch Becky benutzten Meyer dazu, um ihre
Absichten auf die diesbezüglichen Partner nicht allzu offensichtlich erscheinen zu lassen. Sie erinnerten mich an einen Zauberer
auf der Bühne, der eine dicke Show daraus macht, daß er die
Aufmerksamkeit der Zuschauer ständig auf seine hochgekrem-
pelten Ärmel und seinen Hut lenkt.

Ihre Augen schimmerten im Kerzenlicht, ihre Gesichter wirkten anziehend und jugendlich, und ihre Stimmen klangen gelas-

sen und heiter. Zwei schöne Raubtiere, die sich auf der Jagd befanden.

David Saunders fraß wie ein Schwein. Er hatte seinen Kopf tief über den Teller gehängt und schaufelte das Essen in sich hinein. Er kaute mit vollen Backen und spülte jeden Bissen mit einem kräftigen Schluck Wein hinunter.

Halb aus Selbstverteidigung, halb aus Gründen der Mission, die wir zu erfüllen hatten, nutzte ich eine Gesprächspause aus und fragte: »Ich möchte mich gern mit Eva Vitrier unterhalten. Können Sie das arrangieren? Bruce? Becky?«

Sekundenlang herrschte Stille. Sie waren so wachsam wie Leute im Dschungel, die die Menschenfresser zurückkehren hören.

»Da müßten Sie sich an Bruce wenden«, flötete Becky schließlich. »Er scheint mit dieser Kreatur einigermaßen auszukommen. Sie ist irrsinnig reich und ihr Vorname ist in gewisser Weise ein Witz. Ich möchte behaupten, daß sie nicht zu uns paßt.«

»Ich sehe sie auch nicht allzuoft«, meinte Bundy. »Sie hält sich nicht an gesellschaftliche Regeln und pflegt plötzlich und ohne Vorwarnung aufzutauchen. Travis, es wäre wirklich ein Kunststück, Sie miteinander bekannt zu machen. Außerdem hat sie — soviel ich weiß —, nachdem sie die Tote identifiziert hat, die Stadt verlassen.«

»Wo könnte sie sich aufhalten?«

»Keine Ahnung. Sie hat noch nie eine Adresse hinterlassen.«

»Sie soll schon erheblich spinnen«, mischte sich Becky ein, »und sie soll Gerüchten zufolge ihre kleinen Festungen auf der ganzen Erde verteilt haben.«

»Aber sie hat diese beiden Mädchen als Gäste in ihrem Haus aufgenommen. Das spricht doch für einen gewissen Hang zur Sozialität.«

»Sie hat so viel Sinn für soziales Verhalten wie eine Borgia.«

»Weshalb glauben Sie eigentlich, Bruce, sich vor Rockland schützen zu müssen?« fragte ich unvermittelt.

Er preßte seine Hände gegen die Schläfen. Ein Ring funkelte im Kerzenlicht.

»Weshalb strengen Sie sich an, so ungeheuer klug zu sein, McGee?« fragte er.

»Beantworte eine Frage mit einer Gegenfrage, und du gewinnst Zeit«, meinte ich.

»Ich sprach weniger von einem bestimmten Rocko, sondern von den Rockos und McGees dieser Welt, vor denen man sich hüten muß.«

»Aber Sie haben das Mädchen kennengelernt, nicht wahr? Diese Bix Bowie?«

»Meinen Sie?«

»Durch Rocko oder durch Eva Vitrier. Weshalb nicht?«

Er lächelte. »Ich habe mich vor Jahren in New York bei einem berühmten Psychiater untersuchen lassen. Und er benutzte die gleichen Methoden wie Sie, um die Wahrheit herauszubekommen. Es gibt keinen Menschen, der beim Psychiater *nicht* lügt. Die Wahrheit ist mitunter sehr unangenehm. Man versucht deshalb, einen besseren Eindruck herauszuschinden. Doch wer lügt, muß ein gutes Gedächtnis haben. Es ist furchtbar schwer, sich an das zu erinnern, was man ein paar Tage zuvor gesagt hat. Nein, ich habe das Mädchen nicht kennengelernt. Und falls ich es dennoch kennengelernt habe, sehe ich keinen Grund, weshalb ich mich daran erinnern sollte. Was wollen Sie eigentlich *wirklich* wissen?«

»Weshalb das Mädchen in Ihrem Wagen die Bergstraße hinuntergefahren ist, Bruce.«

»Das werde ich dieser kleinen Hexe nie verzeihen. Es war so ein hübsches, zuverlässiges Auto.«

David Saunders gähnte, rülpste und griff erneut zur Flasche.

»Da habt ihr es!« kreischte Becky. »Wir langweilen den armen David. Das Essen war himmlisch, Bruce. Hast du noch etwas von dem herrlichen Brandy, den ich so liebe?«

Meyer stand auf. »Mr. Bundy, ich bedanke mich vielmals für Ihre Gastfreundschaft, aber ich glaube, es ist besser, wenn ich jetzt gehe. Ich fühle mich nicht ganz wohl. Das wird wahrscheinlich an dem Höhenunterschied und dem Wein liegen. Ich glaube, daß mir die frische Luft und ein Fußmarsch in Richtung unseres Hotels gut tun wird. Nein, Travis, bitte, bemühe dich nicht.«

Das hast du prima gemacht, alter Freund, dachte ich. Nachdem Meyer das Haus verlassen hatte, wurde der Brandy serviert. Ich bemerkte, daß Bruce die Flasche neben David Saunders gestellt hatte, damit sich dieser selbst bedienen konnte. Kurze Zeit später ging Bundy mit David ins Haus, um diesem die Kunstwerke, die er gesammelt hatte, zu zeigen.

Becky und ich zogen uns in einen entlegenen Winkel des Patios zurück und setzten uns auf eine Steinbank, neben der ein kleiner Brunnen plätscherte.

»Sie waren wirklich sehr garstig, Travis.«

»Wieso? Was habe ich falsch gemacht?«

»Tun Sie nicht so unschuldig! Es hätte so ein netter Abend werden können, aber Sie haben es geschafft, daß Bruce ein Unbehagen beschleicht. Ihn hat die ganze Affäre mit Rockland sehr mitgenommen, und er mag nicht daran erinnert werden.«

»Dann wissen Sie also Bescheid?«

»Er bespricht all seine Probleme mit mir. Er fragt mich um Rat. Er ist nicht schlecht, müssen Sie wissen. Er benimmt sich nur mitunter recht töricht und impulsiv. Doch das mag typisch für die Welt sein, in der er lebt. Ich bin wahrscheinlich deshalb mit ihm befreundet, weil ich ihn nicht verurteile oder verachte.«

»Sie sind so sehr mit ihm befreundet, daß Sie ihm ein kleines Geschenk machen.«

»Ein Geschenk?«

»Einen strammen, sonnengebräunten jungen Archäologen.«

»Ah ja, wir sind schrecklich degeneriert. Und das bringt Sie aus der Fassung, nicht wahr?«

»Ich kenne mich in diesen Verhältnissen zu wenig aus. Und ich weiß nichts von Ihnen.«

»Von mir? Ich bin nichts weiter als eine böse alte Frau mit einem unersättlichen Appetit auf junge Männer. Sie sind meist sehr süß und gefühlvoll und dankbar. Doch dieser Bursche war — ein bißchen anders. Ich konnte ihm seine forsche Männlichkeit nicht ganz abnehmen und wurde noch mißtrauischer, als er mir eine scheußliche Geschichte aus seiner Schulzeit erzählte. Seinerzeit hatte er zusammen mit ein paar Freunden einige Homosexuelle zusammengeschlagen und denen das Geld abgenommen. Burschen, die so etwas tun, wollen meist ihre eigenen diesbezüglichen Neigungen unterdrücken. Bruce sagte mir, daß ich David mitbringen sollte. Er könnte mir sehr schnell sagen, ob mein Verdacht zuträfe. Es scheint der Fall zu sein . . . Nun, ich gönne es Bruce. Er muß nach dieser Rockland-Affäre endlich zur

Ruhe kommen. Bruce war in diesem Jahr sehr einsam. Der junge Mann, mit dem er vorher zusammenlebte, ist im vergangenen Jahr in der Brandung von Acapulco ertrunken. Das war ein schrecklicher Schock für Bruce. Klingt es so, als würde ich Sie um Verständnis für ihn bitten?«

»Was ist mit Rockland passiert?«

»Sie sind ein lieber, netter Kerl, aber Sie können auch manchmal sehr langweilig werden. Hier sitzen wir nun beide allein und haben die herrliche Gewißheit, daß wir sehr, sehr gut im Bett zusammenpassen würden. Und das einzige, was Sie offensichtlich von mir wissen wollen, ist eine langweilige Geschichte — die viel zu lang ist, um sie hier zu erzählen. Ich *weiß*, daß wir uns gegenseitig gefallen. Weshalb ergreifen *Sie* nicht die Initiative und packen mich in mein einsames Bett? Ich habe allmählich genug von den ganz jungen Männern, die sich mir ständig anbieten und — mit Ausnahme von David — alle so schrecklich süß und ernsthaft und lieb sind. Zu süß. Wenn man sich nur von süßer Nachspeise ernährt, wird man leicht übersättigt. Doch die richtigen Männer, die mich interessieren könnten, sind meistens verheiratet. Und da habe ich meine Prinzipien. Das hat dann zuviel mit Diebstahl zu tun.«

»Und was ist mit meiner Frau und den fünf Kindern?«

»Sie lügen, Sir. Eine Frau hinterläßt auf allen Dingen, die ihr gehören, ihre Merkmale, ihren Duft, irgendein Zeichen — gleichgültig, ob es sich dabei um ihren Pelzmantel, ihre Unterwäsche oder ihren Mann handelt. Nein, mein Freund, Sie sind nicht verheiratet und sind es wahrscheinlich auch nie gewesen. Im Gegensatz zu mir. Ich war vor einigen Jahrhunderten einmal verheiratet.«

»Es tut mir leid, noch einmal langweilig werden zu müssen. Wie bekomme ich etwas über Rockland heraus?«

»Nun, ich würde vorschlagen, daß Sie sich mit Bruce zusammensetzen, mein Lieber.«

»Falsche Fragestellung. Wie bekomme ich aus Ihnen etwas über Rockland heraus?«

»Lassen Sie mich nachdenken. Sie bitten mich um einen Vertrauensbruch. Das bedeutet, daß ich einen triftigen Grund haben müßte, ein Vertrauen zu brechen. Ich müßte genau wissen, weshalb Sie die Geschichte so interessiert — und ich müßte Ihnen natürlich auch glauben. Und das ist der Haken dabei. Sie lügen so viel und so gut. Jede Frau wird einem Mann erst dann trauen, wenn sie mit ihm im Bett gewesen ist. Mitunter stellt sich dann heraus, daß sie ihr Vertrauen einem absoluten Schurken geschenkt hat. Diese Erkenntnis kommt dann allerdings ein bißchen zu spät, nicht wahr?«

»Lassen Sie mich nachdenken. Sie haben mich vor diesem Haus auf dem Bürgersteig aufgelesen. Sie sind nicht betrunken, und Sie sind verdammt attraktiv, Becky. Und jetzt sitze ich mit Ihnen im lieblichen Oaxaca im Patio eines Homosexuellen und laß mir von Ihnen einen Ring durch die Nase ziehen, damit Sie mich an einem Band zu Ihrem Bett führen können. So etwas gibt es nicht!«

»Wie kann ein Mensch nur so mißtrauisch und engstirnig sein. Du bist ein stattlicher Bursche, sicher hart im Nehmen, und ich finde dich ungeheuer anziehend. Mir gefallen deine hellen Augen, deine großen Hände und die Art, wie dein Mund geschnitten ist. Deshalb erröte ich nicht sanft in deiner Gegenwart, sondern spreche das deutlich aus, was ich denke. Viele Paare kommen nur deshalb nicht zusammen, weil die Männer so wahnsinnig stolz sind und Angst vor einem eventuellen Mißerfolg haben. Dabei ist das Leben so schrecklich kurz und wird mit jedem Tag kürzer. Und dann ist noch etwas mit mir, was ich dir vielleicht später erzähle. Das kommt darauf an.«

»Also gut: so etwas gibt es!«

»Falls dich mein Vorschlag zu sehr aus dem Gleichgewicht bringt, brauchen wir uns ja jetzt, in diesem Augenblick, noch nichts fest vorzunehmen. Ich kann dich auch unverbindlich noch zu einer Tasse Tee einladen oder dir vielleicht meine Briefmarkensammlung zeigen. Doch laß uns jetzt die beiden lieben Jungen suchen, damit wir uns verabschieden können.«

Als wir halb über den Innenhof gegangen waren, kamen uns David und Bruce entgegen. Bruce hielt David am Arm fest. David Saunders taumelte, murmelte etwas, ruderte mit seinem freien Arm und kam durch das unruhige Fliesenmuster aus dem Tritt.

»Was sich nicht ausstehen kann . . .«, lallte er. Als dann sein Blick auf uns fiel, schüttelte er Bruces Arm ab und stellte sich breitbeinig hin. Er setzte an, irgend etwas Unverständliches zu sagen und machte dabei eine weitausholende Handbewegung, durch die er die Balance verlor. Er sackte in sich zusammen, streckte sich dann auf den Fliesen aus und begann zu schnarchen.

»Er hat offensichtlich ein bißchen zuviel getrunken«, meinte Bruce.

»Wäre es zuviel verlangt, wenn ich dich bitten würde, mein Lieber, ihn heute als Gast bei dir aufzunehmen?«

»Aber nein!«

»Soll ich Ihnen behilflich sein?« fragte ich.

»Vielen Dank, das schaffe ich schon allein. Wenn du hinausgegangen bist, rüttle bitte noch einmal an der Tür, Becky, damit du feststellst, ob sie auch wirklich zu ist.«

»Selbstverständlich.« Als wir uns für das Essen bedankten, hörte er nur mit halbem Ohr zu. Er hockte sich auf den Boden, legte einen Arm um Davids Schultern, den anderen um seine Hüften und erhob sich nach einer kurzen Kraftanstrengung mit seiner Bürde. Davids Kopf rollte zur Seite und sein Arm hing schlaff herab. Im Schlaf wirkte er nicht mehr mürrisch und einfältig, sondern eher wie ein großes träumendes Kind. Nachdem Bruce das Kunststück fertiggebracht hatte, diesen schweren Brocken vom Boden zu hieven, kam ich zu der Überzeugung, daß er meine Hilfe wirklich nicht brauchte.

Wir gingen zu ihrem Lotus. Sie sagte, daß ich meinen gemieteten Wagen dort unbesorgt stehen lassen könnte. Wir fuhren durch die dunklen Straßen. Sie hatte das Kinn gehoben und saß aufrecht am Steuer und ließ sich den Fahrtwind durch die Haare wehen.

Sie sagte, ihr Haus befände sich in La Colonia. Die Straßen wurden breiter. Hohe Mauern. Toreinfahrten. Sie fuhr auf ein schmiedeeisernes Tor zu, hielt an und gab mir den Schlüssel fürs Tor. Nachdem ich es aufgeschlossen und hinter ihrem Wagen wieder verschlossen hatte, fuhr sie über einen Weg mit weißen Kieselsteinen auf das Haus zu. Die Nachtbeleuchtung war eingeschaltet. Wir gingen durch ein paar große Räume zum Garten, der hinter dem Haus lag. Sie schaltete das Licht ein. Wir setzten uns und blickten auf den beleuchteten Swimming-pool.

»Ich weiß, daß das Ganze einen schlechten Beigeschmack hat«, sagte sie. »Doch Bruce wird heute die Situation nicht ausnützen. Er wird den armen David ausziehen, ihn in sein großes Bett legen und ihn allein lassen. Morgen früh wird er ihm dann allerdings bittere Vorwürfe machen, daß er — David — sich ihm unsittlich genähert habe und ihm vorjammern, wie er mir das nur beibringen sollte. David, der sich todsicher an nichts erinnern kann, wird der Schock in den Knochen fahren, und er wird sich entsetzlich schämen. Im Laufe des Tages werden sie sich dann küssen und sich gegenseitig alles vergeben. Es sollte mich nicht wundern, wenn David noch an diesem Wochenende zu Bruce zieht und sehr bald einen niedlichen kleinen Stimmbruch durchmacht. Ich glaube wirklich, daß David dadurch ein viel netterer Mensch werden könnte. Nun schau mich nicht so entsetzt und vorwurfsvoll an, Liebling. Wenn du diese kleine Tür hinter dir aufmachst, findest du alle Sorten von Getränken. Verdammt noch mal, komm endlich in gute Stimmung!«

Also mixte ich mir einen Drink. Sie wollte nichts trinken. Nachdem sie eine Weile schweigend neben mir gesessen hatte, ging sie auf den Pool zu und zog sich aus, ohne daraus eine Show zu machen. Sie schleuderte die Sandalen von sich, zog ihr Minikleid über den Kopf, warf einen winzigen Büstenhalter dazu auf den Haufen und stieg aus ihrem Slip. Ihre Figur war voller, als ich angenommen hatte; doch jeder Muskel war so hart wie der eines Zirkusmädchens oder einer Tänzerin.

»Einmal Nacktbaden ist in der Einladung inbegriffen. Mach daraus, was du willst, mein Lieber.« Sie tauchte mit einem Kopfsprung ins Wasser.

Na schön, mein Freund, du bist hierher gekommen, um etwas über Bix Bowies Leben zu erfahren. Da darf dir kein Opfer zu groß sein, stimmt's? Und man kann nur ein Land kennenlernen, wenn man die Leute kennt, stimmt's? Der Schwimming-pool ist zwar sehr groß, aber früher oder später wirst du sie doch schnappen. Und wenn sie meint, daß das in der Einladung inbegriffen ist, dann . . .

Als ich bei diesem Gedankengang angelangt war, stellte ich fest, daß ich schon dabei war, aus der Hose zu fahren. Leider hatte ich vergessen, vorher die Schuhe auszuziehen. Doch dieses Problem war leicht zu lösen, indem ich mich hinsetzte und die Schuhe aufschnürte.

Sie hielt mich umschlungen, atmete immer noch tief und lachte verzückt. Ihr Gesicht glänzte vor Schweiß. Sie hatte ihren Kopf mit den wirren Haaren an meinen Hals gepreßt, in dem immer noch das Blut pulsierte.

»Du hast wirklich etwas Erstaunliches zu bieten.« Lady Becky lachte und stützte sich dann auf den Ellenbogen auf. »Du bist ein netter Bursche, McGee. Ich glaube, ich erzähle dir noch einmal, was du eben genossen hast.«

»Ich hätte keine Lust, es selbst zu beschreiben.«

»Ich muß dir ein Geständnis machen, Liebling. Ich bin uralt und habe noch vor der Schlacht von England geheiratet. Ich habe in London alles miterlebt und war schrecklich ernst und todgeweiht und tapfer. Familientradition. Alles Helden. Ich habe mich freiwillig zum Roten Kreuz gemeldet. Mein geliebter Ehemann fiel als einer der ersten. Ihm folgten noch viele. Die Freunde, die Brüder, die Familie und die Schwester. Doch ich war weiterhin ungeheuer tapfer. Dann kam das Kriegsende. Zwei Tage danach explodierte noch einer dieser verdammten Zeitzünder. Ich holte aus einem brennenden Haus zwei Kinder. Liebe kleine Küken, in die ich noch viel Morphium spritzte, ehe sie in meinen Armen starben. Da bin ich durchgedreht, bin in den Nächten herumgeirrt und habe seltsame Selbstgespräche geführt. Aber irgendwie bin ich wieder zu mir gekommen und leiste jetzt auf anderem Gebiet gute Arbeit.

Ich hatte Geld genug und Zeit und einen kräftigen Körper. Was ich an Robin so liebte, war die Art, in der er die eheliche Liebe betrieb. Er konnte nie genug kriegen. Er pflegte immer zu sagen, daß ich ein großes Naturtalent sei. Deshalb habe ich mich bemüht, die fröhlichste Sexbombe der Christenheit zu werden. Es ist traurig und erstaunlich zugleich, wie wenig die meisten Menschen über Sex wissen. Die meisten fummeln einfach herum und verlassen sich auf ihr Glück. Ich wußte schon immer, daß ich mit meinem Körper alles erreichen kann. Man muß ständig bemüht sein, Verlangen zu erwecken, sonst ist oft das Spiel verloren, ehe es richtig angefangen hat. Ich habe seit zwanzig Jahren kein Gramm zugenommen und bin an keiner Stelle auch nur einen halben Zentimeter dicker geworden. Ich lebe nur diät und betreibe viel Gymnastik. Zweimal im Jahr suche ich ein Schweizer Sanatorium zur Hormonbehandlung auf; und in deinem Kalifornien gibt es einen kleinen japanischen Arzt, der winzige notwendige Schönheitsoperationen vornimmt. Außerdem muß man Yoga können, um die Kunst der Körperbeherrschung zu lernen. Ich habe selbst beim höchsten Liebesspiel jeden Muskel unter Beherrschung. Gott weiß, wie lange ich an mir gearbeitet habe, bis ich perfekt geworden bin. Ich habe die Bücher über sämtliche Liebesarten, die es nur gibt, gelesen. Ich weiß, wie sich die Hindus, die Araber und die alten Ägypter geliebt haben. Ich kenne wirklich die erstaunlichsten Dinge und Methoden. Zudem kenne ich mich genau in der Anatomie und Neurologie aus. Du verstehst hoffentlich, was ich alles zu bieten habe, nicht wahr, mein Liebling? Und jetzt werde ich bei dir an der Anatomie des Liebesakts noch ein wenig arbeiten, denn du sollst noch so viele Höhepunkte erleben, bis du glaubst, wirklich fertig zu sein.«

Während sie mich allmählich zu einer Fortsetzung der Vorstellung brachte, kam mir zum Bewußtsein, daß ich eine wahre Exzentrikerin kennengelernt hatte. Ich hatte schon von diesem britischen Phänomen gehört. Da gibt es Leute, die schreiben in der Woche an die hundert Briefe an die *London Times*, andere bauen aus Streichhölzern kleine Kathedralen. Wieder andere errechnen, wie viel Gräser durchschnittlich in einem Heuhaufen sind. Die Frau hier war in einem irrsinnigen Krieg auf ihre Weise verrückt geworden. Sie hatte versucht, aus den Trümmern ein neues Leben zu schaffen, das für sie wieder irgendeinen Sinn bekam.

Doch ich konnte diese Gedanken nicht weiterverfolgen, weil irgend etwas Unbekanntes in mir vorging. Ich hatte das Gefühl, daß meine Haare in den Wurzeln verbrannten. Zuerst hörte ich noch ihr Lachen, dann hörte ich mich nur noch primitiv aufschreien.

Als ich wieder Luft schöpfen konnte, fragte ich sie nach Bruce Bundy und Rockland. Sie erzählte mir, daß sie sich vor vielen Wochen auf der Veranda des Marqués del Valle kennengelernt hätten. Bruce hatte gleich gemerkt, daß Rockland, der auf diesem Gebiet nicht unerfahren war, leicht einzufangen war. Kurze Zeit darauf wollte Rockland Bruce anpumpen. Es ging um eine größere Summe, zehn- oder fünfzehntausend. Rockland sagte, daß er in ein Geschäft einsteigen wolle, das zwar nicht ganz legal, aber todsicher wäre. Schon in kürzester Zeit könnte er Bruces Geld verdoppeln. Doch Bruce dachte nicht daran, Geld herauszurücken. Wenig später hatte man Rocko wohl aufgefordert, den Zeltplatz zu verlassen.

Bruce gestattete Rocko, seinen Wagen mit Anhänger in die Garage hinter dem Haus, die groß genug war und in der nur der kleine Ford stand, zu fahren. Danach hielt Rocko seinen Einzug in Bruces Haus. Am letzten Donnerstag im Juli war Rocko den ganzen Tag über nicht zu sehen und kehrte erst spät in der Nacht heim. Er versuchte Bruce wieder anzupumpen, diesmal um eine kleinere Summe. Als sich Bruce wieder weigerte, verhielt sich Rockland ungewöhnlich still. In den frühen Morgenstunden des nächsten Tages wachte Bruce von einem Geräusch auf und wußte sofort, daß Rocko versuchte, den Motor seines Wagens in Gang zu bringen. Bruce schlüpfte in seinen Morgenrock und eilte hinaus. Da er zuvor einen Teil des Motors des anderen Wagens ausgebaut hatte, wußte er, daß Rocko seinen Wagen nicht in Gang bringen konnte. Rocko stürzte sich auf Bruce, doch Bruce war gewappnet und konnte den anderen zusammenschlagen. Als Bruce dann Blut fließen sah, wurde ihm schlecht, und er half dem anderen, sobald es ging, zurück ins Haus und legte ihn ins Bett. Dann ging Bruce noch einmal zur Garage zurück, durchsuchte den Wohnwagen und fand ein paar seiner Picasso-Bronzefiguren, goldene Amulette von Yucatan und Drucke und Zeichnungen von berühmten mexikanischen Künstlern.

Obwohl dieses Thema für mich höchst interessant war, unterbrach ich sie und fragte sie, was sie mache.

»Verkrampfe dich nicht, Liebling. Verlaß dich auf deine Becky. Dreh dich ein bißchen zur Seite. Ja, so ist es gut. Du wirst sehen, wie herrlich du dich entspannst. Die Japanerinnen kennen diese Methode schon seit Tausenden von Jahren.«

Es war komisch. Ich entspannte mich wirklich und wurde ganz ruhig. Doch dann zeigte sich ein ganz anderer Effekt, der auch eindeutig sichtbar wurde. Lady Rebecca Divin-Harrison lachte triumphierend auf.

Obwohl ich wie tot dalag, brachte ich es fertig, zu fragen: »Und was passierte dann?«

»Hast du es nicht gemerkt?«

»Ich meine, wie es mit Bruce und Rocko weiterging.«

»O nein, mein Liebling, ich habe dir schon viel zuviel erzählt. Schluß jetzt damit. Ich hätte überhaupt nichts sagen sollen.«

»Dann möchte ich jetzt schlafen.«

»Wirklich?«

»Hör auf damit, Becky. Egal, welche Riten du jetzt bei mir ausprobierst — hör auf damit. Es hat keinen Sinn. Ich bin fertig. Es war wunderschön, aber ich habe kein Verlangen, irgendwelche Rekorde zu brechen.«

»Ja, mein armer Liebling, du hast recht. Ich habe dich wirklich geschafft.«

Sie lachte und summte so aufreizend, daß ich gar nicht anders konnte, als wieder in den Wagen zu springen und den Motor anzulassen. Mir platzte fast der Schädel, als ich sie wieder in die Matratze rammte. Mich überkam das verrückte Verlangen, sie durch dieses verdammte Laken, durch das Bett, durch den Teppichboden hindurch bis tief hinein in die mexikanische Erde zu stoßen, um dort ohne Fanfaren beerdigt zu werden und für immer meine Ruhe zu haben.

6

Meyer war fort, als ich am Samstag früh gegen zehn Uhr aufwachte. Doch als ich dann einige Zeit später aus dem Bad zurückkam, saß er auf seinem Bett, hatte sich eine rote Blume hinter das rechte Ohr gesteckt und strahlte mich an.

»Ich habe dich kurz nach dem Morgengrauen hereinwanken hören. Du hast gezischt wie ein Reifen, aus dem man die Luft gelassen hat.«

Während ich mir meine Shorts hochzog, drehte ich mich zu ihm um. »Ich habe noch nie bemerkt, wie widerlich deine kleinen blauen Augen blicken können, Kamerad.«

»Was hat sich zugetragen, nachdem ich diese gastliche Stätte verlassen habe?«

»Der arme David war stockbesoffen und wurde mit offenen Armen als Hausgast aufgenommen.«

»Das wundert mich nicht.«

»Dann lud mich Lady Rebecca noch ›auf ein Glas Tee‹ zu sich ein.«

»Das wundert mich auch nicht. Und dann?«

Ich setzte mich auf die Bettkante, um mich ein wenig auszuruhen. »Ich habe einiges über Rockland erfahren, was ich dir weitererzählen werde, Meyer. Du weißt, daß ich mich nie über die Erlebnisse mit einer Dame auslasse. Soviel möchte ich dir aber sagen, daß ich mir jede Auskunft über Rockland ehrlich verdient habe.«

Großes Erstaunen. »Wirklich, Kamerad? Die Dame machte doch einen sehr fröhlichen, willigen, wilden und handlichen Eindruck.«

»Wenn ich Kraft hätte, würde ich dir eine herunterhauen.«

»Aha!« Er grinste. »Dann gehört sie also zu der Sorte, die nie genug bekommen kann, wie?«

»Meyer, ich habe nicht die Absicht, dir etwas zu erklären oder zu beschreiben. Ich will nicht einmal mehr daran denken. Aber ich möchte dich um etwas bitten. Schleppe nicht vor drei Jahren die heißeste Biene, die du finden kannst, an Bord meines Hausboots und stecke sie nackt in mein Bett. Dann warte vor der Tür. Wenn du einen Knall hörst, dann habe ich dieses Mädchen aus dem Bett geworfen. Dann habe ich für ein weiteres Jahr genug.«

»Ist das McGee, der so spricht?«

»McGee, der Weiberfeind. Ab sofort sind für mich alle Frauen der Welt Gummi-Enten, und ich umfasse mit meinen Händen lieber einen Klacks Pudding als einen weiblichen Busen.«

»Bist du gestern zu lange in der Sonne gewesen?«

»Hilf mir, den Tag gut zu überstehen, Meyer. Hilf mir und halte den Mund. Laß mich nicht umfallen. Sorge dafür, daß ich gut zu essen kriege und früh ins Bett komme. Und jetzt trage mich erst mal den Berg hinauf zum Restaurant.«

Beim Frühstück berichtete ich ihm das, was ich über die Rocko-Bruce-Affäre wußte. Wir kamen zu der Ansicht, daß das natürlich der Grund gewesen war, weshalb uns Bruce bei der Erwähnung von Rockos Namen ins Haus gelassen hatte. Er hatte befürchtet, daß ihm Rocko Ärger machen wollte, indem er uns zu ihm, Bruce, schickte.

»Bruce muß also Grund zu der Annahme haben, daß ihm

Rockland Schwierigkeiten machen könnte«, meinte Meyer nachdenklich.

»Es sieht allmählich so aus, als ob es Rockland geschafft hätte, einigen Leuten Ärger zu bereiten. Wahrscheinlich wird es auch stimmen, daß er bei seinem Job in Miami die Hotelgäste bestohlen hat. Er macht sich offensichtlich immer an die Labilen und die Außenseiter heran, stopft sie mit Drogen und Sex in jeder Richtung voll und zieht dann die Daumenschrauben an.«

»Und so ein Typ soll mit einem Wohnwagen nach Mexiko gekommen sein?«

»Weshalb nicht? Bix hatte immerhin noch einiges Geld auf der Bank, das er ihr hier unter seinem Einfluß leichter als in den Staaten aus der Nase ziehen konnte. Aber verdammt noch mal — wir müssen endlich ein Mitglied dieser Gruppe finden. Entweder Rocko selbst, den Musiker, den Bildhauer oder das andere Mädchen.«

Wir beschlossen dann, an diesem Tag jeder auf eigene Faust loszuziehen. Meyer ist ein Mann, dem es immer gelingt, das Vertrauen anderer Leute zu erwecken. Er hört lächelnd und interessiert zu, und schon erzählen ihm die Menschen Dinge, die sie nicht einmal ihrem Psychiater anvertrauen würden.

Ich setzte Meyer in der Stadt ab und fuhr weiter, um mir Eva Vitriers Haus einmal anzuschauen. Nachdem ich mich zweimal im Stadtteil Colonia verfahren hatte, gelangte ich schließlich zur Avenida de las Mariposas. Der Fahrer eines Lieferwagens half mir, Eva Vitriers Haus zu finden.

Auf dem oberen Rand der hohen Mauer, die das Grundstück umgab, waren Glasscherben von alten Flaschen einzementiert, die in der Sonne funkelten. Die Haupteinfahrt war verschlossen. Ich läutete und rüttelte an dem Tor, doch es rührte sich nichts. Als ich durch die Gitterstäbe lugte, sah ich zwar mit Kieselsteinen ausgelegte Wege, Rasen, Bäume und Büsche, aber vom Haus sah ich nichts.

Ich fuhr um die Ecke in eine schmale Gasse und entdeckte so etwas wie einen Lieferanteneingang. Als ich bei dieser Tür auf einen Klingelknopf drückte, hörte ich weit entfernt ein schwaches Läuten. Auf mein mehrfaches Klingeln schlurfte schließlich ein alter Mann mit einem bronzefarbenen, gleichgültigen verwitterten Aztekengesicht auf mich zu.

Ich fragte nach der Señora. Er sagte, sie sei nicht da. Wann sie denn wiederkäme? Das wüßte er nicht. Morgen? Nein, morgen nicht, vielleicht in ein paar Wochen, vielleicht in einem Jahr. Wer könnte es wissen? Vielleicht Señor Gaona. Wer ist Señor Gaona? Der Rechtsanwalt der Señora. Wo ist er? Natürlich in seinem Büro. Wo ist das Büro? In der Avenida Indepencia. Welche Nummer? Keine Ahnung, jedenfalls nicht weit von der Avenida Cinco de Mayo.

Als ich mich bedanken wollte, hatte er mich schon stehengelassen. Das wunderte mich. Nie zuvor habe ich einen unhöflichen Mexikaner kennengelernt.

Ich mußte fünfzehn Minuten warten, ehe Señor Alfredo Gaona y Navares Zeit für mich hatte. Ich saß in einem winzigen Wartezimmer, in dem eine ältliche Sekretärin residierte, die auf einer Schreibmaschine hämmerte, die Mark Twain erfunden haben könnte. Doch schließlich kamen zwei schluchzende schwarzgekleidete Frauen aus dem Büro heraus, und ich durfte eintreten.

Señor Gaona war ein älterer Mann mit einem blassen schmalen Gesicht, das einen permanenten Widerwillen zur Schau trug. Er dachte gar nicht daran, aufzustehen und mir die Hand zu reichen.

»Weshalb möchten Sie Señora Vitrier sehen?«. Obwohl sein Englisch akzentfrei war, hämmerte er die Worte wie ein Computer.

»Ich möchte mich mit ihr über die beiden amerikanischen Mädchen unterhalten, die sie in ihrem Haus aufgenommen hat.«

»Aus welchem Grund?«

»Señor Gaona, ich möchte dem Vater des Bowie-Mädchens einen persönlichen Gefallen erweisen. Da er durch einen Autounfall schwer verletzt ist, kann er sich nicht selbst um diese Angelegenheit kümmern. Er hatte seit sieben Monaten keinen Kontakt mehr mit seiner Tochter und möchte gern wissen, wie das Leben aussah, das sie hier geführt hat.«

»Señora Vitrier dürfte kaum Lust haben, sich über dieses Thema zu unterhalten.«

»Was macht Sie so sicher?«

Er zögerte. »Ich habe zwar keine Veranlassung, Ihnen das zu erklären, aber ich will es dennoch tun. Sie hat in ihrer Güte zwei

Mädchen aufgenommen, die keine Bleibe hatten. Das war unklug. Man sollte sich nicht auf den ersten Eindruck verlassen. Diese Mädchen taugten nichts. Sie stritten sich. Eine zog aus, die andere ist — wie Sie ja wissen — bei einem Autounfall ums Leben gekommen. Señora Vitrier erfüllte ihre Pflicht, identifizierte die Leiche und übergab die Habseligkeiten des Mädchens der Polizei. Dieses Erlebnis war für die Señora sehr scheußlich, und ich kann mir nicht vorstellen, daß sie daran erinnert werden möchte.«

»Wie wäre es, wenn wir diese Entscheidung der Señora überlassen würden? Wie kann ich mich mit ihr in Verbindung setzen?«

»Die Señora ist eine sehr, sehr reiche Frau. Dieses Haus hier ist nur eins der vielen, die sie überall auf der Welt verstreut hat. Meine Aufgabe ist es, dieses Haus zu betreuen, damit sie jederzeit unangemeldet zurückkehren kann.«

»Was würde passieren, wenn ich ihr einen Brief schriebe?«

»Dieser Brief würde in meinem Büro landen, ich würde ihn öffnen und lesen und ihn nur dann, wenn ich ihn für wichtig hielte, an ihre Bank in Zürich weiterleiten.«

»Was würden Sie tun, wenn Ihr Haus abbrennt?«

»Ich würde die Meldung nach Zürich weitergeben.«

»Würden Sie einen Brief von mir weiterschicken?«

»Ganz gewiß nicht, Sir. Ich habe meine Anweisungen. Selbst wenn sich das am Leben gebliebene Mädchen meldete, würde ich die Señora damit nicht belästigen.«

»Hat sich dieses Mädchen gemeldet?«

»Nein.«

»Hat sich sonst jemand, der mit der Toten in Verbindung steht, gemeldet?«

»Ich habe Ihnen die Situation ausführlicher erklärt, als es sonst meine Art ist, Sir. Nehmen Sie bitte zur Kenntnis, daß es für Sie keine Möglichkeit gibt, sich mit Señora Vitrier in Verbindung zu setzen. Guten Tag.«

Neun Sekunden später befand ich mich auf der Straße.

Zehn Minuten danach saß ich in einem hochmodernen Büro, in das ständig Mädchen mit Minikleidern kamen, die Post aus den Körben holten und neue Post brachten.

Ron Townsends Freund Enelio Fuentes saß in einem großen

Glaskasten, von dem aus er einen guten Überblick auf die VW-Werkhallen hatte.

Enelio war etwa dreißig Jahre alt, auf derbe Art gutaussehend, breitschultrig und schmalhüftig. Er hatte ein paar schwarze Locken auf der Stirn, ein freundliches Grinsen und einen kräftigen Händedruck.

»Der alte Ron hat mich Ihretwegen schon angerufen. Setzen Sie sich. Wie gefällt Ihnen unsere Stadt? Haben Sie Rons neue Freundin kennengelernt; diese dufte Biene Miranda? Immer ist Ron davongelaufen, wenn er befürchtete, daß ein Mädchen die Hochzeitsglocken zu hören glaubte. Diesmal ist es umgekehrt. Ihn hat's erwischt, und sie will davon nichts wissen. Wie wär's mit einer Bloody Mary? He, Esperanza, mixe für Mr. McGee eine Bloody Mary und höre endlich auf, mit deinem kleinen Po herumzuwackeln. Mr. McGee interessiert sich nicht für kurzbeinige kleine häßliche Mädchen.« Esperanza, ein hübsches junges Ding, ging kichernd hinaus.

»Das ist so eine Marke. Sie kann nicht tippen, kann keine Akten ablegen, kann nicht telefonieren, aber sie kann jeden Drink, den es gibt, mixen. Und das macht sich auch bezahlt. Ha, da ist sie wieder. Versuchen Sie das, Travis McGee. Gut? Und du, Esperanza, kannst jetzt verschwinden und etwas ablegen, was kein Mensch wiederfindet.« Er schaute durch die Glaswand, und sein Lächeln verschwand plötzlich. Er drückte auf eine Sprechtaste und ließ einen schnellen spanischen Wortschwall los, den ich nicht verstand.

Dann grinste Enelio wieder und streckte sich. »Immer Ärger mit den Kunden.«

Ich bemerkte etwas, was ich bis jetzt übersehen hatte. Auch wenn sich sein Gesicht zu einem breiten Grinsen verzog, blickten seine Augen kühl und abschätzend.

Ich erklärte ihm, um was es ging, was wir herausfinden wollten und zeigte ihm das Foto von Bix. Er begriff sofort und hatte vollstes Verständnis für Bix' Vater, der genau wissen wollte, was vorgefallen war.

Er schaute im Telefonbuch nach und gab eine Nummer an die Zentrale weiter. Sekunden später schrillte das Telefon auf seinem Schreibtisch. Er nahm den Hörer auf und sprach mit einem gewissen Roberto. Ich verstand nur ein paar Bruchsätze der Fragen, die er stellte und schaute ihn an, als er den Hörer wieder auflegte.

»Der Sergeant, der die Untersuchung geleitet hat, versteht kein Wort englisch. *Nada.* Ich habe folgendes vereinbart: Wenn ich heute mittag den Laden hier schließe, dann komme ich mit dem Sergeanten zu Ihnen, und wir fahren zusammen mit Ihrem Freund in die Berge. Der Sergeant wird Ihnen dann die Unfallstelle zeigen, und ich werde Ihnen übersetzen, was er sagt.«

»Aber ich möchte Ihnen nicht Ihre Zeit rauben.«

»*Silencio, gringo!* Wer sagt Ihnen, daß ich mich nicht vor einer anderen Arbeit drücken will?«

»Okay. Das nächste Problem. Wie kann ich Kontakt zu Mrs. Eva Vitrier aufnehmen?«

»Das ist eine ganz reiche Lady. Vor acht oder neun Jahren hat sie ein Grundstück für knapp zwei Millionen Pesos gekauft und fast noch einmal den gleichen Preis für Reparaturen hineingesteckt. Ehe die anderen *ricos* von Colonia überhaupt wußten, daß das Grundstück verkauft werden sollte, saß diese französische Lady bereits drin. Sie hat nie Telefonanrufe beantwortet oder Nachbarschaftsbesuche empfangen. Hin und wieder hatte sie Gäste. Doch die kamen von weither. Mitunter hat man sie auch beim Einkaufen in der Stadt gesehen. Sie ließ sich ihre Sachen immer vom Chauffeur zum Wagen bringen. Die Leute haben ihr verrückte Dinge nachgesagt. Sie hielten sie für die Liebhaberin eines Königs oder für einen politischen Flüchtling. Sie meinten, das Geld könnte gestohlen sein. Doch wenn Sie mich fragen, bin ich der Meinung, daß sie ganz einfach in Ruhe gelassen sein wollte.«

»Wie sieht sie aus? Haben Sie sie einmal gesehen?«

Er lehnte sich zurück, schloß die Augen halb und lächelte. »Sie ist irgendwie zeitlos. Sie kann dreißig sein, sie kann aber auch fünfzig sein. Mit ihrer Nase sieht sie aus wie die ägyptische Königin — na, wie hieß sie doch gleich?«

»Nofretete?«

»Ja, genau, die. Sie ist sehr stolz. Mit hocherhobenem Kopf und Feuer im Blick. Vor ein paar Jahren bin ich einmal ein paar Schritte hinter ihr hergegangen. Sie kam vom Juwelier. Es war ein kühler Tag. Sie trug ein dunkelrotes Wollkleid, das gut zu ihren schwarzen Haaren paßte. Ihr Gang war wie Musik.

Schmale Schultern und einen langen Rücken. Vorn hat sie nicht viel zu bieten, aber hinten — *fantastico!* Und sie trug nichts unter dem Kleid, Mann. Sie ist eine Sünde wert. Ich hätte viel darum gegeben, sie kennenzulernen. Gegen sie wirkt Miranda wie ein Stallknecht. Aber hoffnungslos . . .«

»Hat sie keinen Freund, der mich mit ihr in Verbindung bringen könnte?«

»Natürlich wird sie irgendwelche Freunde haben, aber diese Freunde wären nicht meine Freunde. Leute, die hinter hohen Mauern leben, wollen von der Umwelt nichts wissen. Gaona hilft Ihnen bestimmt nicht weiter. Der wollte vor Jahren die politische Laufbahn einschlagen. Nach einer Wahlversammlung hat man ihn zusammengeschossen, und er ist auf allen vieren nach Hause gekrochen. Er hat nie gesagt, wer es auf ihn abgesehen hatte. Daraus können Sie ersehen, daß er ein sehr verschwiegener Mann ist.«

»Nun ja. Aber zu Mrs. Vitriers Freunden. Bruce Bundy könnte einer von ihnen sein, nicht wahr?«

Er blickte zunächst überrascht und dann beeindruckt. »Ja, es war sein Auto. Er lieh es jemand, der es dann dem Bowie-Mädchen weitergeliehen hat. Ich kenne Bundy nur vom Sehen. Er wohnt seit drei oder vier Jahren in der Stadt. Da gibt es so eine gewisse kleine Gruppe, um die sich niemand kümmert, solange es keinen Ärger gibt. Doch sobald sich einer von diesen Burschen einen kleinen Jungen auf dem Markt kaufen wollte, könnte die Polizei sehr unangenehm werden. Ich habe bis heute nicht gewußt, daß Bundy und die französische Lady miteinander befreundet sind. Sie sind sehr schnell, mein Freund, wie?«

»Ich will weiterkommen, Enelio. Ich bin wie ein Bulle, der in einen Spielsalon rast und die ganzen Automaten durcheinanderbringt. Dabei habe ich folgendes herausgefunden: Bundy ist mit Eva Vitrier befreundet. Bundy ist mit Lady Rebecca Divin-Harrison befreundet. Und Lady Becky kann Eva nicht ausstehen.«

Enelio hatte den Kopf schief gelegt und mich abschätzend betrachtet. Ein Grinsen machte sich auf seinem Gesicht breit, das in ein dröhnendes Gelächter überging. Schließlich brüllte er vor Lachen, warf den Kopf in den Nacken und hämmerte mit der Faust auf den Tisch.

Nachdem er wieder zu Atem gekommen war, sagte er: »Aha!

Sie haben also nicht immer diese dunklen Ringe unter den Augen, *amigo*. Und die Flecken am Hals rühren nicht von einer Allergie gegen Erdbeeren her. Und Ihre Hände zittern sonst nicht. McGee, wir sind die Mitglieder des gleichen Klubs. Und dieser Klub hat weiß Gott viele Mitglieder. Ich gehörte ihm — Moment mal — vor fünfzehn Jahren an, und ich schwöre Ihnen, daß sie damals genauso ausgesehen hat wie heute. Sie hatte einen hübschen Wagen und lud mich zur Mitfahrt ein. Ich war jung. Ich konnte alles erobern. Ein Auto oder eine Frau. Vielleicht ist es gut, wenn man in jungen Jahren einen Schock erleidet. Vier Tage lang war ich nicht von dieser Welt. Vier Tage und vier Nächte. Dann war ich geschafft. Obwohl der Klub sehr groß ist, ist sie in der Wahl der Mitglieder äußerst wählerisch. Man kann nicht um Aufnahme bitten. Man wird aufgefordert. Aber trösten Sie sich, McGee. Wenn wir beide alt und morsch sind, werden wir uns sagen, daß die größten Sünden diejenigen sind, die wir unterlassen haben. Natürlich ist sie verrückt. Aber auf angenehme Weise verrückt, wie?«

»Diese Frage werde ich Ihnen beantworten, wenn ich mich wieder erholt habe.«

»Man erholt sich immer. Ich wollte seinerzeit sogar von ihr wissen, ob ich das alles nur geträumt hätte oder ob es wirklich passiert war. Doch sie tätschelte nur meine Wange und sagte: ›Nelio, du bist ein lieber Junge, und ich habe dich sehr gern. Aber ich habe die Seite in dem Buch, in dem du stehst, bereits umgeschlagen. Es ist ein dickes Buch, und ich habe keine Zeit, eine Seite ein zweitesmal zu lesen.‹ Damals war ich sehr verletzt, doch später habe ich verstanden.

Nach dem, was ich weiß, können also Becky und Madame Vitrier kaum Busenfreundinnen sein. Mit Buncy kann Becky auskommen, weil er ein Neutrum für sie ist. Und — verzeihen Sie mir die Frage — wie ist das nun mit Becky und Ihnen? Doch noch nicht beendet, wie?«

»*Sie* glaubt, daß es weitergeht. Deshalb hat sie mir wahrscheinlich auch nur ein paar Dinge über Rockland erzählt, um mich am Gängelband zu halten.« Ich erzählte ihm, was ich von Rockland wußte. Daß er zu Bruce gezogen war, ihn zunächst erfolglos angepumpt und dann versucht hatte, mit einigen

Wertgegenständen von Bundy zu verduften. Doch Bundy hätte ihn mit ein paar kräftigen Karateschlägen daran gehindert.

»Sie sagte mir weiter, daß sie mir noch mehr erzählen könnte, weshalb Bundy bei dem Namen Rockland so nervös geworden wäre. Heute nacht würde ich mehr erfahren. Bis ich alles herausbekommen habe, kann sie mich wahrscheinlich in ihrem Vorgarten beerdigen. Diesem Schicksal möchte ich möglichst entgehen. Ich nehme Ihre Zeit zu sehr in Anspruch, Enelio.«

»Nein. Ich habe heute nicht mehr allzuviel zu tun. Und ich möchte Ihnen eines sagen. Mir tut das tolle Kind leid, und ich respektiere, was Sie tun. Ein Vater sollte wissen, wie es dazu gekommen ist, daß sein Kind gestorben ist. Es wird sich herausstellen, ob seine Tochter ein Leben geführt hat, das er verstehen kann. Vielleicht hilft es ihm ein bißchen, wenn er Bescheid weiß.«

7

Die meisten Tische waren besetzt, als ich auf die Terrasse kam. Ich entdeckte Meyer an einem Ecktisch. Neben ihm saß ein stattlicher Mann in heller Sommerhose und gelbem Sporthemd. Während ein Kellner für mich einen Stuhl an den Tisch schob, stellte mir Meyer den Mann als Wally McLeen aus Youngstown, Ohio, vor. Mr. McLeens Händedruck war feucht und schlaff. Seine haselnußbraunen Augen wurden durch dicke Brillengläser stark vergrößert. Auf seinem sonnenbraunen, ansonsten kahlen Schädel waren einige graue Haarbüschel verteilt.

Meyer sagte, daß Wally sein Geschäft aufgegeben habe und seit dem 1. August auf der Suche nach seiner Tochter in Oaxaca sei.

»Ich bin nicht nur auf der Suche nach Minda, Mr. McGee«, erklärte er, »ich will auch versuchen, die jungen Leute, mit denen sie zusammen war, zu verstehen. Im Januar hatte mir meine Tochter mitgeteilt, daß sie mit einigen Freunden nach Mexiko fahren wolle. Nur so. Weiter nichts. Als ich daraufhin an die Universität von Miami schrieb und um die Nachsendeadresse bat, bekam ich zur Antwort, daß Minda schon seit vergangenem Sommer die Universität nicht mehr besucht habe. Ich habe meinem kleinen Mädchen immer monatlich Geld geschickt, und nun wußte ich auf einmal nicht mehr, wohin ich es schicken sollte.

Und da fing ich an nachzudenken, Mr. McGee. Mir gehörten vier Geschäfte, die gut liefen. Ich habe immer in meinem Leben hart arbeiten müssen. Connie ist vor drei Jahren gestorben. Wir hatten noch eine Tochter, älter als Minda, aber sie ist in jungen Jahren gestorben. Jetzt wußte ich auf einmal nicht mehr, wofür ich eigentlich arbeitete. Als Minda im vergangenen Sommer bei mir war, hat sie mich in gewisser Weise belogen, denn sie hat mir verschwiegen, daß sie ihr Studium abgebrochen hat. Nach reiflichen Überlegungen habe ich meine Geschäfte verkauft. Meine Tochter ist das einzige, was ich auf der Welt besitze, und wenn es mir nicht gelingt, die Welt, in der sie lebt, zu verstehen, dann lohnt es sich für mich nicht, weiterzuleben. Falls ich sie je finde, muß ich die Sprache sprechen, die sie spricht.«

»Glauben Sie, Ihre Minda bald zu finden, Mr. McLeen?«

»Nennen Sie mich bitte Wally. Ich habe Grund zu der Annahme, daß sie früher oder später hierher zurückkommt. Das Hotel, in dem ich wohne, liegt zentral. Zimmer Nummer zwölf im zweiten Stock. Ich habe einen guten Ausblick auf den *zocalo*. Wenn sie zurückkommt, wird sie mich hier finden.«

»Wo ist sie?«

»Irgendwo in Mexico City.« Er seufzte. »Diese Stadt hat sechs Millionen Einwohner ... Wie nennt man Sie, Mr. McGee?«

»Travis. Trav.«

»Trav. Sie sind zwar wesentlich jünger als ich, aber Sie sind älter als diese Kinder. Ich weiß nicht, was Sie von denen halten. Nachdem ich mich lange mit ihnen unterhalten hatte, habe ich meine Ansicht geändert. Früher konnte ich die langmähnigen Burschen mit ihren Bärten nicht ausstehen. Für mich waren sie nichts weiter als versponnene Fanatiker und Rauschgiftsüchtige. Ihre Musik und ihre Freiheitsgesänge fielen mir auf die Nerven. Natürlich taugen viele von ihnen nichts, aber einige sind verdammt vernünftig. Sie schauen sich sehr kritisch um, und ihnen paßt die Welt, in der wir Älteren leben, nicht. Ihnen mißfällt die Korruption, die Gewalttätigkeit und die Zeit der Computer, die aus Menschen Maschinen machen. Sie hassen die Welt, in der es ein Vietnam, Elend, Hungersnot und legitimen Mord gibt. Wie sollen sie sich wehren? Doch nur so, indem sie sich gegen das

Establishment stellen. Und das schaffen sie nur, indem sie sich so kleiden und so benehmen, daß sich die sogenannten guten Bürger von ihnen abwenden. Sie suchen keinen Komfort. Alles, was sie zum Leben brauchen, sind ein paar Lebensmittel und eine Decke zum Zudecken. Sie wollen bewußt die Leute schockieren. Sex ist für sie etwas Natürliches. Sie demonstrieren, daß Geld, Rassenprobleme und Kriege Probleme sind, die keine Probleme zu sein brauchten. Ihre Kunst und ihre Musik habe ich schon seit einiger Zeit begriffen, doch bis vor kurzem wußte ich nicht, wie Koks, Hasch und LSD in dieses Bild passen. Aber auch das verstehe ich allmählich. Sie gehen ›auf Reise‹, weil sie der Meinung sind, daß jeder Mensch das tun kann, was ihm gefällt — solange er die Öffentlichkeit nicht gefährdet. Das Gesetz verbietet ja nur deshalb Rauschgift, damit die menschliche Arbeitskraft nicht geschwächt wird. Denn was geschähe mit der Industrie, wenn jeder täglich Rauschgift zu sich nähme? Da diese jungen Menschen aber nichts mit dem Establishment und der Industrie zu tun haben wollen, sind sie der Meinung, daß sie mit ihrem Körper machen können, was sie wollen. Wenn man sich läger mit diesen Gedankengängen befaßt, muß man zugeben, daß etwas dran ist. Ich weiß, daß Sie sich jetzt etwas unbehaglich fühlen, mein Freund, aber vergessen Sie nicht: ich habe mich in den letzten Wochen wahrscheinlich mehr mit diesem Thema beschäftigt als Sie in den vergangenen Jahren.

Und wenn diese jungen Leute erst einmal gemeckert haben, daß man ihnen nicht mit dem üblichen alten Hut kommen will, reden sie auch. Ich komme mit ihnen ins Gespräch. Sie hören mir zu. Was habe ich denn bisher so Großartiges in meinem Leben erlebt? Hypotheken waren zu zahlen, Inventuren zu machen, dann gab es Sorgen und Krankheiten. Ein Farbfernseher mußte angeschafft werden und alle zwei Jahre ein neues Auto. Freunde starben, und eines Tages werde ich sterben. Wer wird mich vermissen? Ich bin sicher, daß ich, wenn ich meine Minda treffe, so mit ihr reden kann wie nie zuvor. Doch ich muß jetzt aufhören. Wahrscheinlich habe ich Sie mit meinen Worten gelangweilt. Aber ich hoffe« — er schaute mich ernsthaft an, »daß Sie verstanden haben, was ich meine.«

»Sicher, Wally.« Ich nickte. »Wir haben Sie verstanden.«

Er lächelte. »Allmächtiger! Wenn mich meine Freunde in

Youngstown hören würden, würden sie sich wahrscheinlich an den Kopf fassen.«

»Wenn ich recht verstanden habe, Wally, dann haben Sie sich ebenfalls bemüht, Rockland ausfindig zu machen.«

»Ja, um zu hören, ob er etwas über meine Minda weiß. Meine Tochter ist eine Zeitlang mit dieser Gruppe herumgezogen. Hin und wieder splitterten ein paar der jungen Leute ab und neue kamen hinzu. Ich habe Meyer bereits berichtet, daß meine Minda und das Mädchen, das gestorben ist — Bix Bowie — gemeinsam die Gruppe verlassen und sich in einem billigen Hotelzimmer im *Ruiz* eingemietet hatten. Ich habe mir das Zimmer angesehen, in das sie Ende Mai gezogen sind. Ein schmutziger Raum im zweiten Stock. Das einzige Bad befindet sich im Erdgeschoß. Zur Zeit wohnen vier junge Leute in diesem Raum. Nur einer von den Burschen war noch aus der Zeit da, als Minda und Bix damals einzogen. Er glaubt, daß zu jener Zeit sechs oder sieben Personen in diesem Raum gehaust hätten. Ende Juni oder Anfang Juli wären dann die Mädchen von Mrs. Vitrier in ihr Haus eingeladen worden. Da hat man nun für seine Tochter das Beste im Auge — aber sie zieht es vor, ihr eigenes Leben zu führen.« Er schüttelte langsam den Kopf. »Es wird Ihnen wahrscheinlich nach Ihrer Rückkehr nicht leicht fallen, Bix' Vater etwas über dieses Zimmer zu berichten. Er wird den gleichen Schock erleiden wie ich und sich vorstellen, wie seine Tochter in einem schmutzigen Schlafsack in einer Ecke des Raums geschlafen hat — zusammen mit einem Burschen, der sich wahrscheinlich auch wochenlang nicht gewaschen hat. Die anderen lagen so dicht daneben, daß sie alles gehört haben, was vor sich gegangen ist . . .«

Meyer versuchte es mit ein paar Namen: Carl Sessions, der Musiker und Jerome Nesta, der Bildhauer.

Wally sagte, es sei durchaus möglich, daß er sich mit diesen beiden unterhalten hätte, aber er könnte sich an keine Namen erinnern. Er hatte alle immer nur wieder nach Minda gefragt und ihnen ihr Bild gezeigt. Was er bis jetzt herausbekommen hatte, war nicht viel. Er wußte lediglich, daß sie allein nach Mexico City gefahren war und eines Tages zurückkommen wollte. Sollte sie sich in Youngstown, Ohio, melden, dann würde ihm einer seiner Freunde ein Telegramm schicken. Doch jetzt müßte er gehen, weil er sich mit einigen seiner neuen jungen Freunde treffen wollte. Falls er irgend etwas über Bix erfahren sollte, wollte er uns eine Nachricht zukommen lassen.

*

Enelio Fuentes erschien in Begleitung des Sergeanten Carlos Martinez Schlag zwei Uhr. Martinez, ein untersetzter, breitschultriger Mann mit einer sehr dunklen Gesichtsfarbe und einigen Goldzähnen, trug Zivil. Wir stiegen alle in Enelios Volkswagen, der den zur Zeit modernen rötlichen Silberlack hatte. Enelio setzte sich hinter das Steuer. Meyer und der Sergeant nahmen auf dem Rücksitz Platz. Nachdem wir die Stadt, über der immer noch die Siesta-Ruhe hing, hinter uns gelassen hatten, fuhr Enelio mit erstaunlicher Geschwindigkeit auf die braunen Berge zu.

»Ich wußte gar nicht, daß man aus einem VW soviel herausholen kann«, sagte ich.

»Kann man auch nicht. Wir haben in diesen Wagen einen Porsche-Motor eingebaut.« Er grinste.

Nachdem wir die ersten Kurven hinter uns gelassen hatten, ging es steil aufwärts. Es gelang mir, völlig entspannt dazusitzen. Auf ebener Straße schnell zu fahren, ist kein Kunststück, doch bei einer kurvenreichen Strecke erkennt man den guten Fahrer sofort. Natürlich wollte Enelio auch ein wenig angeben, aber es war erfreulich festzustellen, daß er wirklich eins mit der Maschine zu sein schien. Und diese Straße hatte es verdammt in sich. Sie wurde immer steiler, und die Haarnadelkurven wurden immer enger. Von einem Geländer — geschweige denn Warnschildern — hatte man hier offensichtlich noch nie etwas gehört. Manchmal erhaschte ich einen Blick auf ein Stück der Bergstrecke, die noch vor uns lag. Sie wurde immer enger und war dicht an den Felsen geklebt. Auf der anderen Seite war nichts weiter als Bergluft vorhanden. Wenn ich hinuntersah, wirkte die Straße, die wir eben noch entlanggefahren waren, wie eine Luftaufnahme.

Wir trafen zwei Busse, die den Berg heruntergesaust kamen und überholten einen tuckernden Lastwagen, der sich dampfend und schnaufend in die Höhe quälte. Der Sergeant sagte zu Enelio, daß wir bald die Stelle erreicht hätten, woraufhin Enelio in die nächste kleine Ausbuchtung, von der aus man den Volkswagen von beiden Seiten sehen konnte, fuhr. Wir stiegen aus. Um uns herrschte Schweigen. Die Luft war dünn, kalt und sehr rein.

Wir folgten dem Sergeanten die Straße etwa hundertfünfzig Fuß hoch bis zur nächsten Kurve. Dort hockte er sich hin und deutete auf ein paar schwarze Reifenspuren, die an dieser Stelle den Asphalt verließen. Da man kurz darunter ein paar Büsche sah, deren Äste abgebrochen und deren Blätter braun geworden waren, konnte man leicht rekonstruieren, wie der Wagen von der Straße abgekommen war. Als wir den Abhang hinunter gingen, erkannten wir an den schwarzen Reifenspuren — die wie gigantische Kommata aussahen —, wo der Wagen zunächst wieder auf den Asphalt aufgeprallt war. Dann machte der Sergeant eine rollende Handbewegung, als wolle er etwas verrühren und deutete schließlich zum Abgrund.

»Zu schnell!«

Er grinste mich mit seinen goldenen Zähnen an.

Er hatte recht. Sie mußte in einer Linkskurve bergabwärts die Kontrolle über den Wagen verloren haben. Vielleicht hatte sie diese Kurve für harmloser und nicht so spitz gehalten. Dann hatte sie das Steuer herumgerissen, war an den Felsen geprallt, war noch ein Stückchen vorwärts oder rückwärts — das ließ sich nicht feststellen — geschleudert, hatte sich überschlagen und war den Abhang hinuntergerollt. Sie war auf dem Teil der Straße, der unter ihr lag, nochmals auf den Asphalt geprallt und dann endgültig auf den Abgrund zugerollt.

Der Sergeant führte mich zum Straßenrand und deutete nach unten. Da ich zunächst nicht merkte, was er meinte, wandte er sich an Enelio.

Enelio schirmte mit der Hand seine Augen gegen die Sonne ab und blickte angestrengt nach unten. »Ah, jetzt sehe ich, was er meint. Travis, sehen Sie die kleinen drei Büsche da unten, die nicht weit von dem runden Felsen wachsen? Okay, dann schauen Sie ein wenig nach rechts und etwas höher . . .«

Jetzt sah ich es. An den scharfen Felsbrocken war gelbe Farbe verschmiert, und am Boden funkelten Glassplitter und zerfetzte Chromteile. Dort war der Wagen zum erstenmal am Abgrund aufgeschlagen. Doch wo der zweite Aufprall stattgefunden hatte, war von der Stelle aus, an der wir standen, nicht zu sehen.

Der Sergeant ging mit uns an dem schillernden roten Wagen vorbei und entdeckte einen anderen Winkel, von dem aus man ins Tal schauen konnte. Von dort aus konnte man leicht den Wagen erblicken — beziehungsweise das, was von dem Wagen übrig geblieben war. Er sah aus wie ein am Boden zertretenes Spielzeugauto.

»Wie ist man an die Leiche herangekommen?«

»Von der Straße auf der anderen Talseite aus. An der Stelle, wo der Busfahrer den Unfall gesehen hatte, kann man leichter absteigen.«

»Wie hat man die Leiche identifiziert?«

»Mrs. Vitrier hat die Identifizierung vorgenommen.«

»Das weiß ich. Das steht im Polizeibericht, Enelio. Ich möchte gern wissen, in welchem Zustand man die Leiche gefunden hat.«

Er fragte den Sergeanten. Als er sich dann wieder mir zuwandte, schien er gegen ein Gefühl der Übelkeit anzukämpfen. »Man fand sie zur Hälfte im Auto und zur anderen Hälfte außerhalb des Wagens. Ihre Beine waren zerfetzt, und oberhalb der Taille war ihr Körper verkohlt. Madame Vitrier hat sie an der silbernen Kette erkannt, die sie am Fußknöchel trug und an einem roten Schuh, der ein paar Meter weiter lag. Den zweiten roten Schuh hat man nie gefunden.«

»Was hat sie nur auf dieser verdammten Bergstraße gesucht, Enelio?«

Er drehte sich um und deutete auf eine Stelle, wo man durch die Berge hindurch auf die Stadt blicken konnte, die tief unter uns in einem Dunstschleier lag. »Die Stadt liegt fünftausend Fuß über dem Meeresspiegel. Hier sind wir vielleicht achteinhalbtausend Fuß hoch. Wenn man noch höher fährt, kommt man auf zehntausendzweihundert. Hin und wieder sieht man ein kleines Haus. Die Leute, die in den Bergen wohnen, sind sehr nett, können aber auch sehr grausam sein. Diese Straße ist eine Todesstrecke, Travis. In jedem Jahr gibt es hier drei bis fünf Unfälle, die zumeist tödlich verlaufen. Vor sechs Jahren ist ein Bus mit achtzehn Personen abgestürzt. Die Gründe, weshalb sie alle hier hinauffahren, mögen die gleichen sein, die ich mit siebzehn Jahren hatte. Es war an einem frühen Morgen gewesen, als ich auf einem Motorrad diese verrückte Straße hinuntersauste. Ich verfiel dem Rausch der Geschwindigkeit und brüllte vor Begeisterung und Aufregung. Es war *fantástico!* Obwohl ich irgendwann ein Staubkorn ins Auge bekam, fuhr ich weiter. Ein Auge mit der Hand zugehalten. Wahrscheinlich lag dann ein kleiner Stein auf der Straße, den ich nicht gesehen hatte. Ich wurde durch die Luft gewirbelt und landete in einem Baum. Dabei habe ich mir das Handgelenk gebrochen. Schauen Sie, ich kann meine Hand nicht mehr richtig bewegen. Und die Kopfhaut hatte ich mir auch aufgerissen. Meine Haare waren blutverklebt. Ich umklammerte mein gebrochenes Handgelenk und marschierte fröhlich pfeifend die Straße hinunter. Sie kamen aus ihren Hütten gerannt und starrten dem verrückten Burschen nach. Ich war dem Tod sehr nahe gewesen, doch ich war noch einmal davongekommen. Wenn ich später einmal dem Tod ins Gesicht sehe, dann kann ich sagen: Erinnerst du dich, Gevatter, du hast mich schon einmal fast erwischt.« Er grinste, nahm einen Stein auf und warf ihn in den Abgrund. »Ich glaube, daß das Mädchen das gleiche Gefühl erlebt hat. Wenn man jung ist, fährt man in die Berge, um dann wieder ins Tal zu sausen.«

Dann fragte er den Sergeanten etwas, hörte zu und übersetzte. Ich hatte nur die Hälfte verstanden. »Er ist in den Bergen herumgefahren und hat die Leute nach einem gelben Wagen gefragt. Er fand einen Jungen, der ihm etwas sagen konnte. Dieser Junge hatte an jenem Tag seine zwei Esel mit Holz beladen und wollte sie zum kleinen Hof seiner Eltern zurückführen. Der gelbe Wagen hatte an jenem Nachmittag am Straßenrand etwa einen Kilometer von Guelatao entfernt geparkt. Dort ist die Straße bis nach Papaloapan ungepflastert. Doch wie dem auch sei, der Junge sagte, daß ein kräftig gebauter Ausländer am Wagen lehnte und eine junge Ausländerin auf einem Stein saß. Die Fremden hätten den Jungen gegrüßt und er hätte den Gruß beantwortet. Auf die Aussage des jungen Burschen hin wäre der Sergeant mit einigen Leuten zurückgekommen. Sie hätten jeden Meter und jeden Baum nach diesem Ausländer abgesucht, aber sie hätten keine Spur entdecken können.«

»Fragen Sie den Sergeanten, ob der junge Bursche den Ausländer beschrieben hat.«

Nachdem der Sergeant geantwortet hatte, meinte Enelio: »Für den jungen Burschen sehen alle Ausländer gleich aus.«

»Hat noch jemand den Ausländer gesehen?«

»Vielleicht. Die Leute, die in den Bergen wohnen, reden nicht viel mit den Menschen aus dem Tal. Und der Polizei sagen sie gleich gar nichts. Sehen Sie dort die dünnen Linien, die fast wie Terrassen ausschauen. Wenn wir dort Ausgrabungen vornehmen würden, dann würden wir auf uralte Mauerreste stoßen. Vielleicht fänden wir auch noch ein paar Splitter zapotekanischer Töpferwaren und ein paar Krümel Obsidian. Es wird dort auch Gräber gegeben haben, doch die sind längst geplündert, weil diese Stellen allzu sichtbar sind. Wer weiß, wer vor vielen Jahren dort gelebt hat. Soldaten, vielleicht auch Priester ... Man sagt, daß es an die fünfzigtausend solcher Stätten gibt. Etwa fünfhundert sollen bereits von Archäologen erforscht worden sein. Vor fünf-, sechs- oder siebenhundert Jahren sind die Leute, die durch die Priester und Soldaten in dieses Land gebracht worden sind, zu diesen Stätten gezogen, haben Opfer gebracht und gebetet. Doch allmählich wurden diese Priester zu selbstherrlich und betrachteten die Untertanen als ihr persönliches Eigentum. Das hatte zur Folge, daß die Menschen eines Tages auf die Berge zogen, die Priester und die Wächter töteten, die Tempel anzündeten und nie zu diesen Stätten zurückkehrten. Sie hatten es satt, weiter als Sklaven zu leben. Nie haben sie darüber geredet. Es gibt keine Berichte über ihren Aufstand. Es sind harte Menschen, die sich nicht unterkriegen lassen. Ich bin stolz, daß das Blut dieser Indios in meinen Adern fließt. Wissen Sie, welche Menschen aus diesem Tal stammen? Benito Juárez, Porfirio Díaz. Dieses kleine Oaxaca hat Menschen hervorgebracht, die nicht nur träumen, sondern auch ihre Träume verwirklichen. Entschuldigen Sie, Travis, daß mich die Stille dieser Bergwelt dazu gebracht hat, meine ureigensten Gedanken auszusprechen. Gehen wir?«

Auf dem Rückweg zur Stadt fuhr Enelio automatisch, fast bedächtig. Er war noch sehr mit seinen Gedanken und Erinnerungen beschäftigt.

Meyer war es, der seine Gedankengänge unterbrach. »Fragen Sie ihn, ob die Polizei viel Ärger mit amerikanischen Studenten hat.«

Der Sergeant redete daraufhin lange und ausführlich.

Enelio übersetzte: »Martinez sagt, daß sie im großen und ganzen nicht anders als andere Leute seien. Mit den meisten hätten sie keinen Ärger. Natürlich gäbe es immer wieder ein paar, die sich betrinken, Fensterscheiben einschlagen, verrückt leben, krank werden und Hilfe brauchen. Einige gingen auch mit wertvollen Gegenständen in die falschen Gegenden und wundern sich dann, wenn sie bestohlen werden. Einige nehmen Rauschgift, andere benehmen sich wiederum so unmöglich, daß sie öffentliches Ärgernis erregen.«

»Inwiefern?« wollte Meyer wissen.

»Da steht dann zum Beispiel ein Junge mit einem halbnackten Mädchen mitten auf dem Markt und schmust vor den Augen der schockierten Mexikaner. Doch wenn ein rauschgiftsüchtiger, verdreckter, verlauster Bursche grinsend durch die Straßen torkelt, dann nehmen sich die Mexikaner seiner an. Es ist eine Tradition, daß man die Verrückten nett behandelt. Ein früherer Gott hat einen Fluch auf die Verrückten gelegt. Ein Verrückter ist also ein Mensch, der mit einer Gottheit in Berührung gekommen ist.«

»Gibt es so etwas wie eine Vermißtenliste?«

Ich war Meyer für diesen Geistesblitz unendlich dankbar.

»Ja. Dabei handelt es sich zumeist um Anfragen, die wir von der amerikanischen Botschaft bekommen.«

»Kann ich diese Liste sehen?«

»Selbstverständlich.«

Der Sergeant stieg in der Stadt vor dem Polizeigebäude aus und kam dann mit einem Berg Kopien — alles Anfragen von der amerikanischen Botschaft — wieder zum Auto.

»Das sind alles Nachforschungen, die in diesem Jahr bis zum heutigen Tag angestellt worden sind«, erklärte Enelio.

Meyer blätterte die Kopien durch, bis er bei einem bestimmten Blatt angelangt war, das er mir reichte.

Gesucht wird Carl Sessions, 22 Jahre alt, einsneunzig, hundertsechzig Pfund, blonde Haare, blaue Augen. Mitteilungen erbeten an Mr. Lord, amerikanische Botschaft, Apparat 818. Das Formular war am 9. Juni ausgestellt. Enelio übersetzte uns die Notizen, die mit Rotstift auf das Formular gekritzelt waren.

»Unsere Polizisten haben einen Routinestreifzug gemacht und

den Jungen am Montag morgen, dem 7. Juli, tot in einem Hausflur in der Arteaga-Straße gefunden. Das ist eine üble Gegend hinter dem Markt. Seine Taschen waren leer. Wahrscheinlich haben ihn ein paar junge Burschen, die ihn für betrunken hielten, bestohlen. Wenn sein Anzug nicht so dreckig gewesen wäre, hätten sie den wahrscheinlich auch noch genommen. Ein Arzt hat eine Blutprobe gemacht. Er hatte in den Armen und den Schenkeln Nadeleinstiche, von denen einige infiziert waren. Der Junge war unterernährt. Gestorben ist er an einer Überdosis von Rauschgift. Er hatte sich in diesem Hausflur eine Art Hütte aus Pappe gebaut, die er von einem Markthändler, der im Hof wohnt, bekommen hatte. Die paar Habseligkeiten, die er besaß, hatte er dem Markthändler in Verwahrung gegeben. Auf diese Weise fand man einen Gitarrenkasten mit einer Gitarre und seine Personalpapiere.«

Enelio stellte Martinez noch eine weitere Frage und übersetzte dann: »Nachdem man die Botschaft informiert hatte, flog ein Botschaftsangestellter nach Oaxaca und regelte die Angelegenheit. Der tote Junge wurde per Luftfracht an seine Schwester in Atlanta, Georgia, geschickt.«

Mir wurde plötzlich bewußt, daß mich Sergeant Carlos Martinez anschaute. Es war der harte, durchdringende Blick eines Polizisten. Diesen Blick brauchte man mir nicht zu übersetzen. Wir interessierten uns für zwei Touristen, die beide tot waren. Kein Polizist der Welt glaubt an ein zufälliges Zusammentreffen von Ereignissen.

Wir bedankten uns alle bei ihm für die Zeit, die er geopfert hatte. Enelio schüttelte ihm die Hand, wobei ein Geldschein den Besitzer wechselte.

Als wir weiterfuhren, sagte ich Enelio, daß ich ihm dieses »Geschenk« ersetzen wollte.

»Sie sind ein komischer Knabe, McGee! Wie spät ist es? Was, schon fünf? Meyer und ich werden Sie jetzt in Ihrem Auto zurücklassen. Bis Sie zum Hotel Victoria zurückgefahren sind, *hombre*, sitzen wir schon längst an einem schattigen Tisch beim Swimming-pool und ergötzen uns an den kleinen Bienen in ihren klitzekleinen Bikinis. Sie müssen dann einen Drink aufholen.«

An dem großen Swimming-pool waren in der Tat ein paar ganz reizende junge Mädchen, die schwammen und die letzten Sonnenstrahlen genossen, ehe die Sonne hinter den Bergen verschwand und der Abend kühl wurde.

Die Drinks waren ausgezeichnet. Enelio schien ein guter Gast zu sein, denn wir wurden prompt bedient. Meyer saß da und kritzelte ein paar Notizen auf einen alten Briefumschlag. Hin und wieder hob er den Kopf und starrte nachdenklich vor sich hin. Auf meine Frage, was er täte, antwortete er, daß ich mich noch ein paar Minuten gedulden sollte. Schließlich hielt er den Umschlag so, daß Enelio und ich ihn gleichzeitig lesen konnten.

10. Januar	Fünf junge Leute fahren bei Matamoros in einem Wohnwagen über die mexikanische Grenze.
25. März	Etwa 13 000 Dollar werden für Bix nach Culiácán, Sinaloa, überwiesen.
24. April	Rocko fährt mit dem Wohnwagen auf den Zeltplatz Los Pájaros.
25. Mai	(ungefährer Zeitpunkt) Bix und Minda übersiedeln vom Los Pájaros in ein Zimmer des Hotels Ruiz.
9. Juni	Suchaktion nach Sessions setzt ein.
30. Juni	(ungefährer Zeitpunkt) Bix und Minda werden von Mrs. Vitrier in deren Haus eingeladen.
5. Juli	Rocko schlägt Mike Barrington zusammen.
7. Juli	Sessions wird tot aufgefunden.
10. Juli	Die Touristenkarten und das Auto-Carnet laufen ab.
23. Juli	Rocko verläßt auf Aufforderung den Zeltplatz Los Pájaros und zieht zu Bruce Bundy.
30. Juli	(ungefährer Zeitpunkt) Bix und Minda streiten sich und Minda zieht nach Mexico City.
1. August	Vor dem Morgengrauen hindert Bruce Rocko daran, mit einer Beute das Haus zu verlassen.
1. August	Mindas Vater trifft ein und macht sich auf die Suche nach seiner Tochter.
2. August	Bundy leiht seinen gelben Ford einer unbekannten Person, die ihm nur unter dem Namen George bekannt ist.

3. August	Bix kommt ums Leben.
4. August	Mrs. Vitrier identifiziert die Leiche.

»Ein zeitlicher Überblick kann nicht schaden, Meyer«, sagte ich.

Enelio betrachtete stirnrunzelnd den Zeitplan. »Etwas stimmt da nicht, meine Freunde.«

»Was?«

»Er konnte mit dem Wohnwagen nicht mehr auf dem Standplatz sein, nachdem das Carnet abgelaufen war. In diesem Fall sind unsere Gesetze sehr streng. Eine Touristenkarte, also eine Aufenthaltsgenehmigung, kann man notfalls in Mexico City verlängern lassen — wenn man an einen Angestellten kommt, der nichts gegen kleine Geschenke einzuwenden hat. Doch um die Papiere für einen Wagen zu bekommen, muß man auf alle Fälle über die Grenzen fahren und kann dann erneut einreisen. Wohin sind sie gefahren? Nach Culiácán? Der nächste Grenzübergang wäre in Nogales.« Er grinste uns an. »Aber ich könnte mir vorstellen, daß sie nach Culiácán gefahren sind.«

»Weshalb?« fragte Meyer.

Enelio tippte sich an die Stirn. »Ihr Freund Enelio Fuentes ist ein kluges Kind. Dessions ist an einer Überdosis Rauschgift gestorben. Bei uns wächst dieses Zeug in rauhen Mengen. Dieses Opium — wir nennen es *goma* — wird tonnenweise an kleine Fabriken verkauft, die es zu Heroin aufbereiten. Die meisten dieser Fabriken sind in Sinaloa. Sie glauben gar nicht, wie viele feine Leute dort in prächtigen Villen leben. Es war vielleicht gar nicht so ungeschickt, sich das Geld nach Culiácán schicken zu lassen. Auf welche Weise ist es überwiesen worden?«

»Per Bankauftrag.«

»Das war allerdings dumm, denn inzwischen sind die mexikanischen Rauschgiftbehörden auf Draht. Sie kommen sehr schnell dahinter, wer ein Geschäft machen will. Unsere Leute werden aufgefordert, gewisse Personen zu untersuchen. Nehmen wir einmal an, man findet bei einer kleinen Gruppe vier Kilo Heroin. Das bringt denen neunundneunzig Jahre in einem mexikanischen Gefängnis ein. Doch nimmt man ihnen drei Kilo ab und läßt sie nach Abzug einiger Bestechungsgelder mit einem Kilo laufen, dann haben sie immer noch ein Geschäft gemacht — denn die Zöllner auf ihrer Seite arbeiten auch nach dem Motto, daß eine Hand die andere wäscht. Von den Professionellen läßt sich natürlich niemand Geld auf eine Bank im Grenzort überweisen. Denn wozu dieses Geld gebraucht wird, ist sonnenklar.«

»Ich kann mir nicht vorstellen, daß Bix Bowie Rauschgift geschmuggelt hat«, sagte Meyer.

»Nein? Vielleicht war diese Schwester so kameradschaftlich, daß sie ihrem ›kleinen Bruder Carl‹ zu seinem ›täglichen Brot‹ verhelfen wollte.«

»Kann jeder einfach so nach Culiácán fahren und Heroin kaufen?«

Er zuckte die Schultern. »Zum doppelten Preis — weshalb nicht? Man bekommt zwar denjenigen, von dem man es kauft, nicht zu Gesicht, doch was soll's? Man zahlt trotz allem nur ein Zehntel des Preises, den der Stoff in den Staaten kostet.«

»Ein schmutziges Geschäft«, meinte Meyer.

Enelio lachte. »Gewiß. Aber wissen Sie nicht, was man in der ganzen Welt über schmutzige Geschäfte denkt? Jeder, der weiß, daß sie gehandhabt werden, sagt sich: ›Solange ich es nicht aufhalten kann, will ich wenigstens davon profitieren.‹ Sie gefallen mir, Meyer. Sie könnten nichts Schlechtes tun. Aber glauben Sie mir, ich mache mitunter auch entsetzliche Sachen.«

»Ich auch, Enelio.«

Enelio verzog sein Gesicht zur Grimasse. »Der Jammer ist, daß ich nur Ärger mit Frauen und keinen Ärger mit Geld habe.«

Nach einem Blick auf die Uhr sagte er, daß er nach Hause müsse, um sich für den Abend umzuziehen. Wir bedankten uns bei ihm, und er versprach uns, morgen anzurufen. Vielleicht würde er etwas finden, das uns aufheitern könnte.

Der Swimming-pool lag jetzt im Schatten. Nur ein paar junge Männer und braungebrannte Mädchen schwammen und tauchten.

»Wenn man bedenkt, daß alle diese Kinder gegen das Establishment rebellieren . . .« Meyer imitierte Wally McLeens Tonfall.

»Mensch, Meyer!«

»Ach, dieser Bursche hat sich doch sehr plausibel ausgedrückt, oder?«

Ich gähnte. »Und die Archäologen steigen in Gruften herum und versuchen Tafeln zu entziffern, die dreitausend Jahre vor

Christus beschriftet worden sind — aber die Jugend respektiert nicht einmal die Generation ihrer Eltern.«

»Aus dir spricht ein echtes Mitglied des Establishments.«

»Ich komme mit jungen Leuten gut aus und mit alten. Das liegt an der Persönlichkeit. Aber wir dürfen nicht vergessen, daß wir nichts weiter als Tiere sind, die zufällig auf zwei Beinen laufen und die froh sind, wenn sie das Leben von der Wiege bis zur Bahre irgendwie meistern.«

»Du bist zynisch, McGee. Das liegt entweder an der Höhe, in der wir uns hier befinden oder an deiner potentiellen Depression — oder du hast einfach Angst vor der nächsten Runde, die auf uns zukommt.«

»Verdammt noch mal, ich will einfach wissen, wo dieser Rocko ist. Ich will wissen, wer mit Bix auf jenem Berg war. Ich will Jerome Nesta finden. Ich will mich mit Minda McLeen unterhalten. Ich will mit Mrs. Vitrier reden. Carl Sessions kann ich von meiner Liste streichen. Dünne blonde Gitarristen sollten nicht in Papphütten leben und verschmutzte Spritzen benutzen. Außerdem möchte ich den Rest von Brucys Geschichte erfahren.«

»In diesem Fall solltest du allmählich anfangen, dich für Lady Rebecca schön zu machen.«

»Du bist so sehr darauf bedacht, daß ich mich mit Becky treffe, daß ich sie doch gleich anrufen möchte. Bleib da, wo du bist und rühre dich nicht.«

Ich ging zu unserem Appartement und rief von dort aus an.

»McGee, mein Liebling«, sagte sie atemlos und heiser. »Mein Gott, es geht mir heute großartig. Ich summe vor mich hin und glaube, beim Gehen kaum den Boden zu berühren. Ich habe schreckliche Sehnsucht nach dir. Bitte, bitte, bitte, beeile dich!«

»Becky, ich fürchte, daß wir unsere Verabredung verschieben müssen.«

»Das ertrage ich nicht. Du bist ein Ungeheuer!«

»Ich habe die Aussicht, heute noch mit meinen Nachforschungen ein Stückchen weiter zu kommen. Es war nicht fair von mir, daß ich dich dazu gebracht habe, das Vertrauen eines Freundes zu mißbrauchen.«

Nach einer kurzen Pause sagte sie: »Du weißt doch, daß ich von den ewigen jungen Männern die Nase voll habe und dich brauche. Aber ich beuge mich deinem Willen. Ich warte auf dich und werde nicht auf die Uhr schauen. Komm, wann du willst.«

»Falls ich überhaupt eine Möglichkeit dazu finde.«

»Was versuchst du mir anzutun? Habe ich dich in der vergangenen Nacht zu schlecht behandelt, Liebling? Dann verspreche ich, heute ein braves Mädchen zu sein.«

»Ich kann dir wirklich nicht sagen, wie lange ich zu tun habe.«

»Ist eine andere Frau im Spiel, mein Lieber?«

»Wer weiß?«

»Wenn das der Fall ist, brauchst du nicht zu kommen. Habe ich mich klar ausgedrückt?«

»Vollkommen.«

»Du verdirbst alles. Ich bin eine solche Behandlung nicht gewöhnt.«

»Das mag sein, Liebling.«

Als ich hörte, daß sie zu einer Antwort ansetzte, legte ich den Hörer auf. Mir war etwas weich in den Knien.

Wenig später fuhren wir in die Stadt. Am *zocalo* war viel Betrieb. Im Musikpavillon spielte eine Kapelle Märsche, und die Leute wogten auf den Wegen her und hin.

Nach langem Suchen fanden wir auf der Terrasse des Hotels einen freien Tisch und bestellten uns etwas zu trinken. Plötzlich stand die rothaarige Backspin neben Meyer und starrte mich über den Tisch hinweg an. Sie schien aus dem Nichts aufgetaucht zu sein.

»Da sitzt ihr ja wieder, ihr Bastarde«, sagte sie.

»Nanu! Meyer, schau dir das an! Sie sieht frisch, sauber und fast hübsch aus. Wenn sie noch etwas abnehmen würde, könnte sie uns fast interessieren.«

»Mark wollte nichts weiter als seinen Spaß haben. Die Show, die Sie daraus gemacht haben, hat mir nicht gepaßt.«

Ich lächelte sie an. »Wie hätten wir denn reagieren sollen, Schätzchen? Ich habe es nicht gern, wenn sich jemand am Nachbartisch über mich lustig macht. Hätte ich deinen schmächtigen Freund vom Stuhl heben und in den Verkehr werfen sollen? Hätten wir euch die Freude verderben sollen, indem wir euer Spielchen ignorierten? Oder hätten wir das Lokal verlassen sollen? Was hätte euch denn in den Kram gepaßt?«

»Weiß ich nicht. Wir waren jedenfalls nicht betrunken. Außer ein paar Colas mit Mardil hatten wir nichts gehabt.«

»Jeanie auch nicht?«

»Das ist etwas anderes.«

»Genau. Ich nehme an, sie berauscht sich an Barbitursäuren. Wie nimmt sie dann die Weckamine zu sich? In Form von Spritzen? Oder schluckt sie Tabletten?«

»Sie ist noch nicht soweit. Sie wird sicher wieder zu sich kommen.«

»Wenn sie je halbwegs wieder in Ordnung sein sollte, dann wünschen Sie ihr alles Gute und verlassen Sie sie.«

»Sie scheinen verdammt gut Bescheid zu wissen.«

»Leider. Ich habe einmal so etwas miterlebt und möchte es nie wieder erleben. Ich halte Sie nicht für dumm. Sie werden begreifen, daß ein solches Leben unweigerlich in der Irrenanstalt endet. Das Mädchen, um das es seinerzeit ging, hat mir sehr am Herzen gelegen. Ich weiß nicht, was Ihnen Jeannie bedeutet.«

»Sie ist meine beste Freundin.«

»Glauben Sie mir, sie ist schon soweit, daß sie den Weg nie mehr zurückfindet.«

»Na, und wenn? Es ist schließlich ihr Leben, nicht wahr?«

»Wenn Sie das noch als Leben bezeichnen wollen.«

»Aha, jetzt habe ich Sie erkannt. Sie sind hierhergekommen, schnüffeln herum und wollen andere Leute in Schwierigkeiten bringen. Wollen Sie das vielleicht als ein großartiges Leben bezeichnen?«

Meyer fuhr herum und beugte sich zu ihr vor. »Hören Sie mir gut zu, mein Kind. Wir sind hierher gekommen, um einem Vater einen Freundschaftsdienst zu erweisen und herauszufinden, wie seine Tochter gestorben ist. Nur deshalb. Wir haben keine Lust, unsere Zeit mit Ihnen oder Ihrer Freundin Jeanie zu vergeuden. Ich frage mich nur, weshalb Sie so aufsässig und impertinent sind. Wahrscheinlich haben Sie mehr erlebt, als Sie verkraften können. Wenn ich Ihnen, ganz privat, helfen kann, dann sagen Sie mir, was Sie brauchen.«

»Allmächtiger, *ich* sollte Hilfe von *Ihnen* brauchen!« Sie schüttelte den Kopf und lachte schallend. Schrill und lauthals. Meyer wandte den Blick nicht von ihr und schaute sie sehr geduldig an. Er brauchte nicht lange zu warten. Schon bald ging das Gelächter in ein Schluchzen über. Dann sackte sie zusammen, verbarg ihr Gesicht hinter den Händen und fing zu weinen an. Als ich etwas sagen wollte, warf mir Meyer einen warnenden Blick zu. Allmählich versiegten ihre Tränen und sie hatte sich wieder unter Kontrolle.

»Was brauchen Sie?« fragte er sie.

Sie hatte den Kopf so tief gesenkt, daß die Kinnspitze ihre Brust berührte. Sie blickte auch nicht auf, als sie mit beiden Händen Meyers behaarten Arm umklammerte. »Können Sie — können Sie uns hier herausbringen? Jeanie und mich. Bitte — Flugkarten. Ich kann — ich kann Ihnen — irgendwann das Geld zurückzahlen.«

»Wohin willst du fliegen, meine Liebe?«

»Nach Oklahoma City.«

»Wo sind deine Eltern?«

»Sie machen mit meinem jüngsten Bruder einen Europa-Trip.«

»Wann willst du von hier abfliegen?«

»Sofort. Oder morgen.«

Er ließ sich von mir ein Blatt Papier aus meinem Notizbuch geben und reichte es ihr. »Schreib die Namen und die Adressen auf.«

Sie schnüffelte beim Schreiben, dann reichte sie Meyer den Zettel, der damit verschwand und sagte, er käme gleich zurück.

Sie putzte sich die Nase, richtete sich auf und seufzte tief. »Macht er sich einen Spaß?«

»Nein. Meyer nicht.«

»Ich habe so viele gemeine Menschen kennengelernt.«

»Sind Sie von sich aus an unseren Tisch gekommen?«

»Nein, vor ein oder zwei Stunden war ein gutaussehender Mann da, der sich ziemlich geziert benahm. Sie wissen schon, was ich meine. Er beauftragte den Kellner in fließendem Spanisch, mich an seinen Tisch zu bitten. Ich dachte, weshalb nicht?«

»War dieser Mann groß, schlank, braungebrannt? Trug er ein Hemd mit gestärkten Manschetten, Sandalen, einen Schal um den Hals?«

»Hm. Er lebt hier und fragte mich, ob ich Sie kenne. Und ob ich Sie nach der Beschreibung erkenne. Er sagte, daß er wissen wollte, was vor sich ging, denn in der Stadt wüßte doch jeder über jeden Bescheid. Wie ich ja wohl wüßte, sei ein Mädchen durch einen Autounfall umgekommen, und nun sei jemand hergekommen, der wohl Geld aus der Sache schlagen wollte, indem er zu beweisen versuchte, daß der Unfall vielleicht kein Unfall, sondern Mord gewesen sei. Ich sagte ihm, daß wir mit Ihnen über dieses Thema nicht gesprochen hätten. Auf die Frage, mit wem Sie sich noch unterhalten hatten, nannte ich Mike und sein schwarzes Mädchen Della. Ich sagte ihm aber auch, daß ich nicht wüßte, worüber Sie sich mit diesen beiden unterhalten hätten.«

Meyer kam zurück und tätschelte die Hand des Mädchens. »Sie können sich morgen früh um elf Uhr die Flugkarten bei der Rezeption des Hotels abholen. Nur zu Ihrem eigenen Schutz habe ich dafür gesorgt, daß Sie die Flugkarten nicht in Geld umwandeln können.«

Sie versuchte ein schwaches Lächeln. »Soll ich jemand in Ihrem Auftrag umbringen? Entschuldigen Sie, das war ein schlechter Witz.«

»Sie können uns vielleicht bei einem kleinen Problem behilflich sein. Wir suchen drei Leute, mit denen Bix Bowie herumgezogen ist. Ursprünglich waren es fünf, aber es hat sich inzwischen herausgestellt, daß Carl Sessions tot ist. Wir suchen noch Minda McLeen, Walter Rockland — als Rocko bekannt — und Jerome Nesta.«

»Wenn Sie die Absicht haben, die beiden Letztgenannten umzubringen, dann helfe ich Ihnen gern. Das sind entsetzliche Gammler, wobei Rocko der weitaus schlimmere ist. Ich habe nicht die Absicht, Ihnen Einzelheiten zu erzählen. Eines Abends zog jedenfalls eine Gruppe von uns zu dem Zeltplatz, um mit Rocko und Jerome Jerry — der den schwarzesten Bart hat, den ich je gesehen habe — eine lustige Party zu veranstalten. Rocko gab mir ein Zeug, nachdem ich am liebsten die Wände hochgegangen wäre. Doch das war schließlich mein Risiko. Ich konnte ja ahnen, auf was ich mich da einließ. Es endete widerlich. Nach drei Tagen waren eine Freundin von mir — eine gewisse Gillian — und ich immer noch da. Die Burschen, die uns dort hingeschleift hatten, dachten gar nicht daran, sich um uns zu kümmern, sondern überließen uns unserem Schicksal. Nun ja, irgendwie haben wir den Rückzug dann doch geschafft. Und vor ein paar Tagen habe ich meine Freundin getroffen. Sie sagte, sie hätte Jerry Nesta draußen in Mitla gesehen. Hinter ihm wäre eine kleine untersetzte häßliche Mexikanerin gelaufen. Als meine Freundin ihn ansprach, reagierte er sehr seltsam. Er wollte nicht sagen, wo er jetzt wohnte und er hätte keine Ahnung, wohin Rocko gefahren sei. Soviel er wüßte, würde sich das dunkelhaarige Mädchen — Minda? — in Mexico City aufhalten. Ihr Vater sei wohl in der Stadt, um auf die Rückkehr seiner Tochter zu warten.«

Sie stand auf, lächelte und sagte, sie könnte sich nicht bedanken, weil sie sonst wieder in Tränen ausbrechen würde. Sie beugte sich vor, gab Meyer einen Klein-Mädchen-Kuß und flüchtete.

»Wie bist du denn darauf gekommen, daß sie anbeißt?«

Er zuckte die Schultern. »Ich weiß es nicht. Manchmal riecht man fast die Verzweiflung, die von einem anderen ausgeht. Außerdem war meine Großzügigkeit selbstsüchtig. Ich wollte mich endlich wieder einmal rundherum wohl fühlen.«

Ich erzählte ihm mit knappen Worten, daß sich Bundy über den Kellner an das Mädchen herangemacht hatte, um irgend etwas aus ihm herauszubekommen.

Meyer überlegte. »Weshalb ist er nur so verdammt nervös?«

»Das ist es, was wir jetzt herausfinden müssen.«

»Und eben habe ich mich noch rundherum wohlgefühlt«, meinte Meyer trübselig.

8

Ich parkte also den Wagen wieder einmal am Ende der Calle las Artes, und wir gingen — diesmal in der Dunkelheit — auf das Haus Nummer einundachtzig zu.

Da man seit Jahrhunderten in Mexiko mit dem Diebstahl vertraut ist, sind grundsätzlich alle Fenster und Türen mit Eisengittern versehen, und es gibt kaum eine Mauer, auf der nicht Glassplitter einzementiert sind. Die Mexikaner merken gar nicht mehr, daß sie ständig lauschen, ob Diebe im Anmarsch sind.

Wir standen in der engen Straße im Schatten auf der gegenüberliegenden Seite des Hauses. Im ersten Stock brannte Licht. Auch vom Patio aus drang ein Lichtschein zu uns. »So ohne weiteres kommen wir nicht ins Haus« zischelte ich Meyer zu. »Die Rolle von Betrunkenen nimmt er uns gewiß nicht ab. Um uneingeladen zum Patio zu kommen, müßten wir schon eine Tarzan-Nummer über die Bühne rollen lassen.«

»Und ich fürchte, daß du dabei bist, dir etwas Ähnliches auszudenken, Travis.«

Während ich vor mich hinbrütete, kam mir der Zufall zu Hilfe. Er kam in Form eines uralten Taxis, das vor Bundys Haustür rumpelte. Als der Wagen hielt und die Tür geöffnet wurde, blitzte die Innenbeleuchtung des Wagens auf. Bruce stieg aus. David Saunders saß auf dem Rücksitz. Bruce beugte sich zu ihm. Was die beiden sprachen, war durch das Motorengeräusch nicht zu verstehen. Doch den Gesten nach zu urteilen, waren die beiden recht fröhlich. David stieg aus. Nachdem Bruce einen großen Koffer aus dem Wagen gehievt und den Fahrer entlohnt hatte, fuhr das Auto weiter. Als Bruce David dann durch die Tür führte, legte er fürsorglich seinen Arm um Davids Schultern.

Ich ging den beiden auf Zehenspitzen nach und hoffte, daß mir Meyer dicht folgte. Als Bruce herumfuhr, weil er plötzlich ein unerwartetes Geräusch gehört hatte, hatte ich ihn schon angesprungen.

Doch Karate, Judo, Boxen und Ringen sind gar nichts im Vergleich zu ein paar Ziegelsteinen, die sich vom Dach gelöst hatten und heruntersausten. Durch die Wucht des Aufpralls wurden wir beide ein paar Meter weit in den Flur hineingeschleudert und landeten kurz vor dem Patio. Ich sprang auf, schnappte einen kleinen Tisch, auf dem ein paar Keramiksachen standen, kehrte Bruce den Rücken zu und wirbelte mit dem Tisch herum. Diesen Erfolg hätte ich nun auch wieder nicht vorausgesehen. Als ihn die Tischbeine trafen, verlor er die Balance und schwankte hin und her. Der Tisch lag jetzt zwischen uns auf dem Boden. Ich packte ihn wieder und ging mit den Tischbeinen auf Bruce los. In dem Augenblick, als er die Hände hob, ließ ich den Tisch fallen und versetzte Bruce einen kräftigen Kinnhaken, der nur um eine Winzigkeit danebenging. Doch nachdem Bruce an der Mauer gelandet war, korrigierte ich meinen Fehler. Freundlicherweise trug er zu seiner zinnoberroten Hose statt eines Gürtels einen kräftigen Riemen, mit dem ich ihn jetzt handlich verschnürte.

Als ich wieder aufschaute, stand die alte Mexikanerin vor mir und rang entsetzt die Hände. Ich lächelte sie freundlich an und sagte ihr, daß es sich um ein amerikanisches Spiel handle. »Keine Bange, Señora, wir sind alle sehr, sehr glücklich.«

Meyer ging mit raschen Schritten im Kreis. Hin und wieder mußte er nach links oder rechts ausweichen, um seine Balance nicht zu verlieren. Er schüttelte seinen dicken Kopf und murmelte etwas vor sich her. David Saunders kauerte wie ein kleines stämmiges Kind auf dem Boden. Er hatte etwas gegen seine Brust gepreßt und sah so aus, als wiegte er eine Puppe. Er jammerte mit schwacher Stimme.

Ich ging zum Haustor und verschloß die Tür. Als ich zurückkam, stieß ich fast mit Meyer zusammen, der sich immer noch im Kreis bewegte. Er blieb stehen, schüttelte den Kopf und rieb sich die Augen.

»Gewalt ist etwas Vulgäres«, sagte er.

»Aber du hast immerhin gewonnen, oder?«

»Indem ich ihm mit meinem dicken Schädel wahrscheinlich die Hand gebrochen habe.«

Ich half Saunders auf die Beine und führte ihn zu einem Rohrsessel, der an der Wand stand. Seine Hand schien wirklich gebrochen zu sein. Er war jenseits von Gut und Böse. Ich befürchtete, daß er jeden Augenblick in Ohnmacht fiel.

Dann hob ich Bruce auf. Nachdem ich ihn auf einer roten Chaiselongue hatte, rollte ich ihn zur Seite und zog den Gurt fester an. Die Mexikanerin starrte uns an. Ich lächelte ihr zu. Meyer lächelte ihr zu. Nach einigen Sekunden lächelte sie zurück und schlurfte davon.

Bruce hob den Kopf und war sofort wieder bei sich. Er schwang die Füße auf den Boden und setzte sich hin. Nach einigen Übungen mit seinen Kinnmuskeln sagte er: »Sie haben eine verdammt gute Handschrift, McGee. Außerdem hätte ich Sie bei Ihrer Figur für langsamer gehalten.« Dann blickte er zu David und hob die Brauen. »Was ist denn ihm widerfahren?«

»Als er mich auf den Kopf geschlagen hat, brach er sich dabei die Hand«, erklärte Meyer. »Das tut mir schrecklich leid.«

»Aber er befindet sich ja in Agonie«, sagte Bruce. »Er ist schwerverletzt und braucht sofort ärztliche Hilfe.«

»Die bekommt er auch, sobald wir uns unterhalten haben.«

»Um was alles in der Welt sollten wir beide uns denn unterhalten?«

»Ich möchte wissen, was Sie so nervös macht — nachdem ich Sie wegen Walter Rockland und Bix Bowie befragt habe.«

»Bin ich denn nervös?«

»Immerhin so nervös, daß Sie heute abend der Rothaarigen gesagt haben, ich sei hier, um aus einer Mücke einen Elefanten zu machen.«

»Wollen Sie das nicht?«

Ich zog einen Stuhl heran und setzte mich ihm genau gegenüber. »Ein Spiel ist immer ein Risiko, weil man nicht ahnt, wieviel der andere weiß. Rocko ist auf Ihre Einladung hin bei Ihnen eingezogen, hat seinen Wohnwagen in Ihre Garage gestellt, versucht, Sie anzupumpen und wäre dann mit ein paar Ihrer Wertgegenstände verduftet, wenn Sie nicht dafür gesorgt hätten, daß sein Wagen nicht anspringt. Er hat Sie dann angefallen — doch Sie haben es verstanden, sich Ihrer Haut zu wehren.«

Er wurde unter seiner sonnengetönten Haut blaß. Seine Augen verengten sich zu schmalen Schlitzen. In diesem Augenblick sah man ihm sein wahres Alter an.

»Das werde ich dieser verräterischen britischen Hexe niemals verzeihen«, sagte er bemerkenswert langsam. Sein Kinn war wohl doch noch nicht wieder so ganz eingerastet.

»Weshalb regen Sie sich so darüber auf?«

»Ich kann es mir nicht leisten, in irgendeine Geschichte verwickelt zu werden.«

»In was könnten Sie denn verwickelt werden, Bundy?«

Er zögerte. »Was wäre, wenn ich behauptete, Walter Rockland und das Bowie-Mädchen noch vor einer Woche zusammen gesehen zu haben — sagen wir auf dem Flugplatz, als sie eine Maschine nach Acapulco besteigen wollten?«

Nicht schlecht, mein Junge, dachte ich. Vielleicht ist es ein Bluff. Vielleicht stimmt es. Ich dachte einen Augenblick nach, ehe ich antwortete. »Sie sind doch nicht dumm, Bruce. Niemand weiß, wo sich Rocko zur Zeit aufhält. Glauben Sie, daß es schwer wäre zu beweisen, daß Sie ihn einige Zeit in Ihr Haus aufgenommen haben? Sie wollen über diese Angelegenheit nicht sprechen. Wenn ich will, kann ich Sergeant Martinez wissen lassen, daß Sie sich mit Rocko geschlagen haben. Ich kann ihm sagen, daß er bei der Garage wahrscheinlich immer noch Blutspuren finden kann. Ich kann ihm auch Ihre Geschichte erzählen, daß Sie die beiden auf dem Flughafen gesehen haben wollen. Was glauben Sie, wie schnell man Ihnen das Gegenteil beweisen wird? Wenn sich die Polizei erst einmal in diesem Zusammenhang für Sie interessiert, dann garantiere ich Ihnen, daß man Ihr Haus auseinandernimmt und Sie so lange bearbeitet, bis man herausbekommen hat, was Sie wissen.«

»Sie sind ein schrecklich grausamer Hund.«

»So?«

»Nun gut. Nun gut. Nun gut. Nachdem ich vier Monate in dieser Stadt gelebt hatte, wollte ich am liebsten fortziehen. Ich hatte seinerzeit ein schreckliches Pech mit meinem Auto. Ein betrunkener alter Narr auf einem Fahrrad fuhr in die rechte Seite meines Autos. Und deshalb — lernte ich die Gastfreundschaft mexikanischer Gefängnisse kennen. Mein lieber Freund Freddy, der inzwischen gestorben ist, hat versucht, mich herauszuboxen, aber die schafften es dort, mich fünf Tage festzuhalten. Jedem Polizisten dieser Welt erscheinen Leute meines Schlages grundsätzlich als verdächtig. Ich ignorierte, daß sie mich mit Verachtung straften. Gegen die Brutalität eines Gefängniswärters bin ich gewappnet. Aber sie haben mich Nacht für Nacht in eine große Zelle gesteckt, in der sich der Abschaum an Mexikanern befand. Da die Leute natürlich wußten, wer ich bin, haben sie mich auf das abscheulichste mißbraucht. So erniedrigt hatte ich mich noch nie in meinem Leben gefühlt. Ich habe Monate gebraucht, um den Schock zu überwinden. Freddy wollte mich dann überreden, das Land zu verlassen. Doch das hätte keinen Sinn gehabt, weil wir nirgends das Recht auf unserer Seite haben. Da Rocko das auch wußte, wollte er sich mit einigen Wertgegenständen aus dem Staub machen. Er wußte, daß ich den Diebstahl nicht bei der Polizei melden würde. Aus gutem Grund. Ich glaube nicht, daß ich eine solche Haft ein zweitesmal überstehen würde. Nun verstehen Sie vielleicht mein Entsetzen, als Sie den Namen Rockland erwähnten.«

Er erzählte uns, daß Walter — wie er Rockland nannte — den ganzen Freitag über im Bett gelegen habe. Obwohl es ihm am Samstag früh noch nicht viel besser gegangen sei, hätte er Bruce gebeten, ihn ziehen zu lassen. Doch er hätte gemeint, Walter sollte sich noch ausruhen. Während er dann mittags in der Küche stand, um ein leichtes Essen zuzubereiten, sei Walter lautlos von hinten gekommen und habe ihn bewußtlos geschlagen.

Als er wieder zu sich kam, sei Walter verschwunden gewesen. Er hat ihm ein paar hundert Pesos aus der Brieftasche und die Wagenschlüssel abgenommen und sei mit Bruces gelbem Ford davongefahren. Andere Wertgegenstände hätte Walter nicht mitgehen heißen.

Natürlich dachte er nicht daran, bei der Polizei Anzeige gegen Rockland zu erstatten. Zudem hatte er immer noch den Wagen und den Wohnwagen, die mehr wert waren als das, was Rocko mitgenommen hatte.

Am Montag vormittag sei dann die Polizei bei ihm erschienen. Sie hätten sich nach seinem Auto erkundigt. Da Rocko ja immer die Absicht gehabt hätte, sich bei irgendwelchen nicht ganz legalen Geschäften zu beteiligen, glaubte Bruce, man hätte Walter geschnappt. Da er, Bruce, nicht die Absicht gehabt hätte, Ärger mit der Polizei zu bekommen, hätte er irgend etwas von einem Amerikaner namens George gefaselt, den er dann derart beschrieben hätte, daß diese Beschreibung auf jeden jungen Amerikaner zutreffen könnte. Erst später habe man Bruce gesagt, daß ein bis dahin unbekanntes Mädchen in seinem Auto an der Bergstraße tödlich verunglückt sei. Die Leiche dieses Mädchens sei kurze Zeit darauf von Madame Vitrier identifiziert worden. Er, Bruce, sei dann zu Becky gefahren, habe ihr die ganze Geschichte erzählt und sie um Rat gefragt. Er hätte fürchterliche Angst gehabt, daß Walter irgend etwas mit dem Tod des Mädchens zu tun haben könnte und er habe im Geist eine Lawine auf sich zurollen gesehen.

Becky meinte, es sei anzunehmen, daß sich Walter demnächst sein Auto und den Wohnwagen abholen wollte und sie würde vorschlagen, die Garage offen zu lassen und den Zündschlüssel ins Auto zu legen. Dienstag nacht — vielleicht so gegen zwei Uhr — hätte er den Wagen anfahren hören. Ihm sei es gleichgültig gewesen, ob ihn Rocko oder irgendein Dieb genommen hätte.

»Und ein paar Wochen später«, fuhr Bruce mit säuerlicher Miene fort, »stehen Sie vor der Tür und erzählen mir Lügen über eine Versicherungsgesellschaft. Ich mußte Sie einlassen,

weil ich wissen wollte, ob Rockland über Sie einen Erpressungs-
versuch plante. Doch Sie konnten nicht die richtigen Dinge
sagen, weil Sie nicht Bescheid wußten.«

»Und woher soll ich jetzt wissen, ob Ihre Geschichte stimmt?«

»Sie stimmt. Und das Bowie-Mädchen ist tot. Eva hat mich
noch angerufen und sich von mir verabschiedet. Sie sagte, sie
wüßte nicht, wann sie zurückkäme.«

»Wohin ist sie gefahren?«

»Ich habe keine Ahnung. Sie hat mir noch nie eins ihrer Rei-
seziele genannt. Ich weiß nur, daß sie völlig durcheinander war.
Es liegt ihr bestimmt nicht, eine Leiche zu identifizieren. Doch
bei ihrer Zuneigung mußte sie einfach wissen, ob die Tote die
Blonde ist. Die arme Eva hätte diese Ungewißheit nicht ertragen.«

»Was soll das heißen ›Bei ihrer Zuneigung‹?«

Er lächelte schwach. »Sie sind manchmal doch nicht so ganz
auf Draht, wie ich dachte, McGee. Ich dachte, Becky hätte es
neulich abends eindeutig ausgesprochen, daß sowohl Eva als
auch ich — andere Neigungen haben. Sie kommt zum Beispiel
von jeder Reise mit einer neuen Sekretärin zurück, die alle eines
gemeinsam haben. Sie sind blond und groß. Europäerinnen. Bei
ihrem Vermögen kann sie sich diesen Export in Blond leisten.
Daß sie sich bei der Identifizierung der Leiche aufgeregt hat,
erfüllt mich mit einer gewissen schmutzigen Befriedigung. Sie ist
trotz ihres Geldes doch nur ein Mensch, der so leicht verwundbar
sein kann wie wir alle. Aber jetzt werden meine Hände klamm,
und wir müssen uns wirklich um den armen David kümmern.
Ich habe Ihnen nunmehr die ganze Geschichte erzählt.«

Ich schaute zu Meyer hinüber, auf dessen Stirn sich ein paar
dunkle Beulen gebildet hatten. »Nimmst du ihm die Geschichte
ab?«

»Ja, ich nehme sie ihm ab.«

»Zu liebenswürdig«, meinte Bruce beißend.

»Meyer, ich habe keine Lust, ihn loszubinden. Er kriegt es
fertig, den Spieß umzudrehen und schreit womöglich um Hilfe.
Wie wär's, wenn du dich wieder einmal auf den Weg zum
nächsten Taxistand machst und zum Hotel fährst? Sollte ich
nicht zu angemessener Zeit zurückkommen, alarmierst du die
Polizei.«

Nachdem Meyer gegangen war, wartete ich fünf Minuten, ehe ich Bruce von seiner Fessel befreite. Er rieb sich die Handgelenke, kümmerte sich sofort um David und bat mich, mein Auto vorzufahren.

Die beiden saßen auf dem Rücksitz. Während mir Bruce den Weg zeigte, redete er auf David ein, was er im Krankenhaus sagen sollte. Als wir am Ziel angekommen waren, half Bruce seinem Freund aus dem Wagen, nickte mir kurz zu und fragte dann eine Schwester nach dem Weg zur Ambulanz.

Nach einigen Irrfahrten fand ich den Weg zu unserem Hotel und bog in die Einfahrt, die zu unserem Bungalow führte.

Da Meyer das Licht nicht angelassen hatte, stolperte ich in der Dunkelheit die Stufen zu unserer Veranda hinauf. Ich hörte am Klappern des Metallstuhls, daß er sich bewegte. Als ich mich auf den anderen Stuhl fallen ließ, fragte ich mich, ob ich wohl morgen einen Muskelkater hätte. »Diese verrückten Leute hier fallen mir allmählich auf die Nerven. Wenn das so weitergeht, kommen wir vielleicht noch dahinter, daß Enelio Fuentes ein Transvestit ist.«

»Daß Enelio ein wirklicher Mann ist, kann ich bestätigen«, sagte Lady Rebecca vom Nachbarstuhl her.

»Wie, zum Teufel, kommst *du* denn hierher?«

»Es geht doch nichts über einen herzlichen Empfang.«

»Wo ist Meyer?«

»Meyer ist ein reizender Mensch. Es ist mir gelungen, ihn für heute nacht in einem anderen Bungalow unterzubringen.«

»Meyer ist eine treulose Tomate!«

»Aber, aber. Er hat sehr viel Verständnis für meine Situation. Um dich nicht zu erschrecken, habe ich meinen Wagen ein paar Ecken weiter abgestellt.«

»So ein Unsinn, Bruce gewaltsam zum Reden zu bringen. Wenn du zu mir gekommen wärst, hätte ich dir alles erzählt.«

»Die Frage ist nur, ob ich lange genug gelebt hätte, um mir alles anzuhören.«

»Aber Liebling, du willst doch jetzt noch einmal von mir hören, um zu prüfen, ob Bundys Geschichte stimmt.«

»Ich möchte meine Ruhe haben und wünschte, du wärst alt, häßlich und langweilig.«

»Das werde ich auch eines Tages sein, aber noch . . .«

»Vielen Dank, Lady Rebecca. Du bist eine nette Frau und ich habe dich sehr gern. Aber ich habe die Seite in dem Buch, in dem du stehst, bereits umgeschlagen, weil — weil . . .«

». . . weil das Buch sehr dick und das Leben sehr kurz ist. Du hast genau zugehört, mein Liebling. Bei den Leuten, bei denen ich diese Geschichte anbringe, will ich nur angeben. Aber dich habe ich so gern, daß ich dich eine Weile behalten möchte.«

Ich stand auf und machte auf dem Weg zur Tür einen weiten Bogen um sie. »Ich bin vielleicht sehr schlecht, Becky, ich bin sehr unhöflich, und du wirst mir nie verzeihen, aber ich brauche meine Ruhe und habe die ehrliche Absicht, heute nacht allein zu schlafen. Es tut mir leid, wenn ich deinen Stolz verletze und so weiter. Aber steige in dein Auto und fahr nach Hause. Gute Nacht. Laß mich bitte allein, Lady Rebecca.«

Ich fand den Lichtschalter. Als ich mich umdrehte, schaute sie mich mit ihren funkelnden grünen Augen an. Sie lächelte aufreizend.

Sie hatte ein weinrotes Hotelhandtuch um ihren Körper geschlungen und lachte mich an. »Du brauchtest Stunden, um meine Sachen zu finden, Liebster.«

Sie ließ das Handtuch zu Boden fallen. »Wie nennt man in Amerika das Kinderspiel? Hasch mich?«

Meine Hand zitterte, als ich das Licht wieder ausschaltete. »Okay, Becky«, sagte ich, als wir uns fanden. »Diese Runde wirst du verlieren.«

9

Ich saß am Sonntag morgen auf der Veranda unseres Bungalows, hörte das Ding-Dong der Glocken und sah in der Stadt unter mir aus unzähligen Kaminen den Rauch vom Kaffeekochen und Eierbraten aufsteigen.

Meyer mußte sich auf Zehenspitzen genähert haben. Er lugte um die Ecke und sagte: »Huh-huh!«

»Huh-huh!«

»Da ich ihren Wagen nicht gesehen habe, dachte ich . . .«

»Rede kein dummes Zeug. Du wohnst hier schließlich — falls du das nicht vergessen haben solltest.«

Er ging an mir vorbei in den Bungalow, doch schon kurz darauf kam er auf die Veranda heraus und setzte sich auf einen Stuhl.

»McGee, ich habe mich beschwatzen lassen. Sie sagte, daß sie mit dir reden müsse — aber so, wie du aussiehst, scheint sie nicht gleich wieder gegangen zu sein . . .«

»Sie ist hier vor vierzig Minuten hinausgewankt, Meyer.«

»Und wie fühlst *du* dich?«

»Prächtig.«

»Ich hätte mich nicht darauf einlassen sollen, aber du weißt selbst, daß man mit dieser Frau nicht reden kann.«

»Jetzt höre endlich auf, dich zu entschuldigen, alter Knabe. Führ mich zum Frühstück, damit wir unseren langen Tag beginnen können.«

Als wir später beim Los Pájaros Trailer Court ankamen, war das Büro geschlossen. Wir machten uns daher allein auf die Suche und entdeckten den alten Land Rover, der unter verstaubten Bäumen parkte. Nur ein paar Meter weiter stand der Wohnwagen von Mr. und Mrs. Benjamin Knighton.

Während er an einem Tisch saß und mit erstaunlicher Geschwindigkeit mit zwei Fingern auf einer Schreibmaschine hämmerte, war sie beim Wäscheaufhängen. Es waren zwei nichtssagende junge Leute, die genausogut Geschwister hätten sein können. Er trug eine runde Nickelbrille und sie hatte eine Plastikwäscheklammer im Mund.

»Guten Morgen«, sagte ich.

Nachdem sie uns einen mißtrauischen Blick zugeworfen hatten, nahm er die Brille ab und sie die Wäscheklammer aus dem Mund.

»Hallo!« Er hatte eine Stimme, die besser zu einem baumlangen Cowboy gepaßt hätte.

Sie murmelte: »Guten Morgen.«

»Tut mir leid, daß ich Sie stören muß. Mein Name ist Travis McGee. Das ist mein Freund Meyer. Man sagte uns in der Verwaltung, daß Sie einen Mann kennen, der eine Weile auf Platz Nummer siebzehn gewohnt hat. Sein Name ist Rockland.«

»Weshalb wollen Sie sich mit uns über ihn unterhalten?«

»Weil Sie uns vielleicht helfen könnten, ihn ausfindig zu machen, Mr. Knighton.«

»Weshalb wollen Sie ihn finden?«

»Um ihm ein paar Fragen über das Mädchen, das mit ihm nach Mexiko gekommen ist, zu stellen.«

»Ich fürchte, daß Sie Ihre Zeit verschwenden, Mr. McGee. Es hat sich schon vor vierzehn Tagen jemand bei uns erkundigt.«

»Wer?«

»Der Vater des Mädchens. Wie hieß er doch gleich, Liebling?«

»Mr. McLeen«, antwortete sie sanft.

»Wir suchen nicht nach Minda McLeen. Das ist das Mädchen, das uns interessiert.« Ich holte das Bild aus der Tasche und reichte es ihm.

Er legte den Kopf zur Seite und kniff ein Auge zu. »Ich möchte Ihnen nichts sagen, was vielleicht nicht stimmt. Können Sie mir den Namen dieses Mädchens nennen?«

»Bowie. Beatrice Bowie — genannt Bix.«

»Ich nehme an, Sie wissen, daß dieses Mädchen tot ist.«

»Ja.«

»Sind Sie mit dem Mädchen verwandt?«

»Wir sind Freunde ihres Vaters. Da er gelähmt und an den Rollstuhl gefesselt ist, kann er selbst nichts unternehmen. Er stand schon seit langer Zeit nicht mehr mit seiner Tochter in Verbindung und möchte einfach wissen, welches Leben sie vor ihrem Tod geführt hat.«

Mrs. Knighton, die inzwischen die Wäsche aufgehängt hatte, kam zum Tisch und betrachtete das Foto. »Ich hätte nie gedacht, daß sie einmal so hübsch ausgesehen hätte.«

»Es tut uns leid, daß wir Sie bei der Arbeit unterbrechen«, murmelte Meyer.

Knighton betrachtete uns sekundenlang schweigend. Dann zuckte er die Schultern, erhob sich und streckte uns seine Hand entgegen. »Ich bin Ben. Meine Frau heißt Laura. Liebling, hast du noch etwas vom Kaffee übrig?«

»Gewiß«, sagte sie, holte die Kaffeekanne, füllte zwei Tassen für uns und setzte sich mit an den Tisch.

Es waren nette, unkomplizierte Menschen. Er sagte uns, daß man ihn von der Texas University für ein Jahr nach hier geschickt hätte und daß sie in ein paar Tagen zurückreisen würden.

»Da ich mich mit Archäologie beschäftige, beweist das, daß ich bis zu einem gewissen Grad neugierig bin. Es wäre also gelogen, wenn ich mich nicht für das Volk auf dem Nachbarstandplatz interessiert hätte. Rocko war offensichtlich der Anführer dieser Gruppe, deren Mitglieder häufig wechselten. Er selbst schien nicht rauschgiftsüchtig zu sein, denn er griff häufig zur Flasche und war dann stark betrunken. Aber es schien ihm höllischen Spaß zu machen, seine Freunde mit Drogen vollzustopfen. Jerry, der Bursche mit dem gewaltigen dunklen Bart, verfiel von Woche zu Woche zusehends. Carl, der Gitarrespieler, war bereits hoffnungslos verloren, und das blonde Mädchen Bix hatte kaum noch Ähnlichkeit mit dem Foto, das Sie mir hier zeigen. Sie schien ein Feuer zu haben, das sie von innen heraus ausbrannte, wenn Sie verstehen, was ich damit sagen will.«

Mrs. Knighton erschauderte. »Dieser Carl pflegte unter einem Baum zu sitzen und Gitarre zu spielen. Er merkte gar nicht, daß sein Instrument keine Saiten mehr hatte und daß er nur noch mit seinen schmutzigen Fingernägeln auf dem Holz kratzte.«

»Eines Tages war Sessions verschwunden«, fuhr Ben fort. »Kurz darauf zogen die beiden Mädchen aus. Doch Rocko und Jerry sorgten für Nachschub. Allerdings blieben ihre Gäste nie länger als zwei Tage; denn Rocko und Jerry sind keine Menschen, mit denen man auf die Dauer auskommen kann. Nachdem eines Tages dann auch Jerry verschwunden war, kam Rocko zu mir herüber und beschimpfte mich, weil ich nicht bemerkt hatte, daß ihm jemand während seiner Abwesenheit eine Flasche mit Propangas gestohlen hatte. Als ich darauf nicht reagierte, zerrte er mich vom Dach des Rovers, das ich gerade reparierte. Ich habe ihm dann den Schraubenschlüssel, den ich in der Hand hatte, auf den Kopf geschlagen.«

»Ben läßt sich nicht gern angreifen«, erklärte Mrs. Knighton nicht ohne Stolz.

»Seitdem hat er mich in Ruhe gelassen. Zwei Wochen später verließ er den Zeltplatz, weil Tomas den Vertrag nicht verlängert hatte.«

»Wie schlecht war es um das Bowie-Mädchen bestellt?« wollte Meyer wissen.

»Sehr mies. Sie war passiv, dreckig und nicht ganz bei Sinnen.«

»Sie war nie bei vollem Bewußtsein«, sagte Laura Knighton. »Ihr Gesicht war blaß und aufgedunsen. Die Haare hingen ihr strähnig auf den Schultern. Sie wirkte mindestens fünfzehn Jahre älter als auf diesem Foto da. Ein Ehepaar, mit dem wir befreundet waren, ist ihretwegen vom Zeltplatz gezogen. Das Mädchen hatte eine — Angewohnheit, die unsere Freunde nicht ertragen konnten.«

»Drücke dich nicht so unklar aus, Liebling. Diese beiden Herren können wirklich nicht ahnen, was du mit deiner Andeutung meinst. Ich werde es Ihnen erklären. Wenn das Mädchen über den Platz ging und plötzlich das Bedürfnis hatte zu pinkeln, dann hockte sie sich, gerade, wo es ihr einfiel, hin.«

»Manchmal vergaß sie auch, sich anzuziehen«, fuhr Laura fort, »dann rannte ihr das kleine dunkelhaarige Mädchen mit einem Rock oder einer Hose nach. Sie ist jetzt tot. Der Gitarrespieler auch. So hart das für die Angehörigen auch sein mag, für die beiden war es zweifellos das beste.«

»Wir würden weiterkommen«, wenn wir Rocko, Jerry oder Miß McLeen finden würden«, sagte ich.

»Ich wünschte, ich könnte Ihnen helfen«, meinte Ben.

»Aber Liebster, ich habe doch an jedem Tag das Auto mit dem Wohnwagen gesehen«, sagte sie.

»Du hast vielleicht ein blaues Auto mit einem Aluminium-Wohnwagenanhänger gesehen.«

»Das sage ich doch!«

Er holte aus seinem Wohnwagen eine Straßenkarte des Staates Oaxaca und breitete sie vor uns aus.

Sie tippte auf eine Straße, die mehr einem Pfad glich und die in die Berge führte und dort irgendwo endete.

»Wir waren am Dienstag, dem fünften August, in dieser Gegend. Während sich Ben mit irgendwelchen Gesteinsproben beschäftigte, hatte ich Zeit, mich umzuschauen. Als ich einen Wagen mit einem Wohnwagenanhänger sah, wunderte ich mich, daß der Fahrer so schnell fuhr. Mexikaner fahren grundsätzlich schnell, aber sie gehen sofort vom Gas herunter, wenn die Straße schmutzig und uneben wird. Sie sind immer auf der Hut vor Schlaglöchern. Und Touristen fahren sowieso vorsichtig, wenn die Asphaltierung aufhört. Ich kam also zu dem Schluß, daß der Fahrer entweder betrunken sein mußte oder daß er es sehr eilig gehabt hatte.«

Ben erklärte uns, daß dieser Pfad oberhalb Mitlas irgendwo nach Süden von der Staatsstraße 190 abzweigen mußte.

»Aber ob es wirklich Rockland gewesen ist?« Er zuckte die Schultern.

Wir bedankten uns für den Kaffee und die Unterhaltung und wünschten ihm für seine weitere Arbeit viel Erfolg.

Auf der Heimfahrt machte Meyer einen niedergeschlagenen Eindruck. Das, was wir über Bix Bowie erfahren hatten, machte ihm schwer zu schaffen. Er sagte kein Wort und hatte offensichtlich keine Lust, nach Mitla zu fahren, um dort Erkundigungen über Jerry Nesta einzuziehen. Deshalb fuhr ich also mit ihm zum Victoria zurück. Nachdem er seufzend auf einem Stuhl auf unserer Veranda zusammengesunken war, schwamm ich ein paar Runden im Swimming-pool. Dann breitete ich mein Handtuch auf den Steinen aus und sonnte mich.

Ich döste vor mich hin und dachte an Becky. Sie war in der letzten Nacht fraulicher und weicher gewesen als das letztemal zuvor. Deshalb war der Verlauf der Liebesphasen auch natürlicher gewesen. Und wenn nach dieser Nacht einer von uns beiden »geschafft« war, dann war sie es.

Ich hatte halb im Unterbwußtsein gehört, daß sie sich duschte. Dann stand sie in ihrem orangefarbenen Leinenkleid vor meinem Bett. Ihr Kuß bedeutete sowohl »Guten Morgen« als auch »Lebwohl«.

»Du hast mich völlig am Boden zerstört, Schatz«, sagte sie. »Ich brauche mindestens eine Woche, ehe ich mein Gesicht wieder restauriert habe. Aber es war herrlich — und so wohltuend, daß wir hinterher noch herumgealbert haben.«

»Und jetzt blätterst du in deinem Buch weiter, nicht wahr, Becky?«

»Ja. Aber ich werde in die letzte Seite einen Knick machen, damit ich die Stelle später noch einmal nachlesen kann.« Dann hatte sie die Tür fest hinter sich geschlossen. Aus einiger Entfernung hörte ich dann noch einen Motor anspringen.

Als ich zur Veranda zurückkehrte, fragte mich Meyer: »Ob du wohl bei Gelegenheit mal wieder aufhörst zu grinsen?«

»Mit dir ist heute nicht gut Kirschen essen, Meyer.«

»Wir sollten diese ganze Geschichte abbrechen, Trav. Nichts von dem, was wir erfahren haben, können wir Harlan erzählen. Ist es nicht besser, daß er glaubt, sie habe hier ein glückliches, etwas abenteuerliches Leben geführt, das durch einen Unfall ein tragisches Ende nahm?«

»Du kennst mich doch und weißt, daß ich nicht ruhen werde, bis ich die Lücken, die bei dieser Geschichte fehlen, schließen kann.«

»Ja.«

»Der Sergeant hat einen Jungen gefunden, der gesehen hat, daß Bix an jenem Tag auf dem Berg in Begleitung eines Mannes war. Nach dem, was wir heute gehört haben, war Bix gar nicht mehr in der Lage, einen Wagen zu steuern. Derjenige, der sie ans Steuer gelassen hat, hätte sie auch gleich über eine Brücke werfen können, nicht wahr?«

Meyer grunzte und rieb sich die Augen.

»Okay, machen wir also weiter. Aber daß etwas Gutes dabei herauskommt, ist nicht anzunehmen.«

10

Nachdem wir im Hotel zu Mittag gegessen hatten, brachen wir auf. Als wir auf der Straße nach Mitla in El Tule vorbeikamen, sagte Meyer, daß er sich den Luxus gönnen wollte, ein paar Minuten lang Tourist zu sein, um sich den größten Baum der Welt anzusehen.

Neben diesem Baum, der ein paar hundert Meter von der Hauptstraße entfernt war, wirkte die Kirche, die danebenstand, wie aus einer Spielzeugschachtel. Der Baum war elefantengrau und trug erstaunlicherweise immer noch grüne Blätter. Er hatte einen Umfang von fast fünf Metern und ragte hoch in den Himmel hinein. Der Umkreis, in dem er Schatten spendete, war so groß, daß man ihn kaum errechnen konnte.

Meyer war sichtlich beeindruckt. Er starrte zur Baumkrone empor.

»Um die Zeit, als Christus geboren wurde, hat sich bestimmt niemand für diesen Baum interessiert.«

»Er hat sich aber gemausert und beschlossen, ein paar Jahrhunderte lang zu existieren.«

»Eines Tages werde ich zu diesem Baum zurückkehren«, meinte Meyer versonnen, »und dann werde ich für alle Zeiten in den Ästen wohnen.«

»Komm zu dir, Meyer. *Ya vamonos.*«

Die Tatsache, daß wir wußten, Jerome Nesta hatte einen gewaltigen schwarzen Bart, erleichterte die Suche nach ihm.

»*El americano con una barba negra y grande. Un escultor.*«

»Ah ja, den haben wir schon gesehen. Er war häufig bei den Ruinen und auch im *Museo de Arte Zapoteca,* das nicht weit vom Markt entfernt ist. Wo er wohnt, wissen wir allerdings nicht.«

Im Museum fanden wir einen amerikanischen Studenten, der sich gerade mit den Scherben einer alten Vase beschäftigte. Er hatte ein junges Gesicht, das von der Sonne gerötet war.

»O ja, ich kenne diesen Jerry flüchtig. Man hat ihm gestattet, hier Zeichnungen von den Steinfiguren alter Azteken zu machen. Er hat sich hauptsächlich für die Köpfe interessiert. Ich habe ihn schon seit mindestens einer Woche nicht mehr gesehen.«

Während er weiterarbeitete, erzählte er, daß er sich so seine Gedanken über Nesta gemacht habe. Obwohl Nesta ein stattlicher Bursche war, habe er sich immer so langsam bewegt, als sei er gerade von einer schlimmen Krankheit genesen. Nie sei er ohne ein mexikanisches Mädchen, das zwar jung, aber nicht hübsch war, erschienen. Er glaubte, daß Nesta im südlichen Teil der Stadt lebte, in einer der schmutzigen Straßen, die kaum je ein Fremder betrat.

Ich bedankte mich, und wir fuhren in den finstersten Teil der Ortschaft. Mit viel Geduld und mit Hilfe von Peseten fanden wir heraus, daß Nesta in der Calle Alivera, die sich an einem Hügel befand, wohnte. Die rosa Hausfarbe platzte von den Wänden ab. Die Gartentür war zerbrochen. Im Hof saßen ein paar Frauen mit mindestens einem Dutzend Kinder. Wir fanden einen Vierzehnjährigen, der uns zu einem dunklen kleinen Zimmer führte. An zwei Wänden dieses fensterlosen Raumes waren Steinbänke, auf die man Schlafsäcke legen konnte. Das Zimmer war leer. Der Junge sprach so schnell spanisch, daß ich ihn nicht verstehen konnte, und ihn immer wieder bitten mußte, die Sätze zu wiederholen.

Die Frau des Amerikaners hieß Luz. Sie hatten viele Wochen lang dort gewohnt. Vor drei oder vier Tagen waren sie weggezogen. Vielleicht waren sie verheiratet, vielleicht auch nicht. Die Priester wollten so viel Geld für die Trauung haben, daß man oft lange wartete. Der Amerikaner konnte nur ganz wenig spanisch. Er sah oft sehr krank aus. Das Zimmer kostete in der Woche fünf Pesos. Vielleicht hatte der Amerikaner sein — Holz — verkauft. Es dauerte eine Weile, bis ich begriff, was Nesta vielleicht verkauft haben könnte. Einen riesigen Holzkopf, den er geschnitzt hatte. Der Señor hatte jeden Tag daran gearbeitet. Ein Monstrum.

Dieses Ding hatte dann der Señor mit einem anderen Amerikaner fortgeschafft. Gleichzeitig hatte er seine Frau, sein Handwerkszeug, die Kochtöpfe, die Betten und die Kleidungsstücke mitgenommen. Sie waren dann alle in einem Heeprojo fortgefahren.

»In einem was?«

»In einem Heeprojo.«

»Heeprojo?«

Der Junge war so ungeduldig, daß er fast den Tränen nahe war. »Ja, sicher, in einem Heeprojo!«

Ich gab es auf und schenkte ihm ein paar Peseten.

Als wir uns auf dem Rückweg nach Oaxaca befanden, hatte ich die Schnauze voll. Wir hatten von Ben und Laura auf dem Zeltplatz eine häßliche Geschichte über Bix erfahren, wir hatten den ältesten Baum der Welt gesehen, erfahren, daß Nesta mit seiner Luz in einem »Heeprojo« fortgefahren war, und zudem hatte Becky noch einen Knick in die Seite gemacht, auf der ich stand.

Ich sehnte mich nach einer Siesta, die ich gern bis Montag früh ausgedehnt hätte. Doch als wir zum Hotel zurückkamen, hatte Enelio eine Nummer hinterlassen, unter der wir ihn erreichen könnten. Er befand sich auf einer Party eines Commercial Clubs, was nicht sehr vielversprechend klang. Doch er bestand darauf, daß wir kommen sollten und beschrieb mir den Weg.

Als wir auf den riesigen Dachgarten eines Gebäudes kamen, begriff ich, weshalb er auf seiner Einladung bestanden hatte. Auf dem Dach befand sich ein gigantischer Swimming-pool, in dem irgendwelche Maschinen künstliche Wellen erzeugten. Die hohe Wand hinter dem Pool war so bemalt, daß sie einem den Eindruck des Meeres vermittelte. Vor dem Pool waren Springbrunnen, kleine Bäume und Sonnenschirme. Dicht neben dem Pool konnte man Tennis spielen. Die anwesenden Mexikaner genossen sichtlich diese Party.

»Die Mexikaner sind ein glückliches Volk«, murmelte Meyer.

Enelio, der Tennis gespielt hatte, entdeckte uns und führte uns zu seinem Tisch. Während er sich umzog, empfahl er uns kurz zuvor den Rum-Drink, den er getrunken hatte. Als er zurückkam, sagte er: »Ramón, ein alter Freund von mir, hat dieses Riesendach entdeckt. Das Geld, das er für dieses Projekt investiert hat, hat sich inzwischen längst bezahlt gemacht. Ha, da kommen ja die drei *pollitas*. Sie stammen aus Guadalajara und machen hier Urlaub. Das ist Lita, die kaum englisch spricht und deshalb mir gehört. Und die beiden im rosa Badeanzug sind die Schwestern del Vega. Die größere heißt Elena, die andere Margarita. Meine Schätzchen, der große Häßliche ist Señor Travis McGee, und der stämmige Behaarte Meyer. Elena, setze dich neben McGee, und du, Margarita, neben Meyer. Lächelt und seid nett zu meinen Freunden.«

Elena war eine Wucht.

»Ich freue mich, Sie kennenzulernen, Mr. McGee«, sagte sie mit einem Fünfhundert-Watt-Lächeln.

»Nach einem Drink geht ihr baden«, sagte Enelio zu den Mädchen. »Wir haben etwas zu besprechen. Wenn wir fertig sind, holen wir euch wieder ein. Ihr werdet inzwischen keine Freundschaften schließen, oder Enelio Fuentes wird euch nie, nie wieder mit seinem kleinen Flugzeug von Guadalajara abholen.«

Sie kicherten, leerten ihre Gläser und tauchten in den künstlichen Wellen unter.

Wir erstatteten Enelio Bericht über die jüngsten Ereignisse. Ihn interessierte besonders die Tatsache, daß Mrs. Knighton an jenem Tag ein Auto mit Wohnwagen auf einem Pfad, der in die Berge führte, gesehen hatte.

»Das könnte zeitlich stimmen«, meinte er. »Der Wagen ist am gleichen Tag im Morgengrauen aus Bundys Garage verschwunden. Ich kenne diese winzigen Straßen aus einer Zeit, als ich noch auf die Jagd ging. Die Straßen verlaufen sich irgendwo in den Bergen. Wir werden in meinem Jeep hinfahren. Morgen nicht, da verderben mir einige Ingenieure den Tag. Vielleicht am Dienstag, wie? Gleich in der Frühe? Ich rufe Sie noch an. Ich möchte gern wissen, was an der Geschichte, die Ihnen Bundy erzählt hat, stimmt und was nicht.«

»Sie stimmt genau mit der Geschichte überein, die er Lady Becky erzählt hat«, sagte ich.

Er blickte mich leicht verwirrt an. »Aber das verstehe ich nicht, mein Freund. Sie haben doch mit Becky *vor* der Unterhaltung mit Bruce gesprochen.«

»Nun ja, ich habe mich in der vergangenen Nacht wieder mit ihr unterhalten.«

»Was denn, Sie gehören zu denjenigen, die Becky zweimal besuchen?«

»Sie ist zu mir gekommen. Als ich vom Krankenhaus zurückkam, saß sie auf der Veranda des Bungalows, und Meyer war verschwunden. Meyer kann mitunter ein ganz reizender Bursche sein.«

Enelio grinste. »O Junge! Und wie haben Sie sich eben gefühlt, als Sie Elena kennengelernt haben? Sie ist eins der Mädchen, die unkompliziert sind und sehr nett sein können.«

»In der Gesellschaft von hübschen Mädchen fühle ich mich immer wohl«, sagte ich. »Wir werden gemeinsam essen und etwas trinken, und dann werde ich mich entschuldigen. Was zuviel auf einmal ist, ist zuviel. Ihr beide könnt euch auch ohne mich amüsieren.«

»Einen Augenblick«, sagte Meyer. »Dieses Mädchen ist ja noch ein Kind!«

Enelio und ich beschlossen, daß sie reichlich erwachsen aussähen.

Kurz darauf kamen die Mädchen zurück und setzten sich an unseren Tisch. Margarita beugte sich über Meyers Hand und deutete ihm die Zukunft, und Meyer — man sollte es nicht für möglich halten — errötete wie ein Jüngling.

Dann verschwanden die Mädchen aus Guadalajara in ihren Kabinen. Als sie zurückkehrten, trugen sie Minikleider, hochhackige Sandalen und große Handtaschen. Ihre Augen funkelten, als sie sich wieder zu uns an den Tisch setzten.

Dann studierte Elena lange Zeit meine Hand. Als sie mich anschaute, blickte sie seltsam ernst.

»Ich weiß nicht, wie ich mich ausdrücken soll. Schreckliche Dinge passieren. Sie lächeln, aber Sie sind traurig. Es ist keine gute Zeit in Ihrem Leben, Travis.«

11

Am Montag war Leerlauf. Ich schaute morgens nach dem Duschen in den Spiegel und empfand so etwas wie Weltschmerz.

Diese fatale Stimmung legte sich, als Meyer gegen Mittag mit den drei Mädchen ankam. Sie waren fröhlich und guter Dinge. Sie zogen sich in unserem Bungalow um und schwammen einige Runden. Meyer sagte mir, daß die Rothaarige die Flugkarten abgeholt und offensichtlich die Stadt verlassen hatte.

Wir sonnten uns und hatten unseren Spaß. Als Enelio zur Rum-Zeit kam, brachte er eine Karte mit und zeigte uns einen Pfad, den der Chevrolet mit dem Wohnwagen möglicherweise entlanggefahren war.

Als wir am Dienstag morgen kurz vor elf Uhr vor dem Hotel standen, fuhr Enelio mit einem gelben Jeep die Auffahrt herauf. Er bremste so plötzlich, daß der Kies aufwirbelte. Als wir einstiegen, beobachteten uns zwei kleine mexikanische Jungen, die gerade mit ein paar dreckigen Lumpen den Wagen eines Touristen polierten. Einer fragte den anderen etwas und bekam zur Antwort: »Es un heep especial, seguro.«

Ehe Enelio in die Hauptstraße einbog, bat ich ihn, einen Augenblick zu warten. Ein bestimmtes Wort ging mir nicht aus dem Sinn.

Enelio drehte sich um und fragte: »Haben Sie etwas vergessen?«

»Nein, nein, mir ist nur etwas eingefallen. Die Mexikaner sprechen jedes ›j‹ als ›h‹ aus. Wir fahren also in einem Heep.«

»Der Scherz ist nicht neu«, meinte Enelio.

»Ich weiß, woraufhin er hinauswill«, erklärte Meyer.

»Das Kind in Mitla hat immer von einem Heeprojo gesprochen. Also von einem roten Jeep.«

»Ja«, sagte Enelio. »Aber wir fahren in einem gelben Jeep. Ist das Spiel vorbei?«

Meyer wußte sofort, was ich meinte. »Ein Maler und ein Bildhauer. Weshalb nicht? Wie hieß Mike mit Nachnamen? Barrington?«

»Ja, Barrington und Della Davis.«

»Euch scheint die Höhenluft und die Sonne nicht zu bekommen«, sagte Enelio. »Wenn das Gehirn ausbrennt, reden die Leute unverständliches Zeug.«

»Enelio, wie heißt die Straße, die zum Flughafen führt?«

»Das ist die Coyotepec Road.«

»Gibt es auf der Straße dorthin einen Platz, auf dem früher einmal Touristen wohnten, der dann aber abgebrannt ist?«

»O ja, ich kenne die Stelle, die Sie meinen.«

»Könnten wir dorthin fahren?«

»Okay«, sagte Enelio und drängte sich mit seinem Jeep auf die Hauptstraße.

Der Platz war von einer dicken Mauer umgeben, vor und hinter der blühende Bäume standen. Die Kornfelder ringsum waren von der Sonne ausgedörrt. Vor der Mauer saßen viele Menschen im Schatten, und dicht an der Mauer parkte ein schwarzer Mercedes der Polizei.

»Irgend etwas stimmt hier nicht«, meinte Enelio und parkte seinen Jeep neben dem Mercedes.

Als wir den Hof betraten, auf dem zwei Holzhütten standen, sahen wir den jungen Burschen, der auf einer Bank saß und sein Gesicht in den Händen vergraben hatte. Das einzige, was von ihm zu sehen war, war ein gewaltiger Bart, der zwischen seinen Fingern hervorlugte.

Bis auf den Mann auf der Bank starrten uns alle entgegen. Ich sah das verblüffte Gesicht des Sergeanten.

Ein kahlköpfiger Mann wandte sich an uns. »Enelio! Hilfst du uns beim Übersetzen?«

Enelio machte uns mit Doktor Francisco Martel bekannt. Sie unterhielten sich so schnell in spanisch, daß ich den Versuch, etwas zu verstehen, bald aufgab. Sowohl der Arzt als auch der Sergeant redeten mit Händen und Füßen auf Enelio ein. Ich mußte mich also gedulden, bis Enelio zu mir kam und berichtete, was passiert war.

Vor etwa einer Stunde war ein junger Mann auf die Straße gerannt, hatte einen Bus angehalten und dem Fahrer erzählt, daß jenseits der Mauer Menschen im Sterben lagen. Der Busfahrer hatte vom nächsten Telefon aus die Polizei alarmiert. Der Polizeiwagen war noch kurz vor der Ambulanz eingetroffen. Das junge schwarze Mädchen hatte gleich hinter dem Tor im Staub gelegen. Man hatte ihr aus dem Hinterhalt einen solchen Schlag auf den Kopf versetzt, daß Teile des Gehirns noch im Staub zu sehen waren. Dem blonden bärtigen Amerikaner hatte man die Stirn so eingeschlagen, daß sich seine Schädeldecke nach innen verbogen hatte. Als die Ambulanz kam, war sein Atem noch gegangen, doch als man ihn in den Wagen befördern wollte, war es aus gewesen. Neben dem jungen Amerikaner hatte man eine tote Mexikanerin gefunden, die ebenfalls erschlagen worden war. Bei Ankunft der Polizei hatte der junge Bärtige weinend am Boden gesessen und die tote Mexikanerin im Arm gehalten. Er behauptete, fünf Minuten vor Eintreffen der Polizei dagewesen zu sein.

»Hat man seine Personalien festgestellt?«

Der Sergeant reichte mir die abgelaufene Touristenkarte. Sie war verschwitzt und mit Eselsohren versehen. Die Unterschrift Jerome Nesta war kaum noch zu entziffern. »Für Martinez ist zunächst das Wichtigste, daß sich Nesta verbotenerweise im Land aufgehalten hat, weil seine Aufenthaltsgenehmigung nicht mehr gültig ist. Doch ich möchte mich mit dem jungen Burschen unterhalten. Vielleicht könnten Sie mir dabei helfen?«

Er hockte sich vor Nesta hin. »He, Jerry!«

Er hob langsam den Kopf. Seine Augen paßten überhaupt nicht zu dem dunklen Bart. Sie waren hellblau und von Tränen gerötet. Sein Blick war unstet und mißtrauisch.

»Wie hast du das nur gemacht?« fragte Enelio.

»Alle drei sind tot. Jesus. Alle drei. Ich kann es einfach nicht glauben.«

»Wer hat es getan, Jerry?«

»Das weiß ich doch nicht. Ich war nicht hier, als es passierte, und ich habe niemanden gesehen. Ich kam herein und fragte Della, wo ich das Zeug hinstellen sollte.«

»Was für Zeug?«

»Nun, was ich in der Stadt eingekauft hatte. Ich war diesmal an der Reihe. Luz wollte waschen, Mike wollte zeichnen, und Della hatte Kopfschmerzen.«

»Bist du mit dem Jeep in die Stadt gefahren?«

»Ja, Sir.«

»Wann bist du hier weggefahren?«

»Das weiß ich nicht so genau. Vielleicht kurz vor zehn. Ich habe Obst, Bohnen und Mehl gekauft. Ich schätze, daß ich eine Stunde unterwegs war.«

»Ich möchte genau wissen, wann du zurückgekommen bist.«
Er zuckte die Schultern.

»Ist dir in der Stadt oder auf der Straße nach hier irgend etwas Ungewöhnliches aufgefallen?«

»Ja, am Stadtrand war ein Lastwagen umgekippt und hatte Feuer gefangen.«

»Du hast Glück, mein Junge«, sagte Enelio. »Die Polizei hat den Unfall ebenfalls bemerkt und hat kurz angehalten. Sie sind also wirklich nur ein paar Minuten nach dir hier eingetroffen.«

»Und was hat das zu bedeuten?«

»Es handelt sich um keinen Raubüberfall, Jerry. Niemand hat eine Brieftasche oder Börse angetastet. Und nach Ansicht des Arztes hat der Überfall etwa zwanzig Minuten vor dem Eintreffen der Polizei stattgefunden.«

Jerry starrte Enelio an. »Glaubt vielleicht jemand, daß ich meine Freunde umgebracht habe?«

»Die meisten Mörder töten ihre Freunde oder Familienangehörigen. Ganz selten werden Fremde umgebracht. Ich werde mich jetzt mit dem Sergeanten unterhalten.«

Ich kauerte mich an die gleiche Stelle, an der Enelio gehockt hatte.

»Wie ist es dazu gekommen, daß du und Luz zu Mike und Della gezogen seid?«

Er blickte mich verblüfft an. »Wer sind Sie denn?«

»Mein Name ist McGee. Ich habe schon seit Tagen versucht, dich zu finden. Zuletzt habe ich bei eurer alten Adresse in Mitla nachgefragt.«

»Aus welchem Grund haben Sie mich gesucht?«

»Ich wollte herausbekommen, was du über Bix Bowie weißt.«

»Sie ist bei einem Autounfall ums Leben gekommen.«

»Ich weiß. Und Carl Sessions ist an einer Überdosis Rauschgift gestorben. Ich kann mich also nur noch mit dir, Minda und Rock unterhalten.«

»Weshalb sollte Ihnen jemand von uns Auskunft über Bix erteilen können? Vielleicht Minda. Der Unfall passierte, nachdem wir uns alle getrennt hatten.«

»Ein Mädchen namens Gillian hat dich in Mitla gesehen. Du hast dich ihr gegenüber sehr kurzangebunden verhalten. Sie wollte wissen, wo Rocko ist, und du hast ihr gesagt, du wüßtest es nicht.«

»Das weiß ich auch nicht und will es gar nicht wissen. Ich hatte Rock als letzten verlassen. Ich mußte einfach von ihm loskommen. Ich wollte wieder klarkommen. Aber ich habe immer noch Schwierigkeiten. Alpträume, Ohrensausen und Sehstörungen. Aber ich leide nicht mehr unter Halluzinationen. Luz hat sich um mich gekümmert, als es mir hundeelend ging. Ich erinnere mich nicht einmal, wie ich nach Mitla gekommen bin. Wer sollte denn ein Interesse daran haben, Luz umzubringen? Jesus, die hatte das schönste Lächeln, das ich je kennengelernt habe!«

»Ging es hier besser als in Mitla?«

»O ja. Ich habe Mike in den Ruinen kennengelernt, habe ihn zu mir geführt und ihm einen geschnitzten Holzkopf gezeigt. Mike hat mir dann angeboten, ob wir beide nicht Lust hätten, zu ihm und Della zu ziehen. Ich dachte mir, weshalb nicht? Zuerst verstanden sich die beiden Frauen nicht so gut, aber es wäre besser geworden — doch jetzt sind sie tot und es ist alles so sinnlos. Verdammt. Della war in anderen Umständen. Deshalb hatte sie auch ewig Kopfschmerzen.«

Enelio kam zurückgeschlendert. »Jerry, die Polizei glaubt zwar, daß du unschuldig bist, aber es wird ihnen trotzdem nichts anderes übrigbleiben, als dich einzusperren.«

»Wieso?«

»Deine Touristenkarte ist abgelaufen. Hast du Geld, um nach Hause zu fahren?«

»Verdammt noch mal, nein.«

»Sie werden dich also so lange einsperren, bis sie Verbindung mit der amerikanischen Botschaft aufgenommen haben.«

»Ich habe es völlig vergessen, die Aufenthaltsgenehmigung verlängern zu lassen. Ich will nicht in ein mexikanisches Gefängnis.«

»Da will kein Mensch 'rein.«

Ich nahm Enelio beiseite. »Ich möchte mich mit diesem Knaben allein unterhalten. Gibt es eine Möglichkeit, ihn vor dem Gefängnis zu bewahren?«

»Wollen Sie die Kosten für die Rückfahrt in die Staaten übernehmen?«

»Wenn ich damit etwas erreichen könnte.«

»Könnten Sie sich vielleicht auch entschließen, etwas für die Wohlfahrt der Polizei zu spenden?«

»Wieviel?«

»Nun, sagen wir, fünfhundert Pesos?«

»Okay.«

»Dann sollen sie ihn über Nacht dabehalten, und ich werde sehen, was ich morgen tun kann. Morgen sind sie vielleicht froh, wenn sie keine Scherereien mit der Presse und den vorgesetzten Dienststellen haben. Travis, mein Freund, können Sie mir garantieren, daß Sie mit dem Burschen keine Schwierigkeiten haben werden?«

»Das kann ich natürlich erst dann sagen, wenn ich mich mit ihm unterhalten habe. Aber in diesem Fall würde ich ihn sofort wieder ins Gefängnis stecken lassen.«

Meyer kam zu uns und sagte, daß er uns etwas zeigen wollte. Er führte uns zur Mauer, die hinter einer der Holzhütten war. Dort stand die Skulptur aus Holz. Ein geschnitzter Kopf, der größer als ein Meter fünfzig war. Ein häßliches altes Aztekengesicht mit einem verlorenen Blick. Dieser Kopf saß direkt auf der Brust. Einen Hals gab es nicht. Irgendwie erweckte er den Eindruck, daß man in seiner Gegenwart leiser sprechen müßte.

Jerry Nesta war uns mit einem Mann in Uniform gefolgt. »Das Handwerkszeug, daß ich dazu brauchte, mußte ich selbst anfertigen«, erklärte er. »Zu dem Kopf wollte ich später noch einen Körper machen. Ich hätte mir diese Figur dann gut in einem Winkel einer Kirche vorstellen können. Sie sollte keinen Priester und keinen Soldaten, sondern einen Sklaven vorstellen. Mike meinte — er sagte ...«

Jerry wandte sich ab. Kurz darauf wurde er in einem Auto abtransportiert.

12

Die Stunden an der Coyotepec Road hatten Enelio so viel Zeit gekostet, daß wir den Ausflug zu der kleinen Bergstraße auf später verschieben mußten.

Wir setzten Meyer unterwegs ab und fuhren weiter zum Hotel am *zocalo*. Als ich aussteigen wollte, sagte Enelio: »*Momentito*, mein Freund. Ich weiß, daß Sie und Meyer eine traurige und ernste Mission zu erfüllen haben. Wenn Ihnen die mexikanischen Mädchen lästig sind, brauchen Sie es mir nur zu sagen. Ich werde irgendwelche Erklärungen finden.«

»Sie sind nicht lästig, *amigo*. Sie bilden einen guten Kontrast.«

»Sind Sie sicher? Gut. Dann wünsche ich Ihnen viel Spaß.« Er fuhr so schnell an, daß einige Radfahrer aus dem Tritt kamen.

Obwohl die Terrasse des Hotels gut besetzt war, fand ich noch einen Tisch für vier Personen. Ich hörte, wie man sich am Nachbartisch lauthals über die Mordfälle an der Coyotepec Road unterhielt. Demnach hatte ein Hippie das Messer in fünf Rauschgiftsüchtige gestochen und sich dann noch — ehe er verhaftet wurde — selbst das Leben genommen.

Plötzlich tauchte Wally McLeen auf und ließ sich in einen freien Stuhl an meinem Tisch fallen. »Erinnern Sie sich noch an mich, Travis? Ich bin Wally McLeen. Mein Gott, das ist ja schrecklich, was heute passiert ist. Haben Sie schon davon gehört? Zwei dieser herrlichen Kinder sind heute morgen umgebracht worden.«

»Mike Barrington und Della Davis. Und noch eine junge Mexikanerin.«

»Man hat ihnen die Schädel eingeschlagen. Ich kannte diese beiden Kinder. Allerdings nicht allzu gut, denn sie kamen nur selten in die Stadt. Sie waren flüchtig mit meiner Minda bekannt. Sie waren sehr nett zu mir, weil sie merkten, daß ich ihnen keinen Vortrag über Rassentrennung halten wollte. Außerdem — wenn jemand stirbt, ist es ziemlich gleichgültig, welche Hautfarbe er hatte, nicht wahr? Soviel ich gehört habe, soll sie ein junger Bursche namens Jerry Nesta im Rauschzustand ermordet haben. Wissen Sie noch, daß Sie mich vor ein paar Tagen nach Jerry Nesta und Carl Sessions gefragt haben? Ich habe inzwischen herausgefunden, daß diese beiden zu der Gruppe gehörten, mit der meine Minda herumgezogen ist. Wissen Sie schon, daß der Sessions tot ist?«

»Wir haben davon gehört.«

»Ich glaube, er ist an einer Überdosis Rauschgift gestorben. Nun, wenn die Gruppe Rauschgift genommen hat, dann bin ich sicher, daß meine Minda bei der erstbesten Gelegenheit das Weite gesucht hat. Sie hat es vielleicht ein wenig mit Marihuana und eventuell sogar mit LSD versucht, aber sie hatte zu viel Respekt vor ihrem eigenen Körper, um süchtig zu werden. Ich kann wirklich nur hoffen, daß mein Mädchen bald den Weg nach Oaxaca zurückfindet. Ich hatte Jerry Nestas Adresse herausgefunden und wollte ihn wegen Minda befragen. Ich bin heute zweimal an der Unglücksstelle vorbeigeradelt. Einmal auf dem Weg zum Flughafen und einmal zurück.«

»Geradelt?«

»Ja, ich habe mir ein Honda geliehen. Es hat einige Zeit gedauert, bis ich dahinter gekommen bin, wie man sich am besten an den Autos und Bussen vorbeischlängelt.«

»Und was sollen diese Perlen, Wally?«

»Nun, die habe ich auf dem Markt gekauft. Sie werden aus den Gräten kleiner Fische hergestellt und mit Farbe angestrichen.«

»Und soll das ein Ziegenbart werden, Wally?«

Er lachte unglücklich und strich sich mit der Hand über das Kinn. »Ich weiß nicht, was meine Freunde zu Hause sagen würden, wenn sie mich so sähen, aber ich betrachte es als eine Art Tarnfarbe. Wenn die Kinder nicht das Gefühl haben, daß man einer der ihren ist, können sie sehr grausam sein. Als ich am ersten Tag hier war, hat sich einer dieser Burschen ganz eindeutig über mich lustig gemacht. Es war am Donnerstag morgen, als er mich ansprach, sehr geheimnisvoll, und sagte, er könnte mir vielleicht sagen, wo meine Minda ist, und es könnte sein, daß sie sich in Schwierigkeiten befände und was es mir wert wäre, wenn er sie mir zurückbrächte. Ich muß gestehen, daß ich sehr mißtrauisch war. Ich wollte ihm fünftausend Dollar für eine Nachricht von ihr geben, und weitere fünftausend, wenn er sie mir brächte. Natürlich habe ich von diesem Burschen nie wieder etwas gehört. Er hat ein grausames Spiel mit mir getrieben.«

»Und deshalb verkleiden Sie sich, Wally?«

»Wenn es so einfach wäre, würden sie die Sache leicht durchschauen. Aber ich sagte Ihnen ja schon, daß ich mit meiner Art und meinen Reden ihr Vertrauen gewonnen habe. Gestern hatten sie hier eine kleine Abschiedsfeier, zu der sie mich eingeladen hatten. Sie wissen, daß sie in meiner Gegenwart offen reden können. Jemand, der wußte, daß ich Jerry Nesta suchte, nannte mir die Adresse in Mitla. Doch als ich dort ankam, waren die beiden Vögel — Jerry und diese Mexikanerin — bereits ausgeflogen. Glauben Sie, daß ich mich mit ihm im Gefängnis unterhalten darf?«

»Weshalb nicht?«

»Nun, sitzt er nicht in einer Einzelzelle?«

»Nein. Er konnte beweisen, daß er zum Zeitpunkt der Tat in der Stadt unterwegs war.«

»Warum sitzt er dann überhaupt im Gefängnis?«

»Ganz einfach, weil seine Aufenthaltsgenehmigung abgelaufen ist.«

»Dann stimmt es also nicht, was die anderen über ihn erzählen?«

»Nein.«

»Woher wissen Sie so gut Bescheid, McGee?«

»Ich wollte ihn besuchen, aber ich kam leider zu spät.«

»Ach so. Nun, ich werde jetzt zusehen, daß ich im Gefängnis eine Sprecherlaubnis bekomme.« Er stand auf. »Und wenn Sie irgend etwas über meine Minda erfahren, lassen Sie es mich bitte wissen. Zimmer zwölf. Ich werde verrückt, wenn ich nicht bald weiterkomme.«

Kurz nachdem er verschwunden war, tauchte Meyer mit einem Einkaufskorb voller sorgfältig verpackter Geschenke auf. »Weißt du, wen ich eben gesehen habe?«

»Ja, Wally McLeen auf einem Fahrrad.«

»Wenn du nicht mein Freund wärst, könnte ich dich manchmal hassen. Du hast ihn also auch gesehen. Wahrscheinlich hast du dich mit ihm unterhalten. Was hat er gesagt?«

Ich wiederholte die Unterhaltung. Meyer wollte mehr über ein Thema wissen, das ich nicht für so wichtig hielt. Zweimal kam er auf die wilde Geschichte zurück, die Wally über den Burschen erzählt hatte, der ihn gegen Geld zu seiner Minda verhelfen wollte.

»Vielleicht kannst du mir sagen, auf was du hinauswillst.«

Er grinste wie ein Buddha. »Dir scheint eine Dame von edlem Geblüt den Verstand geraubt zu haben, alter Freund. Oder du hast dich gestern zu sehr der Sonne ausgesetzt. Sonst kämst du nämlich darauf, daß es sich bei jenem jungen Burschen um Rockland gehandelt haben könnte.« Er machte eine kurze Pause, ehe er fortfuhr: »Ich merke an deinem knallroten Kopf, daß bei dir ein Gedankengang einsetzt. Sprich dich nur laut aus.«

»McLeen hat gesagt, daß er seit dem ersten August hier ist. Das kann also bedeuten, daß er am einunddreißigsten Juli angekommen ist. Das war ein Donnerstag. An jenem Tag war Rockland stundenlang nicht in seinem kleinen Nest in der Calle las Artes. Als er dann zurückkam, wollte er Bundy um dreitausend anpumpen. Bundy wurde mißtrauisch, weil Rockland die Verweigerung so gelassen hinnahm. Doch vielleicht hatte Rockland versucht, auf andere Weise zu Geld zu kommen. Er machte sich an Wally McLeen heran und versuchte dann, mit Minda Kontakt aufzunehmen. Wahrscheinlich wußte er, daß Minda bei Madame Vitrier wohnte, doch dann wußte er gleichzeitig, daß er diese Festung nicht erstürmen konnte, zumal die beiden Mädchen bestimmt kein Verlangen hatten, mit ihm Verbindung aufzunehmen. Irgendwie mußte er aber das Gefühl haben, seine Kenntnisse in barer Münze umsetzen zu können.«

»Dein Gehirn erholt sich erstaunlich schnell«, sagte Meyer sarkastisch.

»Rockland hatte Bundy als Geldquelle abgeschrieben. Er versuchte es mit einem Diebstahl, in der sicheren Annahme, daß Bundy keine Anzeige erstatten würde. Bundy war klüger und schneller. Er hatte dafür gesorgt, daß Rocklands Wagen nicht anspringen würde und hatte bei Rocklands Angriff kräftig zurückgeschlagen. So kräftig, daß Rockland völlig fertig war.

Doch er riß sich zusammen, weil er am Samstag Minda treffen wollte.«

»Was könnte seine größte Angst gewesen sein?«

»Daß McLeen seine Tochter gefunden hätte — was ihn um sein ›Lösegeld‹ gebracht hätte. Da man Bix dann am Sonntag nachmittag mit einem Amerikaner auf dem Berg gesehen hatte — neben einem gelben Ford, der Bundy gehörte —, liegt die Vermutung nahe, daß jener Amerikaner Rockland gewesen ist. Er hat dann nach Einbruch der Dunkelheit den Fußmarsch vom Berg angetreten — oder aber es gibt noch einen Mitwisser, der ihn schon nachmittags im Auto zurück zur Stadt gefahren hat. Dann gibt es allerdings noch eine Lücke bis Dienstag morgen, ehe das Auto mit dem Wohnwagen aus Bundys Garage gefahren worden ist.«

Meyer schüttelte den Kopf. »Das paßt alles überhaupt nicht zusammen. Wir haben so viele Lücken, daß wir nicht einmal ahnen können, was uns noch alles fehlt. Wenn Jerome Nesta den Mund nicht aufmacht, können wir genausogut nach Hause fliegen. Und ob er — wenn er wirklich redet — eine Hilfe ist, wird sich noch herausstellen.«

In diesem Augenblick kamen die Schwestern aus Guadalajara schnatternd an unseren Tisch. Sie waren wie immer fröhlicher Dinge und packten die kleinen Geschenke aus, mit denen wir unsere Bewunderung für sie ausdrücken wollten.

Lita würde nicht kommen. Sie hätte einige Besorgungen zu erledigen. Und Enelio hätte ebenfalls keine Zeit, weil er sich ja heute mit irgendwelchen Ingenieuren treffen müßte.

Die beiden Schwestern waren völlig ausgehungert und am Verdursten. Zwischen dem ersten Drink und dem Essen gingen sie in ihr kleines Hotelzimmer, um ihre Pakete abzuladen und um sich frisch zu machen.

Nach dem Essen sagte Margarita in ihrem besten Englisch: »Meyer, ich habe eine große Bitte, die sehr selbstsüchtig ist. Ich habe auf dem Weg nach Mitla einen Schal gesehen, den ich mir unbedingt kaufen möchte. Könnten wir zu diesem Geschäft fahren?«

»Okay. Was meinst du, Travis? Fahren wir dorthin, meine Damen.«

»Bitte, ohne mich«, sagte Elena und hielt sich den Mund bei

einem gewaltigen Gähnen zu. »Ich werde hier noch ein wenig sitzen und mich dann hinlegen.«

»Okay«, sagte ich. »Also auch ohne mich — wenn es euch nichts ausmacht.«

Es machte ihnen nichts aus. Sie entschwanden in einem Taxi. Elena und ich saßen am Tisch und beobachteten die Leute.

»Darf ich Sie auch um etwas bitten?«

»Selbstverständlich.«

»Können wir ein wenig in dem hübschen Swimming-pool vor Ihrem Bungalow schwimmen?«

Ich nickte.

Als wir bei dem Bungalow mit dem Namen Alicia angelangt waren, zog sie sich um und kam in einem winzigen Bikini wieder zum Vorschein. Als ich dann ins Wasser sprang, war sie bereits einige Runden geschwommen. Sie hielt beim Schwimmen den Kopf mit ihrer phantastischen Bademütze zu hoch, doch sie erwies sich als gelehrige Schülerin. Nach einer Weile sagte sie dann:

»Jetzt reicht's, nicht wahr?«

Wir gingen zu Alicia zurück. Ich schloß die Tür auf und setzte mich auf die Veranda, damit sie sich in Ruhe umziehen könnte. Ich hörte, wie sie schnurrend die Rollos herunterließ.

»Travis? *Por favor, ayudarme?* Dieses verdammte Ding klemmt.«

Wenn etwas bei einer Dame klemmt, muß man ihr zu Hilfe eilen. Sie stand zwischen dem Bett und dem Badezimmer und hatte mir den Rücken zugekehrt. Sie deutete über die Schulter auf den Verschluß ihres Bikini-Oberteils.

Als sie sich vorneigte, fielen ihr die langen Haare über den Kopf. Nachdem ich den Verschluß des Bikinis geöffnet hatte, fielen die Träger herunter. Sie preßte mit den Händen den Stoff gegen ihre Brüste und bewegte sich nicht. Als sich meine Hände um ihre Taille spannten, erschauerte sie. Ich beugte mich vor und küßte sie sanft auf den Hals. Ihre Haare waren an der Stelle feucht, an der die Badekappe sie nicht bedeckt hatten. Sie atmete schwer und hielt die Augen geschlossen, als ich sie herumdrehte und sie küßte. Sie schlang die Arme um mich und preßte mich fest an sich.

»Aber — aber die beiden könnten kommen«, sagte ich.

Sie schüttelte den Kopf und lächelte. »Nein. Nein. Sie wird mit Meyer ins Hotel gehen und ihm die Kleider zeigen, die sie sich gekauft hat. Und meine Schwester hat viele Kleider gekauft.«

Also die Tür verschließen. Durch die Rollos drangen noch ein paar Sonnenstrahlen ins Zimmer. Sie wollte angeschaut werden, doch gleichzeitig schämte sie sich ein wenig. Obwohl sie bestimmt ihre Erfahrungen hatte, war sie etwas unsicher.

Es war herrlich mit ihr. Sie wandte keine jahrhundertealten Tricks an, sondern sie gab sich voll Freude hin und genoß die Höhepunkte so, wie sie kamen.

Wenn die Sonnenstrahlen wie Gold wirken und einen ein junges Mädchen aus den Kissen anlacht und einem mit dem Zeigefinger die Nase und den Mund nachzeichnet, dann ist eine Siesta eine herrliche Sache. Kein Haken und nichts war bei Elena verklemmt. Sie war wunderbar gelöst.

Elena, immer wenn ich an einen mexikanischen Nachmittag denke, dann werde ich gleichzeitig auch an dich denken.

13

Am Mittwoch morgen um elf Uhr erschien Enelio Fuentes mit Jerome Nesta in unserem Bungalow. Jerry trug zwar noch die gleiche Kleidung, ansonsten war er nicht wiederzuerkennen, weil man ihm im Gefängnis den Bart abrasiert hatte. Er wirkte mit seinem blassen Kinn fast wie dreißig. Ich erinnerte mich, daß er sechsundzwanzig Jahre alt war.

»Etwas hat man im Gefängnis allerdings vergessen«, sagte Enelio. »Wenn man ihm in der freien Luft gegenübersteht, ist es nicht so schlimm. In einem geschlossenen Auto ist sein Gestank nicht zu ertragen.«

»Leck' mich am Arsch«, murmelte Nesta mit gesenktem Blick.

Ich holte aus meinem Schrank eine Hose, die ich nie sonderlich gemocht hatte, ein Sporthemd, das trotz sämtlicher Waschanleitungen vergilbt war, eine Unterhose und Socken, die an sich ausgedient hatten. Ich reichte ihm das Bündel und sagte: »Geh ins Badezimmer und schrubbe dich ab!«

»Sie können mich auch am Arsch lecken.«

»Enelio«, sagte ich, »können Sie diesen Genießer wieder im Gefängnis abliefern, oder wollen die diese Burschen auch nicht haben?«

»Man würde ihn mir zu Gefallen sicher wieder in die gleiche Zelle stecken.«

»Und was würde mit ihm geschehen, bis sich die Botschaft eingeschaltet hat?«

»Im Zweifelsfall Strafarbeit.«

Nesta schaute mit unsteten Augen von einem zum anderen. Dann nahm er die sauberen Kleidungsstücke vom Boden auf und donnerte die Badezimmertür hinter sich zu.

»Ich möchte nichts weiter damit zu tun haben«, sagte Enelio. »Man redet soviel über die dreckigen Mexikaner. Ich gestatte mir daher das Recht, mir meine eigenen Gedanken über die amerikanischen Hippies zu machen. Schmutz muß nicht sein, aber man kann ihn überall vorfinden, nicht wahr?«

»Vielen Dank, daß Sie ihn hergebracht haben.«

»Keine Ursache. Rufen Sie mich an, wenn er Schwierigkeiten macht. Dann stecken wir ihn wieder ins Gefängnis.«

»Verduften kann er nicht. Vor dem Badezimmerfenster sind Gitterstäbe.«

Ehe Enelio ging, bedankten wir uns noch einmal bei ihm für seine Gefälligkeit. Ich bestellte telefonisch beim Hotel einen Topf Kaffee und ein paar Hamburgers, die wegen der Touristen ständig vorrätig waren. Es dauerte eine ganze Weile, bis Jerry aus dem Bad zurückkam. Meine Hose war ihm etwas zu weit und er mußte sie vorn zusammenknoten. Meyer steckte die Lumpen, die Nesta getragen hatte, in einen Papierkorb und stellte ihn auf die Terrasse. Ehe er aus dem Bad kam, hatten Meyer und ich beschlossen, notfalls ein Spiel zu spielen — für den Fall, daß er sehr störrisch sein könnte.

»Setz dich, Jerry«, sagte ich. »Ich möchte ganz von Anfang beginnen. Wie seid ihr fünf zusammengekommen und habt beschlossen, nach Mexiko zu fahren?«

»Vielleicht haben wir uns über eine Anzeige gefunden.«

Ich warf Meyer einen raschen Blick zu. Wir mußten also unser Spiel spielen. Als der Ober mit dem Tablett kam, machte ich den Anfang.

»Hast du das bestellt, Meyer? Für ihn?«

»Ja. Während du Enelio hinausbegleitet hast.«

»Hast du etwa Mitleid mit diesem Bastard?«

»Ich glaube, daß man ihm im Gefängnis nicht viel zu essen gegeben hat, Travis.«

»Diesen Teil der Hotelrechnung wirst du allein zahlen. Ich habe nicht die Absicht, mich an deinen sentimentalen Gefühlen finanziell zu beteiligen.«

Während Nesta die Hamburgers herunterschlang, wiederholte ich meine Frage.

»Ich scheine es wirklich mit einem Agenten übelster Sorte zu tun zu haben«, sagte Nesta.

Ich wartete, bis er die Kaffeetasse abgesetzt hatte, ehe ich ausholte und ihm eine langte.

Meyer sprang auf und brüllte mich an. »Was machst du da? Du hast kein Recht, ihn so zu behandeln. Warte doch. Er wird sicher alles erklären.«

»Daran zweifle ich nicht. Ich werde die Wahrheit schon aus ihm herausprügeln.«

»So kannst du nicht vorgehen«, rügte mich Meyer. »Laß mich bitte mit dem Jungen allein, McGee.«

»Okay. Ich setze mich auf die Veranda. Wenn du Hilfe brauchst, bin ich in der Nähe, mein Freund.«

Ich warf die Tür hinter mir zu und setzte mich auf die Veranda. Wenn Meyer nicht weiterkam, würde ich wieder in Aktion treten. Aus dem Zimmer hörte ich ein Gemurmel, aber ich konnte die Worte nicht verstehen. Zuerst hörte ich nur Meyer, doch nach und nach auch die Stimme des Jungen. Ich wußte, daß ihn Meyer auf seine Art bearbeitete. Als ich mich umdrehte, sah ich Nesta auf Meyers Bettrand sitzen. Meyer hatte den Schreibtischstuhl so herumgedreht, daß er Nesta gegenübersaß.

Da ich nach einer halben Stunde an den Gesten merkte, daß die beiden miteinander auskamen, entschloß ich mich zu einem kleinen Spaziergang. Ich ging hinauf zum Hotel und holte mir an der Bar, die gerade geöffnet hatte, ein kühles Bier und setzte mich auf die Terrasse. Ich schaute einem Mädchen zu, das in einem orangefarbenen Bikini nach dem Schwimmen ein paar Ballettübungen machte. Als ich merkte, daß sie die gleiche Bademütze wie Elena trug, ließ ich mein Glas sinken. An Becky dachte ich nicht mehr, ich sehnte mich nach Elena. Wenn Becky das wüßte, wäre sie wahrscheinlich sehr beleidigt, daß ich sie so schnell und noch dazu eines unkomplizierten Mädchens wegen vergessen hätte.

Merke dir, McGee, daß manche Dinge durch häufige Praxis nicht besser werden.

Als ich mein Bier ausgetrunken hatte, ging ich zum Bungalow zurück, um zu sehen, wie weit Meyer gekommen war. Ich mußte unwillkürlich lächeln. Wir hatten seit gestern abend sehr förmlich miteinander gesprochen. Ich hatte Elena noch zum Essen ausgeführt und sie dann — auf ihren Wunsch — in ein Taxi gesteckt. Als ich dann ins Bett steigen wollte, war Meyer zurückgekommen. Ja, er hätte in der Stadt gegessen. Wirklich, sehr anständig. Margarita hätte sich den bewußten Schal gekauft. Schlaf gut. Und angenehme Nacht.

Ich blickte durch das Fenster. Nesta hatte den Kopf gesenkt und bedeckte seine Augen mit den Händen. Meyer gab mir ein Zeichen, zu verschwinden.

Also ging ich wieder den Hügel hinauf. Ich setzte mich auf eine Bank und versuchte wieder einmal, mich an Bix Bowie zu erinnern. Es gelang mir nicht. Ich wußte doch, daß Meyer sie an Bord meines Hausboots gebracht hatte. Alterserscheinung, dachte ich seufzend.

Als ich bei meiner nächsten Runde wieder bei dem Bungalow vorbeikam, saß Meyer völlig erschöpft auf der Veranda. Ich blickte durch das Fenster. Nesta lag zugedeckt auf Meyers Bett.

Ich sah Meyer fragend an. »Nun?«

»Mir ist schlecht. Alles war so sinnlos.«

»Hast du alles aus ihm herausbekommen?«

»Ich glaube nicht, daß er mir etwas verheimlicht hat.«

»Wie ist die Gruppe zusammengekommen?«

»Bix hatte einige Freunde und Freundinnen an der Universität Miami. Nach dem Tod ihrer Mutter hat sie sie alle aufgesucht. Bei einer Party lernte sie Carl Sessions kennen, mit dem sie dann eine Weile ausging. Carl kannte Jerry Nesta, der für ihn wichtig war, weil er ihn mit Marihuana belieferte. Jerry lebte mit Minda McLeen zusammen. Jerry war auch mit Rockland befreundet, und die beiden waren sich einig, eines Tages ein großes Geschäft zu machen. Carl, Bix, Jerry und Minda verkehrten also miteinander. Rockland fand heraus, daß Bix von ihrer Mutter Geld geerbt hatte. Rockland bat Nesta, ihm bei der Finanzierung der Reise nach Mexiko behilflich zu sein. Sessions hatte Bix inzwischen dazu gebracht zu koksen, und sie war inzwischen allzu bereit, Geld für die Reise nach Mexiko aufzubringen, weil man dort — Rocklands Berichten zufolge — Heroin zum Großhandelspreis bekam. Von dort aus wollte man das Heroin nach Los Angeles schmuggeln. Die anderen drei konnten sich auch für einen Urlaub in Mexiko begeistern. Bix war bereit, einen Wohnwagen, Verpflegung und so weiter einzukaufen. Und nachdem man Rock im Hotel fristlos entlassen hatte, machten sich die fünf auf die Reise. Wenn Harlan Bowie von dieser geplanten Reise etwas gewußt hätte, hätte er wahrscheinlich auch nichts unternehmen können, um sie davon abzuhalten.«

»Damals wußte sie wohl nicht so genau, um was es ging.«

»Nein, aber als sie es merkte, war es zu spät. Sie war schon so sehr dem Rauschgift verfallen, daß sie keinen eigenen Willen mehr hatte. Das nehme ich jedenfalls an. Rockland war der einzige von den fünf, der kein Rauschgift nahm. Er trank selten — dann allerdings zuviel auf einmal — und rauchte nicht. Aber er hatte eine Liste der Medikamente bei sich, die in den Staaten rezeptpflichtig, in Mexiko aber frei zu kaufen sind. Neben den spanischen Wörtern war die phonetische Aussprache angegeben. Kaum waren sie über die mexikanische Grenze gekommen, kauften sie die stärksten Drogen, die Rockland dann ›verwaltete‹. Offensichtlich wollte Rockland verhindern, daß die vier zuviel nahmen, wenn sie sich bereits auf der Reise befanden. Rocko fuhr langsam quer durch Mexiko. Nesta wechselte ihn am Steuer ab. Wenn sie einen Standplatz fanden, der ihnen gefiel, blieben sie zwei oder drei Tage dort, ehe sie weiterzogen. Sie fuhren von Monterrey nach Torreón. Von da aus nach Durango und dann nach Mazatlán. Nesta hat keine Ahnung, wie lange diese Reise gedauert hat. Vielleicht eine Woche, vielleicht ein Jahr. Rockland mixte die Drogen und gab ihnen immer wieder etwas anderes.«

»Es ist ein Wunder, daß niemand dabei eingegangen ist.«

»Ich weiß. Zunächst waren Bix und Carl Sessions miteinander liiert und Minda McLeen mit Jerry Nesta. Danach setzte ein ziemliches Durcheinander ein. Rocko schlief mit Bix. Carl regte sich darüber so auf, daß Minda aus schierem Mitleid mit ihm schlief. Das erboste wiederum Jerry Nesta, und er tröstete sich mit Bix. Dann ging es munter weiter reihum. Bix war zu diesem Zeitpunkt schon so apathisch, daß es ihr völlig gleichgültig war, mit wem sie schlief. Von diesem Augenblick an kümmerte sich Minda um Bix. Sie mußte sie waschen, ihr die Zähne putzen, sie kämmen und ihr die Nase abwischen. Rocko interessierte das alles nicht. Er war der Boß. Carl Sessions war bereits hoffnungslos hinüber. Rocko verpaßte ihm eine Art Methylalkohol. Sessions lallte ständig, schwankte, litt unter gräßlichen Alpträumen und hatte jedes Verlangen nach Sex verloren. Nesta bekam von Rocko Hasch, und Minda war von Rocko auf Pervitin und ähnliche Weckamine gesetzt worden. Sie war übernervös und häufig von einem Zittern befallen, aber an sich war sie die Klarste von den vieren. Ja, Travis, so war es.«

»Es gehört aber schon einiges dazu, wenn sich eine Gruppe von fünf Personen völlig trennt.«

»Dann haben sie sich auf den Weg nach Culiácán gemacht. Kurz vor dem Ort gab Rocko Bix keine Drogen mehr. Nachdem sie sich auf der Bank das überwiesene Geld hatte auszahlen lassen, übergab sie es sofort Rock, der sie als Belohnung mit Rauschgift vollstopfte. Rocko hatte in Miami die richtige Adresse erhalten, und er bekam das reine Heroin in der gewünschten Menge. Rocko füllte es in kleine Plastiksäcke, die er zwischen die Innen- und Außenwand des Wohnwagens stopfte. Doch auf dem Weg nach Nogales wurde er immer nervöser. Als er Sessions Gitarrespiel nicht mehr ertragen konnte, riß er die Saiten heraus. Doch Sessions merkte es gar nicht und kratzte mit seinen Fingernägeln auf dem Holz des Instruments. Zehn Meilen vor Nogales erschien Rocko die ganze Sache viel zu einfach. Das konnte nicht gutgehen. Er beschloß, eine ›Probefahrt‹ ohne den Stoff über die Grenze zu machen und vergrub deshalb die Säckchen auf einem Acker unter einem Busch, den er wiedererkennen würde. Er ließ die anderen in einem billigen Hotel zurück und fuhr mit Bix allein — der er für diesen Tag wieder keine Drogen gegeben hatte — über die Grenze, um für sich und Bix die Aufenthaltsgenehmigung verlängern zu lassen und um neue Einreisepapiere für den Wagen zu bekommen. An der Grenze wurde er sehr sauer. Der Verkäufer hatte den Zöllnern offensichtlich einen Tip gegeben. Die Zöllner nahmen in fünfzehnstündiger Arbeit den Wagen völlig auseinander, und Rocko konnte danach zusehen, wie er den Karren wieder in Gang brachte. Die Zöllner sagten, daß sie die Namen von allen fünf kennen und daß sie sich nur nicht einbilden sollten, daß es ihnen gelänge, das Zeug über die Grenze zu schmuggeln. Daraufhin dachte Rocko nach. Die einzige Stelle, die die Zöllner nicht untersucht hatten, war der Tank. Er legte daraufhin probeweise einen Beutel Heroin in den Tank und stellte am nächsten Tag fest, daß sich der Geschmack nicht verändert hatte. Also kamen alle Beutel in den Tank. Nesta, der das alles verfolgt hatte, glaubte, daß Rocko sofort wieder in Richtung Grenze fahren würde. Doch weit gefehlt. Rocko war sichtlich erleichtert und schien keine Eile zu haben. Da noch genug von Bix' Geld übrig war, meinte er, sie sollten sich das Land ein wenig genauer ansehen. Für Carl Sessions hatte er sich eine Spezialbehandlung ausgedacht. Er nahm ein Hypnotikum, etwas destilliertes Wasser, ein paar Baumwollfasern, Alkohol und spritzte seinem Freund Sessions diese feine Mischung unter die Haut. Sessions ging es daraufhin sehr schlecht, doch sein Körper gewöhnte sich auch an dieses Gift, und er konnte es sich bald selbst direkt in die Vene spritzen. Rocko befahl ihm dann, Bix diese ›Kunst‹ beizubringen.«

»Jetzt weiß ich auch, Meyer, weshalb dir so schlecht ist.«

»Als sie dann schließlich in Oaxaca landeten, wurde Minda krank. Rocko befahl daraufhin, daß sich Nesta um Bix kümmern sollte. Offensichtlich war Minda so krank, daß ihr Lebenswille wieder erwachte. Sie nahm kein Rauschgift mehr und hat die Qualen mit eisernem Willen überstanden. Wenig später gab Rocko Carl und Bix keine Drogen mehr, die daraufhin durchdrehten. Nesta fuhr tags darauf mit Bix in die Stadt, um Besorgungen zu erledigen. Als sie zurückkamen, war Carl verschwunden und Rocko lag nach einem seiner seltenen Räusche im Bett und schnarchte. Minda weinte. Es dauerte eine Weile, bis sie zu sprechen anfing. Als Carl Rocko wieder um Rauschgift bat, hatte Rocko gefragt, ob Carl bereit sei, alles dafür zu tun. Nachdem er sich dann auf Rockos Geheiß ausgezogen hatte, warf ihn Rocko in Mindas Gegenwart aufs Bett und verging sich an ihm. Als Minda hinausrannte, hörte sie Carls Schreie. Das war für Minda zuviel. Ein paar Tage später zog sie mit Bix fort.

Jetzt war nur noch Jerry bei Rocko geblieben, und der fürchtete um sein Leben, weil Rocko offensichtlich die Beute nicht teilen wollte. Seine Angst steigerte sich so sehr, daß er davonlief und von Luz aufgelesen wurde. Übrigens hatte man Rockos Tank entleert und die Beutel entfernt.«

»Aha«, sagte ich. »Rocko sagte sich, daß nur jemand die Beutel mit dem Heroin genommen haben könnte, der wußte, wo sie sich befanden. Sein erster Verdacht fiel auf Sessions.«

»Ja, aber der war tot.«

»Vielleicht hat Rocko das Zeug bei ihm gefunden und ihm eine Überdosis verpaßt?«

Meyer dachte eine Weile nach. Dann schüttelte er den Kopf. »Ich glaube nicht, daß ihn Rocko umgebracht hat. Ich gebe zu, daß er vielleicht die Absicht hatte, das Zeug allein über die Grenze zu bringen. Aber einen Mord? Ich glaube nicht, daß er ihn begangen hätte.«

»Weil er so ein netter, lieber Bursche ist.«

»Nein, weil er seine Freunde mit anderen Mitteln außer Gefecht gesetzt hat. Carl und Bix sind tot. Was mit Minda McLeen geschehen ist, wissen wir nicht.«

»Wer hat also die Beutel aus dem Benzintank gestohlen?«

»Keine Ahnung. Auf alle Fälle hat Rocko versucht, wieder zu Geld zu kommen und hat sich deshalb an Bruce Bundy herangemacht. Als er merkte, daß er von Bundy kein Geld bekam, hat er es bei Mindas Vater, Wally McLeen, versucht.«

Wir saßen beide schweigend da. Jeder hing seinen Gedanken nach. »Erinnerst du dich?« fragte ich. »Die Mädchen hatten sich gestritten. Minda ist nach Mexico City gefahren, und Rocko hätte sich gar nicht mit ihr in Verbindung setzen können. Nehmen wir also einmal an, daß Rockland mit dem gelben Ford zu Madame Vitrier gefahren ist und Bix zu einer Fahrt in die Berge gebracht hat.«

»Es wäre gut, wenn wir uns mit Madame Vitrier unterhalten könnten.«

»Gewiß«, sagte ich. »Die Sache hat nur einen Haken. Madame ist verreist, und wir wissen nicht, wo sie sich aufhält.«

»Jemand sollte versuchen, in ihr Haus einzudringen.«

»Vielleicht ich? Das bringt mich sofort ins Gefängnis.«

Meyer zuckte die Schultern. »Dann werde ich an jedem Besuchstag bei dir erscheinen.«

»Sehr lustig.«

»Ich weiß ja auch nicht weiter, McGee. Dieser Nesta ist wie ein Tier, das ich lieber im Zoo hinter Gitterstäben sehen würde.«

»Dann wollen wir doch einmal nach dem Knaben sehen.«

Das Zimmer war leer; die Tür zum Badezimmer verschlossen. Wir hörten Wasser rauschen. Ich sagte mir, daß es kaum möglich war, daß Nesta schon wieder duschte. Als sich die Tür zum Badezimmer öffnete, reagierte ich schnell, packte Meyer und warf ihn aufs Bett. Im Bruchteil einer Sekunde traf mich ein harter Gegenstand in den Rücken. Ich wälzte mich zur Seite und sah, daß Nesta schnell über die Veranda entfliehen wollte.

Ich riß mich zusammen und folgte ihm. Kurz vor der Straße hatte ich ihn erwischt. Mein Karateschlag war kräftig genug, daß er seine Waffe — eine Socke, die mit schweren Gegenständen angefüllt war — sinken ließ. Ich führte ihn wie einen abgerichteten Hund zu unserem Bungalow zurück. Er folgte mir und würdigte Meyer, der auf der Terrasse stand, keines Blickes. Ich leerte dann die Socke, die er als Waffe benutzt hatte, aus. Unter anderem kam Meyers Wecker zutage, der bestimmt nicht mehr funktionierte.

Meyer warf den Wecker zu Boden und fragte mich: »Wie bist du denn, verdammt noch mal, auf den Gedanken gekommen, daß er etwas im Schilde führt?«

»Der berühmte sechste Sinn«, grinste ich.

Meyer wandte sich dem Jungen zu, der mit gesenktem Haupt dasaß. »Die Polizei wird sich sehr dafür interessieren, daß du uns den Schädel einschlagen wolltest.«

»Ich hatte keine Lust, wieder ins Gefängnis eingeliefert zu werden«, sagte Nesta, ohne uns anzuschauen.

»Hast du bei deinem Geständnis etwas vergessen?« fragte ich. »Wir sind der Meinung, daß Rocko Bix dazu gezwungen hat, den Berg hinunterzufahren.«

»Das weiß ich nicht. Sie war vor ihrem Verfall ein hübsches Mädchen gewesen. Doch sie war in gewisser Weise schon tot, ehe sie durch den Unfall ums Leben gekommen ist.«

»Wollte Rockland sie umbringen?«

»Weshalb sollte er diese Absicht gehabt haben? Sie war

sowieso nichts weiter als eine Marionettenfigur, die man hin- und herschieben konnte. Mein Gott, sie sah zum Schluß wie eine Vierzigjährige aus.«

»Hast du versucht, etwas von dem Anteil an der Beute zu bekommen?«

»Erstens gab es keinen Anteil und zweitens hatte ich nur den einzigen Wunsch, von Rocko loszukommen.«

»Und was wäre, wenn du uns jetzt umgebracht hättest?«

»Ich habe Sie nicht umgebracht.«

Ich setzte mich auf die Bettkante und rief Enelio an. »Wir möchten mit ihm kein weiteres Risiko eingehen. Er ist uns ein- mal dumm gekommen und er könnte uns ein zweitesmal dumm kommen.«

»Soll ich Nesta abholen?«

»Nicht nötig. Wir können ihn allein zum Gefängnis zurück- bringen. Wir haben nichts weiter aus ihm herausbekommen als eine Reisebeschreibung über die Route, die die fünf genommen haben.«

»Aha, dann hole ich vielleicht mit Meyer und Ihnen morgen den kleinen Ausflug zu der Bergstraße, auf der ein Wohnwagen- anhänger gesehen wurde, nach. Wäre es Ihnen nachmittags recht?«

Wir stimmten ihm zu und brachten Nesta dann ins Gefängnis zurück. Während der ganzen Fahrt sagte er nicht ein einziges Wort.

14

Wir hatten gerade am Mittwoch mittag ein spätes Essen im Hotel Marqués del Valle zu uns genommen, als uns Enelio Fuentes mit seinem Jeep abholte.

Als er auf die Straße nach Mitla zufuhr, brüllte er, um den Fahrtwind zu übertönen: »Wie kann ein solch tierisches Wesen nur einen so herrlichen Kopf schnitzen?«

»Nicht jedes Genie muß ein wertvoller Mensch sein!« brüllte Meyer zurück.

Wir bogen von der Hauptstraße in einen staubigen, schmalen Pfad ein, der nach Mrs. Knightons Erklärungen der Weg gewesen sein mußte, den das Auto mit dem Wohnwagen an jenem bewußten Tag hinaufgefahren war. Bei einem kleinen Plateau war dieser Weg endgültig zu Ende. Ich merkte, daß Enelio versuchte, einmal im Kreis zu fahren.

»Hier gibt es nur Sand«, brüllte Enelio. »Der Wind würde auch sofort alle Spuren verwischen.«

Ich tippte ihm auf die Schulter, als ich dennoch eine Spur entdeckte, die direkt durch einen Ameisenhaufen führte.

Wir stiegen aus. Enelio schirmte mit der Hand seine Augen vor der Sonne ab und blickte in die Runde. »Weiter komme ich auch mit dem Jeep nicht. Ich schlage vor, daß jeder in eine andere Richtung geht und Ausschau hält.«

Meyer und ich hatten uns kaum ein paar Schritte entfernt, als Enelio schon schrie. Wir eilten zu der Stelle, an der er stand.

Er starrte einen Abhang hinunter. Seine Nasenflügel weiteten sich, als er schnüffelte. Dann bekreuzigte er sich und sagte: »Der Tod.«

Beim Luftholen bemerkte ich auch diesen widerlich-süßen Gestank. Wir stolperten den Hang hinunter und entdeckten hinter einem großen Busch den Wohnwagen. Während ich mich an den rückwärtigen Teil des Wohnwagens heranmachte, hielt ich die Luft an. Es stank bestialisch.

»Das McLeen-Mädchen?« fragte Meyer leise.

Ich zuckte die Schultern und bemühte mich, die dicke Dreckschicht von der Tür zu entfernen.

Enelio eilte zum Jeep und kam mit drei benzingetränkten Tüchern zurück.

»Diesen Ratschlag hat mir einmal ein Arzt gegeben, als wir auf der Suche nach Verunglückten bei einem Flugzeugunfall waren«, erklärte er. »Der Geruch von Benzin ist stärker als alle anderen Gerüche. Leider wird man diesen Geruch einige Zeit nicht los. Aber er ist wohl das kleinere Übel, nicht wahr?«

Die Tür des Wohnwagens war sehr verklemmt, doch mit gemeinsamer Anstrengung schafften wir es schließlich. Das Sonnenlicht flutete in das Wageninnere. Enelio machte auf der Stelle kehrt. Er kam nur ein paar Schritte weit, bis er sich explosionsartig übergeben mußte.

»Du kannst auch weggehen«, sagte ich zu Meyer. »Ich muß mich nur genau überzeugen.«

»Ich sollte dir dabei helfen.«

»Verschwinde.«

»Vielen Dank, Travis.«

Ich gebe zu, daß ich mich sehr überwinden mußte, in den Wohnwagen zu steigen.

Man hatte ihn mit großer Sorgfalt verschnürt. Er lag mit gespreizten Beinen auf dem engen Boden. Die Füße waren oben an der Tür angebunden. Man hatte ihm etwas unter den Rücken gelegt, damit sein Kreuz nicht durchfiel. Ich schaute ihn mir nicht allzu genau an. Seine Hose hing an irgendeinem Haken. Ich griff mit spitzen Fingern nach der Brieftasche. Erst als ich seinen Paß herausfischte, war ich meiner Sache ganz sicher. Dann rannte ich wie ein Verrückter den Hügel hinauf und schleuderte das mit Benzin getränkte Tuch von mir. Ich lief an dem Jeep vorbei und rang nach Atem.

Als der Jeep neben mir anhielt, sagte ich: »Bitte keine Witze!«

»Diese Absicht haben wir nicht, Señor«, meinte Enelio.

Da ich wußte, daß sie die Brieftasche nicht anfassen wollten, hielt ich den Ausweis so, daß sie ihn erkennen konnten.

»Rockland!« Seine Stimme war laut. »Rockland?«

»Nach dem, was übrig geblieben ist, muß er es sein.«

»Hat man ihn erschossen oder was?«

»Ich kann nicht genau sagen, was man ihm angetan hat. Aber ich glaube, daß man ihn zunächst erschlagen und dann gefesselt hat. Danach hat man noch einige Dinge mit ihm angestellt. Man hat ihm mit einem Messer den Bauch aufgeschlitzt und ihm die Augen ausgestochen.«

»Ich wäre Ihnen dankbar, wenn ich mir keine weiteren Einzelheiten anhören müßte«, sagte Enelio.

»Und ich bin froh, wenn ich keine weiteren Beschreibungen abgeben muß.«

Ich stieg hinten in den Jeep ein, weil ich glaubte, daß mich die beiden nicht zu dicht an sich heranlassen wollten.

»Nicht einmal Rockland sollte . . .«, begann Meyer.

»Nein? Nach all dem, was er offensichtlich getan hat?«

Kurz vor Oaxaca bog Enelio plötzlich von der Straße ab und hielt an. »Ich bin ein angesehener Mann in Oaxaca. Ich habe einen Einfluß. Ich bin glücklich und tue meine Arbeit gern. Und es war mir eine Ehre, Ihnen als Freunde von Ron Townsend in Oaxaca helfen zu können.«

»Wir wissen diese Ehre zu schätzen.«

»Aber ich werde nicht zur Polizei gehen und denen etwas von der Leiche, die wir eben gefunden haben, berichten. Man schaut mich schon seltsam an. Ich will nichts mehr mit Leichen und Untersuchungen zu tun haben. Wenn Sie Bericht erstatten wollen, so ist das natürlich Ihre Sache. Ein kleines Mädchen wird notfalls schwören, daß ich den ganzen Nachmittag mit ihm verbracht habe.«

»Es könnte die Polizei aber interessieren«, meinte Meyer sanft.

»Ich glaube, daß morgen einer unserer Piloten etwas am Berg schimmern sieht und daraufhin Meldung erstattet.«

»Wenn dem so ist, dann habe ich mein Gedächtnis auch verloren«, sagte ich. »Aber was machen wir mit der Brieftasche?«

»Man könnte sie sorgfältig abwischen und in den Briefkasten beim Hotel Marqués del Valle stecken.«

»Gut. Vorher will ich mir den Inhalt anschauen.« Ich fand ein paar Peseten, ein schmutziges und wieder zusammengefaltetes Papiertaschentuch, einen Führerschein aus Florida, Wagenpapiere, eine abgelaufene Aufenthaltsgenehmigung und ein Notizbuch. Er schien eifrig Notizen gemacht zu haben, denn das Buch war gut halb vollgeschrieben. Auf einer der letzten Seiten fand ich die Adresse und Telefonnummer von Bruce Bundy.

Was die Polizei nicht weiß, macht sie nicht heiß, dachte ich und steckte das Notizbuch ein.

Wir fuhren also in die Stadt hinein und zu dem Hotel zurück, von dem uns Enelio abgeholt hatte. Als er vor der Post parkte, merkte ich, daß sich mein Gesicht zu einem törichten Grinsen verzog. Es war eigentlich mehr die Grimasse, die jemand schneidet, wenn ihm bewußt wird, daß er lebt, während ein anderer gestorben ist.

»Sie sind nette Burschen«, sagte Enelio. »Aber erzählen Sie mir bitte nichts mehr von Toten, ja? Ich bin nicht so sehr Mexikaner, daß mich der Gedanke an den Tod erheitern könnte. Und fragen Sie mich nicht mehr um Rat. Gehen Sie nett mit den beiden Schwestern aus, die verträumte Augen bekommen, wenn sie von Ihnen sprechen. Vergessen Sie in ihrer Gegenwart den stinkenden Totengeruch und berauschen Sie sich lieber an dem Duft, der von den beiden ausgeht. Morgen hören Sie vielleicht von mir. *Adios, amigos.*«

Es war kurz nach fünf Uhr. Während Meyer einen Tisch suchte, ging ich in den Waschraum und schrubbte meine Hände, meine Arme, meinen Hals und mein Gesicht. Als ich in den Spiegel schaute, sah ich immer noch mein törichtes Grinsen. Dann wischte ich die Brieftasche ab und steckte sie in den Briefkasten. Am Tisch saß Meyer vor einem kalten Bier und wartete auf mich.

»Ich will nicht denken«, sagte ich. »Ich will es gar nicht erst versuchen.«

»Dann laß es.«

»Meyer, Meyer, Meyer — wo sind wir bloß?«

»In Oaxaca. Auf dem Werbeplakat heißt es: ›Bleibe noch einen Tag länger in Oaxaca‹.«

»O Gott«, sagte ich. »Ich komme doch nicht davon los. Derjenige, der das getan hat, war nicht auf Geld aus. Er wollte sich auf gemeine Weise rächen und ihn für eine seiner Schandtaten bestrafen. Was mich schockiert, ist die Tatsache, daß Rockland auf eine Art bestraft wurde, in der er ebenfalls eine Bestrafung hätte vornehmen können.«

Meyer zuckte die Schultern. Er hatte den traurigen Blick eines großen Affen, der weiß, daß es im Wald keine Bananen mehr gibt.

»Vielleicht Bundy?« fragte er ohne Überzeugung in der Stimme. Doch gleich darauf meinte er: »Ach nein, den können wir streichen.«

»Wer dann, Meyer? Laß uns unsere kleine Liste weiter durchgehen. Wir wär's mit Harlan Bowie? Vielleicht ist er gar nicht an den Rollstuhl gefesselt? Vielleicht hatte er schon mit Rockland abgerechnet, ehe er uns auf den Weg schickte?«

Meyer lächelte und wurde gleich wieder ernst. »Habe ich dir nicht einmal gesagt, daß man nie wissen kann, wessen die Menschen fähig sind? Sollte Harlan Bowie die ganze Geschichte kennen, dann würde ich ihm das zutrauen.«

»Und Wally McLeen? Minda hat wohl nicht soviel miterlebt, aber ich finde es keine gute Idee, wenn ein liebender Vater sein Kind nach Mexiko ziehen läßt.«

»Der arme Wally«, Meyer grinste. »Er gibt sich doch so viel Mühe, daß ihn die lieben Kinderchen verstehen.«

»Derjenige, der es getan hat, hatte einen verdammt langen Marsch von der Unfallstelle zurück — es sei denn, er hatte ein Fahrrad.«

»Hör auf, mein Freund. Wally ist zwar komisch, aber harmlos.«

»Er hat von seiner Unterhaltung mit Rockland erzählt und behauptet, nicht zu wissen, wer der Bursche war. Irgend jemand muß die beiden doch zusammen in der Öffentlichkeit gesehen haben. Wie lange war das vor Rocklands kleinem Mißgeschick?«

Meyer dachte nach. »Am einunddreißigsten Juli. Rockland lebte dann noch fünf Tage. Doch woher hätte der kleine Mann die Kraft haben sollen, Rockland zu verschnüren. Und könnte er dann auch für das kleine Mißgeschick an der Coyotepec Road zuständig sein? Alle drei?«

Ich sann darüber nach und sagte schließlich: »Nehmen wir also einmal an, daß er mit Jerry Nesta sprechen wollte und dann zunächst den überraschten Mike und dann die beiden Frauen erledigt hat. Dann ist er vielleicht herumgerannt und hat festgestellt, daß Jerry gar nicht da ist. Er sagte, daß er an jenem Tag zweimal mit seinem Fahrrad die Coyotepec Road entlanggefahren ist.«

»Travis, das ist ein schlechtes Spiel.«

»Wir dürfen nichts unversucht lassen und werden uns noch einmal mit ihm unterhalten. Vielleicht gibt es doch noch etwas, was er uns vergessen hat zu erzählen.«

Da er nicht in seinem Zimmer war, hinterließ ich eine Nachricht, daß er mich anrufen sollte.

Kurz darauf kamen die Guadalajara-Mädchen. Sie hatten sich festlich angezogen und waren etwas enttäuscht, uns in unseren Arbeitsanzügen vorzufinden. Doch sie hatten sofort Verständnis, als wir erklärten, daß wir einen schweren Tag hinter uns hätten. Meyer war mit Margarita verschwunden. Ich sagte Elena, daß ich zum Ausgehen keine Lust hätte und lieber mit ihr bei einem kühlen Drink auf unserer Veranda sitzen würde. Dort würden wir auch essen und uns lieben.

Sie meinte, die Liebe hätte sie sowieso mit eingerechnet.

Nach einer Weile fragte sie: »Weshalb sitzen wir hier so lange, *querido*?«

Die Steaks, die vom Hotel kamen, waren gut. Dann saßen wir auf der Veranda und schauten zu den Sternen empor. Gerade in diesem Augenblick mußte natürlich Wally anrufen.

»Trav? Hier ist Wally. Ich habe gehört, daß ich Sie anrufen soll. Haben Sie — etwas über Minda erfahren?«

»Leider nicht, Wally. Es handelt sich um etwas anderes. Ich mache den Vorschlag, daß wir alles noch einmal gemeinsam besprechen, was wir wissen.«

»Weshalb nicht? Schaden kann es nicht. Ich will mir morgen die Ruinen von Yagul ansehen. Wollen Sie nicht auch herauskommen? Die Straße ist nicht zu verfehlen. Sie liegt auf dem Weg nach Mitla.«

»Aber sicher, Wally, uns ist das recht.«

Während ich ihm noch zuhörte, kam Elena ins Zimmer, verriegelte die Tür und zog sich aus. Als sie sich auf das Bett fallen ließ, legte ich den Hörer auf.

»Willst du das?« flüsterte sie. »Willst du, daß ein schlechter Tag gut zu Ende geht?«

»Ja, das will ich. Du bist ein liebes Mädchen.«

»Du erledigst in Mexiko etwas, was — *peligroso* ist, nicht?«

»Gefährlich? Ich weiß nicht. Vielleicht.«

Sie hielt mich fest und verzog den Mund. »Wenn dir jemand wehtut, wird sich Elena kümmern. Jemand die Augen ausstechen, die Zunge abschneiden, alle Knochen brechen.«

Irgendein Gedanke schoß mir flüchtig durchs Hirn, den ich dann aber wieder vergaß, weil ich zu sehr mit anderen Dingen beschäftigt war. Doch als ich dann auf dem Rücken lag, kam die Erinnerung zurück. Die primitiven Krieger hatten immer Angst, lebend in Gefangenschaft zu kommen. Elenas Stimme hatte so drohend geklungen, daß ich mir durchaus vorstellen konnte, was sie mit jemandem, der mir etwas antat, machen würde.

Rockland hatte Eva Vitrier in deren Haus aufgesucht und hatte es geschafft, Bix in dem gelben Wagen mit sich zu nehmen. Da Eva Vitrier — aus welchen Gründen auch immer — die Mädchen im Haus aufgenommen hatte, war es möglich, daß ihr die Mädchen ähnliche Dinge erzählt hatten wie Nesta Meyer.

Früher oder später wird Mrs. Vitrier dann den Mädchen ihre

Zuneigung gestanden haben. Durch Bix Bowies Passivität hatte dann vielleicht wirklich eine Affäre begonnen. Wahrscheinlich hatte Minda versucht, dieses Verhältnis zu unterbinden und hatte dann — nachdem es nicht gelungen war — jenen Brief an Harlan Bowie geschickt. Dann hatte Minda wohl das Haus verlassen. Wenn Rockland nun versucht haben sollte, Mrs. Vitrier zu erpressen, dann hatte sie ihn wahrscheinlich umgebracht. Bei ihrem Geld hatte sie sich sicher noch einen Helfer leisten können.

Wenn dem so war, dann verschwendeten wir mit Wally McLeen nur unsere Zeit; dann war er eben nichts anderes als ein schrulliger Kauz auf einem Fahrrad.

15

Nachdem ich am Dienstag Elena nach Hause gebracht hatte, blieb noch Zeit, Rocklands Notizbuch genauer anzuschauen. Neben vielen Adressen und Telefonnummern aus dem Hotel in Miami — sicher Abnehmer für Rockos Ware — fand ich außer der Adresse von Bruce Bundy und Madame Vitrier nur Notizen, die ich nicht entziffern konnte. Da stand zum Beispiel *L. 2Sat aft, 2doz Suite 20 B* oder *I.V.Rivereta, Fiesta D, Mx City.*

Nach dem Frühstück erzählte ich Meyer meinen Plan. »Wenn es mit ihm Ärger geben sollte, werde ich mich auf ihn stürzen. Wir werden ihn nicht aus den Augen lassen, ob er nach dem ersten k. o. in die zweite Runde geht.« Er wußte schon, wie ich notfalls vorgehen würde, denn diese Methode hatten wir schon häufiger — mal mit Erfolg, mal ohne Erfolg — angewandt.

Dann fuhren wir zu den Ruinen nach Yagul hinaus. Auf dem Parkplatz standen eine schwarze Limousine und der Honda. Sonst nichts. Nachdem wir ausgestiegen waren, kam eine große mexikanische Familie einen der Pfade entlang und stieg in die Limousine. Ein Mann kam aus dem Schatten, verkaufte uns Eintrittskarten und verzog sich dann wieder in den Schatten.

Der Himmel war tiefblau. Vom Tal heraus wehte ein Wind, der sich wie das Grunzen eines kleinen Schweins anhörte. Der

Boden war mit Kakteen übersät, die dunkelrote schwere Blüten hatten.

Trotz der Brise aus dem Tal herrschte hier eine himmlische Ruhe. Wir kamen in den traditionellen, rund angelegten Hof. Von hier aus hatten früher die Priester weit ins Land geschaut. Auf den tiefer gelegenen Gängen und Plätzen hatten die Soldaten Wache gestanden. Wir sahen den Tempel vor uns liegen und sahen die Stufen, die zum teilweise restaurierten Tempel führten.

Hinter dem Tempel waren viele kleine Wege und Hügel. Schließlich entdeckte ich den Hügel, den mir Wally beschrieben hatte. Ein schmaler Trampelpfad führte den Hügel hinauf.

Wally McLeen begrüßte uns stürmisch. »Ist das nicht herrlich? Diese Ruhe. Dieser Punkt ist strategisch sehr gut angelegt, denn man kann von hier aus nicht nur ins nächste, sondern auch ins übernächste Tal blicken. Die Löcher hier um uns herum sind Gräber, die man leider auf der Suche nach Gold und Diamanten geplündert hat.«

Er trug ein billiges Hemd, eine Baskenmütze — der Himmel mochte wissen, wo er die erstanden hatte —, weinrote Shorts mit einem Gürtel, der mit Silberknöpfen verziert war und Sandalen, die vom Markt stammen mußten. Über seinen dicken Brillengläsern trug er festgeklammerte Gläser einer Sonnenbrille.

»Wenn Minda zurückkommt, möchte ich ihr das hier alles zeigen. Sie hat schon als Kind Indianerbücher gelesen. Ich kann leicht auf meinem Honda einen zweiten Sitz anbringen lassen.«

Meyer hatte sich so hingestellt, daß wir ihn beide anschauen konnten.

»Das wird nicht lange gutgehen, Wally«, sagte ich.

»Weshalb nicht?«

»Weil die Polizei sehr schnell dahinterkommt, daß Sie den Wohnwagen in den Abgrund geworfen und Rocko umgebracht haben. Dann wird die Polizei eins und eins zusammenrechnen und Sie auch wegen des Mordes an Mike, Della und Luz zur Rechenschaft ziehen. Sie radeln am besten gleich auf die nächstliegende Grenze zu, Wally.«

Natürlich wußte ich, daß das ein gemeiner Trick war. Doch nur so konnte ich weiterkommen.

Er starrte mich an, und er starrte Meyer an. Dann riß er den Mund verblüfft auf.

»*Was* behaupten Sie?« fragte er schließlich.

»Sie haben zu lange gebraucht, um zu reagieren«, meinte Meyer traurig. »Sie mußten an zu viele Dinge gleichzeitig denken.«

»Aber ich warte doch nur auf meine Minda ...« Diesen einen Satz brachte er so mühsam hervor, daß er einem zehnseitigen Geständnis glich.

»Die Sache mit Rocko kann ich noch verstehen — nach allem, was er wahrscheinlich Ihrer Tochter angetan hat. Das war eine Schockhandlung. Doch nach dem Mord an Mike Barrington, Della Davis und Luz hätten Sie zur Polizei gehen sollen.«

»Ich war auch nicht froh darüber. Vielleicht wäre ich es, wenn ich Nesta auch erwischt hätte. Ich hätte kehrtmachen sollen, als ich den Jeep nicht an der Tür gesehen habe. Ich hätte auf ihn warten sollen. Aber ich werde ihn noch erwischen. Als ich im Hof war und die anderen sah, bin ich kopflos geworden. Mike und Luz standen dicht beieinander. Ich habe beide so schnell erschlagen, daß sie kaum begriffen, was vor sich ging. Doch die Negerhure war so schnell wie der Wind. Wenn sie nicht gestolpert wäre, hätte ich sie nicht erwischt, ehe sie Alarm geschlagen hätte.«

»Was haben die drei Ihnen — oder Ihrer Minda getan?«

Er nahm ein Scherbenstück in die Hand und betrachtete es eingehend. »Ich liebe das Muster dieser Keramikstücke. Sie erinnern mich an einen Aschenbecher, den mir meine Minda vor Jahren einmal geschenkt hat.«

Mein Alarmsystem funktionierte nicht schnell genug. Er holte so schnell aus, daß ich nicht erkennen konnte, was er als Waffe benutzte. Es gab jedenfalls einen häßlichen Ton, als er damit auf Meyers Schädeldecke schlug. Meyer sank lautlos zu Boden, und ich konnte ihm nicht helfen, weil McLeen sofort zum zweiten Schlag ausholte. Ich sprang rechtzeitig zurück und hörte nur vor meinem Gesicht etwas zischen.

Als McLeen stillstand, konnte ich die Waffe erkennen. Es war ein Eisenring — in der Größe eines Pfirsichs, der an einem langen Lederriemen befestigt war.

McLeen kam mit schnellen kurzen Schritten auf mich zu. Ich

beobachtete aus den Augenwinkeln heraus, wie Meyer den Abhang hinunterrollte und in eine der leeren Grabstätten fiel. Ich konnte Meyer jetzt nicht helfen. Ich tat so, als würde ich den Abhang hinuntereilen, doch dann schlug ich einen Haken und kam wieder herauf. Nur deshalb verfehlte mich der Eisenring, den McLeen nach mir geschleudert hatte.

»Ich habe dieses Ding auf dem Markt gekauft«, erklärte er. »Die Soldaten haben früher so etwas benutzt. Es dauert einige Zeit, bis man die nötige Übung bekommt. Ich hoffe, daß ich die inzwischen besitze.«

»Bitte, lassen Sie mich Meyer helfen. Bitte, Wally.«

»Er braucht keine Hilfe mehr. Er ist tot. Und wenn er noch nicht tot ist, wird er bald sterben.«

Ich duckte mich, als er zum nächsten Schlag ausholte und rannte auf den Tempel zu. Als ich mich umdrehte, war er nur etwa einen halben Meter hinter mir. Er lief sehr schnell. Ich rannte auf eine alte verfallene Mauer zu und packte einen morschen Stein, der gerade in meine Hand paßte. Er wich zurück, als ich den Stein nach ihm schleuderte.

Ich hatte nur das eine Verlangen, zu Meyer zu kommen. Der nächste Stein, den ich faßte, war handlicher. Er kam mir wieder so verdächtig nahe, daß ich mit einem erneuten Angriff rechnete.

Verrückte sind unberechenbar, und ich hatte inzwischen gemerkt, daß er mit seiner Waffe sehr gut umgehen konnte. Ich holte mit beiden Armen aus und schleuderte den Stein auf ihn. Er verfehlte leider sein Ziel. Zum erstenmal in meinem Leben hätte ich es begrüßt, Touristen zu sehen.

Ich ahnte, daß mich Wally beim nächsten Angriff erwischen würde. Ich hatte auch keine Hoffnung, daß er sich bei dem Ausruf »He, Touristen!« umdrehen würde. Auf so etwas fiel er nicht herein. Doch auf den Stein in meiner Hand hatte er gestarrt, oder? Ich sammelte also ein paar kleinere Steine und fand dann einen in der Größe einer Melone. Er duckte sich, um dem größten Stein auszuweichen und bemerkte die anderen nicht, die ich gleich hinterher warf. Ehe ich den Hang hinaufgeklettert war, hatte ich gesehen, daß er umgefallen war. Blut lief über seine Stirn. Beim nächsten Angriff, den er startete, traf er mich in die Hüfte. Ich hörte alle Engel im Himmel singen. Ich stürzte mich wutschnaubend auf ihn, um ihm dieses Ding mit allen Mitteln zu entreißen. Er zögerte einen Augenblick, stürzte und rollte den Abhang hinunter. Ich hob seine verschwitzte Baskenmütze und die zerbrochene Brille auf. Ich humpelte zu dem offenen Grab und hörte mich sagen: »O Meyer, es tut mir wahnsinnig leid.«

Ich zerrte ihn mit großem Kraftaufwand aus dem Grab. Er kam mir ungeheuer schwer vor. Als ich ihn vorsichtig herumrollte, sah ich die faustgroße Beule hinter seinem Ohr. Sein Gesicht war zerschunden. Als ich mein Ohr auf seinen Brustkasten legte, war ich sehr beruhigt, seinen dumpfen Herzschlag zu hören.

Ich klappte eins seiner Lider auf. Sein Blick war starr, und er erkannte mich nicht. Doch schon nach kurzer Zeit öffnete er von selbst das zweite Lid. Obwohl sein Blick von weither kam, erkannte er mich. Er sagte mit schwerer Zunge: »Hallo!«

»Stirbst du?«

»Ich weiß nicht. Was ist passiert? McLeen war auf dem Hügel. Jetzt liege ich hier unten. Wie kommt das?«

»Er hat dir einen Schlag auf den Schädel versetzt. Willst du versuchen, dich hinzusetzen?«

»Natürlich. Ich habe wohl wieder mal bewiesen, daß ich einen Dickschädel habe, wie?«

»Du sollst nicht soviel reden.«

»Ich muß meinen Geist wieder in Gang bringen. Hilfst du mir?«

Er richtete sich stöhnend auf und kam mit meiner Hilfe auch wieder auf die Füße. Dann machten wir uns langsam, ganz langsam auf den Weg.

»Wieso hinkst du?« wollte Meyer wissen.

»Es hat mich auch ein wenig erwischt.«

»Was hast du in der Hand, McGee?«

»Eine blaue Baskenmütze und eine zerbrochene Sonnenbrille. Halt den Mund, Meyer.«

»Man wird ja wohl noch fragen dürfen.«

Als ich ein verdächtiges Geräusch hörte, setzte ich Meyer auf den Boden und lehnte ihn an eine Mauer. Ich sah, daß McLeen unter uns eine Stiege hinaufkletterte. Die Stiege hatte kein Geländer, und McLeen war offensichtlich ohne seine Brille ziemlich hilflos. Er verlor die Balance. Ich hörte einen Aufschrei, dann hörte ich nichts mehr. Ich kletterte hinunter und sah ihn.

Er lag halb im Schatten und halb in der Sonne. Er hatte den Arm um einen Stein geschlungen. Es sah so aus, als läge er auf einem Kopfkissen. Ich rutschte auf den Knien hinunter und fühlte seinen Puls. Nach ein paar Versuchen hörte er auf zu schlagen. Schon immer in meinem Leben hatte ich von dem rasselnden Atem eines Sterbenden gehört. Nun erlebte ich es zum erstenmal.

Meyer kam mir entgegen.

»Ich habe dir gesagt, daß du sitzenbleiben sollst«, fauchte ich ihn an.

»Tut mir leid, aber ich habe dir nur Sorgen gemacht, McGee.«

Ich holte die Baskenmütze und die zerbrochene Sonnenbrille und legte beides neben McLeen. Dann wankte ich mit Meyer auf den Ausgang zu und sagte dem Kartenverkäufer, daß offensichtlich ein Tourist vom Weg abgekommen sei, und er sollte das Rote Kreuz anrufen. Dann fuhr ich mit Meyer zum Krankenhaus und erkundigte mich, ob jemand englisch könnte. Man schickte einen jungen Menschen zur Ambulanz.

»Mein Freund und ich haben bei den Ruinen in Yagul entdeckt, daß ein Mann abgestürzt ist. Offensichtlich ein amerikanischer Tourist. Als wir uns beeilten, um den Kartenverkäufer zu benachrichtigen, ist mein Freund hingefallen und hat sich den Kopf aufgeschlagen. Ob wohl etwas passiert ist?«

»Wir werden ihn gleich untersuchen.«

Ich erwischte Enelio Fuentes gerade noch, ehe er sein Büro verlassen wollte. Er versprach, alles zu unternehmen. Er veranlaßte, daß Meyer sofort untersucht wurde. Schon nach fünfzehn Minuten kam ein Arzt in den Warteraum, um Bericht zu erstatten.

Der Patient habe eine Gehirnerschütterung erlitten. Obwohl der Blutdruck normal sei, müsse er ständig unter ärztlicher Kontrolle sein. Falls sich eine Gehirnblutung einstellen sollte, müßte sofort operiert werden.

»Glauben Sie, daß eine Operation notwendig ist?« fragte ich den Arzt.

»Das kann ich nicht sagen.«

Ich hatte das Gefühl, die richtigen Antworten zu bekommen, wenn ich die richtigen Fragen stellte. »Doktor Elvara, wenn Sie zehn gleichartig gelagerte Fälle hätten, wie viele Patienten würden Sie dann operieren?«

»Hm, zehn ist ein schlechtes Beispiel. Von hundert derartigen Fällen würde ich zwischen zwanzig und vierzig Personen operieren.«

»Und wie viele von hundert Operierten hätten die Chance, weiterzuleben?«

»Vier, vielleicht fünf.«

»Ich danke Ihnen, Doktor.«

»Bitte. In zwölf Stunden kann ich Ihnen hoffentlich ausführlich Bescheid geben.«

Zwölf Stunden — eine lange Zeit.

16

Als am Donnerstag die zwölf Stunden vergangen waren, besuchten Enelio, Margarita und ich Meyer. An seinem Bett stand gerade eine Schwester, die seinen Blutdruck feststellte.

»Nun ja, nun ja, nun ja«, murmelte Meyer.

»An Ihrer Stelle würde ich der Schwester sagen, daß auf dem Kragen ihres Kittels eine Spinne sitzt.« Als die Schwester nicht reagierte, grinste Enelio. »Sie versteht kein Englisch.«

»Ich möchte gern wissen, was eigentlich passiert ist«, sagte Meyer. »Ich kann mich kaum an etwas erinnern. Travis, du humpelst ja gar nicht mehr.«

»Sie haben mir eine kräftige Spritze verpaßt. Aber Meyer, jetzt haben sie nicht mehr die Absicht, deinen Schädel aufzumeißeln, um sich den Inhalt zu betrachten.«

Er riß die Augen auf. »Hat man daran gedacht?«

»Ja, zwölf Stunden lang.«

»Dann fahrt mal jetzt ins Victoria und trinkt auf meine Gesundheit!«

Wir gingen. Margarita blieb dort. Ich sagte Meyer, daß ich morgen wiederkommen würde. Elena, die unten im Auto sitzengeblieben war, wunderte sich überhaupt nicht, daß ihre Schwester bei Meyer geblieben war.

Als wir beim Hotel Victoria angelangt waren, bat ich Elena, in der Halle auf mich zu warten. Ich zeigte Enelio die Waffe, die ich verwahrt hatte. Er kannte diese Sorte und sagte, daß man ihr kaum entrinnen könnte. Dann erzählte er, daß einer der Piloten den Wohnwagen entdeckt hätte. Wahrscheinlich würde man morgen daran gehen, ihn zu bergen. Sergeant Martinez hatte einen Wutanfall bekommen, weil er nichts mehr von toten amerikanischen Touristen hören wollte.

Ich hatte unsere Gläser mit Gin gefüllt. Nachdem ich mit Enelio angestoßen hatte, sagte er: »Und jetzt, wo die Sache beendet ist, fahren Sie sicher nach Hause und erzählen dem Vater des Mädchens viele Lügen, nicht wahr?«

»Ist die Geschichte abgeschlossen? Ich habe Ihnen doch erzählt, daß sich McLeen mit Rocko getroffen hat. Ich bin jetzt der Meinung, daß das kein Zufall war. Wahrscheinlich hat ihm seine Tochter einen Brief oder eine Karte geschrieben und den Namen Rockland erwähnt. Rocko ist der Typ, der zu Erpressungen neigt. Deshalb hat er versucht, eine Art Lösegeld herauszuschinden. Wally McLeen ist hierher gekommen, um seine Tochter zu finden. Er suchte Rockland und hat ihn entdeckt. Da das Geschäft nicht gleich zustande kam, hatte Wally McLeen den ganzen Freitag und den halben Samstag Zeit, allein auf die Suche zu gehen. Mrs. Vitrier muß sich danach so unbehaglich gefühlt haben, daß sie es vorzog, die Stadt zu verlassen. Wie war doch gleich der Name ihres kleinen Rechtsanwalts?«

»Alfredo Gaona y Navares.«

»Glauben Sie, daß Sie von ihm die derzeitige Adresse von Madame Vitrier bekommen können?«

»Das möchte ich bezweifeln.«

»Aber irgendwie muß sie mit ihm in Verbindung stehen.«

»Vielleicht indirekt. Aber ich sagte Ihnen bereits, daß ich mit Ihren Spielen nichts zu tun haben möchte.«

»Es muß doch eine Möglichkeit geben, an sie heranzukommen.«

Er stand auf, füllte sein Glas und zuckte die Schultern.

»Er wird dafür bezahlt, sie nicht zu belästigen, Travis.« Er ging im Zimmer auf und ab. Dann blieb er vor mir stehen. »Wir haben ein Fernsprechsystem, bei dem man weinen könnte, aber wenn man Glück hat, dann funktioniert es. Wenn er ihr etwas mitteilen will, kann er sie also direkt anrufen. Aber wir können ja schließlich keinen unserer Leute unter seinem Schreibtisch verstecken.«

»Und was wäre, wenn sie ihn anruft?«

Er schaute mich fragend an.

»Wenn der Anwalt glaubt, daß er von ihr angerufen wird — nur leider käme die Verbindung nicht zustande —, dann würde er doch zurückrufen, nicht wahr? Wenn wir also eine Telefonistin hätten, die gar keine ist, dann . . .«

»Ich beginne zu verstehen. Ich habe eine Freundin, die verläßlich ist und diese Aufgabe sicher übernehmen würde. Können Sie mir nur sagen, McGee, weshalb ich so ein Narr bin und Ihnen schon wieder helfen will?«

»Weil Sie von diesem Problem ja auch nicht mehr loskommen.«

Am nächsten Tag hielt ich auf dem Weg zu Enelios Büro beim Krankenhaus an und erkundigte mich bei Meyer nach seinem Befinden. Es ging ihm den Umständen entsprechend recht gut.

Enelio erwartete mich schon aufgeregt in seinem Büro. Ein hübsches junges Mädchen namens Amparo saß bereits da und wartete darauf, daß es losging. Er schloß die Tür ab. Das Mädchen war überhaupt nicht aufgeregt. Sie wählte eine Nummer, sprach so schnell spanisch, daß ich sie nicht verstand, legte dann sekundenlang die Hand über die Muschel und sagte schließlich: »Momentito.«

»Sie ist ziemlich dicht ans Ziel gelangt«, erklärte Enelio. »Mexico City. Hotel Camino Real, Apparat F. D.«

Ich bedankte mich und fuhr sofort zum Flughafen. Meyer konnte ich nur noch telefonisch einen Gruß ausrichten, denn die Maschine startete in wenigen Minuten.

In Mexico City angekommen, nahm ich sofort ein Zimmer im Camino Real.

Ich packte die Sachen aus, die ich immer im Koffer bei mir hatte. Dann griff ich zum Telefonhörer und wollte mich mit der Suite F. D. verbinden lassen. Die Telefonistin machte nur eine kurze Pause, ehe sie sagte: »Es tut mir leid, Sir, aber ich habe die Anweisung, keine Telefongespräche zu dieser Suite durchzustellen.«

Aha, dachte ich.

Ich setzte mich an den Schreibtisch und benutzte das elegante Schreibpapier des Hotels. *Ich möchte mich mit Ihnen über eine sehr wichtige Angelegenheit unterhalten.* Ich schrieb meinen Namen, meine Hotelzimmernummer und die Telefonnummer auf den Umschlag, klebte ihn zu und addressierte ihn an Mrs. Eva Vitrier. Nach einem Blick auf den Umschlag reichte ihn mir der Portier zurück. »Es tut mir leid, Sir, diesen Namen kenne ich nicht.«

Diese Dame hatte offensichtlich auch hier ihre Mauern um sich errichtet.

Nachdem ich etwas gegessen hatte, drückte ich dem Hotelburschen einen Schein in die Hand, was ihn sichtlich erfreute.

»Alle Zimmer haben Nummern«, sagte ich ihm. »Aber es gibt ein paar Zimmer, die Buchstaben haben.«

»Was meinen Sie, Señor?«

»Da gibt es zum Beispiel ein Appartement mit den Buchstaben F. D.«

»Ich verstehe nicht, was Sie von mir wissen wollen.«

»Si el número de telefono es effay day, donde está el cuarto?«

»Oh, Señor, das ist kein Zimmer, das ist eine Suite. Effay bedeutet Fiesta-Suite.«

Ich saß in meinem Zimmer und brütete vor mich hin. Wenn man die Buchstaben austauschte, dann wurde aus Eva Vitrier I. V. Rivereta. Ich schrieb also einen neuen Brief, den ich nunmehr an Mrs. I. V. Rivereta adressierte. Ich brachte ihn zur Rezeption und wartete stundenlang auf ihren Anruf.

Kurz nach fünf klingelte endlich das Telefon.

»Mr. McGee?« fragte eine rauchige Stimme. »Ich habe Ihre Nachricht bekommen. Über welche wichtige Angelegenheit möchten Sie sich mit mir unterhalten?«

Das war der kritische Moment. Wenn sie jetzt den Hörer auflegte, würde ich nie wieder etwas von ihr hören.

»Es handelt sich um Beatrice Bowie, Walter Rockland, Minda McLeen, Walter McLeen und natürlich um Sie.«

»Das mag vielleicht für Sie interessant sein, für mich nicht.«

Gott sei Dank hatte sie wenigstens den Hörer nicht aufgelegt. »Ich möchte Sie daran erinnern, daß in den Polizeiakten von Oaxaca steht, daß Sie Miß Minda McLeen und Miß Bowie bei sich aufgenommen haben. Weiterhin steht in den Akten, daß Sie die Leiche von Miß Bowie identifiziert haben und daß das Mädchen in dem Verdacht steht, Rauschgift in die Vereinigten Staaten geschmuggelt zu haben.«

»Ich habe damit nichts zu tun«, sagte sie.

»Doch, das haben Sie. Und wenn ich nach Florida zurückkehre, dann muß ich Bix' Vater Bericht erstatten. Er möchte sehr genau wissen, unter welchen Umständen seine Tochter gestorben ist. Mr. Alfredo Gaona hat mir in Oaxaca jede Hilfe verweigert. Er weiß wahrscheinlich, wie sehr Sie Ihre private Freiheit schätzen.«

»Soll das eine Warnung sein, Mr. McGee?« fragte sie.

»Gewiß nicht. Aber Mr. Bowie wird mit meinem Bericht nicht zufrieden sein und weiter forschen. Und in diesem Fall werden Sie sich wahrscheinlich nicht länger hinter Ihren Mauern verkriechen können.«

Es entstand eine so lange Pause, daß ich schon befürchtete, sie könnte den Hörer auflegen. »Ich liebe dieses Land zwar«, sagte sie, »aber ich könnte jederzeit meinen Besitz verkaufen und ins Ausland ziehen.«

»Das wäre doch schon eine sehr seltsame Reaktion auf eine Sache, die Sie angeblich nicht betrifft.«

»Sie halten sich sicher für sehr gescheit, Mr. McGee.«

»Meinen Sie?«

»Der arme Alfredo geriet schon sehr durcheinander, als er dahinterkam, daß ich ihn gar nicht angerufen hatte. Ich gebe Ihnen eine Chance, Mr. McGee, Ihre Fragen zu stellen. Können Sie pünktlich um sieben Uhr bei mir sein?«

»Gern. Vielen Dank.«

Ich fragte mich zu der Suite durch, die im vierten Stock lag und bestimmt eine der größten war. Ich hörte, daß sie aus mehreren Zimmern, einem großen Dachgarten mit Bäumen und einem geheizten Swimming-pool bestand. Auf mein Läuten hin öffnete Madame Vitrier die Tür eine Handbreit. Die Sicherheitskette entfernte sie nicht.

Sie sah blendend aus. Hochgekämmte Haare, einen langen Hals, schmale Lippen und lebhafte Augen.

Durch den Türspalt sah ich in ein großes Zimmer mit einer hohen Decke. Man mochte gar nicht meinen, daß der große Garten dahinter auf einer Terrasse im vierten Stock lag.

»Mr. McGee?« fragte sie. »Ich bin allein und habe nicht die

Absicht, Sie in die Wohnung zu lassen. Außerdem habe ich keine Veranlassung, mich mit Ihnen zu unterhalten. Fassen Sie sich also bitte kurz.«

»Okay. Wann ist Minda McLeen nach Mexico City gefahren?«

»Am achtundzwanzigsten Juli.«

»Weshalb haben sich die beiden Mädchen gestritten?«

»Keine Ahnung. Sie war jedenfalls in der letzten Zeit sehr nervös. Vor ihrer Abreise hat sie mich noch um Geld gebeten.«

»Wieviel?«

»Ich glaube, zweitausend Pesos.«

»Sie wußten doch, daß Miß Bowie Rauschgift nahm. Weshalb haben Sie sie dann in Ihr Haus aufgenommen?«

»Sie hat mir einfach leid getan. Wenn man allein ist — fühlt man sich mitunter etwas überflüssig. Ich habe mich um sie gekümmert und wollte ihr helfen.«

»Wann hat Miß Bowie Ihr Haus verlassen?«

»Am Samstag nachmittag kam ein junger Mann, der Miß Bix sprechen und eine kleine Autotour mit ihr machen wollte. Da es Miß Bowie zu diesem Zeitpunkt schon besser ging, hatte ich nichts dagegen einzuwenden. Als sie Samstag nacht nicht zurückkam, war ich zuerst enttäuscht. Dann machte ich mir Gedanken. Auch am Sonntag kam sie nicht zurück. Als dann mein Koch auf dem Markt hörte, daß man die Leiche eines unbekannten Mädchens gefunden hat, bin ich zur Polizei gegangen und habe die Leiche identifiziert.«

Ich machte einen Versuch. »An welchem Tag war Mr. McLeen bei Ihnen und hat sich nach seiner Tochter erkundigt?«

»Lassen Sie mich nachdenken. Nein, Bix war nicht mehr da, denn er wollte von ihr auch etwas über seine Tochter erfahren.«

»Ist er noch einmal bei Ihnen vorbeigekommen?«

»Nein, ich habe ihn nicht darum gebeten. Er ist ein langweiliger Mensch.«

Da ich so auch nicht weiterkam, half nur ein Schlag mit dem Holzhammer. »Wollte Minda vielleicht Ihre Liebschaft mit Bix unterbinden?«

»Ich hatte vier Ehemänner, Mr. McGee. Sie sind tot. Gott sei Dank haben sie mir so viel Geld hinterlassen, daß ich mich vor üblen Gerüchten schützen kann. Und kommen Sie nicht auf die Idee, noch einmal zu mir zu kommen.«

Ich sah etwas, was mir auffiel. Erst als ich wieder vor der verschlossenen Tür stand, wußte ich, was es gewesen war. Auf dem Boden hatte buntes Bonbonpapier gelegen.

Sie mochte also Süßigkeiten.

Und warf das Papier auf den Boden?

Vielleicht war sie unordentlich?

War nicht das Zimmer, soweit ich es hatte sehen können, sauber?

Doch die Frau hatte nach zwei Sachen gerochen. Nach Parfüm und nach Gin. Gin und Bonbons?

Ich war mißtrauisch und nachdenklich geworden.

Ich machte einen Rundgang durchs Hotel und stand auf einem Korridor, der der Suite Fiesta D gegenüberlag. Ich zählte die Fenster nach und kam dahinter, daß der siebente und achte Balkon am Ende zu Mrs. Vitriers Appartement gehören mußte.

17

Ich stand auf dem Dach des Hotels. Auf den Tennisplätzen und dem Start- und Landeplatz für Hubschrauber wimmelte es von Menschen. Ich wartete einen günstigen Augenblick ab, um über das Geländer zu steigen. Ich hangelte mich bis zu der Stelle vor, unter der der Dachgarten von Madame Vitrier liegen mußte und hoffte, daß mich auf der gegenüberliegenden Seite keiner erblickte und Alarm schlug. Dann betete ich um einen guten Absprung und landete auch in dem Dachgarten. Ich wartete darauf, daß jeden Augenblick jemand schreien könnte. Doch Gott sei Dank geschah nichts dergleichen. Vor dem Absprung hatte ich die Schuhe ausgezogen und die Krawatte gelockert. Während ich hart aufprallte, sagte ich mir: McGee, wann wirst du endlich das glauben, was dir die Leute erzählten?

Ich schlich zum Fenster und schaute in ein Schlafzimmer, das schwach beleuchtet war. In einer Ecke konnte ich eine Bettkante erkennen. Das Zimmer schien leer zu sein. Als ich vorsichtig die Tür, die nur angelehnt war, einen Spalt öffnete, hörte ich ein

Flüstern und Stöhnen. Ich wunderte mich, daß derjenige, der da offensichtlich im Schlaf sprach, das Licht nicht ausgeschaltet hatte. Ich öffnete die Tür vorsichtig noch einen Spalt weiter, um zu sehen, ob es Eva Vitrier war, die da im Bett lag. Dann hörte ich ein Seufzen, das nicht vom Schlafen herkommen konnte. Eine Frau stöhnte im höchsten Lustgefühl. Dann setzte ein Wispern ein, das ich nicht verstehen konnte, und dann herrschte Schweigen.

Das Bett knarrte. Ein Schatten erhob sich, trat in den Lichtschein und ging auf die Balkontür zu. Ich fuhr zurück. Das Mädchen war schlank, hatte lange Hippie-Haare, eine weiße Haut und junge feste Brüste. Sie kam mir bekannt vor — und auf einmal wußte ich, wo ich sie schon gesehen hatte.

Ich hörte die heisere Stimme der Französin vom Bett her. »Du wirst dich erkälten, wenn du am Fenster stehst, Liebling.«

»Darf ich nicht auf den Balkon gehen und zu den Sternen sehen, Eva?« fragte das Mädchen mit kindlicher Stimme.

»Natürlich, mein Liebling, aber du mußt dir etwas anziehen.« Ich sah, daß Eva dem Mädchen einen indigoblauen Dreß und einen gleichfarbigen Umhang zuwarf, die Arme auf ihre Schultern legte und fragte: »Habe ich dich glücklich gemacht?«

Das junge Mädchen nahm Eva in die Arme und flüsterte ihr irgendwelche liebevollen Dinge ins Ohr. Sie küßten sich, ehe Eva in einen Morgenrock schlüpfte. Als Eva den Morgenrock mit einem Gürtel schloß, machte ich die Tür weiter auf und trat ins Zimmer.

»Es bereitet mir absolut kein Vergnügen, hier einzudringen«, sagte ich.

Bix Bowie starrte mich mit ausdruckslosem Gesicht an.

Evas Augen waren haßerfüllt. Sie griff zum Telefon. Ehe ich die Gabel wieder herunterdrücken konnte, hatte sie mich mit dem Hörer mitten auf die Stirn getroffen. Daraufhin versetzte ich ihr einen solchen Schlag, daß sie in die Knie ging. Sie preßte ihre rechte Hand gegen die Schläfe und erhob sich langsam. »Bixie, geh bitte ins Badezimmer und schließe die Tür.«

»Ich möchte zuhören, Eva.«

»Wenn du nicht tust, was ich dir sage, dann gibt es keine kleinen Geschenke mehr für dich.«

Daraufhin verschwand das Mädchen. Eva stürzte sich wie eine

Rasende auf mich und fuhr mit ihren langen Fingernägeln über das Gesicht. Um ihrem Angriff zu entgehen, blieb mir nichts anderes übrig, als sie fest bei den Handgelenken zu packen.

Da es mitunter tödlich sein kann, den Kavalier zu spielen, schlug ich sie kräftig zusammen. Das hat es auch noch nicht gegeben, daß McGee über eine Frau hergefallen ist. Ich ging zur Tür und schaltete das restliche Licht an. Dann schloß ich das Fenster und zog die Gardine zu.

Sie richtete sich mühsam auf. »Ich möchte Sie am liebsten umbringen!«

»Wenn Sie jemand finden, der Ihnen diese Arbeit abnimmt . . .«

»Verlassen Sie sich darauf — den würde ich finden.«

»Wenn Sie meine Fragen nicht beantworten, dann kann ich mit Ihnen ins Badezimmer gehen und Ihren Kopf so lange unter Wasser halten, bis Sie reden. Außerdem werde ich Sie fesseln, knebeln und mit dem Mädchen zur amerikanischen Botschaft fahren. Ich habe es mir überlegt. Ich brauche Sie nicht. Das Mädchen wird auf der Botschaft den Mund aufmachen.«

»Warten Sie einen Augenblick. Setzen Sie sich und hören mir zu. Sie wissen nicht, wie Bix ausgesehen hat, als ich sie aufgenommen habe. Ich habe ihr das Leben gerettet.«

»Sie macht aber keinen völlig normalen Eindruck.«

»Da sie nie wieder ganz normal wird, kann ich ihr das Rauschgift nicht völlig entziehen. Ich habe es reduziert. Sie darf täglich drei kleine Zigaretten mit *charas* rauchen. Das ist so etwas Ähnliches wie Marihuana. Ich lasse es aus Kalkutta einfliegen.«

»Und da behaupten Sie, Sie hätten ihr das Leben gerettet?«

»Sie braucht Liebe und Fürsorge. Beides gebe ich ihr.«

»Ja und Rauschgift. Und dann können Sie sie eines Tages unter einem Baum im Garten begraben und ihr einen Grabstein setzen. Bix, meine geliebte Bix. Das klingt doch schön sentimental, nicht?«

»Ich möchte Sie totschlagen.«

»Das kann ich Ihnen nicht verdenken. Sie geben ihr also Liebe. Eine feine Liebe!«

»Ich habe Minda und Bix eines Tages in der Stadt gesehen. Bix war so schwach, daß sie sich auf jeder Bank ausruhen mußte.

Ich habe die beiden bei mir aufgenommen und herausgefunden, daß Bix noch nie eine sexuelle Befriedigung erlebt hatte. Können Sie sich vorstellen, mit wie viel Zartgefühl ich vorgehen mußte? Jetzt ist sie erweckt. Doch sie wird für alle Zeiten auf der Insel Lesbos leben, weil das die einzige Insel ist, die sie kennt.«

»Sie drücken sich sehr poetisch aus, Madame. Wollen Sie sie immer bei sich im Haus behalten?«

»Ich habe ihre Aufenthaltskarte auf den Namen Minda McLeen verlängern lassen. Später will ich mit ihr reisen. Ausweise kann man überall kaufen.«

»Minda ist also in dem gelben Unglückswagen gefahren und braucht daher ihre Papiere nicht mehr. Stimmt's? Und Mindas Leiche ist mit Bix' Papieren nach Florida geflogen worden. Hat es eigentlich viel Geld gekostet, jemand zu finden, der dafür sorgte, daß Minda von der Bergstraße abkam?«

»So war es nicht.«

»Wie war es dann?«

»Minda wurde mißtrauisch und war einmal Zeuge, wie ich Bix umarmte. Sie machte mir eine häßliche Szene und sagte häßliche Dinge. Sie sagte, sie würde das nicht zulassen. Stellen Sie sich diese Unverschämtheit vor! Nachdem sie Bix Tag und Nacht nicht aus den Augen gelassen hatte, bestellte ich sie in mein Zimmer, um mit ihr über diesen Fall zu sprechen. Ich habe versucht, sie zu verführen, weil sie dann nichts mehr hätte sagen können, doch sie behandelte mich so, als sei ich ein übles Tier. Als Minda einmal in der Stadt war, bat ich eine gute Freundin, Bix abzuholen und zu dieser Suite zu bringen. Mir war zwar bei dem Gedanken übel, daß sich meine Freundin an Bix heranmachen könnte, doch ich wollte Bix nicht verlieren und mußte dieses Risiko eingehen. Als Minda dann zurückkam, fragte ich sie, ob sie Bix gesehen hätte. Minda schien zu ahnen, daß da irgend etwas nicht stimmte und sagte, sie würde so lange bei mir bleiben, bis ich sie zu Bix führte.«

Die Badezimmertür öffnete sich. »Eva, ich habe keine Lust mehr, hier drin zu bleiben.«

»Nur noch einen Augenblick, meine Liebe.«

Bix verschwand wieder.

»Am Samstag nachmittag kam dieser Rockland und wollte Minda sehen. Minda war in ihrem Zimmer. Ich führte ihn in den

Garten und merkte, daß er offensichtlich erleichtert war, daß sich noch niemand anders nach Minda erkundigt hatte. Ich bekam heraus, daß Mindas Vater in Oaxaca ist, um seine Tochter zu suchen, und daß Rockland für zehntausend Dollar Minda ihrem Vater übergeben wollte. Mir war sofort eins klar: Wenn Minda wieder mit ihrem Vater zusammen war, dann würde sie nicht ruhen, bis Bix gefunden wurde. Ich wollte weder etwas mit den Behörden zu tun haben noch Bix verlieren. Ich bot Rockland das Doppelte an, wenn er mit Minda fortfuhr und sie irgendwo weit entfernt absetzte. Bis sie dann zurückkam, wäre ich verschwunden und niemand hätte mich gefunden. Dann hätte Rockland ja immer noch das Geschäft mit Mindas Vater machen können.

Ich gab ihm zunächst fünftausend Dollar. Er solle mit ihr — unter dem Vorwand, daß er sie zu Bix führen würde — nach Coatzacoalcos am Golf von Campeche fahren. Das ist etwa dreihundert Meilen von Oaxaca entfernt. Dort sollte er sie ohne Geld zurücklassen und schnell zurückfahren. Ich wollte ihm dann die restliche Summe auszahlen.«

Nachts hätte man sie dann geweckt und ihr gesagt, daß ein junger Amerikaner am Tor sei, der sie sprechen wollte. Sie war hinuntergegangen. Rockland sagte, daß ihm die Fahrt zu weit gewesen sei, er hätte Minda irgendwo in den Bergen abgesetzt. Sie hätte ihm die Geschichte abgenommen, daß er sie zu Bix führe. Doch später wäre sie mißtrauisch geworden. Er hätte Minda dann so lange am Berg aufgehalten, daß sie, Mrs. Vitrier, glaubte, er sei eine ganze Strecke weitergefahren. Er wollte sie außer Sichtweite an einen Baum binden, von Eva das Geld kassieren, das Mädchen am Montag abholen und das Geschäft mit ihrem Vater machen. Am späten Sonntag nachmittag sei er dann am Steuer eingenickt und habe offensichtlich so fest geschlafen, daß Minda die Autoschlüssel aus seiner Tasche fischen konnte.

Dann war sie leise ausgestiegen, auf den Sitz neben dem Fahrer geklettert, hatte den Motor angeschaltet, die zweite Tür geöffnet und ihn mit einem kräftigen Fußtritt hinausgeworfen.

Er habe Stunden für den Rückweg gebraucht. Da er den Wagen nicht gesehen habe, könne es sein, daß Minda von der Straße abgekommen sei. In diesem Fall sei nicht damit zu rechnen, daß sie noch am Leben wäre.

»Ich habe sie zwar nicht sonderlich gemocht, doch das hätte ich ihr nicht gewünscht. Er bestand auf dem restlichen Geld, warf mir einen eigentümlichen Blick zu und wollte auch noch das Geld haben, das er von ihrem Vater bekommen hätte.

In diesem Augenblick merkte ich, daß er mir gefährlich werden konnte. Er war zwar brutal, aber nicht intelligent. Mit solchen Menschen sollte man sich nicht abgeben. Ich sagte, daß ich nicht so viel Dollar im Haus hätte, gab ihm den Rest in Schweizer Franken und erklärte ihm den Umrechnungskurs. Ich nannte ihm sogar den Namen, unter dem ich in diesem Hotel wohne.

Er schaute mich schief an, sagte, er wüßte, daß ich lesbisch bin und er möchte mit mir ins Bett gehen, um mit mir als *Frau* zu schlafen. Das sollte nur dazu dienen, unsere Freundschaft zu bekräftigen. Ich sagte, daß er nicht viel Freude an mir hätte, doch er meinte, das sei ihm gleichgültig. Ich ging zum Schein auf seinen Vorschlag ein, meinte aber, wir sollten zuvor einen Brandy trinken. Wie nicht anders zu erwarten, war er von dieser Idee sehr eingenommen. Ich füllte aus einer Flasche zwei silberne Gläser. Er konnte nicht sehen, daß ich meinen Brandy nicht trank, sondern ihn in den Becher zurücklaufen ließ. Kurze Zeit darauf fing er zu schnarchen an. Ich hatte die Absicht, ihm Gift zu spritzen, aber dann konnte ich es nicht. Obwohl ich Grund genug dazu hatte, habe ich es nicht fertiggebracht, ihn zu töten. Ich habe ihn dann in einem schweren Stuhl gefesselt und alle Gliedmaßen verschnürt.

Als er anfing, sich zu rühren, habe ich ihm noch ein paar kräftige Schlafmittel gegeben.

Irgendwie war Wally McLeen auf die richtige Spur gekommen und erschien am Montag morgen bei mir. Ich führte ihn ins Gartenhaus und erzählte ihm, was Rockland den beiden Mädchen angetan hatte, wobei ich die Geschichte so verdrehte, als hätte Rockland alles, was er Bix angetan hatte, Minda zugefügt. Außerdem sagte ich, daß Minda vielleicht tot sei. In dem Fall sei Rockland an ihrem Tod schuldig.

Nachdem er sich einigermaßen beruhigt hatte, schlug ich ihm vor, abends um zehn Uhr mit einem Wagen zur Gartentür zu kommen. Dann könnte er Rockland abholen und mit ihm zur Polizei fahren.

Tagsüber hatte ich dann beschlossen, zur Polizei zu gehen, und die Leiche zu identifizieren. Doch als ich den schrecklichen

Zustand des Mädchens sah, dachte ich mir, daß die Tote auch Bix sein könnte. Die Kette um den Fußknöchel hatte nichts zu sagen. Weshalb hätte Bix nicht auch ein solches Kettchen haben können. Und wenn Bix offiziell als tot galt, dann gehörte sie mir für alle Zeiten.

Abends schickte ich das ganze Personal weg. Ich ließ Mr. McLeen eintreten und half ihm, Rockland die Treppe hinunterzutragen und in den Wagen, den er sich geliehen hatte, zu heben. Als Rockland zusammengekrümmt in dem Wagen lag, tätschelte ihn McLeen und sagte so etwas wie: ›So, mein Sohn, das werden wir regeln.‹ Nachdem McLeen gegangen war, wurde mir so schlecht, daß ich mich übergeben mußte. Dann packte ich meine Sachen und flog Dienstag früh nach Mexico City. Bix hat sich wie ein Kind unter dem Christbaum gefreut, als ich auftauchte.«

Als Bix wieder aus dem Badezimmer schaute, winkte sie Eva zu sich. »Setz dich auf die Couch, mein Kind. Mr. McGee, finden Sie, daß sie mißhandelt aussieht? Ich liebe sie und möchte mit ihr noch zu vielen schönen Plätzen auf dieser Welt fahren. Schauen Sie nur, wie gut ihr das Indigoblau steht. Ich werde sie immer in Indigoblau kleiden. Ich habe sie unter Kontrolle. Sie wird niemals krank oder einsam sein. In den Staaten wird man sie einsperren. Ist es da nicht besser, sie bleibt für die Welt tot?«

»Tot?« fragte Bix.

»Bitte, denken Sie nach, ehe Sie handeln«, bat mich Eva.

Und ich dachte nach. War es nicht wirklich besser, es blieb so, wie es jetzt war? Sollte ich Meyer die Geschichte erzählen, die mir Eva durch den Türspalt erzählt hatte? Zurückfahren nach Florida. Ihr Kind war glücklich, Mr. Bowie. Mission beendet.

»Ich habe vierzigtausend Dollar im Safe, Mr. McGee. Sie gehören Ihnen, wenn Sie mir das Kind dalassen.«

»Wollen Sie Bix kaufen?«

Ich stand vor ihr, lächelte und seufzte dann. Hoffentlich wird das nicht zur Gewohnheit, daß ich Hand an Frauen lege, dachte ich, als ich zuschlug. Ich fing sie im Fallen auf und warf sie aufs Bett.

Bix stand auf. »Was machen Sie da?«

»Wir fahren jetzt mit einem Taxi in die Stadt.«

»Ins Kino?«

»Vielleicht. Aber wie wär's, wenn du dich anziehst?«

Als sie gehorsam ins Nachbarzimmer ging, zog ich der Lady das Laken unter dem Rücken vor, tauchte es in die volle Badewanne und wickelte Eva in das nasse Laken. Wenn das Tuch trocknete, würde sie sich befreien können. Dann steckte ich ihr zur Sicherheit noch ein paar Kleenex-Tücher in den Mund.

Ich ging zu Bix hinüber, die in einem Schlüpfer und einem Büstenhalter dastand. Da das natürlich nicht die richtige Bekleidung für einen nächtlichen Besuch bei der Botschaft war, suchte ich noch etwas für sie zum Anziehen.

Währenddessen war Bix ins Schlafzimmer geeilt. Als ich dazukam, war Evas Gesicht dunkelrot angelaufen. Bix hielt ihrer geliebten Freundin mit einem kräftigen Druck die Nase zu.

Im Fahrstuhl meinte Bix dann: »Sie hätten mich weitermachen lassen sollen.«

Ich war froh, als ich sie endlich bei der Botschaft abgeliefert hatte.

18

Als ich fünf Tage später von Florida über Mexico City zurückkam, erwartete mich Meyer in Oaxaca auf dem Flughafen.

Er trug einen Strohhut und ein blaues Hemd mit einem Reißverschluß, an dem ein großer Ring baumelte.

»Hast du einen Rückfall erlitten?«

Er grinste.

»Du siehst so gesund aus, daß ich mich frage, weshalb ich dich eigentlich von hier abholen mußte«, sagte ich. »Du hättest bestimmt auch allein fliegen können.«

»Ich reise nicht gern allein. Außerdem: zahlst du vielleicht den Flug?«

»Ich finde es hier nicht so schön, daß ich Sehnsucht nach Oaxaca hätte.«

»Schon gut, alter Freund. Wie hat es Harlan aufgenommen?«

»Er hat sich bis zu dem Zeitpunkt gefreut, als das Wiedersehen stattfand. Mit Bix ist wirklich nichts los.«

»Und was ist mit Madame Vitrier?«

»Die wird sich hüten, sich zu rühren, zumal man mir bei der

Botschaft meine Geschichte abgenommen hat. Ich habe gesagt, daß ich im Auftrag von Mr. Bowie etwas über Bix' Tod herausfinden sollte. Als ich dann auf der Straße ein Mädchen gesehen hätte, das die Totgeglaubte sein müßte, hätte ich sie zur Botschaft gebracht. Mensch, Meyer, ich will hier weg und eine herrliche Zeit auf meinem Hausboot verbringen.«

Dann brachten es Elena und Margarita nicht fertig, sich länger zu verstecken und kamen lachend auf mich zugerannt.

»Ich denke, ihr seid schon wieder zu Hause und arbeitet.«

»Wir haben unseren Urlaub um ein paar Tage verlängert.«

»Geht denn das so einfach?« fragte ich Meyer.

»Da Enelio Fuentes Teilhaber dieser Gesellschaft ist, geht es schon.«

Als wir dann im Victoria beim Essen und Trinken saßen, merkte Meyer, daß ich immer noch nicht abschalten konnte. »McGee, komm wieder zu dir und genieße den Tag. Bitte. Meinet- und der Mädchen wegen.«

Obwohl ich mich bemühte, gelang es mir nicht so ganz. Selbst als ich mit Elena zusammen war, war ich nicht recht bei der Sache.

Vor dem Einschlafen kehrten meine Gedanken zu dem alten Mann im Rollstuhl zurück. Nachdem man Harlan eine Beruhigungsspritze gegeben hatte, hatte ich das berichtet, was zu berichten war. Während ich dann Harlan auf Bix vorbereitete, kümmerte sich Mrs. Kreiger um das Mädchen.

Harlan hörte meinen Bericht mit fassungslosem Staunen an. Dann sagte er: »So etwas tut meine Tochter nicht.«

»Es tut mir leid, aber es ist wirklich so, wie ich es Ihnen erzählt habe, Mr. Bowie. Als sie schon völlig verkommen war und Heroin nahm, hat sich eine Frau um sie gekümmert, die die Rauschgiftmenge verringern wollte. Das Scheußliche ist, daß jene Frau Bix haben wollte.«

»Wie darf ich das verstehen?«

»Sie war lesbisch und sie wollte Bix als Freundin haben, was ihr auch gelungen ist.«

»Sind Sie verrückt?«

»Ich versuche Ihnen nur zu erklären, daß Bix nicht mehr die Gleiche ist. Sie hat ihren Körper mit Rauschgift vollgestopft.«

»Ich möchte nichts mehr hören. Ich möchte meine Tochter sehen.«

Sie kam aufgedunsen, gleichgültig und mürrisch ins Zimmer. Sie freute sich überhaupt nicht, ihren Vater wiederzusehen. Sie ließ sich ihm gegenüber in einen Sessel fallen und stierte vor sich hin. Er ergriff ihre Hand und weinte. »Bix, oh, Bix, mein Liebling.«

Sie starrte ihn mit zusammengekniffenen Augen an. »Weshalb hat man mich zu diesem dreckigen Bastard zurückgebracht? Wo ist Eva? Was habt ihr mit ihr angestellt? Ich will ein kleines Geschenk haben. Wenn ich nicht sofort eine Überraschung bekomme, gehe ich die Wände hoch.«

»Du bist jetzt wieder zu Hause«, sagte er.

»Ich will dich nicht sehen.«

»Ich habe dich für tot gehalten, mein Liebling!«

Sie blickte ihn eiskalt an. »Ich wünschte, ich wäre tot, Alter.«

»Dr. Kohn möchte sie untersuchen«, sagte Mrs. Kreiger. »Soll ich sie hinausführen?«

»Ja, bitte.«

Als die beiden das Zimmer verlassen hatten, wischte sich Harlan über die Augen.

Als ich morgens aufwachte, lag Elena zusammengerollt neben mir. Ihre runden Knie preßten sich in meinen Bauch. Mit ihren kleinen Fäusten berührte sie meinen Oberkörper. Als sie ein Bein unter mich schob, merkte ich, was sie im Halbschlaf vorhatte und half ihr, als sie mit dem zweiten Bein über mich rutschen wollte. Dann schob sie sich etwas höher und änderte die Stellung. Und ehe wir beiden so richtig wußten, was vor sich ging, waren wir schon vereint.

Und als wir uns dann küßten und dem Höhepunkt nahe waren, wußte ich auf einmal, *das* ist das Leben. *Das* ist die Wirklichkeit. Alle Rockos und Evas, Jerry und Wallys, Bruces und Carls, die Bixies und die Beckies vergeudeten ihr Leben.

Ich genoß es jetzt.

Möge der Himmel alle Schwestern, die so sind wie Elena und Margarita, beschützen.

HEYNE
CRIME CLASSIC

Klassische Kriminalromane berühmter internationaler Autoren

HEYNE CRIME CLASSIC

SIR ARTHUR CONAN DOYLE

Die drei berühmtesten **Sherlock Holmes Romane** in einem Band:

SPÄTE RACHE

DAS ZEICHEN DER VIER

DER HUND VON BASKERVILLE

02/2105 - DM 7,80

HEYNE CRIME CLASSIC

Ethel Lina White

Eine Dame verschwindet

Die Nacht im Kabinett der Wachsfiguren

2 weltberühmte klassische Kriminalromane

02/2172 - DM 7,80

HEYNE CRIME CLASSIC

Cornell Woolrich

Schwarzes Alibi

Ein klassischer Kriminalroman aus dem Jahre 1942

02/2186 - DM 6,80

HEYNE CRIME CLASSIC

T. S. Stribling

Spuren in der Karibik

Klassische Kriminalfälle aus dem Jahre 1929

02/2179 - DM 7,80

HEYNE CRIME CLASSIC

Osso und Egon Eis

Die letzte Frau von London

Ein klassischer Kriminalroman aus dem Jahre 1931

02/2143 - DM 5,80

HEYNE CRIME CLASSIC

Freeman Wills Crofts

Inspektor Frenchs schwierigster Fall

Ein klassischer Kriminalroman aus dem Jahre 1925

02/2070 - DM 5,80

HEYNE CRIME CLASSIC

Earl Derr Biggers

Charlie Chan macht weiter

Ein klassischer Kriminalroman aus dem Jahre 1930

02/2078 - DM 6,80

HEYNE CRIME CLASSIC

Leo Bruce

Sergeant Beef und der tote Millionär

Ein klassischer Kriminalroman aus dem Jahre 1952

02/2149 - DM 6,80

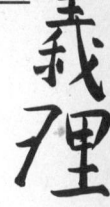
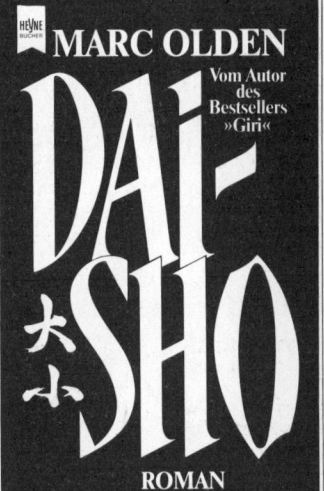

DIE FRAU IM SILBERSARG

Ende April, zehn Uhr abends, Ostabschnitt des Cypress Counties in Florida, ungefähr zwanzig Meilen von der Kreuzung der Florida 112 mit dem Tamiami Trail entfernt. Eine schmale Makadamstraße; Sterne am Himmel, dann und wann ein dünner Nebelschwaden.

Vielleicht hetzte ich die alte Miß Agnes ein bißchen zu sehr, denn die großen Reifen des uralten blauen Rolls-Kastenwagens hüpften geradezu über die rauhe Straßendecke. Parallel zum linken Straßenrand verlief ein dunkler, breiter Abzugsgraben, über den schmale, verwitterte Holzbrücken zu einsamen, windschiefen Moorhäuschen führten. Kein Wagen begegnete oder überholte uns. Ich hatte einen langen, anstrengenden Tag hinter mir und sehnte mich nach Lauderdale, *The Busted Flush*, einer gründlichen, heißen Dusche, einem großen, kalten Drink und einem langen, traumlosen Schlaf.

Ich hatte die tief an der Stoßstange sitzenden weitreichenden Spezialscheinwerfer eingeschaltet, denn die anderen waren für die gottverlassenen Seitensträßchen viel zu schwach.

Meyer döste auf dem Beifahrersitz vor sich hin. Wir kamen vom Lake Passkokee, wo einer unserer Freunde eine Fischzucht betreibt. Seine Tochter hatte geheiratet. Man hat nur selten einmal die Gelegenheit, innerhalb einer Stunde eine Braut zu küssen, Champagner zu trinken und einen neunpfündigen Barsch zu fangen, und dazu hielt mir Meyer auch noch eine Vorlesung über das Eheleben.

Natürlich achtete ich auf Wild. Mir tat jeder getötete Waschbär leid, weil er in Florida unter dem Vorwand, er verbreite die Tollwut, ohnehin schon fast völlig ausgerottet worden war. Dabei ist ein durchschnittlicher Waschbär intelligenter, zutraulicher und sauberer als der Dummkopf, der ihn ausrottet, und meistens sieht er auch noch wesentlich hübscher aus. Es ist eine traurige, fast ironische Tatsache, daß in Gebieten, in denen der Waschbär ausgestorben ist, die Giftschlangen um so zahlreicher werden.

Ich war immer darauf gefaßt, daß ganz plötzlich aus der Dunkelheit ein Schatten sprang oder Tieraugen aufglühten, nicht aber auf jenes Nachtwesen, das am linken Straßenrand auftauchte und in großen Sätzen nach rechts über die Straße rannte. Als ich die Gestalt zum erstenmal sah, war sie etwa zwanzig Meter vor meinen Scheinwerfern, eine halbe Sekunde später kaum einen Viertelmeter seitlich vor meinem rechten Kotflügel. Dieser Viertelmeter war das Ergebnis meiner sehr kurzen Reaktionszeit, denn bei achtzig Meilen Stundengeschwindigkeit legt man etwa vierzig Meter pro Sekunde zurück. Der Bruchteil einer Sekunde entscheidet über Leben und Tod.

Und dann war ich vollauf mit Miß Agnes beschäftigt. Sie drehte das Heck erst der linken Böschung zu, dann der rechten. Auf die Bremse wagte ich nicht zu treten, gab aber immer ein wenig Gas, sobald sich das alte Mädchen wieder in Fahrtrichtung legte. Das war richtig, denn der Ausschlag der Schleuderbewegung wurde dadurch jedesmal um eine Kleinigkeit geringer.

Leider platzte gerade in dem Augenblick, als ich sie wieder in die Hand zu bekommen glaubte, einer der Hinterreifen, und damit war die Sache natürlich endgültig erledigt. Alles geschah jetzt gleichzeitig. Ein Reifen quietschte, Zweige krachten und in meinem Kopf schien etwas zu explodieren. Mir kam die schattenhafte Erkenntnis, daß ich unter Wasser war und mich mit seltsamen Gegenständen herumraufte. Angenehm war das nicht, irgendwie ekelhaft und verrückt, aber ich wurde mir keiner Angst bewußt. Dann griff etwas nach mir, und ich wehrte mich dagegen. Schließlich wurde ich eine Böschung hinaufgezogen. Ich keuchte, hustete und spuckte und war der Meinung, unter Wasser sei es irgendwie behaglicher gewesen.

»Bist du in Ordnung, Trav? Wie geht es dir?«

Ich konnte nicht sofort antworten, weil ich erst das geschluckte Wasser wieder loswerden mußte. Endlich ließ der Würgreiz nach.

»Weiß jetzt noch nicht«, stöhnte ich und rang nach Luft.

Meyer zog mich auf die Beine. Klatschnaß stand ich auf der Kiesböschung und versuchte festzustellen, was von meinen Knochen und Muskeln noch übriggeblieben war. Das Wasser glühte so komisch. Ich brauchte einige Zeit, bis mir einfiel, daß ja die Scheinwerfer von Miß Agnes noch brannten. Sie steckte mindestens drei Meter tief im Wasser; endlich erloschen die Lampen.

Ich fand einige recht empfindliche Stellen, mit denen ich auf das Lenkrad oder gegen die Tür geknallt war, und unmittelbar hinter dem Haaransatz am Kopf hatte ich eine dicke, schmerzende Beule.

»Und was ist mit dir?« fragte ich Meyer.

»Vermutliche Infektion des oberen Atmungstraktes, wahrscheinlicher Gewichtsverlust, sonst ganz annehmbar.«

»Ich werde, glaube ich, bald damit anfangen, darüber froh zu sein, daß du mitgefahren bist.«

»Vermutlich wärest du auch allein herausgekommen.«

»Nehme ich nicht an.«

»Ich schon. Entschuldige. Andernfalls fühle ich mich nämlich gewissermaßen mitverantwortlich für deine künftigen Handlungen.«

»Tue ich je etwas, das du nicht auch tun würdest, Meyer?«

»Darf ich eine Liste zusammenstellen?«

In diesem Augenblick traf mich der Schock wie ein Schlag; Knie wie zu weichgekochte Makkaroni und Schüttelfrost. Ich setzte mich auf die Böschung, hielt mich mit meinen Armen an meinen Knien fest und legte meine Stirn darauf.

»Wie fühlst du dich, Trav?«

»Frag' nur weiter. In fünf oder zehn Minuten fühle ich mich bestimmt wieder großartig.«

Es war sehr still. Allmählich fanden uns die Insekten. Irgendwo in der Ferne des Marschlandes kreischte ein Nachtvogel. Endlich gewöhnten sich meine Augen an die vom schwachen Sternenschimmer kaum erhellte Dunkelheit der Straße und des schwarzen Kanals.

Miß Agnes lag dort unten auf der Seite und schaute in die Richtung, aus der wir gekommen waren. Tut mir leid, altes Mädchen; wir haben getan, was wir konnten und hätten es um ein Haar auch geschafft, wenn nicht der Reifen geplatzt wäre. Du bist auf deine würdige Art immer zuverlässig und gehorsam gewesen, und selbst in den aussichtslosesten Fällen hast du mich am Leben erhalten.

Ich stand auf und gab würgend einen Schwall Sumpfwasser von mir. Ehe mich Meyer wieder fragen konnte, erklärte ich ihm, jetzt sei mir wesentlich wohler, nur hätte ich eine Riesenwut. »Am liebsten würde ich jetzt zurückgehen, dieses verrückte Weib suchen, ihr tatkräftig am Hinterende einiges klarmachen und ihr beibringen, wie man unter Wasser atmet.«

»Weib?« fragte Meyer.

»Hast du sie denn nicht gesehen?«

»Ich hatte für mich persönlich eben das Problem des Goldmachens gelöst und mich hilfesuchend an alle Zwerge von Zürich gewandt. Dann wachte ich auf, als wir seitlich ausbrachen. Ich fand dieses Gefühl ausgesprochen unangenehm.«

»Sie rannte vor uns über die Straße. Äußerst knapp. Wenn ich nicht so blitzschnell reagiert hätte, wäre sie von meinem rechten vorderen Kotflügel gestreift worden. Allerdings wäre sie dann jetzt nur noch ein häßlicher Fleischklumpen in irgendeinem der Baumwipfel rechts neben der Straße.«

»Na, versuch' mir jetzt nur nicht zu erklären, es sei eine besoffene alte Wachtel gewesen, oder du hättest sie nicht genau gesehen. Na, was ist?«

Ich schloß die Augen und ließ die ganze Szene auf dem winzigen Schirm in meinem Kopf noch einmal ablaufen. Führt man ein Leben, in dem sich Dinge sehr schnell und fast immer unerwartet ereignen und dabei recht oft tödlich ausgehen, so steigert sich die Wahrnehmungsfähigkeit beträchtlich. Dieser Umstand verbessert die eigenen Chancen erheblich.

»Ich würde sagen, sie war Anfang bis Mitte zwanzig. Schwarzes oder dunkelbraunes Haar von etwa Schulterlänge, mit einem Band oder etwas ähnlichem aus der Stirn gehalten. Sonst war es offen und flog hinter ihr her, weil sie rannte. Solider Körperbau, jedoch nicht plump. Vermittelte den Eindruck von guter Gesundheit. Nicht sehr groß. Hm. Barfuß? Das weiß ich nicht genau. Wahrscheinlich nicht, wenn sie nicht Füße wie Büffelleder hat. Trug ein kurzes, gemustertes Fähnchen. Möglicherweise Blumenmuster und lavendelblau. Ganz leichtes, dünnes Zeug. Vielleicht eines von diesen winzigen Nachthemdchen. Vorn und am Hals offen, so daß es ebenso wie das Haar hinter ihr dreinwehte. Darunter vermutlich nackt, höchstens ein winziges, dünnes Höschen, wenn es nicht nur die helle Haut unter einem Bikini war, die von der Sonnenbräune des übrigen Körpers abstach. An einem Handgelenk entweder Armband oder Uhr. Sie rannte gut mit ausgesprochener Knie- und Armarbeit. Eindruck von ein wenig Angst. Mund geschlossen. Entschlossene Kinnlinie. Sie rannte vor etwas davon, nicht hinter etwas her. Hätte sie eine Zehntelsekunde früher damit angefangen, wären wir jetzt schon auf dem Trail. Eine Zehntelsekunde später gäbe es eine tote junge Dame, eine auf festerem Grund stehende Miß Agnes, und wir beide wären inzwischen wahrscheinlich zu historischen Figuren geworden. Tut mir leid, Meyer, so jung, schön und interessant wir beide auch sind.«

Er seufzte. »McGee, hast du dir je überlegt, ob von dir nicht ein gewisses Aroma ausgeht, so ähnlich wie eine unhörbare Hundepfeife unter den Gerüchen? Ich habe einmal davon gelesen, daß es von uns nicht wahrnehmbare Gerüche gibt, die im Zeugungsprozeß verschiedener Nachtfalterarten eine entscheidende Rolle spielen. Wissenschaftler haben diese Gerüche versprüht und innerhalb einer Stunde waren ganze Scharen von Motten . . .«

Er schwieg, als er gleichzeitig mit mir die in der Ferne auftauchenden Scheinwerfer sah. Es dauerte lange, bis wir das Motorengeräusch hörten. Wir gingen zur Straßenmitte und schwenkten die Arme. Der Sedan bremste kurz, doch dann trat der Fahrer das Gaspedal durch und raste an uns vorbei. In Ohio zugelassen. Wir sahen ja auch nicht gerade wie Leute aus, die man in einer stockdunklen Nacht auf einer gottverlassenen Straße zum Einsteigen einlädt.

»Und ich hatte doch mein allerschönstes Lächeln aufgesetzt«, seufzte Meyer.

Wir diskutierten alle Möglichkeiten und Wahrscheinlichkeiten. Zwanzig Meilen einer öden Straße zum Tamiami Trail, in der entgegengesetzten Richtung zehn bis zu einer Kreuzung mit geschlossener Tankstelle und dunklem Laden. Wir gingen ein Stück zurück und versuchten genau die Stelle zu finden, an der das Mädchen über die Straße gerannt war, aber auf dem schwarzen

Makadam lassen sich in einer schwarzen Nacht kaum Spuren ausmachen. Auch keine Holzbrücke über den Kanal und kein Fahrweg. Also den Weg unter die Füße nehmen und sich von Insekten auffressen lassen; irgendwo auf ein Licht hoffen; auf ein Auto, das einen mitnimmt.

Ehe wir uns auf den Weg machten, markierten wir Miß Agnes' nasses Bett mit einem dicken, dürren Ast, auf den wir eine leere Bierdose stülpten. Unzerstörbares Metall, das sich in wahrscheinlich schon sehr wenigen Jahren links und rechts an den Straßen zu hohen Dämmen häuft.

Ich würgte noch eine Portion Schlammwasser aus mir heraus, und dann begannen wir unsere Wanderung auf der Straßenmitte. Nach einer Weile hatten wir uns warmgelaufen.

»Vier Meilen pro Stunde«, überlegte Meyer. »Ohne Pause schaffen wir es in fünf Stunden zum Tamiami Trail. Jetzt muß es kurz vor elf sein. Ankunft also kurz vor vier. Wir können, sagen wir einmal, eineinhalb Stunden Rast einkalkulieren. Macht ungefähr Viertel nach fünf.«

Unzählige Laubfrösche quakten, ein einzelner Ochsenfrosch knarrte sein *Gu-rump* dazu, zahllose blutrünstige Moskitos sirrten, etwas bewegte sich huschend im Blätterwerk am Straßenrand, ein unsichtbares Flugzeug brummte hoch über uns, und ganz von ferne war der spukhafte Schrei des Floridapanthers zu vernehmen — eine fast romantische Nacht.

Ein zweiter Wagen raste an uns vorüber. Weniger später übersah uns ein nach Norden zockelnder Lastwagen, aber schließlich näherte sich klappernd und rumpelnd ein uralter Ford-Kastenwagen. Ein Scheinwerfer ging abwechselnd aus und an. Wir blieben an der linken Böschung stehen. Der alte Ford fuhr langsam auf uns zu, und ich erkannte eine stämmige Gestalt am Steuer.

In dem Augenblick, als er auf gleicher Höhe mit uns war, sah ich eine rotgelbe Flamme aufzucken, hörte einen Knall und spürte gleichzeitig an meinem rechten Ohr einen scharfen Luftzug. Erinnert man sich an den Knall eines Schusses, der direkt auf einen abgegeben wurde, dann ist er mit keinem anderen Geräusch zu verwechseln. Hat man ihn einige Male gehört und lebt noch, so hat man beneidenswert gute Reflexe. Beim zweiten Knall hatte ich Meyer schon um die Taille gefaßt und ein Stück mit mir gezogen. Dann rollten wir über die Böschung hinab in den Schlammrand des Kanals. Der Kastenwagen ächzte an uns vorbei und ließ einen Geruch nach Kordit und heißem, halbverbranntem Motoröl in der Nachtluft zurück.

»Halleluja!« sagte Meyer.

Wie schwerfällige Alligatoren krochen wir den Hang wieder hinauf. »Gemeinheit«, sagte ich. »Schießen einfach Löcher in die Wegweiser.«

»Erschrecken müde Anhalter, damit sie zu infernalischem Gelächter gereizt werden.«

»Mein lieber Freund, der Schuß ging knapp an meinem Ohr vorbei.«

»Woher willst du das so genau wissen?«

»Wenn du gleichzeitig den Knall und ein *Fffupp* hörst, dann war es nahe an deinem Ohr. Wäre es dagegen ein Flintenschütze in vierhundert Metern Entfernung gewesen, dann hättest du erst ein Schwirren, dann dieses *Fffupp* und erst dann den Schuß gehört.«

»Vielen Dank, Travis, für die Information. Hoffentlich brauche ich sie niemals.«

Er kletterte weiter hinauf, doch ich zerrte ihn zurück. »Halt mal an, Meyer.«

»Und warum?«

»Angenommen, er ballert aus Leidenschaft in der Gegend herum und schießt auf alles, was sich bewegt, dann knallt er uns noch aus lauter Dummheit ab. Hat er aber aus einem uns völlig unbekannten Grund mit voller Absicht auf uns geschossen, dann kommt er zurück. Wir haben die Stelle, an der diese junge Dame aus dem Gebüsch brach, deshalb nicht gefunden, weil wir keine Scheinwerfer hatten. Er hat welche, also sieht er, wo wir das Unkraut zertrampelt haben. Deshalb werden wir jetzt zehn oder zwanzig Meter die Böschung entlangkriechen und warten, was sich tut.«

Wir fanden eine Stelle, an der wir unsere Füße aus dem Schlamm ziehen konnten und setzten uns. Der Wagen kam zurück, fuhr langsam näher, und der Scheinwerferstrahl tanzte über unseren Köpfen. Ich kroch vorsichtig ein Stück hinauf und sah das hintere, schmutzverkrustete Nummernschild unter einem schwachen Lämpchen. Die Nummer war nicht zu lesen, aber die Zulassung stammte aus Florida. Dann wurden die Lichter gelöscht und der Motor abgestellt. Die rechten Wagenräder standen am Randstreifen. Stille.

Ich kroch zurück. »Hoffentlich hat er keine Taschenlampe«, wisperte ich Meyer ins Ohr.

Die Frösche begannen wieder mit ihrem Konzert, und auch die Moskitos sirrten weiter. Ich hielt den Atem an, um kein Geräusch zu verursachen. Dann schlug die Wagentür zu.

Vorsichtig nahm ich eine Handvoll Schlamm und schmierte mir das Gesicht damit ein; dann kroch ich wieder nach oben. Der Kastenwagen war ein viereckiger Schatten im schwachen Sternenlicht, höchstens sechs oder sieben Meter entfernt.

»Orville! Hörst du, Orville?« Ein etwas heiserer, mehr geflüsterter Ruf. »Bist ganz allein, Bursche! Der dicke Hutch ist tot, was? Oder fast tot. Hab' ihn doch erwischt, was? Gib Antwort, Orville, verdammter Kerl!«

Der Gedanke, ihm sagen zu sollen, daß es hier weder einen Orville noch einen Hutch gab, gefiel mir nicht. Ich schwieg also.

»Orville?« Pause. »Orville! Wir können einen Handel machen. Du hörst mich doch? Zieh die Leiche in den Schlamm, aber richtig! Morgen rufst du mich an, verstanden? Wir machen dann aus, wo wir uns treffen. Dann bequatschen wir alles, aber so, daß genug Leute in der Nähe sind. Nicht daß einer von uns nervös dabei wird.«

In der Ferne hörte ich Motorengeräusch. Die Tür des Kastenwagens schlug zu. Dann leierte der Anlasser; die Batterie mußte schon ziemlich schwach sein. Eine Fehlzündung, dann ein Röhren, das Aufleuchten der Scheinwerfer; er fuhr weg. Aber er konnte einen Komplicen abgesetzt haben, der sich jetzt hinter der anderen Böschung versteckte. Ich riet Meyer, er solle in Deckung bleiben. Als ein anderer Wagen an mir vorbeifuhr und den Kastenwagen überholte, benützte ich die Geräuschkulisse, um ein Stück die Böschung entlangzurennen. Ich kniff die Augen zusammen, damit ich besser sehen konnte. Dann machte ich an der Stelle, an der der Wagen gestanden hatte, einen Satz über die Böschung und prallte unmittelbar vor dem Wasser auf. Niemand.

Zurück auf die Straße; ich holte Meyer herauf, wir gingen ein Stück in südlicher Richtung, blieben stehen und lauschten. Nichts.

Westlich der Straße, gegenüber vom Kanal, fanden wir ein Stück offenes Gelände, dahinter ein Dickicht, durch das wir zu einer großen, freistehenden Föhre gelangten. Die dicke Lage brauner Nadeln federte weich. Wir lehnten uns an den Stamm. Über uns warnte ein Spottdrosselmann alle übrigen Spottdrosseln der Gegend, sich bei allen Teufeln von seinem Revier, seinem Nest, seiner Frau und seinen Kindern fernzuhalten.

Endlich atmete auch Meyer wieder ruhiger. »Eine recht ungewöhnliche Sache, auf einer einsamen Straße beschossen zu werden. Es ist auch recht ungewöhnlich, wenn mitten in der Nacht ein Mädchen quer über eine einsame Straße rennt. Ich schätze, wir sind etwa vier Meilen von der Stelle entfernt, wo Agnes schläft. Der Kastenwagen kam aus dieser Richtung. Zusammenhänge sind also ohne weiteres möglich.«

»Von Logik will ich jetzt nichts wissen.«

»Ein Handel setzt eine kommerzielle Grundlage voraus. Jener Händler hielt nach Orville und Hutch Ausschau. Den Handel wollte er nicht mit beiden machen. Er wußte, sie waren zu Fuß und in südlicher Richtung unterwegs. Wir müssen den beiden in der Größe ziemlich ähnlich sein. Eine Fußgängerzone ist das hier nicht.«

»Und Hutch«, fügte ich hinzu, »war der größere von beiden,

11

wohl auch der gefährlichere. Ich bewegte mich so rasch, daß er glaubte, er habe mir ins Gesicht geschossen. Und wenn er einen guten, verständlichen und auch vernünftigen Grund hätte, Hutch zu töten, dann hätte er Orville nicht gesagt, er solle die Leiche in den Kanal werfen.«

»Und wenn ich Orville wäre«, ergänzte Meyer, »würde ich mich nicht darum reißen, mich mit diesem Burschen zu treffen.«

»Gehen wir weiter?«

»Ich glaube, ja. Sonst zapfen uns die Moskitos noch den letzten Rest unseres Blutes ab.«

»Und sollte wieder etwas daherkommen, liegen wir flach in den Büschen.«

»Ich werde versuchen, den Spaziergang zu genießen, McGee.«

Wir machten uns also auf den Weg und taten sehr lustig. Das Gefühl, halb erschossen worden und halb ertrunken zu sein und trotzdem noch zu leben, ist wie schwerer, alter Wein. Wir rissen also blöde Witze und tischten einander alte, wohlbekannte Lügen auf. Ab und zu sangen wir sogar.

2

Im ersten Licht der einsetzenden Dämmerung, als die Bäume als vage Umrisse aus dem Nachtdunkel traten, erreichten wir den Tamiami Trail. Auf der anderen Autobahnseite gab es eine große Tankstelle mit Werkstatt und Nachtbetrieb. Der Inhaber hieß AL STOREY.

Es herrschte wenig, dafür sehr schneller Verkehr. Ich freute mich, einen vertrauenerweckenden Abschleppwagen mit Kran zu sehen, denn man bedurfte kräftiger Muskeln, wollte man Miß Agnes aus dem Kanal ziehen. Je mehr Muskeln, umso geringer der Schaden.

Wir sahen uns ein bißchen um; es gab Automaten für Coke, Crackers und Schokolade. Ich fand ein Stück Draht, mit dem ich das Schloß des Waschraumes für Männer aufkriegte. Dort wuschen wir uns. Weitere Gebäude waren nicht in Sicht. An einer Seite des Hofes hatte der fürsorgliche Inhaber ein paar Bänke um einen Betontisch aufgestellt, in dessen Mitte ein etwas ausgeblichener und zerfranster Sonnenschirm steckte.

Als der Rand einer orangeroten Sonne über den flachen Horizont in Richtung Miami emporstieg, saßen wir am Tisch, aßen unser Automatenfrühstück und breiteten den nassen Inhalt unserer Brieftaschen aus, damit er trocknen konnte, in erster Linie Führerscheine und Geld. Die Moskitos hatten uns am ganzen Körper zerstochen, aber wenn man lange genug in einem Moski-

toland lebt, macht einem das nicht mehr allzuviel aus. An Sandflohbisse gewöhnt man sich hingegen nicht. Diese Bisse jucken
unbeschreiblich, und man kann die Qual nur dadurch lindern, daß
man ein Präparat mit einem starken Beruhigungsmittel und
zusätzlich ein Cortisonspray benützt.

Allmählich trocknete die Sonne unser Geld. Der Verkehr nahm
zu, und dann kamen auch die Tauben, um die Krümel aufzu-
picken. Ich kratzte meine Flohbisse und träumte von einem weichen Bett mit sauberen Laken.

Zwanzig vor sieben kam ein VW-Bus und hielt vor der anderen
Seite der Tankstelle. Die beiden aussteigenden Männer musterten
uns. Unsere Geldscheine und Papiere waren nun einigermaßen
trocken geworden. Wir standen auf und gingen auf das Büro zu.
An der Ecke trafen wir auf einen der Männer, einen drahtigen
Fünfziger in Khakihosen und mit einer Baseballmütze auf dem
Kopf, der auf der Hemdtasche den Namen AL eingestickt trug.
Der andere Mann öffnete eben die schweren Stahltore.

»Sind Sie irgendwo hängengeblieben?« erkundigte sich Al. Das
war ein Kompliment, denn wir sahen noch nicht einmal so aus, als
könnten wir uns ein Fahrrad leisten.

»Wir sind heute nacht in einem Kanal an der 112 gelandet.«

»Das passiert oft«, erwiderte Al. »Schmale Straße. Ekelhaft
unübersichtlich. Viele kommen nicht einmal mehr aus dem Wagen
heraus. Ich muß hier erst aufmachen, und sobald mein zweiter
Mann kommt, schauen wir mal, ob wir ihn herausholen können.«

»Ich hoffe, Sie nehmen es mir nicht übel«, sagte ich, »daß ich das
Schloß an Ihrem Waschraum aufgemacht habe, damit wir uns ein
bißchen waschen konnten.«

Er musterte mich scharf, ging zur Tür und probierte, ob sein
Schlüssel noch sperrte. »Okay, ist nichts kaputt. Wie haben Sie das
geschafft?«

»Mit einem Stück Draht.«

»Und das soll ein prima Schloß sein!«

»Dann wäre ich bestimmt nicht hineingekommen. Sieht gut aus,
ist aber nur Mist. Wenn Sie an den anderen Türen die gleichen
Schlösser haben, würde ich Ihnen raten, sofort andere anbringen
zu lassen.«

Etwas mißtrauisch dankte er mir für den Rat und machte sich
daran, die Tankstelle in Betrieb zu setzen. Ich sah mich ein wenig
um. Alles war sauber und ordentlich. Das Werkzeug war dort, wo
es hingehörte, und sogar der Papierkram sah übersichtlich aus.
Der andere Bursche war jung und groß und hieß TERRY. Auch er
war ordentlich angezogen und sah auf etwas grobe Art sogar gut
aus. Nur die Augen standen zu nahe beisammen, und das Kinn
war eine Kleinigkeit zu kurz und fliehend geraten, so daß sein

Mund immer etwas offenstand. So sah er häßlich, dumm und grob aus. Nun setzte auch das Benzin- und Dieselgeschäft ein.

An einer der Inseln hielt ein Wagen der Straßenpolizei. Al ging hinüber, rief dann und winkte mir zu. Der Polizist war ein wenig älter und dicker als ein durchschnittlicher Polizist, hatte ein breites, rotes Gesicht und trug eine sehr große, sehr dunkle Sonnenbrille.

Er fragte, ob ich der Besitzer des Wagens sei, und ich mußte ihm meine Papiere zeigen. Er seufzte und schrieb die Daten auf. Das Alter von Miß Agnes schien ihm nicht zu behagen. »So. Ein Rolls Royce. Und was sonst?«

»Ein Kastenwagen. Das heißt, eine Art Lieferwagen, der vor langer Zeit einmal aus einem Tourenwagen umgebaut wurde.«

»Meinen Sie, es lohnt sich noch, ihn herauszuholen, McGee?«

»Wissen Sie, der Wagen hat einen gewissen Gefühlswert für mich.«

»Ist er durch die letzte Inspektion gegangen? Mit Schild und so?«

»Selbstverständlich, es war alles in Ordnung.

Er seufzte erneut. »Na schön. Ein anderes Fahrzeug beteiligt?«

»Nein.«

»Wo und wann ist es passiert?«

»Ungefähr zwanzig Meilen nördlich von hier auf der 112, kurz nach zehn Uhr gestern abend. Ich fuhr in südlicher Richtung.«

»Wie schnell?«

»Sechzig bis fünfundsechzig Meilen.«

»Was? In einer so alten Mühle?«

»Sie ist noch sehr tüchtig.«

»So. Sie sind also gefahren. Ihr Freund war dabei, und andere Fahrzeuge waren nicht daran beteiligt, als Sie in den Kanal fuhren.«

»Aber eine Frau rannte unmittelbar vor mir über die Straße. Ich weiß nicht, woher sie kam. Ich mußte den Wagen scharf herumreißen, sonst hätte ich sie überfahren.«

»Sind Sie sicher, daß Sie sie nicht doch überfahren haben?«

»Absolut sicher. Ich kam ins Schleudern, aber als ich den Wagen fast wieder in der Hand hatte, platzte ein Hinterreifen; dann war es natürlich aus. Das Wasser ist dort ungefähr drei Meter tief. Der Wagen liegt auf der linken Seite und zeigt mit der Nase in die Richtung, aus der ich gekommen bin. Wir konnten uns zum Glück befreien. Und hier haben wir nun gewartet, bis Al aufkreuzte, um den Laden hier aufzumachen. Wir kamen vom Lake Passkokee und waren auf dem Weg nach Lauderdale.«

»Zwanzig Meilen nördlich von hier ist Cypress County. Hier ist Ihre Kopie. Wenn Sheriff Norm Hyzer den Wagen selbst anschauen will, dann ist sie der Beweis dafür, daß Sie den Unfall gemeldet haben. Ihre Versicherung will den Schaden vielleicht auch begutachten.«

Der Polizist ging zu seinem Wagen und sprach in sein Handmikrophon. Wahrscheinlich wollte er sich, wie üblich, nur vergewissern, daß ich nicht als Bankräuber gesucht wurde.

Er redete ziemlich lange, hängte das Mikrophon dann auf, schob mit einer Pranke seinen Hut ein Stück zurück und zog mit der anderen seine Polizei-Positiv aus dem Holster. »Okay. Beide den Kopf senken und Hände in den Nacken legen.«

Rasch, sorgfältig und sehr vorsichtig tastete er uns ab. Nagle war ein sehr tüchtiger Cop.

»Was haben die zwei ausgefressen, Beef?« erkundigte sich Al.

»Weiß ich nicht. Norm braucht sie. Er holt sie sofort persönlich ab.«

»Und was ist mit unseren Rechten?« fragte ich demütig.

»Wenn ich Sie verhaften würde, McGee, dann würde ich Ihnen das auch vorlesen, was auf der kleinen Karte steht, aber ich tu' dem Sheriff nur eine Gefälligkeit. Gehen Sie in den Schatten zurück und lehnen Sie sich an die Wand. Ein bißchen weiter auseinander ihr beiden; ja, so ist's gut.«

»Sie machen einen Fehler«, sagte Meyer.

Er sah dümmlich-erstaunt drein. »Ich? Ich tu' doch nur, was er mir sagt. Wenn da jemand einen Fehler macht, dann ist's Norm Hyzer, und es heißt, er macht nicht viele Fehler. Stimmt's, Al?«

»Sie wählen ihn hier ja immer wieder«, bestätigte Al, doch er schien nicht gerade ein begeisterter Anhänger des Sheriffs zu sein. Ein staubiger Buick fuhr vor, dessen Ventilatorriemen ratterte. Al ging darauf zu, und Terry starrte uns mit der Intensität des Beschränkten an.

Dann kam ein blauer Rambler an, dem ein breiter, braungebrannter, breitgrinsender Mann entstieg. Auf seiner Hemdtasche stand HENRY. »He, Beef!« rief er. »Was is'n da los?«

»Sag mal, kannst du eigentlich niemals pünktlich sein?« brummte Al.

»Ah, hab' zuerst furchtbar schlecht geschlafen, und dann hab' ich den Wecker nicht gehört. Ehrlich! Und dann . . .«

»Der Olds soll um halb elf fertig sein, und du hast noch nicht mal damit angefangen. Steh' also nicht 'rum und stell' dumme Fragen. Ich hab's nicht gern, wenn Mr. Hummer mich wieder anfaucht. Er spuckt immer wie ein Lama.«

Die Zeit verging, und der Verkehr wurde dichter. Meyer wollte etwas zu mir sagen, aber Nagle meinte höflich, ihm sei lieber, wir unterließen jede Konversation.

Endlich hörten wir eine näher kommende Sirene. Der grüne Sedan mit dem roten Blinker auf dem Dach nahm vor der Tankstelle etwas Gas weg, bog ein und kam zu einem dramatischen, staubaufwirbelnden Halt. Der Mann, der am Steuer gesessen hatte, stieg rasch aus. Er trug eine Khakiuniform mit Schulterstücken, auf denen DEPUTY SHERIFF stand. Sein Gesicht war lang und ein wenig massig, seine Haut gelblich-blaß, das Haar fahl rötlich-blond, und die Brille mit Stahlfassung ließ ihn keine Spur intelligenter aussehen.

Also war der andere der Sheriff Norman Hyzer vom Cypress County. Ende vierzig, groß und schlank, sehr aufrechte Haltung; schwarzer Anzug, glänzende schwarze Schuhe, frisches weißes Hemd mit dunkelblauem Binder, Ehering, weißer Stetson. Er hatte dunkles Haar, ein vornehmes Filmheldengesicht, das jetzt aber ausdruckslos war. Die Augen waren intensiv blau, und er musterte uns beide sehr lange und sehr gründlich. Dann nahm er sich den Inhalt unserer Taschen vor, den Nagle uns abgenommen hatte und las den Unfallbericht. Die in unseren Führerscheinen vermerkten Berufe schienen ihm sehr zu mißfallen.

»Havarieberater?« fragte er mit tiefer, leiser Stimme. »Und Wirtschaftswissenschaftler?«

»Im Augenblick dürfte das wohl etwas unwahrscheinlich klingen«, sagte Meyer im besten Dozentenstil, der nicht ganz zu seinem Stoppelbart, den schmutzbefleckten Kleidern und den überstrapazierten Schuhen paßte.

»Sie haben das Recht, die Aussage zu verweigern und einen Anwalt mit der Wahrnehmung Ihrer Interessen zu betrauen. Sollten Sie einen Anwalt nicht bezahlen können, wird Ihnen einer gestellt. Wenn Sie es vorziehen, die Ihnen gestellten Fragen zu beantworten, kann alles, was Sie aussagen, auch gegen Sie verwendet werden. Verstehen Sie, McGee? Verstehen Sie, Meyer?«

»Wir verstehen«, antwortete ich. »Wir werden Ihnen jede Frage beantworten, die Sie stellen wollen, aber es würde uns freuen zu hören, welchen Vergehens wir beschuldigt werden.«

»Sie stehen im Verdacht, einen vorsätzlichen Mord begangen zu haben.« Sein Gesicht war ebenso ausdruckslos wie seine Stimme. Ein Sheriff der eiskalten Klasse also. Ich überlegte mir, weshalb er eigentlich damit zufrieden war, Sheriff von Cypress County zu sein. Hier gab es nur eine Menge Sumpf, viele Palmen und höchstens zwanzigtausend Einwohner. »Steigen Sie ein«, befahl er, und der Deputy öffnete die hintere Wagentür.

»Ich möchte erst dafür sorgen, daß mein Wagen aus dem Kanal geholt wird, Sheriff.«

»Das werden wir sowieso und auf jeden Fall veranlassen, McGee.«

»Kann ich dem Mann zeigen, wo er ist?«

»Das wissen wir schon.«

»Und mir steht's wohl nicht zu, zu fragen, was los ist, Sheriff?« fragte Al ein wenig spöttisch.

»Ich glaube nicht, Mr. Storey.«

»Wen hat man denn umgebracht?« wollte Terry wissen.

Hyzer zögerte ein wenig. »Frank Baither«, antwortete er dann.

»Überfällig«, bemerkte Al Storey.

Wir stiegen ein. Zwischen uns und den Vordersitzen befand sich ein Stahlgitter. Die Fenster waren aus Sicherheitsglas und die Türen hatten keine Innengriffe. Der Deputy bahnte sich mit heulender Sirene einen Weg durch den jetzt ziemlich dichten Verkehr. Hyzer saß aufrecht, schweigend und bewegungslos da. Nach einigen Meilen kam ein Reiher aus den Büschen an der Kanalseite, versuchte nach oben zu ziehen, schaffte es aber nicht und prallte gegen die rechte obere Kante der Windschutzscheibe. Ich blickte zurück und sah nur eine Handvoll weißer Federn auf die Straße fallen.

Wir waren in einem Käfig, der nach Schmierseife und Betrunkenen roch und viel zu schnell fuhr. Meyer hatte die Hände locker im Schoß liegen, die Augen geschlossen und schwankte bei jeder Schlingerbewegung des Wagens.

Weit vorne sah ich Fahrzeuge. Der Deputy bremste in letzter Sekunde. Die beiden stiegen aus und knallten die Türen zu. Unmittelbar am Kanalrand stand ein blau-weißer Abschleppwagen. Auf der Tür stand JOHNNY's STRASSENDIENST. Der Verkehr war in beiden Richtungen gesperrt. Das Kabel spannte sich ins schwarze Wasser. Dann quietschte die Winde. Jemand schrie etwas und winkte mit den Armen. Und dann erschien der eckige, vertrauenerweckende Kühler von Miß Agnes.

»Die machen es genau richtig«, sagte ich zu Meyer.

»Hurra«, murmelte er.

»Die kriegen sie in einem Anlauf heraus.«

»Wie wundervoll.«

»Meistens gefällt es dir doch, wenn etwas richtig gemacht wird, Meyer«, bemerkte ich.

»Mir gefällt die ganze Geschichte nicht.«

Mir gefiel sie auch nicht, wenn auch vielleicht aus anderen Gründen. Geschickt und vorsichtig zogen die Leute Miß Agnes aus dem Wasser und hievten sie über die Böschung. Die Fahrzeuge, die gewartet hatten, konnten weiterfahren. Hyzer untersuchte die alte Miß Agnes lange und gründlich. Bei uns im Wagen herrschte allmählich Backofenhitze.

Endlich kamen sie zurück und stiegen ein. Ich fragte nach dem Schaden, bekam aber keine Antwort. Wir fuhren an ihr vorbei. An den Kanten sah sie ein bißchen verknittert aus, und an Kühler und Windschutzscheibe hingen Strähnen hellgrüner Algen. Ich freute mich, daß jemand so vernünftig gewesen war, den Reservereifen aufzuziehen, denn es hätte mich ehrlich geschmerzt, wenn die gute alte Miß Agnes den ganzen Weg hätte entlanghoppeln müssen.

Fragen konnten wir erst beantworten, wenn sie uns gestellt wurden. Danach gab es dann wohl die üblichen Entschuldigungen und Händedrücke.

Vielleicht . . .

3

Kurz nach zwölf brachte mir ein dicker, ältlicher Polizist ein in Butterbrotpapier eingewickeltes kaltes, fettiges Käsehacksteak und dazu einen Pappbecher mit lauwarmem Kaffee, der viel zu süß und viel zu milchig war.

»Was ist eigentlich los? Warum dauert das hier so lange?« fragte ich.

»Mir doch egal«, antwortete er, ging hinaus und sperrte die Tür hinter sich ab. Es war ein winziger Raum mit einem an den Fußboden geschraubten schweren Tisch und in die Mauer verankerten massiven Bänken. Die Deckenlampe und das einzige Fenster waren mit starken Gittern versehen.

Ich befand mich im ersten Stock eines hufeisenförmigen Gebäudes im maurischen Stil und überblickte einen kleinen Innenhof. Der Fußboden des Raumes bestand aus braun-grünen Asphaltfliesen und die Wände waren gelblich-braun. In der Schublade des schweren Tisches fand ich eine Unzahl von Zigarettenstummeln und abgebrannten Zündhölzern. In der Ferne hörte ich Verkehrsgeräusche und Radiomusik. Ein paar Vögel zwitscherten. Es war viel zu heiß. Ich rollte meine Schuhe in mein Hemd, schob das improvisierte Kissen unter meinen Kopf und schlief ein.

»Mitkommen«, sagte der Deputy mit der Stahlbrille. Ich streckte mich gähnend und zog Schuhe und Hemd an.

»Haben Sie einen Namen?« fragte ich ihn.

»Billy. Billy Cable.«

»Aus der Gegend?«

»Stamme von hier. Er wartet auf uns. Kommen Sie.« Er führte mich über Treppen und durch lange Korridore. »Er hat gesagt, ich soll Sie auf dem langen Umweg zu ihm führen.«

Dieser lange Umweg führte unter anderem auch durch das Bezirksgefängnis. Billy erklärte mir, es sei erst drei Jahre alt, und er zeigte mir die sichersten Zellen; ungefähr eineinhalb mal drei Meter, sehr grelle Deckenbeleuchtung, Klappbett, Waschbecken und Toilette. Auf dem unteren Klappbett saß Meyer zusammengekrümmt und hatte die Unterarme auf die Knie gestützt. Aus seinem Mund tropfte dickes, halbgeronnenes Blut zwischen seine nackten Füße, wo sich schon eine fast tellergroße Blutlache befand.

Ich sagte seinen Namen. Er sah langsam auf und legte den Kopf ein wenig schief, so daß er mich mit dem einen noch offenen Auge anschauen konnte. Sein Mund war zerschlagen. »Mir gefällt die ganze Geschichte noch immer nicht«, sagte er ziemlich undeutlich.

Ich drehte mich zu Billy um. Der tat schnell einen Schritt zurück und legte eine Hand auf das Holster. »Ruhig, nur ruhig«, sagte er.

»Warum, verdammt noch mal!« schrie ich.

»Das fragen Sie ihn am besten selbst, wenn Sie ihn sehen, McGee.«

Hyzers Büro war kahl. Blauer Teppich, nackte Wände, nackter Schreibtisch. Die Klimaanlage war zu schwach eingestellt. Ich wurde zu einem unbequemen Stuhl mit gerader Lehne geführt, der fast zwei Meter von Hyzers Tisch entfernt stand, so daß ich fast im Mittelpunkt des Raumes saß. Ein sehr großer Polizist saß auf einem ähnlichen Stuhl unmittelbar neben der Tür an der Wand. Er kam mir bekannt vor, doch ich wußte nicht, woher. Seine Arme waren sommersprossig, und sein dicker Bauch quoll über den Gürtel. Er hatte ein breites, weiches und schläfriges Gesicht.

»Diese Vernehmung wird auf Band aufgezeichnet«, sagte Sheriff Norman Hyzer. »Wenn es übertragen wird, lasse ich nur Wiederholungen streichen. Falls Sie bezüglich der Genauigkeit der Übertragung Fragen haben, können Sie die betreffenden Bandstellen abhören.«

»Darf ich eine Bemerkung machen, die auf Band aufgenommen wird?«

»Bitte, sprechen Sie.«

»Mein Freund Meyer ist ein sehr angesehener Wirtschaftswissenschaftler und gilt auf seinem Gebiet als internationale Kapazität. Er ist ein feiner Mann ohne Bosheit und ohne Feinde und hat den denkbar besten Leumund. Wir wollten mit Ihnen zusammenarbeiten, Sheriff, tun was uns möglich gewesen wäre und dann unseres Weges gehen. Aber jetzt, Hyzer, haben Sie sich in mir einen Feind eingehandelt. Ich persönlich werde Sie an die Wand nageln, und sollte es auch fünf Jahre dauern. Von jetzt an heize ich Ihnen ein.«

Der große Polizist seufzte und rülpste. Hyzer öffnete sein Notizbuch. »Erste Vernehmung von Travis McGee, 24. April, 14.40 Uhr. Pritchard überwacht das Band, Sturnevan ist Zeuge. Gut. Von wem haben Sie gehört, daß Frank Baither aus dem Staatsgefängnis Raiford entlassen werden sollte oder entlassen wurde? Sagen Sie mir den Tag, an dem Sie diese Information erhielten.«

»Den Namen Frank Baither habe ich heute früh zum erstenmal

in meinem Leben gehört, als Sie ihn vor Als Tankstelle nannten, Hyzer.«

»Hatten Sie in der vergangenen Nacht noch einen dritten Mann bei sich?«

»Sie spielen Ihr Spiel, Hyzer. Der Gesetzeshüter. Der Fachmann der Polizei. Währen Sie wirklich einer und nicht nur ein schäbiger Schmierenschauspieler in einem miesen Sumpfbezirk, dann würden Sie herauskriegen, wer wir sind, wo wir gestern waren, welches Ziel wir hatten. Sie würden das Mädchen finden, das über die Straße gerannt ist. Sie würden ein paar Telefongespräche führen. Aber nein, Sie tun es nicht; Sie nicht, Sir. Halten Sie sich nur nicht mit Logik auf. Das Ergebnis wird allerdings sein, daß Sie nicht mehr lange Sheriff spielen werden.«

»Eine nicht identifizierte Frau lief über die Straße. Wir fanden die Stelle, wo sie sich zusammenduckte. Abdrücke von nackten Füßen auf dem feuchten Boden. Abdrücke der rechten Handknöchel. Wir haben die Schleuderspuren lokalisiert. Früher oder später werden wir auch die Leiche finden.«

»Ist sie tot?«

»Sie schaffte es fast. Dann wichen Sie aus und haben sie wahrscheinlich angefahren.«

»Und warum soll ich das getan haben, Sheriff?«

»Weil sie bei Baither war, Sie sah, Ihnen entkam, und Sie und Ihre Leute sie deshalb hetzen mußten.«

»Mit einem alten Rolls?«

»Als der Reifen platzte, kamen Sie ins Schleudern.«

»Hyzer, Sie leiden unter Träumen, Visionen und Hirngespinsten. Ich werde Ihnen sagen, wen Sie am Lake Passkokee anrufen sollen. Den Anruf bezahle ich. Er ist ein alter Freund von uns. Wir waren zur Hochzeit seiner ältesten Tochter dort. Er hat eine Fischzucht. Wir haben Barsche geangelt. In meinem Wagen war Angelzeug. Außerdem hatten wir drei ausgenommene Barsche auf Eis dabei.«

»Deputy Billy Cable sagte, sie waren ganz frisch.«

»Wollen Sie anrufen?«

»Das hier ist nur ein kleiner Bezirk, McGee, und ich habe einen kleinen Job und ein kleines Gehalt. Aber ich bin kein Narr. Vor vier Jahren haben Sie dieses Ding mit Frank Baither in allen Einzelheiten geplant. Und jetzt stand mehr auf dem Spiel als damals, weil Sie diesmal einen umzubringen hatten, den Sie kannten und einen, den Sie nicht kannten. Die wichtigsten Dinge kommen immer zuerst. Ihr Alibi wird sich in Nichts auflösen. Sie wissen es, und ich weiß es. Bitte, halten Sie deshalb keine Reden, sondern beantworten Sie meine Fragen. War vergangene Nacht ein dritter Mann bei Ihnen?«

»Ich war mit Meyer allein.«

»Hat Meyer ihn mit dem Eispickel fertiggemacht, oder waren Sie's?«

»Hyzer, der Wagen ging in den Kanal, und wir hatten verdammt viel Glück, daß wir herauskamen. Wir sind dann den ganzen Weg zum Tamiami Trail und zur Tankstelle, wo Sie uns fanden, zu Fuß gegangen.«

»Das ist äußerst unwahrscheinlich, McGee. Wir hatten heute früh einen anonymen Anruf. Es war ein Mann, der flüsterte, damit seine Stimme nicht zu erkennen war. Er sagte, Frank Baither habe ihn täglich gegen Mitternacht angerufen, und wenn einmal kein Anruf käme, solle er bei Baither anrufen. Meldete sich dann niemand, dann solle er die Polizei verständigen. Er ging also zu Baither und fand ihn an den Stuhl gebunden. Von dieser Zeit an ließ ich die restliche Nacht hindurch Wagen auf der Straße patrouillieren. Man hätte Sie angehalten und ausgefragt.«

»Auf der Route 112 ist bei Nacht verdammt wenig Verkehr, und wenn wir Lichter sahen, versteckten wir uns.«

»Und warum das?« Er lächelte zum erstenmal. Ich glaube wenigstens, daß es ein Lächeln war, denn seine Mundwinkel hoben sich ungefähr einen Millimeter.

Ich erzählte ihm von dem Idioten in dem alten Kastenwagen, der uns aus dem Wagenfenster heraus beschossen hatte und der glaubte, er habe einen Mann namens Hutch erwischt. Mit dem Überlebenden, einem Burschen, den er Orville nannte, hatte er dann zu handeln versucht. Ich erklärte ihm, das habe sich gegen ein Uhr und etwa vier Meilen südlich von der Stelle ereignet, wo Miß Agnes im Kanal lag.

»Beschreiben Sie den Kastenwagen.«

»Ein alter Ford-Lieferwagen, lauter Motor, zerbeulter Aufbau. Ich glaube, er war rot. Ein Wrack. Nichts mehr wert.«

»So. Ihr gesetzestreuen Bürger, die ihr zu sein vorgebt, habt also nicht den geringsten Versuch gemacht zu melden, daß jemand auf euch geschossen hat.«

»Sheriff, wir sahen den Mann beide nicht. Das Nummernschild war zu schmutzig und das Licht zu schwach, als daß die Nummer zu lesen gewesen wäre. Sie kennen doch Ihren Bezirk besser als ich. Wahrscheinlich leben in diesen Sumpfhütten nicht nur nette Leute, sondern auch Sumpfratten, Wilddiebe und Burschen, die sich nicht gerne finden lassen. Vor langer Zeit habe ich einmal ein Wochenende hier verbracht. Als ich dann sah, was am Samstagabend hier los war, ging ich in mein Motel zurück, versteckte mein Bargeld in der Bibel und ging mit einem einzigen Zehner wieder weg. An die Nacht denke ich heute noch. Mir ist völlig egal, Hyzer, ob sich Ihre Leute gegenseitig umbringen oder nicht. Wir wollten nur vermeiden, daß man uns umbringt und dann bedauert, daß es nicht Hutch und Orville waren. Und als dieser

Clown endlich mit seinem Wrack weggerasselt war, fanden wir auch nicht gleich eine Telefonzelle. Ich hätte ja tauchen und mein Schleppseil herausholen können, und vielleicht wäre es uns sogar gelungen, den Wagen wieder aus dem Kanal zu holen, aber der Gedanke gefiel mir nicht. Auch der nicht, im nächsten Haus um Hilfe zu bitten.«

»McGee, Sie hatten Pech, nicht wahr? Als Ihr Wagen im Kanal war, gingen Sie zu Frank Baithers Haus und versuchten seinen alten Ford-Laster zu benützen, aber die Batterie war leer und Sie konnten nicht starten. Sie mußten also laufen, und da überlegten Sie dann, daß man früher oder später Ihren Wagen doch entdecken würde. Sie mußten also eine glaubhaft klingende Geschichte erfinden und sie Al Storey erzählen, damit er den Wagen aus dem Kanal holte.«

»Hyzer, Sie sind ein total vernagelter Kerl.«

»Wundern Sie sich nicht ein wenig, daß ich auf Ihre Geschichte nicht hereinfalle?«

»Nicht nur ein wenig, Hyzer.«

»Aber Sie haben noch viel mehr Pech. Oder Sie haben etwas vergessen. Denken Sie doch einmal darüber nach!«

Ich dachte darüber nach. »Sie müssen etwas wissen, das Ihnen in den Kram paßt. Ich habe keine Ahnung, was es sein könnte. Etwas möchte ich Ihnen aber sagen: verlassen Sie sich nicht allzu sehr darauf, denn — egal, was es ist — es wird nicht das beweisen, was Sie bewiesen haben wollen, und wenn es noch so gut aussieht.«

»Sie haben Frank Baither nie im Leben gesehen oder von ihm gehört?«

»Nein.«

»Sie waren auch nie in seinem Haus?«

»Niemals.«

»Ich werde Ihnen jetzt etwas beschreiben. Es ist ein Beweisstück, das ich dem Staatsanwalt mit meinen Unterlagen übergeben werde. Es ist ein leerer an Sie adressierter Briefumschlag mit der Anschrift Bahia Mar. Der Stempel ist genau eine Woche alt. Auf der Rückseite des Umschlages befinden sich einige Notizen, vermutlich·in Ihrer Handschrift. Es sind Straßennamen und -nummern. Er war zweimal zusammengefaltet und naß. Erkennen Sie ihn nach meiner Beschreibung?«

»Ich glaube ja. Aber ich habe keine Ahnung, was Sie damit wollen. Jimmy Ames rief mich vergangenen Samstag an und lud mich zu Betsys Hochzeit ein. Er sagte mir, die Straße, die ich sonst benützte, sei geschlossen, weil eine Brücke gesperrt sei. Er gab mir die Umleitung durch. Ich griff in den Papierkorb hinunter, nahm einen Umschlag heraus und notierte mir die Straßen, die er mir nannte. Rufen Sie Jimmys Fischzucht an. Er wird es bestätigen.«

»Als der Anruf kam, daß Baither ermordet wurde, rief mich Deputy Cable zu Hause an. Ich fuhr sofort hinaus und überwachte die Nachforschungen. Nachdem die Leiche freigegeben worden war, schickte ich Deputy Arnstead dorthin auf Posten, damit bis zu einer genauen Untersuchung bei Tageslicht niemand in das Haus konnte. Ich war gerade auf dem Weg zu dieser Untersuchung, als Nagle anrief. Er beschrieb Sie, sagte mir, wo Ihr Wagen war und daß Sie den ganzen Weg zum Trail gelaufen seien. Da blieb mir nichts anderes übrig, als Sie zur Vernehmung herzuholen. Kurz nach elf war ich wieder im Haus von Baither und schloß mit Deputy Arnstead die Durchsuchung des Hauses und seiner Umgebung ab. Der Umschlag wurde auf dem Boden des Raumes gefunden, in dem Baither starb.«

Was konnte ich tun? Man konnte aufhören, um sich zu schlagen, und man konnte die Ellbogen anlegen und vorsichtig den Kopf einziehen. »Frage?« sagte ich.

»Ob Sie bezüglich Ihrer Rechte eine andere Einstellung finden können? Ja. Jederzeit.«

»Das wollte ich nicht fragen. Ich kann Ihnen genau sagen, was ich mit diesem Umschlag getan habe, wann und wo. Ich kenne Sie nicht, Hyzer. Aber hier wurde ein Beweis zusammengebastelt. Sie haben Meyer zusammenschlagen lassen, und Ihre Denkweise gefällt mir auch nicht. Wie Sie Ihren Job ausüben, ist auch nicht nach meinem Geschmack. Wenn ich keine Fragen mehr beantworten will und wenn Sie nichts mit dieser Beweisfälschung zu tun haben, dann werden Sie nur noch nachdrücklicher davon überzeugt sein, daß Sie die richtigen Leute erwischt haben. Sie könnten natürlich ebensogut die Wahrheit anhören, aber Sie wollen uns ja unbedingt festnageln. Ich weiß nicht einmal, ob das, was ich jetzt sage, auf Tonband aufgenommen wird; und wenn, dann können Sie diese Stellen ja nachträglich herausnehmen. Ich sitze irgendwie in der Falle, weil ich nicht weiß, was Sie eigentlich wollen. Sie können über Dinge reden, die Jahre zurückliegen und eine Verbindung zwischen diesem Baither und uns konstruieren. Lassen Sie uns aus dieser Sache heraus. Gegen uns liegt nichts vor.«

»Das hat doch nur zu bedeuten, McGee, daß Sie bisher keine schwerwiegenden Fehler gemacht haben.«

»Wieso sollte ich eigentlich diese ganze Hochzeitsgeschichte erfinden? Nur daß ich mich mit Angelzeug und frischen Barschen in Ihren Bezirk schleichen und Ihren besten Graduierten as Raiford umbringen kann? Das glauben Sie doch selbst nicht!«

»Dieser Glaube ist neunhunderttausend Dollar wert, McGee, und das wissen Sie. Und Sie rechneten selbstverständlich auch mit Straßensperren. Ein so auffälliger Wagen wie der Ihre muß natürlich richtig getarnt sein. Frische Barsche in Eis gepackt. Gar nicht schlecht, McGee.«

Soviel Geld ist natürlich durchaus ein beachtliches Motiv und es reicht, einen ganzen Haufen von Hyzers zu kaufen. »Ich halte es für besser«, sagte ich daher, »mit diesem Spielchen aufzuhören, Hyzer. Ich würde jetzt gerne einen Anwalt anrufen.«

»Einen ganz bestimmten Anwalt?«

»Ja. In Miami. Er wird die Gebühr bezahlen. Es ist Leonard Sibelius.« Ich musterte ihn dabei genau, aber sein Gesicht blieb ausdruckslos.

»Sie können morgen früh um neun Uhr anrufen«, erklärte er.

»Warum nicht jetzt? Sie verletzen damit meine Rechte.«

»Die würde ich nur verletzen, wenn ich Sie schon dem Staatsanwalt übergeben hätte. Sie haben sich bereit erklärt, Fragen zu beantworten, und seit acht Uhr vierzig sind Sie zur Vernehmung in Gewahrsam genommen.«

»Aber morgen ist Samstag, Sheriff.«

»Ja, der fünfundzwanzigste. King, Priskitt soll ihn in eine Einzelzelle bringen. Keine Kontakte zwischen McGee und Meyer.«

Der große Deputy hieß also King Sturnevan. Den kannte ich doch. Ich hatte diesen Burschen doch vor Jahren in Miami Beach gesehen. Jetzt war er sechzig Pfund schwerer. Er war mir damals langsam vorgekommen, aber seine Schläge hatten gesessen. Sein Nachteil war, daß seine Haut empfindlich war und leicht blutete, und das nützten seine Gegner auch aus, ehe er sie mit seinen harten Haken zu Brei schlug.

»Sheriff, würden Sie bitte diesem fetten, schwabbeligen, alten Schläger sagen, daß er es nicht wagen soll, mich so zu behandeln wie Meyer? Lennie Sibelius wird Ihnen auch so ausreichend einheizen.«

»Es gibt drei Zeugen für den Unfall Ihres Partners, McGee. Er rutschte aus, als er duschte und schlug mit dem Gesicht auf eine Holzbank im Duschraum.«

»Wenn mir dieselbe Sache zustoßen würde, wäre das aber ein komischer Zufall, oder nicht?«

Darauf antwortete er nicht, sondern griff nach dem Telefon. Sturnevan winkte mir zu und hielt die Tür auf.

Im Korridor sagte er zu mir: »He, Sie kennen mich? Haben Sie mich schon mal gesehen?« Seine Stimme klang weich, hoch und ein bißchen heiser.

»In Miami Beach. Einmal. Vor acht oder neun Jahren.«

»Das war ziemlich am Ende. Mit wem hab' ich da gekämpft?«

»Es war ein großer, dicker Kubaner. Den Namen weiß ich nicht mehr.«

»Ah, ja! Zehn Runden. Tiger Sowieso. In der neunten war er k.o., stimmt doch? Der Kerl hatte einen Bauch so hart wie eine

Eiche. Nicht mal mit den Wimpern gezuckt hat er, wenn er 'was von mir einstecken mußte. Aber dann hat er mir gleich zu Beginn der neunten die Braue aufgeschlagen. Ich wurde wahnsinnig wütend, denn wenn's der Ringrichter gesehen hätte, wär' Schluß gewesen. Er blieb dann auch endlich unten. Ja, das war mein letzter Kampf. Hatte schlechte Manager und empfindliche Hände, sonst hätt' ich weitergemacht.«

»Aber Meyer haben Sie nicht kräftig genug geprügelt, um Ihre Hände zu verletzen, was?«

»Er ist auf eine Bank gefallen, wie Mister Norm sagte.«

»Und sein Kopf ist wie ein Ball auf der Bank auf und ab getanzt, was? Muß interessant gewesen sein.«

»Ich sag' ihnen was, Mister. Ich war's nicht. Ich hab' ihn nicht angeführt, und ich hab' auch keinen anderen gesehen, der's getan hat. Das schwör ich. Ich hätt' ihn nicht so zugerichtet, ich nicht. He, Priskie, da kommt 'n Neuer. Einzelzelle, sagt Mister Norm.«

»Nettes Zellchen, Mister. Dort haben Sie's bequem. Brauchen nur zu klingeln, wenn Sie was wollen.« Priskitt war zwischen fünfzig und neunzig, kahl und verschrumpelt. Er verschwand mit dem Kopf in einer großen Kiste und fischte ein Bündel heraus, das er in einen Drahtkorb legte. »Alle unsere Gäste sind kostümiert«, sagte er. »Bringt sie erst in die richtige Stimmung.«

»Priskie, der Bursche da hat meinen letzten Kampf gesehen, als ich den großen Kubaner zu Boden schickte. Hab' ich dir schon davon erzählt?«

»Ungefähr vierzigmal.«

»Ich unterbreche ja nicht gerne Ihre komische Szene, Priskitt«, sagte ich, »aber wie geht es Professor Mayer?«

»Hab' ihm Aspirin gebracht und auch Eis, damit er dran saugen kann. Ich glaub' nicht, daß er sich großartig fühlt, aber vielleicht nicht mehr ganz so schlecht wie am Anfang.«

»Kommen Sie, McGee«, forderte mich King auf. »Duschen. Nehmen Sie den Korb mit.«

Der Duschraum roch nach Lysol, Schmierseife und Schimmel. Das Wasser tröpfelte lauwarm, und das Handtuch war dünn und grau. Was man in einer solchen Institution braucht, sind Freunde.

»King«, sagte ich deshalb, »ich schäme mich ein bißchen, wenn ich daran denke, daß Sie meinen Freund so zugerichtet haben. Ich hätte Sie für mindestens eine Klasse besser eingeschätzt.«

»Ach, zum Teufel! Versteh' schon, natürlich . . .«

»Ich habe Sie gesehen. Sie hätten einer von den Großen werden können. Da und dort mal ein bißchen Glück . . .«

»Ja, stimmt. Aber ich hab' nie Geld gehabt, um mir eine bessere Ausrüstung zu kaufen. Und meine Haut ist zu empfindlich. Mich bewegen, ja, das konnt' ich, und einstecken konnt' ich auch was.«

»Woher kommen Sie denn?«

»Aus New Jersey. Mit vierzehn war ich bei den Golden Gloves. Bei der Navy Champion im Halbschwergewicht. Vierzehn Jahre Profi, zwei Amateur. Einundneunzig Kämpfe, davon achtundsechzig gewonnen, siebzehn verloren, sechs unentschieden. Sagen Sie, McGee, welche Gewichtsklasse machen Sie? Eins-neunzig? Sie sind ganz gut in Form, meine ich. Je geboxt als Junge?«

»Nichts Ernsthaftes. Mal ein bißchen herumprobiert.«

»Ihre eigene Unterwäsche können Sie behalten. Coverall und Strohpantoffel ziehen Sie an, und Ihr Zeug stecken Sie in den Korb.«

Das tat ich. Der Coverall war sehr verwaschen und fadenscheinig, aber so weich und leicht wie zarteste Wolle.

»Lassen Sie mich mal sehen, McGee, wie Sie sich bewegen. Aber schauen Sie mich nicht so wütend an, ich will Sie doch nicht zusammenschlagen.«

Ich zuckte also die Achseln und begann mit meiner Standardvorführung, die eher den Bewegungen einer Marionette glich. Es war nichts dahinter. Er dagegen bewegte sich kaum und hielt seine riesigen Pranken ziemlich tief. Ein Profi ist und bleibt einer, und im Ernst hätte ich nicht die geringste Chance gegen ihn gehabt. Seine Langsamkeit täuschte, denn jede seiner Bewegungen saß. Ich weiß nicht, wie viele Jahre er älter war als ich, aber das war auch belanglos. Ich war direkt froh, als ich an der Wand stand und er breit grinsend seine Pranken zur Friedensgeste hob.

»Sie sind wirklich schnell, King«, sagte ich.

»Teufel, das scheint nur so, weil ich mir Ihre Reflexe ausrechnen kann. McGee, wenn Sie früh genug angefangen hätten, wären Sie gut geworden. Ihre Deckung ist recht ordentlich.« Er erzählte mir dann noch, wie ihn einmal Floyd Patterson in einem technischen K.o. besiegt hatte. Das konnte er anscheinend nach so vielen Jahren noch immer nicht überwinden.

»Was ist mit eurem Sheriff los, King?« fragte ich, als er die Zellentür hinter sich geschlossen hatte. »Was spielt er eigentlich für ein Spiel?«

»Der? Mister Norm spielt kein Spiel. Er hält das Gesetz in Ehren, und die Bezirkskommission deckt ihn hundertprozentig. Wir haben hier einen Fernschreiber, und er hat sofort überall Auskünfte über Sie eingeholt. War ja ziemlich perplex, daß nichts dabei 'rauskam.«

»Aber ihr habt ja feine Methoden. Meyers Gesicht so zerschlagen.«

»Ich geb' Ihnen mein Wort, McGee, das ist hier sonst nicht üblich.«

»Warum hat Deputy Billy Cable mich dann hier durchgeführt, als er mich zu Hyzer brachte? Damit ich Meyers Gesicht bewundern konnte?«

»Billy hat seinen Rüffel schon dafür bezogen. War mal bei der M.P. Mister Norm mag diese Tricks nämlich nicht.«

»Woher wissen Sie dann, daß Billy seinen Rüffel weg hat?«

»Sieht man doch. Er hat sich schrecklich geärgert, und da konnt' ich mir doch denken, warum. Inzwischen hat man natürlich auch gewußt, daß gegen Meyer nichts vorliegt. Er hat Billy praktisch die Haut über den Kopf gezogen.«

»Wer hat Meyer so zugerichtet?«

»Ich hab' nichts gesehen, ehrlich.«

Priskitt kam in die Zelle. »Hab' schon geglaubt, der Kerl hat dich angesprungen und ist entwischt, was, Champion? Soll ich dich mit ihm einsperren, damit du dich weiter mit ihm unterhalten kannst? Oder gehst du wieder an die Arbeit? Wär' ein besonderer Gefallen für Mister Norm.«

»Hat er nach mir gerufen?«

»Klar, Mensch. Beeil' dich.«

King Sturnevan verschwand in einem leichtfüßigen, fast hüpfenden Trott.

»Man scheint hier eine reiche Auswahl an Stellvertretern zu haben, Mr. Priskitt.«

»Oh! Gewählte Redensarten hört man hier selten, McGee. Ich würde sagen, Mister Norm hat eine angemessene Zahl von Stellvertretern, wie er sie eben für nötig hält, um dem Gesetz Achtung zu verschaffen. Und das tut er auch. Darüber können wir uns noch unterhalten . . .«

Damit eilte er davon, und ich streckte mich auf dem harten Bett aus.

4

Harte Bretter, darauf eine dünne, harte Matratze. Betonboden mit Ablauf in der Mitte. Helle Birne hinter einem Drahtgeflecht in der Decke. Gußeisernes Becken mit einem Wasserhahn, aber ohne Ablaufrohr, so daß das Wasser zwei Meter weit über den Zellenboden zum Ablauf rinnt. Toilette ohne Holzsitz und Deckel. Kein Fenster. Die untere Hälfte der Tür eine massive Stahlplatte, die obere Hälfte Eisenstäbe.

Einzige Möglichkeit: Arme über die Augen legen und abschalten. Wollte man darüber nachdenken, müßte man wütend werden. Im Zorn läßt sich's nicht klar denken.

Ich hatte schon oft und lange warten müssen. Katzenzeit; das Mauseloch bewachen. Und manchmal entkam einem dabei die Maus trotzdem.

Aber man lernt dabei, sich seines Gedächtnisses und seiner Vorstellungskraft zu bedienen. Man fischt etwas aus der Jugendzeit heraus. Schlittschuhlaufen, um nur ein Beispiel zu nennen; ruft sich jede Einzelheit ins Gedächtnis zurück. Wie man die Schlittschuhe an die Stiefel schrauben mußte, wie sie sich von Zeit zu Zeit lockerten, so daß man sich hinsetzen und die Schrauben nachziehen mußte. Oder man denkt an den Apfelbaum, an die Kellertür oder die Sandkiste. Man betritt ein Zauberland, und jeder Erinnerungsblitz holt eine andere Erinnerung aus dem Dunkel des Vergessens hervor.

Es gelingt aber nicht immer.

»McGee?«

Ich sah auf, erkannte Hyzer und ging zur Tür. »Ja, Sheriff?«

»Ich habe mir Ihr Problem überlegt, McGee. Ich will nicht, daß ein Urteil nur deshalb nicht durchkommt, weil eine Kleinigkeit nicht beachtet wurde. Wäre morgen ein Arbeitstag, würde ich nichts unternehmen. Es wäre aber etwas dagegen einzuwenden, wenn ich Sie über den Samstag hinaus hängen ließe. Jetzt ist es kurz nach vier, und es müßte Ihnen noch möglich sein, Ihren Mr. Sibelius zu erreichen.«

Miß Annie Carmichael, seine Sekretärin, war am Apparat.

»Bezahlen Sie das Gespräch, Miß?« fragte die Vermittlung.

»Natürlich! Travis, was ist denn los?«

»Eigentlich sehr wenig, denn ich sitze im Bezirksgefängnis des Cypress County. Ich stehe im Verdacht, irgendwelche Leute umgebracht zu haben.«

Bei Annie gab es kein ›ah‹ und ›oh‹. Sie ging sofort an die Arbeit, ließ sich die Nummer des Sheriffs geben und versprach, Lennie sofort über Autotelefon anzurufen. Falls er aus irgendeinem Grund nicht zu erreichen sei, werde sie ihn um sechs Uhr über den Marinesender suchen lassen.

Ich erklärte dem Heldensheriff, der Anruf werde entweder sehr bald oder erst kurz nach sechs Uhr kommen. Er sah auf die Uhr. »Warten Sie hier. Zehn Minuten. Stellen Sie sich an die Wand«, sagte er.

Man stellt sich also an die Wand. Die Hosenbeine enden eine Handbreite über den Strohlatschen. Den Bund kann man nicht zuknöpfen, weil es viel zu eng ist, und die Ärmel hören unmittelbar unter den Ellbogen auf. Man kommt sich also wie ein großes, groteskes, ungezogenes Kind vor, das etwas ausgefressen hat und von einem Mann in dunklem Anzug mit frischem Hemd bestraft wird.

Das Gesetz ist offensichtlich auf beschränkte und verängstigte Leute zugeschnitten. Das Endprodukt ist daher Haß, Mißtrauen, Angst, Gewalttätigkeit und Verzweiflung. Schwächen gibt es bei jedem Menschen, und das Gesetz nützt diese Schwächen schamlos aus. Mister Norm war eine Persönlichkeit, die außerhalb meiner Erfahrungen lag. Auf ihn paßte kein Schema.

Er nahm den Hörer ab und hielt ihn mir entgegen.

»Hallo, Lennie«, sagte ich.

»Von meiner Telefonkabine aus kann ich die startbereite *Witchcraft* sehen. Meine Gäste tragen die Lebensmittel und Getränke an Bord. Zwei süße Blondinen beklecksen einander mit Sonnenöl. War reizend, dich kennengelernt zu haben, mein Freund.«

»Danke, gleichfalls. Kreuze auf dem blauen Ozean und küsse die zwei Blondchen in meinem Namen.«

»Wird gemacht. Ist's schlimm?«

»Nein, ganz reizend! Zum erstenmal in deiner kurzen, meteorhaften Laufbahn wirst du die personifizierte Unschuld vertreten.«

»Ach, wie entzückend! Aber ich kann euch beide leider nicht als Stars herausbringen, sonst müßt ihr euch ehrliche Arbeit suchen oder ihr verhungert. Gegenwärtiger Status?«

»Zur Vernehmung in Gewahrsam genommen. Erst hielt ich es für belanglos, auf meinen Rechten zu bestehen, aber dann kam eine sehr schlechte Frage daher, und ich bestand nach reiflicher Überlegung dann doch auf meinen Rechten.« Wie sollte ich es ihm nur auf unverfängliche Art beibringen, daß er über Sheriff Norman Hyzer Auskünfte einholen sollte? Wenn ich nämlich von Hyzers Integrität und Vernunft überzeugt gewesen wäre, hätte ich ihm das mit dem Umschlag erklärt.

»Unschuld kann alle aufkommenden Fragen beantworten.«

»Wenn jeder ehrlich an der Wahrheit interessiert ist, Lennie.«

»Kann das Gesetz dort etwas gedreht haben?«

»Es wäre möglich.«

»Annie erwähnte etwas von umgebrachten Leuten.«

»Sie sagen, mindestens einer. Den Grund erwähnten sie nicht. Sie bezogen sich nur auf eine lange zurückliegende Sache mit neunhunderttausend netto.«

»Dann ist also die ganze Gegend mit Notizbüchern und kleinen Tonbändern verseucht?«

»Nein, absolut nicht.«

»Ich weiß, daß sie dort ein nettes kleines Nest haben. Letztes Jahr mußte ich meine Mühle mal dort aufsetzen, weil der Öldruck nicht mehr stimmte. Hör' mal, ich werde veranlassen, daß meine kleine Gesellschaft ausgeladen wird und sich irgendwo am Strand niederläßt. Ich mache da und dort einen Telefonanruf und so und dann ... Moment mal ..., ja, dann werde ich versuchen, das kleine Nest noch bei Tageslicht zu erreichen, so daß ich dich also gegen halb sieben in die Arme schließen und dein Händchen halten kann.«

»Und Meyers Händchen auch.«

»Ich hab' ihm doch schon immer gesagt, wohin schlechte Gesellschaft ihn führt.«

Hyzer hatte mich anschließend wieder in mein Gastzimmer geführt. Ich war wieder einmal sehr froh darüber, Lennie Sibelius zu kennen und ihm einmal einen Gefallen getan zu haben, den er wohl kaum jemals vergessen würde. Er war nicht sehr groß, trotzdem bemerkenswert, ziemlich mager und knochig, hatte einen großen Kopf und ein sehr ausdrucksvolles Gesicht, darüber einen Mop rostroter Haare. Seine Stimme war äußerst flexibel und reichte vom vertraulichen Flüstern bis zum tragenden, donnernden Pathos eines Bergpredigers. Phantastisch waren auch sein Gedächtnis und sein Wortschatz. Er konnte jederzeit über jedes erdenkliche Thema eine Rede halten. Er schlug die Zuhörer in seinen Bann und bezauberte sie mit seinem Charme. Italienische Anzüge, schnelle Wagen und Flugzeuge und schnelle Segelyachten. Seine Magerkeit schien ihn zum Invaliden zu stempeln, aber trotzdem konnte er, ohne zu ermüden, ohne Unterbrechung Tage und Wochen durcharbeiten und durchfeiern. Wie ein Motorpflug zog er seine Spur durchs Leben und ließ ein reiches Sortiment von leeren Flaschen, verliebten Blondinen und dankbaren Klienten zurück. Von denen, die sich's leisten konnten, kassierte er riesige Honorare, um sie denen, die nichts hatten, schenken zu können. Für einen Mann, der von Lennie Sibelius verteidigt wurde, fand sich immer in einem Magazin ein Plätzchen für eine gutbezahlte Lebensgeschichte, und wenn er ein armer Teufel war, bezahlte er mit seinen Rechten dafür. Groß im Einnehmen, groß im Ausgeben und sich immer irgendwie selbst auf den Arm nehmend. Sein Lachen über sich selbst war ironisch. Verloren hatte er nur einen einzigen Klienten. In dessen Verfahren gab es so zahllose Fehler, daß gar kein Zweifel daran bestehen konnte, wie der Prozeß vor dem Appellationsgericht ausgehen würde. »Ich hatte gerade einen so wunderschönen Schriftsatz fertig«, erzählte Lennie, »und da erhängt sich dieser verdammte Dummkopf in seiner Zelle. Zwei Wochen später stand sein Buch auf der Bestsellerliste.«

Ich war froh, daß er auf dem Weg zu mir war, denn die Geschichte machte mich nervös und sehr reizbar. Das ist eine der Strafen, die man zu bezahlen hat, wenn man sich von der Gesellschaft eine gewisse Rolle aufzwingen läßt.

Um halb sechs kam der Gefängniswärter Priskitt und eröffnete mir, ich könne mich für ein amerikanisches Staatsdinner entscheiden oder eine Bestätigung unterschreiben für ein Essen aus dem Gasthaus, und er empfahl mir das Gasthaus. Das Essen bestand aus einem Stückchen gebratenen Fleisches, gekochten Kartoffeln, verkochtem Kohlrabigemüse und einer Art Batteriesäure, die entfernt nach Kaffee roch. Der Apfelkuchen sah aus und schmeckte wie angefeuchtete und aufeinandergeschichtete Wellpappe. Fünf Dollar einschließlich fünfundsiebzig Cents für den Boten.

Lennie Sibelius erschien weder um sieben noch um acht Uhr. Ich überlegte mir schon, ob er seinen kleinen Vogel vielleicht in einen Sumpf getaucht hatte.

Um halb neun kam Prikitt und brachte mich in einen kleinen Raum am Ende des unteren Korridors, der nach schmutziger Wäsche roch. Lennie saß an einem zerbeulten Metalltisch und ließ einen handgenähten Schuh schwingen; dazu trug er blaßblaue Hosen und ein zitronengelbes Hemd.

»Dein Schneider, mein Freund, tut wenig für dich«, meinte er.

»Dann werden wir eben hier verschwinden und einen besseren suchen.«

»Keine Angst, wir verschwinden hier, aber noch nicht sofort.«

Ich setzte mich auf eine Bank. »Wann bist du gekommen?« Er berichtete, er sei schon länger als zwei Stunden hier und habe einige recht interessante Unterhaltungen geführt.

»Willst du etwas davon für das Tonband wiederholen?«

»Ich glaube, dieser Raum hier ist sauber, Trav. Wahrscheinlich hält er sich streng an seine Vorschriften. Das Verhältnis Anwalt—Klient ist eine vertrauliche Angelegenheit. Ich halte es durchaus für möglich, daß er einem Verdächtigen einen Spitzel in die Zelle setzt, aber ich bin überzeugt, er hält sich an die Regeln.«

»Da steckt noch etwas dahinter, Lennie.«

»Wenn du seinen Werdegang kennst, verstehst du's. Er stammt aus dieser Gegend. In der Oberschule prima Fußballer, war aber nicht schnell genug für die Profis. Hat ein kluges Mädchen von hier geheiratet. Beide wurden Lehrer. Sie gab ihm Sprechunterricht, gewöhnte ihm seinen Akzent ab. Beide arbeiteten in Rochester an einer staatlichen Schule. Dann wurde seine Mutter schwer krank, und er kam mit Frau und Töchterchen hierher zurück. Seine Mutter starb. Er versuchte gerade das Haus zu verkaufen, als ein paar Jungen aus Miami am hellen Tag einen Laden am Stadtrand überfielen. Dann klauten sie einen Polizeiwagen und rasten mit Blaulicht durch die Stadt. In einer Kurve fuhren sie auf den Gehsteig und an einen Betonleitungsmast. Einer war sofort tot, der andere ist seitdem verkrüppelt. Ehe sie aber an den Betonmast prallten, erfaßten sie Hyzers Frau und Töchterchen und schleuderten beide an die Mauer der Post. Sie waren sofort tot. Hyzer begrub die beiden neben seiner Mutter und verschwand. Ungefähr ein Jahr später war er wieder da und bewarb sich um den Posten des Sheriffs. Gehört keiner Partei an und ist unabhängig, hat mit großem Vorsprung gewonnen. Sentimentaler Favorit. Er lebt nur für seinen Job und hält seinen Bezirk sauber. Wenn er verrückt ist, dann aus einem produktiven Zwang heraus. Man sagt, er habe in aller Ruhe über jeden Politiker des Bezirks eine Akte angelegt, und denen wäre es lieber, wenn niemand etwas gegen Hyzer habe. Er macht Fernkurse in Bürgerlichem Recht, Kriminologie, Ballistik, Soziologie, Verbrechensverhütung, Rehabilitation und Strafvollzug.«

»Und ich gehöre also zu den Leuten, die Frauen mit kleinen Kindern an Betonpfosten zerquetschen, was?«

»Vielleicht. Aber äußerlich läßt sich das nicht erkennen.«

»Und an Meyer erkennt man es auch nicht?«

»Das paßt irgendwie nicht in die Geschichte hinein und stört mich. Ich werde es aber passend hinkriegen, und dann wird sich jemand mit allem Recht ganz schrecklich leid tun. Ehe aber überhaupt auch nur ein Umriß zu erkennen ist, müssen wir noch einiges wissen.«

»Was hat Hyzer dir gesagt?«

»Er berichtete mir alle Fragen und Antworten bis zu dem Punkt, an dem du dich geweigert hast, sein Spiel mitzuspielen.«

Ich berichtete ihm also von dem Umschlag mit den Notizen, die ich daraufgekritzelt hatte und daß und weshalb ich genau wußte, was ich damit getan hatte. Als wir Storeys Tankstelle erreichten, war in unseren Brieftaschen noch alles ziemlich durchweicht. »Wir nahmen alles heraus, um es zu trocknen. Du weißt ja, wie es ist: man trägt immer allerhand Mist mit sich herum. Ich machte ein Häufchen aus dem Kram, den ich nicht mehr brauchte, und ich weiß genau, daß der Umschlag dabei war, denn ich faltete ihn auf, um zu sehen, was ich da notiert hatte. Wenn das, was Hyzer sagt, stimmt, dann war Baither um diese Zeit schon tot. Nachdem die Tankstelle geöffnet hatte, nahm ich Meyers Abfälle und die meinen und warf sie in einen Abfallkorb mit leeren Öldosen und alten Zeitungen.«

»Daß heißt also, jemand hat ihn herausgeholt, ihn zwanzig Meilen nach Norden gebracht und ihn an den Polizisten vorbeigeschmuggelt, die Baithers Haus bewachen, um ihn drinnen irgendwo liegen zu lassen, wo man ihn finden mußte. Und das heißt auch, daß Hyzer glauben muß, es sei alles so abgelaufen.«

»Er muß mir aus der Tasche gefallen sein, während ich Baither umbrachte.«

»Immer schön langsam, mein Freund. Ich glaube nämlich, es

gibt da etwas, was Hyzer stört. Du kamst vom Lake Passkokee und wolltest nach Lauderdale. Hast du vorgehabt, unterwegs eine Pause einzulegen?«

»Nein.«

»Weshalb dann die Route 112 zum Trail? Schlechte Straße.«

»Ich wählte eine unmarkierte Straße nur deshalb, weil sie mich am schnellsten auf die direkte Route bringen sollte. Da aber alle Straßen aufgerissen sind, konnte ich nur hoffen, daß wir doch irgendwie auf die Straße treffen müßten, die wir brauchten. Ungefähr fünfzehn Meilen vor der Abzweigung nach Cypress City kamen wir auf die Route 112. Von da aus wollten wir zum Trail und dann weiter.«

»Und Hyzer zerbricht sich den Kopf darüber, wie ihr beide auf die Beschreibung passen könntet. Kannst du dich an den Überfall auf den Geldtransporter vor vier Jahren erinnern?«

»Knapp außerhalb von Miami? Nur vage. An den Trick dabei kann ich mich aber nicht mehr erinnern.«

»Ha, das war schön!« lachte Lennie. »Ausgesprochen schön. Die drei Clowns vom Geldtransport hielten sich immer an dieselbe Routine. Sie fuhren hin, parkten in einem Drive-in, aßen dort etwas und schlugen die Zeit tot, bis die Leute an den Rennkassen Zeit hatten, das Geld zusammenzupacken, zu wiegen und einzusacken. Dann luden die drei die Geldsäcke ein und brauchten fünfzig Minuten für die Rückfahrt zur Bank. Dabei wurden sie dann überfallen. Sie wachten auf einem Feldweg in einer gottverlassenen Gegend auf. Die Schlösser waren aufgebohrt, Wagen und Radio außer Betrieb gesetzt. Sie waren so benommen, daß sie nicht sofort Hilfe holen konnten. Man trennte und vernahm sie. Jeder erzählte dieselbe Geschichte. Fünfzehn Minuten, nachdem sie das Geld eingeladen hatten, waren sie furchtbar schläfrig geworden. Ein schweres Barbiturat ließ sich im Blut noch nachweisen. Der Fahrer war also an den Straßenrand gefahren und hatte sich gedacht, ein kleines Nickerchen würde ihn wieder erfrischen. Die anderen beiden saßen schnarchend neben ihm. Die Polizei fand sogar ein paar Leute, die einen Schleppwagen gesehen hatten, der den Panzerwagen vorne aufgehängt und ihn abgeschleppt hatte. Sie verfolgten ihn zurück bis zu einem kleinen Drive-in, in dem tagsüber nur zwei Leute arbeiten, ein Mann in der Küche und ein Mädchen an der Theke. Abends haben sie noch ein Mädchen für die Autos. Die Männer sagten, das Mädchen an der Theke sei neu gewesen. Eine Blondine. Sie hatten mit ihr herumgeschäkert. Ein anderer Bericht paßte dazu. Eine halbe Stunde vor Ankunft der Leute vom Geldtransport waren drei Männer mit einem Mädchen zum Drive-in gekommen. Sie hatten die Kellnerin und den Chef gefesselt in ein Lagerkämmerchen gesperrt. Der Mann war zu hysterisch, als daß er etwas Nützliches hätte sagen können, aber das Mädchen hatte einiges zu erzählen. Ein Mann war von deiner Größe, Trav. Ein anderer paßt auf Meyer. Der dritte war von durchschnittlicher Größe, aber sehr breit in den Schultern mit einem ausgesprochen dicken Hals. Sie dachte, vielleicht stand am Hinterausgang noch ein vierter Mann Wache, aber das wußte sie nicht. Sie sagte auch, das Mädchen sei sehr jung gewesen.«

»Du weißt eine ganze Menge darüber, Lennie.«

»Ich hatte einen Klienten, dem man die Sache anhängen wollte. Und jetzt, mehr als drei Jahre später, habe ich noch zwei weitere dazugekriegt.«

»Dieser Frank Baither war also auch dabei?«

»Sheriff Hyzer hat mir nicht seine sämtlichen Probleme anvertraut, mein Freund. Wir kamen überein, daß gegenseitiger Respekt die beste Grundlage sei. In diesem Stückchen Land gibt es einige Generationen von Baithers. Die einen sind sehr solide, die anderen nicht, aber alle sind zäh und flink, ein paar noch recht gerissen dazu. Wie Frank zum Beispiel. Wohnte allein auf dem alten Familienbesitz an dieser Straße. Manchmal war er Wochen oder Monate weg. Dann gingen alle Rechnungen an die Bank, die sie von einem Spezialkonto bezahlte. Kein sichtbares Einkommen. Kam er nach längerer Abwesenheit zurück, brachte er meistens einen Gast mit, fast immer eine hübsche Puppe in engen Hosen, die eine Weile blieb. Hyzer war es egal, was Frank Baither anderswo tat, er kümmert sich nur um seinen Bezirk. Dann passierte etwas Komisches. Der gerissene Frank Baither überfiel an einem Samstagabend stockbesoffen eine Tankstelle und verschwand mit dem Geld, das er anschließend richtiggehend verstreute. Er wurde aufgegriffen und eingelocht. Bekam fünf Jahre. Dreieinhalb davon hat er in Raiford abgesessen und wurde vor zwölf Tagen entlassen.«

»Und?«

»Erstens, der Bluttest ergab, daß der Betrunkene zwei, höchstens aber drei kleine Biere intus hatte. Zweitens, diskrete Nachforschungen zeigten, daß er genug Geld auf der Bank hatte, um eine Bürgschaft zu stellen für die drei Monate, die er auf seinen Prozeß zu warten hatte, aber er tat es nicht. Drittens, Frank hatte sehr vorsorglich alle jene Kleinigkeiten erledigt, die ein Mann tut, der für einige Zeit abwesend sein will, wie Fensterläden vorgelegt, Pumpen geölt und abgestellt, Ventilatoren abgeschaltet und so weiter. Das hat Hyzer festgestellt, als er sich nach Franks Verhaftung in dessen Haus umsah.«

»Na, schön. Er wollte also gut aufgehoben sein.«

»Hyzer meint, wenn Frank Baither damit rechnete, daß ihm jemand nach dem Leben trachtete, dann hätte er eher einen Hinterhalt für ihn gelegt, als daß er sich im Kittchen versteckte. Hyzer nahm sich sämtliche größere Sachen des Bezirks vor, die vor der

Zeit von Baithers Verhaftung lagen, und er kam immer wieder auf den Geldtransport in Miami zurück. Baither war von mittlerer Größe mit sehr breiten Schultern und einem Stiernacken. Als Kind hatte er für seinen Onkel gearbeitet, der Betonblöcke herstellte. Damals hat er so viel geschleppt, daß er zu solch überentwickelten Muskeln kam. Hyzer hatte sich überlegt, daß Frank Baither seine Partner übers Ohr gehauen haben mußte und mit dem ganzen Geld verschwunden war. Dann hat er sich mit dem Tankstellenüberfall freie Kost und Wohnung für längere Zeit verschafft und darauf vertraut, daß seine Partner nicht warten würden, bis er wieder herauskäme. Die Burschen, die harte Sachen drehen, haben nur ein paar produktive Jahre, Trav. Dann sind sie entweder im Untergrund oder hinter dicken Mauern verschwunden. Zwischen der Sache mit dem Geldtransport und dem Überfall auf die Tankstelle lagen zwei Wochen. Hyzer wollte ein bißchen mehr wissen, um weitermachen zu können. Er ließ sich also von Raiford berichten, was Frank tat. Am Ende des ersten Jahres hatte er dort ein paar Lateinamerikaner aufgetan, von denen er fleißig Spanisch lernte. Das paßte wunderbar. Herauskommen, Geld holen und verschwinden; dann konnte er für den Rest seines Lebens wie ein griechischer Ölreeder leben und konnte genug Spanisch, um seine künftigen Landsleute mit seinem Geld bestechen zu können.«

»Er hat dir aber sehr viel erzählt, Lennie.«

»Einiges erzählte er, anderes deutete er nur an, und das, was fehlte, konnte ich mir selbst hinzudenken. Dieser Sheriff hat Baithers Haus bis in den hintersten Winkel durchsucht und nichts gefunden. Aber noch etwas. Jemand hat Frank an einen Stuhl gefesselt, ihm einen ziemlich festen Schlag auf den Kopf verpaßt und dann seinen Kopf mit Isolierband umwickelt, so daß nur noch ein Ohr und der Mund frei war. Dann haben sie ihn gründlich bearbeitet. Er wußte genau, daß ihn nichts mehr retten konnte, und so redete er. Danach rammten sie ihm eine rostige Eishacke oder etwas Ähnliches ins Herz. Ende des Interviews. Es ist anzunehmen, daß er an dieser liebevollen Behandlung starb.«

»Also versteift sich Hyzer auf die verrückte Idee, wir beide hätten mit Frank Baither zusammengearbeitet und den Geldtransport überfallen, seine Spur wiederaufgenommen, als er aus Raiford entlassen wurde und dann eine komplizierte Geschichte inszeniert, damit wir ihn martern und umbringen konnten. Dann haben wir einen uns belastenden Umschlag zurückgelassen, meinen Wagen in den Kanal gefahren und schließlich ... Du lieber Himmel, Lennie, kannst du ihm das nicht ausreden? Wo ist denn das Geld?«

»Dort, wo Frank Baither es versteckt hat. Jetzt wißt ihr beide ja, du und Meyer, wo es ist, und ihr könnt euch Zeit lassen, es dort abzuholen.«

Er stellte mir unzählige Fragen, rekonstruierte die ganze Zeitspanne von unserer Abfahrt vom Lake Paskokee bis zu unserer Ankunft an der Tankstelle und ließ mich meine Geschichte ein paarmal wiederholen.

»Weißt du, die einzige Möglichkeit der Verteidigung ist die, daß wir eine Alternativmöglichkeit vorweisen, die hieb- und stichfest ist. Das Mädchen zum Beispiel, das dir vor den Wagen gerannt ist. Nehmen wir an, sie war das Mädchen, das Kellnerin spielte. Nehmen wir ferner an, Frank Baither war hinter ihr her. Hutch ist der große, der auf deine Beschreibung paßt, Orville paßt auf die Meyers. Sie nahmen sich Frank Baither in der vergangenen Nacht vor. Das Mädchen konnte gerade noch davonrennen. Baither stieg in seinen alten Kastenwagen und suchte nach Orville und Hutch. Um zehn Uhr bist du in den Kanal gefahren. Kurz nach elf wurde geschossen. Er dachte, er habe Hutch in den Kopf getroffen und wollte nun mit Orville verhandeln. Dann fuhr er zu seinem Haus zurück, paßte aber nicht mehr auf, weil er ja zu wissen glaubte, wo Hutch und Orville waren. Sie haben ihm aber aufgelauert. Vielleicht hatten sie in der Nähe einen Wagen versteckt und sind mit dem Mädchen jetzt vielleicht schon über alle Berge. Und das Auto haben sie voll Geld gepackt. Dieser verdammte Umschlag, Trav. Er ist ein Beweis. Weißt du absolut genau, was du mit ihm gemacht hast?«

»Daran gibt es nichts zu zweifeln, Lennie.«

»Dann lügt aber der Polizist, den Hyzer geschickt hatte, um Baithers Haus zu bewachen. Er sagte, niemand habe das Haus betreten. Kannst du dich an seinen Namen erinnern?«

»Arnstead, glaube ich. Aber wieso sollte jemand . . .«

»Warum, das kommt erst ganz am Ende der Liste, mein Freund. Erst kommt ›wie‹, ›wann‹, ›wo‹ und ›was‹. Besonders wichtig ist das WIE.«

Er öffnete die Tür und pfiff. Priskitt führte mich in meine fürstliche Privatwohnung zurück, nachdem Lennie mir eine gute, geruhsame Nacht gewünscht hatte. Er selbst, meinte er, würde wohl kaum zum Schlafen kommen.

Ich fragte Priskitt, wie es Meyer ginge.

»Fühlt sich schon besser. Ein faszinierender Mann. Mit solchen Gästen wie ihr es seid, fühlt man sich fast wie ein zivilisierter Mensch, McGee. Gute Nacht.«

Die Zellenlichter hatten Stufenschaltungen. Um zehn Uhr wurde das grelle Licht zu einem gelblichen Glühen.

Unwillkürlich überlegt man sich, wie es wäre, wenn man die nächsten zehn oder zwölf Jahre in einer solchen Zelle verbringen müßte, und ob man dann noch einigermaßen vernünftig wieder herauskäme. Ich habe einmal folgenden Satz gelesen: ›Das ein-

zige, was Gefängnisse tatsächlich kurieren können, ist Heterose-
xualität‹.

Zurück zum Umschlag. Dessen Mißbrauch war eine Improvisa-
tion, der Versuch, das Wasser zu trüben. Nachdem Sheriff Hyzer
mit uns weggefahren war, hat sich jemand diesen Trick einfallen
lassen. Ein Kunde oder ein Angestellter. Oder der Boß. Al Storey,
oder der dumme Terry. Oder der ältere, der im blauen Rambler
angekommen war. Henry. Alle hatten gehört, wie Hyzer sagte,
Frank Baither sei ermordet worden. Und Hyzers Verhalten uns
gegenüber ließ eindeutig darauf schließen, daß wir an der Sache
beteiligt seien.

Lennie, hol' uns hier heraus.

6

Bis elf Uhr rührte sich nichts. Dann erschien ein fröhlich vor sich
hinsummender Priskitt, der einen Kleiderbügel mit gereinigten
und gebügelten Kleidern brachte. Meine Toilettentasche hatte er
auch dabei.

Er schloß die Zellentür auf. »Priskitt zu Ihren Diensten, Sir.
Wollen Sie duschen? Sie können alleine gehen.«

»Diese Kleider waren . . .«

»Ja, ja, in Ihrem Koffer, und der war ebenso in Ihrem Wagen
wie Ihre Toilettentasche. Noch ein bißchen feucht, aber nicht
übermäßig schlimm. Mit Grüßen vom Cypress County, Mr.
McGee. Mit den Schuhen, Socken und der Unterwäsche komme
ich sofort noch einmal.«

»Wo ist mein Freund?«

»Ich denke, unter der Dusche.«

Aber Meyer stand am Waschbecken und rasierte sich langsam
und sehr vorsichtig die schwarzen Stoppeln aus seinem verschwollenen, mißhandelten Gesicht. »Sag bitte nichts, worüber ich
lachen muß«, bat er, als er mich sah.

‚»Wie schlimm ist es denn?«

»Es ergibt mindestens eine saftige Zahnarztrechnung. Was mir
Kummer macht, sind die Kopfschmerzen, eine gewisse Benommenheit und Doppelsehen. In meiner Wange scheuert und kracht
es. Lennie wird mich nach Lauderdale fliegen, und dort begebe ich
mich in ärztliche Beobachtung.«

»Wer hat es getan?«

»Es war ein großer Bursche mit breiten Backenknochen, kleinen dunklen Augen und sehr langen Koteletten. Ich habe mich
noch gewundert, weshalb er einen Lederhandschuh anzog. Du hast

mir ein paar nützliche Ratschläge gegeben, was man unter solchen Umständen tun könne, aber es hat nichts genützt.«

»Wer war alles dabei?«

»Deputy Cable. Er hat Einspruch erhoben.«

»Hat er ihn irgendwie abgewehrt?«

»Später ja. Zuerst sagte er nur, Mister Norm werde wütend sein, wenn er es erfahre. Er nannte den anderen Burschen Lew. Später erfuhr ich dann den ganzen Namen. Lew Arnstead, Deputy.«

»Und wo war Sturnevan? Der große, dicke Bursche.«

»Der war gegangen. Lew brauchte nicht lange, nur mir erschien es lange. Vielleicht fünfzehn oder zwanzig Sekunden. Ich weiß nicht genau, ob Sturnevan in dieser Zeit zurückkam, aber ich glaube, er war einer der beiden Männer, die mir halfen, in die Zelle zurückzugehen.«

»Meyer, hör mal. Es tut mir schrecklich leid.«

Er drehte sich zu mir um. Seine verschwollenen Augen sahen mich düster aus einem gelb-blau-grün-purpurnen Gesicht an. »Wie kann man sich gegen das Unerwartete schützen, McGee? Ich könnte das Vergnügen, dein Freund zu sein, aufgeben und mich damit bis zu einem geringen Grad vor dem Unerwarteten schützen. Aber da gibt es doch einen Fall, wo eine Frau im Bett von einem weißglühenden Meteoriten verletzt wurde, der weiß Gott aus welcher Galaxis auf unsere Erde geschossen kam. Ich weiß unseren Nachtmarsch zu schätzen, Travis. Und wie die Dämmerung einbrach. Und das Gefühl, am Leben zu sein, nachdem auf uns geschossen wurde. Ich bin erwachsen und treffe meine Wahl. Damit muß ich dann leben. Mein Gesicht tut weh und mein Kopf schmerzt, und den Kerl mit den langen Koteletten würde ich am liebsten umbringen, egal womit. Ich fühle mich geschändet, gedemütigt und sehr müde. Ich bin trotzdem froh, daß ich mitgekommen bin.«

»Du hältst dich tapfer.«

»Tu mir nur den einen Gefallen und zieh endlich dieses fürchterliche Zeug aus.«

Als Sturnevan kam, um uns zu holen, war er fertig. Er drehte Meyer zum Licht und musterte ihn genau. »Sehr schön schauen Sie ja nicht gerade aus, Professor.«

»King«, sagte ich, »vielleicht bietet sich mir eine Möglichkeit, mit Lew Arnstead Bekanntschaft zu schließen, wenn er dienstfrei hat.«

»Das wär' genau jetzt. Meinen Sie's ernst, McGee?«

»Sehr ernst. Ich brauche nur Ihren fachmännischen Rat dazu.«

»Er hat ziemlich viel Kraft. Mit einem von Ihrer Größe macht er nicht viel Umstände. Ein Tritt in die Lenden wahrscheinlich. Sie müssen nur so tun, als käme er damit durch. Er ist Rechtshänder.

Kickt mit dem rechten Fuß. Passen Sie auf, wenn er das Gewicht verlagert. Dem Fußtritt seitlich ausweichen, dann den Knöchel fassen und nach oben reißen. Dann tun Sie, was Sie können und möbeln ihn so gründlich auf, wie es Ihnen gelingt. Hat er verdient.«

»Vielen Dank, King.«

»Mister Norm wartet schon auf Sie beide.«

Kein Posten an der Tür, nur Lennie, Sheriff Hyzer und ein paar Kleinigkeiten auf dem Schreibtisch.

Lennie räkelte sich lächelnd in einem hölzernen Armstuhl. Hyzer saß aufrecht hinter seinem Tisch. Er bot uns Stühle an. Zu Meyer sagte er: »Ich versichere Ihnen, daß das, was mit Ihnen geschehen ist, gegen die Gepflogenheiten dieser Dienststelle verstößt.«

»Mein Klient akzeptiert das«, antwortete Lennie rasch.

»Arnstead war zum Zeitpunkt dieses — Vorfalles nicht im Dienst«, erklärte Hyzer. »Er hat hier nichts zu suchen. Was er tat, geschah ohne offizielles Wissen und ohne offizielle Billigung. Er wurde fristlos aus dem Dienst entlassen und der schweren Körperverletzung angeklagt. Deputy Cable erhielt einen Dienstverweis und eine Geldstrafe, weil er nicht eingegriffen hat. Bitte, nehmen Sie meine persönliche Entschuldigung wegen des Vorfalles an.«

»Ich akzeptiere sie«, antwortete Meyer.

»Mr. Sibelius schlug vor, daß die Rechnungen über ärztliche und zahnärztliche Behandlungen hierher geschickt werden. Sie werden von hier aus beglichen, wenn nicht vom Bezirk, dann von mir persönlich.«

»Entschuldigt man sich auch bei mir?« fragte ich.

Hyzer starrte mich mit Augen an, die wie gefroren aussahen.

»Er macht einen Witz, Sheriff«, sagte Lennie.

»Tatsächlich? Ich habe wenig Sinn für Humor, Mr. McGee. Ihre Rechte und Ihre Person wurden nicht beeinträchtigt. Ich entlasse Sie deshalb, weil Mr. Sibelius mir sehr nachdrücklich vorschlug, ich solle eingehendere Nachforschungen über Ihre — Version anstellen, was Donnerstagnacht geschehen ist.« Seine Worte kamen so hölzern und gedrechselt heraus, daß sie mir wie ein Panzer erschienen, mit dem er sich vor der Welt zu schützen versuchte.

Er deutete auf eine alte, rostfleckige Automatic vom Kaliber .38. »Diese Waffe wurde in einem Palmettogebüsch auf Baithers Grundstück gefunden, etwa fünf Meter von der Stelle entfernt, wo der Kastenwagen geparkt war und fast genau auf der Höhe der Hinterveranda. Im Ladestreifen waren zwei Patronen. Seitlich am Ladestreifen ist ein Fingerabdruck, der sich mit Baithers linkem Daumen deckt. Er ist genau an der Stelle, an die ein Mann logischerweise greift, wenn er die Waffe lädt. Wir können annehmen, daß es Baithers Waffe ist und in der Dunkelheit verlorenging, als Baither auf dem Weg vom Wagen zum Haus überwältigt wurde. Es ist nicht festzustellen, wie viele Schüsse abgegeben wurden, da wir nicht wissen, wie viele Patronen im Ladestreifen waren. Es wurde aber vor kurzem mit dieser Waffe geschossen. Ein Wachstest an der rechten Hand des Toten ergab, daß er kurz vor seinem Tod eine Waffe abgefeuert hat.«

Drei leere Patronenhülsen lagen sauber nebeneinander auf dem Tisch. »Eine dieser Hülsen wurde auf dem Boden des Kastenwagens gefunden. Die zweite fand man heute früh auf der Böschung der Straße ungefähr zehn Meilen südlich von dem Punkt entfernt, wo Ihr Wagen in den Kanal fuhr. Man suchte das ganze Gebiet mit äußerster Sorgfalt nach Fußspuren ab. Der Gipsabdruck der besten Spur deckt sich mit dem des linken Schuhes, den Sie trugen, Mr. McGee, als Sie in Gewahrsam genommen wurden. Die dritte Patronenhülse wurde aus dieser Handwaffe abgeschossen. Einen ballistischen Test haben wir mit einem Handvergrößerungsglas durchgeführt, nicht aber mit einem Mikroskop. Der Test der Zündnadelspur läßt den Schluß zu, daß alle drei Patronen von derselben Waffe abgeschossen wurden.«

»Das ist für meinen Klienten äußerst beruhigend«, versicherte Lennie.

»Eigentlich«, fuhr Hyzer fort, »würde all' dies nicht genügen, um diese Leute zu entlassen, denn es gibt zu viele Möglichkeiten für Alternativerklärungen. Der gefundene Umschlag schien nämlich ein schlagender Beweis dafür zu sein, daß einer von Ihnen oder Sie beide innerhalb des Baither-Hauses gewesen waren. Mr. Sibelius machte mir dann allerdings den Vorschlag, Arnstead zur Abänderung seines Berichtes zu veranlassen. Er war beauftragt, dieses Haus zu bewachen.«

»Arnstead brauchte doch nur ein kleines Loch in seiner Geschichte zu lassen«, bemerkte Lennie, »ein Loch von ein paar Minuten, in denen dieser Umschlag hineingeschwindelt werden konnte. Ich bin aber der Meinung, dieses Loch ist so groß, daß man einen Laster hindurchschicken könnte. Norman, mein Freund Meyer ist sehr mitgenommen, und ich würde ihn gerne nach Lauderdale hinüberfliegen, wenn Sie es gestatten. Trav, ich nehme an, du möchtest gerne deine alte Mühle trocknen und aufbügeln lassen.«

»Ich würde vorziehen«, schlug Hyzer vor, »wenn Mr. McGee im Cypress County bliebe, bis ich meinen . . .«

»Aber Norman, Sie haben meine persönliche Garantie, daß ich die beiden jederzeit hierherbringen kann.«

»Ich glaube, es wäre aber besser . . .«

Lennie lächelte entwaffnend. »Norm, eine Hand wäscht doch die andere! Berühmter Wirtschaftswissenschaftler brutal zusammengeschlagen und grundlos im Gefängnis des Cypress County festgehalten.«

»Ich weigere mich . . .«

»Na, kommen Sie schon, Norm! Natürlich sagt mir Ihre Denkweise zu, und ich glaube auch, Sie sind der erste Polizist, der eine heiße Spur zu diesem Geldraub hat. Ich nehme es Ihnen wirklich nicht übel, daß Sie darüber den Mund halten, denn ein Wort von Ihnen, und die ganze Journalistenmeute würde über Sie herfallen! Nein, nein, das will ich ganz bestimmt nicht, und es würde mir absolut nicht passen, wenn man Sie fragen würde, weshalb Sie diesen Baither, wenn Sie ihm schon diesen Geldraub zutrauen, nicht rund um die Uhr haben überwachen lassen! Sie würden mit Schlagzeilen kommen wie: BAUERNSHERIFF VERPFUSCHT GROSSEN FALL, und das würden Sie bestimmt nicht verdienen.« Er zuckte die Achseln, drehte sich um, blinzelte mir zu und runzelte gleichzeitig die Brauen.

Ich hakte sofort ein. »Lennie, schau mal. So wichtig ist es ja nun auch wieder nicht, daß ich nach Hause komme. Ich bin durchaus bereit, noch eine Weile in der Gegend herumzuhängen, falls Sheriff Hyzer mich brauchen sollte. Aber ich habe nicht genug Geld bei mir, um den Wagen zu bezahlen. Wenn du mir vielleicht . . .«

»Jederzeit gerne, mein Freund«, unterbrach mich Lennie und holte jene Geldklammer aus Platin und Smaragd aus der Brusttasche, die ihm einmal eine dankbare Klientin verehrt hatte. Es hätte nicht zu Lennie Sibelius gepaßt, wenn er das Geld abgezählt hätte. Er nahm die Scheine aus der Klammer, behielt ein paar Fünfziger für sich und schob mir den ziemlich dicken restlichen Packen zu.

»Ich begrüße Ihre Bereitwilligkeit außerordentlich, Mr. McGee«, erklärte Hyzer. »Lassen Sie mich nur wissen, wo Sie wohnen.«

Wir suchten unsere Sachen zusammen. Cypress County hatte Wäsche und Reinigung bezahlt — als Entschuldigung sozusagen, und Lennie hatte einen weißen Buick Convertible für mich gemietet. Ich brachte die beiden zu dem Platz hinaus, auf dem Lennies Flugzeug stand. Die kleine Apache war aufgetankt und startklar.

»Wohnen kannst du sehr nett im White Ibis Motor Inn«, erklärte mir Lennie. »Aber essen darfst du dort nicht. Das tust du in Mrs. Treffer's Live Oak Lodge and Dining Room. Exzellent, sage ich dir!«

»Jetzt aber Moment mal, Lennie. Ich hab' deinen Ball aufgefangen, aber jetzt wüßte ich recht gerne, was, zum Teufel, hier eigentlich gespielt wird.«

»Neunhunderttausend Dollar sind im Spiel«, meinte Meyer ein bißchen undeutlich. Das Sprechen fiel ihm noch immer schwer.

»Also hab's nicht allzu eilig, von hier wegzukommen«, riet mir Lennie.

»Ich habe heute aber einen vernagelten Tag. Erklärt mir doch etwas.«

»Es gefällt mir, wie Norm denkt. Es paßt alles so schön zusammen. Und es wird nicht lange dauern, dann pickt er sich auch einen heraus.«

»Die sind doch längst über alle Berge!«

Lennie lächelte. »Bei Gott, du hast wirklich einen vernagelten Tag! Wenn sie tatsächlich längst weg wären, welchen Sinn hätte es dann gehabt, diesen Umschlag an den Tatort zu praktizieren? Die in diesen Fall verwickelten Leute müssen hier so festhängen, daß es jedem auffiele, wenn sie verschwinden wollten. Wenn sich Norm einen herauspickt, dann braucht er den verdammt besten Anwalt, den er auftreiben kann. Und der oder sie müßten sich's leisten können, mich zu bezahlen.«

»Vielleicht kann ich mit einem Plakat vor dem Bauch vor dem Kittchen auf und ab laufen?« schlug ich vor.

»Die Rechtsanwaltskammer würde es mißbilligen. Die rümpfen ja sogar schon die Nase über meine kleine Dekoration am Flugzeug und sogar an meiner Yacht.«

Er deutete auf seine Maschine, und ich sah mir die Dinger genauer an. Es waren ein paar Abziehbildchen in Briefmarkengröße, die einen stilisierten schwarzen Galgen auf weißem Grund darstellten. Der Galgen war jeweils mit einem großen roten X durchgestrichen. Es waren fast drei Reihen direkt unter der Pilotenkanzel, achtundzwanzig Stück.

»Sag' mal, willst du einen Jahrmarktsausrufer anstellen?«

»Trav, mein Freund, ich dachte mir, du könntest ein bißchen in der Suppe herumrühren und sie schön am Kochen halten. Norm könnte dann nämlich wahrscheinlich früher einen erwischen.«

»Ihm paßt es aber sicher nicht, wenn ich die Suppe rühre. Und wenn ich's versuche, lädt er mich sofort wieder in sein Hotel ein.«

»Wenn du's ungeschickt machst, dann sicher. Aber ich traue dir doch einige Geschicklichkeit zu. Sollte trotzdem etwas passieren, bin ich sofort hier und boxe dich heraus. Sibelius schläft nie. Denk mal daran. Du hast mir doch versprochen, mir bei den Nachforschungen vor Prozessen zu helfen.«

»Ich habe keine Lizenz und will auch keine. Mir hängt das Cypress County schon jetzt zum Hals heraus.«

»Du brauchst doch keine Lizenz! Wofür denn? Du stehst auf meiner Gehaltsliste.«

Ich holte das Geld aus meiner Tasche und zählte es. »Neunhundertvierzig?«

»Wenn du mehr brauchst, dann melde dich.« Er schlug mir auf die Schulter. »Schau mal, ohne den alten Sibelius säßest du noch im Kittchen. Meyer auch. Du riefst — ich kam. Berechne ich dir dafür etwas? Pfui, ich lasse mir doch von einem Freund keinen Gefallen bezahlen! Hältst du mich für habgierig und filzig? Du brauchst hier nichts zu tun als ein bißchen herumzuhorchen, da und dort einmal ein Wort über Frank Baither fallen zu lassen, dem einen oder anderen einen Drink zu kaufen, den Leuten die Wahrheit über mich zu sagen. Aber nicht übertreiben! Nur erwähnen, daß ich der tüchtigste Strafverteidiger der ganzen Gegend bin. Ist das zuviel?«

»Du bist ein Unikum, Sibelius! Aber sag mal, wie hast du's fertiggebracht, daß Arnstead seinen Bericht geändert hat?«

»Er mußte gelogen haben. Sonst hättest ja du gelogen. Zufällig erfuhr ich gestern abend, daß Lew Arnstead der größte Stier im ganzen County ist. Mehr eine Manie als ein Hobby. Und dann natürlich die Zeit. Zwanzig vor sieben, als Storey kam, seinen Laden aufzumachen, warst du an der Tankstelle. Um halb acht holte euch Hyzer mit Cable ab. Dann seid ihr ein paar Minuten dabeigewesen, als dein Wagen herausgeholt wurde, deshalb warst du erst Viertel nach acht im Kittchen. Arnstead hatte eine lange Schicht. Um halb neun ging er zum Baither-Haus und rief von dort aus an, ob man ihn ablösen könne. Hyzer ließ ihm bestellen, er müsse noch bleiben, bis er selbst gegen elf Uhr hinauskäme. Dann habe er dienstfrei. Und jetzt kannst du die logische Frage stellen, McGee.«

»Moment mal. Er hatte Hyzer schon früher erwartet und deshalb auch eine Verabredung getroffen. Jetzt mußte er aber mindestens zwei Stunden länger Dienst machen. Also das Telefon. Tur mir leid, mein Schätzchen, ich kann nicht. Aber du könntest doch eigentlich zu mir herauskommen?«

»Zu Baithers Haus?«

»Nein, nicht genau. Er mußte ja mit Hyzer rechnen.«

»Und wie wär's mit einer alten Matratze am Boden des Pumpenhauses, das zehn Meter hinter der Rückveranda steht?«

»Das würde passen.«

»Hyzer nahm also meine Anregung auf, ließ Lew Arnstead kommen und sagte ihm, er solle erklären, was er am Freitag um neun Uhr mit einer Frau im Pumpenhaus zu schaffen hatte, wenn er doch auf das Haus aufpassen sollte. Arnstead versuchte allerhand Ausreden, aber Hyzer ließ nicht locker. Den Namen der Frau nannte Arnstead allerdings nicht. Er behauptete, er sei mit ihr nur zehn Minuten zusammen gewesen und habe dabei die Zufahrt zum Haus im Auge behalten. Sie sei mit dem Wagen gekommen und eine alte Freundin. Also spitze deine Ohren, mein Freund, und sieh zu, daß du den Namen dieser Dame herauskriegst.

Jemand konnte sie zur Ablenkung geschickt haben, um ungestört den Umschlag ins Haus bringen zu können. Jeder Pfadfinderpimpf könnte die Haustür mit einem Zündholz aufsperren.«

»Für einen Freund spitze ich sogar die Ohren.«

Ein rothaariger Junge in ölfleckigen Hosen kam heraus, um von Lennie die Unterschrift für die Treibstoffkarte zu bekommen. Lennie rollte zum Wartestreifen, wärmte dort den Motor an, schwenkte endlich auf die Startbahn ein und zog über die Zwergpalmen und Lebenseichen hinauf in den dunstigen Himmel über dem Marschland. Viel Glück, Meyer, und bitte keine Gehirnblutung! Dein Kopf ist viel zu wertvoll und liebenswert.

Der weiße Buick war ein Schaufahrzeug, alles mechanisch. Im Nu war ich in der Stadt. Und jetzt lächeln, McGee, Zähne zeigen und den hübschen Mädchen nachhupen. Aber such' dir nicht die Sorte aus, die dir sonst gefällt, besser die andere. Vielleicht tut sich dann etwas.

7

Das White Ibis Motor Inn gehörte zu jener Klasse von Etablissements, die vom Computer geplant und genau an der richtigen Stelle, in der richtigen Größe und Ausstattung und mit dem haargenau richtigen Personal betrieben wurden. Die Dame am Empfang wies mir im genau richtigen Ton Unit 114 zu, kreuzte sie auf ihrem Plan aus und zog eine Linie vom Empfang dorthin, um mir den kürzesten Weg zu beschreiben, damit ich meinen Wagen in den genau richtigen schrägen Parkplatz abstellen konnte. Sie sah ein bißchen betrübt drein, weil sie mir nichts über die vermutliche Dauer meines Aufenthaltes sagen konnte. Die Leute müßten das doch wissen, damit man alle Unterlagen immer bestens in Ordnung halten konnte.

Ich packte ein bißchen aus, duschte und legte mich auf das Bett. Tendenz lustlos. Psychologen nennen das eine Persönlichkeitskrise. In letzter Zeit war mir manches nicht mehr so recht von der Hand gegangen, und sogar vor dem Sheriff hatte ich mich eher wie ein großmäuliger Junge benommen, der leere Drohungen ausstößt.

Jemand hatte auf recht raffinierte Art versucht, uns in ein abscheuliches Geschäft zu verwickeln, doch Lennies Überredungskunst und Hyzers Genauigkeit ließen das Kartenhaus in sich zusammenfallen.

Aber jeder Käfig hat etwas Erschreckendes an sich. Manchmal hält man ihn für größer als er ist, und mancher vermittelt sogar die Illusion vollkommener Freiheit; das ist dann der gefährlichste.

Ich mußte mich dazu zwingen, aus dem Telefonbuch die Nummer von Hyzers Dienststelle herauszusuchen, um der Vermittlung meine gegenwärtige Adresse zu melden. Dann zog ich mich an, stieg in den weißen Buick und fuhr zu Johnnys Straßendienst. Es war eine ziemlich große Werkstatt mit Lackiererei, Spenglerei und allem, was dazugehört, aber jetzt, am Samstagnachmittag, schlief sie in der warmen Aprilsonne. Ein alter Mann saß in dem winzigen Büro und las ein Krimimagazin, und ein mageres Mädchen in Jeans und Büstenhalter rieb Wachs auf einen metallgrünen MG.

Am Zaun standen die Fahrzeuge aufgereiht. Miß Agnes sah wie eine ehrsame Witwe unter Teenagern aus. Ich ging hinüber zu ihr. Ein lang aufgeschossener etwa neunzehnjähriger Junge kam aus der Werkstatt geschlendert. Er hatte ein schwärzliches Sporthemd an, und seine ölfleckigen Jeans waren an den Hüftknochen aufgehängt. Dickes, schwarzglänzendes Haar hing auf seine breiten Schultern.

»Sind Sie Mr. McGee?« Ich nickte. »Ich bin Ron Hatch. Mein Vater ist Johnny Hatch. Ihm gehört die Werkstatt hier. Er wollt' es nicht erlauben, daß ich an dem Rolls herumpfusche, weil wir sowieso den Hof vollstehen haben. Aber wissen Sie, ich konnt' den Wagen einfach nicht so herumstehen lassen. In meiner Freizeit könnt' ich daran arbeiten, hat er gesagt. Hab' vor einer Stunde damit aufgehört, die Haube herausgezogen und den Tank gereinigt, alle Leitungen durchgeblasen, das Zündsystem getrocknet und die Batterie aufgeladen. Der Reifen ist ja im Eimer, und einen Dunlop von dem Format kriegen Sie am besten in Miami.«

»Ich bin sehr froh, Ron, daß du dich drum gekümmert hast.«

»Wär' ja auch schade. Ist ein großartiges Biest. Alles Handarbeit und picksauber. Die Isolierungen haben phantastisch gehalten, Mr. McGee. Nur ein Problem gibt's dabei.« Er hatte die großen, bananenfingerigen Hände des geborenen Mechanikers und zog damit nun eine komplette Armatur aus der Tasche. »Sehen Sie den frischen Bruch da? Das kann passiert sein, wie Sie über die Böschung gingen und in den Kanal tauchten. Dieses Teil sitzt vorne links am Ende des Lenkhebels. Ich hab', damit man den Wagen hier auf dem Hof herumkutschieren kann, eine Klammer drangemacht, aber fahren Sie ja nicht damit! Hier in der Nähe kann niemand das Teil erneuern, und es muß ja auch ganz genau sitzen, sonst kriegen Sie doch nur Ärger damit.«

»In Palm Beach habe ich einen Freund, der hat so ziemlich alle Teile für sämtliche Rolls-Modelle, die es gibt, auf Lager.«

»Vielleicht können Sie's von dem besorgen. Inzwischen könnt' ich vielleicht noch an der Karosserie und an den Kotflügeln was ausbeulen.«

»Was bin ich dir bis jetzt schuldig?«

Er sah ziemlich verlegen drein. »Wissen Sie, wir sind ja hier an die Tarife gebunden. Fünfundsiebzig für's Schleppen, zehn pro

Tag für's Abstellen, macht mit der Steuer hundertneun und zwanzig Cents. Heute früh kam der Anruf vom Sheriff, daß Ihnen der Wagen übergeben werden kann, und von da ab fallen die zehn für's Abstellen weg.«

»Und wenn er neunzig Tage gestanden hätte, was dann?«

»Wissen Sie, manche Leute verzichten dann lieber auf den Wagen, wenn er's nicht mehr wert ist. Dad verkauft ihn dann so gut es geht. Man hat ja gehört, Sie und Ihr Freund hätten diesen Frank Baither gekillt, und da meinte mein Dad, es hätt' keinen Sinn, an dem Wagen was zu machen. Aber wissen Sie, eine so feine Maschine läßt man nicht einfach so stehen. Ich hab's nicht über's Herz gebracht. Ich meine, wenn Sie für's Abschleppen und so nichts bezahlen wollen, dann . . .«

Ich nahm einen Hunderter und einen Fünfziger aus Lennies Geldpaket. »Besorg' mir bitte eine quittierte Rechnung über das Abschleppen und das Abstellen. Den Rest verrechnest du einstweilen mit deinen Stunden, und das übrige machen wir aus, wenn du ganz fertig bist, ja?«

»Karosserie auch?«

»Du verwendest doch hoffentlich keinen Pinsel, oder?«

»Solche Scherze sind bei mir nicht drin, Mister.« Ich wußte genau, wie er es machen würde. Mit dem Gummihammer wird jede Beule sorgfältig ausgeklopft, sandgestrahlt, gebrannt, geschliffen und dort, wo es nicht anders geht, eine Kleinigkeit Blei aufgetragen. Nach dem Grundieren wird geschliffen, nach dem ersten Lack wieder, und der Lack ist die beste Qualität, die aufzutreiben ist. Und das wird so lange gemacht, bis man sich im Lack spiegeln kann.

»Glaubst du, daß du die Farbe genau hinkriegst, Ron?«

»Das ist eine Heinzelmännchenarbeit. Garantieren kann ich nicht dafür. Mir wär's lieber, ich könnt' ihn ganz lackieren. Gelb in vielen Lagen mit Golflockenlack und jedesmal abschleifen . . .«

»Tut mir leid, er muß blau bleiben. Sentimentale Gründe.«

Er zuckte die Achseln. »Gleiche Schattierung?«

»Muß nicht haargenau sein.«

Jetzt lächelte er erleichtert. »Den krieg' ich schon hin, warten Sie nur ab. Hoffentlich kriegen Sie das Ersatzteil bald, denn einstellen kann ich ihn erst richtig, wenn ich ihn auf der Straße hab'.«

»Ronnie!« schrie der alte Mann aus dem Büro. »Telefon!«

Mit langen, ausgreifenden Schritten verschwand der Junge. Dieses Bild prägte sich tief in mein Gedächtnis und überlagerte das jenes Mädchens, das nachts vor mir über die Straße rannte. Mir fiel die Ähnlichkeit auf, eine Familienähnlichkeit; nicht mehr allerdings, denn das Mädchen war ganz und gar Mädchen gewesen, und dieser Renner war ein ebenso ausgesprochener Junge. Im allgemeinen mag ich langhaarige Jungen nicht, da sie mich immer an Armykrankenschwestern erinnern. Wenn sie einen Bart haben, dann wirken sie irgendwie romantisch und altmodisch-galant, ohne Bart meistens ziemlich weibisch. Ron war eine Ausnahme.

Ob Norm schon eine Ahnung hatte, wer jenes Mädchen gewesen war? Für mich stand fest, daß sie von Anfang an in diese Geschichte verwickelt war; ein junges Mädchen, das mit einer blonden Perücke Kellnerin spielt und das ausgerechnet an jenem Nachmittag, an dem die Männer vom Geldtransport betäubt worden waren.

Oder vielleicht hatte sie nur Frank Baither ablenken sollen, damit Orville und Hutch leichter an ihn herankamen. Oder sie war Baithers Freundin, was mir nach vierzig Monaten erzwungener Enthaltsamkeit besonders verständlich wäre. Jedenfalls mußte jemand hinter ihr her gewesen sein, und das Geräusch meines Wagens verwischte jenes, mit dem sie durch das Gebüsch brach. Aber warum lief sie dann *vor* meinem Wagen über die Straße und nicht *dahinter?*

Ich sah gerade in meine alte Miß Agnes hinein, als Ron zurückkam. Alles war sauber und ordentlich.

»Ah, fast hätt' ich's vergessen. Ihr Angelgerät, das Werkzeug und alles andere ist hier im Lager eingesperrt. Ich habe eine Liste gemacht. Sonst verschwindet zuviel. Vielleicht ist schon was verschwunden, bevor ich die Liste machte. Wollen Sie mal nachsehen?«

»Vielleicht später.«

»Keiner hat damit gerechnet, daß Sie wieder aus dem Kittchen rauskommen. Da macht sich auch keiner Gedanken, wenn er was klaut.«

»Wenn Sheriff Hyzer einen am Wickel hat, dann hat er wohl immer recht, was? Die Leute hier denken doch wohl alle so.«

Er sah mich einen Augenblick lang fest an, dann schaute er weg. »Man sagt, er sei ein guter Sheriff. Und er sei fair.«

»Noch mal schönen Dank, daß du dich meines Wagens angenommen hast, Ron. Am Montag bin ich wieder hier.«

Ich fuhr kreuz und quer durch die Stadt und die Gegend, um alles ein bißchen kennenzulernen, kaufte mir irgendwo ein Lunchpaket mit trockenen Brotschnitten und miesem Kaffee und schließlich auch eine Zeitung. *The Cypress Call & Journal.* Dieses Blättchen gehört einer Gruppe von Lokalzeitungen an, die in ganz Florida vertreten ist und eine Art Klub unterhält. Die politische Einstellung der Korrespondenten und Redakteure geht von mittelrechts bis extrem rechts. Mich selbst fand ich unten auf Seite zwei.

Am Freitagfrüh wurden zwei Männer aus Fort Lauderdale vom Büro des Sheriffs zur Vernehmung in Gewahrsam genommen. Die Vernehmung stand im Zusammenhang mit dem Mord an

Frank Baither, State Road 72, der in der Donnerstagnacht auf bestialische Art und Weise ums Leben kam. Die beiden Männer gerieten deshalb in Verdacht, weil sie in der Nähe von Baithers Haus mit ihrem Wagen in den Abflußkanal fuhren.

Ich ging also nach meinem trübseligen Lunch zu der Redaktion dieser Zeitung. Aus der Kopfleiste zu schließen, war der geschäftsführende Verleger ein gewisser Foster Goss. Er regierte hinter Glas in der hintersten Ecke des Nachrichtenraumes. Ein paar stramme Frauen klapperten auf einigen alten Schreibmaschinen herum; ein paar junge Männer murmelten in Telefone und hatten ihre Beine auf den billigen Schreibtischen liegen. Dazu hämmerte der Fernschreiber irgendwo sein trockenes Stakkato.

Foster Goss war ein fetter, ein wenig verblichener Rotkopf mit dicker Brille auf der Nase, safrangelben Fingern und einem blauen, verschwitzten Hemd. »Moment«, murmelte er und machte seine Korrektur fertig. Ein Minimädchen holte sie ab und warf mir dabei einen heimlichen, spekulativen Blick zu. Foster Goss beobachtete ihr schwingendes Hinterteilchen, bis es verschwunden war, fingerte aus der Hemdtasche eine Zigarette hervor und zündete sie an.

»Meyer oder McGee?« fragte er.

»McGee. Ich möchte mich darüber beklagen, daß man die intimsten Einzelheiten aus meinem Leben an das Licht der Öffentlichkeit zieht.«

»Klar.« Dazu ein angedeutetes Lächeln.

»Deshalb kam ich, um Ihnen einen Exklusivbericht über die Brutalität der lokalen Polizei und so weiter zu geben.«

»Oh, herrjeminehundalleluja!«

»Mr. Goss, Sie vermitteln mir den Eindruck, als hätten Sie irgendwann und irgendwo einmal wirkliche Zeitungsarbeit getan.«

Sein Lächeln war sanft und nachdenklich. »Sicher. Ich hatte eine nette, kleine Zeitung. Aber Sie wissen doch, wie es ist. Einmal läßt man sich von der stürmischen See in den sicheren Hafen treiben.

»Und was würde geschehen, Mr. Goss, wenn Sie ein paar Worte mehr drucken würden als Mr. Norm Ihnen erlaubt?«

»Du meine Güte, Menschenskind, sind Sie sich denn nicht darüber im klaren, daß die unverantwortliche Haltung der Bevölkerung gegenüber Gesetzesbrechern von einer ebenso unverantwortlichen Presse lanciert wird? Kein Mensch hat hier eine Chance, gegen Sheriff Hyzer anzugehen, und er braucht auch gar nicht erst zu betonen, wie gut er ist. Er ist tatsächlich gut. So gut, daß der Bezirksrichter Stan Bowley unbefristete Anweisungen über präprozessale Nachrichten gegeben hat. Ein ungenehmigtes Wort, und der Richter würde mich betrübt anlächeln. ›Foster‹, würde er sagen, ›Sie sollten wirklich klüger sein.‹ Und das Ende vom Lied wären fünfhundert Dollar Strafe, zu entrichten an die Bezirkskasse.«

»Und das ist die Sache nicht wert.«

»Genau. Wissen Sie, ich bin für eine freie Presse, aber wenn ich einmal davon rede, dann werde ich gleich gefragt, gegen wen ich anstinken will; sie sagen aber gleich dazu, wenn es der Sheriff ist, und er weder korrupt noch unfähig ist, dann könnte ich mir's doch sparen. Was bleibt mir dann übrig als zu bestätigen, daß er der beste Sheriff weit und breit ist, der einen sehr rauhen Bezirk mit ganz legalen Methoden gezähmt hat.«

»Aber Meyer wurde recht häßlich zugerichtet.«

»Von einem Deputy, der sofort gefeuert und wegen schwerer Körperverletzung verklagt wurde.«

»Sie sind ganz gut unterrichtet, wenn Sie's auch nicht drucken.«

»Eingefleischte Gewohnheit. Uralte Reflexe. Mich hat interessiert, weshalb Lennie Sibelius auf Ihren Pfiff hin sofort aufkreuzte. Ich wollte wissen, welche Art Katze Sie sind, Mr. McGee. Daher auch meine offene Tür für Sie.«

»Und haben Sie etwas erfahren?«

»Talente wie Sibelius, Belli, Foreman, Bailey und wie diese Gladiatoren des Gerichtssaals alle heißen, verschwenden sich nicht an kleine Geldbeutel, wenn dabei nicht eine ganz bestimmte, sehr nützliche Publicity herausschaut. Das trifft hier nun nicht zu, und so nehme ich an, es handelt sich um einen Gefallen. Vielleicht arbeiten Sie für ihn. Als Ermittler oder so. Und Ihr Auftreten sagt mir, daß Sie in dieser Beziehung vielleicht recht gute Dienste leisten können.«

»Haben Sie je daran gedacht, wieder zum Journalismus zurückzukehren?«

»Manchmal denke ich darüber nach. Aber dann fällt mir die Hypothek ein und daß meine siebzehnjährige Tochter mit einem kleinen Angestellten vom Supermarkt verheiratet ist, und dann denke ich auch an meinen zwölfjährigen Sohn, der spastisch gelähmt ist. Zwölf Meilen von meinem Haus kann ich recht nette Barsche angeln.«

»Denken Sie auch an Frank Baither?«

»Das vermeide ich nach Möglichkeit. Mister Norm wird mich wissen lassen, was ich wissen muß.«

Dann verabschiedete ich mich. Er war wie King Sturnevan — seit langem nicht mehr im Ring, aber noch immer die richtigen Reflexe. Keinen Auftrieb mehr, aber einheizen konnte er einem noch.

Durch den Frühlingsnachmittag fuhr ich zum Motel, um mich zu erkundigen, wie es Meyer ginge.

8

Ich parkte auf den Millimeter genau dort, wo der Architekt es für Unit 114 vorgesehen hatte. Das rote Telefonlämpchen blinkte, und ich schrieb mir die Nummer auf, die mir die Vermittlung gab. Der Anruf aus Lauderdale kam von einer ungeheuer britischen Dame aus Lennies Personal und war Meyers Diagnose: leichte Gehirnerschütterung, Haarriß im Wangenbein und was eventuell noch vorlag, mußte eine weitere Beobachtung erst ergeben.

Die zweite Nummer war aus dem Städtchen, aber es meldete sich niemand. Da rief ich den Sheriff an. Er war da.

»Ich will nichts tun, was ich nicht tun soll«, sagte ich. »Ich hatte die Absicht, zu Al Storeys Tankstelle am Trail zu fahren. Da fiel mir aber ein, daß sie außerhalb Ihres Bezirkes liegt.«

»Was haben Sie dort zu tun?«

»Ich möchte herauskriegen, wer mir da eins auswischen wollte.«

»Das haben wir schon in Arbeit. Wir brauchen keine Hilfe.«

»Kommen Sie weiter?«

»Ich möchte im Augenblick noch keine Erklärungen dazu abgeben.«

»Das ist wohl Ihre Methode, was?«

»Ich würde es begrüßen, wenn Sie innerhalb meines Amtsbereiches bleiben würden, Mr. McGee.«

»Na, schön, Sheriff. Ich werde mich dran halten.«

Dann suchte ich aus dem Telefonbuch die Nummer von Arnstead heraus. Es gab drei. »Ist Lew in der Nähe?« fragte ich bei der ersten.

»In diesem Haus niemals, Mister.« Päng.

»Verdammt noch mal, bei mir bestimmt nicht«, erklärte der zweite. Päng.

Die dritte Nummer versuchte ich erst gar nicht, sondern beschloß, persönlich hinzufahren. 3880 Cattleman's Road. Sie war nur eine halbe Meile vom White Ibis entfernt. Flachland mit Bungalows, die ziemlich weit auseinanderlagen.

Rechts an der Straße fand ich einen großen Briefkasten mit dem Namen Arnstead. Eine ungekieste Zufahrt führte zu einem rosa Zementhaus, das halb von mexikanischem Flammenwein überwuchert war. Ein Gatter schloß die Zufahrt zur Straße hin ab. Es gab ein paar Nebengebäude und eingezäunte Weiden mit einem größeren Teich. Auf dem Teich schwamm eine ganze Schar weißer Chinesenenten, und eine Gänseherde meldete meine Ankunft an. Ein paar Kröten übten schon ihr Abendkonzert. Eine sehr aufgeschlossene Spottdrossel nahm soeben die Melodie eines Kanarienvogels in ihr Repertoire auf.

Eine kleine, lederhäutige alte Frau wurde von einem riesigen Hund, einer Kreuzung aus unbestimmbaren Rassen und von der

Größe und Farbe eines schwarz-braunen Kalbes aus der Haustür gezerrt. Der Hund sträubte die Nacken- und Rückenhaare und knurrte tief in der Kehle. Seine Fangzähne waren nicht einladend. »Buttercup!« rief die Frau. »Platz! Platz!«

Der Hund blieb stehen, zitterte aber am ganzen Körper vor Gier, mich ein bißchen anzuknabbern. Die alte Frau trug uralte, verwaschene Jeans, einen dunkelroten Pullover und blaue Segeltuchschuhe. Sie war fast so dünn wie die Strichmännchen, die kleine Kinder malen.

»Dachte, es sei Lew«, sagte sie. »Oder Jase oder Henry, die einmal nach mir schauen, ob ich noch lebe. Wer sind Sie denn? Wissen Sie, ich hab' den Star in den Augen, und man kann ihn erst operieren, wenn er reif ist. Aber ich hab' das Warten allmählich satt. Wer sind Sie?«

»Ich heiße Travis McGee und suche Lew.«

»Weshalb?«

»Ach, nur für eine kleine Unterhaltung.«

»Bleiben Sie stehen. Ich muß dem Hund erst sagen, daß er Sie nicht fressen soll. Buttercup! Okay! Scht! Hör' mit dem Knurren auf. Platz!«

Er setzte sich und war friedlich. Nur die Augen sahen mich noch ein bißchen mißtrauisch an. »Jetzt können Sie langsam näher kommen, damit er an Ihnen schnuppern kann. Langsam.«

Er schnüffelte an meinem Hosenbein. Sie sagte mir, ich solle die Hand ausstrecken, und er schnüffelte auch an der Hand. Dann wedelte er mit dem Schwanz. Jetzt durfte ich ihn hinter den Ohren kraulen. Es gefiel ihm. »Jetzt tut er Ihnen nichts mehr. Wenn Sie einmal kommen und ich bin nicht da, dann bleiben Sie stehen, bis er an Ihnen geschnuppert hat. Wissen Sie, ich hätte hier draußen Angst, wenn der Hund nicht wäre.«

»Er ist natürlich eine Beruhigung für Sie. Wissen Sie, wann Lew wieder . . .«

»Würden Sie mir vorher noch einen Gefallen tun? Das schwarze Pferd von Lew macht seit heute früh solchen Lärm, und ich kann nicht sehen, was ihm nicht paßt. Es ist in dem Stall im nächsten Gebäude. Die Tür ist auf der anderen Seite. Kennen Sie sich mit Pferden aus?«

»Sie sind groß, haben riesige Zähne und hassen mich auf den ersten Blick.«

»Ich glaube, Lew hat so viel am Hals, daß er es zu füttern und zu tränken vergessen hat.«

Ich fand den Stall und machte die Tür auf. Das schwarze Pferd ließ den Kopf hängen. Im Stall stank es, und die Fliegen surrten zu Millionen herum. Die Futterraufe und der Wassertrog waren leer. Als mich das Pferd hörte, hob es den Kopf und versuchte zu steigen, rutschte aber aus und wäre in dem dicken Schmutz beinahe zu Boden gegangen. Ich schloß aus den Krusten an seinen Flanken, daß es schon ein paarmal gestürzt sein mußte. Ich machte auch die andere Türhälfte auf, ging vorsichtig zurück und ließ das Pferd hinaus. Es schien erst seinen Beinen nicht zu trauen, doch dann trabte es zum Teich und trank ihn halb leer. Es war nun um den Bauch herum wesentlich dicker. Dann ließ es sich auf die Knie nieder und rollte auf die Seite. Ich dachte schon, es wolle nun sterben, aber dann sah ich, daß es sich nur im Gras rollte, um den Schmutz vom Fell zu bekommen.

Ich sah mich ein bißchen um. Überall Verwahrlosung, Schlamperei und Schmutz.

Mrs. Arnstead saß in einem Rohrstuhl auf der schmalen Veranda und lud mich ein, mich zu ihr zu setzen. Buttercup kam zu mir und legte seinen großen Kopf auf meine Knie. Er wollte gekrault werden. Die Blumen dufteten, und goldenes Dämmerlicht lag über den Weiden.

»Ich weiß mir nicht mehr zu helfen«, sagte sie. »Einem Fremden sollte ich ja nichts vorjammern. Lew ist mein Jüngster. In der Army und so war er recht ordentlich, und als er wieder nach Hause kam, wurde er Deputy Sheriff. Hat auch hier alles in Ordnung gehalten und ging mit dem Willoughbee-Mädchen. Meine älteren Söhne sind sehr ordentlich, gut verheiratet und haben nette Kinder. Lew war schon immer ein bißchen heftig, aber gut gearbeitet hat er, das muß man ihm lassen. Erst in den letzten sechs Monaten hat er sich verändert. Ich kenn' ihn jetzt gar nicht mehr. Mit Clara Willoughbee hat er Schluß gemacht und zieht seither mit billigen, angemalten Weibern herum. Seine Brüder wollen nichts mehr von ihm wissen. Tut hier keinen Handstreich mehr und rennt mit Gesindel wie den Perrises herum. Ich weiß nicht, was er getan hat, daß man ihn aus seinem Job gejagt hat. Wahrscheinlich muß er sogar ins Gefängnis. Ich weiß nicht mehr, was werden soll. Das Anwesen hier ist schuldenfrei und läuft auf meinen Namen, aber das bißchen Geld, das 'reinkommt, reicht nicht für alles. Ich könnte ja zu Jase und Henry gehen, denn kommen wollen sie nicht. Wissen Sie, was mein Junge angestellt hat, daß Mister Norm ihn feuern mußte?«

»Ja, aber es ist nicht sehr hübsch.«

»Er hat schon lange nichts Hübsches mehr getan.«

»Ein sehr gutherziger und freundlicher Mann wurde zur Vernehmung festgehalten. Aber er wußte nichts von dem, worüber er befragt wurde. Ihr Sohn hat ihn grundlos furchtbar zusammengeschlagen. Der Mann ist jetzt im Krankenhaus in Fort Lauderdale.«

Sie schüttelte langsam den Kopf. Plötzlich sah ich, wie sie als junges Mädchen ausgesehen haben mußte. Das weiche Dämmerlicht sagte mir, daß sie sehr anmutig und reizend gewesen sein mußte. »Das sieht Lew doch eigentlich gar nicht ähnlich«, sagte sie. »Er war immer ein bißchen rauh, aber niemals auf solche Art. Er trinkt auch nicht, das würde ich riechen. Etwas in seinem Kopf stimmt nicht mehr. Manchmal hat er kein einziges Wort für mich übrig, sitzt nur am Tisch, ißt ein paar Bissen, steht auf, haut die Tür zu und fährt in die Nacht hinein. Und manchmal redet er dann wieder endlos. Er redet ununterbrochen und sprudelt weiß Gott was alles aus sich heraus, lacht dazu und läuft herum und bringt mich auch zum Lachen.«

»Wann war er zuletzt hier, Mrs. Arnstead?«

»Da muß ich erst nachdenken. Am Donnerstag, so gegen Mittag. Ich hatte schon Angst, er sei jetzt endgültig weg. Gestern gegen Abend rief er mich dann an und sagte, er sei gefeuert worden. Ach, könnte ich nur besser sehen! Ich würde seine Sachen durchschauen und vielleicht herauskriegen, wo er ist. Worüber wollten Sie mit ihm reden?«

»Ich wollte genau wissen, daß er der richtige Lew Arnstead ist, und dann hatte ich die Absicht, ihn nach besten Kräften zu vermöbeln. Der Mann im Krankenhaus ist der beste Freund, den ich je hatte.

Ihre alten, ein wenig unklaren blauen Augen sahen mich an. Dann lachte sie schallend. »Mr. McGee, Sie gefallen mir. Sie lügen mich wenigstens nicht an. Und Sie wären kein richtiger Mann, wenn Sie sich ihn nicht vorknöpfen wollten. Aber Sie müssen schon ein Kerl sein, wenn Sie mit meinem Lew fertig werden wollen. Groß genug scheinen Sie ja zu sein, wenn ich auch nur Ihren Umriß vor dem Licht sehe. Aber wissen Sie, Sie brauchen einen tüchtigen Zorn dazu.«

»Den dürfte ich haben.«

»Schön. Sie wollen ihn finden, und ich will auch wissen, wo er steckt. Kommen Sie mit in sein Zimmer und erzählen Sie mir, was Sie dort entdecken.«

Arbeitskleider, Uniformen und allerlei modernes Zeug. Haaröl, einen Gewehrständer mit zwei Flinten, zwei Gewehren, einem Karabiner, und alle gut gepflegt. Polizeihandbücher, Landwirtschaftsblätter und Comics. Schreibtisch mit Schublade. Farmrechnungen, Steuerunterlagen. Sie saß auf dem Bett, hatte den Kopf schief gelegt und lauschte meinem Rumoren durch Schubladen und Ordner. Taschenvisitation im Schrank. In einer Hosentasche fand ich ein Notizbuch, in einer anderen Tasche einen klein zusammengelegten Zettel vergilbten Papieres, und darauf gekritzelt mit der kindlichen Handschrift eines Fast-Analphabeten: ›Liebster, er is ford am Mitwoch nach der Arbeid zu seine Mama nach Tampa. Ich hack das Fenster Gider aus wih imer aber bite knal nich auf was das Grach macht und das Baby aufwegt. Binn schon gans heis auf dich.‹ Keine Unterschrift.

»Was haben Sie denn gefunden?« fragte die alte Frau.

»Nur einen Liebesbrief von einer Frau. Keine Unterschrift. Sie will nur wissen, warum er nicht zu ihr gekommen ist.«

»Ohne Namen nützt er uns nichts. Suchen Sie weiter.«

Das tat ich, aber ich kam nicht weiter. Der Bursche mußte irgendwo etwas versteckt haben. Geld oder etwas anderes. Nicht viel wahrscheinlich, aber sorgfältig. Und endlich fand ich auch das Versteck. Die Schublade im Nachttisch war nämlich keine und hatte nur einen Knopfgriff und die Umrisse einer Schublade. Bald bemerkte ich, daß die Platte des Nachttisches Angeln hatte.

Und dort war Platz genug für Pornobücher und klinisch deutliche Liebesbriefe verschiedener Freundinnen, auch für eine Anzahl von Umschlägen mit Polaroidbildern, für drei Fläschchen mit Kapseln, ungefähr hundert Stück pro Fläschchen. Ein Fläschchen war noch zu zwei Dritteln voll. Es waren grün-weiße Kapseln, und als ich eine aufmachte, sah ich innen Hunderte von winzigsten Kügelchen, die Hälfte davon grün, die andere Hälfte weiß.

»Und was haben Sie jetzt gefunden?«

»Das Zeug, das Ihren Jungen so verändert hat.«

»Sie meinen eine Droge? Nein, mein Lew hat niemals Drogen genommen.«

»Er hat hier ungefähr zweihundertsiebzig Dexamylkapseln versteckt. Das ist eine Mischung von Dexedrin und einem Phenobarbiturat. Die eine davon bringt den Motor für acht Stunden auf Hochtouren. Die nennt man ›Tempo‹, auch den Zustand, den sie erzeugen. Sehr wirksame Wachmacher. Zwei oder drei pulvern einen unglaublich auf. Von einer Überdosis bekommt man Halluzinationen.«

»Tempo?« fragte sie. »So was sagten sie doch mal am Radio, als sie die Schränke in der Oberschule filzten. Mister Norm, Lew und Billy Cable hatten einen Durchsuchungsbefehl und gingen alle Schränke durch. Ja, das war ungefähr um die Zeit . . . Seitdem hat er sich so verändert.«

»Er hätte das Zeug sicher mitgenommen, wenn er nicht mehr zurückkommen wollte.«

»Dafür muß ich noch froh sein. Sonst noch etwas?«

»Sehr viele Briefe. Alle von Frauen.«

»Sie brauchen nicht schüchtern zu sein. Lesen Sie die Briefe. Mir brauchen Sie sie ja nicht vorzulesen. Ich möchte nur wissen, wo er sein könnte.«

Ein paar Briefe hatten ein Datum. Einer war von Mitte März und stammte von einer Frau, die lesen und schreiben konnte. Er war vernünftig und interessierte mich ganz besonders.

Lieber Lew;

gestern traf ich zufällig Frannie, und sie fing prompt wieder zu sticheln an. Sie sagte, sie habe dich zweimal mit Lilo gesehen. Es geht mich zwar nichts an, weil wir uns ja getrennt haben, aber ich habe dich einmal wirklich ehrlich geliebt, und du weißt das. Ich habe dir nie verziehen, daß du mich grundlos verprügelt hast, aber trotzdem will ich nicht, daß du in Schwierigkeiten kommst. Laß Lilo in Ruhe! Sie taugt nichts. Ich weiß es genau. Nach der Scheidung ihrer Eltern blieb sie bei ihrer Mutter, weil ihr Vater nicht mit ihr fertig wurde. Ihre Mutter und ihr Stiefvater wurden aber ebensowenig mit ihr fertig. Mit siebzehn, als sie aus der Oberschule flog, zog sie mit Frank Baither herum. Der ist alt genug, um ihr Vater zu sein. Es heißt, er kommt bald heraus und will sie dann wieder haben. Und jetzt erzähle ich dir etwas und hoffe, es dreht dir den Magen um. Roddy Barramore hatte vergangenen Dezember in der Nähe vom Haus der Perris eine Panne. Roddy dachte, Mr. Perris könnte ihm vielleicht mit Isolierband aushelfen, damit er seine defekte Leitung flicken und weiterfahren könnte. Als er zum Haus kam, war ein Fenster offen. Das Radio war ganz laut aufgedreht, weil ein Fußballspiel übertragen wurde. Roddy ging ans Fenster und rief nach Mr. Perris. Da sah er ihn mit Lilo nackt auf der Couch, die Kleider lagen am Boden. Natürlich ging Roddy sofort wieder, bevor sie ihn bemerkten, und erst sehr viel später erzählte er Rhoda, die bei ihm war, was er gesehen hatte. Was hältst du von einem Mädchen, das es mit dem Stiefvater treibt, und nebenan ist die hilflose Mutter? Die Leute sagen, das sei die Strafe Gottes, aber wer weiß, aus welchem Grund sie ihrem Mann davonlief. Wir haben kein Recht, sie zu verdammen und ihr etwas Schlechtes zu wünschen. Mir wurde übel, als ich das hörte, und ich hoffe, dir geht es ebenso. Du gehst mich nichts mehr an, aber trotzdem will ich nicht, daß du nur Herzweh und Ärger bekommst, wenn du mit Lilo herumziehst. Betsy.

Die Polaroidfotos waren ausschließlich Nacktaufnahmen. Zweiunddreißig verschiedene Fotos, viele Mädchen. Eine magere Blondine mit riesigen Brüsten war in verschiedenen Posen auf zehn Fotos zu sehen. Fünf zeigten eine Frau mit einem erlesen schönen Körper, aber auf keinem war ihr Gesicht zu erkennen. Dreizehn weitere Frauen waren teils mit Blitzlicht, teils bei Tageslicht und im Freien aufgenommen. Ihre Mienen reichten von unverhüllter Sexualität bis zu einer gewissen Verlegenheit.

Vier der Fotos zeigten ein kräftiges, dunkelhaariges, sonnengebräuntes Mädchen. Die Sonnenbräune war sehr tief, so daß das weiße Bikiniband besonders klar abstach. Das Gesicht des Mädchens war nett, lustig und unkompliziert — bis man es genauer ansah. Dann erst bemerkte man eine gewisse derbe Sinnlichkeit,

die dem lustigen Lachen ein wenig widersprach, denn diese Sinnlichkeit mußte der bestimmende Wesenszug dieses Mädchens sein.

Ich hatte dieses Gesicht kurz gesehen, ehe Miß Agnes in den
Kanal sauste, und als ich es genauer studierte, verstärkte sich in
mir die Überzeugung, der Mechaniker Ron Hatch müsse mit ihr
blutsverwandt sein. Sein Gesicht war lang, das ihre rund; seines
düster, das ihre lustig; aber die Linien von Mund und Augen und
die ganze Stirn waren von verblüffender Ähnlichkeit.

»Das müssen aber viele Briefe sein«, sagte die Frau.

Ich legte alles wieder zurück bis auf das deutlichste Foto des
schwarzhaarigen Mädchens, schloß den Deckel und stellte die
Lampe und den Wecker wieder darauf. »Das hilft mir alles nicht
weiter, Mrs. Arnstead«, sagte ich. »Dürfte ich Ihnen ein paar Fragen stellen?«

»Klar. Hab' sowieso schon zuviel gequasselt, also kann ich
ruhig noch ein bißchen mehr reden. Bin eben ein altes Weib. Aber
gehen wir lieber wieder auf die Veranda hinaus. Wenn Lew her-
einplatzt und sieht einen Fremden in seinem Zimmer, ist die Hölle
los.«

Von der Veranda aus konnte ich den Sonnenuntergang beobachten. Der Himmel war ein breites, rotes Band von so intensiver
Glut, als brenne die ganze Stadt.

»Mrs. Arnstead, Sie sagten etwas von Gesindel wie die Perrises.
Gibt es in der Familie ein Mädchen?«

»Ja, eine Lillian, aber sie ist keine richtige Perris, wenn sie auch
den Namen angenommen hat. Richtig heißt sie Hatch und ist die
Tochter von John Hatch. John hat viele Freunde und Geschäfte in
der Gegend. Geschäftlich ist er auf Draht, mit den Frauen aber
ziemlich dumm. Er hat dann auch eine geheiratet, die zum Gesindel gehört. Wanda heißt sie. Er hat sie aus Miami mitgebracht. Ist
schon viele Jahre her. Lillian war das erste Kind, dann kam Ronnie, und das dritte ist gestorben. Zwischen Hatch und Wanda
hat's nie Frieden gegeben. Vielleicht hat er zuviel gearbeitet, und
sie gehört eben zu denen, die einem nur Ärger machen. Gestritten
haben sie wie die Teufel. Dann hatte Hatch endlich genug von ihr
und ließ sich scheiden. Das ist sieben Jahre her. Damals hatte er
einen recht guten Mechaniker namens Henry Perris, und der hat
die Wanda vernascht. Nach der Scheidung hat sie dann den Perris
geheiratet. Lillian war damals vierzehn oder fünfzehn und ein
kleiner Teufel, wie es keinen schlimmeren gibt. Sie wollte lieber
bei ihrer Mutter bleiben, und John Hatch war damit einverstanden. Ron ist ein netter Junge, heißt es. John hat auch wieder
geheiratet und ein paar kleine Kinder. Wanda und Henry sind in
ein Häuschen am Sumpfrand gezogen. Sie wurde dick. Ich glaube,
sie hat schon immer einen hohen Blutdruck gehabt. Vor drei Jahren hatte sie dann einen Schlaganfall, später dann noch einen

schweren. Seitdem ist sie hilflos. Es gibt noch ein paar von der Perrissippe, aber keiner von ihnen taugt viel. Lillian ist am schlimmsten. Sie nennt sich Lilo. Und mein Lew hat sich mit diesem Gesindel eingelassen.«

»Wissen Sie das bestimmt?«

»Sie war hier und wollte mich herumkommandieren. Ich sagte ihr, sie solle sich ja nicht mehr blicken lassen. Lew wurde furchtbar wütend.« Sie seufzte. »Er ist mir ganz fremd geworden. Ich glaube, diese Pillen sind dran schuld, nicht er selbst.«

»Wo arbeitet Henry Perris?«

»Für Johnny Hatch bestimmt nicht. Als guter Machaniker könnte er überall Arbeit finden. Ich glaube, er ist irgendwo im Süden.«

»In einer Tankstelle am Trail?«

»Das ist durchaus möglich, aber ich weiß es nicht.«

»Welchen Wagen fährt Lew?«

»Seinen letzten guten Wagen hat er zu Schrott gefahren. Mit der Versicherung hat aber etwas nicht gestimmt, und jetzt hat er nur einen uralten Jeep, der hier herumstand. Den hat er einigermaßen hergerichtet. Erst war er gelb, dann hat er ihn schwarz angemalt, sagt er. Wissen Sie, ich bin zwar eine dumme alte Frau, aber mir ist etwas aufgefallen. Ich hab mir nämlich gedacht, daß mein Lew nicht nur deshalb Ärger hat, weil er Ihren Freund verprügelt hat, sondern er muß noch in einer anderen üblen Sache stecken.«

»Vielleicht. Ich weiß es nicht.«

»Ich hoffe, Sie kriegen es heraus und sagen es dann Mister Norm. Ich will, daß er wegkommt, bevor er jemanden umbringt, denn dann hätte er ja gar nichts mehr vom Leben. Besser ist, er kommt weg und gewöhnt sich diese Pillen ab. Oder hat er vielleicht schon einen — umgebracht?« Die Angst in ihrer Stimme griff mir ans Herz.

»Meinen Sie Frank Baither? Da hatte er doch Dienst.«

»Gott sei Dank!«

Sie bat mich, ich solle sie anrufen, sobald ich etwas erführe, und sie versprach mir, es mich wissen zu lassen, sobald er nach Hause käme. Ich gab ihr die Nummer des White Ibis. Sie könne die Löcher in der Wählscheibe zählen und so ganz gut telefonieren, erzählte sie. Und ihr Gedächtnis sei ausgezeichnet, sie könne sich jede Nummer merken. Nur das Fernsehen vermisse sie. Wenn nur der Star endlich reif wäre!

Mir tat die Frau ehrlich leid. Es gibt nämlich Kurpfuscher, die von Städtchen zu Städtchen ziehen und den Star stechen. Sie punktieren dabei die Linsenkapsel, so daß die trübe Flüssigkeit ablaufen kann. Für kurze Zeit sehen sie wieder, aber zwei bis drei

Monate später sind sie unheilbar blind. Die Kurpfuscher aber sind über alle Berge und können nie zur Verantwortung gezogen werden.

Die Aprilnacht wurde kühl, und ich fuhr ins Motel, um meinen blauen Trenchcoat zu holen. Als ich mittags durch die Stadt fuhr, fiel mir ein Lokal auf, *The Adventurer.* Das wollte ich mir ansehen. Es war eine Art Beatschuppen, und das Publikum, meistens junge Leute, erschien mir ziemlich gemischt. Es gab einigen Krawall, ein paar wurden hinausgeworfen, dann wurde es wieder ruhiger. Ich suchte mir einen Platz, von dem aus ich das ganze Lokal beobachten und dabei ein wenig nachdenken konnte, denn es fehlten mir noch einige wichtige Angaben, wenn meine Gleichung aufgehen sollte.

Ich hatte Glück gehabt; mehr Glück als ich verdiente. Es war reines Glück, daß die Frau Vertrauen zu mir gewonnen hatte und gesprächig geworden war, noch mehr Glück, daß ich einen Blick auf das geheime Leben von Lew Arnstead werfen konnte. Vieles paßte ausgezeichnet zusammen, eigentlich viel zu gut, als daß es wahr sein konnte.

Hätte ich nur jetzt Meyer bei mir gehabt! Er hätte mir gesagt, was nicht daran stimmte: Frank Baither hatte die Sache mit dem Geldtransporter geplant und dazu Hutch, Orville, Henry Perris und Lilo benützt. Henry hatten wir gesehen; das war der Bursche, der an jenem Morgen zu spät zur Arbeit kam, als wir in Al Storeys Tankstelle waren. Er fuhr einen blauen Rambler. Henry hatte also mit dem Mord an Baither zu tun. Lilo Perris Hatch rannte über die Straße. Henrys Tarnung war ein bißchen zu raffiniert, vielleicht deshalb, weil er nervös war. Den Umschlag schnappen und irgendwie zu Lilo bringen, das gelang. Sie ging zu Baithers Haus und brachte Lew Arnstead so weit, daß er ihr eine Möglichkeit gab, diesen Umschlag ›als Beweis‹ dort zu lassen. Arnstead war auf ›Tempo‹ und deshalb gefährlich. Norm brauchte nur den Umschlag zu finden. Aber wenn er ihn zurückverfolgte, dann kam er notwendigerweise von Henry zu Lilo und zu Baithers Haus — damit aber zu Lew. Und das mußte schnell geschehen, ehe Lew und Lilo mit dem Geld aus dem Transport abhauen können . . .

Und ganz plötzlich wußte ich, wie Meyer auf diese Überlegungen reagiert hätte. Ich hörte fast seine Stimme. »Wenn unser Sheriff Norman Hyzer seinen Bezirk so gut kennt wie er ihn zu kennen glaubt, und wie ich es annehme, dann weiß er auch, daß Frank Baithers Freundin vor dem Überfall auf den Geldtransporter Lilo Perris war. Er weiß, daß ein junges Mädchen in diese Geschichte verwickelt ist. Er kann sich ausrechnen, daß auch Henry Perris mit drinsteckt, und wenn er sich in die Sache hineinkniet, dann findet er auch heraus, wo Henry an jenem Wochenende war.

Er schien so sicher zu sein, daß wir damit zu tun hatten, *als müsse er daran glauben*. Aber warum?«

»Ein blinder Fleck vielleicht. Und er steht zu nahe davor, als daß er ihn sehen könnte. Vielleicht steckt er selbst drinnen. Es paßt alles so wunderbar zusammen, Meyer.«

»Paßt nicht immer alles so gut?«

»Nein, kaum einmal.«

»Warum stellst du also diese dummen Fragen?«

Damit verschwand Meyer, und an seiner Stelle erschien King Sturnevan und hatte eine winzige Cokaflasche in seiner Riesenfaust.

9

»McGee, unseren Freund Lew haben Sie wohl noch nicht zufällig gesehen?«

»Wie kommen Sie denn darauf?«

»Hab' doch auf Sie gesetzt. Aber man würd' es Ihnen ansehen. Daran können Sie nichts ändern, McGee. Hab' mich umgehört, aber gesehen hat den Schuft keiner.«

Kings Zivilkleidung bestand aus einem knallroten Sporthemd mit weißen Palmen und verknitterten Khakihosen, jedes Bein vom Format eines Zeltes. Ein kleiner, schmalrandiger Strohhut schwebte auf seinem Hinterkopf, und aus der Hemdtasche lugte eine Reihe Zigarren.

Wenn wir einander verstehen wollten, mußten wir brüllen und das, was ich ihm zu sagen hatte, vertrug keine Lautstärke. Wir gingen also zum Buick hinaus.

»Würden Sie sagen, daß Arnstead ungefähr seit sechs Monaten verrückt spielt?« fragte ich ihn.

»Das kann ungefähr stimmen. Genau aufgepaßt habe ich aber nicht.«

»Und vorher war er in Ordnung?«

»Ja, ziemlich. Er war ungefähr so wie Billy Cable, und der ist ein guter Cop. Aber ... Na, ich weiß nicht recht. Die Weiber vermutlich. Vor einiger Zeit hat er eine vermöbelt. Sie hat ihn angezeigt, zog die Anzeige dann aber wieder zurück. Vor sechs oder sieben Wochen war etwas, das ich eigentlich hätte berichten sollen. Ich fuhr in meinem eigenen Wagen. Er kam mir in einem Polizeikreuzer entgegen. Es war auf der 112, und er fuhr, was die Mühle nur hergab. Das sind mindestens hundertfünfundzwanzig Meilen. Ich hab' gewendet und bin ihm nachgefahren, weil ich dachte, da könnte wieder einer über die Böschung gefahren sein. Aber es war gar nichts. Ja, wenn einen die Weiber am Wickel haben, dann ist nicht mehr viel los mit ihnen.«

»Haben Sie je daran gedacht, daß er in einer üblen Sache stecken könnte, King?«

Er überlegte lange und musterte den Aschenkegel an seiner Zigarre. »Jetzt, wo Sie's sagen, na, ja . . .«

»Angenommen, ich behaupte, es ist eine Tatsache?«

»Freund, dann habe ich zwei Antworten. Erstens, Sie sollten nicht soviel herumschnüffeln, denn Mister Norm wird dann bloß sauer. Und zweitens, je mehr ich drüber nachdenke, desto besser paßt es. Tempo vielleicht? Das taugt nichts. Ich weiß ja, heute geht kaum einer mehr in einen großen Kampf ohne gedopt zu sein. Dann gehen sie los wie die Hölle, sind wahnsinnig schnell und werden nicht müde, aber sie merken es auch nicht, wenn sie ernsthaft verletzt sind, und dann ade schöne Welt! Man gibt sich mehr aus als man hat, und danach braucht man zwei oder drei Tage, bis man sich wieder aufgerappelt hat. Was anderes ist's, wenn man das Zeug dauernd nimmt. Mir ist aufgefallen, daß er in letzter Zeit mager geworden ist. Er schläft auch wenig. Wie kommt er an dieses Zeug?«

»Wie es in der Bibel steht. Durch schlechte Gesellschaft.«

»Mein Lieber, jeder von uns hat ein paar Kumpel, die nichts taugen. Wichtig ist, daß wir jetzt Lew finden. Und Sie kommen ihm besser auf Meilen nicht in die Nähe.«

»Wichtig ist, daß er keine Urteilsfähigkeit mehr zu haben scheint. Deshalb hat er ja auch auf Meyer eingedroschen. Er hätte ihn umbringen können.«

»Ich bin leider im falschen Augenblick weggegangen.«

»Warum hat Billy Cable ihn nicht aufgehalten?«

»Weil er mit Lew nicht besonders gut auskommt. Wenn man dann sieht, daß sich einer selbst ein Bein stellt, warum soll man ihn daran hindern? Jedenfalls hat ihn Billy dann doch von Meyer getrennt, sonst hätte Lew ihn umgebracht. Und Billy hat Ihnen dann die Möglichkeit gegeben, daß Sie einen Blick auf Ihren Freund werfen, damit Mister Norm bald laut und deutlich gesagt kriegt, was da gespielt wurde. Armer Kerl.«

»King, hieß die Frau, die ihn angezeigt hat, Betsy?«

»Man merkt, daß Sie hier fremd sind, McGee. Betsy Kapp. Mrs. Betsy Kapp. Ist geschieden und arbeitet als Hosteß im Live Oak Lodge, bei Mrs. Treffer. Bestes Essen weit und breit.«

Es war nett, daß King Lennies Meinung über dieses Lokal bestätigte, und ich beschloß, sofort hinzufahren. Kurz nach neun war ich dort. An einem Tisch fand eine Familienfeier statt, an zwei anderen saßen ruhige Paare bei Kerzenlicht, und drei bullige Geschäftsleute besprachen an einem anderen ihre Pläne.

Ich wußte sofort, daß die Hosteß, die mit den Speisekarten im Arm auf mich zukam, Mrs. Betsy Kapp sein mußte. Sie war die schlanke Blondine auf zehn von Lews Polaroidaufnahmen. Sie trug ein glattes blaues Kleid mit gestärktem weißem Krägelchen, und ihr etwas mißbilligender Blick sagte mir, daß es für ein Abendessen schon zu spät sei.

»Mein Anwalt, Mr. Sibelius, sagte mir, ich wäre verrückt, wenn ich irgendwo anders essen würde als hier, Mrs. Kapp«, sagte ich sofort, als sie in meine Nähe gekommen war.

»Oh? Oh!« Sie drehte sich zur Uhr um. »Es ist wirklich schon ein bißchen spät, aber wenn Sie nicht unbedingt die raffiniertesten Gerichte wünschen . . .«

»Lende, gebackene Kartoffeln, gemischten Salat mit Essig und Öl, Kaffee?«

»Ich denke, das müßte gehen. Setzen Sie sich nur wohin Sie wollen. Ich werde . . .«

Ich wählte einen Tisch an der Wand, der so weit wie möglich von allen anderen Gästen entfernt war. Lächelnd kam sie wieder zurück. »Zum Glück war der Grill noch nicht abgeschaltet. Aber es gibt nur noch Röstkartoffeln. Wie wollen Sie das Steak?«

»Mittel. Das mit den Kartoffeln geht in Ordnung.«

»Einen Cocktail?«

»Plymouth Gin auf Eis, pur, doppelstöckig. Wenn nicht Plymouth, dann Booth.«

Ich sah ihr zu. Sie bewegte sich rasch und anmutig und sah jünger und hübscher aus als auf den Bildern. Ohne die Fotos gesehen zu haben, hätte ich vermutet, ihre Brüste seien ein künstlicher Beweis für die Brustbesessenheit unserer Zeit. Ich wußte aber, daß sie echt und straff waren.

Als sie mir den Salat brachte, sagte sie: »Ich muß jetzt auch Kellnerin machen. Noch einen Drink?« Das Essen war wirklich ausgezeichnet, und ich genoß das zarte Fleisch. »Darf ich jetzt den Kaffee bringen?« erkundigte sie sich, als sie das Geschirr abräumte. Inzwischen waren alle übrigen Gäste gegangen.

Ich deutete auf den leeren Stuhl mir gegenüber. »Zwei Tassen?«

Sie zögerte. »Nun, warum nicht? Vielen Dank. Seit halb zwölf heute früh bin ich schließlich auf den Beinen.«

Sie brachte den Kaffee und zündete sich an der Kerze eine Zigarette an. »Es war ein Vergnügen, Mr. Sibelius zu bedienen. Er ist ein sehr reizender Mann«, sagte sie.

Und, dachte ich mir, seine Trinkgelder sind nicht zu verachten. »Ich bin Travis McGee«, stellte ich mich vor. Wir schüttelten einander die Hände. Sie zog die ihre schnell zurück.

»Ich hörte — Sie hätten Schwierigkeiten gehabt.«

»Habe ich noch. Ich hatte das Pech, zur falschen Zeit am falschen Ort zu sein. Aber ich denke, das kommt wieder in Ordnung. Von Frank Baither habe ich noch nie etwas gehört, bis wir verhaftet wurden, weil wir ihn ermordet haben sollten. Wenn der

Sheriff noch so dächte, wäre ich wahrscheinlich noch oder wieder im Kittchen.«

»Komisch«, sagte sie, »Mr. Sibelius kannte meinen Namen doch gar nicht. Aber Sie wußten ihn.«

Ich zuckte die Achseln. »Draußen standen ein paar Leute und diskutierten, ob es schon zu spät sei, und einer meinte, er wolle hineingehen und Betsy Kapp fragen. Es erschien mir deshalb logisch, daß Sie Mrs. Kapp sein müßten. Oder Miß Kapp?«

Sie schnitt eine Grimasse. »Mrs. Aber ich bestehe nicht darauf.«

»Sind Sie hier zu Hause, Betsy?«

»Nein. Ich komme aus Winter Haven. Als ich zwölf war, schickte man mich hierher zu meiner Tante. Ich war siebzehn, als sie starb, ging nach Hause, fühlte mich dort aber nicht mehr wohl und kam hierher zurück. Ich heiratete den Jungen, mit dem ich ging. Er kam bei einem schrecklichen Autounfall ums Leben. Ich ging nach Miami und Atlanta, aber dort gefiel es mir nicht, kam zurück und heiratete Greg Kapp. Wir stritten ununterbrochen, und das konnte ich nicht ertragen, also ließ ich mich scheiden. Ich weiß nicht, wo er jetzt ist, und es ist mir auch egal. Seit fast vier Jahren arbeite ich hier. Ich werde allmählich ein bißchen unruhig, aber Sie wissen ja, wie es ist; man kann sich nicht losreißen. Die Arbeit gefällt mir, und man wird auch nett behandelt. Aber warum soll ich Ihnen eigentlich meine ganze Lebensgeschichte erzählen?«

»Weil sie mich interessiert. Ist das kein Grund?«

»Vermutlich schon. Aber warum nur? Sind Sie verheiratet, Travis McGee?«

»Nein. War es auch nie.«

»Sie scheinen viel im Freien zu sein. Sie sehen so gesund aus.«

»Havariearbeit. Vor Fort Lauderdale.«

»Auf einem Schiff?«

»Nein, ich bin unabhängig. Ich nehme alles, was kommt. Ich wohne auf einem Hausboot in einem Yachthafen.«

»Das muß ja großartig sein! Ich lebe auch allein, wenn auch nicht auf einem Boot. Es ist ein Häuschen, das ich von meiner Tante geerbt habe. Bis ich einundzwanzig war, wurde es von der Bank verwaltet. Greg wolllte immer, ich sollte es verkaufen, aber ich bin froh, daß ich es nicht tat. Nach der Scheidung zog ich dort hin, als der Mietvertrag mit den Leuten ablief, die bis dahin dort gewohnt hatten.«

»Dann müssen Sie den Bezirk doch recht gut kennen, nicht wahr?«

»Oh, natürlich.«

»Ich würde ganz gerne etwas über einige Leute erfahren. Sheriff Hyzer, Frank Baither und so weiter. Aber Sie haben wahrscheinlich noch zu tun.«

»Ich habe nur noch abzurechnen, und das ist schnell erledigt.«
Sie lächelte und stand auf. Ihr Lächeln war der Ausdruck eines
Hungers nach Romanzen, nach dem Zauber einer großen, über-
wältigenden Liebe. Stillen läßt sich dieser Hunger nie, da er nie
zur Reife gelangt. Er wird daher auch immer ausgenützt, ja, mißbraucht.

Es ergab sich das Problem des Trinkgeldes. Soll ich, soll ich
nicht? Ich löste es so, daß ich einen Fünfer auf die Registrierkasse
legte. »Das ist für die Bedienung, die es so eilig hatte, Betsy«,
sagte ich.

Sie kicherte. »Ein Kuß auf die andere Wange, was? Helen ist
sehr tüchtig, aber sie muß sich immer so beeilen, daß sie zu ihren
Kindern nach Hause kommt. Ich sorge dafür, daß sie's bekommt,
und beim nächstenmal kriegen Sie einen ihrer Tische.«

Wir gingen zusammen, und ich fragte sie, wohin ich sie zu
einem Drink einladen dürfe. Erst, meinte sie, müsse sie aber ihren
Wagen nach Hause bringen. Es war ein blaßbrauner Volkswagen
mit verbeulter Stoßstange, ein paar Rostflecken und fehlenden
Zierleisten. Ich folgte ihr durch größere Wohngebiete. Aus den
offenen Fenstern hörte ich Musikfetzen, hing aber im übrigen
meinen eigenen Gedanken nach.

Sie bremste so unvermittelt, daß ich beinahe auf ihren Käfer
geknallt wäre. Sie bog in einen engen Weg zwischen hohen
Hecken ein und hielt schließlich unter einem Schutzdach an. Sie
schaltete die Scheinwerfer ab, stieg aus und lachte, knipste ein
Hoflicht an und fuhr sich mit der Handkante über den Hals. Ich
verstand und schaltete meine Scheinwerfer ebenfalls aus. Grillen
machten einen Höllenlärm in den Hecken, und am Himmel stand
ein verschleierter Halbmond.

»Das meiste Fleisch wird gegrillt. Wir haben zwar jede Menge
Ventilatoren, aber wenn ich nach Hause komme, rieche ich nach
Fleisch und Fett. Der Geruch hängt in den Haaren und in den
Kleidern. Es dauert nicht lange, Travis, bis ich ihn loshabe. Kom-
men Sie herein und werfen Sie einen Blick auf mein Nest.«

Natürlich mußte ich es bewundern. Im Wohnzimmer allein
standen so viele Möbel und Lampen, daß sie für zwei Häuschen
gereicht hätten. Eine ungeschickte Bewegung, und man warf
unweigerlich für zwanzig Dollar pseudomexianische Keramiken
von einem Tischchen. Die Bewunderung der Katze fiel mir
wesentlich leichter. Es war ein großer, kastrierter Kater mit persi-
schem Einschlag in Grau und Schwarz, ein weiser, toleranter,
selbstbewußter Bursche, der sehr höflich wissen ließ, wie gerne er
das Geräusch des elektrischen Dosenöffners hörte. Das Vergnügen
machte ihm Betsy und stülpte den Doseninhalt auf ein Pappteller-
lerchen, das sie in die Ecke stellte. Der Kater kam langsam heran,

erzeugte das Surren eines kleinen Elektromotors und nahm dann zeremoniös zum Essen Platz.

»Er kann sogar seinen Namen sagen«, behauptete sie. »Raoul. Raoul?«

Der Kater sah auf, leckte sich das Mäulchen und sagte »Raoul«, um sofort wieder weiterzuspeisen.

»Kommen Sie und sehen Sie sich seinen Hof an. Raouls Freigehege sozusagen.«

Durch die zweite Küchentür kamen wir zu einem eingezäunten grasigen Viereck von etwa sieben mal zehn Metern. Die Außenlampen warfen honigfarbenes Licht darüber. Der mit wildem Wein bewachsene Zaun war etwas mehr als zwei Meter hoch und garantierte Sicherheit vor neugierigen Blicken. Es gab ein paar Blumengruppen, etliche Gartenmöbel und in der Mitte einen Springbrunnen. Ich hatte das Gefühl, das alles schon zu kennen; aber da fiel mir ein, daß es ja der Hintergrund zu den Polaroidbildchen war.

»Raoul und ich, wir beide lieben dieses Fleckchen sehr«, erklärte sie. »Er weiß, daß die Nachbarhunde ihm nichts tun können. Und ich kann mich splitternackt in die Sonne legen und mich braten lassen. Es ist zwar sinnlos, weil ich nie richtig braun werde, sondern nur schmutzig-gelb und dann wieder blaß. Aber ich mag die Sonne.«

Nach gebührender Bewunderung wurde ich wieder in das Wohnzimmer zurückgeführt. »Setzen Sie sich in diesen Sessel«, schlug sie vor. »Legen Sie Ihre Füße da hinauf, dann ist es fabelhaft bequem. Mögen Sie brasilianische Musik? Ich habe eine ganze Menge Kassetten.«

»Ja, ich mag sie.«

Sie suchte einige aus. »Wissen Sie, ich bekomme sie billig von einem Freund, der sie selbst aufnimmt. Travis, wollen Sie einen Drink? Es ist alles da, Gin, Wodka, Rum, Scotch und so weiter. Sogar einen Bengal Gin habe ich da. Ist der gut?«

»Ja, ausgezeichnet.«

»Kann ich sonst noch etwas für Sie tun? Ich dusche nur schnell.« Sie verschwand und kam mit einem großen Kristallbecher voll Eis zurück, den sie auf einen Korkuntersetzer stellte, daneben eine Schale mit gesalzenen Nüssen. Während sie sich den Fleischgeruch vom Körper wusch, nippte ich an meinem Gin und lauschte dem Liebesgeflüster der Maria Toledo. Ich hätte leichtes Spiel gehabt, wenn ich die Absicht gehabt hätte, sie zu ermorden. Sie war sehr vertrauensselig und verließ sich wohl auf ihren Instinkt, ohne zu überlegen. Ein Mörder konnte aber ebenso aussehen wie ich. Oder wie Sie, wie irgend jemand. Er kann sich einschleichen in ihr Bad, seine Hände um ihren seifigen Hals legen und zudrücken. Ein solcher Tod sähe so unwirklich aus, als sei er aus einem Film von A. Hitchcock.

Fünfzehn Minuten später erschien sie unter der Tür. »Schauen Sie mich nur an!« rief sie jammernd. »Schauen Sie nur!«

Sie trug einen langen Bademantel in psychedelischen Farben. Ihr Haar lag klatschnaß um ihren Kopf. »Ach, mit mechanischen Dingen bin ich so schrecklich ungeschickt«, klagte sie.

»Was ist denn passiert?«

»Nach dem Duschen stellte ich wieder auf die Hähne um, weil ich die Badewanne auswaschen wollte, und dabei kam ich wieder an den Hebel, verdammt noch mal. Mein Haar trocknet doch sowieso ewig nicht, weil es so fein und dicht ist. Es tut mir so schrecklich leid, aber mit dem nassen Haar kann ich nicht ausgehen. Wäre es Ihnen sehr unangenehm, wenn wir uns hier unterhielten? Wie spät ist es überhaupt? Was? Halb zwölf? Um die Zeit hat sowieso kein nettes Lokal mehr offen. Haben Sie noch zu trinken? Du liebe Güte, Sie haben ja kaum daran genippt. Macht es Ihnen wirklich nichts aus, wenn wir hierbleiben? Dann brauche ich mir auch nicht den Kopf zu zerbrechen, was ich anziehen soll. Bin sofort wieder da.«

Nein, so raffiniert war sie sicher nicht, daß sie absichtlich ihr Haar unter die Dusche gehalten hat, sagte ich mir, aber es paßt ihr durchaus in den Kram, daß sie nun nicht ausgehen muß und eine Ausrede hat, mich hier zu behalten. Unterbewußte Taktik des Verführens. In ihrem Tagebuch — kein Zweifel, daß sie eines führt — steht dann: es wäre alles nicht passiert, wenn ich nicht so ungeschickt gewesen und mit dem Haar unter die Dusche gekommen wäre. Aber passiert wäre es früher oder später ja doch. Zwischen Travis und mir war vom ersten Augenblick jenes Unvermeidliche, dem man nie entkommt . . .

Sie brauchte wirklich nicht lange und kam mit einem korallenroten Handtuchturban um ihr nasses Haar wieder zurück. Statt des Minimis, mit dem ich gerechnet hatte, trug sie ein Kasakkleid mit kleinen Vorhangschlößchen an den vier Taschen, einem langen Reißverschluß von oben bis unten und einer goldenen Kette um die Taille, alles in elfenbeinfarbenem Kordsamt. Es sah ein bißchen kitschig aus, aber mit der Zeit gefiel es mir immer besser, denn es stand ihr sehr gut.

Sie machte mir einen frischen Drink und setzte sich einen Meter von mir entfernt auf eine blaue Couch. »Wissen Sie, Travis«, sagte sie und zog die Füße auf die Couch, »ich bin ein Partymuffel. Ich bin so gerne zu Hause. Mein Nest ist mein Ein und alles. Ich hänge weniger an Cypress City, denn ein ähnliches Nest könnte ich mir ja mit meinen Sachen überall bauen, aber ich bin nun einmal so, daß ich weniger nach außen lebe als nach innen. Vielleicht kann ich Ihnen gar nicht das erzählen, was Sie gerne wissen möchten.«

Ich begann mit der Bemerkung, daß ich den Sheriff Norm Hyzer für ziemlich seltsam hielte, und sie erzählte mir daraufhin seine tragische Lebensgeschichte. Sie sei der Grund dafür, daß er so kalt, übergenau und unzugänglich sei. Man aber müsse zugeben, daß er sich immer um Fairneß bemühe. Und tüchtig sei er außerdem. Daher werde er ja auch immer wieder gewählt. Ein Grund dafür sei zwar auch die schlechte Bezahlung, um die sich ja schließlich niemand reiße, aber das ihm zur Verfügung stehende Geld verwende er wirklich nur für die Bezahlung seiner Polizisten, für Wagen, Radios und sonstige notwendige Ausrüstung.

»Ein paar Baithers kenne ich natürlich, es gibt ja genug in der Gegend. Einer ging mit mir in die Oberschule, aber der taugte nichts. Vor ein paar Jahren kam er in Vietnam um. Er hieß Forney. Wie er mit Frank Baither verwandt war, weiß ich nicht, aber er war von der gleichen Sorte. Forney hatte die Wahl, ins Gefängnis zu gehen, oder sich freiwillig nach Vietnam zu melden. Ich sage, ein toter Baither ist kein Verlust für die Menschheit, und die meisten sind wohl meiner Meinung.«

Der Bengal Gin stieg mir nun doch ein wenig in den Kopf. Aber bis jetzt hatte sie mir noch nichts Nützliches erzählt. Allerdings hatte ich das Gefühl, daß ich nur die richtige Tür zu finden brauchte. Ich sah nachdenklich vor mich hin.

»Einen Penny für Ihre Gedanken?« meinte sie.

»Ich glaube, ich dachte gerade über den großen Sheriff nach, diese tragische Figur, dieses Wunder an Tüchtigkeit und Gemeinsinn. Warum führt er ein Tier in seiner Gehaltsliste?«

»Was meinen Sie damit?«

»Einen brutalen, sadistischen, degenerierten Burschen, einen Gemeindestier wie Lew Arnstead?«

Sie legte ihre Hand an den Hals. Ihr Mund zitterte, und ihre Augen waren groß und erstaunt. »Lew? Aber er ist doch nur ...«

»Dein Freund, dein Helfer — die Polizei — der Kerl, der meinen besten Freund grundlos krankenhausreif geschlagen hat, der ihn ermordet hätte, wäre Billy Cable nicht dazwischengetreten ...«

»Das klingt nicht nach ...«

»Er ist entlassen und steht unter Anklage, und ich hoffe, Hyzer sorgt dafür, daß er für sehr lange weggeschickt wird. Vorher möchte ich mich wenigstens nur noch eine Minute lang mit ihm beschäftigen.«

»Aber er ist doch nicht ...«

»... ein so gemeiner Kerl? Na, kommen Sie, Betsy! Ich habe mich über ihn informiert. Er ist eine große Nummer bei der Weiblichkeit des Cypress County. Verführt sie, schlägt sie wie es ihm paßt und zeigt seine Polaroid-Souvenirs bei seinen Freunden herum.«

Sie schluckte heftig, und ihre Augen wurden immer größer. Dann tat sie plötzlich einen Schrei, sprang auf und rannte zum Badezimmer. Mich wunderte nur, daß sie dabei nichts hinunterwarf. Ich hörte Raoul miauen. Die Kassette war zu Ende. Ich stand auf und legte eine neue ein.

Travis McGee, du bist ein herzloser Kerl. Jeder der allein ist, ausgenützt wird und sensibel ist, braucht ein paar Illusionen, um sich an sie zu klammern, um damit eine warme, kuschelige Zuflucht im Ödland des Herzens zu bauen. Es ist nicht gut, wenn du diese Zuflucht mit einem brutalen Fußtritt zerstörst. Und die Kleine da sehnt sich nach Romantik, nach der Würze der Seifenoper und war sie auch ein noch so magerer Ersatz für das, was sie sich erträumte. Laß jetzt wenigstens ihr Hintergärtchen in Ruhe — falls du noch die Chance hast . . .

Zum Badezimmer gehen und klopfen. »Betsy, Liebes, kann ich was für dich tun?«

Die Antwort kam ein bißchen stöhnend und nicht sehr deutlich; ja, es gehe schon wieder; eine Minute noch. Ein Drink wäre recht.

Ich machte zwei Drinks. Sie sahen gleich aus, nur war der ihre echt und der meine aus Leitungswasser.

Endlich kam sie wieder heraus. Ihr Gesicht war ein wenig verschwollen, und sie ließ die Schultern hängen. Es tue ihr leid, sagte sie und ließ sich auf die Couch fallen.

Ich setzte mich neben sie und nahm ihre Hand. Sie versuchte, sie mir zu entziehen, aber ich hielt sie fest. Einmal sah sie mich ganz kurz an.

Betsy, darf ich eine sehr persönliche Bemerkung machen?« Sie zuckte die Achseln und nickte. »Ich glaube, du bist eine feine, großzügige und warmherzige Frau, Betsy. Es gibt immer wieder Menschen, die solche Eigenschaften schamlos ausnützen. Aber du solltest nicht allzu traurig sein. Ein Mensch, der kein emotionelles Risiko eingeht, kann auch nicht verletzt werden, das ist klar. Aber ein solcher Mensch lebt auch nicht richtig. Das stimmt doch, oder?«

»Ich — weiß es nicht. Ich wollte, ich wäre tot.«

»Liebling, als ich meinen großen Mund aufmachte, da wußte ich nicht, daß du etwas mit Lew Arnstead zu tun haben könntest.«

»Es — ist nichts, aber er hat Schwierigkeiten, und er fühlte sich so elend und hilflos . . .«

»Warum erzählst du mir's nicht? Es würde dich doch erleichtern.«

»Nein, ich will nicht.«

»Es wäre aber sicher gut.«

»Ja — Er brauchte selbst ziemlich lange, bis er es mir sagte. Er hatte ja schon immer Mädchen, bevor er zur Army kam und nachher. Er verliebte sich in Clara Willoughbee. Er wollte sie heiraten, und sie machten schon Pläne. Aber da ... Er konnte einfach nicht, verstehst du? Ich glaube, es war ein Schuldgefühl wegen seiner vielen Weibergeschichten. Er liebte Clara wirklich, und es war ihm schrecklich. Aber er konnte nicht ...«

Er hatte sich dann von Clara getrennt und war zu alten Freundinnen zurückgekehrt, aber er blieb impotent. Einmal hatte er nach dem Dienst zuviel getrunken, und er konnte nicht mehr selbst fahren. Da fuhr sie ihn in ihrem kleinen Wagen herum, und er hatte geheult und getobt und wollte sich umbringen. Danach war er völlig hinüber. Da sie ihn alleine nicht aus dem Wagen und ins Haus schaffen konnte, ließ sie ihn im Auto unter dem Schutzdach schlafen. Am nächsten Morgen war er verschwunden, kam aber zurück und wollte wissen, was er alles geredet hatte. Schließlich erzählte er ihr aber, was mit ihm los war. Das war im Oktober des vergangenen Jahres.

»Weißt du, ich habe eine Schilddrüsenunterfunktion und deshalb oft einen sehr niedrigen Blutdruck. Der macht mich schrecklich müde, und oft habe ich Depressionen davon. Thyroidextrakt wirkt aber viel zu stark, so daß ich nervös werde, eiskalte Hände habe und schwitze. Vor ein paar Jahren verschrieb mir ein Arzt eine Art Energietabletten, die ich auf Dauerrezept bekomme. Jeden Morgen nehme ich eine. Ich machte die Erfahrung, daß ich gelegentlich einmal aus Versehen, aus Vergeßlichkeit eigentlich, eine zweite nehme. Ich merke dann, daß ich mich sehr — sexy fühle. Und das sagte ich Lew einmal. An einem Sonntagnachmittag kam er dann. Ich gab ihm zwei, und eine Stunde später meinte er, jetzt könne er ... Verstehst du, ich wollte ihm helfen, weil er so schrecklich deprimiert war. Die Tabletten wirkten, und er war so glücklich darüber. Wir verliebten uns auch ineinander und ...«

»Hat er diese Pillen immer genommen?«

»Oh, nein! Das war nach dem erstenmal gar nicht nötig. Es war bei ihm mehr die Angst ...«

»Aber dann habt ihr Schluß gemacht? Weshalb?«

Sie kniff die Augen zusammen. »Wir hatten einen kleinen Streit, er war eigentlich gar nicht so ernst. Aber er schlug mich und schlug mich so lange, bis ich bewußtlos war. Er war nicht mehr der, als ich wieder zu mir kam. Es war entsetzlich. Mein Gesicht war verschwollen, und in meinem Mund war alles wund. Vier Tage lang konnte ich nicht zur Arbeit gehen. Da zeigte ich ihn an, zog die Anzeige aber wieder zurück und sagte, ich sei von der Leiter gefallen, als ich ein Bild aufhängen wollte. Eine Woche lang mußte ich dann noch eine dunkle Brille tragen, bis meine Augen wieder abgeschwollen waren.«

»Wie war er denn, als er dich schlug?«

»Komisch. Nein, wütend war er nicht. Ich schrie und wehrte

mich gegen ihn, aber er schien mich nicht zu hören und sah sogar irgendwie ruhig aus. Er schlug nur immer weiter. Manchmal träume ich noch davon. Es war schrecklich.«

»Hast du ihn dann noch einmal gesehen?«

»Auf der Straße, oder wenn er zum Essen ins Lokal kam. Aber sonst nie mehr! Nein, anrühren durfte er mich nie mehr. Ich habe ihm auch geschrieben, er soll sich bei mir nur ja nicht wieder blicken lassen.«

»Bist du in der Polaroid-Kollektion?«

»Nein, natürlich nicht!« Das war etwas zu nachdrücklich.

»Er kann doch vielleicht einen — Trick angewandt haben.«

»Nun ja, einmal an einem Sonntagnachmittag waren wir ein bißchen zu sehr aufgedreht, und da holte er die Kamera aus seinem Wagen. Aber ich habe die Fotos alle zerrissen. Ich glaubte wenigstens, es waren alle, denn er hat viele Aufnahmen gemacht. Ich hätte weder Lew noch sonst einem erlaubt, mit solchen Bildern von mir herumzulaufen.«

»Nein, natürlich nicht!«

Sie war mir dankbar, daß ich ihr beipflichtete, sah aber trotzdem betrübt drein. »Ich wüßte auch gar nicht, weshalb man Nacktaufnahmen von mir mit sich herumtragen sollte. Diese komische Figur, die ich habe. Überall dürr und knochig, und nur oben herum so überdimensioniert. Aber jetzt weißt du, welch ein Idiot ich sein kann.«

Es hatte keinen Sinn, wenn ich ihr auseinandersetzte, daß sie ihm den Geschmack an Drogen beigebracht hatte, nachdem es ihr gelungen war, mit einem starken Stimulans seine Impotenz zu kurieren. Er war der klassische Fall eines Amphetaminsüchtigen. Düstere Launen, übersteigerte Fröhlichkeit, Depressionen, wenig Schlaf, Abmagerung, übersteigerte Sexualität, Rastlosigkeit, Unfähigkeit zu zuverlässiger, verantwortungsvoller Arbeit, eine ständig wachsende Neigung zu Brutalität und Gewalttaten.

»Du bist eben an einen Verrückten geraten, Betsy«, sagte ich.

»Nein, den Eindruck eines Verrückten machte Lew nicht.«

»Es wäre sicherer auf der Erde, könnten wir jeden Verrückten auf den ersten Blick erkennen, Betsy.«

»Könnte er — in eine Anstalt kommen?«

»Besser wäre es, bevor er jemanden umbringt und dafür eingesperrt wird.«

»Du suchst ihn?«

»Ja. Ich habe mit seiner Mutter gesprochen. Seit Donnerstag war er nicht mehr zu Hause. Hast du eine Ahnung, wo er sein könnte?«

»Sicher ist er mit einer Frau beisammen. Aber wo und mit wem?«

»Mit wem geht er denn in letzter Zeit. Weißt du es?«

Sie klammerte sich mit beiden Händen an mich. »Oh, Gott, Travis, er könnte jetzt draußen vor meiner Tür sein! Wir wissen ja nicht, was in ihm vorgeht. Er könnte darauf warten, daß du gehst. Aber bitte, laß mich nicht allein! Bitte, geh nicht weg!«

Ich saß also in der Falle. Geplant? Nein. Aber passend. Ich sagte ihr, sie brauche keine Angst zu haben, ich ließe sie nicht allein.

10

Als ich am Sonntagmorgen aufwachte, amüsierte ich mich über mich selbst. Wenn ich ganz offen war, dann mußte ich zugeben, daß ich mich kaum gesträubt hatte, in die Falle zu gehen. Sie war auch gar nicht so unangenehm, keinesfalls. Und schließlich geschah alles ja doch nur deshalb, weil es in den Sternen geschrieben stand.

Sie war leicht zu durchschauen, und jede ihrer Handlungen und Reaktionen war vorherzusehen. Und sie war sehr dankbar für eine kleine Schmeichelei, eine Liebenswürdigkeit, ein Entgegenkommen. Der Alltag sah sie als arbeitsame, vernünftige, klardenkende Frau, die jedermann mochte.

Ich lag, voll von Selbstironie, auf dem Rücken und spürte ihre runde Stirn an meiner Schulter, ihren tiefen, warmen Atem an meinem Arm. Wenn ich den Kopf ein wenig bewegte, sah ich den blonden Wuschel ihres Haares, der ihr Gesicht verbarg, die Spitze eines Ohres, einen Winkel des halbgeöffneten Mundes, die rosa Zungenspitze, ein paar untere Vorderzähne, einen Arm über der Wölbung der weißen, blaugeäderten Brust, darunter nur noch eine dünne, bunte Decke.

Dann seufzte sie und hielt den Atem an. Eine Hand strich das Haar aus dem Gesicht. Blaugraue, voll aufgeschlagene Augen sahen mich an. Ihr Gesicht wurde blutrot. »Oh, Darling«, flüsterte sie und kuschelte sich in meinen Arm. »Schau mich nicht so an. Ich muß wie eine Hexe aussehen.«

»Du siehst entzückend aus.« Das ging mir glatt von den Lippen. Man hörte es ja oft genug im Kino, im Radio, im Fernsehen.

»Was mußt du jetzt von mir denken! Ich bin doch sonst nicht so. Was ist nur in mich gefahren!«

Nein, keine grobe Antwort, sondern die, die sie erwartet. »Wir konnten eben nicht anders, Süße.«

»Oh, Liebling, ich liebe dich so!«

Umblättern bitte. Erste Zeile oben. »Ich liebe dich auch, Süße.« Es ist doch so: Primitiv ausgedrückt ist es dann Liebe, wenn man einem Menschen nicht weh tun will. Das Wort sollte auch die Dame nicht veranlassen, ihre seidenen Schenkel zu öffnen, denn diese Tat war schon getan. Es verlieh ihrer Phantasie den Schwung der Wirklichkeit. Dann ein sanftes, langsames Streicheln über den weißen Rücken bis hinunter zur Wölbung der kleinen Hinterbacken. Dieser Teil steht meistens in Klammern; das, was folgt, ebenfalls.

Als ich zum zweitenmal an jenem Sonntag aufwachte, stand sie neben dem Bett und tätschelte mir die Schulter. Ein gelbes Band hielt das Haar zurück, und der Sonnenanzug war winzig und weiß. Sorgfältiges Make-up.

»Liebling, du kannst jetzt ins Bad. Ich habe für dich hergerichtet, was du brauchst. Gib acht auf die Dusche. Der Knopf für das heiße Wasser geht in verkehrter Richtung auf.«

Ein winziges Bad mit gelben Vorhängen und Matten; Töpfchen, Tiegelchen, Düfte, Salben und Seifen. Neue Zahnbürste, ein Lady-Razor mit Miniaturklinge. Ein großer, hagerer, haariger Bursche im Spiegel. »Was, zum Teufel, tust du hier, McGee?« sagte ich zu meinem Spiegelbild.

»Ich spiele im Stück von Betsy Kapp mit. Klar, ich hätte aussteigen können. Tud mir leid, Schätzchen, und so . . .«

»Spar dir doch die Sprüche, McGee! Es kam dir doch durchaus passend. Stimmt doch, was?«

»Zugegeben, es war ein unerwartetes Vergnügen.«

In einer schattigen Ecke von Raouls Privatgarten war das Frühstück gerichtet. Eisgekühlter Orangensaft, auf dem Rechaud eine zugedeckte Schüssel mit Rühreiern, gebutterter Toast unter einer weißen Serviette, knuspriger Speck und eine riesige Kanne voll heißem, duftendem Kaffee.

Ich aß wie ein Wolf, und das freute sie. Ah, sie lachte, kicherte, war fröhlich, wurde auch dann und wann ein bißchen rot und bediente mich wie einen Pascha. Ich konnte sie jetzt nicht mehr objektiv sehen. Im Schimmer unserer Vertraulichkeit war sie nur noch Betsy, eine Frau, die ganz sie selbst war. Aber ich sah auch Dinge, die mir vorher nicht aufgefallen waren; ihre langen, schlanken Hände, ein etwas dunklerer Augenzahn, zwei winzige Windpockennarben auf der linken Wange, die unauffälligen Krähenfüßchen der leicht Kurzsichtigen. Das alles war Betsy Kapp, die in ihrem Garten eine Romanze feierte.

Sie erzählte mir, daß sie jeden zweiten Sonntag zu arbeiten hatte, und wenn sie, so wie heute, frei habe, dann liege sie gerne im Garten, döse vor sich hin, und für besondere Gelegenheiten — wie heute — habe sie ein paar Extrasteaks im Gefrierschrank und eine besonders feine Flasche Wein im Keller. Und zu ihrem Kassettengerät gehörten ein paar Lautsprecher für den Garten, nur wisse sie nicht, was sie mit ihnen anfangen solle, weil sie sich mit technischen Dingen nicht auskenne.

Es war alles so reizend und behaglich ausgedacht, aber ich

wollte doch zum White Ibis zurück, mich umziehen und nach Briefen und sonstigen Mitteilungen sehen. Das hielt sie für vernünftig, und sie verabschiedete mich unter der Tür mit einem langen Kuß.

Ich ging hinaus und blinzelte erstaunt, bis mir einfiel, daß ich nachts um zwei noch einmal aufgestanden war und meinen Wagen hinter das Schutzdach gestellt hatte, wo ihn die Nachbarn nicht sehen konnten. Es war ja nicht unbedingt nötig, ihnen Gesprächsstoff zu liefern. Ich ging also zum Schutzdach und sah in den blauen Himmel hinauf. Ein großer, schwarzer Bussard saß auf einem Lichtmast und schien auf eine Mahlzeit zu warten. Ich ging ein paar Schritte weiter und sah den Bruder des Bussards am äußersten Ende des Dachfirsts sitzen.

Der nächste Schritt zeigte mir dann das Objekt ihrer hoffnungsvollen Geduld.

Ich hatte das Verdeck nicht geschlossen. Er war einfach auf den Rücksitz geworfen worden. Ein Fuß hing auf den Boden, der andere hatte sich am Sitz verfangen und war im Knie scharf abgebogen. Es war ein großer, kräftiger junger Mann mit schwarzem Haar, hohen Wangenknochen und sehr langen Koteletten. Meyer hatte gesagt, Lew Arnstead habe kleine, dunkle Augen gehabt. Ja, es waren kleine, dunkle Augen, und eines stand etwas weiter offen als das andere. Er trug eine schmutzige Rancherjacke und fleckige weiße Jeans. Sein Kopf lag schief, so daß die schwere Verletzung, die vom rechten Ohr bis über die Schläfe reichte, deutlich zu sehen war. Sie sah aus, als habe man ihm mit einem dünnen Stahlrohr über den Kopf geschlagen. Blut war kaum zu sehen. Ein Dutzend glänzender Fliegen wimmelte um die Wunde herum.

In einem solchen Moment tut man zuerst absolut gar nichts. Man steht da und atmet erst einmal tief und schnell. Dann denkt man wieder schärfer und überlegt die eigene Lage.

Sheriff, könnte man am Telefon sagen, ich habe die Nacht hier bei Mrs. Betsy Kapp verbracht, und als ich vor ein paar Minuten zu meinem Wagen ging, fand ich einen Toten darin, der vielleicht Ihr ehemaliger Deputy sein könnte. Könnten Sie sofort kommen? Ich warte hier auf Sie.

Seine alte Dame weiß, daß ich nach Lew Ausschau gehalten hatte. King Sturnevan gab mir einen Schnellkurs, wie ich mit Arnstead fertig werden konnte. Und dieser Arnstead hat meinen besten Freund brutal zusammengeschlagen. Hm. Betsy würde man natürlich vernehmen. Ihr Verhältnis zu Lew mochte bekannt sein. Natürlich würde sie sagen, ich sei bei ihr gewesen und könne also Lew Arnstead kaum umgebracht haben.

Jemand hatte das Risiko auf sich genommen, mir diesen üblen Streich zu spielen. Um die Sache abzurunden, mußte auch die

Waffe zu finden sein. Irgendwo. Im Handschuhkasten, unter dem Vordersitz oder in den Büschen am Zaun.

Also wird Hyzer nicht angerufen. Vielleicht ist er auch schon unterwegs mit Billy Cable am Steuer.

Ich könnte das Verdeck schließen, irgendwohin fahren und ihn abladen. Aber man könnte schon darauf warten. Das wäre sehr schlecht.

Oder ich könnte hineingehen und sagen, ich hätte es mir anders überlegt. Betsys Spiel eine weitere Nacht mitspielen und wenn dann jemand an die Tür klopfte, den Erstaunten markieren.

Oder zu Betty sagen: Schau dir mal das an, Süße. Hysterisches Flügelschlagen und aufgeregtes Piepsen wäre sicher die Folge.

Tatsachen: Ich war zwischen halb zwei und zwei hinausgegangen und hatte den Wagen hinter das Schutzdach gefahren. Ich war geblieben — einer der Gründe —, weil Betsy Angst vor Lew Arnstead hatte. Sie glaubte, er könne ihr auflauern. Ich hatte mir Betsy ausgesucht, weil ich den Brief in Lews Zimmer gefunden hatte. Diesen Brief mußte Mister Norm ja auch finden, und King würde sich daran erinnern, daß er mir gesagt hatte, wo ich Betsy finden könnte.

Wäre ich nicht in den Mord an Baither hineingezogen worden, dann könnte ich vielleicht nützliche Hinweise geben. Da Mister Norm mich aber nur sehr widerstrebend entlassen hatte, würde er meine Geschichte sicher nicht schlucken.

Daß man ausgerechnet mir diese Leiche unterschob, war vielleicht darauf zurückzuführen, daß Mund und Gedächtnis eines Verbindungsgliedes zu Frank Baither und seinen Henkern unschädlich gemacht werden sollten.

Hier und sofort also dieses ›Paket‹ verstecken.

Aber mir paßte keine meiner Überlegungen.

»Trav?« sagte Betsy und kam auf mich zu. »Trav, ich hörte dich nicht wegfahren und wunderte mich . . .«

»Geh ins Haus zurück!«

»Aber Liebling, du schreist mich ja an!«

Ich konnte sie nicht mehr aufhalten. Der nächste Schritt brachte sie nahe genug an den Buick, um das tote Gesicht und die toten Augen sehen zu können.

Sie schwankte, schielte und würgte. Ich fing sie gerade noch auf. Sie war grünlich-blaß, zitterte am ganzen Körper und war mit kaltem Schweiß bedeckt. Ich drehte sie um, daß sie ihn nicht mehr ansehen mußte und führte sie in den Sonnenschein. Ich hielt sie fest in den Armen, bis sie sich wieder beruhigte.

Endlich seufzte sie und sah mich an. »Jetzt geht es wieder. Aber warum das alles? Mein Gott, wie kam er denn hierher?«

»Es ist doch Arnstead, nicht wahr?«

»Ja, natürlich! Hast du ihn noch nie gesehen?« Ich schüttelte den Kopf. »Komisch, ich hatte wirklich eine Sekunde lang geglaubt, er sei hier in der Nähe gewesen, und als du hinausgingst, um den Wagen ... Verzeih, Darling, du hättest nicht in mein Haus und in mein Bett zurückkommen können, wenn ... Jedenfalls ist es eine Gemeinheit, uns das anzutun.«

»Jemand muß gewußt haben, daß ich hier bin.«

Sie ging ins Haus zurück und kam mit einem Laken wieder, das sie ausschüttelte und über den Toten legte. »Mach doch das Verdeck zu, Liebling. Du hättest es nicht offenlassen sollen. Jetzt ist der ganze Wagen innen feucht vom Tau.«

Ich griff hinein und drückte auf den Knopf. Das Verdeck schob sich heraus und nach vorwärts. Die Bussarde flogen davon.

Mir war wohler, als ich ihn nicht mehr sah. »Mädchen«, sagte ich, »du bist von einer beachtlichen Tapferkeit.«

»Ich? Am liebsten würde ich kreischen wie eine ganze Herde Hexen. Es würde nur nichts nützen. Sollen wir anrufen?«

»Erst sehen wir mal nach, ob noch genug Kaffee für uns beide da ist. Dann reden wir in Ruhe darüber und entscheiden, ob wir anrufen sollen oder nicht.«

Das ganze mädchenhafte, romantische Getue war wie weggeblasen. Sie hörte mir aufmerksam und nüchtern zu und ließ sich von Anfang an jede Kleinigkeit erzählen. Ich ließ nur ihren Brief und ihre Fotos aus, erklärte ihr aber dafür, was mir vorher alles durch den Kopf geschossen war. Sie war überraschend vernünftig.

»Angenommen, Sheriff Hyzer zieht falsche Schlüsse und steckt dich wieder ins Gefängnis. Für dich wäre es doch eigentlich sicherer, als wenn du jetzt etwas tätest, das vielleicht – nicht so gut ausgeht. Du kämst wieder heraus, denn du bist kein Verbrecher, hast Freunde und bist ja schließlich selbst irgendwie im Geschäft.«

»Ich kann es mir aber nicht leisten, durch sämtliche Zeitungen gezogen zu werden. Verstehst du, mein Beruf verträgt das nicht. Gut, ich bin Havariemann, aber mehr nach der persönlichen Richtung. Sozusagen ein Mann der letzten Möglichkeit. Wenn zum Beispiel einer sich betrogen fühlt, hat aber keine handfesten Beweise, dann kommt er zu mir. Die Methoden können da natürlich nicht immer streng gesetzlich sein, aber man hat doch ein gewisses Berufsethos, vor allem aber einen Ruf zu wahren. Es gehört jedoch zu meinem Geschäft, daß ich bekannter bin und mißtrauischer beobachtet werde als mir lieb ist. Wenn ich also auf den Titelseiten mit Bild, Lebenslauf und Berufsbeschreibung erscheine, dann ist mein Beruf im Eimer. Ich hätte niemals mehr eine Chance, anderswo wieder von vorne anzufangen. Deshalb also: nein, vielen Dank.«

»Ich nehme an, daß deine Lebensweise das Risiko wert ist.«

»Ja, aber jetzt mußt du dieses Risiko mittragen. Es ist nicht fair, wenn ich dich darum bitte. Du hättest es leichter, wenn du anrufen würdest.«

»Pfui! Ich hätte schon vor langer Zeit damit anfangen müssen, wenn ich immer nur klug hätte handeln wollen. Darling, dein Hausboot, auf dem du wohnst, hat doch Maschinen und so. Oder liegt es nur vor Anker?«

»Es kreuzt. Sehr langsam zwar, aber das ist recht gemütlich.«

»Im Juni schließen sie das Lokal zur Renovierung. Wenn jemand also ein Risiko übernimmt, muß er doch dafür belohnt werden, oder?«

»In Ordnung, Liebes. Im Juni bist du an Bord meines Bootes.«

»Ich werde kochen, die Wäsche besorgen und so.«

Kein Anruf. Und die beste Idee kam von ihr. Sie zog Rock und Bluse an, stieg in ihren Volkswagen, lächelte und winkte mir ein wenig zittrig zu, ehe sie wegfuhr. Ich benützte die Zeit, um festzustellen, ob mein Geschenk vielleicht noch ein paar Extras an sich hatte. Er wurde schon steif, und daher war es nicht ganz einfach, die Taschen zu entleeren. Die Sonne schien, und im Wagen wurde es ziemlich heiß. Der tote Deputy begann zu riechen.

Achtunddreißig Dollar in der Brieftasche; Kennkarte, Kreditkarte, Foto des schwarzen Pferdes; zwei sehr obszöne Pornofotos, offensichtlich gekauft.

Plastikröhrchen mit acht der zweifarbigen Kapseln. Taschenmesser, Tabakkrümel, ein zerdrücktes Zigarettenpäckchen mit drei Viceroy. Feuerzeug. Einige Schlüssel an einem Bund. Sechsundzwanzig Cents.

In der rechten Innentasche der Rancherjacke fand ich ein Stück blaues Papier. »Lew, wenn du je wieder zu meinem Haus kommst, dann erschieße ich dich. Das schwöre ich bei Gott dem Allmächtigen.« Darunter war ein B mit einem Loch am Ende des Abstriches.

Ich steckte alles wieder in die Taschen, bis auf den Brief. Das Mordinstrument fand ich weder im Wagen, noch in den Büschen. Ich gab sehr acht, daß ich nirgends Fingerabdrücke hinterließ.

Wo blieb nur Betsy? Der Brief war von ihr geschrieben. Die Schrift kannte ich von dem anderen Brief her.

Ich ging hinein. Raoul strich mir um die Beine. Hatte sie wirklich eine Waffe? Es gibt ein gewisses Muster für Verstecke, und man spart viel Zeit, wenn man ihm folgt. Koffer und Hutschachteln, dann Deckeldosen, Kochtöpfe, schließlich die Schubladen im Schlafzimmer. Ich fand die Pistole in der untersten Schublade ihres Toilettentisches hinter anderen Dingen. Sie war in einem Plastikbeutel mit Doppelzug, der in einen Seidenschal gewickelt und unter einem Stoß bunter Seidentücher versteckt war. Es war ein Colt 38er Spezial, der den Namen ›Agent‹ trägt. Er ist keine Damenwaffe und tödlich. Auch eine Schachtel Munition war da. Nur sechs Patronen fehlten. Wenn man die Absicht hat, einen

Menschen zu töten, dann kürzt eine solche Waffe den Prozeß erheblich ab.

Ich versteckte den Colt wieder dort, wo ich ihn gefunden hatte.

Fünf Minuten später hörte ich den Rasenmähermotor des VW. Betsy kam ins Haus gerannt, warf sich in meine Arme und lächelte mich mühsam an. Dann ließ sie sich auf die Couch fallen, warf ihre Sandalen ab und lehnte sich mit geschlossenen Augen zurück.

»Du warst lange aus, Betsy«, sagte ich.

»Ich wollte etwas herauskriegen. Das Haus wird nicht bewacht. Ich fuhr immer wieder herum, kam von allen Seiten heran und habe nichts festgestellt. Nichts.«

»Das ist immerhin tröstlich.«

»Beim White Ibis habe ich nach dir gefragt. Sie riefen bei dir an, aber niemand meldete sich. Ich fand auch das Brieffach 114, aber es war leer.«

»Dorthin hättest du nicht gehen sollen.«

»Es war die einfachste Art festzustellen, ob dich jemand sucht. Nun, ich habe ganz einfach nach dir gefragt, so daß man dich hier bei mir kaum vermuten wird. Was tun wir jetzt?«

»Das hier fand ich bei ihm.« Ich reichte ihr den Zettel.

Sie las ihn und schoß in die Höhe. »Du lieber Himmel, den habe ich doch vor fast einem Jahr geschrieben? Wieso trägt er ihn jetzt mit sich herum? Er ist nicht einmal vollständig. Da ist etwas abgerissen. Muß das Datum gewesen sein. Ich glaube, ich hatte noch etwas geschrieben; wie mir das Gesicht weh tut und wie es aussieht.«

»Hast du diesen Zettel geschrieben, nachdem er dich geschlagen hatte?«

»Am zweiten Tag nachher. Am ersten Tag war ich viel zu krank.«

»Hast du damals geglaubt, er könne wieder herkommen?«

Sie lehnte sich zurück. »Ich weiß nicht. Verstehst du, irgendwie wollte ich trotz allem, er solle zurückkommen. Das war ja das Verrückte daran. Gleichzeitig hatte ich Angst, ich würde wieder mit ihm ins Bett gehen, wenn er es wollte. Ich haßte ihn, weil er mich geschlagen hatte, aber das Verlangen nach ihm war stärker als der Haß. Ich weiß nicht recht, ob ich ihn von mir fernhalten wollte, bis mein Verlangen nach ihm schwächer wurde, oder ob ich versuchte, ihn herauszufordern, daß er käme.«

»Hast du denn eine Waffe?«

»Klar. Bleib' da, ich hole sie.« Eine Minute später war sie mit dem Plastikbeutel wieder zurück. Sie reichte ihn mir. »Weißt du, ich habe Angst, dieses Ding auch nur anzusehen. Ich habe die Pistole von Lew bekommen. Er hat sie jemandem weggenommen und nicht abgeliefert, wie es seine Pflicht gewesen wäre. Er kaufte die Munition, lud sie und zeigte mir, wie sie funktioniert. Ich habe aber nie damit geschossen. Ist es eine gute Waffe?«

»Bis zu zehn Metern äußerst zuverlässig.«

»Er sagte, ich solle nie zu zielen versuchen, nur so tun, als wolle ich mit dem Finger zeigen und dann abdrücken. Ich glaube, ich brächte es aber niemals fertig.«

Ich gab sie ihr zurück, und sie räumte den Beutel wieder weg.

»Man hat den Zettel in eine leicht zugängliche Tasche gesteckt, daß man meinen sollte, er sei hierher gekommen«, sagte sie plötzlich.

»Man hat den Zettel in eine leicht zugängliche Tasche gesteckt, nachdem er tot war, denke ich. Dann brachten sie die Leiche hierher. Sie sahen den Buick und warfen ihn hinein. Sie hatten wohl gedacht, du seist allein.«

»Was hatten sie damit bezweckt?«

»Es sollte so aussehen, als hättest du ihn umgebracht. Das Problem ist nur noch, mit welcher Waffe?«

»Ich habe nicht lange genug hingesehen. Wie müßte die Waffe ungefähr aussehen?«

Ich nahm meine Hände zu Hilfe. »Ein Rohr, ungefähr so lang und von diesem Durchmesser. Mit einem einzigen Schlag kann man einen Menschen damit umbringen.«

»Nein, so etwas könnte ich niemals tun.«

»Wir müssen nachdenken. Er ist zu schwer für dich, also muß es vor dem Haus geschehen sein. In der Nacht würdest du auch nicht vor das Haus gehen. Man muß es also so drehen, als sei es früher geschehen. Sagen wir, du kommst nach Hause und fährst unter das Schutzdach, steigst aus und gehst zu dieser Seitentür. Klar?«

»Ja. Ich muß das Licht anknipsen. Ich komme ins Haus, ehe das Licht wieder ausgeht.«

»Also muß er unter dem Schutzdach oder in den Büschen neben der Tür gewartet haben. Ein guter Platz, um eine Leiche hinzulegen. Und dort muß etwas sein, was du aufheben und womit du zuschlagen kannst.«

Sie hatte nachdenklich den Mund gespitzt. »Ich kann mir gar nichts vorstellen, was . . . Oh! Natürlich! Der Griff für dieses Ding da an der Hausecke! Ein neuer Pfeiler hätte zweihundert Dollar gekostet, und der alte hatte sich gesenkt. Mr. Kaufman hat mir gesagt, ich solle mir doch von Sears dieses Ding schicken lassen. Es kostet nur neun Dollar und tut denselben Dienst.«

»Das verstehe ich nicht ganz. Du mußt es mir zeigen.«

Wir gingen hinaus zu einer Hausecke an der Rückseite, und sie zeigte mir einen Bock, der einem Wagenheber glich und in die Lücke geklemmt war. Als Griff benützt man dazu ein Stück Rohr. Und diesen Griff fand ich auf dem Boden unter dem Haus neben dem Bock. Er war viel zu rostig, als daß sich Fingerabdrücke daran halten konnten. Ich zog ihn heraus. Am Ende fand ich Spuren getrockneten Blutes, kurze schwarze Haare und etwas Haut.

Sie drehte sich um, rannte die Stufen hinauf und übergab sich. Dann ging sie ins Haus, und ich legte den Griff vor den Rücksitzen auf den Boden des Buick.

Endlich kam sie wieder aus dem Badezimmer. Ich saß auf der Couch, sie setzte sich zu mir. »Betsy, wir müssen uns weiter daran halten, es geht nicht anders. Okay, die lassen ihn also in der Nähe der Hausecke liegen. Du findest ihn und rufst die Polizei an. Hyzer ist sehr genau, und du hättest bestimmt nicht seine Taschen durchgesehen und diesen Brief gefunden.«

»Niemals!«

»Also wird rekonstruiert. Sicher gibt es Leute, die von deinem damaligen Verhältnis wissen.«

»Zuviele sogar.«

»Du kannst den Brief nicht wegdiskutieren und auch nicht beweisen, daß er schon vor vielen Monaten geschrieben wurde. Hyzer läßt dich verhaften. Deine Geschichte von der Waffe ist ziemlich dünn, da Lew sie ja nicht bestätigen kann. Er wartete also auf dich, als du vergangene Nacht von der Arbeit zurückkamst. Allein.«

»Zum Glück war ich nicht allein.«

»Es gab Streit. Du gingst zur Ecke, denn du wußtest ja, daß dort dieser Griff war. Das Licht ging aus, du nahmst den Griff. Mit einem Schlag auf den Schädel war er tot. Das wußtest du aber nicht und gingst ins Haus. Heute früh fandest du die Leiche. Du versuchtest mit Bluff und Lügen einen Ausweg aus dem Schlamassel zu finden.«

»Aber niemand würde glauben, ich könnte je . . .«

»Es fehlt noch etwas. Wie kam er hierher?«

Sie machte also einen kleinen Spaziergang in die Nachbarschaft. Der Jeep stand vier Häuser weiter hinter einem dichten Gebüsch aus kubanischem Lorbeer im Seitenhof eines mit Brettern verschalten Hauses. Die Kette an der Zufahrt war aus-, dann wieder eingehängt worden. Ich mußte also wieder den Atem anhalten, in die Taschen des Toten greifen und die Schlüssel herausholen. Sie ging noch mal spazieren, kam zurück und sagte, einer der Schlüssel passe in die Zündung. Sie habe ihn zusammen mit den anderen dort gelassen.

Der Jeep war Beweis genug, daß er allein gekommen war, um eine Frau zu besuchen, die ihn umzubringen gedroht hatte, falls er sich jemals wieder in der Nähe ihres Hauses sehen ließe. Er tat es. Und sie tat es.

»Und was jetzt, Travis? Was tun wir jetzt? Bis zur Dunkelheit warten und dann die Leiche . . .«

»Das dauert zu lange. Jemand könnte ungeduldig werden. Oder nervös.«

Wir mußten also das Risiko eingehen. Erst planen, dann ausführen. Es war ein Spiel, bei dem einem übel werden mußte, denn erstens roch er häßlich, und zweitens ist es für jeden Staatsanwalt ein gefundenes Fressen, wenn ein Angeklagter so etwas tut. Kein Gericht würde ja die Gründe auch nur zu verstehen versuchen.

11

Ich fuhr ihren VW hinaus und parkte ihn auf der anderen Straßenseite im Schatten der großen Bäume. Eine dicke Frau in roten Hosen jätete ihren Vorgarten. An der nächsten Ecke wendete ein Lieferwagen für Propangas. Als kein Fahrzeug und kein Fußgänger zu sehen war, drückte ich kurz zweimal auf die Hupe. Sie hatte inzwischen den Buick gewendet.

Ich fuhr in östlicher Richtung und beobachtete im Rückspiegel, daß sie in westlicher Richtung weiterfuhr. Sie hatte die Diskussion wegen der Wagen gewonnen, denn sie hatte angeführt, ich sei ja schon von meiner Person her verdächtig. An den weißen Buick erinnerte man sich auch allzu leicht, und zu viele Leute hatten mich darin gesehen. Sicher, vielen war sie vom Sehen her bekannt, aber mit dem schwingenden, breitrandigen Hut und der großen Sonnenbrille mit den Spiegelgläsern, die sie niemals trug, war sie kaum zu erkennen. Mit einer Tweedmütze, die ihr zweiter Mann zurückgelassen hatte und in dem unauffälligen VW kannte mich auch keiner. Ich hatte sie ein paarmal gefragt, ob sie sich mit der Leiche abfinden könne, und sie hatte mir versichert, sie werde nicht daran denken.

Der Platz, den sie mir beschrieben hatte, erschien mir perfekt. Sie hatte einen Plan gezeichnet, den ich auswendig lernte. Sie fuhr die direkte Route, würde also zuerst dort sein. Die letzte Biegung vereinbarten wir beide erst dann zu nehmen, wenn wir uns überzeugt hatten, daß die Straße nach beiden Seiten hin leer war.

Von der Route 112 ungefähr vier Meilen nach Norden, dann links in die Landstraße abbiegen. Merkmal: eine verlassene Tankstelle. Dann gute fünf Meilen weiter bis zu einer langgezogenen Linkskurve. Sobald die Kurve in die Gerade übergeht, ist links an der Straße eine Hausruine; nur Grundmauern und Kamin.

Es war alles leicht zu finden. Nach dem Haus folgte ich einem Sandweg durch Zwergpalmen- und Buschföhrengestrüpp und kam zu dem Teich, den sie beschrieben hatte. Fast verdeckt von dem hohen Riedgras erkannte ich am anderen Ende des Teiches den weißen Wagen.

Sie saß etwa zwanzig Meter weiter auf einem Baumstumpf.

»Hattest du Schwierigkeiten?« fragte ich.

»Nein. Du?«

»Auch nicht. Zeig mir erst einmal den Platz.«

»Gut«, antwortete sie und stand auf. Sie schien ziemlich mutlos zu sein. »Dort drüben.«

Es war eine alte Grube etwa dreißig Meter weiter. Das ganze Stück Land war früher einmal Seeboden gewesen; nichts als Fossilien, Mergel und Kalkstein. Das Regenwasser fließt durch den Kalkstein in unterirdische Flüsse ab. Manchmal bricht eine unterirdische Höhle ein, so daß sich der Boden senkt. Das hier war eine solche Grube, deren Brüche von Gestrüpp und Bäumen verdeckt wurden.

Sie brachte mich zum beschriebenen Platz. Es war ein Mergelhang mit Kalkerosionen und einer von Büschen umstandenen Grube, in deren Mitte ein Loch war. Ich kniete mich hin und besah dieses Loch. Es roch nach Kühle und Feuchtigkeit. Ich suchte einen faustgroßen Stein und warf ihn hinein. Er prallte erst an eine Wand, dann schien das Loch enger zu werden und erst nach langer Zeit war ein fast unhörbares Plumpsen zu vernehmen.

»Donny, mein erster Mann, hat die Zeit einmal mit einer Stoppuhr gemessen. Das Loch müßte seiner Berechnung nach dreihundertzwei Meter tief sein. In Mathematik war er großartig. Ist es das, was du brauchst?«

»Kommen viele Leute hierher?«

»Kaum einmal jemand. Wir waren beide sechzehn, als ich mit Donny ging, und wir wollten ein Fleckchen für uns haben. Wir fuhren mit den Rädern hier heraus und machten Picknick. Eines Tages fand Donny dieses Loch. Nachdem er tot war und ich wieder heiratete, kam ich oft heraus. Greg oder sonst einen Mann habe ich niemals hierher gebracht. Manchmal, wenn ich sehr bedrückt war, kam ich alleine her. Es ist so friedlich hier. Ich laufe dann nur herum und höre auf die Stille. Dann fühle ich mich immer viel wohler.«

»Betsy, geh' doch jetzt ein bißchen spazieren. Du kannst alles mir überlassen. Du brauchst mir nicht zu helfen.«

Es war keine schöne Arbeit, bis ich ihn zu dem Loch geschleppt hatte, aber ich war froh, als ich dann endlich den leisen Aufschlag seines Körpers hörte.

»Ich werde niemals wieder hierher zurückkommen«, sagte sie dann. Sie stand am Rand der Grube vor dem blauen Himmel mit den weißen Wölkchen. Ihr Gesicht lag im Schatten der breiten Hutkrempe, und die großen Gläser der Sonnenbrille sahen aus wie die Augen eines Rieseninsektes.

»Du hättest nicht zusehen sollen«, sagte ich.

»Es wäre irgendwie nicht fair gewesen, hätte ich alles Unangenehme ganz allein dir überlassen. Man kann nicht nur das Schöne miteinander teilen.«

Wir gingen zu den Wagen zurück, die wir am Teich hatten stehenlassen. Ich sammelte Zweige und trockenes Gras, machte ein kleines Feuer und verbrannte das Laken, die Karte, die sie gezeichnet hatte und das Stück des alten Briefes an Arnstead. Den Griff des Hebebockes, schrubbte ich am Teichrand ab und hielt das zum Schlag benützte Ende eine Weile ins Feuer. Dann legte ich ihn in den VW und schärfte ihr ein, sie müsse ihn wieder dorthin zurücklegen, wo er vorher gelegen hatte.

»Können wir noch ein paar Minuten bleiben, Trav?« bat sie.

»Sicher, wenn du willst. Ich muß sowieso den Rücksitz säubern.«

»Das kannst du mir überlassen.« Sie bestand darauf, obwohl ich widersprach. Sie hatte vorsorglich ein Reinigungsmittel mitgebracht, eine harte Bürste und eine Rolle Papierhandtücher. Die Tücher verbrannten wir dann. Als sie fertig war, legte sie Hut und Brille in den VW, setzte sich auf einen Baumstumpf und sah über den Teich. Ich setzte mich neben sie. Ein Königsfischer kreiste über dem Wasser, stieß herunter und flog mit einem silbrigen Fisch im Schnabel davon.

»Im Teich gibt es Brassen«, sagte sie. »Donny hat sie immer gerne gefangen. Travis, mir ist, als hätten wir Lew umgebracht.«

»Ich weiß.« Wirklich, ich konnte ihr nachfühlen, wie ihr zumute war. Angst, das ekelhafte Wegschaffen der Leiche, dann eine vage, makabre Erleichterung.

»Seine Mörder wird man nie erwischen, so gut haben wir ihn weggeräumt.«

»Sie werden für den Mord an Baither hängen.«

»Müssen es unbedingt die gleichen Leute sein?«

»Das ist mehr als nur wahrscheinlich.« Ich sah sie an. Sie lächelte ein wenig ängstlich und gezwungen. »Betsy, ich glaube, er hatte sich schon viel zu sehr in allzu üble Dinge eingelassen . . .«

»Ich denke jetzt nicht an Lew, sondern an Donny. Ich arbeitete als Kellnerin, als sie es mir sagten. Wir hatten Geld gespart, und er wollte nach Florida. Seine Familie wollte nicht, daß er so jung heiratete, und wir brannten nach Georgia durch. Zehn Monate waren wir glücklich. Ich ließ ein ganzes Tablett mit Geschirr fallen. Man mußte mir eine Spritze geben, ich war fast wahnsinnig vor Schmerz. Ach, wir waren so glücklich. Richtige Kinder. Dort, unter dieser Föhre liebten wir uns zum erstenmal. Ich weinte, weil ich so glücklich war. Über uns hämmerte ein Specht am Baum, und ich sah ihm zu, wie er herumhüpfte und klopfte. Ich war ganz benommen vor Glück, und ich fiel fast von meinem dummen Rad herunter. Ich wurde siebzehn, und meine Tante starb. Ich mußte nach Hause, aber ich hatte solche Sehnsucht nach Donny, daß ich zurückkam. Dann heirateten wir.«

Tränen standen in ihren Augen. Doch dann warf sie entschlossen ihre Haare zurück und lächelte mich strahlend an. »Nun, ich denke, wir sollten es nicht riskieren, hier gesehen zu werden, oder?«

Wir gingen zu unseren Wagen. Sie war jetzt eine ganz andere Persönlichkeit. Ich brauchte einige Minuten, bis ich die Rolle begriff, die sie spielte. Heroine in einem Spiel aus Intrigen, Verdächten, plötzlichem Tod. Tapfer und tüchtig in der Gefahr. Immer hilfsbereit, wenn die Situation es verlangte.

»Jetzt werden wir uns wohl um den schwarzen Jeep kümmern müssen«, schlug sie vor.

»Nicht bei Tageslicht. So gefährlich ist er jetzt nicht mehr.«

»Du willst wahrscheinlich, daß ich in meinem eigenen Wagen nach Hause fahre.«

»Ja. Ich sah einige Läden offen. Dort kannst du einkaufen. Hast du Geld bei dir?« Sie nickte, sah aber etwas perplex drein. »Mrs. Kapp, Sie haben Ihr Haus gegen Mittag verlassen. Bitte, sagen Sie nun dem Gericht, wohin Sie gingen.«

»Klar. Jetzt verstehe ich. Natürlich muß ich mich nach Leuten umsehen, die mich kennen und mit ihnen reden, damit sie sich auch an mich erinnern. Und ich muß fröhlich und normal sein.«

»Ja, ganz genau. Ich fahre zum Motel zurück.«

»Travis, bitte, laß mich nicht zu lange alleine im Haus. Für kurze Zeit geht es, aber ich glaube, dann höre ich Stimmen. Jemand brachte Lew um, während ich mit dir im Bett lag. Und jemand wußte, womit man ihn umbringen konnte. Es muß jemand sein, der mich aus irgendeinem Grund haßt.«

»Hör mir zu«, sagte ich und nahm ihre beiden Hände. »Niemand haßt dich. Das gehört nur zu einem ganz bestimmten Muster, zu einem Handlungsschema. Sie machen Rauch und legen falsche Spuren. Sie hatten deinen Brief an Lew. Während du zur Arbeit weg warst, konnten sie sich genau beim Haus umsehen und Pläne machen. Ich glaube nicht, daß man ihn dort erschlagen hat, das wäre zu plump gewesen. Sie werden den Griff geholt, ihn damit umgebracht und ihn zusammen mit dem Griff zurückgebracht haben. Dann sahen sie meinen Wagen. Sie wußten ja, daß ich in der Sache drin stecke, und ich glaube, sie waren ein bißchen nervös, weil ich bei dir war. Du konntest mir ja einiges erzählen, was das Schema durchsichtiger gemacht hat.«

»Aber was denn?«

»Das wissen wir noch nicht. Vielleicht hast du mir's schon erzählt, aber wir haben noch nicht darauf geachtet.«

»Sie hätten doch auch einen anderen Platz für die Leiche finden können. So wie wir.«

»Ich kann jetzt nur Vermutungen anstellen. Ich denke, wenn Arnstead plötzlich und endgültig verschwindet, dann sieht das für Norm Hyzer klarer aus. Er hat dann auch einen, der logischerweise verdächtiger ist als du es bist. Das, was wir getan haben, kann vielleicht nützlich sein. Eine Person, vielleicht auch mehrere, können sich keinen Reim auf das machen, was passiert ist.«

»Und dann kommen sie zurück und versuchen es herauszufinden? Bitte, Travis, ich mag nicht allein in dieses Haus zurück!«

Sie brauchte Zeit, selbstverständlich. Die Realität ist oft ein brutaler Eindringling, in einem Garten aus Romantik und Träumen. Klar, sie brauchte Zeit, um diesen Todesgeruch zu vergessen, um diese staubig-gebrochenen Augen des einstmals Geliebten zu vergessen. Ich sagte ihr also, sie solle jetzt einkaufen und dann zum Motel kommen, wo sie ihren VW neben dem Buick parken könne. Sie war sichtlich erleichtert.

Sie fuhr zuerst weg. An einer Stelle konnte man unauffällig die Straße nach beiden Richtungen beobachten. Ich hörte, wie ihr Rasenmähermotor beschleunigte. Dann war sie weg.

Der Königsfischer kam zurück. Das kleine Feuer war erloschen. Ich schob mit dem Fuß die größeren Holzkohlenstücke in den Teich und warf Sand über die Asche. Mit einem Föhrenast verwischte ich meine Spuren zur Grube und beseitigte besonders jene, die offensichtlich die eines Mannes waren, der eine schwere Last getragen hatte. Ich besah mir besonders genau auch den Rand des Loches und fand ein paar Fäden aus seiner Jacke, die sich am Kalkstein verfangen hatten. Ich zupfte sie weg und ließ sie in die Dunkelheit fallen.

Sie haben dich schamlos ausgenützt, Lew. Hätte man dich nicht dafür mißbraucht, daß man diesen Umschlag im Baither-Haus hinterlegen konnte, dann wärest du jetzt noch immer einer von Hyzers Polizisten. Aber einmal hättest du dich doch verraten, Lew, und dann wäre der Name des Mädchens, das dich in das Pumpenhäuschen lockte, doch herausgekommen. Die Idee mit dem Umschlag war ein bißchen zu phantastisch, Lew. Folgt man solchen momentanen Eingebungen, dann kommt man recht oft nur in noch größere Schwierigkeiten. Du wurdest zum Problem, und jetzt habe ich dich für die anderen zu einem neuen Problem gemacht. Für Henry Perris vielleicht. Oder für Lilo, Hutch und Orville. Aber jetzt hast du ein tiefes, dunkles Loch für dich, deine Brieftasche und deine Pornofotos.

Als ich zu meinem Wagen zurückging, überlegte ich mir, daß die Möglichkeit, wieder eingelocht zu werden, durchaus bestand. Also sah ich den Inhalt meiner Taschen durch und fand, was ich vergessen hatte, das Polaroidfoto des rennenden Mädchens Lillian

Hatch, alias Lilo Perris. Diese betonte Sexualität, und das energische Kinn, das lange Haar, die harte Linie um den Mund, die im Bett vielleicht weicher wurde. Ein Schnappschuß. Gewicht auf dem rechten Bein, linkes Knie angewinkelt, rechte Faust auf die Hüfte gestützt, Bauch eingezogen. Hohe konische Brüste mit abstehenden Brustwarzen. Schwarzes, glänzendes Schamhaar. Der Hintergrund war zu verschattet und ließ nichts erkennen. Ich sah lediglich eine Bettdecke, eine Tischkante und den dünnen Rauch aus einem Aschenbecher, improvisiert aus einer Erdnußbüchse. Hinter ihr an der Wand war ein Gegenstand, den ich nicht identifizieren konnte. Es war ein rundes Ding mit Strahlen, ähnlich einer kindlichen Sonnenzeichnung.

Das Foto wollte ich nicht zerreißen, mit mir herumtragen aber ebensowenig. Ich schob das Verdeck des Buick in die Höhe, kniete auf den Rücksitz und öffnete den Reißverschluß des Fensters ein Stück. Dort war eine ziemlich tiefe Stoffalte, in die ich das Foto schob.

Ich fuhr nach Cypress City zurück. Es gibt ziemlich viele Plätze, die ich niemals wiedersehen will.

12

Ich betrat mein Schlafzimmer im Motel. Der Telefonknopf blinkte.

In meinem Postfach lagen zwei Nachrichten. Die eine war von Betsy, die andere von Debuty Sheriff Cable. Ich nahm sie mit in mein Zimmer zurück. Ein paar dicke Kinder plantschten im Teich.

Cable war nicht im Büro, aber man versprach ihm zu bestellen, daß ich angerufen hatte.

Wenige Minuten später sah ich den Polizeikreuzer ankommen. Ich ging zur Tür. »Wollen Sie 'reinkommen, Billy?« fragte ich ihn. Er wollte. Ich hatte den Farbfernseher angestellt. Ein Golfmatch wurde übertragen, und ich erzählte ihm, daß der Sieger vierzigtausend Dollar kassieren konnte. »Jesus!« stöhnte er, »da hab' ich doch den falschen Beruf gewählt.«

Er setzte sich auf das Bett und lehnte sich zurück. Sein Gesicht war das zähe, tüchtige, undurchschaubare Gesicht eines mißtrauischen Polizisten. Er schob die Stahlbrille mit den Sonnenklappen auf die Stirn.

»Wie komme ich zu all' dieser Ehre, Billy?« fragte ich.

»Mister Norm wurde ein bißchen unruhig, als er herauskriegte, daß Sie nicht hier schliefen. Er dachte, er hätte vielleicht doch einen Fehler gemacht, McGee.«

»Na, dann beruhigen Sie ihn nur wieder.«

»Hab' ich schon getan. Er war nicht mehr so nervös wie vorher.«

»Na, da bin ich aber froh.«

»Ich hab' mich umgehört und herausgekriegt, daß Sie nach jemandem Ausschau hielten. Eine gewisse Betsy, die mal mit Lew beisammen war. Und da meinte King, das wäre vielleicht Betsy Kapp. Frank, der Barkeeper, sagte mir, Sie seien gleichzeitig mit Betsy weggefahren. Na, da dachte ich mir eben, ich schau' mal nach. Zu Hause war niemand, aber als ich durch's Küchenfenster sah, standen zwei Tassen und Teller und so weiter auf dem Abtropfbrett beim Spülbecken. War's wenigstens gemütlich? Ist ihre Oberweite echt?«

»Sie sind ein findiger Cop, Billy, aber die übrigen Kommentare sparen wir uns lieber. Okay?«

»Na, schön. Und Mister Norm hat mir gesagt, ich soll nach diesem Lew Arnstead Ausschau halten. Dieser Idiot! Seine Mutter sagt, daß er schon seit drei Tagen nicht mehr zu Hause war, und als ich sie fragte, ob sich jemand nach ihm erkundigt hätte, sagte sie mir doch glatt, das ginge mich nichts an. Ich sagte, ein langer Bursche namens McGee sei doch sicher dagewesen. Darauf meinte sie nur, ich solle mit meinem Atem sparsamer umgehen. Wissen Sie, ich mag die alte Dame nämlich sehr gern.«

»Ich auch.«

»Welche Namen haben Sie noch außer Betsy? Es müßte eine ziemlich lange Liste sein.«

»Ich könnte Ihnen jetzt zwar sagen, daß Sie das nichts angeht, aber wir wollen lieber Freunde sein. Clara Willoughbee, das wäre alles. Vielleicht weiß seine Mutter nicht mehr.«

»Clara ist ein reizendes Mädchen und wird bald einen Burschen vom Fort Meyers heiraten. Aber die Sache mit Lew ist schon lange aus. Seit Ende letzten Jahres, glaube ich.«

»Ich dachte, ich könnte von ihr und über sie eine neuere Freundin entdecken.«

»Warum wollen Sie das?«

»Er gehört jetzt nicht mehr zur Polizei. Ich dachte, ich könnte ihn mal kräftig zwischennehmen.«

»King meint, Sie hätten ihn vielleicht schon am Wickel gehabt.«

»Noch nicht, aber versuchen werd' ich es auf alle Fälle. Und schönen Dank noch, daß Sie ihn von Meyer weggezogen haben.«

»Hätt' ein bißchen schneller sein sollen. Der letzte Schlag war am schlimmsten. Noch ein paar von der Qualität, und er hätte ihn umgebracht.«

»Welchen Grund hatte er eigentlich? Was hat er gesagt?«

Billy Cable nahm eine halbe Zigarre aus seiner Hemdtasche und zündete sie an. »Es hat doch damals so ausgesehen, als hätten Sie und Meyer diesen Frank Baither umgelegt. Frank war ein mieser

Kerl, aber auf die Art hätte er ja nun wirklich nicht sterben müssen. Lew und ich, wir haben die Leiche gesehen. Lew wußte, daß Meyer Mister Norm nicht den kleinsten Anhaltspunkt gegeben hatte, und manchmal kommt man eben in unserem Geschäft an einen Punkt, wo man einfach zuschlägt.«

»Geben Sie diesem Drang auch manchmal nach, Billy?«

»Ich? Zum Teufel, nein. Aber Lew ist anders. Besonders in letzter Zeit. Als funktioniere sein Getriebe nicht mehr richtig.«

»Warum haben Sie mich auf dem Weg zu Norm Hyzer an Meyer vorbeigeführt?«

»Warum nicht? Mir paßte es nicht, daß Lew Meyer zusammengeschlagen hatte, und ich wußte, Hyzer wird stocksauer. Man benützt eben das, was gerade zur Hand ist. Und ich dachte mir, wenn Sie das sehen, überlegen Sie sich auch genau, was Sie sagen. Dann ging es aber nicht ganz so aus, wie ich dachte, weil es schließlich doch so aussah, als hätten Sie mit Frank Baither nichts zu tun.«

»Wann kann ich endlich dieses Paradies verlassen?«

»Das liegt bei Norm Hyzer. Ich will nur wissen, ob Sie vielleicht Lew schon gefunden haben.«

»Noch nicht.«

»Ich nehme an, Betsy hat vielleicht herumtelefoniert, Lew gefunden und ihn zu ihrem Haus bestellt. Damit hätten Sie ihn ja gehabt.«

»Gute Idee. Schade, daß ich nicht daran dachte.«

»Um halb zwölf heute vormittag bekamen wir einen komischen Anruf, anonym selbstverständlich. Ich zähle jetzt nur zwei und zwei zusammen. Er sagte, gegen drei Uhr früh habe es in der Haydon Street, in der Nähe von Betsys Haus, einen Krawall gegeben. Männer schimpften miteinander, eine Frau kreischte, und wenn wir nicht in einem ordentlichen Viertel für Ordnung sorgen könnten, müßte man einen anderen Sheriff wählen.«

»Eine Wochenendfestlichkeit vermutlich. Tut mir leid, bei der Party war ich nicht.«

»Wo steckt denn Betsy?«

»Sie müßte jeden Augenblick kommen. Ich glaube, sie ist einkaufen gegangen.«

Er stand langsam auf, streckte sich und streifte seine Zigarrenasche ab. »Ja, dann werde ich eben dem verrückten Lew weiter nachjagen müssen. Bin froh, McGee, daß Sie nicht abgehauen sind.«

Ich ging mit ihm zu seinem Wagen. »Billy«, sagte ich, »ob es Ihnen etwas nützt, weiß ich nicht, aber seine Mutter meinte, er wäre nie in Schwierigkeiten gekommen, hätte er sich nicht mit Gesindel wie den Perrisleuten abgegeben.«

Er drehte sich um und sah mich lange und eindringlich an. Ich sah geradezu, wie sich seine Gedanken überschlugen, wenn auch sein Gesichtsausdruck nichts verriet. »Kann ja mal nachsehen«, meinte er dann ruhig. »Vielen Dank.«

Zehn Minuten später kam Betsy. Sie umklammerte eine riesige braune Papiertüte, war müde und gereizt und konnte die Tür nicht schnell genug schließen.

»Ich hab' den Polizeiwagen gesehen, Darling, und ging zweimal daran vorbei. Wer war es denn? Und was wollten Sie?«

Ich erzählte ihr alles haargenau, auch meine letzte Bemerkung und wie schweigsam Billy dann plötzlich geworden war. »Bedeutet dir der Name Perris etwas, Betsy?« fragte ich sie.

»Jemand erzählte mir, er ziehe mit dieser Lilo Perris herum. Sie ist jung und auf billige Art auch hübsch. Aber sie kommt dauernd mit dem Gesetz in Konflikt. Sie ist laut, gemein und steinhart.«

»Ein Juwel also. Klingt ganz so, als wüßte man dort etwas darüber, wie Lew umgebracht wurde.«

»Das glaube ich eigentlich nicht. Meistens war sie in Raufereien verwickelt, wegen Ruhestörung und Erregung öffentlichen Ärgernisses. Sie ist eben schrecklich unbeherrscht, und es ist ihr völlig egal, was sie wo und mit wem tut.«

»Mit solchen Leuten sollte ein Polizist nicht verkehren.«

»Himmel, nein! Sie gehört auch keinem und ist eher wie ein Köter, der hinter einer läufigen Hündin herrennt. Die Männer sagen, sie sei sexy. Na, ich weiß nicht. Travis, was hat dieser Anruf zu bedeuten?«

»Wenn wir beide im Kittchen säßen und zu erklären versuchten, daß wir nicht wüßten, wie Lews Leiche in meinen Wagen kam — wie würde das klingen?«

»Entsetzlich!«

»Und wenn eine Autopsie den Tod gegen drei Uhr früh feststellen könnte?«

»Dann hätten wir Glück gehabt, nicht wahr?«

»Bis jetzt schon.«

Du wirst halb verhungert sein, Liebling. Schau mal, ich habe alles dabei, Salat, Käse, Sardinen, Würstchen und Bier.« Sie richtete einige belegte Brote her, und ich wartete nicht auf sie, sondern biß in das erste, das sie fertig hatte. Im gleichen Augenblick klopfte Billy Cable an die Tür. Ich ließ ihn ein.

Sie lachte ihn strahlend an. »He, Billy, magst du ein Sandwich?«

»Hab' eben gegessen, Betsy, danke schön. Aber von diesen Dillgurken mag ich eine. Hm, schmecken fein. Sah einen Wagen, der wie deiner ausschaute, und da wollt' ich nur nachsehen, ob du hierherkommst, wie McGee gesagt hat.«

»Und zu welchem Zweck?«

»Weißt du, mein Leben ist wesentlich leichter, wenn ich das tu', was Mister Norm mich fragen wird, ob ich's getan habe. Er wird mich ganz bestimmt fragen, ob du McGee einen Wink gegeben hast, wo er Lew finden kann.«

»Ich hab' nicht die leiseste Ahnung, wo Lew Arnstead sein könnte, und ich will's auch nicht wissen.«

»Aber Mister McGee will ihn doch finden, nicht wahr?«

»Ja, schon. Und das verstehe ich auch. Du vielleicht nicht? Schließlich hat Lew seinen besten Freund zusammengeschlagen. Dir würde das auch nicht passen. Aber vielleicht hast du keinen so guten Freund, Billy.«

Ich sah, wie er fast unmerklich die Augen zusammenkniff. »Dann hat er's also nicht ganz so eilig gehabt, Lew zu finden?«

»Das dürfte ungefähr stimmen.«

»Aber wenn du schon von Freundschaft redest, Betsy, ich glaube, du hast ein besonderes Talent dafür.«

Sie lehnte sich an den Fernseher und biß in ihr Sardinenbrötchen. »Vielen Dank, Billy, das ist nett von dir.«

»Der alte Homer sollte deinen Laden eigentlich mit in sein Handbuch aufnehmen. Ist wirklich das Lokal mit dem feinsten Essen und einer Hostess mit einem Superbusen.«

Sie hörte zu kauen auf und sah an sich herunter. »Na, Billy, jetzt übertreibst du aber! Von meinem Format gibt's eine ganze Menge. Ich bin sonst nur ziemlich dürr, deshalb fällt es nur so auf.«

»Aber er ist echt! Das können schon ein paar aus dieser Gegend bestätigen, Betsy.«

Das war ein Angriff. »Aber, hör mal, Billy! Wenn du's nicht wärst, würde ich sagen, jetzt redest du schmutzig daher. Bei dir weiß ich, daß du's nicht so meinst.«

»Hab' ich auch nicht. Ich wollt' damit nur sagen, Mrs. Kapp, daß du alles für deine Arbeit tust, was du nur kannst. Ganz bestimmt, nichts anderes.«

Sie lachte fröhlich. »Darling, Billy kann bestätigen, daß mein Busen echt ist. Muß jetzt eineinhalb Jahre her sein ...«

»Halt den Mund!« fauchte Billy.

»Du hast angefangen, Billy, und Mr. McGee lacht auch gerne. Ich ging nämlich in einer dunklen Nacht allein zu meinem Wagen, und da hatte ich Angst, ein Sexverrückter würde mich anfallen. Eine Freundin hat mir einmal geraten, ich solle mich dann nicht wehren, sondern mich ganz schlaff machen. Ein Mädchen, das man zu fest in den Busen kneift, kann Krebs davon bekommen. Und ich hatte so schrecklich Angst, daß ich mit meiner Handtasche ausholte, und dem armen Billy die Brille von der Nase schlug. Daraufhin wurde er verrückt, wollte mich schlagen, aber ich duckte mich, und der gute Billy fiel hin. Und was sagte ich dann, Billy?«

»Halt den Mund, Betsy. Ich hab's vergessen.«

»Ich hab' dir gesagt, lieber würde ich fünf Jahre in einer Gefängniswäscherei verbringen als dein Angebot annehmen und dich zu mir einladen und dann mit dir ins Bett gehen. He, Billy?« Er sagte nichts und sah nur ein wenig verlegen drein. Sie ging einen Schritt auf ihn zu, legte den Kopf zurück und sah zu ihm hinauf. »Und so, Deputy, denke ich heute noch. Es wird dir auch nie gelingen, mich umzustimmen, Billy.«

Sein Gesicht blieb maskenhaft, aber die Augen hinter der Brille schienen Gift zu versprühen. Er drehte sich um, stampfte zur Tür, schlug sie zu, knallte auch die Autotür zu und bog mit quietschenden Reifen in die Straße ein.

Sie zitterte, und ich hielt sie fest in den Armen. Wieder hatte sie eines ihrer Spiele gespielt, und sie war sehr tapfer gewesen. Nichts als eine kleine Peitsche gegen einen Tiger . . .

»Es tut mir leid, Travis, daß sich das vor dir abspielen mußte«, sagte sie. »Weißt du, mit so etwas kann ich ihn nicht davonkommen lassen, sonst käme es wirklich noch eines Tages so weit, daß . . . Und ich könnte es nicht ertragen. Es wäre grauenhaft.«

»Komm, Mädchen, iß jetzt lieber einen Happen. Das beruhigt.«

Sie nahm ihr Sardinenbrötchen in die Hand, biß aber noch nicht davon ab. »Jetzt haßt er dich, weil du alles mit angehört hast.«

»Gleich werd' ich ohnmächtig vor Angst.«

»Nein«, sagte sie, »ist das ein verrückter Tag! Verrückt? Ein Spuk, ein Alptraum.«

»Sag mal, Liebes, wie hat es Billy Cable eigentlich aufgenommen, wenn du mit Lew zusammenkamst?«

»Nicht besonders gut. Billy umkreiste mich dauernd. Lew hielt das für komisch, aber ich sagte ihm, er solle lieber darauf verzichten, Billy anzupflaumen. Er war jedenfalls ranghöher als Lew und konnte ihm, wenn er wollte, schon eine Fliege in die Suppe werfen. Aber einmal hat Lew ihn doch verprügelt. Einzelheiten darüber hat er mir aber nicht erzählt.«

Mit einem Schlag wurde ihr Gesicht weich wie das eines schläfrigen Kindes, und sie gähnte. Sie ließ sich auf das Bett fallen und streifte die Schuhe ab. »Ach, Travis, ich brauche jetzt ein Auge voll Schlaf. Entschuldige, bitte.« Sie zog ein Kissen unter der Tagesdecke heraus und knuffte es zurecht. »Liebster, ich kann jetzt nicht denken. Ich weiß, daß ich etwas weiß, aber ich ahne nicht einmal, was es ist.«

»Dann schläfst du jetzt, und wenn du aufwachst, fällt es dir wieder ein.«

»Travis?«

»Ja, was ist denn, Betsy.«

»Travis, bitte, rühr mich jetzt nicht an, nein? Ich fände es irgendwie — ungehörig, nach dem, was wir getan haben.«

»Manchmal will der Körper feiern, daß er noch lebt, wenn ein anderer tot ist. Aber keine Sorge, ich lasse dich jetzt sowieso ein wenig allein, Betsy.«

»Bitte, nein!« rief sie und riß die schläfrigen Augen weit auf.

»Ich hänge an beide Türen ein Schild Nicht Stören und schließe ab. Kein Mensch kann dir dann etwas tun. Spätestens um sechs Uhr bin ich wieder zurück.«

»Wohin willst du denn gehen?«

»Es ist nichts Besonderes, Betsy. Und nichts Gefährliches.«

»Na, dann paß aber wenigstens auf, Liebling«, murmelte sie und war im nächsten Augenblick auch schon eingeschlafen. Ich zog die Vorhänge zu und legte ihr eine Decke über.

Das Telefon klingelte, aber ich hob sofort ab. Sie wachte nicht auf. Es war Meyer.

»Ich bin frei«, berichtete er mir. »Man hält mich wieder für fähig, meinen Pflichten nachzugehen. Aber ich bin ein Objekt allgemeiner Neugier. Mein einstmals so schönes Gesicht sieht aus wie ein psychedelischer Ballon. Auf meinem Nußschälchen sind zwei reizende, aufmerksame Mädchen, die mir kalte Umschläge machen und abwechslungsweise meine Händchen halten. Sie lassen dich grüßen. Soll ich sie wiedergrüßen?«

»Ja, und vor allem bleiben, wo du bist. Freu' dich deines Lebens.«

»Und wie ist die Lage an der Front?«

»Ziemlich verwirrend. Ein netter junger Mann war so reizend, Miß Agnes einer sehr zärtlichen Behandlung zu unterziehen, aber wir brauchen noch ein Ersatzteil aus Palm Beach, ehe wir mit ihr fahren können.«

»Würde dich der böse Mann wegfahren lassen?«

»Deine Frage hat keinen Sinn, ehe nicht dieses Ersatzteil eingebaut ist.«

»Wast tust du zu deiner Erbauung und Ermunterung?«

»Ein TV-Golfmatch war heute sehr interessant.«

»McGee, unterlaß deine kindischen Versuche, mich an der Nase herumzuführen. Mein Gehirn ist nicht beschädigt. Als ich dich verließ, warst du deprimiert, und deine Stimme klang matt. Jetzt hat sie aber eine fast vergnügte Note. Du hast dich wohl verliebt?«

»Jetzt, wo du's sagst, fällt mir's auch auf. Du könntest recht haben.«

»Hattest du Gelegenheit, dem Deputy Arnstead meine ergebensten Grüße zu übermitteln?«

»Noch nicht. Er scheint verreist zu sein. Oder schüchtern. Aber ich hoffe noch immer auf eine günstige Gelegenheit.«

»Wenn der Wagen fertig ist und Sheriff Hyzer sagt, du könntest wegfahren, wirst du dann kommen?«

»Wahrscheinlich noch nicht.«

»Hast du vielleicht einen kleinen neuen Kontrakt in Aussicht?«

»Es könnte sein, daß sich einer ergibt, Meyer. Ich bin froh, daß es dir wieder gut geht.«

»Deine Fröhlichkeit teile ich.«

Ich schaltete den Fernseher aus, hängte die Schilder an die Türen und sperrte Betsy ein.

13

Buttercup schien sich zu freuen, daß er endlich einem Fremden die Zähne in das Fleisch graben konnte. Ich blieb stehen, hielt ihm die Hand entgegen und sagte: »Nur ruhig, Buttercup, nur ruhig, mein guter Hund.«

Buttercup bremste, stemmte sich mit allen vier Pfoten ein, streckte den Hals und schnüffelte, um den Geruch mit seiner Datenbank zu vergleichen. Dann wedelte er mit dem ganzen Körper.

Cora Arnstead kam auf die Veranda. »Wer ist es denn? Bist du's Lew?«

»Tut mir leid, Mrs. Arnstead. Ich bin's, Travis McGee.«

»Wissen Sie etwas über meinen Jungen?«

»Leider nein. Ich wünschte, ich könnte Ihnen etwas sagen.«

»Dieser Billy Cable war heute auch hier. Sie haben meinen Lew gefeuert. Soll ich mich deshalb überschlagen, ihnen zu helfen? Sie sollen ihn selbst suchen, wenn sie ihn finden wollen.«

»Kann ich Ihnen irgendwie behilflich sein?«

»Das ist reizend, mir Ihre Hilfe anzubieten. Aber ich habe den Silverstaff-Jungen da. Er hat heute den ganzen Vormittag gearbeitet und schon eine Menge geschafft. Setzen Sie sich doch zu mir auf die Veranda.«

Eine Wolke verdunkelte die Sonne. Sie lehnte sich zurück. »Nun, was wollen Sie von mir?« fragte sie.

»Sheriff Hyzer versucht Lew zu finden. Wenn er ihn aber nicht bald findet, wird er hierher kommen und sein Zimmer durchsuchen.«

»Und?«

»Dann findet er das Versteck ebenso sicher wie ich. Ganz genau habe ich Ihnen ja nicht gerade erzählt, was ich gefunden habe.«

»Dacht' ich mir sowieso. Dreckiges Zeug?«

»Ziemlich. Und sehr deutliche Liebesbriefe von gewissen Weibern. Eine Kollektion von Polaroidaufnahmen, alles nackte Mädchen. Wenn das Zeug in die falschen Hände kommt, wirbelt es einigen Staub auf.«

»Wenn es zum Beispiel Billy Cable in die Finger kriegt?«

»Genau, Mrs. Arnstead.«

»Sie sagten, er hätte eine Menge von diesen Pillen versteckt. Kann er deshalb auch Ärger kriegen?«

»Mehr als genug. Sie fallen unter das Rauschgiftgesetz.«

Mit ihren beinahe erloschenen Augen blickte sie eine ganze Weile irgendwohin ins Nichts. »Wissen Sie, Mr. McGee, ich lüge nicht gerne. Es würde mir nicht ganz passen, wenn jemand käme, das Versteck leer fände und mich fragte, ob ich jemandem erlaubt hätte, etwas wegzunehmen. Und wenn sie mich fragen, was dort drinnen war, muß ich's sagen. Nein, Sir, ich kann Sie nicht in das Zimmer meines Sohnes lassen, um seine privaten Sachen wegzuholen und sie loszuwerden, wie Sie's für richtig halten. Die Erlaubnis kann ich Ihnen leider nicht geben. Aber vielleicht, Mr. McGee, wären Sie so nett, mir einen Gefallen zu tun und in der Küche ein Glas Wasser zu holen. Lassen Sie's aber lange laufen, damit es schön kalt ist, ja?«

Während das Wasser lief, räumte ich das Versteck aus. Die Bücher und Briefe schob ich vorne in mein Hemd, die Pillen in die Hosentasche. Dann brachte ich ihr das Wasser. Sie bedankte sich und trank.

»Sie kommen aber doch mal wieder und besuchen mich, hören Sie? Tut mir schrecklich leid, daß ich Ihnen nicht erlauben konnte, in den Sachen meines Sohnes herumzuschnüffeln.«

»Ach, das verstehe ich doch.«

»Wissen Sie, irgendwie hab' ich das Gefühl, mein Junge kommt niemals mehr zurück. Ich weiß nicht warum. Ich bin eben ein altes Weib. Er war ein guter Junge, wirklich. Ist nie mit dem Pack herumgelaufen. Die Army hat ihn so verändert. Als er wiederkam, war er nicht mehr so wie vorher.«

Ich fühlte mich unbehaglich. Wenn Hyzer auf die Idee käme, mich einzulochen und filzen zu lassen, dann wäre die Anklageschrift sicher recht faszinierend. Außerdem wollte ich auch der alten Dame einen Gefallen tun und ihr zusätzlichen Schmerz ersparen. Ob sie nun erfuhr, daß er tot war oder nicht, spielte keine Rolle. Daß sie ihn niemals mehr sehen würde, war schlimm genug.

Ich fand eine unasphaltierte, staubige Straße, in die ich einbog. Dort fand ich dann einen passenden Platz, in einem kleinen Wäldchen, dessen Bäume dick mit Spanischem Moos behangen waren. Ich grub ein tiefes Loch in den weichen Boden, warf die Pillen hinein, machte es wieder zu und stampfte die Erde fest.

Mit Lews kleiner Kunstgalerie und den Pornobüchern setzte ich mich auf einen Baumstumpf. Die Fotos von Betsy, der mageren, blutarmen Blondine mit den großen Brüsten sortierte ich aus und verbrannte sie, dann auch die fünf jener Frau, die ihr Gesicht abgewandt hatte; schließlich die drei des Nachtgespenstes, das Lilo sein mußte. Die restlichen dreizehn hob ich auf, auch Betsys langen Brief, in dem sie Lew vor Lilo warnte. Alles andere verbrannte ich.

Die Fotos und der Brief paßten gut in die Stofftasche am Rückfenster. Ich verteilte alles ein wenig, damit es nicht auffiel. Beim Gedanken daran, wozu Billy Cable die Fotos von Betsy benützt hätte, schüttelte ich mich. Lilo und die unbekannten Dreizehn dürften sich aller Wahrscheinlichkeit nach im Bezirk aufhalten, oder wenigstens die meisten von ihnen. Als Sekretärin, Kellnerin, als Mutter kleiner Kinder vielleicht, als Hausfrau. Lews kleiner Blumengarten. Die eine oder andere der Damen war vielleicht dankbar, wenn sie ihr Foto zurückbekam und aus Lews Sammlung getilgt wurde. Also, dann halte nach den Damen Ausschau, McGee.

Es herrschte schon ziemlich tiefe Dämmerung, als ich wieder auf den Parkplatz des White Ibis fuhr. Der kleine VW war verschwunden, und plötzlich sträubten sich mir alle Haare, und ein Schauer unheilvoller Vorahnung lief meinen Rücken entlang.

Den Brief fand ich sofort auf dem Tisch unter dem Aschenbecher. Von Betsy war nur noch der Eindruck ihres Körpers auf dem Bett vorhanden. Sie schrieb:

Liebster, als ich aufwachte, fiel mir etwas in meinem Wagen ein und daß ich den armen Raoul füttern und herauslassen muß. Also beschloß ich, das Ding zurückzulegen, Raoul zu füttern und mir dann zu überlegen, was mir nicht einfallen wollte. Ich dachte mir, solange es noch hell ist, kann ich nachschauen, ob der Jeep noch hinter den Büschen steht, aber ich hoffe, er ist weg. Wenn wir in meinem Haus sind, schließen wir die ganze Welt aus. Zieh' dich jetzt um, pack' dein Rasierzeug ein und was du sonst noch brauchst, und dann kommst du. Sollte ich noch nicht da sein, dann findest du den Schlüssel hinter der ersten Farbdose auf dem Regal unter dem Schutzdach. Siehst du aber meinen Wagen, dann brauchst du nur zu klopfen. Vielleicht hast du Glück, dann lasse ich dich ein, geb' dir etwas zu essen und so weiter. Bis dahin alles Liebe, deine Betsy.

Der Brief war sehr lieb, sehr rührend und ungeschickt. Hätte Billy Cable ihn in die Finger bekommen, dann wäre der Teufel los gewesen. Motels haben Universalschlüssel, und jede Ortspolizei hat ein ausgesprochenes Talent, sich Duplikate dieser Schlüssel zu verschaffen, denn das ist viel einfacher als Gerichtsbeschlüsse und Haussuchungsbefehle zu erwirken und lange mit der Motelleitung herumzustreiten.

Ich zerriß den Brief also in tausend winzige Schnipsel und spülte sie in die Toilette. Dann zog ich mich um und stieg mit der Nachttasche in meinen Wagen. Erst verfuhr ich mich, ehe ich zu

Betsys Haus kam, denn ich war ja erst einmal nachts hingefahren, und da war ich ihr nur gefolgt.

Ein wenig erleichtert sah ich Licht brennen, aber die Erleichterung verflog sofort, als ich feststellte, daß ihr Wagen nicht da war. Ich stellte den Buick dort ab, wo er in der Nacht vorher gestanden hatte, diesmal aber mit geschlossenem Verdeck.

Ich lauschte und schnupperte in die Luft. Reflex aus den Urzeiten der Menschheit, da die Nasen ihren Zweck noch zu erfüllen vermochten und tatsächlich etwas riechen konnten. Mein Herz klopfte in einem Adrenalinschock. Ich hatte das seltsame Gefühl, allein in einem Dschungel zu sein.

Aber ich stand doch nur auf dem Grundstück eines kleinen Hauses in einer friedlichen Nachbarschaft aus Postsekretären, pensionierten kleineren Militärs, Lebensmittelhändlern und Bankangestellten, die vor dem Fernseher saßen und sich mit synthetischer Sensation vollstopfen ließen.

Endlich fand ich den Schalter und am beschriebenen Platz auch den Schlüssel, und ehe das Licht wieder ausging, sah ich sogar noch nach, ob der Bockgriff wieder richtig an seinem Platz war. In der Dunkelheit ging ich zu dem Hof, den sie mir beschrieben hatte, hielt mich im Schatten der Büsche und bückte mich unter der Kette an der Zufahrt hindurch. Der Jeep stand als kompakter Schatten unter den dunklen Büschen.

Ich kehrte zum Haus zurück und benützte den für mich zurechtgelegten Schlüssel. Im Wohnzimmer brannte eine Lampe. Auch das Herdlicht in der Küche war eingeschaltet. Auf Raouls Tellerchen lagen einige Krümel. Sie waren feucht; also war der Kater erst vor kurzem gefüttert worden.

Im Schlafzimmer lagen Bluse und Rock, die sie getragen hatte, am Fußende des Bettes. Raoul lag auf dem Rock, hob den Kopf und sah mich mit der Zufriedenheit an, die ein voller Bauch und ein weicher Schlafplatz verleiht. Im Duschvorhang und an den Wandfliesen hingen Wassertropfen. Es duftete nach Seife, Deodorant und Haarspray. Über dem Handtuchhalter hing ein feuchtes Handtuch, und eine Spiegelecke war noch leicht beschlagen.

Ich streichelte Raouls Kopf und stellte damit sein Schnurrmaschinchen an. Wo sie nur stecken mochte? Erst hatte sie Angst gehabt, allein zu sein, und dann fuhr sie plötzlich allein weiß Gott wohin. Sicher war das wieder eines ihrer Spielchen. Hoffentlich machte sie es nicht allzu spannend.

Acht Uhr. Neun Uhr. Um zehn Uhr hielt ich es nicht mehr aus. Ich fuhr zum Sheriff. Ein paar kühle, uninteressierte junge Männer in Uniform saßen im Büro und nahmen die Personalien von ein paar jungen Taugenichtsen auf. Endlich sagte mir einer, der Sheriff sei wahrscheinlich auf der Unfallstation der Klinik, und er beschrieb mir auch den Weg dorthin.

Ich parkte vor dem Krankenhaus und sah auch den Polizeikreuzer stehen. Die Innenlichter brannten, und am Steuer saß eine Gestalt, die Hyzer glich. Er war es auch. »Guten Abend, Mr. McGee«, sagte er, als ich an die Scheibe klopfte. »Was kann ich für Sie tun?«

»Hätten Sie eine Viertelstunde Zeit für mich, Sheriff? Ich würde Ihnen gerne ein paar Fragen stellen.«

»Kommen Sie doch morgen vor neun Uhr in mein Büro, ja?«

»Mir wäre lieber und es wäre auch besser, wenn ich jetzt . . .«

»Um was handelt es sich?«

»Um Baither, Arnstead und Perris.«

»Sie bestanden doch darauf, mit dem Fall Baither nichts zu tun zu haben. Wollen Sie jetzt Ihre Geschichte anders erzählen?«

»Nein, Sheriff, das nicht. Aber es ist einiges passiert, was mich stört. Wenn wir über bestimmte Dinge reden könnten, wäre es vielleicht auch für Sie nützlich, und Sie könnten mich auch eher wieder abreisen lassen.«

»Ich wüßte nicht, wie Sie mir helfen könnten.«

»Wenn Sie Lew Arnstead finden, dann lassen Sie ihn nach Drogen filzen. Oder haben Sie ihn schon gefunden? Er ist drogensüchtig. Wenn er um die Ecke geht, dann kommt es zu einer paranoiden Psychose. Es ist keine sehr gemütliche Sache, wenn Kinder mit Dynamit spielen.«

»Ergebnisse eines Amateurdetektivs, McGee?«

»Ich wollte ihn finden und mir vornehmen, und als ich ihn suchte, kam ich auf verschiedene Dinge. Ich dachte mir, es habe keinen Sinn, nur meinem Zorn nachzuhängen, weil er Meyer mißhandelt hat. Übrigens, Meyer geht es wieder ziemlich gut.«

»Das weiß ich, denn ich habe mich erkundigt.«

»Ich überlegte mir nun, wie Henry Perris in den Mord an Baither passen könnte und welche Verbindung zwischen Perris und Arnstead besteht. Und jetzt ist Mrs. Betsy Kapp verschwunden, und mein Amateurdetektiv vermutet nun, sie könnte in das Sturmzentrum geraten sein, wo das Klima nicht sehr gesund ist.«

Das ausdruckslose Heldengesicht sah mich unter dem Rand des teuren Hutes an. »Kommen Sie auf die andere Seite und steigen Sie ein, Mr. McGee.« Er sagte seinen Leuten über Sprechfunk, daß er im Augenblick nicht zu erreichen sei, sich aber wieder melde. »Wie wäre es, wenn wir in Ihr Motel gingen?« schlug er vor. »Bei mir im Büro sind wir nicht ungestört.«

Er setzte sich in den Armstuhl, ich nahm auf der Tischkante Platz. »Deputy Cable hat mir berichtet«, begann er. »Ich weiß, daß Sie mit Cora Arnstead gesprochen und sich mit Deputy Sturnevan unterhalten haben, und ich weiß, daß Sie die Nacht bei Mrs. Kapp in ihrer Wohnung verbracht haben, und ich war froh, daß Sie den Bezirk nicht verlassen haben. Hätten Sie's getan, wäre es Ihr

Nachteil gewesen. Deputy Cable schlug mir vor, Mrs. Kapp fest-
zunehmen — wegen Hurerei. Ich weiß nicht, weshalb Billy seine
und meine Zeit so verschwenden wollte. Er ist sonst recht vernünftig. Ein moralisches Urteil über Mrs. Kapp wünsche ich nicht
abzugeben. Mir erschien sie immer als recht nette, vernünftige
Frau, die das Lokal recht gut in Schuß hält. Ich denke eher, daß sie
in ihrem Privatleben ziemlich wählerisch ist.«

»Billy Cable war vor mehr als einem Jahr hinter ihr her. Er
hatte damals etwas getrunken, und als sie sich gegen ihn wehrte,
lag er auf der Nase. Vergangenen Herbst hatte sie eine Affäre mit
Lew Arnstead.«

»Davon weiß ich. Aber wie haben Sie das mit Billy erfahren?
Und woher wissen Sie, daß es stimmt? Er hat schließlich eine Frau
und drei Kinder.«

»Hier in diesem Raum gab es heute nachmittag eine kleine
Szene. Billy wurde ziemlich anzüglich, und da gab sie ihm tüchtig
contra.«

»Und um fünf kommt er dann mit dem komischen Vorschlag,
sie zu verhaften. Das paßt mir nicht, daß ein Polizist seine Stellung für private Rachefeldzüge mißbraucht. Billy Cable hat mich
recht enttäuscht. Sie sagen, Mrs. Kapp sei verschwunden. Erzählen
Sie.«

»Nachmittags war sie hier. Dann fuhr sie nach Hause, und ich
sollte nachkommen. Sie wußte, ich würde gegen sieben dort sein.
Als ich kam, war sie nicht da. Sie hatte mir aber gesagt, wo ich den
Schlüssel finden könnte, und ich schloß damit auf. Sie hinterließ
einen Zettel, auf dem sie schrieb, sie wolle noch versuchen, etwas
über dieses — Problem herauszufinden, das mich in Ihr Kittchen
brachte, Sheriff. Sie sagte mir aber nicht, um was es sich handelte.
Ich wartete bis zehn Uhr, und dann suchte ich Sie.«

Er rief ihre Wohnung an, doch niemand rührte sich. Während
er am Telefon war, sah ich ihn mir genauer an. Sein dunkler
Anzug war verknittert, die Schuhe glänzten nicht mehr, Manschetten und Hemdkragen waren angeschmutzt, ebenso seine
Fingerknöchel. Im Lampenlicht waren auch kurze, dunkle Stoppeln an seinem Kinn zu erkennen. Das alles paßte nicht zu dem
früheren Bild des peinlich ordentlichen Polizeibeamten.

»Nichts«, sagte er und stand auf. »Elf vorbei. Vielleicht ist sie
zu Freunden gefahren, weil sie Sie nicht mehr sehen wollte.«

»Das ist ausgeschlossen.«

»Wo ist der Zettel?«

»Den habe ich weggeworfen. Ich versichere Ihnen, er war zärtlich.«

»Sie haben Mrs. Kapp wohl erzählt, weshalb man Sie und Ihren
Freund mit dem Mord an Baither in Verbindung brachte?«

»Sheriff, sie wohnt und arbeitet hier und kennt sehr viele Leute.

Ich erzählte ihr alles, was ich wußte, auch Ihre Theorie über den Geldtransport, und daß Baither sich vor den anderen in Raiford versteckt hielt. Es ist klar, daß ich mir einiges zusammenreimte, und ich wollte auch mit Betsy darüber sprechen. Es ist immer gut, wenn man sich aus allem, was man weiß, ahnt und erfährt, etwas zusammenbaut, denn dann findet man am ehesten die Teile, die nicht passen.«

Er musterte mich scharf. »Dann erzählen Sie mal.«

»Baither benützte zwei Außenseiter, vielleicht von außerhalb des Staates. Er schien die Kontakte zu haben. Der vierte Mann war von hier, ohne Strafliste, mit Arbeit und gutem Verdienst. Henry Perris, der jetzt als Mechaniker bei Al Storey am Trail arbeitet. Die anderen beiden kennen wir nur als Hutch und Orville. Baither brauchte Henry Perris, weil Henry Zugang zu einem Schleppwagen hatte und mit ihm umgehen konnte. Auch Perris' Stieftochter Lillian bauten sie mit ein. Sie war die junge Kellnerin mit der blonden Perücke in dem Autolokal.«

»Das alles ist doch reine Phantasie!«

»Darf ich weiterreden? Danke. Nach einer großen Sache bewachen die betreffenden Leute einander natürlich sehr gründlich. Ich glaube nicht, daß Frank mit dem Geld verschwinden konnte, wenn er nicht die Hilfe von Henry und dem Mädchen hatte. Sie scheinen sich geeinigt zu haben. Frank versteckte das Geld und ließ sich in Raiford einsperren. Henry und das Mädchen warteten. Frank erzählte Henry natürlich nicht, wo er das Geld versteckt hatte, denn er fürchtete, Henry könne ihn betrügen. Auf drei Personen aufgeteilt war es pro Kopf natürlich wesentlich mehr Geld als bei fünf Personen.«

»Warum gerade Perris?«

»Weil Lilo Perris und Lew Arnstead etwas miteinander haben. Es begann vor einigen Monaten, und da Baithers Entlassung bevorstand, war es recht nützlich, eine Verbindung zur Polizei zu haben, Sheriff. Sie scheint ein hübsches Pflänzchen zu sein. Henry Perris hatte die Möglichkeit, meinen Umschlag aus dem Abfallkübel an der Tankstelle zu fischen, und Lilo sorgte dafür, daß Lew Arnstead kurze Zeit nicht aufpaßte. Aber gestellte Beweise sind wie störrische Pferde, die nach hinten ausschlagen. Perris und Genossen sahen sich plötzlich in der recht peinlichen Lage, daß ein Drogensüchtiger über Informationen verfügt, die für sie lebenswichtig und äußerst gefährlich waren. Wenn man sich den Namen jener Frau besorgte, die Lew Arnstead von seinem Posten weglockte, dann konnte man wahrscheinlich das ganze Knäuel aufwickeln. Daß es gerade die Stieftochter jenes Mechanikers ist, an dessen Arbeitsplatz ich, wie ich beschwören kann, den Umschlag wegwarf, dann paßt doch alles wunderschön zusammen. Haben Sie Lew gefunden?«

»Noch nicht.«

»Ich vermute, sie haben Lew ganz absichtlich hineingezogen, denn sie brauchten seine Hilfe. Neunhunderttausend Dollar sind recht überzeugend. Und das Mädchen hat ihm den Kopf verdreht. Genauer gesagt, das Mädchen und die Amphetamine und etwas anderes, das in ihm steckte, ehe er die Fahrt nach unten begann. Und wenn das stimmt, wie schätzen Sie Ihre Chancen ein, Lew lebend zu finden?«

»Die Tatsachen werden Ihr Kartenhaus zum Einsturz bringen.«

»Falls Sie Tatsachen haben oder bekommen, Sheriff.«

»Den ganzen Freitag über arbeiteten drei Männer an der Tankstelle; Albert Storey, Henry Perris und Terrance Moon. Keiner wehrte sich gegen eine Vernehmung. Keiner verließ die Tankstelle in der fraglichen Zeit, und es gab keine Telefonate. Jeder wurde einzeln vernommen. Die Kunden, die während dieser Zeit kamen, waren Fremde. Untereinander unterhielten sie sich wohl über den Mord an Frank Baither, mit anderen Leuten aber nicht. Es wäre also ein bemerkenswerter Zufall, wenn irgendein Fremder zum Tanken gekommen wäre, den Umschlag herausgefischt und ihn in Baithers Haus geschmuggelt hätte, wo er später gefunden wurde.«

»Das können weder Sie noch ich glauben.«

»Dann haben ihn doch Sie in Baithers Haus fallen lassen.«

»Sie wissen, daß das nicht stimmt.«

»Welche Wahl habe ich, Mr. McGee? Und daß Sie Lillian Perris mit hineinziehen, ist völliger Unsinn.« Die Festigkeit, mit der er das sagte, machte mich staunen. »Das Mädchen ist doch nicht dumm. Mehr Disziplin müßte sie haben. Gelegentlich kommt sie in Schwierigkeiten, aber so ernst sind sie nun auch wieder nicht. Wenn man ihre Umgebung und die ganzen Umstände betrachtet, unter denen sie aufgewachsen ist, muß man sagen, daß sie sich ganz gut gehalten hat.« Er wehrte meinen Einwand ab. »Nein, vergessen Sie diese Idee.«

»Okay. Und Henry Perris ist also eine Säule der Gesellschaft?«

»Ich weiß nur, daß er keine Strafliste hat.«

»Bleiben wir noch einen Augenblick bei Henry, Sheriff, nur um nichts zu übersehen. Sagen wir einmal, er hatte mit dem Mord an Baither zu tun, etwas ging schief und er wurde nervös. Er kam zu spät zur Arbeit. Er erfuhr unsere Namen und den Grund, weshalb wir bei Al Storey abgeholt wurden. Er ging zum Abfallkübel, um etwas hineinzuwerfen, sah den Umschlag mit meinem Namen und nahm ihn heraus, als ihn niemand beobachtete. Dann steckte er ihn ein.«

»Aber ich sagte Ihnen doch ...«

»Ja, ich weiß. Aber er verließ die Tankstelle kurz nachdem wir weg waren.«

»Nein.« Sein Gesichtsausdruck sprach Bände voller Warnungen.

»Woran könnte sich Betsy Kapp erinnert haben, daß sie dann in Schwierigkeiten geriet?« fragte ich.

»Falls sie in Schwierigkeiten ist.«

»Werden Sie nach ihr suchen lassen?«

»Vermißte Personen müssen von den nächsten Angehörigen gemeldet werden.«

»Ich glaube nicht, Sheriff, daß Sie sich immer genau an den Buchstaben halten.«

Jetzt lächelte er zum erstenmal. »Mr. McGee, wenn das so wäre, dann müßte ich Sie sofort wieder einlochen.«

Er rief erneut bei Betsy an, doch es war wieder erfolglos. Allmählich sah er besorgt drein. »Ich werde eine entsprechende Anweisung geben.«

»Vielen Dank, Sheriff.« Ich ging mit ihm zum Wagen hinaus und fragte, ob er etwas dagegen habe, wenn ich mich selbst umsähe.

»Aber nur innerhalb des Bezirks, Mr. McGee.« Das versprach ich. Und so begann ich meine ziellose Suche, denn alles war besser als in ihrer leeren Wohnung zu warten.

14

Ich fuhr sämtliche Parkplätze ab. Ein VW ist kaum zu übersehen, wenn auch die Farbe im Lampenlicht schlecht zu bestimmen ist. Aber da fiel mir ein, daß sie an ihrer Radioantenne eine untertassengroße Plasticsonnenblume befestigt hatte, um den Wagen auf einem großen, vollen Parkplatz leichter zu finden.

Immer wenn ich eine Telefonkabine fand, rief ich an. Nichts. Dann bemerkte ich, daß ich Hunger hatte und fuhr zu einem Drive-In, das ich vorher gesehen hatte. Nach elf wurde nicht mehr ans Auto serviert. Drinnen war es sehr hell. Die Kellnerin war dicklich, sonst aber hübsch und hatte weißblond gebleichte Haare, die gerade herunterhingen. Auf der Tasche ihres blauen Uniformkleides war DORI eingestickt. Sie sah müde aus und lächelte mechanisch.

Das Fleisch schmeckte nicht besonders gut, der Kaffee dafür umso besser. Irgendwie kam mir das Mädchen bekannt vor. Als ich schon wieder im Wagen saß, fiel es mir ein. Ich ging die Polaroidaufnahmen durch und fand Dori. Andere Frisur, gleiches Gesicht, dickliche Figur. Ich schob das Foto in meine Brieftasche, versteckte die übrigen wieder und ging zurück. Sie erkannte mich.

»Waren Sie nicht gerade erst hier?« fragte sie.

»Ja. Ich möchte noch eine Tasse Kaffee.«

»Ich vergesse, daß Sie schon mal weg waren, dann haben Sie die zweite Tasse frei.«

Ich bedankte mich, als sie den Kaffee brachte. »Sagen Sie, Dori, hätten Sie eine Minute Zeit? Ich würde Sie gerne etwas fragen.«

»Im Augenblick ginge es. Was gibt's denn?«

Ich nahm das Foto heraus und zeigte es ihr so, daß nur sie es sehen konnte. Dabei beobachtete ich ihr Gesicht. Sie schluckte und biß sich auf die Unterlippe. »Hören Sie«, flüsterte sie mir unauffällig zu, »das ist eine Verwechslung. Stecken Sie das Ding weg. Er muß irgendwie verrückt geworden sein, denn er hat gesagt, er zerreißt es, Mister. Sagen Sie ihm bitte, wenn Sie ihn sehen, Dori habe ihm gesagt, er soll in Zukunft vorsichtiger sein.«

»Er schien nicht besonders verrückt gewesen zu sein.«

»Sagen Sie, welchen Wagen fahren Sie?«

»Einen weißen Buick Convertible.«

»Hören Sie, bitte. Trinken Sie Ihren Kaffee und warten Sie draußen. Wenn ich eine kleine Pause einlegen kann, komme ich hinaus und erkläre Ihnen alles. Okay?«

Etwas später kam sie mit einer gelben Wolljacke über den Schultern und einer gelben Strohtasche am Arm heraus, setzte sich zu mir in den Wagen und zündete sich eine Zigarette an.

»Da stimmt etwas nicht«, begann sie. »Ein Foto gibt er sonst nicht aus der Hand. Er sagte mir auch immer, wann ich wo zu sein hätte, und zu meinem Arbeitsplatz hat er noch nie jemanden geschickt. Gut, wir haben früher diesen Handel einmal gemacht, aber seit mein Mann aus der Army zurück ist, konnt' ich das doch nicht mehr. Bis jetzt hat er sich an unsere Abmachung gehalten. Schauen Sie, Mister. Vor ungefähr zwei Monaten kam ein Bursche, mit dem ich vor mehr als einem Jahr einmal zusammen war, zufällig ins Lokal. Er wurde unangenehm und meinte, ich könnte ihn vielleicht sofort ... Als er zu laut wurde, ließ ich's Lew wissen, und der hat ihn sich dann ordentlich vorgenommen. Also muß hier jetzt was faul sein. Mister, sagen Sie mir bitte, wie Sie zu dem Bild kommen und was Sie vorhaben.«

»Wußten Sie, daß man ihn gefeuert hat?«

»Gehört hab' ich's. Weil er einen Verhafteten mißhandelt und nicht so auf Baithers Haus aufgepaßt hat, wie er sollte. Ich hab' damit gerechnet, daß er kommt.«

»Niemand hat ihn aber gesehen, Dori. Es besteht die Möglichkeit, daß er tot ist.«

Sie tat einen tiefen Zug an ihrer Zigarette. »Etwas hat mit ihm nicht mehr gestimmt. Er war furchtbar nervös und wurde immer dürrer. Aber wissen Sie, ich weine ihm keine Träne nach. Er war der ekelhafteste Hund, den ich je gekannt habe. Wenn ich bestimmt weiß, daß Lew tot ist, schlafe ich ein ganzes Stück besser. Aber wer sind Sie denn eigentlich? Ein Cop?«

»Nein, nicht ganz«, beruhigte ich sie. »Mich hat man zusammen mit meinem Freund verhaftet, und den hat Lew zusammengeschlagen. Es sah so aus, als wüßten wir etwas über den Mord an Frank Baither, aber das stimmt nicht. Ich muß jetzt nur im Bezirk bleiben. Ich hab' es ganz offen gesagt, daß ich Lew suche, um ihn zu verprügeln. Jetzt mache ich mir natürlich Gedanken darüber, man könnte ihn tot in einem Feld oder weiß Gott wo finden.«

»Da könnte man aber lange Listen aufstellen, Mister.«

»Sie haben also nichts dagegen, wenn ich mich zu schützen versuche?«

»Nein, bestimmt nicht, solange Sie mich da nicht mit hineinziehen.«

»Ich habe zufällig eine kleine Bildergalerie, die Lew gehört hat. Ist ja egal, wie ich sie in die Hand bekam. Sie kamen mir bekannt vor, und da sah ich die Bildchen durch. Überlegen Sie einmal, Dori. Angenommen, er ist tot, und Hyzer will es mir in die Schuhe schieben. Was soll ich anderes tun, als meine Bildergalerie vorweisen und ihm sagen, er soll sich mal damit beschäftigen? Er wird dann entdecken, daß Lew einen Nebenerwerb hatte, und niemand versuchte ihn daraus zu verdrängen, solange er Polizist war. Nachdem er gefeuert wurde und seine Immunität verlor, war das anders. Also müßte man sämtliche Männer und Freunde dieser Mädchen filzen. Warum soll ich Sie also von der Liste streichen?«

»Ich schwöre, Mister, daß Fred, mein Mann, keine Ahnung davon hat. Ich liebe ihn, und so etwas würde ihn umbringen. Und wissen Sie, er kann schrecklich wütend werden, und wenn er das erfährt, bringt er mich vielleicht um. Bitte, geben Sie mir das Foto. Sie haben doch noch genug andere. Wie viele sind es? Das hätte ich schon immer gerne gewußt.«

»Vierzehn mit Ihnen.«

»Jesus! Ich dachte, höchstens sechs oder sieben. Ich schwöre Ihnen, seit Fred zurück ist, und das ist sieben Monate her, hat er nichts mehr mit mir versucht. Können Sie mich da nicht herauslassen? Wie heißen Sie eigentlich, Mister?«

»Travis McGee.«

»Travis, bitte. Seien Sie doch so nett. Wissen Sie, ich muß wieder zurück ins Lokal.«

»Wann haben Sie frei?«

»Um zwei Spätschicht.«

»Werden Sie abgeholt, oder können Sie zum White Ibis kommen, wenn Sie Schluß machen?«

»Junge, Junge!« stöhnte sie und schniefte. »Immer dasselbe Lied.«

»Ich will nur reden. Und ich will wissen, wer die anderen auf den Fotos sind und wie Lew das Ding aufgezogen hat. Geht das?«

Dori legte den Kopf schief und musterte mich. »Vielleicht. Fred wird schlafen, weil er um sechs aufstehen und zur Arbeit muß. Ich geh' immer sehr leise hinein, damit er nicht aufwacht. Wie ist Ihre Zimmernummer?« Ich gab sie ihr und erklärte ihr die Lage, aber die kannte sie. »Weiß schon«, sagte sie. »Ich hoffte nur, niemals mehr hingehen zu müssen.«

Ich hatte noch eine knappe Stunde Zeit, um nach der Sonnenblume zu suchen und immer wieder anzurufen. Nichts.

Was hatte ich zu Hyzer gesagt? Man versucht aus Tatsachen, Vermutungen und Ahnungen einen Bau zu errichten, der Klarheit bringen soll. Nun, in diesem Fall war der Schmutz nur tiefer geworden. Meine Bildergalerie war die eines Callgirlrings. Bitte sehr, der Herr, ganz wie Sie wünschen.

Dieses Geschäft ist ein beliebter Nebenerwerb für unterbezahlte, unzufriedene Polizisten überall dort in der Welt, wo die Polizeiverwaltung den notwendigen Spielraum läßt. Es gibt immer wieder Frauen, die mit dem Gesetz in Konflikt geraten, und viele davon sind recht hübsch und attraktiv. Da liegt es natürlich nahe, daß der betreffende Polizist ihr vorschlägt, entweder mitzuspielen oder zu sitzen. Klar, er kann ja einiges für sie tun. Meistens klappt das auch, wenn er seine Wahl richtig trifft. Beide schweigen darüber, denn beide haben, kommt es an die Öffentlichkeit, zuviel zu verlieren. Und er kann wichtigen Leuten jederzeit einen Gefallen tun, einem Politiker etwa, einem Industriellen, einem Verwaltungsbeamten. Hier, Süße, ist eine Adresse. Du triffst dich heute mit dem Sowieso. Er erwartet dich gegen acht . . .

In dieser Kleinstadt hätte ich allerdings nicht damit gerechnet, und noch dazu so unmittelbar unter der Nase des tüchtigen, gewissenhaften und untadeligen Norman Hyzer. Mich störte, daß Betsy Kapp dazugehört hatte. Vielleicht ließ mich mein Talent im Stich, so daß ich nicht mehr spürte, worauf die Menschen aus waren, was sie kämpfen oder aufgeben ließ. Bisher hatte mich dieses Talent auch in den schwierigsten Situationen am Leben gehalten. Aber ich konnte mir nicht vorstellen, daß eine kleine Dirne sich in eine romantische Schauspielerin und nette Sentimentale — wie Betsy — verwandeln könnte.

Endlich kam Dori, und sie zog sofort den Vorhang ganz zu. Ich holte Coke und Eis, weil ich nur Gin und Scotch da hatte.

Sie war bereit, zu reden; ja, sie wollte reden. Ihre persönliche, tragische Geschichte interessierte mich nicht besonders, denn die war nicht außergewöhnlich. Kurz gesagt: Sie konnte mit Geld nicht umgehen, machte Schulden und wurde schließlich von den Gläubigern bedrängt. Da ›lieh‹ sie sich einiges Geld aus der Kasse der Boutique, in der sie beschäftigt war. Unglücklicherweise entdeckte die Besitzerin die Anleihen, wußte aber nicht, wer es war. Arnstead kam eines Abends zu ihr in die Wohnung und sagte ihr, daß die Diebstähle entdeckt seien. Er brauchte nur wenige Minuten, um sie gefügig zu machen.

Das ging dann eine ganze Weile so weiter. Manchmal verdiente sie fünfzig dabei, dann wieder achtzig Dollar, manchmal auch mehr. Lew hatte ihr versprochen, Schluß damit zu machen, sobald Fred nach Hause käme, und das hatte er auch eingehalten. »Ich war froh«, sagte sie, »daß die Sache vorbei war. Aber wissen Sie, man hat schon auch seinen Spaß dabei. Wenn ich daran denke, wie lange ich im Lokal zu stehen und herumzulaufen habe, bis ich einen Fünfziger verdiene. Es gibt nette, junge Burschen und alte, fette Ekel. Na, mit denen steht man es eben durch. Manchmal hatte ich ja schon Angst, daß mal einer kommt und sagt: Na, Baby, wie wär's heute mit uns beiden? Aber wissen Sie, Fred ist ein feiner Kerl. Wissen Sie, wenn Sie wollen, dann hätte ich schon noch ein bißchen Zeit. Auf Rechnung des Hauses, wenn Sie so wollen.«

»Wir schauen uns lieber mal die Fotos an.«

»Oh, natürlich! Na, ich weiß wirklich nicht, was mit mir in letzter Zeit los ist. Gut, wir schauen die Fotos durch, dann kann ich nach Hause, ehe Fred was merkt. Sonst ruft er noch im Lokal an.«

Ich breitete die Fotos aus. Es waren noch dreizehn.

»Das da ist Donna Lee Sowieso. Hübsch, sehr hübsch, und ein lustiges Ding. War einmal mit mir zusammen auf einer Yacht. Sie arbeitet bei einer Grundstücksvermittlung. Associated Realtors, Inc.; nein, die kenne ich nicht. Das Mädchen habe ich schon gesehen. Ich glaube, die arbeitet beim Gericht. Und die hier kenne ich doch auch. Brenda Dennis. Oder Dennison? Denderson? So ähnlich jedenfalls. Sie ist recht ruhig und hat eine feine Figur. Sie arbeitet im Schreibwarengeschäft Elian. Ob sie noch dort ist? Das weiß ich allerdings nicht. Und die hier habe ich auch schon gesehen, die andere noch nie. Die ist auch schon älter. Himmel, das ist ja Miß Kimmey! Nicht möglich! Sie ist Lehrerin. Dritte Klasse und singt im Kirchenchor. Hat einen reizenden Sopran. Aber die Kleider, die sie trägt! Darunter versteckt sie ihren schönen Körper. Wie ist Lew nur an die rangekommen? Junge, Junge, das würd' ich gerne wissen.«

Noch eine kannte sie. »Das ist Linda Featherman. Die war auch auf der Yacht. Himmel, hab' ich da gestaunt, als die aufkreuzte! Die hat's doch, weiß Gott, nicht nötig. Stinkreich. Am ersten Tag hat sie ja getan, als sei sie was Besseres als Donna Lee und ich und hat ihre teuren Klamotten spazierengetragen. Aber dann wurde sie ganz nett. Armes Ding. Ich konnte es gar nicht glauben, als ich es damals las.«

»Was denn?«

»Kam vor kurzem bei einem Autounfall ums Leben. Vor zwei Wochen, glaube ich. Die Polizei sagt, sie hätte mindestens hundert draufgehabt. Es war drei oder vier Uhr früh, und vielleicht sei sie am Steuer eingeschlafen. Sie knallte gegen eine hohe Föhre, warf sie glatt um und schleuderte sogar noch gegen die nächste. Es soll Stunden gedauert haben, bis sie identifiziert war.«

Dann kannte sie noch eine Jeanie Dahl, die zusammen mit Dori die Oberschule besucht hatte. Jeanie sei geschieden und wohne bei ihrer Mutter, die ihr Kind versorge. Sie arbeite in einer Firma für Baumaterial. Das Mädchen vom vorletzten Foto kannte sie vom Sehen, aber den Namen wußte sie nicht.

Lilo Perris alias Lillian Hatch hatte ich bis zuletzt aufgehoben. Dori schob das Foto von sich weg, hüstelte und würgte. »Über die will ich nicht reden. Sie heißt Lilo Perris.«

»Warum nicht?«

»Machen Sie mir einen Drink. Wenn ich die sehe, läuft mir eine Gänsehaut über den Rücken. Die ist total verrückt, wirklich. Richtig wahnsinnig.«

Ich machte ihr den Drink, und dann erzählte sie.

»Einmal hat mich Lew zu einem geschickt, der war furchtbar und wollte Sachen, die ich nicht mache. Er wurde wütend, ich aber auch, und ich ging. Ich wollte Lew sagen, solche Idioten solle er mir ja nicht mehr schicken. Aber er kam nicht, sondern schickte Lilo. Die hat mich so geschlagen, daß ich ohnmächtig wurde. Ich mußte zwei Tage im Bett bleiben, so schwach war ich. Dann kam Lew und sagte, ich müßte mit dem Ekel noch einmal zusammenkommen, sonst schicke er mir Lilo, die mir's dann schon besorgen würde. Dieses Biest ist stark wie ein Mann und kennt jeden Trick, wie sie einem Mädchen weh tun kann. Die ist wirklich verrückt, Trav, völlig wahnsinnig.«

»Wann war das?«

»Ungefähr ein Jahr ... Ja, im Juni. Ich hab' lange Alpträume gehabt, und immer, wenn sie mir einfällt, wird mir schlecht. Schauen Sie nur, überall die Gänsehaut.«

Sie erzählte dann sogar freiwillig, daß sie bezüglich Jeanie Dahl ein wenig gelogen habe. Jeanie war aus demselben Grund wie sie in die Sache hineingeschlittert. Sie treffe sich ab und zu mit ihr, denn sie sei mit ihr befreundet, und ehe ihr Freddie nach Hause gekommen sei, habe Jeanie ihre Freunde oft in Doris Wohnung empfangen, während sie selbst zur Arbeit weg gewesen sei. Im Januar habe sie eine ganze Woche Urlaub genommen und sei nach Jamaica geflogen, um sich dort mit einem Mann zu treffen, der sich dann als einer der wichtigsten Geschäftsleute der Stadt herausgestellt habe. Mit vielen Geschenken, einer wundervollen Bräune und fünfhundert Dollar sei sie wieder nach Hause gekommen.

»Und was ist mit Betsy Kapp?«

»Lew kam einmal vorbei bei Jeanie, und da war er ganz durcheinander. Sie fuhr ihn dann mit ihrem Wagen in der Gegend herum, und er heulte wie ein kleiner Junge. Sie erzählte, es sei ganz komisch gewesen, so mütterliche Gefühle für einen so miesen Burschen zu haben, und dann hat er ihr noch erzählt, daß er ein Mädchen furchtbar geschlagen habe, das ihm einmal einen Riesengefallen getan hätte. Und dann, als er sich verliebt habe, sei er auf einmal impotent gewesen. Der Arzt hat ihm Spritzen gegeben, die nichts geholfen haben. Und das Mädchen, das ihn geheilt habe, hätte er verprügelt, und er wisse gar nicht, warum. Jeanie kriegte heraus, daß es Betsy Kapp war und fragte ihn, ob sie auch Kunden annehmen würde. Sie dachte sich gar nichts dabei, aber er knallte ihr eine solche Ohrfeige, daß ihr eine volle Woche lang die Ohren summten. Er sagte, Mrs. Kapp sei eine feine Frau und keine so billige Hure wie Jeanie. Deshalb glaube ich, daß Betsy Kapp niemals dazugehört hat.«

»Wann haben Sie Jeanie zuletzt gesehen?«

»Das war — vergangenen Freitag. Wir redeten über Linda Featherman. Sie hatte Lew seit drei Wochen nicht gesehen und brauchte Geld. Wir sollten vielleicht einmal nach Miami hinüber und schauen, was sich machen ließe. Aber Lew durfte das nie erfahren, denn er hätte uns totgeschlagen. Ich wollte auch nicht, weil die Cops dort ja auch ihre Mädchen laufen haben. Wenn Lew wirklich tot ist, wie Sie glauben, dann hat es Jeanie ziemlich schwer ohne das Extrageld. Ich hab' doch mindestens tausend bis zwölfhundert im Jahr gehabt, und das steuerfrei und als Nebenbeschäftigung, Jeanie noch mehr. Lew hat schon dafür gesorgt, daß uns keiner übers Ohr gehauen hat. Er hat ja auch ganz schön dran verdient. So an die sechzehntausend im Jahr.« Sie stand auf und gähnte. »Krieg' ich jetzt das Foto zurück?«

Ich gab es ihr. Sie zerriß es in kleine Fetzchen und spülte es in die Toilette. »Haben Sie sonst noch Bilder von mir?« fragte sie dann. Ich erklärte ihr, daß ich keines mehr habe. »Mir wäre wohler, wenn ich wüßte, wo sie sind. Irgendwie war es schon nett, die Kamera auf dem Tisch und so weiter. Wenn Sie auf die anderen stoßen sollten, krieg' ich sie dann, bitte?«

»Ich zerreiße sie dann und lasse Sie's wissen.«

»Wenn der falsche Clown sie in die Hände kriegt, hätte ich keine Wahl und müßte wieder ins Geschäft zurück. Schade. Wegen Freddie.«

»Kann ich einmal mit Jeanie reden?«

Sie lachte amüsiert. »Wie sollte ich Sie daran hindern können? Warum fragen Sie überhaupt? Sie sind ein netter Kerl, Trav, wirklich. Ich würd' Ihnen deshalb auch ganz gern einen Gefallen tun. Aber das Foto von Lilo hat das ganze Feuer bei mir ausgeblasen. Bleiben Sie noch länger hier?«

»Vermutlich.«

»Vielleicht kommen wir einmal zusammen. Sie wissen ja, wo Sie mich finden. Sorgen brauchen Sie sich keine zu machen, ich bin gesund vom Kopf bis zu den Zehen. Gute Nacht. Hat mich irgendwie gefreut. Und passen Sie auf sich auf, Trav.«

15

Wirklich, ich sollte auf mich aufpassen. Darüber war ich mir im klaren, als ich die sechs Namen auf den Rückseiten der Fotos notierte. Arnsteads ›Pferdchen‹. Kleine Gelegenheitshuren, und jede von ihnen hält sich für etwas ganz Besonderes. Jede glaubt, eine etwas zweideutige Rolle spielen zu können, die etwas einbringt und trotzdem eine schöne Seele zu bleiben.

Huren mit goldenen Herzen gibt es nicht. Fast alle sind faul, habgierig und dumm. Ihr größtes Vergnügen sind Kleider, Spiegel und Make-up. Natürlich befähigt sie diese Einstellung dazu, jedem, der es will, ein kurzes Vergnügen zu bereiten. Dazu gehört dann nur noch, daß man ihm versichert, er sei wunderbar und einmalig gewesen. Und wenn er gut bezahlt, soll er das Vergnügen noch einmal haben. Dann kann man sich endlich die entzückenden blauen Sandalen kaufen, für die man angezahlt hat.

Eine so einfache, unkomplizierte Aufgabe setzt auch keine Weiblichkeit im besten Sinn voraus. Gemeint ist ja nur der Körper, der wird gekauft und muß geschmückt werden.

Ich dachte an Betsy und an ihre törichte, herzbewegende, romantische Überzeugung, daß jede Affäre einmalig und eine bedeutungsvolle Herrlichkeit sei. Glaube und Überzeugung machten sie auch dazu. Kleine Geschenke oder Vorzugspreise waren nur freundschaftliche Gesten, und deshalb konnte ein harter Mann darüber weinen, daß er sie geschlagen hatte.

Auch um halb fünf Uhr früh meldete sich niemand an ihrem Telefon. Den Sheriff konnte ich nicht erreichen. Ich legte mich auf das Bett und versuchte zu überlegen, was ich jetzt tun konnte, um die Einzelteile aneinanderzufügen, und plötzlich war es strahlender Morgen draußen. Meine Augen schmerzten, als hätte mir jemand Sand hineingestreut.

Ich wollte gerade unter die Dusche gehen, als das Telefon klingelte. Es war Sheriff Hyzer, der mir sagte, daß Betsy bisher noch nicht gefunden sei, auch ihr Wagen nicht. Man habe aber Lew Arnsteads schwarzen Jeep im Hof eines leeren Hauses entdeckt, das in nächster Nähe von Mrs. Kapps Häuschen liege. Ihm wäre recht, wenn ich bei ihm vorbeikommen würde. Er sei bei Betsy Kapps Haus.

Kurz nach acht war ich dort. Hyzers Kreuzer stand in Betsys

Zufahrt. Er schien allein zu sein. Frisches Hemd, frischer Anzug, polierte Schuhe, frische Rasur.

Wir gingen die Straße entlang. Die Kette war aufgehakt. Ein Polizist nahm Fingerabdrücke und untersuchte die Umgebung.

»Ich habe mir überlegt, Mr. McGee, ob Arnstead sich vielleicht gestern hier versteckt hat, dann zu Mrs. Kapps Haus ging und sie in ihrem Wagen entführt haben könnte.«

»Das könnte durchaus passiert sein.«

»Aber nicht, wenn man das hier sieht. Kommen Sie mit.« Er führte mich zur Vorderseite des Jeeps und deutete auf einen braunen Gegenstand unter dem Scheinwerfer. »Grabwespen«, erklärte er. »Frisch. Sie arbeiten nachts nicht. Dieses Nest ist fast fertig. Warten Sie eine Minute, dann kommt sie wieder angeflogen. Sie muß gestern früh angefangen haben, um so weit zu kommen. Sie bauen bis zu einem gewissen Punkt und müssen dann die richtige Spinnenart finden, die sie mit ihrem Stachel betäuben und hier hereinschieben. Bald wird nur noch ein winziges Loch offen sein. Dort legt sie ihre Eier hinein und schließt das Loch. Wenn die Jungen schlüpfen, haben sie eine frische Spinne als Nahrung, die ihnen genügt, bis sie ausbrechen können.«

»Das ist ja sehr interessant.«

»Vermutlich ist also der Jeep am Samstag im Laufe der Nacht hierhergefahren worden. Sie waren die Nacht über bei ihr. Haben Sie etwas gehört?«

»Nein, absolut nichts.«

»Wir hatten eine telefonische Beschwerde wegen eines Radaus um drei Uhr früh. Sie kam hier aus der Nachbarschaft.«

»Das habe ich auch nicht gehört.«

»Mir erscheint es bisher wenigstens unlogisch, wenn er seinen Jeep hier versteckt, weggeht, und nicht mehr zurückkommt.«

»Vielleicht hat das zu bedeuten, daß er nicht zurückkommen konnte.«

»Oder jemand stellte den Jeep hier ab, um eine falsche Spur zu legen. Tom, vergiß nur ja nichts auf Fingerabdrücke zu untersuchen. Hast du etwas Brauchbares gefunden?«

»Bis jetzt nichts, Sheriff. Zu viele Schmierer. Nur auf der Windschutzscheibe sind ein paar gute, dazu ein fast kompletter Handabdruck. Kinder- oder Frauenhand.«

»Ruf Johnnys Schleppdienst an, wenn du fertig bist und bring die Staubsaugerbeutel schnellstens ins Büro.«

Als wir zu Betsys Haus zurückgingen, sagte ich: »Sie sind ein sehr gewissenhafter Mann, Sheriff.«

»Wir müssen alles versuchen.«

»Ihnen entgeht doch sicher nichts von den Dingen, die irgendwo und irgendwann in Ihrem Bezirk vorgehen.«

»Ich hoffe, wenigstens nicht das, was ich wissen muß. Wir

haben die ganze Polizei des Bezirks umorganisiert, um Doppelarbeit und Ausgaben zu vermeiden.«

»Entschuldigen Sie, Sheriff, daß ich das sage. Sie scheinen heute etwas freundlicher zu mir zu sein als sonst.«

»Ich möchte fair sein. Sie sagten, Perris mußte am Freitag früh die Tankstelle verlassen haben, und ich ging der Sache nach. Als ich Al Storey noch einmal fragte, ob Henry die Tankstelle aus irgendeinem Grund verlassen hatte, sagte er erst wieder nein. Ich bohrte aber weiter, und dann erinnerte er sich, daß Perris die Bremsen eines Oldsmobil nachgestellt und ihn beim Kunden, einem Mr. Hummer, abgeliefert hatte. Das war gleichzeitig die Probefahrt, und Hummer hat ihn dann zur Tankstelle zurückgefahren. Um zu Hummers Haus zu kommen, mußte Perris an einem kleinen Park vorbeifahren, an dessen Rand eine Telefonzelle steht. Den Rest können Sie sich ja vielleicht denken, Mr. McGee.«

»Jemanden anrufen, er soll den Umschlag abholen, den er im Telefonbuch versteckt hat.«

»Vielleicht. Daran dachte Storey natürlich nicht. Wenn bei ihm jemand die Arbeitsstelle verläßt, dann verbindet er damit eine persönliche Angelegenheit. Es gehört zur Arbeit, wenn einer einen Wagen abliefert. Ich sagte Storey, er solle nicht reden, falls Perris in der Nähe sei, aber er erklärte mir, Perris habe sich, wie üblich, schon wieder verspätet. Und ich band ihm auf die Seele, Perris kein Sterbenswörtchen von dieser Unterhaltung zu verraten.«

»Werden Sie sich Perris vorknöpfen?«

»Noch nicht. Er soll sich sicher fühlen. Ich brauche noch ein bißchen mehr, um etwas gegen ihn unternehmen zu können.«

»Geben Sie jetzt zu, daß das Mädchen auch drinsteckt?«

Sein Gesicht wurde zu Stein. »Wenn es eindeutige Beweise geben sollte, daß sie sich auf kriminelle Dinge eingelassen hat, dann wird sie verhaftet und unter Anklage gestellt.«

Damit war seine ganze Liebenswürdigkeit wie weggeblasen. Ende der Unterhaltung.

Ich fuhr zu Johnnys Straßendienst und sah mich nach Miß Agnes um. Sie war aufgebockt, und ein schwitzender Ron Hatch bügelte sie sorgfältig mit dem Gummihammer aus.

»Hallo, Mr. McGee«, begrüßte er mich. »Stellenweise ist es gar nicht so schlimm. Wie ich dachte. Herr und Heiland, die haben vielleicht ein dickes Blech verwendet!« Ich borgte mir das schadhafte Teil von ihm und rief meinen Mechanikerfreund in Palm Beach an. Ich mußte das Ding genau beschreiben und abmessen, und dann sagte er mir, er habe es vorrätig, und er werde es direkt an Ron Hatch schicken. Als ich dem Mädchen an der Kasse das Telefongespräch bezahlte, kam ein Mann Ende vierzig herein, der sich sehr aufrecht hielt, ein bißchen zu dichte und zu schwarze

Haare hatte, als daß sie ganz echt sein konnten, sehr sonnengebräunt und elegant war und eine raffinierte Armbanduhr mit einer Unzahl von Knöpfchen und Zeigerchen trug.

»McGee?« fragte er, und als ich es bestätigte, stelle er sich als Johnny Hatch vor. Sein Büro war klein, kühl, fensterlos und holzgetäfelt. Auf dem Schreibtisch stand das Foto einer sehr hübschen jungen Frau, die einen kleinen Jungen und ein noch kleineres Mädchen in den Armen hielt. »Vielen Dank«, sagte er, »daß Sie so nett zu dem Jungen waren, weil er sich Ihres Wagens angenommen hat. Die Arbeit daran macht ihm richtig Spaß.«

»Er ist auch ein netter Junge.«

»Heutzutage ist nicht viel los mit den Burschen. Sein Haar macht mich wütend, und in die Schule will er nicht mehr. Er hat einen Autofimmel. Er richtet Ihren Wagen erstklassig her, das kann ich Ihnen versichern.«

»Beim Abschleppen haben Sie mich aber ganz schön ausgenommen.«

Er zuckte die Achseln. »Mit dem Geschäft werden wir bestimmt nicht reich. An dem einen verdienen wir, an dem anderen nicht. Es muß sich ausgleichen. Ich bin froh, wenn ich am Jahresende gerade so glatt herauskomme. Behaupten Sie nur ja nicht, daß ein Bursche, der sich einen Lennie Sibelius leisten kann, wegen einer kleinen Werkstattrechnung Pleite macht.«

»Man weiß ja gut Bescheid.«

»Kleinstadt. Jeder hört etwas und sagt's weiter. Nur tut jeder noch ein bißchen Eigenbau dazu.«

»Sie wissen doch, daß Arnstead verschwunden ist und Betsy Kapp ebenfalls vermißt wird?«

»Von Lew wußt' ich's, aber Betsy Kapp?«

»Sie hatte gestern abend um sieben eine Verabredung, die sie nicht eingehalten hat. Seither hat sie niemand mehr gesehen.«

»Das sieht Betsy aber nicht ähnlich. Ich sage Ihnen, ohne Betsy würde es lange nicht mehr soviel Spaß machen, in dem Lokal zu essen.«

»Sie und Arnstead hatten doch mal ein Verhältnis. Vielleicht sind sie miteinander weggefahren?«

»Das glaub' ich nicht, denn sie haben doch schon mindestens vor einem Monat Schluß gemacht. Daß sie überhaupt mit Lew angebändelt hat, versteh' ich sowieso nicht ganz.«

»Vielleicht war es geschäftlich, Johnny.«

Er lehnte sich zurück und musterte mich mißtrauisch. »Was wollen Sie damit sagen?«

»Ich wußte, daß der Name mir irgendwie bekannt vorkam. Dann fiel mir ein, daß mir vor ungefähr eineinhalb Jahren jemand sagte, wenn ich je in diesen Bezirk käme, dann sollte ich mich an den Deputy Lew Arnstead wenden, wenn ich ein bißchen Gesellschaft haben wollte. Es wäre zwar teuer, es lohnte sich aber.«

»Ach nein. Na, erzählen Sie weiter.«

»Sie sagten doch, es sei eine Kleinstadt. Dann müssen Sie doch auch davon gehört haben.«

»Ich hab' etwas läuten hören, Lew hätte eine Extrafreundin, die er auch mal vermieten würde.«

»Er mußte doch recht vorsichtig sein, damit Hyzer nichts merkt.«

»Mister Norm sieht, was er gerne sehen will und glaubt, was er gerne glaubt, wie andere Leute auch.«

»Er beeindruckt Sie also nicht besonders?«

Er zuckte die Achseln. »Ich habe ihn auch gewählt.«

»Etwas anderes. Linda Feathermans Wagen ... Wurde er zu Ihnen gebracht?«

»Sagen Sie, was geht Ihnen eigentlich alles durch den Kopf, McGee! Ich wollte Ihnen wirklich nur danken, daß Sie so nett zu meinem Jungen sind, aber ich hatte nicht die Absicht, mich einem Verhör dritten Grades zu stellen.«

Lächelnd stand ich auf. »Ich bin nur unverbesserlich neugierig, Johnny, und wollte Ihnen bestimmt nicht zu nahe treten. Ich mag Ron, denn er ist ein netter Junge. Seine Schwester scheint dagegen nach dem, was ich hörte, ein kleines Miststück zu sein.«

Sein Gesicht wurde zu einer Maske, und als er sprach, bewegte er kaum die Lippen. »Hören Sie zu, ich will nicht, daß sie jemand in meiner Gegenwart erwähnt. Sie bedeutet mir nichts, und auch die alte Sau, die sie geworfen hat, geht mich nichts an. Mir ist egal, ob sie leben oder tot sind, ob sie in der Hölle braten oder im Himmel halleluja singen. Und jetzt verschwinden Sie.«

Das tat ich, denn soviel Haß macht Eindruck. Man ist versucht, sich auf Zehenspitzen davonzuschleichen und den Atem anzuhalten.

Nach dem Frühstück warf ich eine Münze; Kopf bedeutete Deputy King Sturnevan, Adler Mrs. Jeanie Dahl, Rand Miß Kimmey. Es war Kopf, und King hatte einen Bericht zu schreiben.

Zwanzig Minuten später kam er heraus und lehnte sich über den Buick. »Menschenskind, Sie haben vielleicht Talent! Wenn Billy Cable Sie erwischt, müssen Sie sich einen Entfesselungskünstler suchen, der Ihnen die Knoten wieder aufmacht.«

»Steigen Sie ein, dann erzähle ich Ihnen etwas.« Und das tat ich.

Er nickte. »Ja, ich wußte, daß er sie in die Geschichte mit 'reinziehen wollte, aber natürlich hätte ich nie geglaubt, daß er ein so verdammter Idiot ist. Wenn Mister Norm hört, daß er seinen Stern dazu benützen wollte, sie auf den Rücken zu legen, dann fliegt Billy. Gegen Sie scheint sie sich aber nicht gewehrt zu haben,

McGee. So ist sie eben. Sie mag schon, aber nicht zu oft, und dann sucht sie sich den Mann selbst aus.«

»Lew Arnstead hat sie sich auch selbst ausgesucht.«

»Weiß ich. Hat jeden überrascht. War doch nicht ihr Typ. Aber man weiß ja nie.«

»King, wie weit können wir beide einander trauen?«

Er schwang seinen dicken Bauch herum, sah mich an und kniff ein Auge zu. »Wenn's etwas wäre, was Hyzer wissen muß, können Sie mir nicht über den Weg trauen, Mensch.«

»Ich habe eine ganz verrückte Frage, die mir keine Ruhe läßt. Machen wir's hypothetisch. Konnte Lew Arnstead mit Dingen davonkommen, für die Hyzer jeden anderen gefeuert hätte?«

Ich ließ ihn nicht aus den Augen, bis er antwortete. »Mich hat's schon eine ganze Weile ziemlich gestört, Mensch. Um die Wahrheit zu sagen, ich war höllisch überrascht, daß Hyzer ihn feuerte und noch dazu Anklage gegen ihn erhob. Und ich sah auch Lews Gesicht, als er's tat. Lew scheint genauso erstaunt gewesen zu sein wie ich.«

»Glauben Sie, Hyzer wußte, daß Lew Zuhälter war?«

»Sie kommen ja ganz schön herum. So leicht erfährt man solche Sachen sonst nämlich nicht. Vermutlich hat Lew ungefähr vor vier Jahren damit angefangen. Vielleicht hat Hyzer geglaubt, wenn schon Huren, dann lieber unter Aufsicht. Natürlich muß er mal davon gehört haben, aber er hat nie etwas unternommen.«

»Könnte er diese Geschäfte für Hyzer gemacht haben?«

»Ich vergeß' es lieber, daß Sie das gesagt haben, sonst müßt' ich Sie nämlich aus Ihrem Angeberauto ziehen und Ihnen ihren Spleen mit einem linken Haken austreiben.«

»Entschuldigen Sie, daß ich gefragt habe.«

»Es kann auch gar nicht sein, das dürfen Sie mir glauben.«

»Sie wissen es und ich weiß es auch, daß ein Cop, wenn er Pferdchen laufen läßt, keine alten nimmt. Er sucht sich Mädchen, die ein bißchen gestolpert sind und jagt ihnen Angst ein. Wenn er sich im Geschäft auskennt, nimmt er auch nur die, von denen er sicher annehmen kann, daß sie keinen Wirbel machen. Dann läßt er sie arbeiten.«

Er sah ziemlich unglücklich drein. »Wenn Mister Norm darauf gekommen wäre, hätte er Lew hochkant hinauswerfen müssen. Also durfte er sich nicht damit beschäftigen. Ich kenn' mich doch aus, Mensch. Ein Immigrationsbeamter in Miami, der sich's von den Mädchen bezahlen ließ, wenn er sie 'reinließ, wurde einmal von einem Peruaner erstochen, weil's seine Tochter geschrieben hat. Und da dacht' ich mir, jemand könnt' das von Lew gewußt haben, aber er hat gewartet, bis er nicht mehr bei der Polizei war.«

»Es war reiner Zufall, daß ich Hyzer erzählte, wie Billy bei Betsy Kapp abgeblitzt ist.«

»Sagen Sie mal, wollen Sie hier Bürgermeister werden? Sie wissen ja alles, was es zu wissen gibt.«

»Na, ich weiß nicht. Die Fragen tauchen auf, und ich suche die Antworten darauf. Frage: Würde jemand Arnstead umbringen, um Hyzer von einem gewissen Haken loszumachen?«

King überlegte. »Er arbeitet schwerer als sonst und sieht nicht so aus, als stehe er unter Druck. Aber ich hab' mir's durch den Kopf gehen lassen, was Sie kürzlich über Lew sagten. Es paßt nämlich. Drogen. Wie und warum wird also ein Süchtiger zusammengeschlagen?«

»King, sagen Sie mir mal, was war mit Linda Featherman?«

Er sah mich verdutzt an. »Was meinen Sie denn damit nun schon wieder? Tod durch Unfall, kein anderer Wagen beteiligt. Überhöhte Geschwindigkeit. Ist vielleicht eingeschlafen.«

»Hat die Versicherung anstandslos bezahlt?«

»Was, zum Teufel, wollen Sie damit andeuten? Mord? Selbstmord?«

»Was würden Sie dazu sagen, wenn Sie sicher wüßten, daß Linda mindestens zwei Jahre lang für Lew Arnstead gehurt hat?«

»Ist doch völlig ausgeschlossen, Mensch! Linda Featherman? Niemals. Junge, Junge, wer hat Ihnen denn diesen Bären aufgebunden? Ihr Vater hätte jeden, der sie nur schief anschaute, bei lebendigem Leib abgehäutet. Nein, Sir. Vier Generationen Geldadel aus Florida. Senatoren aus Washington, Bankiers aus New York — alle kommen sie zu Featherman und landen auf seinem privaten Flugplatz. Sie war ein hübsches Mädchen und ist zu schnell gefahren.«

»Sind Geschwister da?«

»Je drei, glaube ich. Sie war ungefähr in der Mitte. Vor drei Jahren kam sie, glaube ich, aus dem College zurück. Eine Verlobung ist geplatzt, Grund unbekannt. Nein, gegen ein solches Mädchen kann man nichts sagen. Wenn sie in Schwierigkeiten gewesen wäre, hätte sie sich jederzeit loskaufen können. Oder der, der sie auch nur angetippt hätte, wäre aus dem Geschäft geflogen.«

»Und wenn es die einzige Möglichkeit gewesen wäre, jemanden zu schützen?«

Er musterte mich. »Okay. Wir trauen einander. Ich hab' ja nichts als Ihr Wort. Wissen Sie's ganz bestimmt?«

Die Cops haben einen Stern und schwören einen Eid. Man weiß aber nie, wie sie diesen Eid bewerten, und wenn man vorsichtig ist, zieht man sich in kritischen Fällen einen Schritt zurück.

»Sagen wir einmal, es ist eine ziemlich begründete Annahme.«

»Angenommen, Lew hat wirklich Pferdchen laufen lassen. Allzu gescheit war er freilich nicht, so dumm aber auch nicht, als daß er

Linda Featherman dazu gezwungen hätte. Hübsch und reich, wie sie war.«

»Kennen Sie irgendwelche Namen?«

»Ich nenne lieber keinen Namen, denn zufällig könnten es Leute sein, die nur gute Freunde von Lew waren. Wenn man alle Frauen filzen wollte, mit denen Lew in den vergangenen vier Jahren aus war, dann hätte man einen Computer nötig. Aber dann wäre er steinreich gewesen.«

»Was hat er wohl mit dem Geld getan, das er verdient hat?«

»Sparstrumpf. Er hat kaum mal in die Tasche gelangt, um ein Bier oder einen Kaffee zu bezahlen. Er hat ein paar gute Waffen, ein gutes Pferd, mehr aber nicht. Ein altes Auto hat er sich herrichten lassen und selbst dran 'rumgebastelt, aber dann hat er sich die Versicherung gespart. Aus Geiz. Also hat er keinen Dime gekriegt, als er es ein bißchen zu fest anlehnte. Über seine Geschäfte hat er nie geredet. Mund zu, Taschen zu, daran hat er sich gehalten. Ich nehme an, Lew hat sein Geld in Marmeladentöpfen vergraben.«

»Und dann hat er sie ausgegraben und ist damit abgehauen?«

»Nein, solange er hier in der Nähe noch mehr Geld verdienen konnte. Ich glaube, er ist tot.«

»Glauben Sie auch, daß er irgendwie mit dem Mord an Baither zu tun hatte?«

»Mein Lieber, wir zwei wollen doch Freunde bleiben, oder?« Er wuchtete seinen Körper aus dem Wagen und knallte die Tür zu. Er rieb sich die Stirn. »Bevor der Tag um ist, wird's wohl da oben noch was zu tun geben. Sie bleiben doch in der Nähe, was? Bin froh, daß es Ihrem Freund gut geht.«

Ich besuchte Jeanie. Sie sah in ihrem rosa Minirock viel schlanker aus als auf dem Bild. Ihr honigfarbenes Haar war zu einer Bubenfrisur zurechtgestutzt. Eine ihrer Kolleginnen kam auf mich zu, aber ich deutete auf Jeanie. Sie drehte sich zu mir um und lächelte. Weitgesetzte Augen, hübsches, feingezeichnetes Gesicht, voller Mund, energisches Kinn. »Sie heißen McGee, stimmt doch?« fragte sie mich und zog mich ans Thekenende. Ihre Stimme klang angenehm. Sie machte eine Kopfbewegung zu den Kolleginnen. »Die alten Krähen spitzen immer die Ohren, damit ihnen ja nichts entgeht. Dori sagte, großer Brusche, braungebrannt, blaßgraue Augen und da und dort ein bißchen angeschlagen. Herrjeh, aber Sie sind ja noch viel größer und breiter als sie sagte. Sie hat mir erzählt, daß sie Ihnen meinen Namen genannt hat, aber Sie sind in Ordnung, sagt sie. Macht also nichts. He, ich hab' gedacht, es sind höchstens zehn Mädchen, und dabei sind's vierzehn.« Sie warf einen Blick auf die Uhr. »Ich kann mit einer Kollegin tauschen und um halb zwölf Mittag machen. Sind zehn

Minuten. Die anderen beobachten uns schon. Wenn Sie eine Kleinigkeit kaufen könnten, wär's besser. Um halb zwölf komme ich durch die Hintertür zum Parkplatz.«

Ich kaufte für mein Schiffchen einen elektrischen Schraubenzieher mit einstellbarer Geschwindigkeit und einem Satz auswechselbarer Einsätze. Warum sollte Lennie für mein Boot nicht ein Geschenk kaufen, wenn ich seinen Vogel damit einfangen konnte?

Jeanie führte mich zu einer Cafeteria schräg gegenüber, wo wir im Schatten australischer Föhren hinter dem Haus im Freien sitzen konnten. Wir waren die einzigen Gäste im Garten. Ein paar Dohlen hüpften hoffnungsvoll heran, und Jeanie fütterte sie mit Krümeln. Sie antwortete ausgesprochen ehrlich und freimütig auf meine Frage. »Er muß schon irgendwie einen Rückhalt gehabt haben, aber er hat nie etwas darüber gesagt. Manchmal hat er nur gemeint, ich bräuchte mir keine Gedanken zu machen, weil ich ja bei meiner Mutter lebte. Himmel, meine Mutter hätte mir die Hölle heiß gemacht, wenn sie was gewußt hätte! Und mein geschiedener Mann hätte mir ja glatt das Kind weggenommen.«

»Wenn also Lew irgendeinen Partner hatte, dann nimmt doch der sicher die Fäden auf, falls Lew tot sein sollte.«

»McGee«, sagte sie und wischte mit der Papierserviette den Schnurrbart aus Vanillemilch ab, »ich weiß nicht, ob ich je wieder mitmachen würde, falls Lew wieder aufkreuzt. Wissen Sie, ein Cop ist was anderes als einer, den man gefeuert hat und der auf seinen Prozeß wartet. Wenn er seinen Rückhalt verloren hat, kann man ihm zu leicht auch deshalb den Prozeß machen. Ich geh' auf Tauchstation, wenigstens für die nächste Zeit. In ein paar Wochen kann ich dann mit einem Mann hier Verbindung aufnehmen, der mich mag. Vielleicht setzt er mir ein Taschengeld aus, das wär' mir viel lieber. Dori hat mir gesagt, Sie würden mir vielleicht mein Foto zurückgeben. Wär' besser, es ist nicht mehr im Umlauf, falls Lew was zugestoßen ist.«

»Wie hat er die Sache eigentlich geschaukelt? Oder von wo aus? Sicher nicht von zu Hause oder von seinem Dienstzimmer aus.«

»Wie er angefangen hat, weiß ich nicht. Später hat's dann einer dem anderen gesagt, daß er sich an Lew wenden soll, und Lew hat ihn irgendwo getroffen und alles mit ihm ausgemacht, wenn er zuverlässig ausgesehen hat. Natürlich Vorauszahlung, und aussuchen konnte er sich eine nach den Fotos. Lew hat dann bei dem Mädchen angerufen, wenn's nicht ging, dann bei einer anderen. Er hat immer drauf geachtet, daß keine einen festen Freund hatte, denn das sei zu gefährlich, sagte er. Am nächsten oder übernächsten Tag hat mir Lew dann das Geld gebracht oder irgendwie geschickt. War auch leichter, man kommt sich dann nicht so sehr als Hure vor. Wenn einer frech wurde, hat ihn Lew von seiner

Liste gestrichen. In letzter Zeit war er aber nicht mehr so genau wie früher. Auch seine Leute waren eine Klasse schlechter. Zweimal mußt' ich ihn auch an das Geld erinnern. Vor vier Wochen ungefähr hat er mich im Polizeiauto abgeholt und ist mit mir hinausgefahren zu einer ganz verrückten Scheune. Da hat er mir die Kleider vom Leib gerissen und ist furchtbar grob geworden. Ich kriegte direkt Angst. Zehn Minuten später war ich wieder in dem Auto, und er fuhr wie ein Irrer zurück. In strömendem Regen warf er mich aus dem Wagen, und ich war froh, daß meine Mutter am Fernseher saß und nichts merkte.«

»Wo war denn diese Scheune? War sie zugesperrt?«

»Ja, mit einem Schloß. Eine Hütte aus Föhrenholz, nur ein Raum mit einem alten Bretterboden. Aber Strom war da. Eine Heizplatte hab' ich gesehen. Ein kleiner Gang war auch da mit einer Toilette und einem Waschbecken; auf der anderen Seite eine Vorratskammer.«

»Und wo liegt diese Scheune?«

»Ich glaub', finden könnt' ich sie nicht mehr, weil's so dunkel war und geregnet hat's ja auch. Wir sind von der Cattleman's Road weggefahren, ziemlich weit hinaus. Da hat er vielleicht aufgedreht! Mindestens hundert ist er gefahren. Es muß ganz am Rand oder schon außerhalb des Bezirks gewesen sein, als er rechts abbog. Die Straße war so schmal, daß die Büsche an beiden Seiten das Auto streiften. Es gab unendlich viele Kurven. Ich fragte ihn schon, wo wir waren, aber er hat nichts gesagt. Nur — etwas ganz Verrücktes hat er gesagt. Ich kann mich nur nicht mehr daran erinnern, was es war.«

»Bitte, versuchen Sie's doch.«

»Von Geburtstagsgeschenk hat er was gesagt. Ich weiß aber nicht, ob er mich oder die Hütte gemeint hat. Dann hat er mich durch die Tür hineingezogen, Mein Haar war ganz naß vom Regen. Ich hatte schon Angst, er könnte mich umbringen, so verrückt war er.«

»Hat er sonst noch etwas gesagt?«

»Erst als er mich an der Straßenecke herauswarf, hat er mich an der Schulter gepackt und gesagt, ich dürft' keinem Menschen verraten, wo ich war, sonst würd' er mir den Kragen umdrehen. Aber ich weiß ja wirklich nicht, wo ich war.«

Ich gab ihr das Foto, denn sie sagte, sie müsse wieder an die Arbeit gehen. Erst machte sie Anstalten, es zu zerreißen, aber dann steckte sie es doch ein. Ich fuhr sie dann zum Laden zurück. Unterwegs verriet sie mir noch, Dori habe ihr gesagt, ich könne sie haben, weil ich so nett zu ihr war, und es sei ihr ziemlich langweilig bei ihrem Fred. Dem müsse man, wenn man einen Witz erzähle, auch noch lang und breit erklären, an welcher Stelle und warum er lachen müsse. Die Antwort darauf ließ ich offen, aber ich bat Jeanie, es mich wissen zu lassen, falls ihr noch etwas Wichtiges einfiele. Und dann ließ sie ihr rosa Röckchen wippen, und ehe sie durch die Tür verschwand, warf sie mir noch ein Handküßchen zu.

Im Geist schrieb ich ein Inserat: Mädchen, wollt ihr ein bißchen Extrataschengeld? Nichts leichter als das. Ein paar Stunden im Monat, angenehme Arbeit, nette Umgebung. Reisemöglichkeiten. Steuerfreies Einkommen. Alter: zwischen zwanzig und dreißig. Nettes Aussehen und gute Figur Voraussetzung. Kontaktfreudige junge Mädchen, die freigebige, großzügige Männer kennenlernen wollen, melden sich unter ...

16

Ich setzte meine liebenswürdigste Miene auf und ging zum Bürgermeisteramt, um nach einer alphabetischen Liste der Steuerzahler zu fragen. Man schickte mich von Zimmer zu Zimmer, und schließlich landete ich wieder im Zimmer des Stadtsekretariats, wo ich mich endlich zu einem Blick in die Luftaufnahmen des ganzen Bezirkes entschloß. Die Blätter, welche die nördliche Hälfte der Cattleman's Road bis zur Grenze des Wagner County umfaßten, fand ich schnell.

Es gab drei Stellen, an denen ein in nördlicher Richtung fahrender Wagen links abbiegen konnte, um dann rechts auf Privatgrund zu kommen. Auf Transparentblättern waren auch die Eigentümer einzelner Grundstücke verzeichnet, ebenso die Seiten mit den Grundbucheintragungen für diese Grundstücke.

Nach einigem Suchen fand ich ein unregelmäßiges Viereck, das weit kleiner war als alle Vierecke der Umgebung. Dort stand: Arnstead — 3.12 Morgen. Buch 23, Seite 1109. Eine Zufahrt war zu erkennen, auch ein hinter Föhren verstecktes Dach. Ich maß ein wenig und fand heraus, daß die Einfahrt genau zwei Meilen von der Linkskurve an der Cattleman's Road entfernt war. Im Buch 23 fand ich dann auch die Eintragung, daß Lewis B. Arnstead das Grundstück von seinem Vater für die symbolische Summe von einem Dollar erworben habe.

Manchmal plagt man sich unmenschlich, um etwas herauszukriegen, das einem weiterhilft, und manchmal fällt einem etwas in den Schoß. Ich rief wieder bei Betsy an, doch auch diesmal meldete sich niemand.

Die Kurve war nicht zu übersehen, und das Sträßchen war wirklich so schmal, daß die Büsche den weißen Wagen streiften. Ein Gürteltier starrte mich verwundert an, und ich blieb stehen. Dann verschwand es grunzend im Gebüsch.

Jeanie Dahl hatte recht gehabt. Es war eine Scheune. Föhren-balken und Wände aus Zypressenholz; uralte, fleckige Dachpappe, die stellenweise mit Teer ausgebessert war; Löcher in den Fen-stern und vergilbte Vorhänge. Das kräftige Vorhangschloß war aufgebrochen. Ich schob die Tür auf. Innen herrschte eine Bullen-hitze, und es roch nach Raubtierhaus. Das Bett an einer Wand bestand aus einer alten, löcherigen Matratze und schmutzigen Laken und Decken. Dielenbretter waren herausgerissen, und auch die Wandvertäfelung wies schlimme Schäden auf.

Jemand hatte sich der Hütte mit größter Sorgfalt angenommen, denn auch Vorratskammer und Toilette sahen wüst aus. Einige Stellen besah ich mir näher, und dann fand ich auch das Versteck, das aber schon jemand vor mir entdeckt hatte. Es war der Herd, ein einfacher Ziegelbau auf einer Betonplatte. Man brauchte nur die Asche wegzuschieben und links einen Ziegel herauszunehmen, dann hatte man den Safe. Es war ein rothaariges Ding, wie man es im Kaufhaus bekommt. In die Ziegel war ein Loch gebohrt, das bis in die Betonplatte hinunterreichte, und der Safe war einbetoniert. Das Ziffernschloß hatte man abgesprengt, dann auch den Deckel. Natürlich war der Safe leer.

Ich sah den ziemlich großen Aschenhaufen durch. Fotopapiere verbrennen anders als gewöhnliches Papier und ergeben eine ganz besondere Asche. Ein paar Reste konnte ich als Fragmente aus einem Notizbuch erkennen. Wahrscheinlich hatte man den ganzen Packen ins Feuer geworfen, so daß nur die äußeren Blätter zu Asche verbrannten, die inneren aber nur angekohlt waren. Es waren noch Namensteile, Stücke von Adressen, Beträge und Daten zu erkennen, aus denen ich schließen konnte, daß es sich um eine Kundenliste handelte. Die Mädchen waren nur mit Initialen bezeichnet.

Alles in allem also die Buchhaltung eines kleines Unterneh-mens. Das Geschäftsvermögen bestand in Fotos, Briefen und viel-leicht einigen Bekenntnissen. Eine ziemlich bedrückende Sache.

Plötzlich hatte ich alles satt — die Hitze, den Gestank, den Staub und die Spinnweben, die toten Käfer, die alte Asche. Ich sah zum Fenster hinaus, denn draußen war grüne, angenehme Kühle. Da fiel mir an der Wand die billige, bunte Uhr auf. Das Kabel bau-melte herunter. Von dem kleinen, goldfarbenen Zifferblatt ging ein Kranz schwarzer Metallstrahlen aus.

Ich trat einen Schritt zurück. Die Erdnußdose als Aschenbecher. Ich fand sie auf dem Fußboden. Ja, der Tisch, die Bettecke. Ich brauchte mir Lilo Perris nur noch hinzuzudenken.

Die Bestätigung. Das kräftige, sonnenbraune Mädchen mit dem sinnlichen Gesicht, das als Arnsteads Schlägerin arbeitete.

Das Hemd klebte mir am Rücken, als ich hinausging. Die Vögel und Insekten schwiegen in der Mittagshitze. Kein Luftzug bewegte die Föhren oder die Zwergpalmen. Der weiche, braune Nadelboden machte meine Schritte unhörbar. Nach einer Seite führten getrocknete Wagenspuren. Ich folgte ihnen zu einem schattigen Platz und wollte eben umkehren, als ich in der Sonne etwas glitzern sah.

Ich ging weiter, und da fand ich die Plastiksonnenblume. Ich ging um den Busch herum und entdeckte den VW. Betsy war nicht im Wagen.

Etwa fünfzehn Meter weiter fand ich sie. Sie lehnte mit leicht gebeugten Knien an einer alten Föhre. Als sie zu Hause geduscht hatte, zog sie Rock und Bluse aus und zitronenfarbene Hosen und eine goldgelbe Bluse an.

Sie hatten verzinkten Zaundraht genommen und sie damit an den Baum gefesselt. Anfangs stand sie aufrecht. Später, als der Draht in ihren Hals schnitt, sackte sie zusammen. Ihr Gesicht war blau angelaufen, und ihre jetzt gelblichen, von roten, geborstenen Adern durchzogenen Augen glotzten. Die Zunge war schwarz und verschwollen. Die Grimasse eines Clowns. Ein Spiel. Schreckliche Maske, um die Kinder zu ängstigen. Schaut mich an. Habt ihr Angst? Mir gefällt dieses Spiel auch nicht. Meine hübschen Hosen sind schmutzig, und ich rieche auch nicht mehr gut. Das versprochene Steak ist noch im Gefrierfach, der Wein im Kühlschrank. Ich habe mich leider verspätet. Eines Spieles wegen, das mir selbst ganz und gar nicht gefällt . . .

In meinem unmenschlichen Zorn schlug ich mit der Faust an das hintere Seitenfenster. Dummes Ding! Spricht von Liebe, Schicksal und Ewigkeit, von Zuneigung, meint es ehrlich und endet dann so.

Reiß dich zusammen, McGee. Du bist kein kleines Kind mehr. Immer hoffst du, aber überall, wo du gehst, verbreitest du Unglück. Hoffentlich dauerte es nicht so lange wie es aussieht. Denk' logisch, schau' dir die Schaufel an und das Loch daneben, nicht aber sie. Und atme durch den Mund, wenn du in ihre Nähe kommst.

Die Schaufel war alt und ein wenig rostig. Der lange Griff lehnte am gleichen Baum. Ich sah, daß das Grab zu nahe am Baum lag, denn er hatte zu viele und zu dicke Wurzeln. Die Totengräber hatten es an einer anderen Stelle noch einmal versucht, und die Grube war ungefähr eineinhalb Meter lang, einen Meter breit, an einem Ende kaum zwanzig Zentimeter tief, am anderen etwas tiefer. Keine gute Arbeit. Die Erde war viel zu weit weggeworfen. Hastiges, allzu eiliges Schaufeln. Zu schnell müde. Oder die Dunkelheit fiel zu rasch ein. Dann vielleicht neue Überlegung. Warum die Eile? Sie läuft doch nicht weg, und niemand kommt hierher. Nein, der Wagen bleibt noch da. Wenn sie eingegraben ist, dann die Erde feststampfen und Nadeln darüber. Dann läßt sich der Wagen leichter bewegen.

Wessen du dich erinnert hast, Betsy Kapp, was du herauszubringen versuchtest, es war die falsche Sache. Niemand konnte etwas aufhalten. Kamst du selbst hierher oder hat man dich entführt und herausgebracht?

Ich musterte den Boden des improvisierten Grabes. An der tieferen Seite waren viele gute Abdrücke zu erkennen. Breiter Schuh, große Nummer. Kreuzweise gemusterte Sohlen wie bei Arbeitsschuhen, in der Ballenmitte abgetreten. Am Absatz des rechten Schuhes hinten außen ein dreieckiger Einschnitt von etwa Fingerbreite.

Ich kehrte zu meinem Wagen zurück. Die Hüttentür machte ich so weit zu, wie ich sie vorgefunden hatte. Ich überlegte jeden Handgriff, den ich getan hatte. Mein Faustschlag an das Seitenfenster des VW konnte nicht rückgängig gemacht werden, aber das war egal. Die Haarrisse im Sicherheitsglas paßten zu den eingebeulten Stoßstangen und den Roststellen.

Sollte ich jetzt zum Sheriff laufen und atemlos verkünden, daß ich sie gefunden hatte? Nein, ich hatte es satt, ihr Spiel mitzuspielen. Sie hatten mir einen Platz zugewiesen und von mir erwartet, ich solle ihren Poker mit offenen Karten und nach ihren Regeln spielen. Wenn ich nicht parierte, konnte man mich bei der nächsten Runde übergehen oder einlochen.

Nein. Keine Gefälligkeiten mehr. Kein defensives Spiel. Jetzt war es zu einer persönlichen Sache geworden, und ich konnte den Kartentisch umwerfen, um ihnen mein Spiel aufzuzwingen, ohne ihnen die Regeln zu erklären.

Man erpreßt einen, weil man versucht, sein Leben dort wieder aufzunehmen, wo es unterbrochen worden war, weil man in Frieden zu leben versuchte. Da mußte man dann einmal auf den ganzen Frieden pfeifen, um durch den Überraschungseffekt zu gewinnen.

Als ich in südlicher Richtung die Cattleman's Road entlangfuhr, ertappte ich mich dabei, daß ich mit meiner Faust auf das Lenkrad hämmerte und dazu eine ahnungsvolle, wortlose Melodie summte.

»Tut mir leid, daß ich Ihnen allmählich lästig werde, Sheriff, aber ich habe wiederholt bei Betsy angerufen, und niemand hat sich gemeldet. Haben Sie inzwischen etwas erfahren?«

»Noch nichts. Aber wir halten überall nach dem Wagen Ausschau.«

»Ich dachte an die Katze. Ist es Ihnen recht, wenn ich hinübergehe, sie füttere und ein wenig in den Garten hinauslasse?«

»Können Sie denn ins Haus?«

»Sicher kann ich das. Ich habe ja noch den Schlüssel.«

»Dann habe ich nichts dagegen, Mr. McGee. Ich hörte, Sie waren im Rathaus und haben etwas im Grundbuch nachgesehen. Was denn?«

»Ah, es war nur eine Idee, die mich auch nicht weiterbrachte.«

»Nur Geduld, Mr. McGee. Wir kommen allmählich schon voran.«

»Muß ja eine Menge Arbeit auf Ihnen lasten, Sheriff.«

»Wieso?«

»Nun ja, der Mord an Frank Baither, Lew Arnsteads Verschwinden, jetzt noch das mit Betsy Kapp. Ich dachte, der Bezirk sei sehr ruhig.«

»Ja, das war er auch, und er wird es wieder werden. Übrigens, ich habe Billy Cable wegen des Vorfalles mit Betsy Kapp befragt. Seine Version weicht natürlich von der Ihren ab, aber ich habe ihn jedenfalls verwarnt. Ich würde ihn nicht gerne verlieren, denn er ist sehr tüchtig, und ich habe sowieso zu wenig Leute.«

»Ich werde mich also besser von Billy fernhalten.«

»Bis er sich beruhigt hat jedenfalls.«

»Na, schönen Dank, Sheriff. Ich melde mich wieder.«

Wäre Raoul ein kleines Kind gewesen, dann hätte er mit aneinandergedrückten Beinen dagestanden und geheult. Als ich die Tür zu seinem Hof aufmachte, schoß er hinaus, hockte sich in eine Ecke und ließ einen endlosen Bach laufen. Dann kam er in die Küche zurück, warf einen Blick auf seinen leeren Teller und fragte: »Raoul?« Natürlich öffnete ich sofort eine Dose für ihn. Er aß ein paar Brocken, ging dann in das Wohnzimmer, sah sich um, sah im Schlafzimmer nach, dann im Bad und kam zurück. »Raoul?« fragte er erstaunt.

»Nicht hier, mein Freund. Und sie kommt auch nicht mehr. Leider.«

Er setzte sich hin und wusch sich. Im Zweifelsfall immer waschen, eine alte Katzenregel. Ich holte die Waffe aus ihrem Versteck. Sie war noch unberührt. In Florida kann man eine Waffe im Haus oder im Wagen haben, am Körper aber ist sie nicht erlaubt. Ich dachte, es sei gut, sie im Wagen zu haben. Dort legte ich sie zusammen mit einiger Munition auf den Beifahrersitz. Ich wußte genau, wo Griff und Lauf im Plastikbeutel waren, obwohl man von außen nichts erkennen konnte. Wenn ich die Hand ausstreckte, fiel sie automatisch auf den Griff.

Ehe ich ging, fragte ich Raoul, was, um Himmels willen, ich nun mit ihm anfangen sollte. Er schien Vertrauen zu mir zu haben und bat mich, ihn in Zukunft öfter hinauszulassen.

Von dem langen Nachtmarsch mit Meyer erinnerte ich mich noch der Abzweigung der Shell Ridge Road. Sie führte nach Südwesten und war nicht weit von der Südgrenze des Bezirks entfernt.

Ländliche Gegend. Kleine Häuschen, im Hintergrund das Marschland. Nur die rechte Straßenseite war bebaut, die rechte eingezäunt. Kleine Kinder, Hühner, Hunde, Wohnungen und leichte Moorwägelchen; weißer Kalkstaub, der wie eine Fahne hinter mir dreinwehte.

Die Namen auf den Briefkästen an der Straße: Stane, Murrity, Floyd, Garrison, Perris.

Das Perris-Haus war ein einstöckiges Blockhaus mit weißen Asbestschindeln und grünfleckig bemalt. Davor stand eine knorrige, schöne Eiche. Der ehemals weiße Zaun war ziemlich verrottet, der Kies größtenteils von der Zufahrt weggewaschen. Neben dem Haus standen einige Laster und Wagen im tiefen Grase. Es waren ausschließlich Wracks, und überall lagen rostige Teile, Rahmen und verbeulte Chassis herum. Hinter dem Haus und seitlich ein wenig versetzt war eine als Werkstatt hergerichtete Scheune zu erkennen, deren Türen offenstanden. Unter der Eiche stand ein babyblauer Opel, dessen Schnauze eingedrückt war. Daneben parkte ich. Der Kompressor eines Klimagerätes summte.

Es war Viertel nach drei, als ich auf die Klingel drückte. Lilo Perris sah durch die Halbtür. Sie trug Shorts, darüber eine Bluse, beides grell orangerot. Die Farbe unterstrich ihre Sonnenbräune. In ihren Augen flackerte eine kleine Unsicherheit, jedoch keine Angst und kein Staunen. Es war mehr ein Erkennen.

Sie war auf den ersten Blick nur ein kräftiges, gesundes Ding von etwa zwei- oder dreiundzwanzig. Aber dann kam der volle Anprall ihrer aggressiven Sexualität. Ich konnte mich nur an eine Frau erinnern, die jenen moschusähnlichen Geruch an sich hatte — eine Filmschauspielerin, die sehr erfolgreich war, aber nicht spielen konnte und es auch nicht nötig hatte, da sie bis zu ihrem dreißigsten Jahr drei Männer und drei Vermögen geheiratet hatte, und wenn sie sich scheiden ließ, ein schönes Stück der Vermögen für sich abschnitt. Es war eine ständige, arrogante Bereitschaft, die zu sagen schien: da bin ich, und du kannst mich haben, wenn du mich bezahlen kannst. Dazu gehört natürlich eine strahlende Gesundheit und körperliche Schönheit mit Wimpern, die wie dichte, schwarze, glänzende Drahtbürsten aussehen, mit Zähnen, die wie Perlen sind, mit Sicherheit aber nicht vom Zahnarzt stammen.

»Wenn Sie was zu verkaufen haben, Mensch, können Sie gleich wieder gehen.« Die Stimme war tiefer als ich erwartet hatte, ohne jede Spur von Heiserkeit. Ein klarer, biegsamer Alt.

»Darf ich hereinkommen, Lilo?«

Sie kam heraus und machte die Tür zu, ging die eine Verandastufe herunter und über den Hof. Sie war überzeugt, ich würde ihr folgen. Sie hob den Fuß, um ein Sandkorn von ihrer Sohle zu schnippen. Unter der samtenen Haut des tiefen Rückenausschnittes spielten die Muskeln.

Sie lehnte sich an den blauen Opel. »Wissen Sie, ich bin ein Autonarr, und das Ding da gefällt mir. Aber bei über achtzig bricht er aus, und Henry findet den Fehler nicht. Ich hab' ihm gesagt, wenn er ihn nicht findet, dann binde ich ihn an die Haube und drehe ihn auf die Bühne hinauf. Dann kann er sehen, wie er 'runterkommt.«

Auch das paßte zu ihr. In ihrer Gesellschaft fühlte man sich nur dann sicher, wenn man sie mit Stahlbändern fesselte und sie an eine dicke, kurze Kette legte, die in einer sehr dicken Wand verankert war. Und selbst dann mußte man aufpassen, daß nichts in ihrer Reichweite blieb, womit sie nach einem werfen konnte.

Aber ich konnte mich ihrer nicht bedienen, solange ich sie nicht mit all' ihren Stärken und Schwächen kannte. Ich mußte meine Pläne aufgeben und darauf verzichten, sie irgendwohin zu entführen, gründlich zu verprügeln und sie gegenüber von Betsy Kapp an einen Baum zu fesseln, um sie diesem Schrecken auszuliefern.

»Hübsches Wägelchen«, bemerkte ich.

»Sie heißen doch McSowieso. Jemand hat mir's mal gesagt.«

»McGee.«

»McGee, Sie langweilen mich. Fällt Ihnen nichts ein, um mich ein bißchen zu unterhalten?«

»Sheriff Hyzer sagte, ich soll in der Gegend bleiben, deshalb schlage ich meine Zeit tot. Es gibt aber vielleicht einiges, was mich interessieren könnte.«

»Was, zum Beispiel.«

»Na, das gewisse Etwas. Ist immer nur eine Frage der Finanzierung, oder?«

»Wollen Sie herauskriegen, wie ich mir das üppige Leben hier mit Swimmingpools und so weiter leisten kann?«

»Jedenfalls haben Sie auf Dori Severiss einen ziemlichen Eindruck gemacht.«

Ein scharfer Blick neuerwachten Interesses, dann ein herzliches, fröhliches Lachen. »Nein, was Sie nicht sagen!«

»Sie brauchen doch nur träumerisch auf Ihrem Besitz herumzulaufen, Lilo. Lew Arnstead hat dabei Geld gemacht.«

»Pf! Lew hat doch nur in Dimes gedacht. Er hatte ein paar Mädchen laufen und dann und wann einen ein bißchen erpreßt. Bringt nichts ein, und das Risiko ist zu groß. Das hab' ich ihm oft gesagt. Ich hab' ihm oft gesagt, er soll's aufgeben, bevor Hyzer draufkommt und ihn feuert.«

»Und Sie wissen alles darüber?«

»Klar. Man hält doch Augen und Ohren offen.«

Nicht dumm, die Kleine. Und raffiniert. Ziemlich eindrucksvoll.

»Aber das war doch riskant, wenn Sie damals für ihn Mrs. Severiss in die Mangel genommen haben. Stimmt doch?«

»Ach, das war blöd. Wenn's mir langweilig wird, laß' ich mich immer auf dumme Sachen ein. Er hat mir's erzählt, und ich hab' ihm gesagt, überlaß' das mir, und er hat gemeint, dann fang' schon an damit. Aber es war nur einmal mit ihr und einmal mit der Lehrerin, dieser Geraldine Kimmey. Die wollt' nicht mehr, aber das hab' ich ihr ausgetrieben. Mensch, wenn ich wütend bin, dann laß' ich sie schwitzen und kreischen, und je mehr sie kreischen, desto besser gefallen sie mir. Bin ja auch ziemlich kräftig.«

»Sie sehen auch sehr gesund aus.«

»Das ist nicht alles. Es ist wie eine Sucht. Soll ich's Ihnen mal vorführen?« Sie holte ein Badetuch aus dem blauen Opel und schüttelte den Sand aus. Das Tuch wand sie um die vordere Stoßstange, damit sie sich nicht an den Händen verletzte. Sie spreizte die Beine, holte tief Atem, stieß ihn pfeifend aus und hob das Auto an der Stoßstange an. An Schultern, Armen und Beinen wölbten sich die Muskeln. Die Sehnen an ihrem Hals waren dick wie Seile. Langsam wandte sie mir den Kopf zu und lächelte. Dann ließ sie den Wagen fallen. Sie wischte sich den Schweiß von Gesicht, Hals und Armen.

Sie hatte gewußt, daß mich plötzlich der Wunsch gepackt hatte, sie auf den Boden zu legen und sie tüchtig herzunehmen. Das hatte sie herausgefordert. In uns allen steckt eine gewisse Perversität, die nur geweckt werden muß. Sie war von aggressiver Weiblichkeit und hatte einmal, wahrscheinlich rein zufällig, entdeckt, daß eine Kraftdemonstration männliche Gelüste weckt. Eine so ungewöhnliche Stärke bei einer Frau ist sicher ein Rückfall in die Primitivität vorhistorischer Zeiten und paart sich meistens mit Dummheit. Bei Lilo war ich dessen nicht so sicher.

»Nicht sehr mädchenhaft, was?« meinte sie.

»Aber sonst bist du ein Vollblutweib, Lilo. Ich dachte schon, du stehst auf Lews Liste.«

»Ich? Auf Lews Hurenliste? Nein, ich stehe auf keiner Liste. Lew war auf der meinen. Egal, was die anderen sagen, meine Liste war nicht lang. Und Lew war wie ein Hund, so anhänglich. Er hat mir auch alles gesagt. Er ist doch tot, was?«

»Wie kommst du darauf?«

»Weil er mir nicht wie ein Hund nachläuft wie sonst, Mac, und der einzige Grund, der ihn daran hindern kann ist der, daß er nicht mehr lebt. Er ist schnell abgesackt. Diese Teufelspillen hat er wie Zuckerzeug verschlungen. Die haben ihm das Gehirn leergebrannt. Er hat Sachen gesehen und gehört, die es gar nicht gegeben hat. Und sein Gedächtnis! Himmel, wie ein Sieb. Ich glaube, jemand hat ihn umgelegt, bevor er Unsinn machen konnte.

Wahrscheinlich haben sie ihn in den Sumpf geworfen. Und welches Spiel hast du mit mir vor, Mac?«

»Ich? Du hast mich interessiert, seit du mir am vergangenen Donnerstag nachts vor den Wagen gelaufen bist. Beinahe hätte ich dich erwischt.«

»Mich? Wovon redest du eigentlich?«

»Ich denke, du wolltest damit nur erreichen, daß dich jemand sieht. Fast hättest du zu knapp kalkuliert.«

Erst schwieg sie, dann überzog ein breites Grinsen ihr Gesicht. »Klar, Freund. Ich war's. Ich bin oben auf der Böschung ausgerutscht, aber ich hab' mir gedacht, das schaff' ich schon noch. Aber es war schon sehr knapp. Tut mir leid, daß du dann im Kanal gelandet bist. Natürlich wollt' ich, daß mich jemand sieht, und daß man bemerkt, daß ich ein Mädchen war und kein Mann, denn sie waren ja hinter Frank Baither her.«

»Wer?«

»Jemand, der ihn umbringen wollte und es dann auch getan hat. Frank war der einzige richtige Mann, den ich je kannte. Keiner hat mich mehr angerührt, bis er ins Kittchen kam. Vier Monate lang war ich mit ihm unterwegs. Ich war damals sechzehn. Dreißigtausend Dollar hat er gemacht, und zwanzig davon haben wir ausgegeben.«

»Was hat er denn geschaukelt?«

»Ein Kasino in Biloxi. Mit zwei anderen. Neunzigtausend. Nein, hundert, aber zehn bekam der Cop, der ihm den Tip gegeben hat, weil ihn das Kasino nicht mehr bezahlen wollte.«

»Wer hat Frank am vergangenen Donnerstag umgebracht?«

»Zwei Männer, die mit Frank mal ein Ding gedreht haben. Was es war, weiß ich aber nicht. Frank hat mir's nicht gesagt. Die Namen waren Hutchason und Orville. Sie dachten, er hätte sie übers Ohr gehauen. Ich war immer bei ihm, seit er aus dem Kittchen zurück war, weil er ja soviel nachzuholen hatte. Er hat draußen etwas gehört. Er weckte mich auf, holte sein Gewehr und sagte, ich soll zur Straße und dann wie der Teufel heimrennen. Einer, vielleicht auch alle beide, waren dann hinter mir her. Wahrscheinlich dachten sie, ich sei Frank, und ich glaubte schon, sie wollten auf mich schießen. Also rannte ich vor den Wagen, damit sie mich sehen konnten. Ist von dort aus nicht mehr weit zu mir nach Hause. Am Morgen ging ich wieder 'rüber, und da erfuhr ich dann, daß sie ihn ermordet hatten. Das hätte ich nie für möglich gehalten, bei Frank nicht. Weißt du, ich hab' nicht damit gerechnet, daß du mich wieder erkennst.«

»Wenn der Sheriff wüßte, daß ein Mädchen bei Frank Baither war, wüßte er dann nicht auch, daß du es warst?«

»Vielleicht, aber Mister Norm kümmert sich wenig um mich.«

Sie stand da, lehnte sich an den dicken Baumstamm und

stemmte eine nackte Sohle an die Rinde. Der animalische Hunger, den sie in mir erweckt hatte, war noch immer da. Sie sah mich an, erkannte ihn und spannte ihren Rücken an. »Könnt' ja sein«, flüsterte sie und lächelte. »Wirklich, könnt' ja sein.«

»Tatsächlich?«

»Teil von einem Spiel. Etwas sagen, das andere verschweigen. Wir können irgendwo hingehen und uns ausprobieren. Du denkst vielleicht, ich sag' mehr, und ich denke, du sagst das, was du weißt oder zu wissen glaubst. Weißt du, Mac, so denke ich nicht oft. Ist vielleicht mehr als du schaffst, was?«

»Ah, ich schlage sowieso meine Zeit tot.«

»Ich muß gehen und nachschauen, ob Nulia diesmal wenigstens die alte Dame richtig versorgt hat, sonst muß ich den ganzen Dreck wieder wegputzen.« Sie grinste, drückte sich vom Baumstamm ab, schlug mir mit einer kleinen, harten Faust auf den Bizeps und rannte wie ein kleiner Junge zum Haus.

17

Zehn Minuten blieb sie im Haus und lief dann sofort auf meinen Wagen zu. Ehe ich mich versah, saß sie auf dem Fahrersitz und hatte den Zündschlüssel gedreht. Ich setzte mich also auf den Beifahrersitz und schob die Plastiktasche auf den Boden.

»Das ist einfacher«, meinte sie. »Ich fahre meinen solange nicht, bis Henry 'raushat, warum er so schlenkert. Ist mit dir alles okay?«

»Natürlich.«

»Die Tasche gehört wohl einem netten Mädchen?« Sie bog auf die Straße ein und fuhr in südwestlicher Richtung weiter.

»Ja, einem netten Mädchen. Jeanie Dahl.«

»Hm. Die hat dir wohl auch von mir und Dori Severiss erzählt?«

»Und von Lews Nebenberuf.«

Sie fuhr viel konservativer als ich erwartet hatte. »Ich hab' gemeint, die alte Betsy Kapp hat dich ausgeladen. Ich wußte doch, daß du keine Zeit verloren hast bei ihr. Bist wohl auf ihren Ballonbusen hereingefallen, was? Konnt' mir nie vorstellen, wie Lew auf sie fliegen kann. Für die Frau hat er immer eine Schwäche gehabt. Ich hab' ihm vorgeschlagen, er soll sie doch in seine Gruppe einreihen und hab' mich sogar bereit erklärt, sie zu überzeugen, aber er hat gesagt, wenn ich ihr auch nur einmal in die Nähe käme, würd' er mich grün und blau prügeln, und das hätt' er auch getan.«

Ich sah das Straßenschild, das die Bezirksgrenze anzeigte. »Hyzer sagte, ich soll in seinem Bezirk bleiben.«

»Im Augenblick, Mister, hat das für dich aber wenig zu bedeuten, was? Und außerdem bleiben wir nicht lange. Vor dem Trail rechts abbiegen, dann sind wir schon wieder im County. Der Wagen läuft gut.«

»Bin auch zufrieden. Wohin fahren wir?«

»Zu einem Platz, den mir ein Freund zur Verfügung gestellt hat, bevor er zur Navy kam. Ziemlich ruhig und abgelegen.«

Das stimmte. Es war ein fast neuer, silbrig glänzender Alu-Wohnwagen von durchschnittlicher Größe, der in einem kleinen Zypressengehölz auf einer Unterlage aus Zementblöcken stand. Eine mit Kalkschotter aufgefüllte Fahrspur führte von einem alten Holzweg zum Gehölz. Eine Schar weißer Reiher rauschte durch Zypressen und Moosbehange davon, als wir neben dem Wohnwagen hielten. Sie griff in eine Lücke zwischen den Zementblöcken und nahm einen Schlüsselbund heraus. Ein paar Schritte weiter war ein kleines Pumpenhaus aus Zementblöcken. Sie sperrte es auf und schaltete einen keuchenden Benzingenerator ein.

»Gleich haben wir frische Luft und Eiswürfel«, sagte sie. »Gleich, Mac.«

»Darf ich etwas gegen Mac haben?«

»Du darfst alles, was dein schlechtes Herz sich nur wünscht, Mensch.«

»Dann Travis, Trav oder McGee.«

»Ich halt' mich an McGee.«

Sie sperrte den Wohnwagen auf und ging hinein. »He ich glaube, wir müssen die Fenster aufmachen, bis die Klimaanlage richtig funktioniert.«

Das taten wir. Innen war alles sehr ordentlich. Es sah fast so aus wie in einem kleinen Kabinenkreuzer. Sie sah nach, ob Wasser im Eiswürfelfach war, schaltete ein kleines rotes Radio ein und suchte eine Station, die Rockmusik brachte. Sie drehte so laut auf, daß der Generator nicht mehr zu hören war und das Summen des Kühlschranks und das rumpelnde Pumpgeräusch des Klimakompressors übertönt wurde.

Mit einem Handgriff hatte sie den Reißverschluß am Rücken geöffnet. »Gibt es eigentlich einen vernünftigen Grund, daß wir noch warten, McGee?« fragte sie und stieg aus Bluse und Shorts. Überraschend objektiv stellte ich fest, daß ihre Brüste eine Schattierung heller waren als der übrige Körper und daß der Bikinistreifen so hell war wie auf dem Foto.

Sie schien sich in ihrer Nacktheit so wohl zu fühlen wie ein Tier in seinem Pelz. Sie bewegte sich ohne jede Scheu oder Plumpheit, ließ sich auf das Couchbett fallen und rollte sich auf den Rücken. »Ich bin fertig, das siehst du ja. Die anderen Fenster kannst du zumachen, aber das eine da laß besser offen. Hast du's eilig, he? Bißchen schüchtern, McGee?«

Ich schloß betont rasch die Fenster. Ich hatte das Gefühl, das war eine Falle. Meyer hätte sicher einzuwenden gehabt, daß im allgemeinen junge Mädchen nicht an mich herantreten, mich in ihr Versteck fahren und sich dann ausziehen — für einen, zugegeben, eindeutigen Zweck.

Aber wieso konnte das eine Falle sein? Sicher, sie war stark, doch mit bloßen Händen konnte sie nicht allzu viel gegen mich ausrichten. Wo konnte gegebenenfalls eine Waffe sein? Hinter der Matratze vielleicht? Wurfgeschosse sah ich nicht, und Schränke befanden sich nicht in ihrer Reichweite. Als ich mein Hemd aufknöpfte, sah ich, daß die beiden kleinen Haken, welche das Alugitter im Fenster festhielten, ausgehakt waren.

Also Falle. Sie hatte vom Haus aus angerufen, ganz klar. Gleichzeitig mit dem Fenster hatte sie auch die Haken aufgemacht. Sie lag unmittelbar unter dem Fenster. Wir erwarteten also Besuch. Vielleicht war er schon da und kauerte unter dem Fenster um auf die Festgeräusche zu warten. Sie war stark genug, um mich wenigstens für kurze Zeit festzuhalten.

Sicher war sie in einem Zustand sexueller Erregung. Ihr Gesicht war schlaff, der Blick seltsam glänzend, fast ein wenig schielend. Langsam rollte sie die Hüften. Ihre Brüste waren geschwollen, die Brustwarzen steil aufgerichtet.

»Na, komm schon«, rief sie ziemlich ungeduldig. »Komm!«

Ich fummelte ungeschickt mit den Knöpfen herum, so daß sie endlich auf'mich zugekrochen kam, um mir zu helfen. Als sie in der richtigen Position war, dachte ich an Betsy und schlug Lilo Perris so gezielt und kräftig, wie es nur möglich war. Ich traf sie an der linken Kinnseite, und der Hieb saß. Im allgemeinen schlage ich Frauen nicht, und ich stellte mir vor, hinter ihr stehe das Ziel, das ich zu treffen hatte. Will man jemanden zum Beispiel auf die Nase treffen, dann stellt man sich eine Person vor, die unmittelbar dahinter steht. Dann hat der Schlag die richtige Schubkraft.

Sie fiel sofort zusammen. Ihr Kopf hing über die Couchkante, ein Arm baumelte herab, die Beine waren wie bei einem Frosch angewinkelt. Ich tastete den Puls an ihrem Hals ab. Er schlug kräftig und ein bißchen schnell, aber nicht übermäßig.

So, und jetzt machen wir uns für den Gast fertig, Süße. Was ist im Schrank? Nichts. Hm, eine Verlängerungsschnur, eine Schachtel Kleenex. Im nächsten fand ich eine ganze Rolle schwarzes Isolierband. Wunderbar.

Ich tastete ihre Kiefer ab; kein Bruch zu spüren. Nicht einmal einen von ihren schönen Zähnen habe ich angeknackst; saubere Arbeit, nicht wahr? Aber die Beule entwickelte sich schon. Den Mund voll Kleenex stopfen, dann kreuzweise Isolierband darüber.

Dann die Arme fest anwinkeln, aber erst kräftig zusammendrücken, damit kein Spielraum bleibt; über den Ellbogen, darunter und an den Handgelenken. Die Knie ein bißchen anwinkeln, und auch sie an drei Punkten fest verschnüren. Schließlich das nackte Isolierbandbündel in eine Fötuslage bringen, die Verlängerungsschnur um die Knie festbinden und im Nacken verknoten. Ist's noch bequem? Nein? Ach! Überschrift: Spezialverpackung für starke Mädchen.

Gib acht, McGee, daß dein Kopf nicht zu sehen ist. Vorsicht an der Tür. Langsam aufmachen. Nichts. Leise die Stufen hinunter. Zum strategischen Fenster an der anderen Seite. Vorsichtig um die Ecke schauen. Nichts. Nun die nächste Ecke. Fest an den Boden drücken, ein rascher Blick um die Ecke.

Und wirklich, da steht der breite, braungebrannte Henry Perris, dieser erstklassige Mechaniker und Frauendieb, dieser Kerl, der seine Stieftochter vernascht, während seine Frau gelähmt und hilflos nebenan liegt. Und was hat der gute alte Henry in der Hand? Es sieht aus wie ein kräftiger Hackenstiel, und am Ende scheint ein Nagel herauszustehen. Er lauscht, hat die Fingerspitzen an das Liebesnest aus Aluminium gelegt. Worauf wartest du, Henry, auf ein Signal? Um dann diesen Nagel genau in jene Stelle des Nackens zu stoßen, wo er in den Kopf übergeht? Keine sehr nette Behandlung, finde ich, aber die Dame wird sie so erregend finden wie jene Spinne, die ihren Herrn Gemahl nach der Begattung auffrißt.

Ich überlegte mir, ob nicht vielleicht Hutchason und Orville genau an diesem Platz der gleichen Behandlung unterzogen wurden, denn das hier sah zu eindeutig nach Übung aus.

Ich zog mich zurück und richtete mich auf. Wenn Perris und Lilo zu dem Team gehörten, das den Geldtransporter überfallen hatte, dann wußte Frank Baither, als er nach Raiford ging, daß die beiden auf ihn und die Verteilung der Beute warteten. Falls Hutch oder Orville auftauchten, konnten sie nichts erzählen, da sie nichts wußten. Es blieb dann Lilo und Henry überlassen, die beiden von der Szene verschwinden zu lassen. Baither kannte ja Lilo und ihr Henkertalent.

Hutch und Orville waren vielleicht nur allzu gierig über die Spinne Lilo hergefallen. Hätte ich Betsys Brief nicht gefunden und nicht den Angstschweiß auf Dori Severiss' Gesicht gesehen, als sie mir die Geschichte von Lilo erzählte, dann wäre ich wahrscheinlich weniger vorsichtig gewesen.

Ein Anruf bei Henry an der Tankstelle war kein Problem. Er konnte sofort wegfahren, und war dann früher da als wir, denn Lilo war ja langsam gefahren. Für ihn war es sicher eine Kleinigkeit gewesen, den Wagen in einem Gebüsch zu verstecken und sich im Schutz des Radiolärms und Generatorgeräusches anzu-schleichen.

Wahrscheinlich hatte ich ihr zuviel verraten. Vielleicht war es aber nur deshalb zuviel, weil sie so verrückt war. Aber sie war jetzt nicht das Hauptproblem. Ich mußte irgendwie an Henry Perris herankommen. Ich wußte nur nicht, wie flink und wie stark er war. Möglich, daß er die Kraft hatte, nach der er aussah; außerdem hatte er eine gefährliche Waffe in der Hand.

Fünf Meter Entfernung zwischen Henry und mir. Der weiße Buick etwa zehn Meter von mir entfernt, von Henry sieben. Rennen und den Wagen erreichen, ehe er reagieren kann? Sie hatte ihn umgedreht, so daß man ohne weiteres herausfahren konnte. Die Tasche mit der Waffe stand neben dem Beifahrersitz. Also um den Wagen herumrennen, Tür aufreißen, Tasche aufheben und durch den Beutel hindurch schießen ohne zu zielen; oder, wenn er weit genug entfernt war, eine Kugel in den Boden, unmittelbar vor seine Füße.

Aber leider war die Wirklichkeit anders als meine Überlegungen. McGee, du solltest dich nicht von Wunschträumen überwältigen lassen. Du hast vergessen, daß dein Wagen so geparkt ist, daß er von keinem Fenster des Wohnwagens aus zu sehen ist. Er mußte also aus dieser Richtung kommen. Und was war dann selbstverständlicher, als daß er den Wagen filzt und die Waffe findet?

Nein, nicht rennen. Besser, wenn er rennt. Ich brauchte also Geduld und gute Nerven. Langsam zum Wagen kriechen, einen Blick hineinwerfen. Die Schlüssel sind weg. Und die Tasche ist leer. Zum Zypressendickicht ist es zu weit. Also beim Wagen bleiben. Ihn herauslocken, damit er rennt. Unter dem Wagen durchkriechen, wie eine Katze, die unter dem Sofa spielt. Auf der anderen Seite heraus, dann im Zickzack zum Wohnwagen. Bam. Kein Einschlag, den würde man spüren. Bam. Rutschend um die Ecke, Tür aufreißen, hineinspringen, Tür zuschlagen, ein bißchen Atem holen und das Zittern in den Knien fühlen.

Das rote Radio brüllte. Dann plötzliche Stille. Nur der Kompressor der Klimaanlage rumpelt. Methodischer Knabe, der Fehler nach Möglichkeit vermeidet.

Ich kroch zur Kochnische und fand in den Schubladen etliche Messer; ein winziges Schnitzmesser, ein Schälmesser, vier rostfleckige Austernmesser mit abgerundeter Stahlklinge und Metallgriff. Ich probierte eines aus. Perfekte Balance an der Stelle, wo die Klinge in den Griff überging. Ich nahm eines in die rechte Hand, wie Miguel es mich seinerzeit gelehrt hatte. Griff nach außen, Klinge flach an der Unterseite des Daumens. Er war ein Könner und ein wunderbarer Lehrer. Immer dieselbe Bewegung, ein langer Schwung mit dem Unterarm. Immer die gleiche Kraft.

Ganz natürlich über den Daumen gleiten lassen. Nützlich nur für bestimmte Entfernungen. Bei fünf Metern eine halbe Drehung, bei zehn das Griffende nehmen und eine ganze Drehung. Fünf Meter sind als Ziel am sichersten, erklärte mir Miguel, zehn Meter sind eine Vermessenheit, wenn es ein sehr wichtiges Ziel ist. Niemals eine Bewegung korrigieren. Bei fünf Metern immer so werfen, daß das Ziel im rechten Winkel getroffen wird.

»McGee?« fragte eine heisere, ruhige Stimme von draußen. »Willst du verhandeln?«

Ich duckte mich unter das Fenster, rutschte etwas zur Seite, lehnte mich dann vorwärts und legte die Hand an meinen Mund, um die Richtung, aus der meine Stimme kam, zu tarnen. »Was willst du verkaufen, Henry?«

Schußwunden, natürlich. Diesmal keine blinden Schüsse. Ungefähr in Brusthöhe eine Spanne vom Fenster entfernt, mit dem Ausschuß auf der anderen Seite des Wohnwagens. Ich trampelte mit beiden Füßen auf den teppichbelegten Boden, stöhnte und zog mich zurück.

»Du raffinierter Hund! Ich konnte dich doch gar nicht treffen. Was hast du mit ihr gemacht?«

Lilo rührte sich. Sie quäkte zornig hinter dem Kleenexknäuel, und das klang ungefähr so wie das Fauchen einer Katze am Boden eines vollen Wäschekorbes.

»Gefesselt und mit einem Knebel im Mund, eh?« fragte Henry. »Muß eine Menge Arbeit gewesen sein. Das würd' ich wirklich gern sehen, haha! Wird's warm drinnen?«

Warum sollte ich ihm darauf antworten?

»Ich hab' mir was überlegt, McGee. Ich kann den Gasschlauch vom Herd abschrauben und das Gas zu dir hineinleiten. Gute Idee, was?«

Ja, das war eine gute Idee. Einfach und wirksam. Wenn ich nicht hustend und würgend herauskam, konnte er es sogar anzünden. Warum stand er dann nur herum und redete darüber? Das würde er also nicht tun. Es gab etwas, das ihn davon abhielt. Und ich meinte, der Grund sei die nachteilige Auswirkung dieser Idee auf die Gesundheit von Miß Lilo Perris.

Ich ging zur Kochnische zurück, legte die Messer weg und schob den Kühlschrank in die Mitte, um mich dahinter zusammenzuducken. »Henry«, rief ich hinaus, »die erste Gasspur, und ich säble mit einem von diesen stumpfen Küchenmessern die Kehle deiner kleinen Stieftochter und Geliebten durch. Du tust gut daran, wenn du mir glaubst.«

»Meinst du nicht auch, daß mir das egal ist?«

»Na, ich weiß nicht recht. Vielleicht welkt die Liebe allmählich. Na schön. Du kannst es ja drauf ankommen lassen.«

»Fang schon an mit dem Schneiden.« Es war eine Spur zu gleichgültig, daher unglaubhaft.

»Henry, du kannst versuchen, mich auszuräuchern. Oder du kannst ein Seil befestigen, es über das Dach werfen, am Buick einhängen und das Ding hier umwerfen. Oder du könntest mit dem Buick, weil du ja einen Wagen da hast, in das Aludings hineinbrummen. Aber wenn ich Rauch rieche, Henry, oder eine Bewegung spüre, den Buick oder sonst irgend etwas höre, das ich nicht ganz verstehe, dann fange ich zu sägen an.«

Lilo gab wütende Laute von sich, und es gelang ihr sogar, sich auf der Couch herumzuwälzen. »Ist sie gut gefesselt? Kann sie sich nicht befreien?« fragte Henry.

»Sie ist garantiert gut verpackt.« Ich schlich zur Couch, setzte mich auf die Kante neben sie und legte die Austernmesser mit den Klingen nach außen auf ein Regal am Fußende des Bettes. »Falls du schießen willst, Henry, ich sitze so nahe bei ihr, daß du wahrscheinlich sie und nicht mich triffst.«

Sie lag zusammengekrümmt auf der linken Seite mit den Füßen zu mir. Himmel und Hölle, sie war wütend! Ich spürte ihre Wut fast wie einen körperlichen Schlag. Dann spannte sie die Muskeln an und schloß die Augen. Ich hörte Gelenke krachen. Dann ließ sie den Atem aus und schniefte. Ich klatschte ihr freundschaftlich auf die Kehrseite. Sie erstach, erwürgte, verbrannte mich und zog mir mit ihren Blicken die Haut vom lebenden Körper.

»Wir können uns einigen, McGee«, rief er.

»Wie denn, Henry?«

»Du willst doch auch am Leben bleiben, was?«

»Oh, ja. Es ist mein sehnlichster Wunsch, würde ich sagen.«

»Ich weiß nicht, wieviel Zeit ich für sie brauche. Wenn ich mich weit genug zurückziehe und dir die Wagenschlüssel zuwerfe, kannst du wegkommen. Aber wahrscheinlich gehst du dann zum nächsten Telefon und verpfeifst mich.«

»Und auf mein Wort gehst du nicht ein.«

»Kaum.«

»Ich auch nicht auf deines, Henry. Patt.«

»Was?«

»Ein Schachausdruck. Er bedeutet, keiner der Spieler kann mehr gewinnen.«

»Oh. Himmel, ich war ja blöd, als ich diesen Umschlag 'rausfischte. Ich war nicht ganz auf Draht. Ich meinte nämlich, du bist ein bißchen bescheuert und würdest bei Mister Norm eine ganz gute Figur machen. Lilo hat gleich gemeint, das wär' eine Schnapsidee, aber ich hab' ihr gesagt, sie soll's trotzdem tun.«

»Du hast doch den Umschlag im Telefonbuch in der Kabine gelassen, als du den Olds abliefern solltest, eh? Dann hat sie ihn abgeholt und zu Baithers Haus gebracht. So war's doch?«

»Jetzt, glaub' ich, McGee, kann ich nichts mehr weglassen. Klar, so war's. Lew hat sie hineingelassen, weil sie sehen wollte, wo's passiert ist. Lew hat nicht hingeschaut, weil sie ihm eins auf die Schnelle versprochen hat. Lew war ja verrückt nach ihr. Aber sie hat ihn ziemlich kurz gehalten, den Burschen.«

Lilo versuchte mir etwas mit den Augen zu sagen und gab deutlich flehende, jedoch undefinierbare Laute von sich. Ich rupfte ihr das X des Isolierbandes soweit vom Mund, daß sie reden konnte. Erst spuckte sie einen Knäuel Kleenex aus, dann schluckte sie. »Ich weiß, wo eine Menge Geld ist«, flüsterte sie. Er will mich zwingen, daß ich's ihm verrate. Wenn du ihn umbringst, sag ich's dir. Dann haben wir's für uns allein und können verschwinden.«

»Für einen Mord verlange ich horrende Summen.«

»Vierhundertfünfzigtausend für dich. Genau die Hälfte. Keine Tricks. Ich wollt' ihn auslassen, weil er zu blöd ist. Du bist's nicht. Ich brauche einen, der mir hilft.«

»Keine Tricks.«

Sie grinste mich frech, hübsch, entwaffnend und durchtrieben an. »Keine Tricks, Süßer. Bestimmt nicht. Ehrlich.«

»Dann sag' mir's, wo ich es finde.«

»Später. Ganz bestimmt. Nimm das Isolierband ab, ja?«

Henry rief aus einer anderen Position: »Will sie dir was verkaufen, McGee?«

»Ja. Dich, Henry.«

Ich sah, wie ihr Gesicht sich verzerrte, und ich legte meinen Finger auf die Lippen, ehe sie sich in die Konversation einschalten konnte. Dann griff ich zu, klappte ihr die Kinnlade nach oben, verklebte ihr den Mund wieder gründlich und tätschelte sie beruhigend, als sie erneut versuchte, ihre Fesseln zu sprengen.

»Weißt du, was sie ist?« rief Henry.

»Ziemlich genau sogar.«

»Was sie Frank getan hat, war eine Gemeinheit, McGee. Mir ist schlecht geworden. Ich war am Fenster, und mich hat's gewürgt. Als er es ihr dann endlich sagte, war seine Stimme so schwach, daß ich sie fast nicht mehr hören konnte. Sie hat ihm die Eishacke ins Herz gestoßen, bevor ich noch einen Schritt tun konnte. Sie wollte ganz sicher sein, daß er's nicht noch mal sagen konnte. Und du willst ihr trauen?«

»Ich will weder ihr noch dir trauen.«

Wieder wechselte er seinen Platz. Er bewegte sich sehr leise. »Das heißt also patt?«

Er war nun fast wieder unter dem Fenster, das über der Couch war. Ich konnte mir vorstellen, was in seinem Kopf vorging. Erst ducken, dann blitzschnell aufrichten und schießen. Die untere Fensterkante befand sich etwa einen halben Meter über der Couch, und das Fenster hatte fast einen Meter im Quadrat. Wenn ich mit einem Satz durchs Fenster ginge? Das ausgehakte Gitter würde nach außen schwingen, aber ich müßte sehr hoch und sehr gezielt springen, um die Beine über die untere Kante zu bringen. Und wenn ich dann auf allen Vieren hinter ihm landete und mich von ihm wegrollte, hätte er Zeit und Gelegenheit genug, mich zu erschießen.

Also etwas anderes. Ich zog meine Schuhe aus und kam näher ans Fenster. »Henry, wenn du glaubst, du kannst durch das Fenster schießen, dann hab' ich sie genau vor mir. Als Kugelfang. Denk' darüber nach.«

Ich nahm meine vier Austernmesser und huschte flink und leise zur Tür. Wahrscheinlich überlegte er sich nun, daß es wohl am sichersten für ihn wäre, wenn er das Fenstergitter herausrisse, um das Mädchen und mich aus nächster Nähe zu erschießen. Damit hatte er recht, denn sie war zu klein, um mir als vollwertiger Kugelfang zu dienen.

Schnell hinaus, hinunter und vorn herum. Das fallende Gitter klapperte, als ich um die letzte Ecke kam. Henry lehnte fünf Meter von mir entfernt im Fenster. Im Geist hörte ich Miguel sagen: »Der Ellbogen, *amigo*, deutet auf das Ziel. Erst nach dem Wurf bewegen. Im Augenblick des Wurfes ist der Arm gestreckt, dann bewegt er sich nach unten, so daß die Hand ungefähr hinter dem rechten Fußknöchel liegt. Kräftig werfen, aber niemals hastig. Der linke Fuß steht vor dem rechten, die Knie sind locker gebeugt. Vor dem Wurf ist das Messer nahe am rechten Ohr. Das Handgelenk ist steif und bewegt sich nicht. Das Ziel ist die Körpermitte. Ist der Mann bewaffnet, dann mußt du dich nach dem Wurf auf den Boden werfen und nach rechts abrollen. Ist er Rechtshänder, dann muß er nämlich seine Waffe quer über den Körper schwingen, um schießen zu können, oder er muß quer vor seinem Körper vorbeischießen. Das ist doch schwieriger, nicht wahr?«

Daran hielt ich mich. Ich warf das erste und das zweite Messer. Das dritte traf nicht, das vierte ließ ich fast fallen. Nach dem zweiten rollte ich mich nach rechts. Er schoß, ich spürte auch ein paar Steinchen, doch er traf mich nicht. Aber ich hatte ihn mit dem vierten Messer. Er hob die Arme, rollte auf den Rücken, dann auf das Gesicht. Einen Arm hatte er unter dem Körper. Die Beine zuckten noch ein wenig wie die Füße eines schlafenden Hundes, der zu rennen träumt. Dann blieb er ruhig liegen. Seine Kleider sahen aus, als habe man sie mit kalter Erde ausgestopft.

Mich fröstelte so sehr, daß mir die Zähne aufeinanderschlugen. Ich näherte mich ihm. Sein linker Arm war über den Kopf gebogen, die rechte mit der Waffe lag unter seinem Leib. Das erste Messer hatte ihn in der linken Achselhöhle getroffen, als er noch im Fenster lehnte. Das zweite lag auf dem Boden und zeigte keine Blutflecken. Das dritte federte aus einem Loch im Alublech unterhalb des Fensters. Neben und unter dem aus seinem Körper ragenden vierten Messer war kaum Blut zu sehen. Ich mußte ihm direkt die Arterien über dem Herzen abgetrennt haben.

»So ein Messer ist häßlich, Travis? Ich weiß. Eine Schußwaffe ist häßlich, auch der Tod ist häßlich. Manchmal bleibt dir nur das Messer. Du mußt nur wissen, wie du es zu gebrauchen hast. Also lerne es von einem, der es weiß. Du hast doch Zeit, nicht wahr?«

Miguel. Vielen Dank, Miguel. Dein Unterricht war ausgezeichnet. Ohne ihn wären wir beide tot, nicht nur du. Schlaf gut, Miguel.

18

Ich ging zum Wohnwagen zurück. Innen war es noch viel heißer geworden. Es war ihr gelungen, sich soweit herumzudrehen, daß sie die Tür im Auge behalten konnte. Ihr ganzer Körper glänzte vor Schweiß. Ihre schwarzen Brauen hoben sich erstaunt bei meinem Anblick. Sie hätte es wohl nie für möglich gehalten, daß die Schüsse an mir vorbeigepfiffen waren.

Und wenn ich in den Wohnwagen kommen konnte, dann mußte ihr Stiefpapi wohl tot sein. Die obere Hälfte ihres Gesichtes verzog sich, vermutlich zu einem Lächeln, doch das war unter den Isolierbandstreifen nicht genau auszumachen. Nähme ich es ihr ab, dann würde sie mir bestimmt versichern, daß alles in Ordnung sei. Henry könnten wir auf dem Marschland vergraben, und das Geld würde man ehrlich teilen. Feines Team, das wir dann wären!

Ich setzte mich auf die Couchecke und sah sie an. Es gibt Menschen, die zwar töten, sich aber nicht vorstellen können, daß sie auch einmal sterben müssen und werden. Der Fluch der Empathie ist der, daß man in jedem Tod sich selbst sieht, in jeder Leiche das Kind erkennt. Die lokale Leichenliste war erschütternd: Hutch, Orville, Baither, Lew Arnstead, Betsy Kapp, Henry Perris. Auch Linda Featherman mußte man wohl hinzurechnen. Und Meyer hätte bald ebenfalls auf der Liste gestanden.

Ich weiß nicht, was sie in meinem Gesicht las, aber es ließ ihr Lächeln verschwinden. Ihre Augen wurden mißtrauisch. Ihr glänzendes, schwarzes Haar war schweißfeucht, und über Brust und Bauch liefen dicke Tropfen auf die verblichene blaue Decke unter ihr.

Ich stand auf und öffnete alle Fenster, damit ein wenig Luft hereinkam. Neben ihr blieb ich stehen. »Lillian, es wird dich jemand abholen«, sagte ich. Sie schüttelte heftig den Kopf, krümmte sich noch mehr zusammen und versuchte mit den Knien die Klebestreifen vom Mund zu reiben. »Ich will nichts mehr von dir hören«, fuhr ich fort. »Ich will gar nicht wissen, wie gemein du bist.«

Dann hängte ich das Fenstergitter wieder ein, verriegelte es und prüfte alle anderen Fenster nach. Den Schlüssel zu dem in der Sonne silbern glänzenden Wohnwagen schob ich in meine Tasche, nachdem ich ihn abgesperrt hatte. Auf der Stufe band ich meine Schnürsenkel. Um die Wagenschlüssel für den Buick zu finden, mußte ich den toten Henry anrühren.

Eine Viertelmeile fuhr ich, dann stellte ich das Gebläse im Wagen an, damit die kühle Luft den Schweiß auf meiner Brust trocknen konnte. Ich fand die Shell Ridge Road und fuhr nord-östlich weiter.

Am Perris-Haus hielt ich an und ging zur Tür. Eine große, magere ältliche Frau machte auf und sah mich ausdruckslos an. Sie war von gelblich-brauner Haut, vermutlich eine Seminolen-Negermischung.

»Sind Sie Nulia?«

»Ja, Mister.«

»Miß Perris läßt Ihnen sagen, sie kommt heute nicht nach Hause. Auch Mr. Perris nicht.«

»Sie weiß genau, daß ich nicht ewig hierbleiben kann. Muß mich um meine eigene Familie kümmern.«

Ich nahm einen Fünfziger aus meiner feuchten Brieftasche. »Nulia, bitte bleiben Sie und sehen Sie nach Mrs. Perris.«

Scheinbar unbeeindruckt sah sie das Geld an. »Da läuft wohl was nicht ganz so, wie's soll, Capt'n, was?« fragte sie.

»Das kann man wohl sagen.«

Sie schob den Schein in ihre Schürzentasche. »Die holt alle miteinander sowieso noch der Teufel. Capt'n, ich bleib' da und sorg' für sie, aber nur Ihretwegen. Solang' Sie's wollen. Bin Ihnen sehr verbunden, Mister.

Es war fünf vorbei, als ich wieder im Städtchen war. Es herrschte eine Bullenhitze. Meinen Wagen parkte ich hinter den Polizeiautos und ging hinein. Einer von den scharfen, jungen Polizisten schnarrte mich an, der Sheriff sei beschäftigt, aber ich bestand darauf, ihn sofort zu sprechen. Er mußte dann etwas in meinem Gesicht gelesen haben, das ihn zu einem folgsamen Hühnerhund werden ließ.

Nur ein paar Minuten später führte er mich zu Hyzers Büro. »Ich will Ihnen etwas erzählen«, sagte ich zu ihm. »Sie sollten Ihr Tonband einschalten. Und King Sturnevan möchte ich auch gerne dabei haben.«

»Er hat dienstfrei.«

»Dann rufen Sie ihn an.«

Leider war King nicht zu erreichen.

»Genügt Billy Cable nicht?« fragte er.

Ich überlegte. Es konnte ja nur einer von beiden sein, nicht alle zwei. Dann nickte ich. Hyzer gab Auftrag, Billy zu holen.

Ich saß zwei Meter von seinem Tisch entfernt in seinem Sessel und wartete. Sheriff Norman Hyzer tat seine Arbeit und war sehr konzentriert. Sieben Minuten dauerte es, bis Billy Cable kam. Er versuchte eine harte Miene aufzusetzen, doch sie gelang ihm nicht sehr überzeugend.

»Kann er sich hier neben den Tisch setzen, Sheriff, damit ich sein Gesicht beobachten kann?« fragte ich.

»Was soll'n das für'n verdammter Mist sein?« brummte Billy.

»Setz' dich hierher, Cable«, befahl Hyzer. »Das Band läuft, McGee.«

»Sheriff, haben Sie je gehört, wie man die Planeten unseres Sonnensystems entdeckt hat? Diejenigen, die auf den äußersten Bahnen laufen. Niemand hat sie je gesehen, weil sie zu lichtschwach und zu weit entfernt sind. Und niemand wußte, wo man sie zu suchen hatte.«

»Was, ich muß vom Dienst weg, um mir solchen Blödsinn anzuhören?« beschwerte sich Billy.

»Halt deinen Mund, Billy.«

»Man maß die Umlaufbahnen aller bekannten Planeten und fand heraus, daß es bestimmte Abweichungen gab, doch die Ursache dafür kannten sie nicht. Sie setzten sich hin und rechneten — und fanden sie. Und ich weiß, daß hier etwas nicht stimmt. Ich kriege das Muster nicht ganz zusammen. Also muß noch jemand drinstecken. Jemand hat einen gewissen Druck angewandt, um das Muster zu verzerren, Sheriff.«

»Was hat Sie denn so — beeindruckt, McGee, als — Abweichung von der Norm?«

»Sie, Sheriff. Sie sind so unwahrscheinlich tüchtig und rechtschaffen. Die Leute scheinen zu glauben, Sie wüßten alles, was in Ihrem Bezirk vorgeht. Und doch arbeitet einer Ihrer Polizisten unter Ihrer Nase mit Callgirls, die er mit seinem Dienstausweis dazu zwingt.«

»Sheriff, soll ich ihn . . .«

»Du hältst den Mund, Billy, und hörst zu, und wenn ich dich fesseln und knebeln lassen müßte.«

»Jawohl, Sir.«

Hyzer musterte mich aufmerksam. »Sie haben, Sheriff«, fuhr ich fort, »sogar das Risiko auf sich genommen, Ihre eigenen Leute zu demoralisieren, als Sie bei Arnstead Dinge durchgehen ließen, für die jeder andere Polizist gefeuert worden wäre. Als er dann doch gefeuert und angeklagt wurde, überraschte es ihn.«

»Sprechen Sie weiter, bitte.«

»Und ich kann nicht verstehen, weshalb Sie Lilo Perris so in Schutz nehmen. Es gibt hier zuviele Leute, die genau wissen, wie gemein, verdorben, gefährlich und verrückt sie ist. Sie müßten das doch auch wissen. Es war ein gutes Stück Arbeit, den Überfall auf den Geldtransport als Baithers Tat zu rekonstruieren. Sie müssen aber von dem Verhältnis zwischen Baither und Lilo Perris gewußt haben. Es wäre also logisch gewesen, in ihr die Kellnerin mit der blonden Perücke zu vermuten. Entweder haben Sie eine blinde Stelle in Ihrer Intelligenz, oder Sie wollen anderen Leuten etwas vormachen, wenn Sie behaupten, sie sei nur ein gesundes, etwas übermütiges junges Mädchen. Damit stehen Sie entweder im Mittelpunkt der Szene, Sheriff, oder jemand kann auf Sie einen gewissen Druck ausüben, damit Sie nicht die Arbeit tun, Sheriff, die Sie zu tun vorgeben.«

»Sie war vielleicht ungeschickt und hat sich in eine Lage ge . . .«

»Sheriff!« unterbrach ich ihn. »Hier ist ein Brief, den ich mit mir herumgetragen habe. Ich hatte ihn im Wagen versteckt. Betsy Kapp schrieb ihn vor einigen Monaten an Lew Arnstead. Sie werden zugeben müssen, daß er wahr klingt. Es ist eine Illustration zu der ›Lage‹, in die sie sich ungeschickterweise brachte.« Ich warf den Brief auf den Tisch. »Sie werden sich vermutlich eine Bestätigung von Roddy Barramore besorgen wollen.«

Er las den Brief, und plötzlich schien sich die Haut über seinem Schädel zu spannen. Sein Gesicht schrumpfte sichtlich zusammen. Er räusperte sich und las den Brief laut für das Tonband. Ich sah, was ihn das kostete, verstand aber den Grund nicht.

»Wenn Mrs. Kapp gefunden wird, werde ich mir von ihr bestätigen lassen, daß sie diesen Brief geschrieben hat«, sagte er.

»Mrs. Kapp ist am Sonntagabend mit Draht an einen Baum gebunden worden, Sheriff. Der Draht schnürte ihr den Hals zu. Sie ist tot.«

Hyzer stand auf und nahm seinen Hut. »Sie bringen uns sofort dorthin.«

»Wenn ich fertig bin. Für sie ist es belanglos, ob es ein paar Minuten länger dauert oder nicht.«

Er zögerte, setzte sich dann aber wieder. »Woher haben Sie diesen Brief?«

»Ich fand ihn in einem von Lews Verstecken.« Ich griff vorne in mein Hemd und hörte, wie Billys Hand auf sein Holster klatschte. Da warf ich rasch das Päckchen Fotos auf den Tisch. »Das ist Arnsteads Musterkollektion. Seine Callgirls. Ein paar von ihnen kenne ich. Lilo Perris zum Beispiel. Geraldine Kimmey. Linda Featherman.«

Billy rutschte mit dem Stuhl näher an den Tisch, um einen Blick auf die Fotos werfen zu können, die Hyzer ansah. »Oh, Herr und Heiland!« stöhnte er.

»Tun Sie nicht so, Billy, als hätten Sie nicht gewußt, in welchem Geschäft er steckt.«

»Natürlich wußt' ich, daß er ein paar Huren laufen hat. Aber Miß Kimmey? Und Linda Featherman? Das hätt' ich nie geglaubt!«

»Sheriff, Betsy Kapps Leiche ist nicht weit von dem Platz entfernt, an dem Lew Arnstead sein Hauptversteck hatte. Jemand hat dort das unterste nach oben gekehrt, seinen kleinen Safe im Herd gefunden, ihn aufgesprengt und dann ein Freudenfeuer angezündet. Ich nehme an, dort hatte er all das versteckt, womit er einen Druck auf die Frauen ausüben konnte: Fotos, Geständnisse, Listen, Daten, Preise und Treffpunkte. Jemand, der ungemein daran interessiert ist, alle Daten über ein bestimmtes Mädchen zu vernichten, kann sämtliche Unterlagen vernichtet und das Geld mitgenommen haben. Derjenige, der das tat, kann wissen oder wenigstens vermutet haben, daß Lew tot ist und wollte vielleicht verhindern, daß ein anderer die Sache dort wieder aufnahm, wo er aufhörte. Oder man glaubte, er sei noch am Leben und wollte ihn aus dem Geschäft hinausboxen, oder ein ganz bestimmtes Mädchen aus der Sache heraushalten. Oder vielleicht sollte nur verhindert werden, daß jemals bewiesen werden kann, wie einer von Mister Norms Deputys einen Callgirlring betrieben hat.«

»Das sind sehr viele Möglichkeiten, Mr. McGee.«

»Es gibt noch eine. Lew und Betsy Kapp hatten ein Verhältnis miteinander, das sich deutlich von Lews Verhältnissen mit anderen Frauen unterschied. Er könnte ihr von diesem Versteck erzählt haben, und sie ging vielleicht zur falschen Zeit dorthin, als es jemand gerade ausräumte.«

»Gehen wir jetzt?«

»Moment noch, Sheriff. Fünf Leute beim Geldtransport — Baither, Perris, Hutch, Orville und Lilo. Hutch und Orville kamen wahrscheinlich vor einiger Zeit wieder in den Bezirk zurück. Ich glaube, ich weiß, wo man nach den Leichen suchen sollte. Und der Umschlag. Lilo kam in das Baither-Haus, ehe sie mit Lew zum Pumpenhaus ging. In der Nacht vorher hat sie sich Baither vorgenommen, bis er ihr sagte, wo das Geld versteckt ist. Henry war dabei. Ihm wurde übel, und er ging weg, weil er nicht mehr zuhören konnte. Und da hat sie Baither die Eishacke ins Herz gestoßen, damit er es nicht noch einmal sagen konnte.«

Hyzer saß mit gefalteten Händen und geschlossenen Augen da. Das Telefon läutete. Er nahm es ab. »Sheriff Hyzer. Ja, King. Weiter. Was? Na, schön. Geh' zurück und bleib dort. Wir kommen.«

Er legte den Hörer auf, kniff sich in seinen Nasenrücken und furchte die Brauen. Endlich sah er mich an. »McGee, wenn wir schon mit offenen Karten spielen, kann ich Ihnen ja sagen, daß Sturnevan nicht dienstfrei hatte. Ich habe mir die Erlaubnis verschafft, daß er im südlich anschließenden Bezirk arbeiten darf, aber nur ich allein weiß das. Ich ließ von ihm in Henry Perris' Rambler einen Kontakt einbauen, den er mit seinem eigenen Wagen überwachen konnte. Nun hat er mich angerufen und gesagt, er habe Perris verloren. Er hat dann solange sämtliche Straßen abgesucht, bis er die richtige gefunden hat. Er hat den Wagen entdeckt. Perris und das Mädchen auch. Beide sind tot.«

Ich hatte mir Gedanken gemacht um Fingerabdrücke und die Reifenspuren des Buick. Und Nulia würde schließlich auch über die fünfzig Dollar reden. »Dem Mädchen hat nichts gefehlt, als ich den Wohnwagen verließ«, erklärte ich. »Henry war tot. Ich habe ihn umgelegt. Und ich kam von dort hierher.«

Polizistenaugen. Plötzlich ist man auf der anderen Seite eines Zaunes, und sie starren einen an wie ein Bauer einen kranken Stier. »Er ist auf die Pistole gefallen. Ich habe sie ihm dann gelassen. Henry war entschlossen, mich umzubringen. Ich warf ein Austernmesser nach ihm. Ich werde es gerne genau beschreiben.«

»Sieh nach ob er Waffen hat«, befahl er Billy. »Wir nehmen ihn mit. Wallace und Townsend folgen mit ihrer Ausrüstung. Sie sollen Scheinwerfer mitnehmen. Mit dem Arzt setze ich mich per Funk in Verbindung.«

Wieder der Wagen, in dem ich mit Meyer gefahren war und wieder derselbe abgestandene, widerliche Geruch. Der zweite Wagen folgte uns dichtauf. Ein großartiger Sonnenuntergang begann sich abzuzeichnen und tauchte den Aluminiumwohnwagen in glänzendes Gold-Orange.

Sie stiegen aus und ließen mich in dem Käfig sitzen. King stand neben einem alten, weiß-grünen Dodge Sedan und hatte eine Zigarre im Mund. Er war in seinem Räuberzivil. Sie redeten miteinander, dann kam Billy zurück und ließ mich aussteigen.

»Ganz von vorne«, fauchte Hyzer, »und keine langen Reden. Einzelheiten können wir später einfügen.«

Ich erzählte und erwähnte auch, woher die Waffe stammte, wie alles abgelaufen und wo ich gestanden und in welchem Zustand ich das Mädchen in dem Wagen, der jetzt ein großer silberner Aluminiumsarg für sie geworden war, zurückgelassen hatte.

Sie nahmen mich mit hinein. Sie war noch gefesselt und lag auf der Seite neben dem Bett. Der Teppich war naß. Neben ihrem Kopf stand ein blauer Plastikeimer. Ihr Gesicht war unter der Bräune von ekelhafter, dunkler Farbe. Die Augen waren halb offen. Schaum stand in einem ihrer Mundwinkel.

»Jemand hat ihr den Kopf in den Eimer gehalten«, sagte Billy, »ihn dann wieder herausgezogen, damit sie reden konnte, ihn dann aber wieder hineingestoßen und ihn festgehalten, bis sie ertrunken war. Dann hat er sie losgelassen. Sie ist heruntergefallen, wie sie daliegt, und er ging weg.«

»Billy«, sagte ich, »Sie sind ein hundertprozentiger Idiot.«

»Sheriff«, knurrte er, »glauben Sie, daß er was davon gesagt hätte, wenn King nicht angerufen hätte? Sie wissen genau, daß er es nicht getan hätte.«

Hyzer schwieg. Er starrte nur die Leiche des Mädchens an.

»Billy, du hast den Verstand verloren«, stellte King fest. »Nein, Sir, so war's nicht. Ich sage, jemand ist gekommen, nachdem er weg war und bevor ich den Platz finden konnte, auf den meine Nadel gezeigt hat.«

Der Wohnwagen war deutlich überfüllt. Wir waren zuviele große Männer und dazu ein totes Mädchen. Mir wurde übel.

Hyzer ging als erster, wir folgten ihm. Der Arzt kam an, hinter ihm die Ambulanz. Jetzt waren die Scheinwerfer schon nötig, aber die Untersuchungen fielen kurz aus. Es gab keinen Zweifel über die Todesursachen.

»Bei dem Mann, würde ich sagen, ging das Messer gerade tief genug in den Bogen der Aorta. Tod innerhalb von acht bis zehn Sekunden eingetreten. In den Augen des Mädchens sichtbare Petechialblutungen und Dunkelfärbung der Haut. Tod durch Ertrinken oder Ersticken. Muß die genaue Zeit festgelegt werden? Die Temperaturen habe ich gemessen. Mindestens eine Stunde, möglicherweise zwei.«

»Wir haben dann noch jemanden für Sie«, sagte Hyzer.

»Was? Noch jemanden? Was, zum Teufel, ist denn hier eigentlich los?«

»Ich melde mich später wieder bei Ihnen.«

Sie hatten ihre Aufnahmen gemacht. Dann schoben sie zwei Bahren in die Ambulanz. Sie konnten sich jetzt Zeit lassen. Nichts war mehr eilig.

Ich trat neben Hyzer. »Auf dem Weg zu Ihnen fuhr ich am Perris-Haus vorbei und gab dieser Nulia Geld, damit sie bei Mrs. Perris bleibt. Ich sagte ihr, Mr. Perris und das Mädchen kämen nicht nach Hause. Ich dachte, das Mädchen würde man verhaften. Ich wußte nicht, daß sie tot ist.«

Er sah mich an. »Was sagen Sie da?« Er winkte ab, als ich es wiederholen wollte. »Ja, ja, ich habe es schon gehört. Cable, Sturnevan, ihr bleibt hier und helft aufräumen. Billy, King soll dir dann zeigen, wo Perris' Wagen steht, und du fährst ihn dann zurück. Ich nehme McGee mit. Kommt.« Zu mir sagte er, als wir zum Wagen gingen: »Sie können vorne sitzen.«

»Vielen Dank.«

Er fuhr schlecht. Er beschleunigte und bremste grundlos und fuhr Schlangenlinie. Im Licht der Scheinwerfer sah ich den blauen Opel unter der Eiche stehen. In der Zufahrt blieb er stehen.

»Kommen Sie«, forderte er mich auf und ging voran zur Haustür.

Nulia öffnete. »Abend, Sheriff Hyzer«, rief sie überraschend freundlich. »Abend! Wollen Sie 'reinkommen?«

»Wie geht es ihr denn heute, Nulia?« fragte Hyzer.

»Sie wissen's ja. Immer das gleiche.«

»Es ist wohl am besten, sie erfährt es sofort. Beide sind tot, Nulia. Henry und Lillian.«

Sie legte die Hände auf die Brust, schloß die Augen und bewegte die Lippen. »Amen«, sagte sie laut. »Sicher, sie muß es wissen. Was soll aber jetzt mit ihr geschehen?«

»Ich werde dafür sorgen, daß sie in gute Pflege kommt, McGee, Sie warten hier.« Sicheren Schrittes durchquerte er das Wohnzimmer und ging hinaus in einen Gang.

»Manchmal kommt der Sheriff zu Miß Wanda«, erzählte Nulia. »Ich hab' ihm immer Bescheid gesagt, wenn alle zwei nicht da waren. Das arme Ding kann ja nicht mal einen Finger rühren, nur mit den Augen blinzeln. Einmal für ja, zweimal für nein. Wenn sie nicht mehr mag, macht sie die Augen ganz zu.«

Als der Sheriff zurückkam, sah er bedrückt drein. »Sie braucht sich nicht die Augen auszuweinen für die zwei«, meinte Nulia. »Ich bleib' die Nacht über hier. Ich hab' hier alles, was ich brauche.«

Jetzt fuhr er etwas besser als vorher. Er richtete einen Zusatzscheinwerfer auf den Straßenrand, fuhr dann über eine kleine Brücke und in einen Hof hinein. »Das Baither-Haus?« fragte ich.

Er nickte, schaltete die Scheinwerfer aus, stellte den Motor ab und stieg aus. Er lehnte sich an die Wagentür. Ihm schien nicht wohl zu sein. »Was ist? Ist Ihnen übel, Norman?« erkundigte ich mich.

»Zwei Wochen hatte er Zeit«, erklärte er mir, ohne direkt auf meine Frage zu antworten, »bis ich ihn verhaften ließ. Mit zwei bis vier Jahren in Raiford mußte er rechnen. Er hatte ja schon allerhand ausgefressen. Hier hat er all das getan, was geschehen muß, wenn man hier in diesem Klima sein Haus für längere Zeit verläßt. Ich war oft hier und habe versucht, mich in Frank Baither hineinzudenken. Es war viel Geld, wissen Sie, und ich habe die Ladeliste. Ein hübscher Packen. Er muß es weit genug von hier versteckt haben, um es später zu teilen. Dreiundzwanzigtausend in Dollarscheinen. Sie werden gewogen, nicht gezählt. Automatische Banderolierung. Dreihundertsiebzig Zehner und so weiter. Neunhundertzwanzigtausendsechshundert Dollars, ungefähr zweihundertvierzig Pfund an Gewicht. Das ganze Zeug paßte vielleicht in sechs große Koffer.«

»Wie haben sie das Geld hierhergebracht?«

»Das läßt sich nur vermuten. Al Storey erinnert sich, daß Henry Perry sagte, der große Schlepper sei nicht ganz in Ordnung. Er nahm ihn mit in seine Werkstatt, um ihn zu reparieren. Da konnte er doch leicht die Nummernschilder auswechseln und einen falschen Firmennamen aufpinseln. Sobald die Mannschaft vom Geldtransporter bewußtlos war, hängte man das Fahrzeug an den Schlepper und fuhr ihn dorthin, wo die anderen Wagen schon warteten. Vielleicht hat Lillian den Wagen dann weggefahren, aber auf einer anderen Straße als Henry, der den Schlepper wegfuhr. Die anderen beiden wurden weggeschickt, nachdem ein Treffpunkt in Miami oder Jacksonville abgesprochen worden war. Baither stand im Ruf, keinen über's Ohr zu hauen, und deshalb glaubten sie ihm auch. Aber ein so großes Ding hatte er bisher noch nie gedreht, und das Geld reichte ihm für sein ganzes Leben. Also kein weiteres Risiko. Er betrog sie also und sagte Henry und Lillian, sie sollten sich um die beiden kümmern, wenn sie aufkreuzten. Frank Baither investierte dann etwas, um nach Raiford zu kommen. So fiel auch kaum Verdacht auf ihn, falls jemand auf den Gedanken käme, der Geldraub sei vielleicht seine Handarbeit. Er war ja auch der einzige, der das Versteck kannte. Ihm war es, glaube ich, völlig egal, wer wen dann umbrachte. Das Geld muß hier in der Gegend sein, sicher und trocken versteckt. Aber ich konnte es bis jetzt einfach nicht finden.«

Dann schwieg er eine ganze Weile. Ich schlug nach den Moskitos und kratzte meine Sandflohbisse, die noch vom Nachtspaziergang mit Meyer stammten.

»Aber ich glaube, das spielt alles keine Rolle mehr. Für mich ist alles aus. Ich gebe auf. Bill kann den Laden hier führen, bis ein neuer Sheriff gewählt ist.«

»Aber warum denn?«

»Es wird alles sauer wie abgestandene Milch. Ich wußte, daß alles irgendwie falsch war, aber ich kniff die Augen zusammen, damit ich nicht ... Ich dachte, wenn ich sonst meine Arbeit gut mache, kann eine Privatsache keine große Rolle spielen. Falsch, grundfalsch. Eine winzige Kleinigkeit mehr in der einen Waagschale wiegt schwerer als alles andere in der anderen.«

Über den Baumwipfeln schwamm ein silbriger Mondkahn. Was sollte ich dazu sagen? Er redete mehr oder weniger mit sich selbst. Doch das war gleichzeitig das Angebot einer Freundschaft, bei ihm sicher sehr selten. Er bat fast um Hilfe. Ein stolzer, selbstsicherer Mann, der Sorgen hatte.

»Natürlich, ich habe mich geplagt und geschunden, um etwas zu lernen und zu werden. Aber das ist nicht alles. Sind die Polizisten nicht alles Schweine? Das Jugendgericht wagt nicht an die Kinder der Reichen zu rühren, und dafür kommen die armen Unschuldigen zu Schwerverbrechern in die Zelle, weil sie keine Kaution stellen können. Es gibt zwei Gerechtigkeiten, eine für die Weißen, die andere für die Schwarzen. Halte ich mich an den Buchstaben, bin ich der Sündenbock für alles. Wenn ich das Gesetz ein wenig beuge, das heißt, meiner Ansicht nach verbessere, dann bin ich ein Polizeityrann. Ich mag weder das eine, noch das andere sein. Ich steige aus.«

»Ginge es nicht mit ein bißchen Rechtsbeugung da und dort?«

»So wie für Lilo Perris? Und Lew Arnstead?«

»Und wie ist es mit dem Einfluß der Gravitation, von dem ich sprach?«

»Wissen Sie was los ist? Sie stellen ja nur Vermutungen an.«

»Sie war ihre Tochter. Und sie wußte es ebenso wie Lew Arnstead.«

»Himmel, liegt denn das so verdammt klar auf der Hand?« fragte er bestürzt, fast gebrochen.

»Nur für einen Mann, der ihren Namen vor Johnny Hatch aussprach und der erfuhr, wem Nulia Bescheid sagte, damit er von Zeit zu Zeit Wanda besuchen konnte.«

Es war eine schäbige, alltägliche Geschichte, und er schien sich selbst damit strafen zu wollen, als er sie ausführlicher erzählte. Wanda, ein lebhaftes Ding, war etwas über ein Jahr mit Johnny Hatch verheiratet, als es ihr langweilig wurde. Norman Hyzer war zu Ostern vom College auf Ferien gekommen und verlobt, aber noch nicht verheiratet. Der Hyzer- und der Hatch-Hof grenzten aneinander, nun, und da verführte sie ihn eben eines Tages. Das ging die ganzen Ferien so weiter. Später dachte er objektiver darüber, und er wußte, wie wenig sie ihm bedeutete.

Als er dann mit Frau und Baby nach dem Tod seiner Eltern zurückkehrte, um das Haus zum Verkauf auszuschreiben, erklärte sie ihm einmal ganz beiläufig, sie habe von ihm eine kleine, hübsche, dreijährige Tochter namens Lillian. Sie nannte ihm das Geburtsdatum, und alles übrige konnte er sich selbst ausrechnen. Von Johnny hatte sie inzwischen einen kleinen Jungen, das stand fest. Aber Lillian war eindeutig von ihm. Sie verführte ihn wieder, und auch als seine Frau und sein Töchterchen umkamen, lag er mit ihr im Bett.

Sünde und Strafe, wie es in der Bibel steht. Er war zurückgekommen und Sheriff geworden. Er hörte etwas aus Johnnys und Wandas Scheidungsprozeß, das sonst niemand wußte. Johnnys Anwalt bewies dem Richter mit ärztlichen Gutachten, daß ein Mann von Johnnys Blutgruppe niemals der Vater von einem Kind mit Lillians Blutgruppe sein konnte, wenn die Mutter zu der Gruppe gehörte, die Wanda hatte. Auch ohne diese Tatsache hatten jedoch die Scheidungsgründe ausgereicht.

»Sie war der einzige Mensch auf dieser Welt, der meines Blutes war«, sagte Hyzer. »Sie war fast ein Symbol des kleinen Mädchens, das sterben mußte. Es ist leicht, Augen und Ohren zu verschließen und die Tatsache abzuleugnen, daß sie verdorben und im klassischen Sinn des Wortes verrückt war. Rechtsbeugung, ja. Ich ließ sie mit Verwarnungen davonkommen. Sie hatte die gleiche Art wie ihre Mutter, ebenso spöttisch. Sie wußte aber, daß ich sie niemals anerkennen würde. Arnstead entdeckte es vor Jahren. Wanda war betrunken, und er klaubte sie irgendwo auf. Da plapperte sie zuviel. Als sie einigermaßen nüchtern war, holte er den Rest aus ihr heraus. Bevor sie ganz nüchtern wurde, ließ er sich die Geschichte aufschreiben.«

Arnstead brachte ihm dann allmählich bei, was er wußte. Wanda war fett, häßlich und eine Krakeelerin geworden, und Lillian kam immer zu leicht weg. Ein Sheriff, den man belächeln kann, hat keine Autorität mehr. Er muß notgedrungen auch Wahlen verlieren.

»Lew hat immer einigermaßen Ordnung gehalten. Ich dachte mir, Lillian ist sowieso eine Hure, und dann ist es besser, wenn jemand auf sie aufpaßt. Dann trieb er es doch zu bunt. Einen Häftling verprügeln, Pflichten vernachlässigen, das war zuviel. Und da mußte ich mich nun entscheiden.«

»Jetzt wird mir auch klar, weshalb Sie uns so auf den Fall Baither festnageln wollten.«

Er überlegte. »Ja. Den Verdacht, der an mir nagte, konnte ich nicht offen zugeben. Sie und Meyer waren der Ausweg. Das ist Beweis genug, wie richtig es ist, wenn ich mein Amt aufgebe. Man fängt mit Rechtsbeugung an und hört damit auf, daß man sein eigenes Urteil verbiegt.«

»Ohne daß Sie klären, wer Lilo umgebracht hat?«

»Das ist für mich persönlich unwichtig. Als ich Wanda sagte, daß sie tot ist, fragte ich sie, ob es ihr leid tue. Sie blinzelte zweimal, auch bei Henry. Der Brief, den Sie mir zeigten . . . Selbst Mutterliebe hat ihre Grenzen.«

Ich spürte, daß er darauf eine Antwort erwartete. »Norman, Sie haben zwei fixe Ideen. Die eine ist eine altmodische Vornehmheit, die andere ist die, daß Sie zuviel denken, daß Sie Ursache und Wirkung zu trennen versuchen und die Schuld finden wollen. Schuld kennen nur die Menschen, die man erwischt. Sex ist wie ein Händeschütteln, mehr nicht. Die Menschheit vergiftet sich selbst. Automatisch nimmt man mit, was sich einem bietet.«

»Klar, so ist es, McGee. Machen Sie's doch anders.«

»Das versuche ich ja, aber ich komme nicht recht vorwärts damit. Wissen Sie, weiße Pferde, Jungfrauen, der Gral und Drachen – die lassen sich heute nicht mehr verkaufen.« Er lachte freudlos. »Ich will auch nicht sentimental sein und etwas in ein Fleisch hineindenken, aus dem doch der Geist schon lange gewichen ist. Aber wenn ich so an Betsy denke, wie sie in der Nacht da draußen an diesen verdammten Baum gefesselt ist und wie ihr

Gesicht aussieht, dann fällt mir ein, wie sehr sie sich bemühte, hübsch und nett auszusehen. Nett. Ja, das ist das Wort.«

Er öffnete die Wagentür. »Zeigen Sie mir den Weg. Ich kann von draußen die Leute per Funk holen.«

19

Er hatte eine starke Taschenlampe im Wagen und leuchtete damit den Boden ab, damit wir keine Fußspuren zerstörten.

Die Orientierung war schwierig. Den Volkswagen hätte ich gefunden, doch er war nicht mehr da. Auch Betsy war verschwunden, ebenso die Schaufel. Der Boden des Wäldchens war ein weicher Teppich aus braunen Nadeln vieler Jahre, und dort hielt sich kein Fußabdruck. »Ich weiß es genau, daß es einer dieser drei großen Bäume war«, sagte ich.

Hyzer fand dann einen zitronengelben Faden an der Rinde eines Baumes der beschriebenen Größe in einer Höhe von etwa 1,20 Metern. Im Scheinwerferlicht entdeckte ich etwas weiter oben einige blonde Haare. Nun wußte ich auch, wo das Grab gewesen war.

Vorsichtig schob er die Nadeln weg. Ich hielt ihm dabei die Lampe. Endlich fand er Sohlenabdrücke, die denen glichen, die ich in dem ausgehobenen Grab gesehen hatte. Er grunzte. »Wollen Sie nicht lieber ein Stück weggehen?« fragte er.

»Nein. Was mich fertigmachte, war die Sache mit dem Baum. Was haben Sie vor?«

»Etwas zu wissen, von dem niemand ahnt, daß man's weiß, ist oft recht nützlich. Manchmal weiß man vorher nicht, wie man dieses Wissen verwerten kann. Ich komme morgen heraus, nehme die Schuhabdrücke und Reifenspuren, die ich finden kann. Wir schauen jetzt einmal in die Hütte hinein.«

Sie war inzwischen ein wenig aufgeräumt worden. Der kleine Safe war wieder an seinem Platz, davor der Ziegel. Ich zeigte Hyzer die Stelle. Auf dem Rückweg erklärte ich ihm dann, warum mir so wenig an Pressemeldungen und Publicity lag.

Deputy Billy Cable hatte einen offiziellen Bericht entworfen und legte ihn nun Hyzer vor, der ihn durchlas. »Billy, geh' und sieh zu, daß keiner ein Sterbenswörtchen von sich gibt. Dann kommst du wieder zurück.«

Ehe Hyzer noch damit fertig war, den Bericht zu korrigieren, war Billy zurück. »Laß ihn noch einmal tippen und ihn dann zu Mr. Goss bringen.«

Billy las ihn und sah enttäuscht drein. »Aber . . .«

»Na, was denn?«

»Sie schrieben von unbekannten Personen, und dieser elende Hund McGee hat doch zugegeben, daß er Henry Perris umgelegt hat.«

»Das glaubte er, Billy«, beruhigte ihn Hyzer. »Du lieber Himmel, er hat sich noch etwas darauf eingebildet. Glaubst du im Ernst, ein Mann könnte ein Austernmesser so tief in Henrys Achselhöhle werfen, wenn er fast sieben Meter entfernt ist?«

»Na ja, er hat doch selbst gesagt . . .«

»So, wie ich es sehe, ist Perris ein schweres Metallstück auf den Kopf geknallt, so daß er ohnmächtig wurde. Als McGee dann weg war, kam ein anderer, packte die Gelegenheit beim Schopf, nahm das Messer und brachte den Bewußtlosen um.«

»Ja, wenn Sie's so haben wollen, Sheriff . . .«

»So will ich's haben, Billy.«

»Und das von Mrs. Kapp haben Sie ausgelassen.«

»McGee brachte mich an den Ort, wo er glaubte, sie gesehen zu haben, aber er hat sich offensichtlich geirrt.«

»Ich will Ihnen ja nicht widersprechen, Sheriff, aber sollte ich als Ihr erster Mann nicht doch wissen, was zum Teufel . . .«

»Bring das da weg, Billy. Wenn du zurückkommst, erfährst du's.«

»Vielen Dank«, sagte ich, als Billy die Tür hinter sich geschlossen hatte.

»Ich werde versuchen, dabei zu bleiben, McGee. Wenn aber ein anderer für den Mord an Lillian vor Gericht kommt, müssen Sie auch auftreten. Mit den Beweisen, die Sie haben, müßten Sie überzeugend darlegen können, daß es Perris gegenüber Notwehr war. Ich werde bestätigen, daß Sie unmittelbar danach bei mir waren und es meldeten, daß ich aber die Sache nicht in die Öffentlichkeit kommen ließ, um Lillians Mörder in Sicherheit zu wiegen. Und jetzt schwören Sie.«

Ein Adler mit Goldverzierungen, rotes, weißes, blaues Email — amtlicher Glanz! Er hatte zu bedeuten, daß ich endlich völlig reingewaschen und ein vereidigter Deputy Sheriff von Cypress County Florida war und alle damit verbundenen Rechte und Privilegien in Anspruch nehmen konnte. Ich hatte eine Karte im Schutzumschlag mit des Sheriffs Unterschrift neben der meinen. Mein Abzeichen befestigte ich innen im Schutzumschlag und probte einige Male das schnelle Aufschlagen mit einer Handbewegung. Wenn Meyer das hörte, lachte er sich halb tot. Billy Cable kam noch rechtzeitig herein, um mich üben zu sehen, und seine Augen fielen ihm fast aus dem Kopf.

»Norm!« jammerte er. »Ich meine, Sheriff! Er? Nach allem gerade er?«

Hyzer ließ klatschend seine Hand auf den Tisch fallen, und Billy nahm Haltung an. »Du bist mein bester Beamter, Billy Cable«, sagte er. »Fünfundneunzig Prozent der Aufträge erledigst du zu allgemeiner Zufriedenheit, und niemand würde sie besser ausführen als du. Die verbleibenden fünf Prozent, Billy, sind schauderhaft. Da machst du mir mehr Sorgen und Mühe und bist blöder und ungeschickter als du wert bist. Weißt du, was mit dir los ist?«

»Ich ... Ah ... Nein, Sir.«

»Na, dann denk mal nach, Billy.«

»Wahrscheinlich ... Vermutlich ... Manchmal laß ich mich eben von persönlichen Gefühlen leiten, Sir. Aber ein Mann, Sir, ist ja schließlich keine Maschine!«

»Billy, nach dem Dienst kannst du deine Gefühle so lange verströmen wie du magst und kannst dich in ihnen suhlen. Im Dienst, also in der Zeit, die mir gehört, *bist du eine Maschine.* Hab' ich mich klar genug ausgedrückt?«

»Jawohl, Sir.« Es klang recht kleinlaut.

»Deputy McGee hat einen zeitlich begrenzten Job. Er untersteht allein mir, wird von keinem, auch von dir nicht, kontrolliert, und über seinen Status schweigst du wie ein Grab. Verstanden? Jetzt kannst du ihn zu seinem neuen Amt beglückwünschen. Na, los!«

Billys Augen sahen mich ein bißchen glasig an, und seine Hand war schweißfeucht. »Deputy ... sehr angenehm ... Hoffe, Sie fühlen sich glücklich in Ihrem neuen ...«

»Trav heiße ich, Billy. Vielen Dank, Billy.«

»So. Jetzt setzt euch beide«, befahl Hyzer. »Wir werden uns jetzt über McGees Gravitationstheorie unterhalten und über die Identifizierung unbekannter Einflüsse. Billy, ich habe die — letzten Ereignisse kurz zusammengefaßt und deine Dienstzeiten und dein Tätigkeitsfeld örtlich festgelegt. Ich sehe keine Wahrscheinlichkeit, daß du in irgend einer Weise an der Sache direkt beteiligt bist.«

»Um Himmels willen, Sheriff! Wenn Sie glauben, ich ...«

»Wir sagten doch eben etwas über Gefühle.«

»Entschuldigung, Sir.«

»Du bist das Muster dafür, wie ich in Zukunft spezielle Probleme behandelt sehen will. Du wirst also die übrigen sechs Deputys ebenso durchfilzen wie ich dich, aber ohne daß jemand nur ahnt, daß und warum du es tust. Ich möchte überzeugt sein können, daß deine Berichte absolut, wohlgemerkt, absolut in Ordnung sind.«

»Jemand aus der Familie?« erkundigte sich Billy.

»McGee meinte, es könnte nur einer von uns beiden sein. Es ist keiner von uns beiden. Deshalb müssen wir absolut sicherstellen, daß es keiner aus unserem Verein ist.«

Am liebsten hätte ich ihnen nun alles erzählt, was ich über Lew

Arnstead wußte, so daß Hyzers Liste vervollständigt werden konnte. Und Betsy hätte jedes Wort davon beschworen.

Hyzer zog die Brauen in die Höhe und sah Billy an. Der sprang auf und rannte zur Tür hinaus.

»Jetzt sind wir unter uns«, sagte Hyzer. »Lew Arnstead, Mrs. Kapp hätte vielleicht gewußt, wo er zu suchen wäre. Sie konnte von der Hütte gewußt haben, hinausgefahren sein und ihn überrascht haben, als er sein Geld holte, um endgültig zu verschwinden.«

»Um dann zu vergessen, wo der Safe ist?«

»Oder er hat selbst das Durcheinander geschaffen, nachdem er Betsy Kapp umgebracht hat, damit es so aussieht, als wäre es ein Fremder gewesen. Hat dann den Safe wieder eingeschlossen ...«

»War er denn so zartfühlend?«

»Jeder Polizist lernt mit der Zeit, wonach andere Polizisten suchen und woraus sie ihre Schlüsse ziehen. Er wußte, daß Lillian ihm einen schmutzigen Streich gespielt und Ihren Umschlag im Baither-Haus gelassen hatte. Er verfolgte und fand sie.«

Sie sprachen vorher von drei Möglichkeiten.«

»Jemand versuchte eine der Frauen endgültig von Arnstead frei zu bekommen oder sich für das zu rächen, was er ihr angetan hatte.«

»Featherman?«

»Eine Möglichkeit. Vielleicht kam Mrs. Kapp und fand jemanden dort vor, und Arnstead war tot. Er könnte auch unter dieser Nadeldecke liegen.«

»Dazu paßt aber nicht der schwarze Jeep, der in Betsys Straße stand.«

»Also weniger Phantasie. Lew ließ den Jeep dort, um Verwirrung zu stiften. Oder es hat ihn jemand dort aufgelesen und ihn zu seiner Hütte hinausgefahren.«

»Oder, Sheriff, Henry und Lillian haben ihn umgebracht, weil sie nicht riskieren konnten, daß Sie herausfinden, wer den Umschlag in Baithers Haus gebracht hat. Vielleicht wußten Henry und Lillian von der Hütte, und sie mußten sich davon überzeugen, daß er dort nichts versteckt hatte, was sie im Fall Baither belasten konnte. Und plötzlich erschien Betsy auf der Szene.«

»Das war die dritte Möglichkeit. Die beste soll man sich immer für den Schluß aufheben.«

»Lillian kannte die Hütte. Ihr Foto, das Sie in der Schublade haben, wurde dort gemacht. Erinnern Sie sich an die Wanduhr?«

Er nahm das Foto heraus. »Sehr gut beobachtet, Deputy.«

»Wenn man in der Schlinge hängt, ist es höchste Zeit, daß man zu denken anfängt — oder zu rennen.«

Er schob die Lade wieder zu. »Es geht immer im Kreis herum«, sagte er. »Wie die mythologische Schlange, die sich in den Schwanz beißt.«

»Es wird immer nebelhafter. Der Wagen von Mrs. Kapp könnte uns einiges verraten. Morgen werde ich ihn durch einen Hubschrauber suchen lassen. Diese Eimertechnik bei Lillian ist ja recht aufschlußreich. Wahrscheinlich hat sie allerhand Lügen erzählt, und er hat so lange weitergemacht, bis sie immer wieder dasselbe sagte.«

»Wissen Sie eigentlich, wie stark sie war?«

»Ja. Ein sehr starker Mann, wahrscheinlich zwei Leute waren nötig, um mit ihr fertig zu werden, gefesselt wie sie war.«

»Ich tippe auf zwei.«

Aus dem Arsenal beschlagnahmter Waffen durfte ich mir eine auswählen. Ich entschied mich für eine .44 Magnum, fünfschüssig. Ich hatte einmal eine auf meinem Schiffchen gehabt und damit auf Haie geschossen, bis mir einfiel, daß ja auch der Hai sein tägliches Brot beschaffen muß, und er holt es sich dort, wo es am leichtesten zu haben ist — genau wie der Mensch auch.

Es war eine recht gute Waffe, und Hyzer gab mir seinen Segen dazu und eine Handvoll Extramunition. Er erklärte mir, was ich tun sollte, aber dazu brauchte ich noch einiges Zubehör, das ich zusammen mit ihm in einem Eisenwarengeschäft aussuchte, das bis Mitternacht geöffnet hatte. Anschließend versorgte ich mich mit etlichen Lebensmitteln, die mir achtundvierzig Stunden lang reichen würden. Hyzer sagte, er würde mich, sobald er mich abgesetzt habe, im White Ibis abmelden, meine Koffer in den weißen Buick legen und diesen in seiner eigenen Garage verstecken.

Es war halb elf, als er mich am Baither-Haus absetzte und mir viel Erfolg wünschte.

Ich brauchte lange, bis sich meine Augen an die Dunkelheit gewöhnt hatten. Dann mußte ich mich mit Insektenpulver einsprühen, damit mich die Biester nicht versehentlich auffraßen. Schließlich hinterlegte ich eine brennende Taschenlampe im Pumpenhaus, schloß die Tür und beobachtete, wieviel Licht herausfiel. Es war gerade richtig; ein enger Spalt über der Klinke, ein breiterer über dem Boden. Die Spalten konnte ich nach Belieben verändern, indem ich Streifen von den alten Decken schnitt, die ich dort fand.

Draht hatte ich soviel gekauft, daß ich den langen Weg vom Pumpenhaus durch den Busch zur alten Holzbrücke nehmen konnte. Wenn ich einen Wagen kommen hörte, knipste ich meine Lampe aus. Ich fand eine alte, graue, verbogene Planke, die ich brauchen konnte. Mit dem Draht, der Planke, einer leeren Taschenlampenhülse und einem Stück Holz fabrizierte ich einen Summer, den ich so nahe an der Straße deponierte, daß ich ihn hören mußte, sobald jemand über die Brücke zu fahren oder zu gehen versuchte, denn dann wurde mit Sicherheit der Kontakt geschlossen.

Für die anderen Richtungen genügte mir der alte, gute, schwarze Faden mit einer Dose daran. Dann schloß ich die Tür des Pumpenhauses, verdeckte die Spalten, verschlang hungrig ein paar belegte Brote und trank von dem angenehm kühlen Wasser. Dann beugte ich mich über das Feldbett, um einen Platz zu finden, wo ich mit einem einzigen Griff meine Waffe ergreifen konnte, ohne herumfummeln zu müssen.

Schließlich knipste ich das Licht aus, öffnete die Tür und legte mich auf das Feldbett. Deputy McGee im Dienst. Zum Lachen! Oder zum Weinen.

Es waren keine schönen Bilder, die an meinem Geist vorüberzogen.

20

Im ersten Morgenlicht stand ich auf und prüfte meine Alarmvorrichtungen nach, holte meine Dosen ein und verstaute sie unter dem Feldbett. Als es ganz hell war, suchte ich mir noch einige andere günstige Plätze für meine Blechdosen.

Es gelang mir, die Tür des Pumpenhauses so zu schließen, daß sie, falls jemand daran herumprobierte, zugesperrt erschien. Hyzer wollte nicht, daß die Polizeisiegel am Baither-Haus aufgebrochen wurden. Ich fand einen Fensterriegel, der sich öffnen ließ und kletterte hinein. An dem Stuhl, in dem Baither gestorben war, hing noch das Band, mit dem er festgebunden war, und auf dem Boden und im braunen Teppich sah ich die verkrusteten Blutflecken.

Danach fand ich ein schattiges Dickicht, von dem aus ich das ganze Terrain gut überblicken konnte und ließ mich mit meiner Magnum dort nieder. Da sitzt man dann, schnüffelt in der Luft nach fremden Gerüchen, nach dem Schweiß eines Fremden vielleicht, lauscht in die Stille nach dem Scheppern einer Blechdose oder dem leisen Klicken einer gutgeölten Waffe. Man rührt sich von Zeit zu Zeit ein bißchen, damit sich die Muskeln nicht verkrampfen, denn man braucht sie, wenn der richtige Augenblick kommt und man sich lautlos wie eine Eidechse bewegen muß.

Um elf klapperte ein Brückenbrett, und ein alter weißer Wagen kam, mit jungen Leuten vollgepackt, herein. Zwei blasse Burschen auf den Vordersitzen, drei magere, kreischende Bikinimädchen auf den Rücksitzen. Das Mordhaus hatte es ihnen angetan. Es sei so spukhaft, meinten sie, waren aber entsetzlich enttäuscht, als sie die Polizeisiegel entdeckten. Dann verschwanden sie schnell wieder.

Ich ging wieder eine Runde. Auf der anderen Seite des Baither-Hauses entdeckte ich eine Art Terrasse. Sie lag etwa drei Stufen unter dem versiegelten Wohnzimmer und maß ungefähr vier Meter im Quadrat. Sie war von einer niedrigen Mauer umgeben, die blau gekalkt war. Vor der Mauer standen große Pflanztöpfe, aus denen verdorrte Stengel ragten. Der Terrassenboden bestand aus soliden Zementblöcken, die etwas größer waren als Schuhschachteln. Sie waren auf eine Unterlage aus festgestampfter Erde aneinandergereiht. Die Spalten dazwischen waren mit Sand aufgefüllt. Es war eine schlampige Arbeit, und die winterliche Regenzeit hatte den Untergrund teilweise weggewaschen. In den Spalten wuchs Unkraut. Ein alter Rotholzstuhl mit gebrochener Armlehne duckte sich in einer Ecke.

Eine Weile blieb ich auf dem Mäuerchen sitzen, ließ mich von einem Blauhäher beschimpfen und dachte an Betsy Kapp. Aber ganz im Hintergrund meines Bewußtseins beschäftigte sich etwas mit realeren Dingen und schickte schließlich eine Botschaft nach oben und vorne, daß es doch seltsam sei, wenn etliche Blöcke neuer und blasser aussähen als die übrigen.

Ich hob also einen heraus, drehte ihn um und hatte die Antwort. Hyzer hatte gründlich suchen lassen. Dabei wurden etliche Steine abgehoben, der Boden darunter mit dünnen Stangen sondiert, und dann wurden die Steine mit der Unterseite nach oben wieder aufgelegt. Etliche Steine hatte man vergessen. In einer Ecke fehlten vier.

Jeder hat einen kleinen Tick. Der eine will seine Papiere genau parallel zur Schreibtischkante ausgerichtet haben, der andere säubert ununterbrochen die Aschenbecher. Ich kann kein halbfertiges Puzzle sehen oder eine Angelklemme mit fünf Plätzen, in denen aber nur vier Angeln stecken. Mein Tick ist es, daß ich jeden Gegenstand, der mir irgendwie am falschen Platz zu sein scheint, einzupassen versuche.

Also marschierte ich immer wieder um die drei Seiten der Terrasse, jedesmal ein Stückchen weiter weg, um im Gras nach den fehlenden Steinen zu suchen, damit endlich mein Sinn für Ordnung und Vollständigkeit befriedigt werden konnte. Aber ich fand keine Blöcke. Was, zum Teufel, haben sie damit angestellt?

Verdammt, die Steine mußten da sein. Die Abdrücke waren ja noch im feuchten Grund zu erkennen. Ich richtete mich auf und kam mir vor wie in einem Comic Strip mit einer Riesenglühbirne über meinem Kopf.

Ich hörte Lennie Sibelius sagen: ».. mittelgroß, mit Stiernacken und sehr breiten Schultern. Als Kind hatte er bei seinem Onkel gearbeitet, der Zementblöcke herstellte ...«

Meine Glühbirne flammte auf. Moment mal! Eine brandneue Terrasse, die in den zwei Wochen, ehe er ins Kittchen ging, fertig wurde, fiel doch auf wie ein verbundener Daumen! Und die Steine waren alt.

Aber Baither konnte ja Steine machen, wie er sie brauchte; mit Schmutz, damit sie alt aussahen. Ich hob einen Stein heraus und warf ihn auf die Seite und ließ einen zweiten folgen. Beim zweiten Wurf brach eine Ecke ab, der dritte ließ ihn auseinanderfallen. Wunderbar. Ich fand zwei banderolierte Päckchen von Zehndollarscheinen. Zweitausend Dollar, gut in Plastik eingewickelt, mit Isolierband verschlossen, dann in Paraffin getaucht. Es war ja so einfach! Erst eine Lage Masse, und wenn sie zu härten beginnt, das Päckchen darauf. Dann mit Masse auffüllen.

Es war viel Arbeit für zwei Wochen. Irgendwo, an einem ruhigen Fleck, wo man nicht gestört wird. Gute Arbeit. Nur ein bißchen Salpeter fehlte, um den Steinen einen etwas verwitterten Eindruck zu verleihen. Aber du mußt müde gewesen sein, als du ins Kittchen kamst. Na, da konntest du dich ja dann richtig ausruhen.

Auch ein Tick hat etwas Gutes und kann nützlich sein. Sonst hätte ich das Versteck nicht gefunden. Sie hatten also aus Lilo mit dem Wassereimer die Wahrheit herausgeholt und sich anschließend ein paar Muster besorgt, ehe Hyzer mich dort postierte.

Was tun? Hyzer sofort verständigen? Er hatte gesagt: »Nicht anrufen, nur wenn Sie Besuch bekommen. Ich melde mich selbst wieder.«

Also Befehle ausführen. Zuerst aber noch ein paar Schritte tun, die teils Vorsicht, teils häßliche Überraschung sind.

Ich fand hinter dem Pumpenhaus eine alte Axt. Bald lernte ich die Schläge so zu dosieren, daß ich damit das Bargeld nicht beschädigte. Die Paraffinbündel stapelte ich auf dem Mäuerchen. Ich fand ganze sieben Blöcke, die kein Geld enthielten.

Aus einer alten Armydecke improvisierte ich einen Nikolaussack. Erst um halb fünf war ich mit der Arbeit fertig. Schmutzig, müde und mit einem Muskelkater am ganzen Körper kroch ich wieder in mein Dickicht. Ein sehr schlechter Gedanke kam mir. ›Mein Gott, Sheriff, ich bin eingenickt vor Müdigkeit, und da bekam ich plötzlich einen Schlag auf den Kopf. Gesehen? Nein, gesehen habe ich ihn nicht.‹

Zwanzig Jahre ohne Sorgen. Geld, das man ausgeben konnte. Und niemand, der einen häßlichen Verdacht äußert. Vielleicht.

Meyer hatte einmal behauptet, viel Geld würde mich zu einem ekelhaften Langweiler und hoffnungslosen Bummler machen, damit aber auch undiskutabel. »Geldsorgen sind dir sehr bekömmlich. Sie erhalten dir deine Höflichkeit.«

Kurz vor Sonnenuntergang traf ich meine Vorbereitungen für die Nacht. Ich war beim Pumpenhaus, als der Summer ertönte. Da ein kleiner Wind aufgekommen war, konnte ich nicht sagen, ob es ein Fußgänger oder ein Wagen war, der über die Brücke kam. Ich duckte mich und hörte den Wagen. Und dann sah ich den grünen Sedan mit dem blauen Blinker auf dem Dach.

Ich kam also mit der Waffe in der Hand heraus, um meinen Bericht zu machen. Es war aber nicht Hyzer, sondern King Sturnevan, der seinen wuchtigen Körper aus dem Wagen schob und mir entgegensah.

»King«, sagte ich, »hoffentlich haben Sie mir etwas zu essen und ein kaltes Bier mitgebracht.«

»Teufel, Teufel, daran hab' ich nicht gedacht.«

»Dann sagen Sie Mister Norm, es wäre sehr nett, wenn er mir ein heißes Sandwich und ein kaltes Bier brächte.«

»Ist das Ihr Ernst?«

»Ja, im Ernst, ich muß ihn so schnell wie möglich hier draußen sehen. Rufen Sie ihn bitte an?«

»Gut.« Er stieg in den Wagen, fummelte ein wenig herum und sprach in das Mikrofon. »Neun an CCSD, hereinkommen bitte. Neun ruft CCSD, bitte kommen, bitte kommen.« Nichts. Er versuchte es noch einmal. »Ich hab' Red doch gesagt, daß das Ding da spinnt. Manchmal geht es überhaupt nicht.«

»Man kann durch ein Fenster ins Haus. Das Telefon wird ja in Betrieb sein. Ich selbst soll ja nicht anrufen. Gehen Sie ins Haus und sagen Sie ihm, er soll herkommen.«

»Haben Sie etwas gefunden, McGee?«

»Ja und nein, King. Schauen Sie mal, ich berichte nur direkt. Sie wissen doch, wie es ist.«

»Weiß ich ja. Ich dachte mir nur, wenn ich schon in die Gegend komme, kann ich ja auch mal vorbeischauen, wie es hier aussieht, Sie können mir's doch sagen. Ich fahr' dann in die Stadt und geb' ihm direkt Bescheid. Dann geht's weder über's Telefon, noch über Funk.«

Das wollte ich mir überlegen und lehnte mich an den Wagen. Ein wenig ungeschickt, aber fast unauffällig drängte er sich mir in den Weg. »Okay, King«, sagte ich schließlich. »So ist's vielleicht am besten. Ich erzähle Ihnen alles, aber wir setzen uns dazu in den Wagen. Okay?«

»Das Einsteigen ist für mich immer eine entsetzliche Angelegenheit. Diese Sardinenbüchsen sind nichts für mein Format.«

»Gut. Dann bleiben Sie draußen und ich setze mich hinein.«

Als er mir noch immer im Weg stand, wußte ich woran ich war. Ich machte einen Satz zurück und richtete den Lauf meiner Magnum auf seinen Bauch.

»Was ist denn los, Mensch? Übergeschnappt, was?«

»Langsam die rechte Hand auf den Kopf legen. Langsam. Aber sofort!«

»Verdammt, Sie tun ja, als . . .«

Seine Waffe steckte im Holster am Gürtel, der durch die Hosenschlaufen gezogen war. »Jetzt mit der linken Hand die Gürtelschnalle aufmachen. Dann den Knopf. Reißverschluß auf und Hosen fallen lassen.«

»Aber . . .«

»King, glaub' mir lieber, daß ich dir einen Lochsaum in den Bauch schieße, wenn du nicht parierst.«

Er ließ die Hosen fallen. Er mußte aus ihnen heraussteigen, ein Stück davon weggehen, dann vom Wagen weg, so daß ich hineinschauen, gleichzeitig aber meine Waffe auf ihn richten konnte. Hätte er keinen Unsinn gemacht, würde ich's wahrscheinlich übersehen haben, daß er den Stecker für das Mikrophon herausgezogen hatte. Das Kabel hing lose herunter.

»Und fast hätt' ich dir's geglaubt, Mensch«, sagte ich.

»Jetzt werden Sie aber lieber wieder vernünftig. Ich bin doch King, und ich stehe auf Ihrer Seite.« Er sah wirklich traurig drein. Er hatte blaue Boxershorts an, und seine Beine waren dick, weiß und haarlos. Und dann fiel mir noch etwas ein. Ich ließ ihn einen Schuh ausziehen und einen Schritt zurücktreten. Da hatte ich den Beweis. Kreuzweise gemusterte Sohle mit abgetretenem Ballen.

Ich holte tief Atem und lockerte den Druck meines Fingers am Abzug. »Eh, King, das war jetzt aber knapp.«

»Sie müßte man einsperren, bevor Sie einen erschießen, Mensch.«

»Sag' mir mal, King, bist du ein guter Grabschaufler?«

»Einen Kerl von meiner Größe fragt man nicht, ob er sich sein eigenes Grab schaufeln will.«

»Hast du frische Wasserblasen, King?«

Unwillkürlich sah er seine rechte Hand an. »Hab' in meinem Garten umgegraben«, behauptete er und versteckte sie hinter dem Rücken.

»Was hast du denn gepflanzt? Eine tote Frau?«

»Um Himmels willen, McGee!«

»Und hoffentlich hast du die Nadeln wieder schön ausgebreitet. Wir haben sie aber ganz vorsichtig abgekehrt, und der Schuh hier paßt genau in den Abguß, den Hyzer gemacht hat. Na, es war ja auch einfach, Henrys Wagen zu folgen. Dann hast du dich versteckt und gewartet, bis ich wegfuhr. Du bist groß und stark genug, um ihr den Kopf in den Eimer halten zu können, was?«

»Ist doch alles Quatsch! Kommen Sie doch wieder zu sich, Mensch!«

»King, ich gehe kein Risiko ein mit dir. Du bist zu gut. Dreh' dich schön langsam um. Ich muß dich leider fesseln, und wenn dein Haus durchsucht ist, wird man ein paar zerbrochene Zementblöcke, Wachs, Plastik und Bargeld finden.«

Ich hatte die Absicht, ihn mit dem Lauf meiner Waffe über den

Hinterkopf zu schlagen und ihn dann in den Wagen einzuladen. Er drehte sich nicht um.

»He, so ein Pfadfindersäugling! Na, schießen Sie mir doch ein Loch in den Bauch!«

»Warum Betsy?« fragte ich.

»Gute Frage. Warum nicht?« Automatisch verstärkte sich der Druck meines Fingers am Abzug. »Sie ist zu Lews Hütte gekommen, als ich grade den billigen Safe aufmachte. Sie sagte mir nicht direkt, daß ich Lew umgebracht hätte, aber sie zeigte es. Ich dachte mir, ich hätte euch zwei doch ganz schön drangekriegt und wollte wissen, wo ihr die Leiche gelassen habt. Sie hat es mir verraten, als ich das Loch zu graben angefangen hatte. Ich brauchte nur noch den Draht festzuziehen, und dann mußte ich weg, weil ich Dienst hatte.«

»Und warum Lew?«

»Ich dachte, er wußte von Lilo, wo Frank das Geld versteckt hat. Und ich wußte auch, daß er Geld hatte. Aber es war nicht viel. Nur elftausend. Und dreckige Briefe. Die hab' ich verbrannt. Auch die dreckigen Fotos. Linda Featherman hat mich richtig behandelt. Sie hat mit mir geredet wie mit einem Menschen, nicht wie mit einem abservierten Boxer, der zufällig ein Cop geworden ist. Lew hat mir einen Wink gegeben, als sie tot war, und da wußt' ich, daß sie eine von seinen Weibern war. Und da mußte er leider sterben. Linda Featherman war nett zu mir. Sehr nett. Ich hab' den Bericht über ihren Unfall gemacht.«

»Du hast Glück gehabt, King. Du bist nämlich ein saublöder Kerl.«

»Ich hätt' genug Geld gehabt, wären meine Manager und meine Hände besser gewesen. Mindestens eine Million. Ja. Und alles andere noch dazu. Ich war ein guter Boxer.«

»Dann meinst du also, das Geld gehört von Rechts wegen dir.«

»Ich hätt' noch viel mehr gehabt.«

Ich wurde mir plötzlich darüber klar, daß er mir zu nahe gekommen war. Er duckte sich, schlug mit dem rechten Unterarm den Lauf der Magnum weg, holte mit der Linken aus und erwischte mich rechts unten am Brustkorb. Mir wurde plötzlich ganz leicht, ich floß nach rückwärts, fühlte mich aufgehoben, sah eine Faust heranschweben und spürte meinen Magen am Rücken herauskommen. Und dann war kaltes Metall unter meinen Lippen.

»So, Kleiner«, sagte er und schien sehr weit weg zu sein. »Jetzt gibt's einen feschen Tanz mit dem alten King.«

Meine Hand spürte Metall, der Finger ertastete die Sicherung. Ich war in zwei Hälften gebrochen, und die beiden Stücke lagen weit auseinander. Aber den Spaß gönnte ich dem Kerl nicht. Ich zog das eine Stück näher an das andere und drückte den Abzug, aber es dauerte lange, bis ich den Knall hörte. Dann ging die Sonne über mir unter, und es wurde immer dunkler, je tiefer ich fiel ...

21

An einem wunderschönen Maitag hielt Miß Agnes vor dem Tor des Krankenhauses in Lauderdale, und die freundliche Krankenschwester fuhr mich im Rollstuhl hinunter. Meyer half mir, und dann saß ich drin und schwang meine Beine hinein.

Ich bedankte mich bei der Schwester, die mir auf die Seele band, ich solle mir Zeit lassen. Miß Agnes sah vorzüglich aus. Ron hatte sie so prächtig hergerichtet, daß man sich in ihr spiegeln konnte. »Läuft sie gut?« fragte ich Meyer.

»Zwar wie ein Panzer, ansonsten sehr gut«, meinte er.

Ein paar Wochen im Krankenhaus machen die Welt bunter, strahlender und heiterer. Meine Kleider waren mir ein bißchen zu weit.

»Fein, wieder draußen zu sein«, stellte ich fest.

»Eine Zeitlang sah es so aus, als kämst du nicht mehr heraus.«

Das wußte ich. Ein paar Tage meines Lebens existierten einfach nicht. Der Arzt erklärte es für baren Unsinn, daß diese Verletzungen von zwei Faustschlägen herrühren könnten. Daß eine der gebrochenen Rippen dann die Lunge perforiert hatte, war die Ursache einer Lungenentzündung gewesen, für die es anscheinend nicht die richtigen Antibiotika gab. Ich war eben nicht für den Ring trainiert.

»Sturnevan ist heute früh gestorben«, erzählte Meyer. »Es ging ihm ja schon wieder recht gut, und die gebrochene Hüfte heilte auch. Hyzer rief mich an, ich solle es dir sagen. Es war ein schwerer Koronarverschluß.«

»Wir wären wohl verblutet, wenn nicht die jungen Leute zurückgekommen wären, um das Haus aufzubrechen. Meyer, mein Freund, im Cypress County scheinen wir wenig Glück zu haben.«

»Ich will auch nicht unbedingt dorthin zurück. Dein Scheck, sagt Hyzer, kommt in ein paar Tagen. Zweieinhalb Prozent des gefundenen Betrages. Etwas unter zweiundzwanzigtausend.«

»Neunhundertzwanzigtausend ist vielleicht eine Unglückszahl. Man bekommt feuchte Hände und einen Hang zu Unglücksfällen.«

»Habt ihr eigentlich in der Nähe von dem Wohnwagen noch Leichen gefunden?«

»Ja, das sagte ich dir doch vor zehn Tagen. Ich glaubte, du hörst zu. Sie wissen nicht, wer es ist. Die Leichen waren zu alt. Der eine war groß, der andere kleiner, und beide hatten im Nacken einen Einschuß. Das habe ich dir auch erzählt.«

»Aber werde nicht gleich sauer, wenn du mir's zweimal erzählen mußt. Hat sich sonst noch etwas getan, solange ich auf Wolke neun war?«

»Einiges. Du hast eine Menge geredet. Lauter dummes Zeug. Sex und Schlägerei. Nichts Originelles.«

»Rotlicht. Aufpassen.«

»Hab' ich gesehen, McGee. Du brauchst mir's nicht zu sagen. Sonst werde ich zornig und überfahre einen.«

»Gut, du fährst. Ich lasse dich in Ruhe.«

»Welch ein Segen!«

»Hast du jemanden gefunden, Meyer?«

»Ja. Eine Frau, die kocht und saubermacht. Ziemlich häßlich und etwas schwerhörig. Ich dachte, ich tu' dir damit einen Gefallen.«

»Du bist wirklich sehr gut zu mir Meyer.«

»Falsch. *Für* dich.«

»Grün, Meyer, grün.«

»Tu' ich das, wenn du fährst? Und beklage ich mich etwa, wenn du in Kanäle fährst?«

»Nein. Aber du ziehst mich wieder heraus.«

Wir ließen Miß Agnes auf dem Parkplatz vor dem Dock stehen und gingen langsam zu Fuß weiter. Man rief mir von den anderen Booten freundliche Grüße und unfreundliche Kommentare zu: »He, bist du der Vater von McGee, du klappriger Hund? Brauchst du einen guten Schneider?« »Viel Vergnügen, Leute. Ich bin müde, will auf mein Schiffchen und mich in die Koje hauen.«

Mein Hausboot sah eigentlich recht gut aus. Es strahlte über sämtliche Flanken und Wanten. Das Bett in meiner Kajüte war frisch bezogen, aufgeschlagen und einladend. Ich zog mich aus und kroch hinein. Meyer meinte, ein kleiner Plymouth auf Eis würde mir vielleicht nicht schaden, worauf ich ihn zum nettesten Mann des Jahres erklärte.

Ich hörte, wie sich das klingelnde Eis näherte und machte die Augen auf.

Heidi Geis Trumbill drückte mir das Glas in die Hand und lachte schallend über mein Staunen. Sie war jetzt ein Spürchen älter, kein Pfund schwerer, hatte noch die alte Lebensfreude in den Augen, den gleichen optimistischen Zug um den Mund und dieselbe Eleganz. Rasch lehnte sie ihr teures, erlesenes Parfüm über mich und drückte mir einen Kuß auf die Lippen. Und dann setzte sie sich zu mir, um mich aus leicht verschleierten Augen zu mustern.

»McGee, du Idiot, heulst du vielleicht?«

»Das ist die Schwäche, mein Liebling. Hat nichts zu bedeuten.

Oder sehr viel. Such' dir aus, was dir gefällt. Aber als ich dich zum letztenmal sah . . .«

»St. Croix, Liebling. Mir brach fast das Herz, so belämmert hast du ausgesehen.«

»Du wolltest dein eigenes Leben, einen richtigen Mann und dicke Kinderchen haben. Nun?«

»Den Mann habe ich gefunden, aber mein Pech, daß ihn vor mir eine andere entdeckt hatte. Es war schlimm, Liebling. Vor sechs Monaten bin ich ausgebüchst. Seitdem habe ich wie eine Irre gemalt. Meine Ausstellung ist ausverkauft.«

»Und was tust du hier?«

»Das weißt du nicht? Ich bin die Häßliche und Schwerhörige und will dir romantische Gedichte vorlesen.«

»Aber . . . wieso . . .«

»Travis, vor einiger Zeit habe ich Meyer erzählt, daß du mal sämtliche Bruchstücke von mir aufgelesen und mich wieder zusammengeleimt hast, und falls es einmal umgekehrt wäre, könne er mich durch meine Galerie finden. Das hat er getan. Seit einer Woche bin ich hier.«

»Aha. Deshalb hat er so geheimnisvoll getan. Mein Gott, Heidi, siehst du umwerfend gut aus! Weißt du, Liebling, mit mir ging einiges schief in letzter Zeit. Mir war, als hätte ich etwas verloren, nur wußte ich nicht recht, was es war. Licht, Bewegung, Sinn. Die Welt kam mir immer häßlicher vor. Ich verbrauchte mich und bekam nichts zurück. Und ich reagierte falsch. Aber jetzt . . . Ich weiß nicht . . .«

»Darling, deine Augen müssen krank sein. Sie tränen schon wieder.«

»Tut mir leid. Entschuldige.«

»Es ist alles in Ordnung mit dir. Zweite Pubertät.«

»Ah, tatsächlich?«

»Sicher, Travis. Mir ging es ähnlich. Verspätete Pubertät. Weißt du noch, wie du mich einmal mit dem alten gelben Packard verglichen hast, der dann so gut lief?«

»Ja. Das weiß ich noch.«

»In deinen Fieberträumen sagtest du zu Meyer, du würdest im Juni mit einer Dame auf deinem Bootchen kreuzen, die es aber aus irgend einem Grund nicht schaffen kann. Ich biete mich als Ersatz an.«

»Das ist reizend von dir, Heidi.«

»Die Therapie für meine verspätete Pubertät war ein ausgewachsener Mann. Ich glaube, eine ausgewachsene Frau könnte das Mittel gegen deine zweite Pubertät sein. Was meinst du?«

»Schockbehandlung, was?«

»McGee, ich bin jetzt erwachsener als damals beim Abschied auf dieser entzückenden Insel.«

»Das würde ich auch sagen.«

Sie sah mich an. Ihr Lächeln war so geheimnisvoll, aber noch viel, viel herzenswärmer als das der Mona Lisa. Mehr nach meinem Geschmack.

»Ich koche dir gutes Essen, du schläfst viel, machst jeden Tag ein paar Übungen, gehst schön in die Sonne und . . .«

»Ja, das ist sehr wichtig. Und notwendig.«

»Denn wir werden noch viele schöne Fleckchen aufsuchen, Liebling. Wir werden weit wegfahren, ganz weit. Viel weiter, als je jemand auf einem so langsamen Pöttchen gekommen ist. Wir haben den ganzen Juni Zeit.«

Ich trank mein Glas leer, und sie nahm es mir ab. Später erzählte sie mir, ich sei lächelnd eingeschlafen, und Raoul, der Kater, habe sich in einem warmen Nest an meiner Hüfte eingeringelt und sein Nähmaschinchen laufen lassen.

BLAUE KRIMIS

Kriminalromane
internationaler Spitzenautoren

JOHN D. MacDONALD
Zimtbraune Haut
02/2049 - DM 6,80
Das John D. MacDonald
Krimi Lesebuch
02/2092 - DM 7,80
Gefangen im
Silberregen
02/2163 - DM 7,80
Tausend blaue Tränen /
Alptraum in Rosarot /
Tod in der Sonne
Drei Travis McGee-Thriller
in einem Band.
02/2174 - DM 7,80

MARCIA MULLER &
BILL PRONZINI (Hrsg.)
Mörderische Frauen
02/2145 - DM 6,80
Mörderische Frauen
2. Akt
02/2154 - DM 6,80

JOSH PACHTER (Hrsg.)
Top Crime
02/2099 - DM 7,80

FRANK PARRISH
Feuer im Kornfeld
02/2094 - DM 5,80
Der Köder am Haken
02/2109 - DM 5,80
Schatten am Fenster
02/2134 - DM 6,80

HUGH PENTECOST
Mord im Luxushotel
02/2053 - DM 5,80
Mord in bester
Gesellschaft
02/2090 - DM 5,80
Späte Gäste
02/2182 - DM 6,80

GERALD PETIEVICH
Der Todesengel
02/2102 - DM 5,80

Heyne Krimi
Sammelbände

3 Kriminalromane
von drei Spitzen-Autoren
in einem Band!
Charles Williams
Heiß weht der Wind
von Yucatan
Hugh Pentecost
Der lachende Tod
Ellery Queen
Die Gartenparty
02/2011 - DM 5,80

3 Kriminalromane
von drei Spitzen-Autoren
in einem Band!
Thomas Chastain
Die entführte Leiche
John Farris
Tage der Angst
William P. McGivern
Die schwarze Wespe
02/2178 - DM 7,80

Preisänderungen
vorbehalten.

JULIAN RATHBONE
Vorsicht Polizei!
02/2148 - DM 6,80

PIERRE SINIAC
Der Unverwüstliche
02/2098 - DM 5,80

MICKEY SPILLANE
Die Rache ist mein /
Comeback eines
Mörders /
Das Wespennest
3 Kriminalromane
in einem Band.
02/2129 - DM 7,80
Ich, der Richter
02/2136 - DM 6,80

REX STOUT
Aufruhr im Studio /
Mord im
Waldorf-Astoria /
Die Liga der furcht-
samen Männer
Drei der berühmtesten
Nero Wolfe-Romane
in einem Band.
– Band 1 –
02/1989 - DM 6,80
Die rote Schatulle /
Nur über meine
Leiche /
Sogar in den
besten Familien
Drei der berühmtesten
Nero Wolfe-Romane
in einem Band.
— Band 2 —
02/2034 - DM 6,80

JONATHAN VALIN
Natürliche Umstände
02/2112 - DM 6,80

Wilhelm Heyne Verlag
München